2019
中国汽车市场展望

国家信息中心　编

机 械 工 业 出 版 社

本书是研究中国汽车市场2018年现状与2019年发展趋势的权威性书籍。

本书是汽车及相关行业众多专家、学者分析研究成果的集萃。全书分为宏观环境篇、市场预测篇、细分市场篇、市场调研篇、专题篇及附录（与汽车行业相关的统计数据等）六大部分。

本书全面系统地论述了2018～2019年中国汽车市场的整体态势和重、中、轻、微各型载货汽车，大、中、轻、微各型载客汽车，中高级、中级、普通级、微型等各种档次轿车市场的发展态势，以及汽车市场的重点需求地区和主要需求区域的市场运行特征。

集研究性、实用性、资料性于一体的《2019中国汽车市场展望》，是政府部门、汽车整车制造商、零部件制造商、汽车研究部门、汽车相关行业、金融证券等领域研究了解中国汽车市场和汽车工业发展趋势的必备工具书。

图书在版编目（CIP）数据

2019中国汽车市场展望 / 国家信息中心编.

— 19版. — 北京：机械工业出版社，2019. 3

ISBN 978-7-111-61999-4

Ⅰ. ①2… Ⅱ. ①国… Ⅲ. ①汽车—国内市场—市场预测—中国—2019 Ⅳ. ①F724.76

中国版本图书馆CIP数据核字（2019）第024701号

机械工业出版社（北京市百万庄大街22号 邮政编码 100037）

策划编辑：何月秋 责任编辑：何月秋

封面设计：鞠 杨 责任校对：王彦青

责任印制：张 博

三河市国英印务有限公司印刷

2019年3月第19版第1次印刷

184㎜×260㎜·38.5印张·1插页·615千字

标准书号：ISBN 978-7-111-61999-4

定价：180.00元

《2019 中国汽车市场展望》

主办单位　　国家信息中心

参加单位　　一汽-大众销售有限责任公司

东风汽车有限公司

神龙汽车有限公司

东风日产乘用车公司

上海汽车集团股份有限公司乘用车公司

上海大众汽车有限公司

上汽通用汽车有限公司

广汽集团汽车工程研究院

广汽本田汽车有限公司

北京现代汽车有限公司

重庆长安汽车股份有限公司

长安马自达汽车有限公司

奇瑞汽车销售有限公司

浙江吉利控股集团销售公司

中国重型汽车集团有限公司

捷豹路虎（中国）投资有限公司

华晨雷诺金杯汽车有限公司

安徽江淮汽车股份有限公司

江西五十铃汽车有限公司

北京北辰亚运村汽车交易市场有限公司

中国汽车流通协会

全国乘用车市场信息联席会

国机汽车股份有限公司

中国公路车辆机械有限公司

中国汽车技术研究中心

机械工业农用运输车发展研究中心

河南新未来投资有限公司

山东省汽车流通协会

《2019 中国汽车市场展望》
编委会成员

《2019 中国汽车市场展望》
编辑工作人员

主　　编　徐长明

副 主 编　黄路明　刘　明

编辑人员　王佳硕　潘　竹　李伟利　谢国平　马　莹　管晓静　包嘉成　黄玉梅　丁　燕　王光磊　张桐山　赵君怡　王文佳　蔡毅坚　苑伟超　廖　琨　王泽伟　吴丁长　贾　炜　李　婷　程依涵　于　飞　朱文秀　石　旭　谢小龙　乔晟杰　杨依菲　王波阳子

前　言

2018 年我国汽车市场销量为 2823 万辆，同比下降 3.7%。汽车市场迎来了自 2000 年汽车大规模进入家庭以来的首次负增长，汽车市场销售下滑主要是经济的结构性特征导致了乘用车需求的低迷。2018 年，乘用车市场销量为 2317 万辆，同比下降 2.6%；7 类商用车市场销量为 411 万辆，同比增长 4.6%。商用车市场能够实现销售正增长主要得益于政策利好，利好出清之后，商用车在下半年也进入了下滑通道。

2019 年，我国宏观经济仍面临重大考验。从外部环境来看，贸易保护主义、逆全球化思潮不断抬头，地缘政治、局部战争频发，为我国外贸环境带来了较大的不确定性。从内部环境来看，经济也存在下行压力。企业生产经营成本高企，尤其是民营、中小企业，一直以来的融资难、融资贵等问题未能有效解决，严重压缩了企业生存空间，投资意愿也愈加低迷。近年来房价暴涨，居民购房、投资热情高涨，在住房投资上过度支出，对消费形成严重挤压。因此，在复杂多变的局势下，财政政策和货币政策会更加积极，发挥出逆周期调节作用，提振市场信心。

2019 年的汽车市场走势也面临着较大的不确定性。目前来看，经济、政策等外围环境对汽车市场的支撑相对较弱，但汽车产业作为我国的支柱产业，一旦发生问题，牵连甚广。因此，政府或出台相关政策以稳定市场预期，改善消费环境。但 2019 年面临的产业环境相对良好。首先，电动化、智能化、网联化、共享化的浪潮将继续驱动我国汽车市场发展。其次，汽车产业投资管理规定的出台标志着项目审批将由核准制转向备案制，“市场”也将发挥更大的作用。最后，乘用车“双积分”将于 2019 年正式考核，新能源产品规划和投放进度也将进一步加快，这将从供给端推动市场发展。

为使社会各界对 2019 年我国汽车市场的发展趋势有一个深入的认识和了解，国家信息中心组织编写了《2019 中国汽车市场展望》，期望本书能为汽车行业主管部门和生产、经销企业提供有价值的决策参考依据。本书将汽车市场与宏观经济运行环境紧密结合在一起，采用定量与定性相结合的研究方法，从不同角度对 2019 年的汽车市场进行了深入分析和研究，由于时间仓促，书中难免有疏漏之处，敬请读者批评指正。

2019 年 1 月 16 日

目　　录

细分市场篇

市场调研篇

专题篇

附 录

宏观环境篇

2019 年我国经济展望及宏观调控政策建议

2018 年以来，面对异常复杂严峻的外部环境和艰巨繁重的改革发展任务，在习近平新时代中国特色社会主义思想指导下，我国经济运行在合理区间，结构不断优化，质量效益进一步提升。展望 2019 年，外部环境将发生深刻变化，国际经济政治格局面临重大调整、贸易投资保护主义将加剧、全球经济调整风险将加大；国内经济运行稳中有变，贸易战影响逐步显现、部分企业经营困难较多、金融动荡风险较大等问题将导致国内经济下行压力有所加大。总体判断，预计 2019 年我国经济运行总体平稳，增长速度将略有下降，GDP 增长在 6.3%左右。

一、2018 年我国经济增速温和回落

2018 年以来，我国经济运行总体稳定，新旧动能加速转换，结构不断优化，质量效益有所提升，但在外部环境不确定性风险增加、国内股市汇市波动加大、实体经济经营困难等问题影响下，经济运行呈现温和回落态势。

1. 宏观经济有所回落，尚在合理范围之内

（1）*经济增速逐季回落*　2018 年前三季度我国 GDP 分别增长 6.8%、6.7%和 6.5%，呈现逐季走低态势，尤其是 2018 年第三季度增速为 2009 年一季度以来的最低值。从生产来看，第二产业由 2018 年一季度的 6.3%放缓至二季度的 6%，三季度进一步下行至 5.3%。从需求来看，2018 年前三季度固定资产投资增长 5.4%，同比放缓 2.1 个百分点，各季度投资增速分别为 7.5%、5.2%和 4.6%，下滑态势明显；消费需求也呈减速态势，各季度社会消费品零售总额分别实际增长 9.8%、9.0%和 9.1%；外需保持了较快的增长势头，各季度出口分别增长 13.7%、11.5%和 11.7%。

（2）*就业形势基本稳定*　经济稳定运行、服务业比例提高为扩大就业提供了有利条件，贸易摩擦等对就业的影响尚未显现。2018 年前三季度，城镇新增就业超过 1100 万人，提前一个季度完成全年任务目标；城镇调查失业率稳定在 5%左右，为历史较低水平。与此同时，就业结构不断优化，高技术产业、双创领域提供了更多的就业岗位，重点群体就业基本平稳，就业质量进一步提升。2018 年前

三季度居民人均可支配收入实际增长 6.6%，与经济增长基本同步，城乡居民收入倍差缩小。

（3）物价水平温和上涨　2018 年前三季度，CPI 上涨 2.1%，同比加快 0.6 个百分点，通胀水平适中，通胀预期平稳。食品价格涨幅由负转正，菜价受自然气候影响涨幅波动较大，食用油价格基本稳定；非食品价格是拉动 CPI 上涨的重要因素。PPI 上涨 4.0%，同比回落 2.5 个百分点，其中翘尾因素影响 3.5 个百分点，即同比涨幅的 87.5%来自翘尾贡献，新涨价因素仅影响 0.5 个百分点；石油、钢铁、建材等行业是价格上涨的主要领域。

（4）国际收支更趋均衡　2018 年前三季度进出口总额（以美元计）增长 15.7%，其中，出口增长 12.2%，进口增长 20.0%，贸易顺差大幅收窄 23.8%。我国出口依存度由 2006 年 35.4%的峰值回落至 2017 年的 18.5%，2018 年上半年经常项目出现逆差，这表明我国经济对外依存度下降，国际收支更趋均衡。

2．经济发展质量提升，新动能快速成长

（1）经济结构持续优化　我国产业结构、需求结构不断优化，内需对经济增长的拉动作用显著增强。2018 年前三季度，第三产业增加值占 GDP 的比例为 53.1%，对经济增长的贡献率达到 60.8%，同比提高 1.8 个百分点。消费基础作用继续巩固，最终消费支出对经济增长的贡献率为 78.0%，同比提高 14 个百分点；制造业投资企稳回升，民间投资增长 8.7%，投资结构继续优化；一般贸易进出口占比达到 58.4%，比上年同期提高 1.9 个百分点。

（2）经济效益稳步提高　我国呈现出“政府有税收、企业有利润、居民有收入、环境有改善”的良好态势。2018 年前三季度，全国财政收入增长 8.7%，规模以上工业企业利润增长 14.7%，居民收入实际增长 6.6%；能源资源消耗强度下降，环境质量继续改善，前三季度单位 GDP 能耗同比下降 3.1%。

（3）新动能新产业蓬勃发展　我国新旧动能接续转换，对稳定经济增长、调整经济结构、扩大社会就业发挥了重要作用。2018 年前三季度，高技术制造业和装备制造业、战略性新兴产业增加值同比分别增长 11.8%、8.6%和 8.8%，分别快于规模以上工业增速 5.4 个百分点、2.2 个百分点和 2.4 个百分点，新产品快速成长，新能源汽车产量同比增长 54.8%，集成电路增长 11.7%；共享经济广泛渗透，跨境电商、在线医疗等新服务模式层出不穷，新业态蓬勃发展，网上零售额同比

增长 27.0%。

3．改革开放深入推进，不断释放发展潜力

（1）供给侧结构性改革成效显著　2018 年前三季度，全国工业产能利用率达到 76.6%，到 2018 年年底，钢铁、煤炭等重点领域“十三五”去产能任务有望提前完成；企业经营成本和杠杆率降低，规模以上工业企业每百元主营业务收入中的成本同比减少 0.29 元；商品房库存继续减少，2018 年 9 月末全国商品房待售面积同比下降 13.0%；重点领域补短板力度加大，生态保护和环境治理业、农业投资同比分别增长 33.7%和 12.4%，增速分别快于全部投资 28.3 个百分点和 7.0 个百分点。

（2）重点领域改革不断深化　我国不断推进行政审批、投资审批以及商事制度改革，国务院部门累计削减行政审批事项比例达 45%左右，非行政许可审批彻底终结，中央政府层面核准的企业投资项目减少了 90%，中央政府定价项目缩减 80%，负面清单制度有序推广，市场准入壁垒逐步降低，市场在资源配置中的作用日益增强。税费减免力度加大，制造业、交通运输、建筑等行业的税率已分别下调 1 个百分点，增值税留抵税额退税范围逐步扩大，小微企业所得税优惠政策的使用范围扩展，2018 年有望减税降费超过 1.3 万亿元。

（3）全方位对外开放格局加快形成　我国积极改善国内营商环境，加大知识产权保护力度，投资便利化水平有效提升，大幅放宽市场准入，金融等服务业推出超预期开放举措，汽车、船舶和飞机等制造业进一步开放；支持自由贸易与多边贸易体制，主动扩大进口，降低汽车等产品进口关税，加快加入世贸组织《政府采购协定》进程，加强国际经济政策的沟通与协调；“一带一路”倡议积极推动了国家间发展战略对接，实现了不同国家间相互支持与相互促进的联动发展。

4．全年预期目标可以实现，发展基础进一步夯实

2018 年四季度，“六稳”政策逐步显效，新动能加速成长，房地产市场运行稳定，消费对经济增长的支撑作用增强，宏观经济有望延续平稳增长态势。但同时，基础设施投资增速大幅滑落，股市、汇市震荡，社会预期和市场信心有待改善，中美贸易摩擦影响逐步扩大，经济领域风险与挑战增多。初步预计，2018 年四季度 GDP 增长 6.4%左右，全年增长 6.6%左右，能够较好实现政府预期调控目标，为全面建成小康社会、推动高质量发展进一步夯实基础；就业形势基本平稳，

全年新增就业有望达到 1300 万人以上，城镇调查失业率稳定在 5%左右；通胀水平略有回升，全年 CPI 预计上涨 2.2%左右；贸易顺差缩小，国际收支保持平衡。

二、国内外发展环境稳中有变

当前，外部环境发生了深刻变化，国内经济运行稳中有变，经济下行压力有所加大，部分企业经营困难较多，长期积累的风险隐患有所暴露。

1. 世界经济环境发生深刻变化

（1）*贸易保护主义对全球经济增长的影响逐步显现* 由于合同锁定和企业自我消化，短期内美国加征关税对全球贸易的影响尚不明显，但新订单必将受到较大冲击。世界贸易组织（WTO）测算显示，美国对华加征关税将使得全球贸易锐减 17%，由此拖累全球经济增速下滑。逆全球化行为对全球外商直接投资的影响立竿见影。根据联合国贸易和发展组织发布的《全球投资趋势监测报告》，全球外国直接投资（FDI）在 2018 年上半年大幅下降了 41%，从 2017 年上半年的 8000 亿美元下降至 4700 亿美元。其中，美国 FDI 流入下降了 73%，为 460 亿美元。预计 2019 年全球外商直接投资将继续下滑，并直接影响全球经济增长。

（2）*全球利率上升容易诱发金融动荡并阻碍经济增长* 美联储加息进程导致部分国家资本流出、本币贬值、金融动荡、债务压力加大。2018 年以阿根廷和土耳其为代表的新兴市场国家出现了剧烈的金融动荡，虽然根源在于国内，但美联储加息是直接诱因。预计 2019 年美联储加息不仅冲击其他金融市场，也会影响到美国金融和资本市场。与此同时，全球利率上行也进一步增加了债务负担。根据国际货币基金组织《财政监测报告》，2017 年全球债务水平达到了 182 万亿美元，创历史新纪录，过去 10 年间增长了 50%，债务还本付息压力加大。总体来看，2019 年主要国家的货币政策由回归正常逐步转向紧缩的拐点出现，全球经济调整风险加大。

（3）*国际政策协调难度加大且不确定因素增多* 一是全球化趋势遭遇困难和冲击。由于各国经济发展情况不同，各个经济体的利益诉求存在很大差别，国际政策协调的难度将进一步加大，联合国、G20、APEC 等国际组织的影响力有所削弱。二是地缘政治冲突形势依然复杂，不排除地缘政治局势恶化等“黑天鹅”事件的出现。三是国际政治和经济因素相互影响，能源和大宗商品价格大幅波动的风险增加。

(4) 劳动力供求关系趋紧制约经济增长　经济理论表明，在实现充分就业的状态下，如果不加大技术投入、提高全要素生产率，经济增速将达到极限。2018 年 9 月份，美国和日本的失业率分别下降到 3.7%和 2.5%，已经基本实现了充分就业。受此影响，美日经济增速已经达到极限，未来将见顶回落。欧元区失业率下降到 8.1%，但主要为结构性失业，有效劳动力缺乏。另外，一些新兴经济国家也存在有效劳动力供给不足的问题。

(5) 国际金融市场抗风险能力依然较强　国际金融危机以来，全球金融市场经历了多轮动荡，各国以及国际社会应对金融风险的能力和经验有所增强。同时，投资者也逐步认识到，美国货币政策正常化是经济好转的标志。因此，2018 年美联储加息诱发的土耳其、阿根廷等国家金融动荡，并没有形成全球系统性金融危机。预计 2019 年美联储加息仍会导致国际金融市场出现动荡，但诱发全球性金融危机的可能性较小，国际金融市场总体稳定。

综上所述，预计 2019 年世界经济将越过本轮增长周期的顶点，增速小幅回落，由前两年的 3.7%下降到 3.6%左右，主要经济体增长态势进一步分化。发达经济体经济增速将出现普遍回落趋势。美国减税的边际效应将递减，挑起贸易摩擦的滞后效应将逐步显现，经济增速将由 2018 年的 2.9%回落到 2.5%；日本经济与美国高度相关，经济增速将回落至 0.9%；欧元区经济增速将见顶回落，预计 2019 年回落至 1.9%；新兴和发展中经济体经济将继续保持较快增长，2019 年仍可达到 4.7%左右；印度经济仍将保持旺盛的增长态势，预计 2019 年可达 7.4%，在主要经济体中遥遥领先；在国际油价上涨、大宗商品价格稳定的背景下，中东与非洲国家将继续保持复苏态势；俄罗斯和巴西经济将延续复苏步伐，并对独联体经济体、拉美与加勒比海地区形成较强的辐射效应。

2. 我国经济平稳发展仍具良好基础

一是政策有空间。一方面，经过债务置换和财政整固之后，各级政府债务压力有所缓解，实施积极的财政政策仍有一定空间，特别是将重点转向减税降费的空间较大。另一方面，我国防范化解金融风险的措施逐步显效，整体杠杆率稳中趋降，金融风险有所释放，同时通货膨胀水平温和，因而具备加大金融对实体经济的支持、保持良好金融环境的条件。二是改革有动力。紧抓改革开放 40 年契机，各项改革举措正在稳步推进，特别是完善体制机制，彻底扭转“上面千把锤，下面一根钉”的局面，进一步缓解地方政府压力、调动积极性、激发活力的潜力巨大。三是开放有红利。我国开放服务业特别是金融业、大力改善营商环境、加强知识产权保护、主动扩大进口等重大开放举措将逐步释放政策红利。四是市场有潜力。我国拥有全世界人数最多的中等收入群体、增长最快的消费市场，面对外部环境的深刻变化，做好自己的事情，扩大内需潜力广阔。

3．国内经济领域风险不容忽视

（1）警惕中美贸易摩擦不断升级的风险 近年来，全球贸易保护主义、单边主义明显抬头，给我国经济和市场预期带来了诸多不利的影响，尤其是中美贸易摩擦升级对国内经济的影响将逐步显现。加征关税直接影响对美出口订单，影响企业供应链生态，特别是部分可替代性较强的产品受到的冲击更加突出，即便是部分难以替代的商品，加征关税就意味着售价上涨，也会抑制其需求。

（2）警惕资本市场动荡风险向金融系统蔓延 受中美贸易摩擦加剧、美联储加息负面溢出效应以及国内去杠杆、严监管等多重因素影响，2018年以来，我国股市、债市、汇市出现了较大幅度的波动。部分上市公司股价已经处于历史低位，IPO发审工作受到影响，债券市场收益率走高，企业债违约事件增多，资本市场直接融资对实体经济的支持作用将有所减弱。同时，人民币汇率波动风险加大，资本流出压力上升。由于资本市场动荡、债券违约、汇率波动等因素导致银行风险控制加强，流动性进一步收紧，风险溢价提高将导致企业融资成本攀升，冲击实体经济，进一步加大金融系统风险。

（3）警惕产业体系重构的风险 长期以来，我国已经形成门类齐全的产业体系，然而这种多年积累的产业体系正在被内外部环境的改变所打破。一方面，中美贸易摩擦使部分企业开始谋求在我国以外的地区设厂生产，甚至有跨国企业调整未来全球发展战略，对我国国内产业链生态造成了深远影响。另一方面，环保督查力度加大和生态治理使得部分高耗能、高污染企业的生产受到影响，部分企业甚至被迫关门停产，将产业链转向海外。

（4）警惕实体企业市场预期不佳的风险 一是社会上“民营经济离场论”“新公私合营论”等否定、怀疑民营经济的不当言论，对民营企业家的信心造成了较大打击。二是中美贸易摩擦前景不明导致企业家预期不稳，个别企业甚至暂停后续投资。三是环保治理政策的不确定性增添了企业家的投资顾虑，“一刀切”式的环保治理做法使部分企业频繁实施限产停产，部分企业即使环保达标也无法正常生产。四是实体企业减税降费获得感不强，在“营改增”过程中，没有充分考虑规范征管给部分小微企业带来的税负增加影响。五是在完善社保缴费征收过程中，没有充分考虑征管机制变化过程中企业的适应程度和带来的预期紧缩效应。

三、2019 年宏观经济增长前景展望

展望 2019 年，我国经济运行将总体平稳，增长速度会略有回落，主要宏观经济指标将处于合理区间。

1．国内生产总值增长 6.3%左右

综合考虑国内外发展环境和我国潜在的经济增长水平，初步预计 2019 年经济增长速度将保持在 6.3%左右。一是经济运行稳中有变，外部环境不确定性增强，特别是中美贸易摩擦对 2019 年我国经济增长的影响将逐步加大。二是 2018 年国内需求走弱的影响将继续向生产端传导，基础设施投资实际增速走低，投资增长总体疲弱，消费需求稳中趋降，网络消费等新模式受高基数制约增速回落，将导致 2019 年工业、服务业生产放缓，GDP 增速有所回落。三是改革开放进一步深化、财政货币政策持续加力将对经济增长实现支撑。如果 2019 年积极的财政政策更加发力增效，货币政策稳健略松，赤字率由 2.6%上调至 3%，专项债发行规模适当扩大，减税规模保持在 1.3 万亿元以上，初步估算会拉动 GDP1.3 个百分点，将有效对冲中美贸易摩擦影响。初步预计第一产业、第二产业、第三产业分别增长 3.7%、5.3%和 7.5%，能够实现生产法核算 GDP 增长 6.3%的目标。

2．CPI 增长 3%左右，PPI 增长 3.3%左右

居民消费价格稳中略升至 2.5%。一是初步测算 2019 年 CPI 翘尾因素为 1.0%，比 2018 年高 0.1 个百分点左右，1.5 个百分点由新涨价因素影响。二是农业供给侧结构性改革不断深化，粮食供过于求问题将有所缓解，猪肉价格逐步走出猪周期底部，进入温和上升区间，但是中美贸易摩擦导致大豆等农产品供给下降，推高相关领域以及关联行业产品价格。2019 年食品价格不具备大幅起落的条件，食品价格预计上涨 1.6%。三是医疗、教育等消费需求逐步提高，服务价格继续较快增长，预计上涨 3%；日用消费品进口关税下调，进口商品价格涨幅有望降低。

工业品出厂价格温和回落至 3.3%。一是 2019 年 PPI 翘尾因素为 2.0%，比

2018年低0.8个百分点左右，在翘尾因素带动下，PPI涨幅有所回落。二是金融领域防风险取得阶段性成果，杠杆率水平趋于下降，货币金融领域充裕度提高，降低存款准备金率释放流动性，PPI上涨的货币环境逐步由趋紧转为适中。三是在地缘政治、石油禁运等因素影响下，国际大宗商品价格预计继续走高，输入型价格上涨动因增强。四是天然气等能源价格改革尚未完成，原料药、电阻、电容等新兴产业上游产品价格快速上涨，工业品出厂价格涨幅将呈现结构性分化。

3．城镇新增就业1100万人以上

就业总体形势基本稳定，需重点关注贸易摩擦冲击、大学应届毕业生等部分行业、部分群体、部分地区的就业问题。一是随着中美贸易摩擦升级，企业新订单量减少，后期部分企业可能出现开工率不足、利润下滑甚至裁员等现象，给沿海外贸省份人员就业带来压力。此外，我国大学毕业生人数仍将保持在800万人以上水平，普通本、专科毕业生的失业率依然较高，叠加农村外出务工劳动力的增长，就业的结构性压力依然较大。二是我国经济增长带动就业的能力在不断增强。2013～2017年，我国GDP每增长1个百分点带动的就业人数为186.2万人，GDP增长6.3%可完成1172万人城镇新增就业年度目标。三是创业创新成为就业增长的重要源泉。政府简政放权的力度进一步加大，“放管服”举措深入落实，进一步激发了市场主体的活力。《2017年大众创业万众创新发展报告》指出，目前全国创业孵化载体内企业就业人数超过200万人，每家企业平均带动就业43人。因此，预计2019年我国能够保持就业局势总体稳定。

4．国际收支进一步趋向均衡水平

货物贸易顺差收窄，外贸出口增速回落至6.5%，进口增速回落至12%（美元计价）。2019年国际经贸环境变数较大，我国对外贸易面临的挑战加大。一是中美贸易摩擦升级，美国加大对华商品的征税范围与税率，将对我国对美出口造成较大影响。二是以美国为主导的新一轮双边、多边贸易规则逐步建立，主要经济体宏观调控趋向调整，财政货币政策由宽松转为趋紧，全球经济增速存在减速势能，海外市场需求减弱不利于我国外贸增长。三是美、欧、日对所谓第三国“产业补贴、国有企业、技术转让”等方面发表联合声明，同时美欧、欧日之间基本达成自由贸易协议，主要发达经济体联合抵制我国，将导致我国面临的外部环境更加错综复杂。四是我国以主动开放促进深化改革，对外开放范围扩展、层次提

升，共建“一带一路”为企业提供了海外市场空间和国际产能合作机会，有利于货物贸易以及服务贸易发展；中国进口博览会召开，汽车、日用消费品等进口关税下调，进口规模有望提高；大幅放宽市场准入、创造更便利的投资环境、加强知识产权保护等举措出台，我国对国际资本的吸引力继续增强，服务贸易将快速发展，我国外贸进出口持续增长的有利条件仍然较多，国际收支有望更趋均衡。

5．单位国内生产总值能耗降低 3%以上

一是近五年我国第二产业年均增长 6.6%，工业增加值增长 7.3%，单位 GDP 能耗年均降低 4.6%（见表 1）。2019 年初步预计我国第二产业增长 5.3%，工业增长 6%左右，据此预计单位 GDP 能耗降幅可以达到 3%以上。二是防范化解重大风险、精准脱贫、污染防治成为未来两年三大攻坚战核心内容，绿色发展要求进一步加大生态保护和环境治理力度，同时平衡好和“经济增长”之间的关系，预计能耗下降在基数和其他因素的影响下，降幅仍可保持在 3%以上。

表 1　2018～2019 年我国主要宏观经济指标预测表

时间	2018 年 1～9 月实际		2018 年预测		2019 年预测	
单位	亿元	%	亿元	%	亿元	%
GDP	650899	6.7	907091	6.6	990728	6.3
第一产业	42173	3.4	67683	3.5	71243	3.7
第二产业	262953	5.8	367971	5.7	401035	5.3
第三产业	345773	7.7	471438	7.7	518451	7.5
规模以上工业增加值	—	6.4	—	6.3	—	6.0
固定资产投资（不含农户）	483442	5.4	667333	5.6	707373	6.0
房地产投资	88665	9.9	120381	9.6	127604	6.0
社会消费品零售总额	274299	9.3	381409	9.2	415735	9.0
出口/亿美元	18266.5	12.2	25048	10.7	26676	6.5
进口/亿美元	16052.8	20.0	21797	18.2	24413	12.0
居民消费者价格指数	102.1	2.1	102.2	2.2	102.5	2.5
工业生产者出厂价格指数	104.0	4.0	103.8	3.8	103.3	3.3

四、政策建议

针对稳中有变的内外部环境，建议积极的财政政策重在大力减税降费，稳健的货币政策重在改善金融环境，积极应对贸易战冲击，有效防范化解金融风险，大力优化营商环境，加快培育优势产业集群，推动我国经济高质量发展。

1. 积极的财政政策重在减税，切实降低税费负担

积极的财政政策在适度扩大支出的同时，重点放在实质性降低税率上。一是加大减税力度。增值税方面，实行三档税率并两档改革，将制造业等行业增值税税率从16%降至12%，将交通运输、建筑等行业增值税税率从10%减并至6%，并扩大增值税可抵扣范围和比例，提高企业设计、经销费用的增值税抵扣幅度。所得税方面，将企业所得税率降至20%，其他适用优惠税率同等幅度下调；进一步提高小微企业纳税额上限，研发费用加计扣除比例由75%提高至100%。二是大幅降低收费负担。降低社保缴费名义费率，稳定缴费方式，确保企业社保缴费实际负担有实质性下降。切实清理和降低各类附加收费。三是适度扩大赤字规模。建议将2019年财政赤字规模扩大至3万亿元，比上年增加6200亿元，赤字率在3%以内；将2019年地方专项债券发行规模扩大至1.9万亿元，比上年增加5500亿元，重点支持重大核心技术攻关、民生改善和基础设施补短板等领域。

2. 稳健的货币政策重在改善金融环境，支持实体经济发展

货币政策要落实“松紧适度”的要求，继续向中性略偏宽松方向微调，重在创造良好的金融环境。一是保持流动性平稳充裕。结合使用下调法定存款准备金率、公开市场操作和中期借贷便利（MLF）等数量手段，加强短期流动性管理，增加中长期流动性投放。二是利率政策提高自主性，积极应对美联储进一步加息带来的流动性冲击和利率扰动，引导货币市场利率和社会融资成本平稳运行。三是把握好稳增长和去杠杆的平衡，避免为了单纯追求“防风险”而收缩实体经济信贷规模，畏贷、怕贷、抽贷和断贷。四是改革和完善金融机构监管考核和内部激励机制，把银行业绩考核同支持民营经济发展挂钩。五是运用逆周期宏观审慎管理措施，保持人民币汇率稳定在合理的均衡水平。

3. 积极应对贸易摩擦，推动进出口稳定发展

一是继续优化出口退税制度。进一步扩大出口退税覆盖范围，适度提升部分

产品的出口退税率。二是加强对外贸企业的出口信用保险支持。扩大出口信用保险对外贸企业的覆盖范围，将受美国加征关税影响较大的重点商品和企业纳入人民币出口卖方信贷优惠利率政策的支持范围。三是完善进口政策。降低替代国产品的关税和进入门槛，对因我国反制措施受冲击严重的进口领域，实施关税豁免审批程序，视来源可替代性、是否有损国家利益等具体情况，给予企业一定期限的“加征关税豁免”。四是支持企业开拓新市场。鼓励企业优化国际市场布局，加大对产品品牌的宣传力度，推进出口市场多元化。

4．促进民间企业健康发展，激发民间投资活力

毫不动摇鼓励、支持、引导非公有制经济发展，稳定民营企业家信心。一是深化“放管服”改革。加快转变政府职能，全面深化市场化改革，减少政府对市场的干预，推行全国统一的市场准入负面清单制度，加大知识产权的保护力度，转变市场监管方式，促进企业自律与市场可持续发展。二是破除体制机制投资障碍。加快推进垄断行业改革，消除民间投资的进入门槛，通过财政贴息、利率优惠等政策，鼓励民间资本进入垄断性较强、投资回报率较低的投资领域。三是鼓励民间资本参与新兴产业发展。简化人工智能、互联网、大数据、智能制造、无人驾驶、生物医药等领域的项目审批程序，加快发展新经济，培育、壮大新动能，切实发挥民营企业在新兴行业发展中的主力军作用。

5．加快培育优势产业集群，优化产业生态体系结构

一是重视保护产业生态体系，针对部分地区经济和产业发展的具体情况，鼓励上游技术、资金、人力资本具有优势且符合环境标准的企业投资建厂，为下游企业做好生产配套。二是及时跟踪外资企业动态，对于产业链重要节点上意欲退出的外国资本，积极寻求国内外相关替代企业补充，保持产业链完整性。三是加快培育一批以优势产业链与先进制造业集群为核心的产业网络，促进产学研用的协调发展，形成目标明确、分工协作的产业生态圈，有效促进要素自由流动。四是充分利用国内和国际资源，推动集群企业向全球价值链中的高端攀升，形成“设计—制造—服务”一体化的先进生产模式。

（作者：张宇贤　王远鸿　牛犁　闫敏）

2018 年世界经济形势分析及 2019 年展望

2018 年全球经济复苏稳中有变，主要经济体分化加剧，美国加征关税无碍全球贸易复苏，全球通胀温和上涨但资产价格不断上扬，就业市场持续改善。展望 2019 年，贸易摩擦的影响将进一步发酵，货币政策正常化将继续诱发短期金融动荡，劳动力供求矛盾突出，不确定因素明显增多。不过，技术进步仍然是推动全球经济增长的内在动力，经济全球化的潮流不会逆转，国际金融市场抗风险能力进一步增强。预计 2019 年世界经济增速小幅回落，由过去两年的 3.7%下降到 3.6%左右。在当前形势下，我国应抓住发达国家经济发展瓶颈，积极推动经济全球化；寻找利益共同点，积极应对全球老龄化问题；维护国际组织权威，积极主动参与全球治理；加强舆论宣传，引导国际社会预期。

一、2018 年世界经济形势分析

1．全球经济复苏稳中有变，主要经济体分化加剧

2017 年世界经济呈现同步复苏，2018 年以来，世界经济整体上保持增长态势，经济增速与 2017 年持平，但主要经济体增长出现分化。从发达经济体经济运行来看，美国经济一枝独秀，其他国家增速相对放缓。2018 年前三季度，美国 GDP 环比折年率增速分别为 2.2%、4.2%和 3.5%，二、三季度创出近年新高。欧洲经济呈现越过本轮经济增长顶峰的迹象，欧元区 2018 年第一、二季度 GDP 增速达到 2.1%和 2.2%，增速呈现放慢趋势。在欧洲内部，德国依然是经济复苏最为稳健的国家，法国和西班牙居其后，意大利相对较弱。总体上看，欧洲经济与美国经济逐渐拉开距离。2018 年一季度，日本 GDP 出现了九个季度以来的首次环比负增长，10 月 31 日，日本央行将 2018 财年实际 GDP 增速从此前预期的 1.5%下调至 1.4%，并决定维持目前的大规模货币宽松政策不变。

新兴和发展中经济体的两极分化更为突出。印度政府前期推行的改革正在发挥积极作用，2018 年一季度 GDP 同比增长 7.7%，二季度增速高达 8.2%，处于遥遥领先的地位。与印度形成鲜明对比的是土耳其和阿根廷，这两个国家陷入较为

严重的金融动荡之中。从现象上看，美联储加息是两国金融动荡的原因；但从本质上看，政策失误以及改革步伐缓慢是导致经济增长乏力的主要因素。其他新兴和发展中国家并没有出现危机，大多数国家经济复苏势头好于往年。

2．美国加征关税影响有限，全球贸易继续复苏

2018 年 3 月，美国向全球挑起贸易战，对进口钢铁和铝分别征收 25%和 10%的惩罚性关税，之后将矛头重点指向我国。毋庸置疑，加征关税对具体商品的影响是立竿见影的，2018 年前九个月美国钢铁进口量同比下降 11.8%。相反的，贸易保护主义逆流并没有对全球贸易造成严重冲击，国际贸易增速虽有下滑，但继续保持较快复苏的态势。2018 年 1～9 月份，美国商品出口增长 9.1%，比 2017 年同期加快了 3 个百分点；商品进口增长 9.4%，加快了 3.1 个百分点；受此影响，贸易逆差增加了 10.1%。从总量上来看，美国加征关税之后商品进口加速上涨，贸易逆差持续扩大，并没有取得特朗普政府预期的效果。从与我国的贸易关系来看，同样表现出这样的特点。根据美国商务部的统计，2018 年前九个月，美国向我国出口商品同比增长 3.1%，上年同期则为 14.2%，回落了 11.1 个百分点；从我国进口商品增长 8.2%，增速和上年基本持平；美国对我国商品贸易逆差上升了 9.9%。从国别数据来看，大多数国家仍然保持较快的贸易增速。例如，2018 年 1～9 月份，日本、新加坡、巴西等国货物贸易增速分别为 9.3%、13.1%和 14.2%，继续保持复苏的势头。韩国 10 月份出口同比增长 22.7%，达 549.7 亿美元，创下自韩国 1956 年开始进行贸易统计以来的第二高纪录。

3．全球通胀温和上涨，资产价格不断上扬

2018 年以来，不论是发达国家还是新兴市场国家，以 CPI 衡量的通货膨胀均处于温和上涨状态。9 月份，美国、日本和欧元区三大经济体 CPI 同比涨幅分别为 2.3%、1.2%和 2.1%，分别比上年同期上升了 0.1 个、1.0 个和 0.7 个百分点。饱受高通胀困扰的巴西和俄罗斯，上半年 CPI 涨幅都在 3%以下，下半年开始出现加速上涨趋势，9 月份同比分别上涨 3.4%和 4.3%。

但同时，量化宽松政策增发的货币没有消失，而是流到了资产领域，从而推动了资产价格的不断上涨。2013 年二季度，美国住房价格同比上涨 4.3%，之后每个季度的同比涨幅均高于这一数据。2018 年前两季度同比分别上涨了 6.9%和 6.6%。2014 年以来，欧盟房价与美国同步上涨，2018 年前两季度涨幅分别为 4.7%

和 4.3%。在房价不断上涨的同时，欧美股市不断创新高。资产价格的上涨产生的财富效应会扩大抵押贷款规模，促进借贷消费和投资，从而在很大程度上刺激了经济增长。更为重要的是，房地产是产业链条最长的产业，房地产的繁荣自然拉动建筑、钢材等相关行业的快速增长。

4．就业市场持续改善，老龄化催生新兴产业发展

在经济复苏的背景下，全球就业市场继续改善，消费对经济增长的贡献增强。2018 年 10 月，美国失业率下降到 3.7%，创近 50 年新低，基本上实现了充分就业；欧元区也下降到 8.1%，同比下降 0.8 个百分点；日本失业率一直保持在 3%以下，9 月份下降到 2.4%；俄罗斯失业率 9 月份也下降到 4.5%，同比下降 0.5 个百分点。

就业繁荣背后的问题是越来越多的老龄人口退出劳动力市场。以美国为例，1986～2006 年，美国 65 岁以上的老龄人口比例在 12%和 12.5%之间徘徊，但 2007 年加速上升，2010 和 2013 年分别突破 13%和 14%，2016 年达到 15.2%。欧元区和日本老龄人口的比例约为 20%和 26%。众所周知，老龄化带来一些社会问题的同时，也带来了诸多机遇。一方面，老龄化为全球生物医药的发展提供了广阔的市场。以美国为例，2018 年上半年美国药品进口 577 亿美元，同比增长 21.8%，远远超过其他商品增速。另一方面，上一代产业工人退休导致各国普遍缺乏熟练工人，这在很大程度上制约了经济的发展。这一矛盾正在加速能够取代人工的新兴产业与技术的发展，诸如无人机、无人商场、机器人、人工智能等。

二、2019 年世界经济增长影响因素分析

1．不利因素

（1）贸易摩擦对全球经济增长的影响将进一步发酵 由于订货合同与实际交货存在数月甚至一年的时差，美国加征关税对全球贸易的冲击在 2018 年尚不明显，但 2019 年可能受到较大冲击。2018 年 10 月 17 日，世界贸易组织秘书长阿兹维多指出，经 WTO 经济学家计算，美国对华加征关税将使关税上升，全球贸易将锐减 17%，由此拖累全球经济增速。

逆全球化行为对全球外商直接投资的影响则是立竿见影的。根据联合国贸易和发展组织发布的《全球投资趋势监测报告》，全球外商直接投资在 2018 年上半

年大幅下降了41%，从2017年上半年的8000亿美元下降至4700亿美元。其中，美国外商直接投资流入下降了73%，为460亿美元。预计2019年全球外商直接投资将继续下滑，并直接影响全球经济增长。

(2) *货币政策正常化过程中容易产生金融动荡* 2018年，以阿根廷和土耳其为代表的新兴市场国家出现剧烈的金融动荡，虽然根源在于国内经济结构和政策，但美联储加息是直接的诱导因素。预计2019年美联储加息不仅冲击其他金融市场，也可能影响到发达国家的金融和资本市场。一方面，持续加息之后发达国家的证券市场最终必然受到严重冲击；另一方面，价格持续上涨的房地产市场将遭受直接打击。与此同时，全球利率上行也进一步增加了债务负担。据国际货币基金组织发布的半年一度的《财政监测报告》，2017年全球债务水平达到了182万亿美元，创历史新纪录，其规模在过去10年间增长了50%。相应的，债务利息成本也随之提高。另外，如果美联储2019年着手收缩资产负债表，欧洲和日本央行停止实施量化宽松政策，短期将对全球金融市场产生较大影响。

(3) *劳动力供求关系决定了经济增速上升空间有限* 经济理论表明，在实现充分就业的状态下，如果不加大技术投入、提高全要素劳动生产率，经济增速将达到极限。美国和日本已经基本实现了充分就业，因此美日经济增速已经达到极限，在其他条件不变的情况下，今后增速将有所回落。欧盟的主要问题是劳动力市场发展不均衡，包括德、法在内的一些国家招工难度增加，另一些国家失业率仍然高企，可能会影响欧盟经济及社会稳定。另外，一些新兴经济国家也存在有效劳动力供给不足等问题。

(4) *国际政策协调难度加大，不确定因素明显增多* 一是逆全球化趋势2019年难以扭转。由于各国经济发展情况不同，各个经济体的利益诉求存在很大差别，国际政策协调的难度将进一步加大，联合国、G20、APEC等国际组织的影响有所削弱。二是地缘政治冲突存在很大的不确定性，不排除地缘政治局势恶化等“黑天鹅”事件出现。三是国际政治和经济因素相互影响，能源和大宗商品价格存在较大的不确定性。

2. 有利因素

(1) *技术进步仍然是推动全球经济增长的内在动力* 尽管全球经济发展面临上述不利因素，但是应该看到，全球技术进步和创新步伐从未停歇。美国仍然是全球技术创新的中心，知识产权类投资增速大幅上升；日本加快机器人产业发展，不仅可缓解国内老龄化导致的劳动力不足问题，同时对推动全球机器人产业发展具有重要影响；欧盟正在实施容克投资计划，德国开启了工业 4.0；绝大多数发达国家向发展中国家的技术转移并没有受到少数国家的影响，技术仍然是推动全球经济增长的重要推动力。

（2）国际经济合作仍将继续 经济全球化是时代潮流，并不会因为少数国家的意志为转移，国际经济合作仍将持续。2018 年 10 月 13 日，国际货币与金融委员会发布的第三十八次会议公报指出，世界经济和金融领导人誓言要加强合作以应对共同的挑战，认识到有必要加强对话和行动以减轻风险，并增强对国际贸易的信心。

（3）国际金融抗风险能力进一步增强 美国次贷危机以来，国际金融市场经历了多轮动荡，但在各国以及国际社会的共同干预之下，无论哪一次动荡最终都能够得以平息。国际投资者也趋向成熟，逐步认识到美国货币政策正常化是经济健康的标志。因此，2018 年美联储加息对发达国家资本和金融市场没有形成严重冲击。新兴和发展中经济体中只有土耳其和阿根廷等少数国家出现了剧烈的金融动荡，但也未向外扩张。在国际货币基金组织的支持下，阿根廷金融市场逐步稳定。土耳其政府依靠自身力量走出危机。另外，金融动荡也存在一定的积极影响。一方面货币贬值可以促进出口；另一方面可以倒逼经济改革，从而激发长期发展潜力。预计 2019 年国际金融市场总体稳定，美联储加息虽会导致国际金融市场出现剧烈动荡，但不会诱发金融危机。

三、2019 年世界经济增长趋势判断

展望 2019 年，预计世界经济将越过本轮增长周期的顶点，增速小幅回落，由前两年的 3.7%下降到 3.6%左右，主要经济体增长进一步分化。

从发达经济体的情况来看，经济增速将出现普遍回落的趋势。美国减税的边际效应将递减，加征关税的滞后效应将逐步显现，经济增速将由 2018 年的 2.9%回落到 2.5%；日本经济与美国经济高度相关，经济增速预计回落 0.2 个百分点，下降至 0.9%；欧元区经济增速将回落 0.1 个百分点，降至 1.9%。

从新兴和发展中经济体的情况来看，这些国家将继续保持相对较快的增速，2019 年仍可达到 4.7%的水平。在亚洲，印度经济仍将保持旺盛的增长态势，预计

2019年增速将达到7.4%，遥遥领先于其他主要经济体。在国际油价上涨、大宗商品价格稳定的背景下，中东与非洲国际将继续保持复苏态势；俄罗斯和巴西经济复苏的步伐也将进一步加快，并对独联体经济体、拉美与加勒比海地区形成较强的辐射效应。但与欧洲经济来往密切的东欧新兴市场经济体，增速将延续回落的趋势。

四、政策建议

1. 抓住发达国家经济发展瓶颈，积极推动经济全球化

目前，发达国家存在诸多矛盾和问题，关键在于缺乏有效劳动力。以美国为例，影响制造业发展的关键是缺乏工人。截至2018年9月，美国私人制造业就业人数不到1300万人。在接近充分就业的情况下，即使产业回流也无法雇佣到足够的工人。事实上，全球化恰恰弥补了美国人力资源短板，美国是受益而非受害者。货物贸易逆差的确在扩大，但服务贸易及其他经常性项目顺差快速上升，经常项目逆差占GDP比例大幅下降，2017年为2.4%，而2006年则高达5.8%。同时，美国资本和金融项目盈余更是突飞猛进，2006年仅有433亿美元，2017年上升到2487亿美元。因此，在国际舆论中，我们一方面要抓住发达国家经济发展的瓶颈，另一方面要以事实为依据，大力宣传发达国家在全球化中获得的巨额收益，从而推动发达国家重新回到全球化发展的正确轨道。

2. 寻找利益共同点，积极应对全球老龄化问题

老龄化是世界各国共同关注的问题，涉及全球每个人的利益。目前，美日欧等发达经济体老龄化问题突出，我国老龄化率也在不断提高。在此背景下，我国应加强与发达国家之间的合作，共同应对老龄化问题。一是加强生物医药、生命科学等高科技领域的合作，互通有无，促进药品和保健品领域技术和贸易，在改善民生的同时促进经济增长。二是扩大医疗、养老等服务领域的开放，从而提升服务业水平和老年人生活质量。三是加强国际技术合作，共同开发替代人工的高新技术。

3. 维护国际组织权威，积极主动参与全球治理

当前的逆全球化行为对全球治理提出了严峻挑战，在此趋势下我国应维护国际组织的权威，充分发挥国际组织调解国际争端的功能。同时，要加强国际间的

沟通和磋商，积极推动国际组织的改革，完善全球治理。今后一段时期应重点做好如下工作：一是充分发挥 G20、APEC 等组织的议事功能，加强国际间的沟通和交流；二是统筹考虑各利益主体的需求，加快世界贸易组织的改革；三是充分发挥亚洲基础设施建设投资银行和金砖国家银行的纽带作用，深化“一带一路”和金砖国家之间的合作。

4. 加强舆论宣传，引导国际社会预期

通过高端国际论坛以及权威媒体，加强国际舆论宣传，积极主动引导国际社会预期。一是要正确认识货币政策正常化。发达国家的低利率和量化宽松政策是应对危机的政策，货币正常化是经济向好的标志，不应成为金融动荡和资本外逃的诱因。二是正确认识全球经济增速和就业的关系。美国、德国和日本都在经济低速增长的背景下基本实现了充分就业，低增长和低失业将是未来相当长一段时期世界经济的新常态。三是正确认识经济全球化问题，以发达国家公开的数据为依据，驳斥错误言论，客观宣传全球化的作用。

（作者：程伟力）

2018 年财政收支形势分析及 2019 年展望

2018 年，外部挑战增多与内部风险暴露交织叠加超过预期，我国经济运行总体平稳，经济增长、就业、物价、国际收支等主要指标保持在合理区间，全国一般公共预算收支保持较快增长。2019 年，国内外经济环境更加严峻复杂，为了统筹推进好稳增长、促改革、调结构、惠民生、防风险的各项工作，妥善应对中美经贸摩擦，切实推进以补短板为重点任务的供给侧结构改革，实现结构调整与扩大内需的更好结合，保持经济运行在合理区间。积极的财政政策应该更加精准有效，在适当提高赤字率，适度扩大财政支出的同时，重点应放在进一步减税降费上。财政政策应进一步加强与货币等其他政策的协调，充分发挥其对改革创新发展的推动作用。

一、2018 年全国财政收支形势分析及预测

1．2018 年 1～9 月份财政收入同比增速有所放缓

2018 年 1～9 月份，我国经济运行总体平稳，经济结构继续优化，质量效益有所提升，经济增长、就业、物价、国际收支等主要指标在预期目标范围内，全国一般公共预算收入 145831.32 亿元，完成预算的 79.6%，同比增长 8.7%，比上年同期放缓 1.0 个百分点。其中，中央一般公共预算收入 69581.97 亿元，完成预算的 81.5%，同比增长 9.8%，比上年同期加快 0.4 个百分点；地方一般公共预算本级收入 76249.35 亿元，完成预算的 77.9%，同比增长 7.8%，比上年同期放缓 2.2 个百分点。全国一般公共预算收入中的税收收入 127486.04 亿元，完成预算的 83.0%，同比增长 12.7%，比上年同期加快 0.7 个百分点。

2018 年 1～9 月份财政收入增长有如下特点（见图 1）：

（1）财政收入和主体税种实现较快增长　2018 年 1～9 月份，我国 GDP 增长 6.7%，总体平稳，全国一般公共预算收入同比增长 8.7%，高于上年全年增幅 1.0 个百分点，高于年初预算安排增幅 2.6 个百分点。全国税收收入占一般公共预算收入比例为 87.4%，高于上年全年 3.7 个百分点。其中，受工业增加值增速基

本平稳、PPI 涨幅相对较高的影响，工商业增值税、改增增值税同比分别增长 9.5%和 15.8%，合计拉高全国财政收入增幅 3.79 个百分点；受企业利润保持较高增长的带动，企业所得税同比增长 12.5%，拉高全国财政收入 2.55 个百分点；受居民收入特别是财产转让所得收入增长较快的影响，个人所得税同比增长 21.1%，拉高全国财政收入增幅 1.47 个百分点；受一般贸易进口额累计增长 16.5%的影响，进口货物增值税、消费税累计增长 12.0%，拉高全国财政收入增幅 1.05 个百分点；受烟酒类消费品增速较快的影响，国内消费税累计增长 16.3%，拉高全国财政收入增幅 1.03 个百分点。以上税种合计拉高全国财政收入增幅 9.89 个百分点。

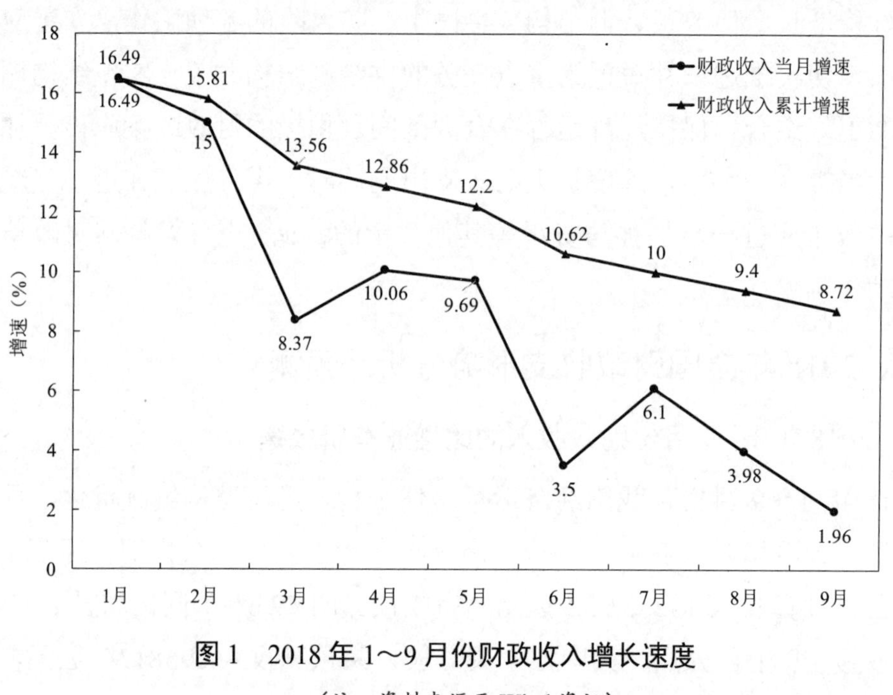

图 1　2018 年 1～9 月份财政收入增长速度

（注：资料来源于 Wind 资讯）

（2）财政收入增速逐季回落　2018 年前三季度我国 GDP 分别增长 6.8%、6.7%和 6.5%，呈逐季走低态势，2018 年三季度增速为 2009 年一季度以来的最低增速。从 2018 年 5 月 1 日起，国家将制造业等行业增值税税率从 17%降至 16%，将交通运输、建筑、基础电信服务等行业以及农产品等货物的增值税税率从 11%降为 10%，统一增值税小规模纳税人标准，退还部分企业期末留抵税额等增值税改革措施。增值税改革带动国内增值税增速持续走低，2018 年前三季度，国内增值税同比增长 12.0%，季度增幅分别为 5.4%、2.1%和－1.7%。受降低部分产品进口关税税率的影响，2018 年前三季度关税累计同比下降 0.9%，季度增幅分别为

6.3%、－6.4%和－2.1%。受进一步清理规范行政事业性收费和政府性基金的影响，2018 年前三季度全国非税收入同比下降 12.8%，季度增幅分别为－7.5%、－13.8%和－16.9%。同时，国家还提高享受减半征收企业所得税优惠政策的小型微利企业年应纳税所得额上限、实施境外所得综合抵免、提高个人所得税基本减除费用标准。受经济增速逐季回落及减税降费统一政策逐步实施的影响，全国一般公共预算收入同比增长 8.7%，季度增幅分别为 13.6%、8%和 4.2%，呈逐季回落的态势。

（3）*东中部地区财政收入增长较快* 2018 年前三季度，地方一般公共预算收入同比增长 7.8%，季度增幅分别为 9.1%、7.0%、7.2%。分区域看，东部、中部、西部、东北地区财政收入分别增长 7.9%、9.4%、6.2%、6.0%，东中部地区财政收入增速相对较高。2018 年 1～9 月份，31 个省、自治区、直辖市中，西藏、山西、海南、浙江等 11 个省市财政收入实现两位数增长，其中辽宁增长 10.0%；福建、江苏、甘肃、贵州等 16 个省、自治区、直辖市实现个位数增长；天津、内蒙古、吉林、新疆 4 个地区负增长。

（4）*中美贸易摩擦导致相关地区和行业税收收入减少* 2018 年以来，中美贸易摩擦不断升级，特朗普政府先后公布对我国 500 亿美元商品加征 25%的关税，对我国 2000 亿美元商品加征 10%的关税。目前美国对我国加征关税已经导致江苏、山东、广东、上海等部分外向度较高的经济大省（市）工业增加值增速回落明显，并导致相关税收减少。同时，这两轮征税商品主要涉及高端制造等行业，这些行业在我国经济中产业链较长、影响较为广泛，加征关税不仅直接导致这些行业税收收入减少，还会间接导致其上游行业市场萎缩，进而在更大范围内导致税收收入下降。2018 年 1～9 月份，通用设备、专用设备、通信设备、电器器材、汽车及铁路、船舶、航空运输设备等行业税收收入增幅明显低于制造业税收收入增速，表面上中美贸易摩擦对相关行业税收的影响已经显现。

（5）*房地产相关税收增速明显放缓* 2018 年 1～9 月份，有关部门和地方坚持分类调控、因城因地施策，在继续严控房地产需求和房企融资、实施限价销售的背景下，房地产销售量、价齐落，房地产相关税收增速呈现总体回调及区域分化态势，京、沪、广、深等一线城市房地产相关税收降幅较大，二、三线城市房地产相关税收增幅较高。2018 年 1～9 月份，契税 4516.62 亿元，完成预算的 86.0%，同比增长 19.3%，比上年同期回落 0.5 个百分点；土地增值税 4583.3 亿元，完成预算的 85.4%，同比增长 14.7%，比上年同期回落 7.1 个白分点；房产税 1966.83

亿元，同比增长 6.8%，比上年同期回落 11.1 个百分点。城镇土地使用税 1760.13 亿元，完成预算的 68.1%，同比下降 1.6%，比上年同期回落 12.0 个百分点。

（6）银行和证券行业税收增速明显放慢　2018 年 1～9 月份，在加强金融监管、防范和化解金融风险、规范地方政府债务的背景下，商业银行风险偏好下降、“惜贷”情绪加强，加之部分企业有效抵押物不足、优质项目相对短缺，表外融资收缩带来的融资缺口难以及时弥补，部分民营、小微企业融资难有所加剧，货币供应和社会融资规模增速有所回落。以银行业为主的货币金融服务业税收收入出现下降。由于经济增速下行压力加大，中美贸易摩擦不断升级，市场预期受到较大冲击，股市大跌、债市违约、汇市压力加大，资本市场服务业税收增速较低。2018 年 1～9 月份，证券交易印花税 881.17 亿元，完成预算的 77.3%，同比下降 6.5%，其中，9 月份当月下降 64.7%。

2．2018 年 1～9 月份财政支出同比增速小幅回落

2018 年 1～9 月份，按照党中央、国务院的决策部署，在继续大力实施减税降费的同时，统筹财政收入、赤字、专项债务和预算稳定调节资金，保持了较高的财政投入力度和支出强度，全国一般公共预算支出 163289.49 亿元，完成预算的 77.8%，同比增长 7.5%，比上年同期回落 3.9 个百分点。2018 年 1～9 月份财政支出增速见图 2。

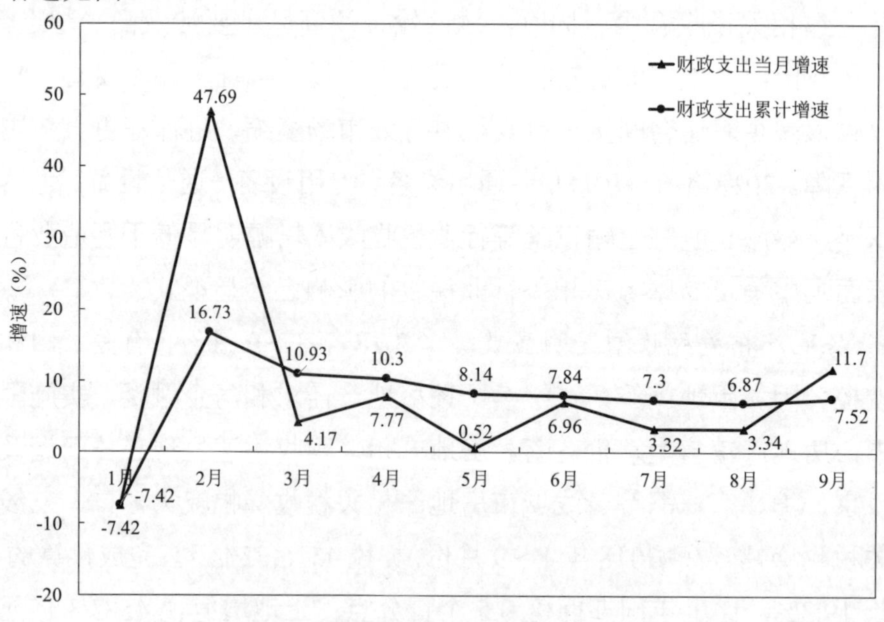

图 2　2018 年 1～9 月份财政支出增速

（注：资料来源于 Wind 资讯）

其中，中央一般公共预算本级支出 22958.67 亿元，完成预算的 70.7%，同比增长 8.8%，比上年同期加快 0.5 个百分点；地方一般公共预算支出 140330.82 亿元，完成预算的 79.3%，同比增长 7.3%，比上年同期放缓 4.6 个百分点。收支相抵，累计赤字 17458.17 亿元，同比减少 285.99 亿元。

2018 年 1～9 月份，我国不断加大重点领域和关键环节的支出力度，积极打好三大攻坚战，妥善应对中美贸易摩擦，落实创新驱动发展战略，实施乡村振兴战略，提高保障和改善民生水平，全国一般公共预算主要支出情况如下：

（1）教育支出增速明显放缓　2018 年 1～9 月份，教育支出 23760.28 亿元，完成预算的 75.6%，同比增长 6.5%，比上年同期回落 6.8 个百分点。重点在于巩固落实城乡统一、重在农村的义务教育经费保障机制；改善贫困地区义务教育薄弱学校的基本办学条件；支持加快世界一流大学和一流学科建设；支持和规范社会力量兴办教育。

（2）科学技术支出增速基本持平　2018 年 1～9 月份，科学技术支出 5438.78 亿元，完成预算的 71.6%，同比增长 16.7%，比上年放慢 0.3 个百分点。重点支持推动提升科技创新能力；大力支持公共科技活动，加大对基础研究的投入力度；加快实施国家科技重大专项、科技创新 2030—重大项目；支持组建国家实验室和建设一流科研院所；充分发挥激励机制作用，加速科技成果向现实生产力转化。

（3）文化体育与传媒支出增速明显放慢　2018 年 1～9 月份，文化体育与传媒支出 2185.76 亿元，完成预算的 64.7%，同比增长 5.0%，比上年放缓 5.7 个百分点。重点推动文化繁荣兴盛；完善公共文化服务体系；深入实施文化惠民工程；支持发展社会主义文艺；促进文化产业发展。

（4）社会保障和就业支出增速明显放慢　2018 年 1～9 月份，社会保障和就业支出 21791.9 亿元，完成预算的 83.8%，同比增长 9.3%，比上年同期回落 10.8 个百分点。重点落实积极的就业政策；提高企业和机关事业单位退休人员基本养老金及城乡居民基础养老金水平；进一步推进机关事业单位养老保险制度改革；在部分地区开展个人税收递延型商业养老保险试点；稳慎推进工资收入分配制度改革。

（5）医疗卫生与计划生育支出增速明显放慢　2018 年 1～9 月份，医疗卫生与计划生育支出 12765.59 亿元，完成预算的 83.5%，同比增长 7.9%，比上年同期回落 7.7 个百分点。重点推进健康中国建设；全面推进城乡居民医保制度整合，将城乡居民基本医疗保险财政补助标准提高40元，达到每人每年490元；将基本公共卫生服务项目年人均财政补助标准再提高5元，达到每人每年55元。

（6）节能环保支出增速大幅回落　2018年1～9月份，节能环保支出4147.42亿元，完成预算的70.4%，同比增长8.8%，比上年同期回落24.8个百分点。重点支持打好污染防治攻坚战，大幅增加大气、水、土壤三项污染防治基金；着力解决突出的环境问题，促进生态环境质量的总体改善；完善天然林保护政策，推动扩大新一轮退耕还林还草规模；加大地下水超采区的综合治理力度，加快推进水土流失治理。

（7）农林水支出增速小幅加快　2018年1～9月份，农林水支出13325.57亿元，完成预算的69.1%，同比增长6.1%，比上年同期加快1.4个百分点。重点完善农业支持保护制度；深入推进农业供给侧结构性改革；深化粮食价格形成机制改革；扩大耕地轮作休耕制度试点；加大优质粮食工程实施力度；建立长江流域重点水域禁捕补偿制度；加快发展现代农业；推进美丽乡村建设提档升级；建立、健全实施乡村振兴战略财政投入保障制度。

（8）住房保障支出增速略有回落　2018年1～9月份，住房保障支出4609.0亿元，完成预算的70.8%，同比下降0.2%，比上年同期回落0.5个百分点。重点支持加快建立多主体供给、多渠道保障、租购并举的住房制度；支持新开工各类棚户区改造580万套；继续支持各地优先开展4类重点对象的危房改造。

3．2018年四季度及全年财政收支分析预测

（1）2018年四季度财政收入增速将有所回落　2018年四季度，全球经济复苏态势将延续，贸易增长不会明显放缓，主要经济体经济和政策分化可能加剧。随着中美贸易摩擦升级影响的进一步显现，我国出口增速将延续回落态势。受基础设施补短板等政策措施逐步见效的影响，基础设施投资和固定资产投资增速有望低位企稳。受可支配收入增长放缓、高房价挤压消费支出等因素影响，消费增速将继续小幅回落。综合判断，2018年四季度经济增速将低于前三季度，初步判断在6.3%左右。由于经济增速继续回落，工业品价格水平稳中有落，企业效益增速进一步回落，减税降费政策措施进一步落实，一般公共预算收入增幅将进一步回落。初步预测，2018年四季度财政收入增速为0%左右，全年在6.8%左右。

（2）2018年四季度中央和地方财政支出压力较大　2018年四季度，要继续应对中美贸易摩擦等外部冲击，在扩大内需和结构调整上发挥更大作用，做好稳就业、稳金融、稳外贸、稳外资、稳投资、稳预期工作，确保实现全年经济社会发展目标任务。因此，积极的财政政策要更加积极，多措并举应对中美贸易摩擦升级，增强内需对经济增长的关键支撑作用，促进经济运行在合理区间。坚决打好三大攻坚战，持续推动经济高质量发展。支持实施国家重大战略，培育、壮大新动能和改造提升传统动能。确保保障和改善民生的各项工作，不断提升人民群众的获得感。初步预测，2018 年四季度财政支出增速上升到 8.0%左右，全年增速在 7.5%左右。

二、2019 年全国财政收支分析与展望

1．2019 年国内外经济环境分析

（1）世界经济复苏动能有所减弱，出口增速可能大幅回落 2019 年，世界经济和贸易总体上有望延续复苏态势，但全球贸易摩擦升级和贸易体系重构、发达国家特别是美国货币政策过快收紧、部分新兴经济体风险上升、地缘政治冲突多发可能加剧全球经济和贸易的风险和挑战，这将导致我国外贸外资和经济发展面临的外部环境更加复杂严峻。一是中美贸易摩擦有可能继续升级，欧、美、日联手重构国际经贸规则和体系，不仅会对我国外贸净出口、资本流入、金融市场产生直接冲击，也会加大外资和内资产业转移的压力。二是全球经济贸易减速风险上升。美国减税的边际效应将递减，挑起贸易摩擦的滞后效应将逐步显现，美国房地产市场出现调整迹象，经济先行指标有所回落，增长动力可能转弱，由于通胀压力上升，美联储在已经累计加息 8 次的基础上，2019 年可能还要加息 3 次。欧元区经济保持增长，将于 2018 年年底结束购债，在通胀压力上升的情况下，2019 年也可能被迫加息。日本内外需求低迷，通胀水平较低，2019 年仍将实施宽松的货币政策。主要经济体货币政策不同步，美元升值压力加大，新兴经济体货币贬值、股债下跌、资本外流、增长下滑风险上升，外债多、外汇储备规模小的国家可能出现经济金融危机。这些风险一方面使得我国宏观政策特别是货币政策内外协调面临困境，另一方面也加大了我国防范化解金融风险的难度。三是地缘政治风险可能加剧。美国将我国列为战略竞争对手，不断在南海、台海制造事端，加大对我国战略围堵的力度。美国对伊制裁、英国脱欧、意大利民粹主义、朝鲜核问题、叙利亚问题可能再度加剧国际原油价格、金融市场和经济运行的波动，

我国经济安全和能源安全保障以及“一带一路”建设面临诸多挑战。初步预计，2018年美元计价我国出口将增长6.5%左右，比2018年预计回落4.2个百分点。

（2）国内发展不平衡不充分矛盾依然突出，经济增速明显回落 2019年，党和政府将进一步推动经济发展方式转变，进一步优化经济结构，加快增长动力转化，提高经济增长的质量和效益。稳中求进的工作总基调将继续坚持，宏观经济政策将保持连续性、稳定性，以减税降费为重点的积极财政政策更加精准有效，稳健中性的货币政策将加大对实体经济的支持，宏观调控将更加前瞻、协调、精准、有效，供给侧结构性改革、创新发展战略以及重点领域和关键环节的改革将深入推进，服务业特别是金融业将进一步对外开放，产权特别是知识产权保护加强，营商环境将得以改善，乡村振兴和新型城镇化深入实施，新动能得到进一步培育、壮大，传统动能得到改造提升，内需对经济增长的支撑作用将进一步增强。

但与此同时，国内一些长期存在的结构性、政策性矛盾和问题依然突出，随着中美贸易摩擦对经济、就业、国际收支等方面的不利影响逐步显现，发展不平衡不充分问题有可能进一步显性化，国内经济环境依然错综复杂。一是经济下行压力加大。投资、消费、出口三大需求同时走弱将继续向生产端传导，将导致工业、服务业生产放缓，GDP增速有所回落。二是实体经济发展的内生动力仍需培植。核心技术和创新能力不足，过剩产能退出和市场出清难度很大，融资、税费、社保、环保等成本不断上升，有效供应依然不足，内需增长机制体制仍待完善，市场信心有待提升，民间资本扩大投资的意愿和能力不足，居民增收难制约着消费能力提升。三是金融风险问题仍然突出。一些中小银行不良贷款率上升，一些非银行机构资金链存在断裂的可能，流动性风险压力加大。一些民营企业过度融资、过度投资、过度多元化，期限错配突出，抗风险能力比较弱。一些地方财政收入增长持续性和稳定性较差，而支出刚性较强，收支缺口有持续扩大趋势，部分地区隐性债务负担沉重，财政风险金融化依然存在。房地产市场结构性矛盾依然突出，房地产调控的逐步见效使得相关投资、消费和税收出现回落，这可能加剧一些中小房地产企业资金隐患。四是企业实际税费负担仍然较重。由于营改增之后增值税抵扣链条逐步完整，显著扩大了增值税税基，税收征管系统的完善和征管技术显著改进，企业纳税行为逐步规范，实际税负明显加重。五是就业和收入问题可能进一步恶化。随着中美贸易摩擦升级，企业新订单量减少，后期部分企业可能出现开工率不足、利润下滑甚至裁员等现象，给沿海外贸省份人员就业带来压力。此外，我国大学毕业生人数仍将保持在800万人以上水平，普通本专科毕业生的失业率依然较高，叠加农村外出务工劳动力的增长，就业的结构性压力依然较大。就业压力加大可能进一步加大居民收入增速回落的压力，并进一步传导至居民消费。

初步判断，2019年，经济增速继续回落到6.3%左右。居民消费价格小幅回升，CPI将上涨2.5%左右。工业品出厂价格涨幅回落，PPI上涨3.3%左右。服务业主导作用进一步增强，增速将稳定在7.5%左右。工业生产将稳中趋缓，增速在6.0%左右。投资增速低位企稳，增长6.0%左右。消费增速基本平稳，社会消费品零售总额将增长9.0%左右。

2．财政收入增速将低于2018年

2019年，经济增速明显回落，工业品价格水平明显回落，企业效益难有改观，减税力度可能加大，一般公共预算收入增幅将出现回落。

（1）国内增值税增速将出现回落　2019年，工业增加值增速将从2018年的6.3%左右回落到6.0%左右，PPI涨幅从2018年的3.8%左右回落到3.3%左右，工业增加值名义增速将回落1.0个百分点左右，工业增值税增速将有所回落；社会消费品零售额增速将从2018年的9.2%左右回落到9.0%左右，商业增值税增速将小幅回落。

（2）所得税增速将有所回落　2019年，工业增加值名义增速和PPI涨幅将小幅回落，工业企业效益难有改善，工业企业所得税增速将稳中有落；受经济增速继续回落和潜在风险上升的影响，银行经营状况不会明显好转，银行等金融行业利润增速将持续回落，相关企业所得税增幅也将继续回落；随着房地产调控政策进一步落实，房地产市场逐步降温，房地产销售面积、销售额将继续放缓，并带动房地产开发面积升幅收窄，房地产企业所得税、契税、土地增值税、耕地占用税等相关税收增速将出现回落。国家有望推进综合和分类相结合的个人所得税改革，个人所得税起征点提高、个人所得税税率调整和收入抵扣项的增加，都将影响个人所得税的增速。

（3）减税力度进一步加大　2019年，国家将继续实施较大规模的减税降费支持实体经济发展，由于减税力度仍然较大，减税对税收增速的下拉作用仍将明显。同时，受中美贸易摩擦升级的影响，2019年进口增速将明显低于2018年，

进口环节税收增速将明显低于 2018 年。

（4）行业间、地区间收入分化有可能加剧　2019 年，受中美贸易摩擦升级影响较大的行业税收增长将受到冲击，传统制造业税收将维持低迷状态，煤炭、钢铁等受益于淘汰落后产能和清理僵尸企业的行业收入回升势头难以维系，现代服务业和高端服务业税收有望保持较高增速。

受中美贸易摩擦冲击较大的东部和沿海地区，由于产业转型早、高端制造业与现代服务业比较集中，税收和一般公共预算收入的稳定性较高。经济基础薄弱、产业结构单一的中西部地区财政收入面临较大的下行压力，特别是县级财政增收困难进一步加大。

综合以上因素，初步预测，2019 年财政收入增速为 5.0%左右。

3．中央和地方财政增支压力大

2019 年，为了统筹推进好稳增长、促改革、调结构、惠民生、防风险的各项工作，妥善应对中美贸易摩擦，切实推进以补短板为重点任务的供给侧结构改革，实现结构调整与扩大内需的更好结合，保持经济运行在合理区间，打好防范化解重大风险、精准脱贫、污染防治三大攻坚战，使新动能作用加强，人民群众获得感增强，积极的财政政策要更加精准有效，中央和地方财政增支压力仍然较大。

（1）促进经济运行保持在合理区间　2019 年，要进一步落实更加精准有效的积极财政政策，保持经济运行在合理区间。一要充分发挥财政资金的引领作用，适当增加预算内投资，加大对 有关“一带一路”建设、京津冀协同发展、长江经济带、粤港澳大湾区发展以及海南全面深化改革开放等方面的重大项目投入。适当增加预算内投资和专项债规模，鼓励地方政府盘活存量财政资金，加大天然气储气设施、地下综合管廊、中西部铁路、沿边公路、重大水利、城镇及农村污水垃圾处理等基础设施领域补短板力度，增强内需对经济增长的关键支撑作用。

（2）培育、壮大新动能和改造提升传统动能　2019 年，为了培育、壮大新动能和改造提升传统动能，要加快推进工业互联网发展，扎实推进大数据应用发展。加大财政资金投入，启动重大短板攻关工程，扎实推进关键核心技术攻关，推进重点领域国产化替代。全面启动科技创新 2030—重大项目和国家实验室建设，组织实施生物产业倍增、人工智能创新发展、集成电路“910”升级版等重大工程。聚焦国际产业竞争制高点，加大财政投入和政策引导，在新一代信息技术、高端装备、新材料等领域做大、做强一批战略性新兴产业集群。适当扩大中央财政技改专项资金规模，重点支持智能化改造、节能环保改造和危险化学品企业搬迁改造。

（3）确保保障和改善民生的各项工作 2019 年，要把稳就业放在更加突出的位置，密切关注中美贸易摩擦事态变化，加强就业形势监测预警，防范重点地区、重点行业和企业出现下岗潮，努力做好高校毕业生、退役军人和下岗职工等重点群体就业，加大财政扶持力度，促进创业带动就业。要持续推进深度贫困地区脱贫攻坚，统筹城乡公共服务设施布局，补齐公共服务短板。加快建立多主体供给、多渠道保障、租购并举的住房制度。

初步预测，2019 年财政支出在 6.5%左右。

三、关于 2019 年财政政策的建议

1．继续实施积极的财政政策

积极的财政政策在适度扩大支出的同时，重点应放在实质性降低税率上。一是适度扩大赤字规模。建议将 2019 年财政赤字规模扩大至 3 万亿元，比上年增加 6200 亿元，赤字率在 3%左右，确保财政支出保持一定的力度；将 2019 年地方专项债券发行规模扩大至 1.9 万亿元，比上年增加 5500 亿元，进一步开大“正门”保障地方正常融资需求，重点支持重大核心技术攻关、民生改善和基础设施补短板等领域。二是适当加大减税力度。增值税方面，实行三档税率并两档改革，将制造业等行业增值税税率从 16%降至 12%，将交通运输、建筑等行业增值税税率从 10%减并至 6%，同时扩大增值税可抵扣范围和比例，提高企业设计、经销费用的增值税抵扣幅度。在所得税方面，将企业所得税税率降至 20%，其他适用优惠税率同等幅度下调；进一步提高小微企业纳税额上限，研发费用加计扣除比例由 75%提高至 100%。全面实施新修订的个人所得税法，为居民减负释放消费潜力。三是较大幅度降低社保缴费名义费率，做实实际缴费率，稳定缴费方式，明确现有缴费水平过渡期，确保企业社保缴费实际负担有实质性下降。切实清理和降低各类附加收费。

2．进一步加强财政政策与货币等其他政策的协调

一是进一步明确财政政策和货币政策的分工协调关系。财政政策要着眼于降

成本和稳预期，在结构调整和扩大内需上发挥更大作用，要显著减税降费，切实降低企业负担，同时，适当扩大赤字规模，确保支出进度，优化支出结构，切实扩大需求并改善供给。货币政策重点在于保持流动性合理充裕，为实体经济营造较为稳定的融资环境。既要防止“大水漫灌”导致的过度加杠杆和放大资产泡沫，又要防止“细水慢流”导致过度收缩和风险过度暴露。二是健全财政、货币、产业、环保、区域等经济政策的协调机制，加强统筹协调，创新支持保障实体经济的方式，避免政策自扫门前雪，合理确定政策操作力度、节奏及松紧搭配程度，合理确定新政策实施的过渡期，妥善处理政策执行中的一刀切问题。三是综合考虑各类政策集中实施形成的叠加效应，努力避免防控地方政府债务与金融强监管、环保一刀切叠加所产生的超调和合成谬误。四是建立快速反应的政策纠错机制，及时化解处置风险的风险，更好地创造稳定的宏观政策环境，形成宏观政策合力。

3．充分发挥财税政策对改革创新发展的推动作用

一是加快推进财政事权与支出责任划分，结合税制改革进展及减税降费政策实施情况，推进理顺中央和地方收入划分改革。推进交通运输、林业草原、国家安全、农业生产、水利等分领域财政事权与支出责任划分改革；二是适当提高相关行业企业的出口退税率，保证及时足额退税。落实好降低汽车、日用消费品进口关税的相关政策，尽快推出关税豁免政策及细则，指导我国进口企业申请相关豁免。扩大就业补助资金、外经贸发展资金规模，发挥财政政策在抵御中美贸易摩擦冲击中的作用。三是适当降低交易环节税费，鼓励居民通过“卖旧买新”等方式持续改善住房条件。四是研究设立补短板专项债券及专项基金，以贷款贴息、保险补贴等方式支持科技重大项目和重点工程，建立战略性新兴产业和企业技术改造风险补偿机制。五是坚决遏制隐性债务增量，督促整改政府投资基金、政府和社会资本合作模式（PPP）、政府购买行为中的不规范行为，严禁各种违法违规担保和变相举债，妥善化解隐性债务存量，加快融资平台公司化转型。

（作者：王远鸿）

2018年金融运行分析及2019年展望

2018年，广义货币M2余额同比增速止跌回稳，社会融资规模增速持续放缓，实体经济融资成本整体有所上行，人民币汇率出现一轮快速贬值，跨境资金“偏流出”压力显现。中美贸易摩擦是2019年我国金融平稳运行的最大外部不确定因素，经济下行压力与金融整顿带来“紧信用”难题，人民币贬值与跨境资金流出风险将持续抬头，货币政策放松空间及宽松效用难以有效释放。金融调控要积极防范外部冲击与内部压力共振可能引发的经济明显减速与风险过快释放，在防范和处置金融风险隐患的同时，支持宏观经济在合理区间平稳运行。

一、2018年我国金融运行的总体特点

1. M2余额同比增速止跌企稳，货币流动性下降

受金融去杠杆政策影响，2017年二季度以来，M2增速跌破10%，并逐步下降。央行于2018年1月起，用非存款机构部门持有的货币市场基金取代货币市场基金存款（含存单）。此次统计口径调整对M2增速有一定影响，但影响较小，统计口径调整前后M2增速2017年平均值仅相差0.4个百分点。2018年以来，随着央行连续4次降准，去杠杆政策压力减轻，M2增速呈止跌企稳之势。2018年10月末，M2余额同比增长8%，增速比上年末低0.1个百分点，比上年同期低0.9个百分点。从货币派生角度看，M2增速企稳主要得益于央行多次降准及银行贷款快速扩张带来的货币乘数上升。2018年9月末，基础货币余额同比增长3.9%，比上年末低0.3个百分点，比上年同期低1.4个百分点；M2货币乘数为5.67，比上年末高0.46，比上年同期高0.26。2018年2月以来，狭义货币M1增速跌至M2增速以下，且两者速差不断扩大。2018年10月末，M1余额仅同比增长2.7%，比上年末和上年同期分别低9.1个百分点和10.3个百分点，M1与M2两者“剪刀差”为－5.3%，货币流动性比例（M1/M2）为30.1%，比上年末和上年同期分别下降2.1个百分点和1.5个百分点，显示货币活跃程度下降。

2. 表外融资显著减少，表内贷款同比多增

在监管压力及“资管新规”等要求下，银行表外业务持续回归表内，造成表外融资大幅下降，表内贷款增加较多。受表外融资拖累，社会融资规模增长持续放缓。2018 年央行连续两次调整社会融资规模统计口径，将“存款类金融机构资产支持证券”“贷款核销”和“地方政府专项债券”纳入统计范围。统计口径的调整使社会融资规模放缓程度有所缓和。2018 年 10 月末，社会融资规模存量同比增长 10.2%，增幅比上年末和上年同期分别低 3.2 个百分点和 4.2 个百分点。2018 年前 10 个月社会融资规模增量累计 16.1 万亿元，比上年同期少 2.79 万亿元。其中，对实体经济发放的人民币贷款增加 13.51 万亿元，同比多增 1.39 万亿元；对实体经济发放的外币贷款折合人民币减少 2712 亿元，同比多减 2364 亿元；表外融资（委托贷款、信托贷款和未贴现的银行承兑汇票）减少 2.57 万亿元，同比多减 5.61 万亿元；企业债券净融资 1.72 万亿元，同比多 1.42 万亿元；非金融企业境内股票融资 3275 亿元，同比少 3343 亿元；地方政府专项债券净融资 1.78 万亿元，同比多 990 亿元；存款类金融机构资产支持证券与贷款核销合计增加 1.20 万亿元，同比多 4885 亿元。

3. 人民币贷款增势良好，贷款结构存在隐忧

2018 年 10 月末，人民币贷款余额同比增长 13.1%，比上年末和上年同期分别高 0.4 个百分点和 0.1 个百分点。2018 年前 10 个月人民币贷款增加 13.84 万亿元，同比多增 2.1 万亿元。尽管贷款增势较好，但企业贷款结构存在隐忧。一是新增贷款规模高于上年同期，主要受票据融资的推动。2018 年前 10 个月票据融资累计增加 1.32 万亿元，比上年同期多增 3.08 万亿元。从经验来看，银行会利用票据融资来“冲规模”。二是企业短期贷款少增较多。用于满足企业生产流动性资金需求的非金融企业短期贷款前 10 个月累计增加 5912 亿元，比上年同期少 1.12 万亿元。三是与企业投资有关的中长期贷款增势欠佳。非金融企业中长期贷款累计增加 5.07 万亿元，比上年同期少 6737 亿元。四是居民部门贷款增长平稳，个人购房贷款增长仍偏快。与居民部门持续加杠杆相应，2018 年前 10 个月住户部门贷款累计增加 6.25 万亿元，比上年同期多 735 亿元。

4. 金融市场利率出现分化，实体经济融资成本总体上行

除 4 次降准外，2018 年央行还通过中期借贷便利（MLF）、逆回购操作等流

动性调节工具，加强流动性管理，确保银行体系流动性合理充裕。此外，为应对跨季流动性需求波动，央行年初新创设了临时准备金动用安排（CRA），为缓解部分金融机构高等级债券不足的问题，扩大了 MLF 担保品范围。为维护金融市场利率稳定，央行政策利率调整与美联储加息出现“脱钩”。在 2018 年以来的美联储三次加息中，3 月份的加息，央行随后跟进上调逆回购操作利率等政策性利率，但 6 月份和 9 月份的加息中，央行未跟随美联储进行调整。在央行的调控和引导下，货币市场利率稳中有落。10 月末，隔夜 SHIBOR 为 2.37%，7 天质押式回购加权利率为 2.9%，分别比上年同期下降 0.37 个百分点和 1.03 个百分点。

2018 年以来，信用债再现违约潮，债券市场风险偏好明显降低，市场资金集中流向利率债和高等级信用债。利率债、AAA 等高等级信用债到期收益率、发行利率多数有所下行。例如，2018 年 10 月末，1 年期国债到期收益率为 2.81%，比上年同期下降 0.76 个百分点；10 年期 AAA 企业债到期收益率为 4.64%，比上年同期低 0.36 个百分点；国债招投标利率为 3.23%，比上年同期下降 0.3 个百分点；政策银行债发行利率为 3.86%，比上年同期下降 0.23 个百分点。信用风险的暴露推升低等级信用债利率。例如，2018 年 10 月 25 日 AA一级 7 年期固定利率企业债发行利率为 7.5%，比上年同期高 0.92 个百分点。

受社会融资增长放缓影响，社会融资成本整体有所上行。从正规银行体系看，2018 年二季度，金融机构人民币贷款加权平均利率为 5.94%，比上年同期高 0.18 个百分点。从影子银行利率看，2018 年 10 月份，一年期贷款类信托产品预期年收益率为 7.3%，比上年同期高 0.2 个百分点；温州民间借贷综合利率为 16.17%，比上年同期高 0.75 个百分点。

5. 人民币汇率快速贬值，跨境资金“偏流出”压力显现

在美国经济向好和美联储持续加息的支撑下，美元指数从 2018 年 4 月起持续走高，10 月末较上年末升值 5.2%。与美元走强相应，人民币对美元也面临一定贬值压力。按中间价计算，2018 年 10 月末人民币对美元汇率较上年末贬值 6.18%。其中，2018 年一季度升值幅度较大，较上年末升值 3.91%，4 月下旬以来出现较快贬值，5～8 月份四个月累计贬值幅度达 7.86%。为此，央行动用逆周期调节手段，8 月份将远期售汇业务的外汇风险准备金率从 0 调整为 20%，人民币对美元汇率中间价报价行陆续主动调整了“逆周期系数”，以适度对冲贬值方向的

顺周期情绪。人民币对美元贬值势头有所缓解，按中间价计算，2018年9～10月份两个月人民币对美元贬值2.01%。

受人民币对美元快速贬值影响，2018年三季度我国跨境资金流动也面临一定的“偏流出”压力。二季度非储备性质的金融账户顺差300亿美元，三季度转为逆差188亿美元。二季度银行结售汇月均顺差107亿美元，三季度月均逆差139亿美元；银行代客涉外外汇收付款二季度月均顺差15亿美元，三季度月均逆差126亿美元。反映在外汇储备上，我国外汇储备规模7～10月份连续三个月下降，10月末为3.05万亿美元，同比下降1.8%，2018年前10个月累计减少869亿美元。

二、2019年我国金融运行与调控面临的突出问题

1．中美贸易摩擦是我国金融平稳运行的最大外部不确定因素

2018年以来，中美贸易摩擦不断升级，美国迄今已对总额2500亿美元的我国输美产品加征关税，其中500亿美元的产品关税税率为25%，另外2000亿美元的产品关税税率2019年1月1日起将由10%提高至25%。美国总统特朗普威胁称，还可能将对另外2670亿美元的我国输美商品加征关税，如此一来，美国加征关税的我国输美产品金额将达5170亿美元，而2017年美方统计口径下自我国进口总金额为5055亿美元。对我国所有输美产品加征关税将对我国出口产生较大冲击。

由于2018年美国加征关税范围和力度相对有限，而且存在企业在美国加征关税措施落地前的“前跑”行为，人民币贬值对出口也有积极作用，2018年下半年出口增速不降反升。但2019年美国加征关税范围和力度将进一步扩大，甚至可能“全覆盖”，我国出口将面临较大冲击，加剧经济下行压力。除贸易本身的影响外，中美贸易摩擦还将对我国企业信心、金融市场预期和情绪产生直接冲击，信心和预期的影响更为迅捷。企业信心方面，民营企业出口在我国出口份额中占据首位，2018年前三季度占比为47.9%。在环保限产、融资难、国内用工和原材料成本上升、社保缴费等重重压力下，民营企业经营本来就日益困难，中美贸易摩擦使民营企业内外交困，企业家信心更趋低迷。市场预期方面，2018年6月中旬以来，股市出现一轮快速下跌后持续在2500～2700区间内低位盘整，人民币汇率也持续快速贬值。在贸易战阴影下，未来投资者负面情绪和预期可能进一步发酵，

导致股票市场与外汇市场持续低迷。

2. 经济下行压力与金融整顿带来"紧信用"难题

2018 年稳健的货币政策持续向边际宽松方向调整，银行间市场流动性较为充裕，M2 增速止跌企稳。但社会融资仍在收缩，其根源并非货币政策偏紧，而是央行将流动性注入银行体系后，受资金供求双方意愿和能力等多重约束，无法有效传导形成实体经济的信用扩张，从而呈现"宽货币、紧信用"的局面。受以下因素影响，2019 年货币政策将依然面临传导难题，宽松效果难以有效体现。

一是内外部不确定性上升，经济下行压力加大，金融风险隐患仍较为突出，银行与债券市场风险偏好普遍下降。银行不良贷款增多，信用债违约风险与股票质押流动性风险危机四伏，P2P 平台频繁暴雷、跑路，各类金融风险仍可能加速暴露。2018 年上半年，商业银行不良贷款余额和不良率持续"双升"，6 月末不良率为 1.86%，比上年末和上年同期均提高 0.12 个百分点。金融机构风险偏好下降与市场紧张情绪上升，不利于表内贷款和企业债券融资扩张。银行会出现惜贷、抽贷、短贷的现象，信用债的发行量减少，发行成本上升，企业资金链更为紧张。

二是加强影子银行的制度约束导致表外融资持续低迷。银行通过通道业务投向非标准化债权资产，近似于发放类贷款。严监管压力不变和"资管新规"落地将使银行通过信托、券商资管、银行理财、基金及其子公司专户等进行的资产管理计划通道业务进一步收缩。此外，资产管理新规中要求资产管理产品投资非标准债权必须严格符合限额管理、风险准备金要求、流动性管理等监管标准，同时禁止期限错配，禁止两层以上嵌套等，也使得非标准化债权融资通道基本被封堵。

三是有效贷款需求趋于疲软。2018 年新增贷款构成中，票据融资同比多增较多、非金融企业短期贷款和中长期贷款增势低迷，这表明企业贷款需求趋弱。央行银行家问卷调查结果显示，2018 年三季度贷款总体需求指数为 65.2%，比上季度降低 1.5 个百分点，已连续两个季度回落。

3. 人民币贬值与跨境资金流出风险持续抬头

美元指数选定的一篮子货币，由欧元、日元、英镑、加拿大元、瑞典克朗和瑞士法郎六种主要货币构成，欧元是其中最重要、权重最大的货币，占比为 57.6%。从历史表现看，美元指数走势与欧元兑美元汇率走势高度同步。计量结果显示，大部分年份里，美元指数波动的 50%以上可以由欧元兑美元汇率的变动来解释。

可以说，欧元对美元的汇率变动在很大程度上主导了美元指数的走势。2019 年“美强欧弱”的经济基本面表现仍将持续，美联储加息的先发优势依然存在，美元对欧元仍可能保持相对强势，并支持美元指数走强。2018 年以来，欧元区复苏势头逐步趋缓。作为欧元区第三大经济体，意大利经济增长陷入停滞且与欧盟“预算之争”愈演愈烈，英国硬脱欧风险不能排除，欧元区经济增长面临的不稳定因素在增多。欧盟委员会已下调了对欧元区 2019 年经济增长的预测，并预测到 2020 年经济增长将持续放缓，其中，2019 年经济增速预测值由 2%下调至 1.9%。民主党在美国中期选举夺回了众议院控制权，特朗普继续加码财政刺激的政策将受到掣肘，美国经济增长和通胀回升的动能可能趋弱，给美联储加息前景带来一定变数。虽然美国经济复苏势头也可能趋缓，但与欧元区相比仍将有相对较好的表现。2018 年 9 月议息会议上，美联储上调了 2018～2019 年两年美国经济增速预期值，将 2019 年由 2.4%提高至 2.5%。美国在货币正常化方面也遥遥领先于欧元区。自 2015 年 12 月美联储开启本轮加息周期以来，截至 2018 年 10 月已加息 8 次，并于 2017 年 10 月正式启动“缩表”进程，2019 年可能再加息 2～3 次。与之相比，欧元区 2018 年年底才刚结束购债计划，首次加息时间最早也要到 2019 年夏天结束之后。

展望 2019 年，我国外汇运行面临的风险因素有增无减。一是美元相对强势与美联储进一步加息将继续冲击金融脆弱性高的新兴市场国家，2019 年新兴市场仍可能出现新一轮金融动荡，并出现溢出和传染效应。二是中美经济周期、金融周期不同步带来的两国经济表现差异和货币政策走向分化将持续。截至 2018 年 10 月 31 日，中美之间长期利差（10 年期国债收益率）已收窄至 0.36 个百分点，比上年末下降 1.12 个百分点，未来仍可能进一步收窄。基本面、政策面和利差因素均使人民币存在贬值压力。三是中美贸易摩擦升级冲击我国国际收支稳定。中美贸易摩擦主要通过信心和预期渠道、贸易渠道和资本渠道对我国国际收支产生影响。这三个渠道之间还会相互影响和彼此强化。2018 年前三季度，我国经常账户逆差 128 亿美元。这是 1998 年有季度统计数据以来的首次逆差。在中美贸易摩擦压力下，加之我国政府积极推动扩大进口促进对外贸易平衡发展，未来经常账户仍可能出现小幅逆差。经常账户持续转为逆差将对市场信心和预期产生较大冲击，加剧跨境资金流出压力。

4．货币政策放松空间及宽松效用难以有效释放

我国货币政策工具在宽松方面看似还有较大空间。例如，截至 2018 年 10 月，大型和中小型存款类金融机构存款准备金率分别为 14.5%和 12.5%，而历史最低水平为 6%。货币市场利率也有较大余地被引导走低，2018 年 10 月份同业拆借加权平均利率为 2.42%，质押式回购加权平均利率为 2.39%，2001 年以来月度最低值均为 0.84%。但美联储收紧货币政策、中美利差收窄、人民币汇率贬值和跨境资金流出压力、“稳杠杆”的要求以及房地产市场泡沫等因素使货币政策宽松空间受到挤压。一方面，受制于汇率稳定、资本自由流动和独立的货币政策中只能三者选其二的“不可能三角”，2019 年人民币贬值和跨境资金持续承压，我国货币政策独立性将受到影响。在美联储进一步加息和缩小资产负债表的情况下，为防止中美利差过度收缩甚至出现倒挂而加剧人民币贬值的压力，央行不宜引导市场利率显著走低。另一方面，金融调控既面临去杠杆的供给侧结构性改革的长期要求，也面临防范和化解重大风险这一“三大攻坚战”的中期任务，还面临防止经济过快下行的“稳增长”的短期需要。2019 年货币政策需在三重目标和矛盾中寻求平衡，宽松空间相应受到制约。

货币政策效用的有效发挥依赖于传导机制。在经济增长下行、金融风险上行阶段，因金融机构风险偏好下降、企业预期趋差，宽松的政策难以有效传导是实践中普遍存在的问题。尤其是我国金融目前均处于转型发展阶段，在“房住不炒”的调控原则下，房地产市场也难以再充当信用扩张的发力点，而表外融资和地方隐性举债等旧的信用扩张模式难以为继，货币政策传导更为困难。

三、2019 年金融调控政策建议

面对错综复杂的内、外部环境，金融调控要切实落实中共中央政治局会议提出的“稳就业、稳金融、稳外贸、稳外资、稳投资、稳预期”方针，积极防范外部冲击与内部压力共振可能引发的经济明显减速与风险过快释放。要处理好稳增长和防风险的平衡，处理好稳增长与去杠杆、强监管的关系，聚焦进一步深化供给侧结构性改革，在防范和处置金融风险隐患的同时，支持宏观经济在合理区间平稳运行。

1．在“稳增长和防风险”间取得平衡，根据形势变化积极预调微调

货币政策坚持稳健中性的基调，适时适度向宽松方向微调。数量调控要做到“松紧适度”，把好货币供给总闸门，保持银行间流动性平稳充裕。根据外汇占款增长情况和银行流动性需求变化，结合使用进一步下调法定存款准备金率、公开市场操作和中期借贷便利（MLF）等数量手段，加强短期流动性管理，增加中长期流动性投放。利率调控要增强政策独立性，央行政策利率调整可与美联储加息短期“脱钩”。为避免社会资金成本持续上升威胁到“稳增长”和“控风险”，要尽量避免跟随美联储加息而上调逆回购操作等政策利率，保持货币市场利率稳定在较低水平。

2．合理把握金融去杠杆、严监管的力度和节奏，谨防出现“处置风险的风险”

作为三大攻坚战之首，防范、化解重大风险的任务依然紧迫，去杠杆是个长期过程，不可松懈。但也要看到，我国高杠杆风险的形成具有长期性，去杠杆与金融风险的处置不能过于急切，要从全局统筹考虑、协调推进、久久为功，谨防在处置风险过程中发生新风险。金融去杠杆正逐渐步入“深水区”，未来仍要保持一定的强监管政策定力，但具体执行中要更为谨慎，充分考虑机构和市场的承受能力，更为注重各项政策之间的协调和配合，以经常的“小震”释放压力，避免出现严重的“大震”。

3．重点疏通货币政策传导机制，实现调控效果有效释放

短期来看，应通过货币政策与宏观审慎政策、金融监管政策、财政政策、产业政策、区域政策等之间的协调和配合，通过“几家抬”形成合力，实现政策效用的有效传导。针对民营企业和小微企业融资中的堵点、梗阻等问题，切实采取有针对性的措施，解决政策传导“上热下冷”的问题。充分发挥国家融资担保基金和地方政府性融资担保、民营企业债券融资支持工具的引导和撬动作用，通过提高考核权重和健全尽职免责和容错纠错机制，鼓励和引导银行加大对民营企业和中小微企业的贷款支持。长期来看，要通过深化金融、财税体制、国有企业改革，加快建立房地产调控长效机制，从体制机制上疏通货币政策传导。

4．金融调控要定向发力，强调差异化对待

在实体经济盈利状况欠佳、缺少投资机会的情况下，货币政策宽松更容易推升房地产等资产价格并激励金融体系重新加杠杆。为此，要坚持不搞“大水漫灌”式强刺激，货币政策与宏观审慎政策、监管政策相结合，顺应结构性去杠杆的要求，采取“定向滴灌”的差异化操作。将下调人民币法定存款准备金率与引导金融机构将降准资金用于支持中小微企业、民营企业、市场化债转股等相结合，实行定向降准。对暂时遇到经营困难，但产品有市场、项目有发展前景、技术有市场竞争力的企业，不盲目停贷、压贷、抽贷、断贷，加强对有效益、有市场、有竞争力但发展暂时面临困难企业的融资支持力度。同时，严格控制“两高一剩”行业的贷款，有序退出“僵尸企业”，做好差异化购房贷款限贷政策的落地实施。

5．重视发达国家货币政策正常化外溢效应，保持外汇形势稳定

以美国为首的发达国家货币政策正常化外溢效应使新兴市场国家经济金融脆弱性进一步暴露，国际金融风险隐患增多，增加了外部风险向内部风险转移和传导的可能性。为此，要做好应对人民币汇率贬值和跨境资金流出的政策预案。在金融市场扩大对外开放的情况下，适度增强人民币汇率浮动弹性，为维护货币政策独立性创造条件。同时，密切关注国际形势变化对资本流动的影响，充分运用逆周期宏观审慎管理措施，保持人民币汇率稳定在合理均衡的水平，坚持“扩流入、控流出、稳预期、防风险”的工作思路，积极维护外汇形势稳定。

（作者：李若愚）

2018 年我国对外贸易形势分析及 2019 年展望

2018 年以来，世界经济持续复苏，主要经济体平稳增长，海外市场需求改善，国内经济总体平稳，市场多元化战略积极落实，稳外贸政策显效，我国进出口实现较快增长，贸易结构持续优化，发展实力逐步增强。尽管中美贸易摩擦升级，全球经济预期走弱，但我国进出口发展的有利条件仍然较多，全年外贸发展有望实现稳中向好。展望 2019 年，中美贸易摩擦效应逐步显现，世界经济增长温和回落，国际经贸格局加速变革，我国对外贸易发展的外部环境不确定性加大，但是在国内提前调整国际贸易布局，外贸企业竞争力加强，商品结构持续优化升级等因素的影响下，预计对外贸易仍将保持平稳运行，增速较上半年略有放缓，质量效益提升将成为发展的主要特征。

一、2018 年对外贸易增速加快，结构改善

1. 对外贸易实现较好增长

2018 年前三季度，我国货物贸易进出口总值 22.28 万亿元人民币，比上年同期增长 9.9%。其中，出口增长 6.5%，进口增长 14.1%；贸易顺差 1.44 万亿元，收窄 28.3%。分季度看，中美贸易摩擦对进出口领域的冲击存在时滞效应，外贸呈现增速逐季提升，分别增长 9.4%、6.4%和 13.8%。若以美元计价，2018 年以来我国进出口一直维持在高位运行，增长 15.7%，其中出口增长 12.2%，增速均处于六年以来的历史高点，略好于全球 70 个主要经济体的平均水平。在国内经济运行稳中有进、产业结构转型升级、国内市场加速扩容、对外开放政策升级的推动下，我国以美元计价的进口增速达到了 20%，处于近六年同期的高点。由于进口增长快于出口，贸易顺差显著收窄，国际收支更趋平衡，2018 年前三季度，我国对外经常项目贸易顺差占 GDP 的比例仅为 2.2%，处于收支平衡的合理区间。

2．进出口产品结构持续升级

在出口商品中，伴随我国产业升级步伐加快，技术水平不断提升，产业实力持续增强，附加值、技术含量相对较高的机电产品、高技术产品的增速好于整体，2018 年前三季度机电产品出口增长 7.8%，高于整体水平 1.3 个百分点，占我国出口总值的 58.3%，高新技术产品出口增长 15.5%，高于整体水平 9 个百分点，其中集成电路出口增长 8.9%，汽车出口增长 16.3%，手机出口增长 15.2%。但是，受全球贸易保护加剧、关税水平提升等因素影响，我国劳动密集型产品出口增速下滑，比例进一步降低。此外，我国“两高一资”产品出口减少 7.6%，有利于降低国内单位 GDP 能耗，实现绿色发展。在进口商品中，随着我国降低消费品进口关税政策效应的显现，有利于促进国内消费升级的医药、化妆品等产品进口规模扩大，其中化妆品进口增速达到 75.1%。此外，我国充分利用国际市场，增加了能源资源产品输入，保障了能源供给，2018 年前三季度原油、天然气、成品油等商品进口量增长较快。

3．贸易方式进一步优化

2018 年前三季度，一般贸易进出口增速达到 13.5%左右，高于整体水平 3.6 个百分点，占进出口总值的 59%，比上年同期提升 2.3 个百分点。由于一般贸易具有国内产业链条长、产品附加值高、带动国内就业人数多等特点，其占比提升意味着我国贸易结构改善，外贸自主发展的动能不断增强。与此同时，我国加工贸易不断升级，实现了提质增效，部分地区形成了加工贸易产业集群，呈现出经济集聚效应，部分加工贸易领域实现了产业链延伸拓展，内外资企业融合发展的格局。

4．国际布局更趋多元化

我国积极开拓国际市场，逐步形成多元化格局。2018 年以来，我国推动了更高水平的对外开放，坚持开放融通、合作共赢，对外贸易合作国家和地区范围不断扩大，合作的深度和广度不断提升。多元化的国际布局提升了我国对外贸易抵御局部国际市场贸易摩擦升级、需求下滑的冲击，前三季度，我国对传统贸易伙伴欧盟、美国和东盟进出口分别增长 7.3%、6.5%和 12.6%；对“一带一路”沿线国家进出口继续保持较快的增速，其中对俄罗斯、波兰和哈萨克斯坦的进出口分别增长 19.4%、11.9%和 11.8%，高于总体增幅；对非洲、拉丁美洲的进出口贸易增速分别高于整体增速 3.9 个百分点和 3.8 个百分点。我国货物贸易出口还带动了相关金融、保险、物流、劳务等对外服务的出口，并为周边国家带来了商机与贸易投资机会。

5. 民营企业贸易比例提高

民营经济是推进供给侧结构性改革、推动高质量发展、建设现代化经济体系的重要主体。民营企业既是我国投资增长的主要力量、消费繁荣的重要源泉，更是对外贸易发展的主力军。2018 年前三季度，民营企业进出口增长 11.2%，占我国进出口总值的 39.1%，比例同比提升 1.2 个百分点。历经改革开放和入世竞争，我国外贸领域民营企业的竞争力显著提升，在经营生产效率与企业治理监督等方面优势增强，已经成为我国对外贸易市场配置效率提升的重要力量。

6. 服务贸易发展持续向好

2018 年前三季度，我国服务贸易发展稳中有进，进出口总额增长 10.5%，其中出口增长 14%，进口增长 8.9%。若以美元计，服务进出口、出口和进口增速分别为 15.2%、18.8%和 13.6%。服务贸易发展的内生动力进一步增强，新兴服务快速发展带动服务贸易结构持续优化，前三季度新兴服务出口增长 25%，占服务出口比例为 52.2%，比上年同期提升 4.6 个百分点；知识密集型服务出口快速增长促进了我国出口竞争力的持续增强，保险服务、电信计算机和信息服务等知识密集型服务出口均实现了 20%以上的快速增长，“中国服务”国家品牌影响力和国际竞争新优势进一步增强；有利于国内产业技术升级的知识产权使用费等高端生产性服务进口分别增长 24%。

7. 外贸提质增效步伐加快

对外贸易领域供给侧结构性改革加速推进，货物贸易发展的质量效益不断提升。一是 2018 年以来，为切实降低外贸企业负担、提高产品竞争力，我国陆续出台了一系列减税降费、促进跨境贸易便利化等措施，如降低进口增值税税率、降低药品、汽车及其零部件、日用消费品等进口关税等，政策措施既有效促进了进口增长，也为国内消费升级提供了更多选择。二是我国进出口发展模式更趋向“优进优出”，着力培养出口竞争的新优势，突出技术、品牌、服务等新的核心竞争力，重视资源和环境保护。2018 年前三季度，具有我国自主品牌的商品出口比例提升。三是我国对外贸易领域改革不断推进，完善政府服务、加强“单一窗口”建设、推动更高层次自由贸易试验区建设等。一系列外贸稳增长、调结构政策落实到位，有效减轻了企业负担，改善了营商环境，不断释放了外贸增长潜力。世界银行报告认为，我国位列2018年营商环境改善全球排名前十，总体排名从第78位跃升至第46位。

二、2019年我国外贸运行前景展望

我国外贸发展正在由高速增长阶段转向高质量发展阶段，2019年外贸运行面临的国内外环境总体有利，但部分领域风险进一步聚集。

1. 国际环境错综复杂

（1）*世界经济增长动力趋弱* 全球经济保持温和复苏，但增长动能逐渐减弱。在贸易投资保护主义升温、贸易摩擦加剧、国际融资环境趋紧、金融风险外溢性增强、全球债务水平居高不下、竞争性减税行为增多等因素的影响下，世界经济下行压力加大。国际货币基金组织10月份的《世界经济展望》分别下调了2018年及2019年全球经济增长预期至3.7%（见表1），这是自2016年以来国际货币基金组织（IMF）首次下调经济增长预期。国际机构认为美国发动的针对全球的贸易摩擦有可能导致世界经济增长放缓。特朗普对全球贸易伙伴发动的贸易攻击和持续威胁，将导致全球经济增长率到2020年降低0.5个百分点，意味着全球经济将损失4300亿美元；同时贸易壁垒会阻碍投资，抬高国际商品价格，扰乱国际供应链，减缓新技术的传播，降低全球生产率。

表1 国际货币基金组织对世界经济增长的预测

（单位：%）

国家或地区	2017年	2018年预测	2019年预测
世界	3.7	3.7	3.7
美国	2.2	2.9	2.5
欧元区	2.4	2.0	1.9
日本	1.7	1.1	0.9
中国	6.9	6.6	6.2
印度	6.7	7.3	7.4

（2）*宏观经济政策转向“趋紧”* 发达经济体宏观经济政策将继续调整，货币政策回归正常化后存在偏向“趋紧”的可能性。美国通货膨胀水平已经达到目标水平，2018年三次加息，上调联邦基金利率至2%～2.25%，创2008年以来新

高。预计年内仍将加息一次，2019年或将加息三次。目前联邦基金目标利率将处在中性利率附近，货币政策即将结束连续十余年的偏宽松状态，呈现正常化特征。但是2019年继续加息，美联邦利率可能超过中性利率水平，由中性转向紧缩。届时美“偏紧”的货币政策将对经济增长、资本市场形成抑制，同时影响全球主要经济体货币政策的安排。欧元区经济复苏相对缓慢，货币政策回归正常化措施相对谨慎，欧央行宣布在2018年年底结束资产购买，并将当前的政策利率至少维持到2019年夏季。全球宏观经济政策调整将压缩我国财政货币政策的操作空间，给国内宏观调控带来一定干扰。

（3）*国际贸易摩擦存在升级风险* 2019年，美国对我国加征关税已确定规模扩大至2500亿美元，互征关税规模扩大至3600亿美元。未来贸易摩擦影响将逐步显现，关税水平提高将使进出口增速下滑。同时，部分国家和地区跟风美国对华贸易政策，拟对我国实施贸易保护措施，意图在国际贸易和投资中打压我国获取利益。欧盟年内表示考虑与美国联手解决双方都认为不公平的我国贸易做法，包括欧盟承诺与美国在世贸组织中联手对我国采取法律行动，以及欧洲主要国家政府承诺将对我国加大施压，要求我国为国际公司创造公平竞争的环境等。韩国、日本等国一度表示对我国出口的部分产品加征关税，并考虑联合美国对华进行知识产权相关调查。由于美国在全球范围内对主要贸易伙伴实施贸易保护和限制措施，目前主要发达经济体贸易关系脆弱多变，尚未形成实质性联盟。但是贸易摩擦国别范围扩大化的倾向和苗头需引起高度重视。

2. 国内经济平稳运行

（1）*我国经济发展的稳定性增强* 我国经济发展进入新时代，经济已由高速增长阶段转向高质量发展阶段，经济平稳发展仍具良好的基础。一方面，经过债务置换和财政整固之后，各级政府债务压力有所缓解，实施积极的财政政策仍有一定空间，特别是将重点转向减税降费的空间较大。我国防范化解金融风险措施逐步显效，整体杠杆率稳中趋降，金融风险有所释放，同时通货膨胀水平温和，因而具备加大金融对实体经济的支持、保持良好金融环境的条件。同时，我国各项改革举措正稳步推进，宏观政策体制机制进一步完善，有利于调动社会积极性、激发企业活力。2019年经济发展的阶段性变化更加显著，体现为增长速度换档、发展方式转变、经济结构优化、增长动力转换。世界经济进入变革和调整阶段，单边主义、贸易保护主义盛行，全球经济增长预期减弱，我国面临的外部发展环境不确定性加大。综合判断，预计我国 2019 年全年 GDP 增长在 6.3%左右。

（2）对外贸易发展政策环境优化　博鳌论坛进一步明确了加快扩大开放步伐，提出大幅度放宽市场准入、创造更有吸引力的投资环境、加强知识产权保护、主动扩大进口等重要举措，并支持海南全岛建设自由贸易试验区和自由贸易港，我国全方位对外开放格局加速构建。我国以“一带一路”建设为重点，坚持引进来和走出去并重，培育贸易新业态新模式，创新对外投资方式，人民币国际化进程加快，逐步形成由点及面全方位的对外开放新格局。我国加速推进国际市场布局、国内区域布局、商品结构、经营主体和贸易方式“五个优化”，深入推进外贸转型升级基地、贸易促进平台、国际营销网络“三项建设”，推动外贸领域供给侧结构性改革，完善外贸稳增长调结构的政策措施，国内营商环境持续改善。

（3）汇率波动震荡幅度加大　伴随世界经济发展的不确定性提高，人民币汇率走势波动幅度加大，2018 年人民币对美元汇率经历了升值、稳定和贬值三个阶段，人民币汇率的日间、隔夜波幅均有所增大，双向波动特征明显。尽管央行已上调了外汇风险准备金，但是由于国际经济贸易形势不确定性较大，预计汇率市场震荡幅度仍较为剧烈，这将对我国外贸企业生产经营与贸易活动造成影响。

3．2019 年我国对外进出口持续增长

综上所述，世界经济运行不确定性加大，多边贸易体系被蚕食，以美国为主导的新一轮双边、多边贸易规则逐步建立，主要经济体宏观调控取向调整，财政货币政策由宽松转为趋紧，全球经济增速存在减速势能。我国以主动开放促深化改革，对外开放范围扩展层次提升，共建“一带一路”为企业提供了海外市场空间和国际产能合作机会，支持海南省全域建设自由贸易区、自由贸易港等举措的落实有利于货物贸易以及服务贸易发展。初步预计，2019 年国际经贸环境变数较大，我国对外贸易面临的挑战加大，预计我国出口增长在 6.5%左右，进口增长在 12%左右。

三、政策建议

1．提高自主创新能力

一是加快产业升级步伐。通过产业升级逐步摆脱美国等高科技国家的制约。

大力发展智能制造，推动创新发展，加强工业化与信息化融合发展，落实“互联网＋制造业”战略，培育以科技创新和人力资本为基础的竞争新优势；提高产业发展精细化程度，提升制造业优良产品比例；提倡绿色制造，围绕提高资源利用效率和提升清洁生产水平，构建高效、清洁、低碳、循环的绿色制造体系，大幅降低能耗、物耗水平，二是提高核心技术水平。通过财政扶持、金融支持等渠道，重点攻关国民经济发展关键领域的核心技术和重要零部件，提升电子、新材料、机械设备等行业的国际竞争力，降低关键技术和核心零部件的对外依赖。三是打造若干产业技术联盟。围绕世界科学前沿和我国战略需求，建设一批具有国际先进水平、重大创新能力、拥有核心关键技术，带动辐射区域发展的产业技术联盟，切实提升国家创新能力。

2．加大政策支持力度

一是加强对外贸易扶持政策。完善外贸政策协调机制，优化通关、质检、退税、外汇等管理方式，支持新型贸易方式发展；提高出口退税比例，扩大出口保险范围，降低企业贸易成本；推动多边合作、双边合作谈判，拓宽国际市场，帮助外贸企业寻求新商机。二是加强就业扶持政策。建立对美贸易重点地区和重点企业清单，紧密监测对外贸易以及相关领域的就业运行情况，防范由于贸易摩擦带来的失业风险。三是加强财政扶持政策。建议研究启动发行特别国债预案，支持解决重点领域技术攻关、重点行业贸易失衡等问题。

3．大力推动出口多元化

一是落实扩大开放、大幅放宽市场准入的重大举措，推动共建“一带一路”向纵深发展，鼓励引导企业在开拓出口市场多元化的同时，推进国际产能合作，提升产业全球运筹和经营能力，加快培育新的出口增长点，抵消中美贸易争端对我国商品出口的影响。二是积极优化进口结构。落实党中央、国务院部署，在稳定出口的同时进一步扩大进口，增加有助于转型发展的技术装备、关键零部件、重大技术进口，巩固首届中国国际进口博览会成果，推动经济高质量发展。

（作者：闫敏）

2018 年固定资产投资分析及 2019 年展望

2018 年前三季度，固定资产投资仅增长 5.4%，创下历史新低。制造业投资取代基建投资成为拉动整体投资增长的主导力量。投资领域结构风险更加突出，基建投资大幅减速、房地产投资过度依赖土地购置费增长。当前需要密切关注地方政府隐性债务风险加大基建融资约束、房地产开发投资面临较大不确定性、制造业投资进一步改善的难度增大等问题。展望 2019 年，在政策红利、创新驱动与转型升级、新兴投资热点、补短板投资的支撑下，固定资产投资有望实现 6%左右的增长。建议 2019 年投资工作围绕“聚焦补短板扩大有效投资”的基本思路，坚持严控地方政府隐性债务不松动，精准适度发力有效基础设施。

一、2018 年固定资产投资的基本特征

在 2018 年国民经济和社会发展计划中，投资的主基调定位为“聚焦重点领域优化投资结构”，并首次取消了全社会固定资产投资预期增长目标（见表 1）。从政策制定层面传递出淡化投资增长要求，旨在引导全社会强化投资对优化供给结构的关键性作用，促进有效投资，特别是民间投资合理增长。

表 1　2009～2018 年全社会固定资产投资的预期目标与完成情况

年份	预期目标（%）	主基调	完成增速（%）	完成情况
2009 年	20.0	保持投资较快增长	30.0	√
2010 年	20.0	保持合理的投资规模	23.8	√
2011 年	18.0	保持合理的投资规模	23.8	√
2012 年	16.0	进一步优化投资结构	20.3	√
2013 年	18.0	发挥好投资对经济增长的关键作用	19.3	√
2014 年	17.5	促进投资稳定增长和结构优化	15.3	×
2015 年	15.0	着力保持投资平稳增长	9.8	×
2016 年	10.5 左右	着力补短板、调结构，提高投资有效性	7.9	×
2017 年	9.0 左右	精准扩大有效投资	7.0	×
2018 年	—	聚焦重点领域优化投资结构	—	—

注：投资计划预期目标是政府对年度固定资产投资发展期望达到的目标。预期目标本质上是导向性的，在反映投资发展基本趋势的同时，主要是向社会传递宏观调控的意图，以引导市场主体行为，不等同预测值。

2018 年以来，固定资产投资累计增速呈现出“先降后稳”的态势，前 8 个月持续回落，9 月份有所企稳。1～9 月份，固定资产投资仅增长 5.4%（见图 1），创下历史新低，较上年的偏低增速平台再下台阶，同比放缓 2.1 个百分点。受钢材、水泥等建筑物资价格较快上涨的带动，2018 年前三季度固定资产投资价格指数同比上涨 5.6%，剔除价格因素后实际增速仅为－0.2%，2017～2018 年各季度固定资产投资价格指数见表 2。

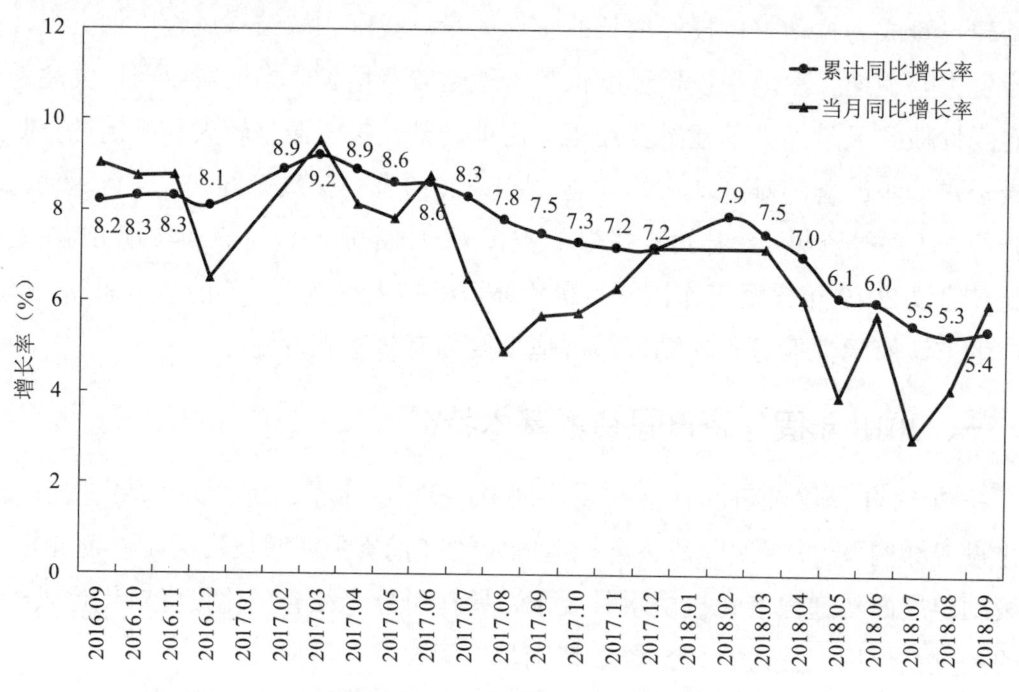

图 1 近两年固定资产投资增长情况

表 2 2017～2018 年各季度固定资产投资价格指数

（单位：%）

季　　度	2018Q3	2018Q2	2018Q1	2017Q4	2017Q3	2017Q2	2017Q1
投资名义增速	4.5	5.2	7.4	6.4	5.8	8.3	9.2
投资实际增速	－1.1	－0.7	1.2	－1.0	－1.1	3.2	4.5
投资价格指数	105.4	105.2	106.2	107.4	106.5	104.7	104.5
设备工器具价格指数	100.9	101.2	101.3	101.4	100.7	100.3	100.0
建筑安装价格指数	107.2	106.9	108.4	110.1	109.0	106.5	106.4
其中：钢材	108.4	109.5	115.6	124.8	123.5	116.4	118.0
水泥	111.8	110.8	110.5	108.7	108.1	105.6	104.7
其他费用价格指数	101.3	101.2	101.0	101.0	101.1	101.0	100.9

注：Q1 代表一季度，Q2 代表二季度，Q3 代表三季度，Q4 代表四季度，后同。

当前我国宏观经济增长基本平稳，固定资产投资低位再降速主要是受财政严控隐性债务的政策因素扰动。在支出法 GDP 构成中，前三季度资本形成总额对 GDP 增长的贡献率为 31.8%，较上年同期降低 1 个百分点，拉动 GDP 增长 2.1 个百分点，较上年同期减少 0.2 个百分点。

1．固定资产投资增速偏离正常水平，呈现出相对低速增长

2018 年前三季度，固定资产投资增长 5.4%，较同期名义 GDP 增速（9.8%）低出 4.4 个百分点，自 2016 年以来已经连续 10 个季度低于 GDP 名义增速。尽管由于统计口径不同，固定资产投资与资本形成总额不完全一致、其增速也有些差异，固定资产投资与 GDP 名义值也不存在直接对应关系，但总体上看，固定资产投资名义增速应该与 GDP 名义增速存在着一定的合理关系，即固定资产投资名义增速围绕着 GDP 名义增速上下波动，在经济过热期，投资名义增速大于 GDP 名义增速；在经济下行期，投资名义增速低于 GDP 名义增速。近年来我国宏观经济运行总体平稳，固定资产投资长时期的相对低速增长既不利于释放合理有效内需，也不利于优化供给结构，创造新供给能力。

分省份看，2018 年前三季度，我国有 9 个省份的投资增速出现同比下降，除海南（−13.1%）外，其他全部位于北方地区，分别是华北的北京（−6.7%）、天津（−14.2%）、山西（−1.6%）、内蒙古（−32.7%）；东北的黑龙江（−3.7%）；西北的甘肃（−6.1%）、宁夏（−19.1%）、新疆（−42.9%）。

2．基础设施投资大幅放缓，对整体投资减速贡献率达 187%

2018 年前三季度，大口径基础设施（包括电力、热力、燃气、水的生产和供应业，交通运输仓储和邮政业，水利环境和公共设施管理业）投资同比仅增长 0.3%，较上年同期大幅回落 15.6 个百分点，拉低整体投资增速 3.9 个百分点，对整体投资减速的贡献率高达 187%。也就是说，如果剔除大口径基础设施投资，剩余行业投资增速同比是加快的。分行业看，交通运输、仓储和邮政业增长 3.2%，较上年同期回落 12 个百分点；水利环境和公共设施管理业增长 2.2%，回落 20.6 个百分点。受推动火电去产能的影响，电力、热力的生产和供应业投资同比下降 17.2%。

2017 年下半年以来，财政部门强化地方政府隐性债务监管，先后发布了规范地方政府举债融资行为（财预〔2017〕50 号）、规范政府购买服务（财预〔2017〕87 号）、规范政府和社会资本合作项目（PPP）（财办金〔2017〕92 号）、规范金融企业对地方政府和国有企业投融资行为（财金〔2018〕23 号）等“四规范”，促使部分违规融资的基建项目停建、缓建或停止施工。在缺少地方政府提供增信措施的情况下，地方基建项目的融资难度和融资成本均大幅上升。截至 2018 年三季度末，PPP 综合信息平台已累计清退管理库项目 2554 个，累计清减投资额 3.06 万亿元。此外，金融严风险监管持续深入，委托贷款、信托贷款、银行承兑汇票等非标融资渠道受到大幅压缩，2018 年前三季度新增非标融资规模净减少 2.3 万亿元，较上年同期减少 5.24 万亿元。

3．制造业投资、民间投资延续向好态势，双双跑赢整体投资

2018 年前三季度，制造业投资同比增长 8.7%，较上年同期提升 4.5 个百分点，高出同期整体投资增速 3.3 个百分点，自 2013 年以来首次跑赢整体投资，对整体投资增长的贡献率达到 49.5%。分类别看，装备制造业投资增长 10%，高耗能制造业投资增长 11.1%，消费品制造业投资增长 4.9%（见图 2）。

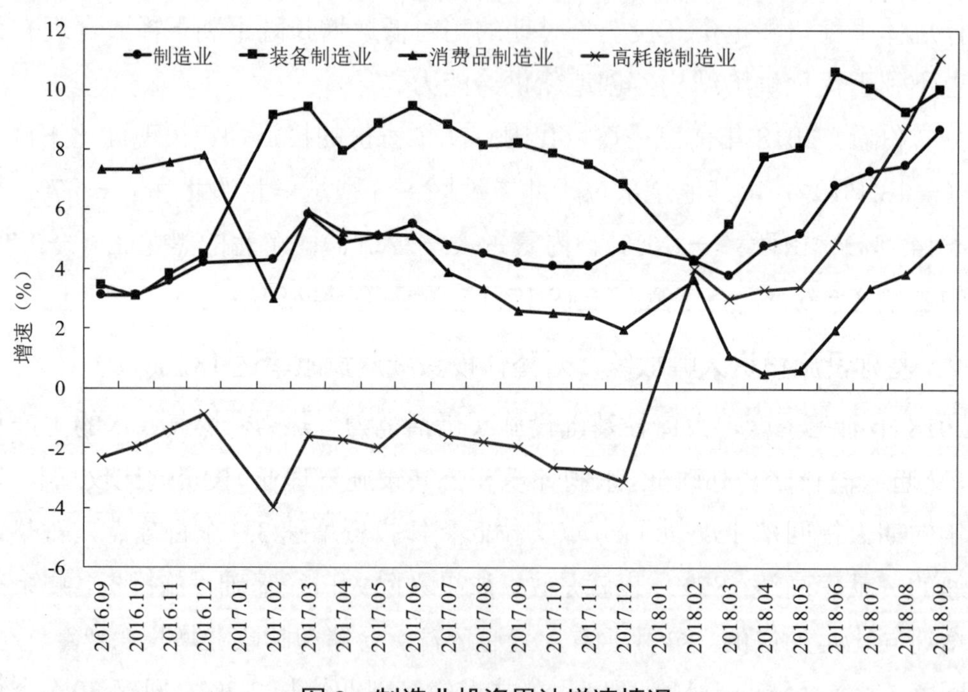

图 2　制造业投资累计增速情况

装备制造业和高耗能制造业投资均实现两位数增长，主要原因有：一是工业产成品价格持续上涨、减税降费措施带动上中游制造业利润有所好转，2017 年装备制造业、高耗能制造业利润分别增长 11.8%和 44.9%，企业利润留存之后相应地增强了 2018 年的投资能力。二是各级政府积极发展实体经济，通过资金补贴、

贴息、奖励、直接股权投资等方式支持制造业企业的技术改造、使用首台（套）重点技术装备等投资项目，促使企业投资积极性有所提高。三是制造业企业顺应环保要求，增加了对环保设备、环保设施的投入力度。

2018 年前三季度，民间投资同比增长 8.7%，较上年同期提升 2.7 个百分点，高出同期整体投资增速 3.3 个百分点，延续了 2017 年以来的向好态势，并自 2016 年以来首次跑赢整体投资。其中，采矿业、非金属矿物制品业、黑色金属冶炼及压延加工业、有色金属冶炼及压延加工业、专用设备制造业、铁路运输业、教育业、文体娱乐业的民间投资增速大幅加快。受财政严控隐性债务、推动国有企业降杠杆、限制国有企业非主业投资等政策影响，国有投资同比增长 1.2%，较上年同期大幅回落 9.8 个百分点。

民间投资主要集中在制造业和房地产业，上述两个门类行业民间投资额分别占全部民间投资额的 45%和 25%（2016 年数据），合计为 70%。因此，民间投资和制造业投资增长的相关程度较高，呈现出同步改善的态势。国有投资主要集中在基础设施建设领域，2018 年以来国有投资和基建投资增速也出现同步大幅回落。

4. 房地产开发投资主要由土地购置费拉动，新房价格上涨压力较大

2018 年前三季度，房地产开发投资同比增长 9.9%，较上年同期提升 1.8 个百分点（见图 3）。

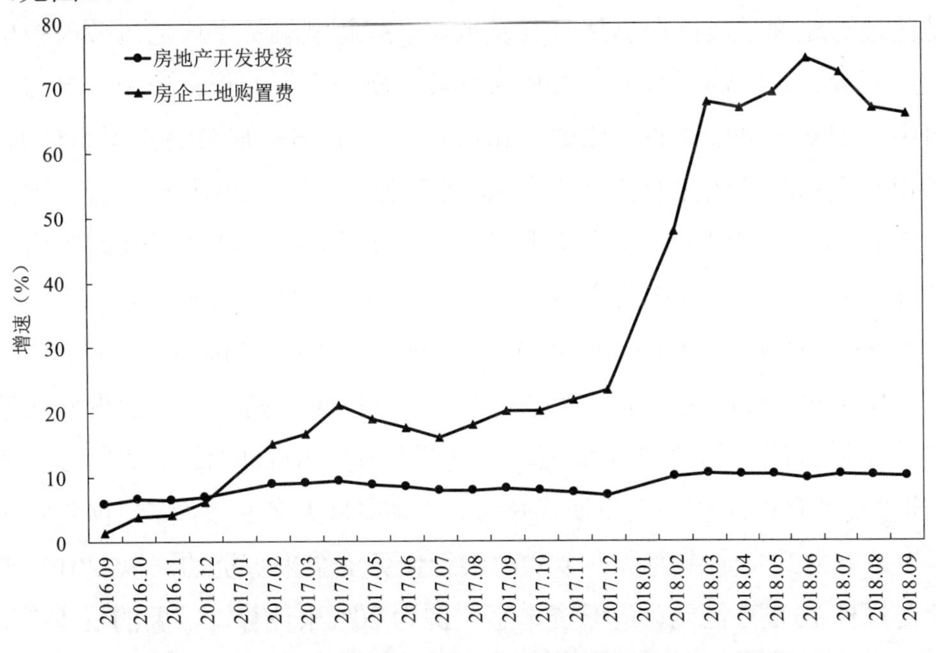

图 3　房地产开发投资和房企土地购置费累计增长情况

棚改货币化安置政策等推动二、三线城市加快去库存进度，商品房库存规模持续减少，新建商品房价格加快上涨，房地产企业拿地开发意愿较为强烈，计入房地产开发投资完成额的土地购置费同比增长66%，较上年同期提升45.9个百分点，成为拉动房地产投资增长的主要力量，扣除土地购置费后，房地产开发投资同比下降4.1%。

商品房库存偏紧加大了商品房房地产市场价格上涨压力。2018年9月份，70个大中城市新建商品住宅价格环比上涨1%，同比上涨8.9%。以商品房销售面积和商品房销售额为基础计算的商品房销售均价同比上涨10.2%，较上年同期加快6.3个百分点。截至9月末，广义商品房库存为12.1亿m^2，平均去化周期仅为9.2个月，已经显著低于业内广泛认可的库存去化周期下限（12个月）。

二、当前投资领域需要关注的问题

当前需要密切关注地方政府隐性债务风险加大基建融资约束、房地产开发投资面临较大不确定性、制造业投资进一步改善的难度增大等问题。

1．地方政府隐性债务风险加大基建融资约束

2015年新《预算法》实施之前，由于地方政府规范的举债融资机制缺失，地方政府为地方融资平台提供了大量的融资担保和回购承诺。新《预算法》实施后，个别地区违法违规举债担保仍然时有发生，一些新型融资手段通过政府投资基金、专项建设基金、政府购买服务、PPP项目等“新马甲”的形式出现，导致了大量的政府中长期支出事项债务。比如，2014年年底地方政府负有担保责任的债务、可能承担一定救助责任的债务合计为8.6万亿元，2015～2016年发行专项建设基金合计2.4万亿元。相当部分地区的隐性债务规模超过了显性债务（即政府债务），根据公开查询的6个县区级政府和安徽省合肥市隐性债务情况来看，隐性债务占显性债务比例为70%～360%，县区级政府的隐性债务规模远高于显性债务（见表3）。防范化解地方政府隐性债务风险是今后一段时期“防风险”的重要任务，过去依赖扩张地方政府隐性债务来驱动基建投资快速增长的传统模式已经难以为继，基建投资项目的融资约束将明显增强。基建项目大多回收期长、收益率偏低，主要是以政府财政资金作为资本金撬动银行债务资金来筹资的。以2016年基建行业投资规模15.2万亿元、最低资本金比例为20%来计算，需要的资本金高达3万亿元，而同期基建项目资金来源中国家预算内资金仅为2.2万亿元，资本金缺

口高达 8000 亿元。

表 3 我国部分地方政府的隐性债务规模

时　间	政府	隐性债务/亿元	显性债务/亿元	隐性/显性（%）
2018 年 6 月底	河南省濮阳市华龙区	26.43	8.72	303
2018 年 3 月底	河南省濮阳市范县	24.76	13.68	181
2018 年 3 月底	河南省濮阳市南乐县	19.30	10.70	180
2017 年年底	宁夏自治区固原市彭阳县	18.70	13.20	142
2017 年年底	山东省济南市长清区	49.52	15.69	316
2018 年 5 月底	青海省黄南州	24.18	6.72[①]	360
2017 年年底	安徽省合肥市	475.38	656.22	72

注：资料来源于公开媒体，作者整理。

① 此项为 2017 年数据。

2．房地产开发投资面临较大的不确定性

自 2016 年 10 月份各大城市普遍收紧房地产市场调控政策以来，行政性调控措施执行已经超过两年。长期实施行政调控的负面效应开始显现，房地产市场苗头性、潜在性风险有所抬头。一是土地价格持续快涨，已经连续 5 年（2013～2017 年）明显高于房价涨幅，房地产企业开发成本提升。二是部分区域出现一、二手房价格倒挂现象，扰乱了房地产市场的价格发现功能。新房价格低于二手房，直接强化了新房的投资属性，在“买到即赚到”的激励下，群众普遍提前释放购房需求以及参与投资性购房。三是高房价下购房需求萎缩开始显现。前三季度商品房销售面积同比仅增长 2.9%，较上年同期回落 7.4 个百分点，是 2015 年下半年以来的最低增速。在房地产市场中，“量缩价稳”往往是“量价齐跌”的前奏，2019 年房地产市场大概率进入周期性调整阶段，给房地产开发投资带来了较大的不确定性。

3．制造业投资进一步改善的难度增大

制造业领域仍然面临产能过剩的困扰，供需基本面决定了制造业投资增速大幅改善缺乏可持续性。2018 年前三季度，制造业产能利用率为 77.0%，较 2017 年回落 0.5 个百分点，也低于美国产能利用率合理区间的下限（79%）。同时，受原材料价格持续较快上涨、环保成本提高、融资难融资贵等影响，制造业企业经营困难增多。前三季度规模以上制造业利润总额增长 12.5%，较上年同期回落 7.1 个

百分点。其中，装备制造业利润总额仅增长 3.0%，回落 10.2 个百分点；消费品制造业利润增长 6.9%，回落 4.1 个百分点。此外，2019 年中美贸易冲突的负面影响可能进一步扩大，将损害制造业企业尤其是外向型制造业企业的投资信心。

三、2019 年固定资产投资分析预测

基建投资疲弱已经成为影响投资正常增长的关键桎梏，不利于扩大合理有效内需和带动就业。2018 年 7 月 31 日中央政治局会议指出，2018 年下半年经济工作重点是保持经济平稳健康发展，实现稳就业、稳金融、稳外贸、稳外资、稳投资、稳预期，把补短板作为当前深化供给侧结构性改革的重点任务，加大基础设施领域补短板的力度。9 月 18 日国务院常务会议提出聚焦补短板扩大有效投资，按照既不过度依赖投资、也不能不要投资、防止大起大落的要求，稳住投资保持正常增长。10 月 31 日国务院办公厅印发《关于保持基础设施领域补短板力度的指导意见》，要求聚焦关键领域和薄弱环节，保持基础设施领域补短板力度。未来一段时期，“稳投资”政策带动基础设施投资企稳回暖是一个大概率事件。待相关“稳投资”政策效应得到充分释放，预计固定资产投资将明显趋稳回升。

需要强调的是，基础设施投资不宜过度放开，“稳投资”政策工具要精准、力度要适度。一方面，地方政府隐性债务已经成为我国经济社会发展的重大风险隐患，防范化解地方政府隐性债务风险必须坚定不移地予以推进，不宜留破口，损害政策的严肃性和权威性。不具备还款能力的基建项目建设要一律叫停，违法违规举债行为要严肃问责。另一方面，基建投资在持续六年（2012～2017 年）、年均增速高达 17.2%的高速扩张后，面临着增速回落的自然调整压力。允许并推动基建投资增速从高位稳步回落，有助于优化投资结构、改善投资整体效率、提升投资可持续性。因此，这一轮的基建投资支持政策，要更加注重其精准性和适度性，从经济效益、社会效益、生态效益、债务可承受度、资金合规性等多维度，优选出有效基建项目予以重点支持。

展望 2019 年，固定资产投资有望实现 6%左右的增长。一是政策支撑。国家持续推动减税降费工作，将减轻企业税费负担，增强企业投资信心；多次降准增加了资金供应，有利于保障投资资金来源；大力解决民营企业生产经营困难，将激发民营经济活力；多措并举稳投资，对投资项目的财政资金支持力度也将继续发力。二是创新驱动与转型升级支撑。高技术制造业投资、制造业技术改造投资

仍将实现两位数以上的增长，带动制造业整体投资。三是新兴投资热点支撑。旅游、文化、体育、健康、养老、教育培训等幸福产业快速发展，粤港澳大湾区、长三角经济圈等将成为热点投资区域。四是补短板投资支撑。农业、环保、民生等短板领域投资将较快增长。

四、政策建议

2019 年投资工作围绕“聚焦补短板扩大有效投资”的基本思路，坚持严控地方政府隐性债务不松劲，强化“稳投资”政策的精准度和适度，不搞新一轮的基建投资强刺激，也不搞全面的投资强刺激。“精准适度发力有效基础设施”体现在，政策工具要集中在促基建投资上而非整体投资、要根据多维指标优选基建项目而非大水漫灌式地支持所有基建项目、要适度引导各地基建投资增速而非放任其大起大落。

1. 精准适度发力有效基础设施

一是坚持严控地方政府隐性债务不松劲，维护财经政策的连续性和严肃性。二是提高基建投资政策的精准性和适度性，从经济效益、社会效益、生态效益、债务可承受度、资金合规性等多维度，优选出有效基建项目予以支持。重点支持“三区三州”等深度贫困地区基础设施、交通骨干网络，特别是中西部铁路公路、干线航道、枢纽和支线机场、重大水利等农业基础设施、生态环保重点工程等。三是适当降低基建投资项目的最低资本金要求，将各类基建项目最低资本金比例全面下调 5 个百分点。四是适当增加 2019 年地方政府专项债券资金的额度，并加快发行使用进度。五是尽快推动民间资本推介项目早日落地，研究设立基础设施投资基金、基础设施民间投资基金等，吸引更多社会资本进入基础设施建设领域。

2. 大力挖潜民间投资增长空间

一是对于生产能力充分、国有企业事业单位垄断力量强的行业，要以推动国有企业改革、事业单位改制为重心，把混合所有制改革、鼓励支持民间资本控股挺在第一线。比如，电力热力生产和供应业、道路运输业、农林牧渔服务业等。二是对于生产能力不足、供给不充分的行业，要把放宽市场准入、优化营商环境放在更加突出的位置，吸引更多的民间投资来增加有效供给。比如，教育业、公共设施管理业等。三是进一步优化营商环境。持续深化放管服改革，清理废除妨碍统一市场和公平竞争的规定和做法，加强社会信用体系建设，特别是政务诚信建设力度。出台更大规模的减税、更加明显的降费措施。畅通金融服务实体经济传导机制，采取建立贷款风险补偿机制等方式，缓解小微企业和民营企业融资难、融资贵问题。强化民营主体的产权保护，提升民间投资的"安全感"。

3．加快构建房地产市场长效机制

一是稳步完善土地供应制度。着力调整中央地方财税分配格局，增强地方自有财政实力，减轻对土地出让金的依赖程度。同时，加快建设城乡统一的建设用地市场，推动农村集体经营性建设用地与城市建设用地同等入市、同权同价，稳步破除地方政府在土地供应上的绝对垄断地位。二是加快完善保障性住房制度。将保障性住房制度打造成为覆盖融资、建造、分配、流转等各环节的闭环，不与市场化住房体系发生直接联系。调整货币化安置、共有产权房等短期政策。强化保障性住房的分配管理。三是进一步完善租赁住房制度。将专业租赁机构对个人的住房租赁作为住房租赁市场的主流模式（B2C），支持规模化、专业化租赁机构有序发展壮大。尽快出台一批住房租赁相关优惠政策，支持金融机构创新针对住房租赁项目的金融产品和服务。四是择机完善房地产财税制度。按照"立法先行、充分授权、分步推进"的原则，推进房地产税立法和实施。对工商业房地产和个人住房按照评估值征收房地产税，适当降低建设、交易环节税费负担。进一步调整优化房地产领域建设、交易、保有等各环节以及各参与主体的税负结构。

（作者：胡祖铨）

2018 年消费形势回顾及 2019 年展望

2018 年以来，在外部环境转差的情况下，国内消费保持了平稳增长态势，充分发挥了对经济增长的拉动作用。消费市场呈现出短期波动性增强、城乡消费走势分化、升级类消费增势略减等特征，同时也暴露出居民负债增长较快、租房价格上涨过快、收入结构变化和分配差距拉大、服务消费发展不规范等问题。展望 2019 年，就业和收入将总体保持稳定、个人所得税改革落到实处、消费业态和方式不断创新、消费短板正在补齐等都将有力促进消费潜力释放。综合判断，消费需求具备了保持温和增长的条件，初步预计 2019 年社会消费品零售总额增长 9%左右。

一、2018 年消费市场运行的主要特征

2018 年，在外部环境压力增大的情况下，国内消费保持了平稳增长，充分发挥了经济稳定器的作用。2018 年前三季度，最终消费支出经济增长的贡献率达到 78%，高于资本形成总额 46.2 个百分点，高于上年同期 13.5 个百分点。最终消费支出对经济的拉动作用也再创新高，达到 5.2 个百分点，比上年同期提高了 0.7 个百分点。

1. 居民消费温和增长，短期波动性增强

2018 年前三季度，全国社会消费品零售总额实际增长 7.4%，增幅较上年同期回落 1.9 个百分点。全国住户调查数据显示，1～9 月份全国居民人均消费支出实际增长 6.3%，增幅同比提高 0.4 个百分点。从整体走势看，2018 年我国居民消费月度增速下滑趋势更为明显。1～9 月份，社会消费品零售总额当月实际增速分别为 8.3%（1～2 月份合计）、7.9%、7.8%、7.0%、7.4%、6.8%、6.7%、6.8%（见图 1）。

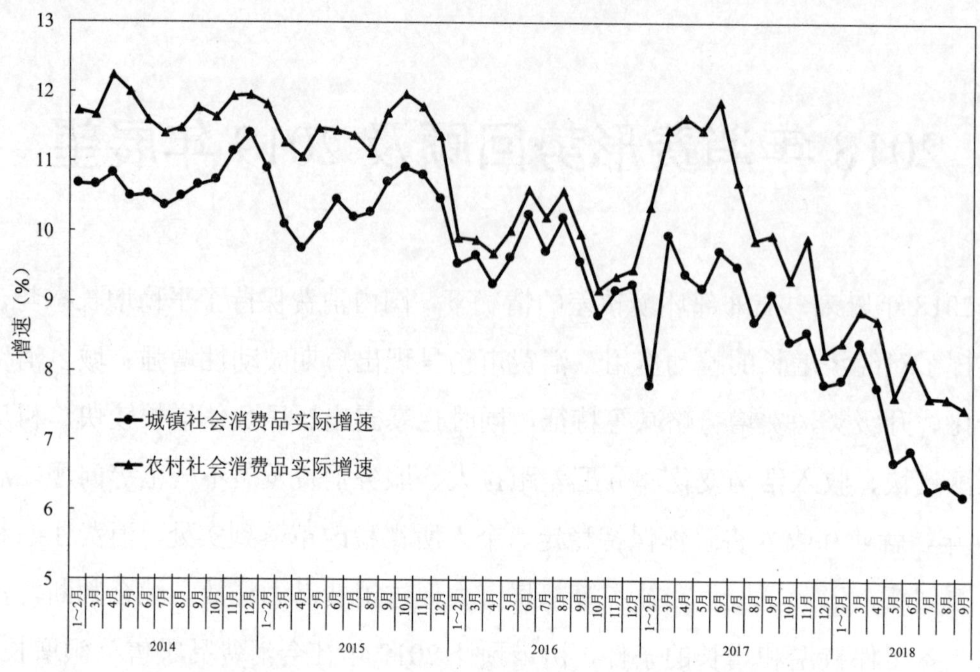

图 1 我国城乡社会消费品零售总额当月实际增速走势

2．城乡消费走势分化，发力点有同有异

按照城乡住户调查数据，城镇居民人均消费支出季度增速不断下滑，2018 年前三季度仅实际增长 4.3%，同比回落 0.2 个百分点；农村居民人均消费支出实际增长 9.8%，增速同比提高 2.4 个百分点，城乡居民消费增速差距进一步拉大，农村消费向好、城镇消费走差的态势更为明显，城乡消费的不平衡问题有所减弱（见表 1）。截至 2018 年 9 月底，城镇、农村人均消费支出的比例从上年的 2.3：1 下降至 2.2：1。

表 1 我国居民人均消费支出及实际增速

时　间	全国居民人均消费支出/元	全国居民人均消费支出增速（%）	城镇居民人均消费支出/元	城镇居民人均消费支出增速（%）	农村居民人均消费支出/元	农村居民人均消费支出增速（%）
2015 年前三季度	11286	7.0	15636	5.4	6373	9.3
2016 年前三季度	12247	6.4	16797	5.3	7017	8.2
2017 年前三季度	13162	5.9	17846	4.5	7623	7.4
2018 年前三季度	14281	6.3	19014	4.3	8538	9.8

注：资料来源于国家统计局《全国城乡一体化住户收支与生活状况调查》。

同时，城乡居民消费发力点存在明显差异。一方面，农村居民的食品烟酒类支出增速仍高达 8.8%，比城镇居民同期同类消费高出 5 个百分点，显示出城镇居民此类消费相对饱和，农民正在经历新一轮“升级”。另一方面，交通通信支出在拉动农村居民消费上作用明显，增速达到 11.7%，高于城镇增速 6.4 个百分点。随着收入水平的不断提高，农村居民正在经历城镇居民已经经历的汽车、通信工具等“大件”消费快速增长阶段，基本生活类消费也在“转型升级”，而城镇居民则开始率先进入服务消费为主的新时期。

3．基本生活消费持续平稳，升级类消费增势略减

（1）基本生活消费持续平稳　吃、穿、用等传统基本生活类消费仍然保持相对稳定的增长态势。2018 年前三季度，全国居民食品烟酒消费实际增长 3.9%，增幅同比回落 1.7 个百分点；衣着支出实际增长 2.9%，增幅提高 1.6 个百分点（见表 2），其中，农村居民衣着消费支出成为拉动全国衣着消费好转的主要动力。社会消费品零售总额数据显示，2018 年 1～9 月份，以粮油食品为代表的“吃类必需品”、针纺织品为代表的“穿类必需品”、日用品为代表的“用类必需品”也处于正常增长区间内，没有明显的大起大落。

表 2　我国居民基本生活类消费支出实际增速

（单位：%）

时　间	全国居民			城镇居民			农村居民		
	食品烟酒支出	衣着消费支出	生活用品及服务支出	食品烟酒支出	衣着消费支出	生活用品及服务支出	食品烟酒支出	衣着消费支出	生活用品及服务支出
2016 年前三季度	3.5	0.8	8.0	2.5	0.2	7.7	5.0	0.8	7.5
2017 年前三季度	5.6	1.3	6.9	4.5	−0.6	7.2	6.6	4.8	3.9
2018 年前三季度	3.9	2.9	7.7	2.2	1.2	5.0	7.0	6.2	13.5

注：资料来源于国家统计局《全国城乡一体化住户收支与生活状况调查》。

（2）升级类消费增势略减　全国住户调查数据显示，2018 年交通通信、教育文化娱乐消费增速都较上年同期明显趋缓，前三季度累计实际增速分别为 5.8%、3.5%，增幅同比分别回落 0.5 个白分点和 2.7 个百分点（见表 3）。其中，城镇居

民的教育文化娱乐支出实际增速降至 1.4%以下，而农村居民的教育文化娱乐支出增速达到 8%，显示出城乡居民消费结构升级速度存在差异。2018 年全国居民医疗保健支出实际增长 11.8%，增幅同比提高 4.8 个百分点，不过增速逐季缓慢下滑，其中农村居民此项支出增长非常迅速，达到了 14.6%。

表 3　我国居民升级类消费支出实际增速

（单位：%）

时间	全国居民			城镇居民			农村居民		
	交通通信支出	教育文化娱乐支出	医疗保健支出	交通通信支出	教育文化娱乐支出	医疗保健支出	交通通信支出	教育文化娱乐支出	医疗保健支出
2016 年前三季度	11.5	11.4	7.8	9.6	11.1	8.2	15.3	10.7	6.4
2017 年前三季度	6.3	6.2	7.0	4.0	5.8	5.2	10.6	5.1	9.5
2018 年前三季度	5.8	3.5	11.8	3.6	1.4	9.9	9.8	8.0	14.6

注：资料来源于国家统计局《全国城乡一体化住户收支与生活状况调查》。

4．新兴消费蓬勃发展，服务消费占据半壁江山

（1）新兴消费蓬勃发展　2018 年前三季度，全国网上零售额增长 27%，其中，实物网上零售额的吃类、穿类、用类增速分别为 43.8%、23.3%和 27.7%。在线上零售火热的同时，线下销售在经历了三年多的调整后，整体发展趋势已经有所好转。不过，在经历了一季度的较快增长后，9 月时累计增速已经下滑至 6.9%，较上年同期回落 1.6 个百分点。在经历了接近四年的调整后，信息消费增势有所回暖。1～9 月份限额以上通信器材消费增长 10.7%，增幅同比提高 1.4 个百分点，其中，9 月当月增速达到 16.9%，彻底扭转了过去增速节节下滑的态势。

（2）服务消费占据半壁江山　2018 年以来，我国服务消费一直保持较快增长，旅游、文化、体育、养老、家政等服务消费十分活跃。据文化和旅游部数据中心测算，2018 年五一假期实现国内旅游收入同比增长 10.2%，国庆假期旅游收入同比增长 9.04%。据国家电影局提供的数据显示，2018 暑期档是近年来最好的一个暑期档，6～8 月份全国电影票房达 173.99 亿元，同比增长 6%，场均人次达到三年来峰值。根据国家统计局数据，近年来服务消费的比例每年大约提高 1 个百分点，2018 年前三季度服务消费比例是 52.6%，比上年同期又提高了 0.2 个百分点，已经占据总消费的“半壁江山”。

5．汽车消费低位徘徊，住房相关消费趋冷

2018 年以来，在行业调控政策调整后，汽车和住房两大耐用品消费明显降温，增长势头均大幅放缓。

（1）汽车消费低位徘徊　根据中国汽车工业协会统计，2018 年 1～9 月份汽车销售增长 1.5%，增幅低于上年同期 3 个百分点。其中，乘用车销售增长 0.6%，同比回落 1.8 个百分点。除 SUV 销售保持增长外，轿车、MPV、交叉型乘用车产销量继续下降，特别是 1.6L 及以下乘用车明显降温。商用车销售增长 6.3%，较上年同期回落 11.6 个百分点。新能源汽车市场在相关政策调整后开始进入新增长期，1～9 月份销售增长 81.1%，增幅大幅提高 43.4 个百分点。其中，纯电动汽车销售增长 66.2%，插电式汽车销售增长 146.8%。

（2）住房相关消费趋冷　随着房地产市场调控政策持续趋严，全国商品房销售面积和销售额增速均大幅回落。房地产市场整体趋冷给居民消费带来了两方面影响：一方面是租房价格快速上涨，2018 年 1～9 月份涵盖了居民房租、水、电、燃料以及物业管理等支出的全国居民人均居住消费支出累计增速达 9.5%，较上年同期提高 3.2 个百分点，城镇居民此类支出快增尤为显著；另一方面是与购房相关的居民支出增势偏弱，其中，规模以上单位的家具零售额以及建筑装潢材料类零售额分别增长 10.1%和 7.8%，增速较上年同期分别回落 3.2 个百分点和 4.8 个百分点，整体增势已经随着房地产销售趋冷明显转弱。

二、2018 年消费市场运行的主要问题

当前，居民负债增加较快在一定程度上抑制了消费需求，同时，2018 年以来部分热点城市房租价格过快上涨也对居民消费需求的释放产生了负面影响。并且，收入分配格局略有转差将不利于居民消费平稳增长。这些制约消费潜力释放的主要问题需引起高度重视。

1．居民负债增长较快影响消费潜力

从国家统计局的入户调查数据和社会消费品统计数据来看，2017 年开始，我国居民的人均可支配收入和人均消费支出之间出现了一个“剪刀差”（尤其是城镇

居民），收入与消费的增长趋势出现不同步，即收入增加并没有带来消费的同步增加。从历史数据看，当商品房销售面积快速增长时，城镇居民的消费支出将在之后的半年到一年呈现明显下行；当商品房销售进入低谷期时，消费支出明显有一个跳升。同时，商品房销售面积与社会消费品零售总额的增速之间也存在着可见的负向关系，即商品房销售面积快速增长与社会消费品零售总额增速下行同时出现，反之，社会消费品零售总额呈现上升态势。因此，2016～2017 年房地产市场火爆带来居民大量增加负债购买住房，短期内明显抑制了消费潜力，成为影响 2018 年居民消费能力的重要因素。

2．租房价格过快上涨侵蚀消费能力

2018 年以来，北京、上海、广州、深圳、天津、武汉、重庆、南京、杭州和成都等主要城市的住房租赁价格指数出现快速上涨，例如 7 月份北京房租环比上涨 2.63%，同比上涨 21.89%，处于过去五年来的较高水平。一方面，租房市场的供需矛盾短期内加剧。以控制购买需求为主的调控政策给二级租房市场带来需求增量，再加上拆违建等管理政策带来供给短缺，形成了房租上涨的供需基础。另一方面，短期政策与中长期政策间形成制度真空，缺乏对中介的有效监管，短期内加剧了市场供需矛盾激化。在房屋租赁这个快速兴起的市场上，目前的监管仍然相对缺位，市场秩序较为混乱。

租房价格高企侵蚀了居民消费能力。以北京为例，根据部分房产中介统计，2017 年北京市两居室租房价格大约为 4401～6006 元/套，当年北京市居民人均可支配收入为 57230 元。按照一家三口两人工作计算，家庭年可支配收入大约是 11.4 万元，租两居室一年花费约 5.28 万～7.2 万元，占家庭可支配收入的 46.3%～63.2%。总体来看，北京市家庭租房支出占收入的比例在 50%左右，这样重的租房压力将明显影响居民当期消费支出。

3．收入结构变化和分配差距拉大影响整体消费增长

从国家统计局入户调查数据来看，2018 年前三季度城镇居民收入实际增速仅为 5.7%，较上年同期下滑 0.9 个百分点，低于全国平均水平 0.9 个百分点。从收入结构看，城镇居民的工资性、经营性和财产性收入均没有明显向好态势。居民消费更多的是要依靠工资性收入等“持久性收入”支撑，转移性收入等“暂时性收入”对城镇居民消费持续升级的推动作用相对较弱。如果城镇居民的“持久性收入”不能保持持续较快增长，那么消费升级之路可能出现短期波动。

除此以外，全国居民人均可支配收入中位数占平均数的比例为 86.7%，较上年同期下滑 0.1 个百分点，显示出收入分配差距拉大的趋势仍在延续。其中，城镇居民人均可支配收入中位数占平均数的比例为 92%，较上年同期下降 0.4 个百分点；农村人均可支配收入中位数占平均数的比例为 86.9%，同比提高了 0.3 个百分点，城镇收入中位数占平均数的比例下降反映了中等收入群体收入情况恶化，在一定程度上映射出消费主力群体的消费能力恶化，这对于促进消费来说不是好事。

4．服务消费发展不规范制约增长前景

随着居民收入、生活水平的不断提高，服务消费已成为消费领域新的增长点。在北京、上海等发达地区，服务消费占总消费的比例已经接近社会总消费的一半。但由于相关制度和市场建设滞后，服务消费市场存在着一系列问题。2018 年以来，有关服务消费的消费者投诉成为中国消费者协会面临的主要问题。一方面，服务标准混乱，在许多与居民生活密切相关的行业，缺乏明确的、具有可信度的服务标准；另一方面，服务行业的从业人员缺乏规范培训，草率上岗、资质不全引发很多安全问题，同时，从业观念落后也导致服务消费市场供给水平较低，不能满足居民日益增长的高品质需求。更为重要的是，部分行业定价机制不规范，导致服务消费价格持续上涨，影响了居民的服务消费意愿。

三、2019 年消费形势展望

展望 2019 年，我国宏观经济将保持平稳增长态势，居民就业和收入总体保持稳定；个人所得税改革的落地实施增强了群众的获得感；消费新业态、新模式层出不穷，为不断挖掘消费潜力提供了有力抓手，这些都将有力地促进消费潜力释放。综合判断，消费需求具备了保持平稳增长的条件，初步预计 2019 年社会消费品零售总额增长 9%左右。

1．就业和收入平稳增长，筑牢消费基础

虽然在推进钢铁、煤炭、煤电等产能过剩行业的供给侧结构性改革和环保督查的影响下，部分小企业倒闭会影响局部就业，但整体就业仍将保持稳定。中美贸易摩擦不断升级也会给部分外向型企业带来经营压力，但在多种利好政策的扶

持下，我国企业将整体保持平稳发展态势，居民的就业和收入会有保障。对于农村居民来说，农村相关制度改革进一步扩围延时，给农民创造了更多改革红利，农民增收具有良好的基础。因此，居民就业和收入形势都将有利地支撑消费平稳增长。

2．个人所得税改革落地实施，增强群众的获得感

2018年，我国个人所得税制度进行了自1980年个人所得税立法以来的第七次修改。本次修改主要由分类税制向综合税制转变，10月1日起个人所得税起征点由原来的3500元上调至5000元，调整了累进税率表，拓宽了3%、10%和20%三档低税率适用的所得级距，并且增加了子女教育、继续教育、大病医疗、住房租金、赡养老人等个人所得税专项附加扣除细则（将于2019年1月1日起实施）。此次税改对于中低收入人群影响更为明显，特别是扣除细则将部分减轻购房、教育等对城镇居民消费的影响。

3．消费业态方式不断创新，挖掘消费潜力

随着经济发展和收入提高，我国居民的消费模式在历经了温饱型消费模式、基本小康型消费模式后，现已进入了全面小康型消费模式的发展阶段，消费热点正在发生根本变化，追求更加个性化、多元化逐渐成为主流。互联网技术正在通过与生产、流通等环节的深度融合，实现对居民消费业态、方式的改造，例如，新型零售正在以两侧发力的形式推动消费增长。对于消费品和服务提供商来说，线上电商把分散在全国的需求集中起来，再采取线上下单、线下提货，或者线上线下同时发售的方式带动线下门店发展。线下门店特别是大型门店通过店面位置、内部装饰、商品齐备性等优势获取客流，实现消费场景的生动化和具体化，为消费者提供线上购买所缺乏的消费体验。

4．消费短板正在补齐，消费障碍减少

在商务部等相关部门的大力推动下，我国农村流通体系建设取得明显进展，交通、通信等消费基础设施建设水平明显提高，在农村商业网点规划、乡镇商贸中心建设、乡镇商品市场升级改造等方面取得了实质性进步。同时，城乡消费双向流通渠道更加畅通，不仅疏通了工业品下乡渠道，提高了流通企业向农村延伸的水平，而且农产品进城入市的渠道也不断扩展，通过建设农用物资配送中心、开展农用物资配送直供服务等方式，极大提高了城乡居民共同消费的便利程度。

可以说，之前长期制约我国居民消费潜力释放的消费短板正在补齐。

四、政策建议

针对当前消费领域存在的主要问题，应从规范住房租赁市场、加快建设房地产长效调控机制、加大对重点人群的托底保障力度以及规范生活性服务业发展等方面入手，有针对性地加强政策影响。

1. 加大力度规范房屋租赁市场

针对当前部分城市房屋租赁市场暴露出的问题，一是加快房屋租赁市场立法，建立商品房“承租者保护，承租者市民待遇”的制度，实行长期合同制度，规范住房租赁的操作。对于租期、租价和租赁期间租户的诸多权益，明确硬约束力的法律规定，有效保证租户收入、尊严、基本权益。二是坚决查处违法违规行为。坚决打击部分公寓违规使用多种金融产品变相融资行为，采取有效手段防止利用租客信用申请贷款进行公寓的规模扩张和增大租客居住权益风险。

2. 加快住房制度改革和长效机制建设

一是转变之前主要房地产市场靠单一的商品房供应加上少量政府保障房的模式，通过多渠道供给，形成商品房、保障房、合作建房、集体土地租赁住房等多种形式并存的住房市场。二是加强存量土地集约化利用，提高土地利用效率，继续落实“因城施策”住房金融宏观审慎管理政策。三是加快推进不动产统一登记、户籍制度改革、土地制度改革、财税制度改革、住房金融改革以及新型城镇化等工作，推动房地产长效调控机制五个载体的建设。

3. 加大对重点人群的托底保障力度

针对国内外环境的新变化，重点加大对部分人群的生活托底保障。加快建立跨部门、多层次、信息共享的救助申请家庭经济状况核对机制，完善家庭经济状况核对平台，健全完善工作机构，有效整合扶危脱困工作中的碎片化信息，提高对低收入人群的帮扶效率；加强就业培训，适当增设公益性岗位托底，重点做好受冲击较大的外贸企业、去产能工作中分流的大龄职工、中西部农民工等重点群体的就业辅助工作。

4．规范生活性服务业发展

一方面，规范服务质量分级管理，加强质量诚信制度建设，完善服务质量社会监督平台；完善生活性服务业重点领域认证认可制度，完善涉及人身健康与财产安全的商品检验制度和产品质量监管制度；实施服务标杆引领计划，发挥中国质量奖对服务企业的引导作用。另一方面，鼓励高等学校、中等职业学校增设家庭、养老、健康等生活性服务业相关专业，依托各类职业院校、职业技能培训机构，加强实训基地建设，实施家政服务员、养老护理员、病患服务员等家庭服务从业人员专项培训；鼓励从业人员参加依法设立的职业技能鉴定或专项职业能力考核，鼓励和规范家政服务企业以员工制方式提供管理和服务，实行统一标准、统一培训、统一管理。

（作者：邹蕴涵）

2018～2019年区域经济发展分析及判断

2018年，各地区积极落实十九大提出的区域协调发展战略，大力推进供给侧结构性改革，积极培育新的增长点，转型升级有所进展，经济增幅保持相对稳定。2019年，在新旧动能转换、外部环境不确定性增多的大背景下，各地区经济下行压力比较大。但消费压舱石的功效比较稳定，加上新动能将发挥更大作用，预计经济增幅回落有限，仍将保持基本平稳，经济发展质量将进一步提高。

一、2018年区域经济发展基本态势

2018年，我国地区经济运行总体平稳，区域合作稳步推进，东部地区稳中提质，中西部地区经济增速快于全国水平，东北地区经济进一步回升。

1．区域合作进展良好

京津冀协作大步向前推进。北京市发展和改革委员会发布《2018～2020年行动计划和2018年工作要点》，从加强疏解、联动“两翼”、“织密”交通网等方面践行京津冀协同发展的重大战略，努力打造区域协同发展改革的引领区。在综合交通网络、生态治理、公共服务、产业协同等方面展开布局并取得了积极进展。国家统计局、北京市统计局和中国区域经济学会联合发布的京津冀区域协调发展指数显示，2017年京津冀区域协调发展指数与2010年相比，年均提高2.63个百分点；京津冀区域共享发展指数呈现快速上升趋势，基本公共服务共享、教育基础、脱贫攻坚等方面均有改善。

长三角一体化向纵深推进。以《长三角地区一体化发展三年行动计划（2018～2020年）》编制完成为标志，长三角一体化发展的任务书、时间表和路线图已经明确。根据该计划，到2020年，长三角地区要基本形成世界级城市群框架，建成枢纽型、功能性、网络化的基础设施体系，基本形成创新引领的区域产业体系和协同创新体系，绿色美丽长三角建设取得重大进展，区域公共服务供给便利化程度明显提升。

长江经济带沿线省市和城市群正呈现“大协作”的一体化发展态势。四川、

重庆联合签署深化合作、深入推动长江经济带发展行动计划和 12 个专项合作协议；赣湘鄂三省政府签署宣言，合力抓好湖泊湿地管理保护、生态修复和科学利用；重庆、上海、浙江等11个省市及青海省高级人民法院在重庆签署框架协议，决定建立长江经济带11＋1省市环境资源审判协作机制。

2．各地经济增幅差距有所收敛

2018 年前三季度，各地（不包括西藏）经济增长均保持了稳定的增长态势，增幅最高的为云南，达到9.1%，增幅最低的是天津，仅为3.5%（见图1）。低于6%的除了东三省外，有天津、内蒙古、海南三个地区，与上年相比，地区增幅差异明显缩小。特别是中部地区表现突出，除山西增长6.1%外，其余5个省份经济增长均高于7.5%，位于我国各地区前列，在四大板块中，继2017年后，2018年继续保持增幅领先的地位。一如既往，西部地区GDP增速表现依然亮眼，在我国各地区GDP增速前五中，西部地区占据了3个席位，但整体区域增速已经落后中部，越来越趋近于我国平均水平。东北地区吉林增长4%，辽宁、黑龙江增速超过5%，已经初步摆脱增长窘境，逐步回暖。东部地区继续保持稳健增长态势，增幅逼近西部地区，特别是广东（6.9%）、长三角以及北京这几个重要地区增速稳健，发展质量不断提高，为我国经济稳定增长奠定了基础。

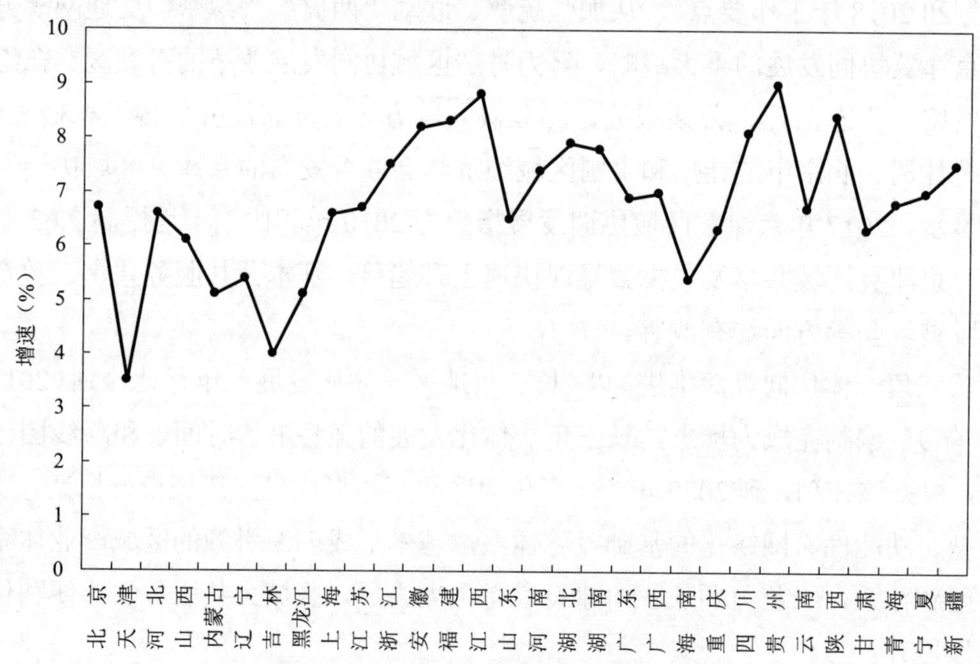

图1 2018年前三季度各地GDP的增长

与此同时，由于北方大多是以原材料为主的重化工业，南方民营经济更为发达，中小微企业发展得比较好，而且找准了经济发展的着力点，新旧动能的转换相对顺畅。因此，东北、华北、西北地区的经济增速明显落后于平均水平，而经济增长最快的主要是西南的云南、贵州、四川以及中东南的湖南、福建等地，地区经济发展“南北差距”仍然突出。

3．服务业成为各地经济保持平稳较快发展的主要支撑力量

随着区域协调发展战略的实施和产业结构的不断优化，服务业对经济增长的作用越来越明显，特别是在黑龙江、山西、广西、海南、宁夏、甘肃、新疆等地，服务业对经济增长的贡献率高达 60%以上，同时服务业投资占比、税收占比也普遍在 50%以上，服务业对地区经济增长的贡献作用持续显现。

4．新动能成为地区经济增长的主要变量

2018 年，各地新经济、新动能加快增长，新旧动能转换明显加快，新动能正在逐渐成为推动经济增长的新“发动机”。比如陕西省，2018 年前三季度新能源汽车、工业机器人、3D 打印设备等产品产量分别增长 78.2%、26.7%、104.8%，高技术产业增长 10.1%，较上半年加快 1.2 个百分点。重庆前三季度战略性新兴制造业增加值增长 15.8%，对规模以上工业增长的贡献率为 128.1%。

二、2019 年区域经济发展判断

2019 年，在外部环境不确定性增多、内生增长动力尚不足、新旧动能仍处于转换阶段的情况下，各地区经济增长下行压力比较大，总体增幅继续下滑的概率比较大，但在政策支持、服务业稳定发展的支撑下，下滑幅度有限，仍将保持在合理区间内。

1．消费需求将保持稳定增长

目前，国内消费对经济增长的拉动作用进一步增强，消费稳居经济增长第一驱动力。随着居民收入稳定增长和促消费政策成效逐步显现，新兴业态方兴未艾，商业模式不断创新，消费转型升级态势将会延续，消费市场有望继续保持平稳较快增长。分省份看，由于收入水平不同，对消费也会产生一定的影响。2018 年前三季度，上海、北京、浙江、天津、江苏、广东、福建、辽宁、山东 9 个省市的人均可支配收入超过我国平均水平。青海、云南、贵州、新疆、甘肃、西藏等西

部省、自治区的人均可支配收入排名垫底。从增速看，各省、自治区、直辖市的居民收入增长平稳，收入增长与经济增速基本同步。鉴于目前多数省、自治区、直辖市的农村居民消费支出增长快于城镇居民的态势，中西部地区由于农村人口比例相对高，因此预计其消费增幅相对略高一些。东部地区在市场供给方式不断创新的情况下，消费将保持稳定增长（见表1）。

表1 2017年四大区域板块指标

（单位：%）

地区	最终消费率	资本形成率	一产占比	二产占比	三产占比	生产总值占全国比	新产品占全国比		
							开发项目占比	开发经费支出占比	销售收入占比
地区合计	51.57	53.30	7.33	42.01	50.66	—	—	—	—
东部	49.93	46.94	4.72	41.60	53.68	52.9	72.6	70.2	68.0
中部	51.48	56.88	8.95	45.29	45.75	20.8	15.4	16.6	19.5
西部	55.00	65.89	11.39	41.19	47.42	19.9	9.1	9.5	8.7
东北	54.74	55.00	10.99	37.34	51.67	6.4	3.0	3.6	3.7

注：资料来源于2018年中国统计年鉴。

2．投资需求增幅会有所提高

2018年前三季度，东部地区投资同比增长5.8%；中部地区投资增长9.6%；西部地区投资增长2.3%；东北地区投资增长1.7%。西部和东北地区投资增长低迷，主要与基础设施投资增幅下滑快、主导产业发展不力有关。2019年，一方面由于基数原因，一定程度上会提升投资增幅；另一方面，在国家“六稳”政策出台后投资需求获得政策支撑；另外，近期习近平总书记等领导人在多个场合发表了对民营经济的看法，有利于稳定预期、增强信心，进而促进民间投资的增长。因此，整体投资增幅有望稳中有升。

分区域板块看，2018年前三季度中部地区除山西省投资负增长外，其余5个省份的投资增速均保持较快增长。其中，安徽省固定资产投资同比增长11.9%，增速同比加快1.9个百分点；湖南省工业投资“逆势”高速增长，前三季度湖南省全省工业投资增长32.8%，工业投资对全部投资增长的贡献率达88.1%。其原因在于成本优势、交通便利、政策影响等因素，中部地区增长潜力得到了释放。2019 年，由于国家发展和改革委员会发布《关于建设长江经济带国家级转型升级示范开发区的实施意见》提出对以长江经济带国家级、省级开发区为载体，开展国家级转型升级示范开发区建设工作，将有利于从宏观层面统筹推进长江经济带沿线的产业转移；交通运输部印发《深入推进长江经济带多式联运发展三年行动计划》，提出着力补齐基础设施短板等五项主要任务，这将有利于基础设施投资的增长。因此，中部地区投资增幅将有望继续领先增长。

就东部地区而言，2018 年以来，国家出台了多项减税降费措施，如下调增值税税率、小微企业贷款利息收入免征增值税、扩大小微企业所得税优惠范围等，有效降低了企业的负担，企业效益保持了较好的增长，而东部地区中小企业多、民营经济发展良好，受政策影响更大。特别是 2019 年，作为创新驱动与转型升级并驾齐驱的先驱者，高技术投资有望继续保持相对高的水平。在制造业、民间投资保持较快增长的拉动下，东部地区投资增幅有望高于 2018 年。

西部地区经济运行对投资的依赖性相对较强，投资中又倚重基础设施投资，比如 2017 年云南省基础设施投资同比增长 32.3%，占固定资产投资的 39.9%；四川省基础设施投资增长 17.2%，高于全部投资增速 7.0 个百分点。2019 年，在国家加大基础设施投资的大环境下，西部地区投资有望低位企稳回升。

东北地区将在新一轮振兴战略的实施推动下，加快培育新动能，着力改善营商环境，有利激发市场活力，促进民间投资增长，但环境的改善以及产业的转型非一日之功，预计其投资增幅回升有限。

3．对外贸易不确定性进一步增大

进入 2018 年，从有关国际机构公布的各种数据来看，世界经济形势较好，失业率水平出现下降趋势，让人们有能力进行更多的消费活动，增强了投资者对市场的信心。不仅新兴经济体实现了加速增长，发达经济体增速也开始加快。但 2019 年，世界经济形势并不那么乐观，特别是贸易保护主义抬头将给世界经济特别是国际贸易产生极大的扰动。美国政府大规模实施贸易保护主义措施，几乎影响到所有与美国存在贸易关系的国家。美国的做法违反了世界贸易组织的有关规定，也引发了美国主要贸易伙伴的反制措施。由于美国政府已经宣布，会采取新的措施进行报复，因而贸易战的风险是真实存在的，并且可能会给世界经济带来毁灭性影响。

2018 年，从出口来看，3 月份以后出口增速持续下行，但对美出口增速高于总出口增速，且稳中略升，这其中主要有美国基本面强于欧、日的支撑，其次也有一部分对美出口抢跑的刺激。但应激式出口过后，未来对美出口放缓概率较大。同时，欧洲市场需求走弱、美联储加息导致新兴市场波动加剧，都将对我国出口带来影响。从进口方面来看，由于 2018 年 7 月起我国降低了 1449 个税目的日用消费品进口关税，同时降低了汽车进口关税，整车最高降税 40%，这必然有利于扩大特色优势产品进口。特别是，主动扩大进口是习近平总书记宣布的我国进一步扩大开放的重大措施之一。因此，随着我国加大进口政策效应逐步显现，进口增速会相对高一些，预计 2019 年贸易顺差可能进一步收窄。加上服务贸易逆差扩大，统计意义上净出口对经济贡献将出现下拉作用。

就对外贸易对各地区的影响看，东部地区一方面其出口对象主要为发达国家，另一方面净出口对东部地区影响更大。因此，2019 年对外贸易形势的严峻将对东部地区的经济增长起到负面效应。而西部地区随着“一带一路”战略的深入实施，与沿线国家贸易合作加强，重庆、四川中欧班列累计开行量占比比较大，云南积极参与孟中印缅经济走廊、中国—中南半岛国际经济走廊和澜沧江—湄公河合作，强化区域合作，推动形成内外联动、互为支撑的双向开放新格局，因此对外贸易对西部总体呈现正面影响。中部和东北地区直接影响不大，但可能会受到间接冲击。

4. 区域增长格局基本判断

东部地区深入实施创新驱动发展战略，以数字经济、“互联网＋”为特征的新业态持续活跃，以高新技术、战略性新兴产业为主的新动能加快成长。展望 2019 年，东部地区由于创新能力较强，产业结构相对合理，将在经济结构优化升级和有效转变增长方式上继续走在我国前列。但受对外贸易拖累，预计经济增幅会略有回落，基本保持在平均水平。中部地区是我国新一轮工业化、城镇化、信息化和农业现代化的重点区域，是扩大内需、提升开放水平具有潜力的区域，也是支撑我国经济保持中速增长的重要区域。2019 年，对接国家区域发展战略，我国将积极探索产业转移新模式，引导和支持东南沿海地区符合环保等要求的产业、国内外知名企业生产基地等向中部地区有序转移，从而为中部地区经济增长带来活力，使得中部地区经济表现出较强的韧劲和“抗跌性”，预计中部地区经济增幅有望继续保持领先。西部地区受投资影响，增幅接近平均水平。东北地区在加快供给侧结构性改革、改善营商环境的基础上，经济增幅有望保持稳定，但仍低于平均水平。

三、促进区域经济协调发展的建议

近年我国区域协调进展良好，但仍存在一些较为突出的问题，如区域、城市功能定位与分工不明晰，同质竞争仍较普遍，跨区域合作的过程中还存在一系列现实与隐形的壁垒，区际交通互联互通和一体化管理仍有较大差距，区域环境保护与治理的长效联动机制尚未建立等。

1．以制度创新促进区域协调发展

现有的干部考核方式与区域合作的目标不适应，区域间竞争大于合作的状况明显，市场要素流动的体制机制障碍突出，这些问题都需要在更高层面上予以解决。建议成立更高层次的协调小组或授权地方成立协调机构，推动深层次问题的解决。加强战略研究与空间规划的结合，提高区域发展的前瞻性、系统性、协同性。通过区域政策切实把国家战略部署落到实处，推动区域“多规合一”，统筹“五位一体”总体布局，提高资源的空间配置效益，实现区域和国家的高质量发展。积极探索区域之间的联动发展机制，支持区域性的非政府社团组织或民间组织发展，使企业、非政府组织、居民等成为区域一体化发展的重要推动力量。

2．建立激励相容的区域合作机制

推进区域协调发展，可进一步优化资源配置，细化专业分工、提高配置效率和生产效率。但目前区域经济发展存在各自为战的倾向，区域之间产业发展上竞争多、合作少。因此，应该探索建立具有激励相容性质的区域合作关系，打造区域利益共同体。一是摒弃目前地方政府间的竞争关系，构建地方政府间的合作关系。二是构建地方政府间激励相容的分工合作关系，需要明确和调整各自的差异化功能定位，切实落实已经出台的区域规划，分工合作，从竞争走向合作，在合作中实现共赢。

3．构建区域协同创新机制

我国当前的经济增长动力正在发生转换，实施区域协调发展战略需要培育区域经济新动能，需要改革区域创新的体制机制。应深入探索多元协同模式、培育协同创新理念、建立协同创新机构，在领导决策机制、利益分配机制、内生激励机制、投资融资机制、风险分担机制等层面形成有活力、可持续的协同创新机制体系。按照东部、中部、西部和东北的区域经济阶段性特点，优化创新引领、创新紧随和创新后发三大类型的区域政策。以创新为驱动力，不断深化技术创新和产业升级的空间分工合作，推动国土空间功能转型升级，构建和谐的地域功能体系。

4. 构建精准的区域政策体系

当前，随着区域经济发展态势的变化，政策范围过宽、各类政策不连贯、政策功能不明确的问题开始显现。例如，开发区政策、国家级新区政策、综合配套改革试验区政策与主体功能区政策之间的联系就比较少。所以，应建立统一规范、层次明晰、功能精准的区域政策体系，从全局性和区域性出发推进区域协调发展。发挥区域政策在宏观调控政策体系中的积极作用，加强区域政策与财政、货币、产业、投资等政策的协调配合，突出宏观调控政策的空间属性，提高区域政策的精准性和有效性。

（作者：胡少维）

市场预测篇

2018 年汽车市场分析及 2019 年展望

一、2018 年汽车市场分析

2018 年我国汽车市场内需量为 2823 万辆，同比下降 3.7%（见图 1）。2018 年汽车市场急剧变化与经济运行状态密切相关，并呈现出三大特征。

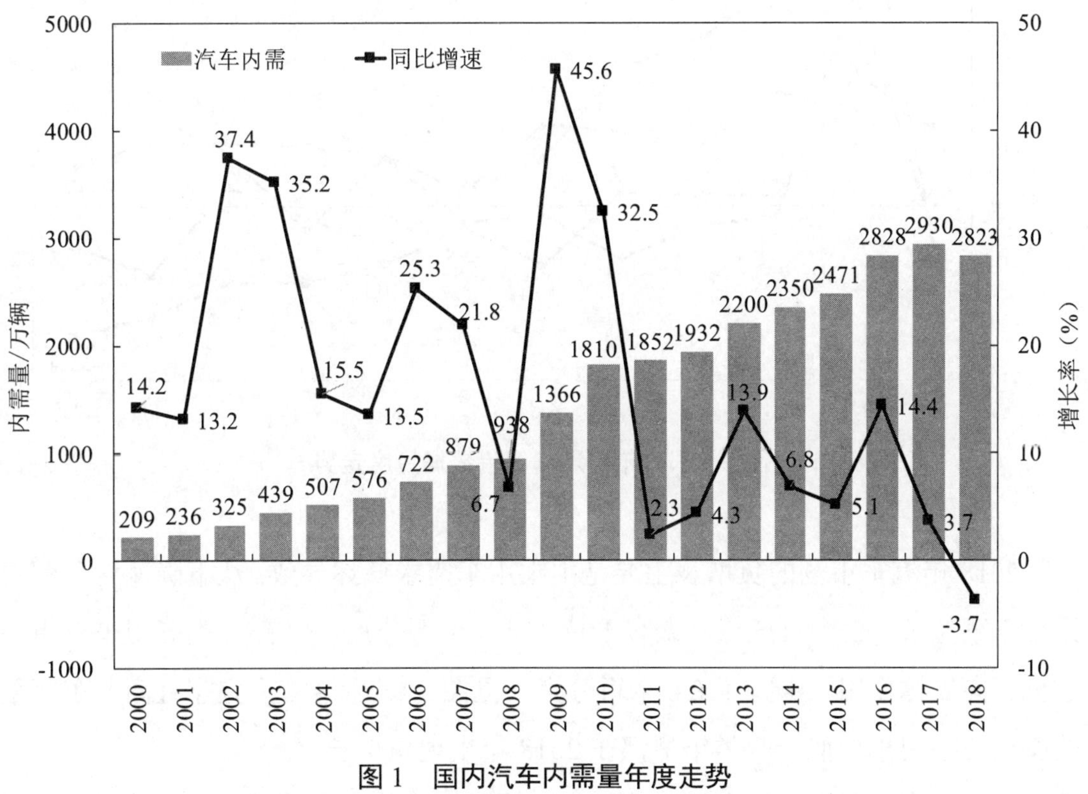

图 1　国内汽车内需量年度走势

（1）特征 1：年度汽车销量 20 年来首次出现负增长，主要受经济运行结构变化影响　2018 年的负增长，是自 2000 年汽车大规模进入家庭以来，汽车年度销量首次出现的负增长，也是月度间持续时间最长、影响程度最深的负增长。2018 年汽车市场需求出现连续 7 个月负增长，并在年内呈现出“前高后低”的走势。回顾历史上汽车市场需求出现负增长的年份，2004 年仅 1 月份出现需求负增长，

2008 年金融危机期间出现过 4 个月的需求负增长，2015 年年中需求虽也出现过 7 个月的负增长，但 2015 年全年汽车市场仍保持正增长，因此影响程度明显弱于 2018 年（见图 2）。

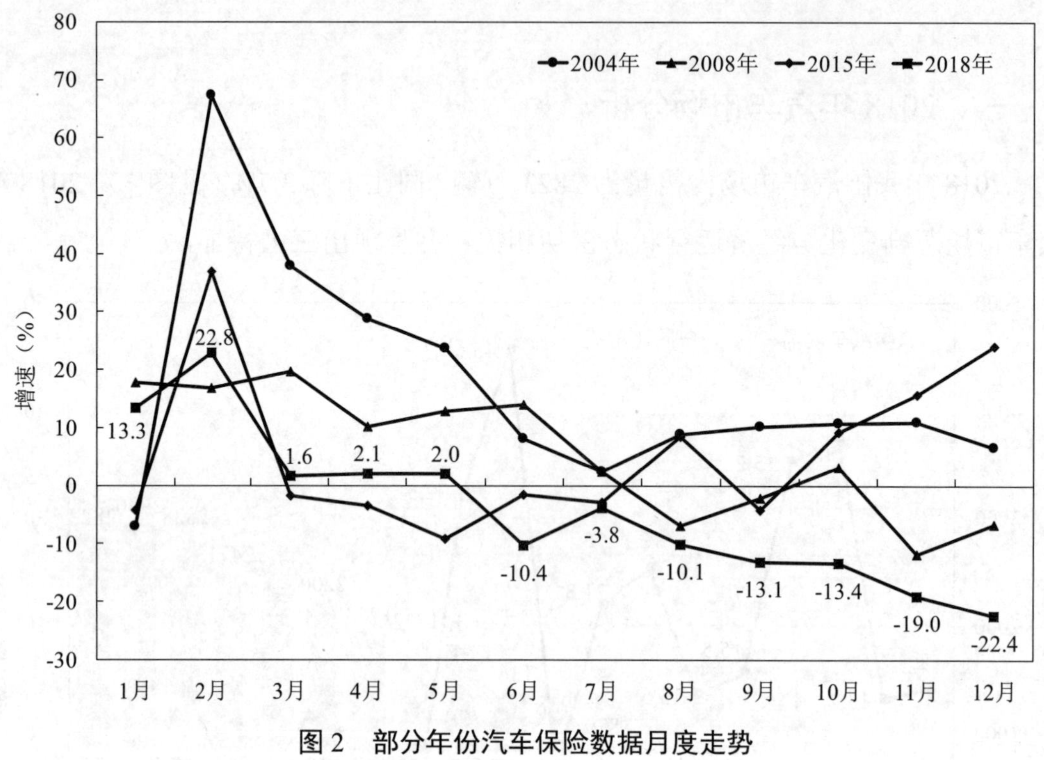

图 2 部分年份汽车保险数据月度走势

2018 年汽车市场的负增长主要是由乘用车需求低迷导致。从下降速度分解看，乘用车下拉了 3.2 个百分点，微客下拉了 1.4 个百分点，仅有 7 类商用车对市场起到正向支撑作用，上拉了 0.6 个百分点（见图 3）。微客车型宜家宜商，车辆采购特征与乘用车相似，两类车型都在 2018 年出现负增长。

一直以来，我国汽车市场形势都与宏观经济走势高度相关。2018 年 GDP 增速表现平稳，全年 GDP 增速仍能达到 6.6%，而且季度之间表现均衡；但汽车市场表现却不尽如人意，两者走势明显背离。究其原因，经济的结构性变化影响了乘用车、微客主体购车人群的购买能力和购买意愿，购车需求受挫，是导致市场下降的关键因素。

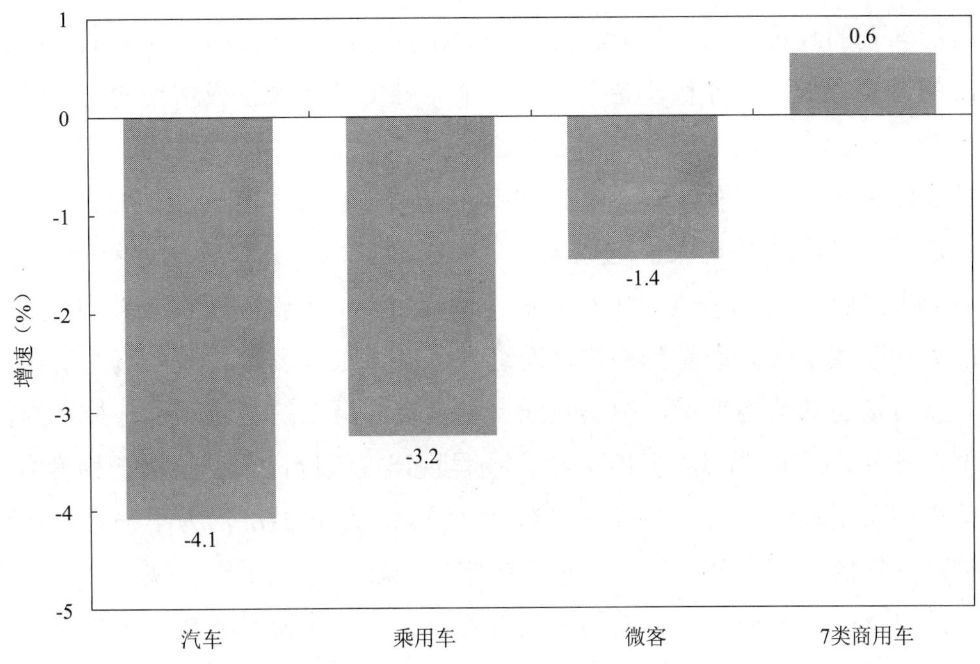

图 3　汽车保险数据 2018 年 1～11 月份增速分解

私营经济表现低迷是导致 2018 年汽车市场需求受挫的主因。造成私营经济活力较差有两方面的原因。第一，是私营经济结构转型的阵痛。自 2015 年年底供给侧结构性改革开始，去产能攻坚战正式打响。此轮去产能行动严格执行环保、能耗、质量、安全等相关法律法规和标准，较多运用市场化、法治化手段，推动企业兼并重组、破产清算，坚决淘汰不达标的落后产能，严控过剩行业新上产能。以河北省为例，河北省从质量和技术角度对钢铁产能进行评估，淘汰了大量低端落后产能。同时，2018 年环保治理力度明显加大，大量产能落后、环保不合规的中小私营企业被关停、限产；相对而言，技术先进、环保达标的大型国有企业受冲击较小，产能和资源向国有企业集中。因此，国有企业工业增加值从 2016 年年中开始一路上涨，利润水平更是从 2017 年起由负转正，盈利能力远超私营企业。分行业来看，也是石油天然气、黑色金属、煤炭等正处于去产能周期中的资源型行业，利润率最高。第二，私营企业往往处于下游竞争性行业，融资难、融资贵是导致私营经济活力下降的重要原因。私营企业，尤其是中小企业普遍存在资本缺乏、资产规模小、持续经营能力弱等问题，当市场出现变化时，这类企业抗风险能力较差，因此，因经营风险高而导致的融资难、融资贵，在世界范围内都是难题，难以获得有效解决。虽然国家有关部门近年持续发布解决中小企业融资难、融资贵等问题的政策，引导资金流向，但收效不明显。在 2018 年去杠杆、防范金融风险的背景之下，部分私营企业、中小企业融资难度大且成本高的问题进一步凸显出来，私营企业利息支出攀升，财务成本明显加大，负担加重，活力变弱。

从我国经济特征来看，中小企业[①]贡献了 60%的 GDP 增长，贡献了 80%的城镇劳动就业；从我国购车人群构成来看，私营企业购车人群占比近年持续提升，2018 年超过 70%。私营企业、中小企业经营受阻，员工就业或收入受到影响，其购买能力和购买信心亦会受到冲击，而这部分群体正是现阶段最主流的潜在购车群体。从市场内部结构来看，中小企业、私营企业员工的主流购车选择多为低价位车型、自主品牌车型，这与 2018 年市场呈现出“低价位车型负增长程度大、自主品牌车型负增长程度大”的特征相吻合。因此，私营经济活力不强是导致汽车市场销量受挫的主因，分价位、分车系的市场表现也印证了这一观点。

（2）特征 2：大面积细分市场呈现负增长，只有少数有特别利好政策的细分市场依然正增长　从各类市场来看，仅 7 类商用车实现了正增长，乘用车和微客同比增速均有下滑；7 类商用车中，仅重型货车、轻型货车和微型货车实现了正增长（见图 4）。能实现正增长的细分市场均有政策利好。首先，国Ⅲ淘汰政策对货车市场利好明显。在坚决打好污染防治攻坚战的要求下，很多省市都出台了淘汰国Ⅲ排放标准柴油车的政策，且部分地区淘汰补贴优厚。以北京为例，北京按车辆上牌的时间进行分阶段补贴，车辆越新，补贴越高，且在 2018 年 6 月 30 日之前报废的车辆，最高补贴额度 10 万元；南京、杭州也有相关的淘汰补贴政策出台，补贴政策利好了重、中、轻型货车更新需求的释放。此外，轻型货车市场中的皮卡车型也受到皮卡解禁的利好。年内，多省市陆续取消皮卡车辆营运证和驾驶员从业资格证，给皮卡车主带来便利，利好皮卡的购买需求。但是，政策利好出清之后，货车也在下半年进入了下滑通道。

（3）特征 3：“南强北弱”“一线强，二、三线弱”的市场特征　分省市来看，2018 年区域市场不仅呈现出“前高后低”的走势，还呈现出“南强北弱”的特征。

① 来源于《2016 年中国小企业年鉴》。注：各类型企业划分标准：大型企业指从业人员 1000 人及以上，且营业收入在 40000 万元以上的企业；中型企业指从业人员在 300 人及以上但不足 1000 人，且营业收入在 2000 万元及以上但不足 40000 万元的企业；小型企业指从业人员在 20 人及以上但小于 300 人，且营业收入在 300 万元及以上但不足 2000 万元的企业；微型企业指从业人员不足 20 人或者营业收入不足 300 万元的企业。

2018 年，仅西藏、天津、广东实现了汽车销量的同比正增长。全国绝大多数省、直辖市、自治区都出现了不同程度的负增长，其中，下降幅度超过 20%的有 4 个省，下降幅度在 10%～20%的有 7 个省，下降幅度在 10%以内的有 17 个省。整体来看，南方表现好于北方，这也是由经济运行特征所决定的。2018 年南方省市投资表现平稳，而且出口依赖型省市多处于南方，在贸易冲突升级的预期下，“抢出口”现象明显。但北方省市的产业类型多为重化工业、投资依赖型产业，是环保治理和去产能攻坚战的重点区，更多企业面临关停、限产，投资需求也较为低迷，经济表现不佳，从而影响消费信心和购车需求。

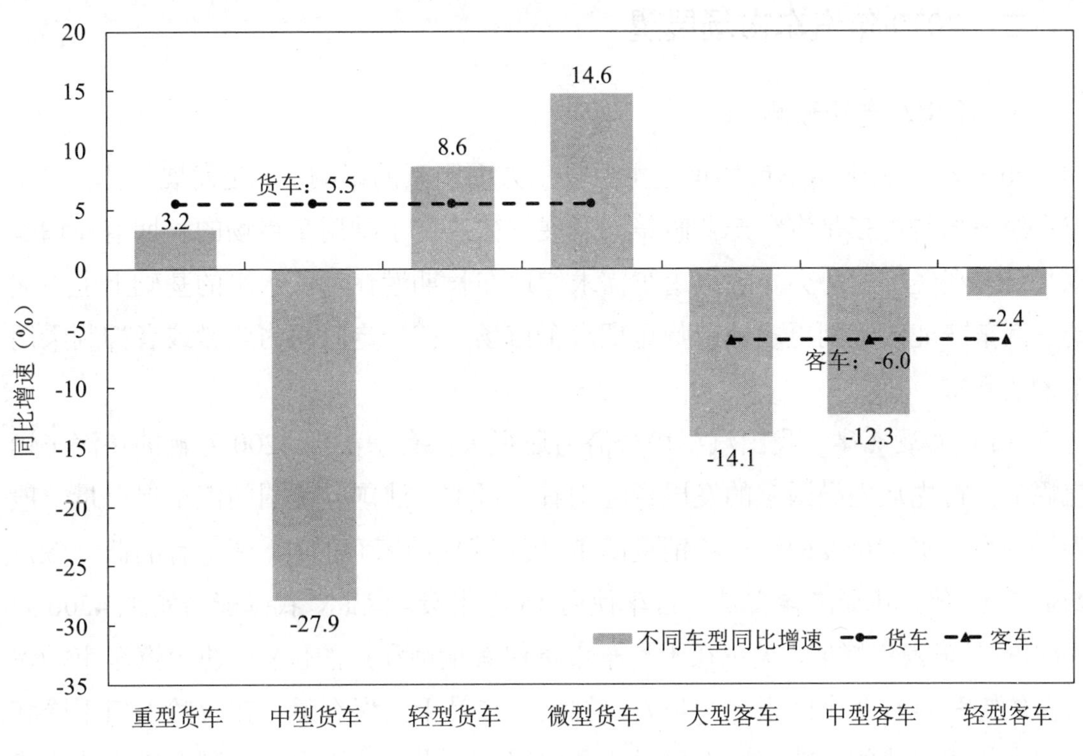

图 4　2018 年 7 类商用车型同比增速（批发）

分城市级别来看，2018 年一、二、三线城市汽车销售均出现同比下滑，但呈现出“一线强，二、三线弱”的特征。数据显示，2018 年一线城市汽车销量同比下降 1.9%，但二、三线城市则出现深度下滑，尤其是三线，销量同比下滑 12.3%，这种表现与汽车市场发展规律不符。一、二、三线城市所处汽车市场发展阶段不同，其潜在增长水平也不同，其中三线城市汽车市场发展阶段最低，千人保有量最低，其应拥有最高的潜在增长水平，一线城市则相反。但是，2018 年一、二、三线城市汽车市场的实际走势与潜在增长水平倒挂。究其原因，主要是受地区产业结构差异和房地产市场的影响。一线城市生产性服务业、高新技术行业等高附加值产业规模较大，经济活力更强，居民购买能力和购买信心也强；但二、三线城市在去产能、环保治理加严、私营中小企业经营情况不佳等因素的影响下，经济受挫，消费信心受损，汽车市场难有良好表现。此外，2018年全国房地产市场呈现出“三线火、一线稳”的态势。三线城市房屋总价不高，首付资金与购车款大体相当，在房地产市场火热的情况下，购房占用了大量资金，对购车资金形成明显挤占，影响购车需求，因此，就出现汽车市场走势与发展规律相背离的情况。

二、2019年汽车市场展望

1．乘用车市场预测

2019年我国乘用车市场销量主要受三方面因素的影响：一是发展规律；二是宏观经济形势；三是汽车产业政策。发展规律决定了乘用车市场的长期潜在增长水平；宏观经济形势会导致乘用车需求增速在长期潜在增长水平的基础上上下波动；汽车产业政策则更多地影响短期汽车市场，在一定时间内刺激或者抑制乘用车购买需求。

（1）*发展规律* 我国汽车增长潜力还很大，有望实现4200万辆的年汽车销售峰值。首先从先导国家的发展经验来看，日本、法国、美国的汽车保有量一般为达到饱和水平年度的汽车年销量的15倍，其他国家有的高一些，有的低一些，均值是15倍，其经济含义是一台车使用15年报废。因此，我国能否实现4200万辆/年的汽车销售峰值，关键在于汽车市场保有量饱和点的位置。决定汽车市场保有量的饱和点有两个因素：一是人口规模，二是千人保有量。在育龄人口下降和人口老龄化趋势的影响下，人口增速会放缓，未来10年内，我国人口将达到峰值，大概在14.5亿人左右的水平。从先导国家千人保有量的情况来看，美国千人乘用车保有量最高，超过800辆，欧洲国家千人保有量基本在600辆左右，丹麦政府出于环保的考虑，对汽车购买征收高额税费并大力鼓励自行车的使用，抑制了乘用车的消费需求，但其乘用车千人保有水平也超过500辆。因此，如果以先导国家千人汽车保有量均值600辆的水平计算，我国的汽车保有量饱和点在8.7亿辆。但考虑到我国资源人口分布不均、区域间经济发展差异大、94%的人口集中在腾冲—黑河线以东43%的国土上等情况，我国达到汽车饱和点的千人保有水平会低于先导国家，预计为400～450辆，如果按千人汽车保有量在410辆考虑，汽车保有量在6亿辆左右，那么这一水平能否实现呢？从我国主要城市千人保有水平来看，2017年汽车千人保有量最高的城市是苏州，333辆/千人，昆明、东莞、郑州、长沙等城市千人保有量也都超过300辆，同时，这些城市这几年汽车千人保有量都呈现出明显的上涨趋势，预计这一趋势还将持续。目前，我国还是中等收入国家，但在党的十九大精神的指导下，我国将在2020年以前全面建成小康社会，到2035年间基本实现社会主义现代化，到2050年建成富强、民主、文明、和谐、美丽的社会主义现代化强国。因此，我国经济发展水平还将稳步增长，千人汽车保有水平也会稳步提升，有望实现400辆以上的汽车千人保有水平，折算过来，汽车销量峰值点在4200万辆左右。

（2）宏观经济　世界各国的汽车发展经验都表明，无论汽车市场处于什么发展阶段，无论是何种收入水平的国家，无论是美国、英国、法国、德国、日本等发达国家，阿根廷、巴西、墨西哥等中等收入国家，还是菲律宾等中低收入国家，其汽车市场走势都与宏观经济环境呈高度的正相关关系。我国的汽车发展历程也印证了这一规律。因此，2019年汽车市场走势也与国内宏观经济形势高度相关。

2019年宏观经济增速或放缓至6.2%，多家权威机构也是如此判断（见表1）。

表1　各机构对2019年我国经济的预测

预测机构	预测时间	2019年GDP增速预测（%）
世界银行	2018年12月	6.2
OECD	2018年12月	6.3
摩根大通	2018年12月	6.2
穆迪	2018年12月	6.0
社科院	2018年12月	6.3
市场预测均值		6.2

注：资料由国家信息中心（SIC）整理。

虽然2019年经济下行，但经济环境对汽车市场的支撑作用要大于2018年下半年，主要有两方面原因。第一，宏观经济增速虽趋缓，但民营经济、中小企业的表现或有所好转。党和政府高度重视民营企业、中小企业经营困难、融资难度大且成本高等问题，中央高层领导在各类会议的有关讲话精神，提振了民营经济发展的信心。目前政府相关部门正在贯彻落实，已出台多项缓解民营、中小企业经营生产压力的政策，比如设立民营企业债券融资支持工具，并增加再贷款和再贴现额度以支持小微企业和民营企业融资等。随着政策的层层落实，民营企业、中小企业或从中受益，缓解目前经营困难的问题，增强企业活力，改善员工预期。因此，经济对汽车市场的支撑或强于 2018 年。第二，最近召开的中央经济工作会议也传递出一些积极信号。中央认为 2019 年经济增速虽放缓，但会“缓中求稳”，不会发生经济过快下滑的情况，宏观政策将强化逆周期调节，实施积极的财政政策和稳健的货币政策，稳住流动性和利率大局，增强汇率灵活性，并适度扩大赤字率，适时预调微调，稳定总需求。因此，在多方政策的合力作用下，2019 年各微观主体的活力有望增强。更为重要的是，2019 年市场信心相比 2018 年会有所恢复。

（3）*产业政策* 2019 年 1 月 29 日，国家发展和改革委员会等十部委联合发布了《进一步优化供给推动消费平稳增长促进形成强大国内市场的实施方案（2019 年）》的通知，提出从六大措施促进汽车消费。包括：有序推进老旧汽车报废更新，持续优化新能源汽车补贴结构，促进农村汽车更新换代，稳步推进放宽皮卡车进城限制范围，加快繁荣二手车市场，进一步优化地方政府机动车管理措施。这六个方面的鼓励措施，将会对汽车市场产生一定的积极效果。

2．商用车市场预测

（1）*发展规律* 从先导国家的发展经验来看，经济发展水平与千人货车保有量有如下关系：当人均 GDP 在 15000 美元以下时，千人保有量增长较快；但人均 GDP 超过 15000 美元后，千人保有量增速明显放缓，基本趋于稳定水平。这种对应关系是由经济发展阶段及相应的产业结构所决定的。当一国人均 GDP 低于 1000 美元时，劳动密集型产业快速发展；当一国人均 GDP 在 1000 美元到 4000 美元之间时，资本密集型产业快速发展；当一国人均 GDP 在 4000 美元到 12000 美元之间时，资本密集型和技术密集型产业同步快速发展；当一国人均 GDP 高于 12000 美元时，技术密集型和知识密集型产业快速发展。不同发展阶段所对应的主导产业不同，因此，不同阶段的货运需求弹性也就不同。越向高附加值产业发展，货运需求量的增长就越慢。目前我国产业结构属于资本密集与技术密集的混合型阶段，因此，依据国际规律，我国已经进入货车千人保有量缓慢增长的历史阶段。

（2）*宏观经济* 商用车市场表现也与宏观经济走势高度相关，两者之间存在明显的线性关系，尤其是中重型货车。近年来，中重型货车保有量增速相对于 GDP

增速的弹性在逐渐降低，现在基本上等于 0.5，意味着 GDP 每增长 1%，中重型货车保有量就增长 0.5%。2019 年宏观经济稳中趋缓，GDP 增长降速，中重型货车保有量增速随之放缓，保有量涨幅下降，对需求增量有负面影响。轻型货车亦是如此，在 2019 年宏观经济稳中有降的背景下，需求增长亦会放缓。综合来看，2019 年宏观经济环境对货车需求的促进作用要弱于 2018 年。

（3）产业政策 2019 年，影响中重型货车市场的政策较多，包括国Ⅲ柴油车淘汰、“公转铁”和治理超载超限，综合来看，产业政策对中重型货车需求有负向影响。对于轻型货车市场来说，对其需求影响较大的政策是国Ⅲ柴油车淘汰政策，这一政策会继续利好轻型货车需求。

1）国Ⅲ柴油车淘汰政策。2019 年是国Ⅲ柴油车淘汰的攻坚之年。从时间点来看，2017 年下半年以来，京津冀及周边地区、汾渭平原、长三角、珠三角、成渝地区陆续有城市发布国Ⅲ柴油车淘汰政策。从区域来看，出台政策的城市多为中东部经济较为发达的一、二线城市。从政策方向来看，主要有三种方式：一是指定区域或路段进行限行；二是财力雄厚的城市发放淘汰补贴，如北京、深圳、杭州等；三是从运输证和入城证入手，将国Ⅲ排除在外，尤其是城市内使用的建筑垃圾清运车、渣土和沙石运输车等。从治理对象来看，北京、上海、深圳、杭州面向的是所有国Ⅲ柴油车，而其他地区则以中重型柴油车为治理重点。2018 年 7 月，《打赢蓝天保卫战三年行动计划》（以下简称《计划》）正式出台，柴油车治理工作成为重中之重。《计划》要求大力淘汰更新国Ⅲ及以下排放标准营运柴油货车，2020 年年底之前，京津冀及周边地区、汾渭平原需淘汰中重型柴油车 100 万辆以上，相当于该地区国Ⅲ车型总保有量的 75%，影响程度巨大，将成为 2019 年中、重、轻型货车市场需求的主要支撑。

2）“公转铁”政策。在《打赢蓝天保卫战三年行动计划》的方案指导下，国家将优化调整货物运输结构，大幅提升铁路货运比例。根据中国铁路总公司发布的《2018～2020 年货运增量行动方案》，到 2020 年，全国铁路货运量将达到 47.9 亿 t，较 2017 年增长 30%。铁路运输的发展将对公路货运需求形成分流，尤其会冲击在干线运输中大规模使用的中重型货车的需求。

3）治理超载超限。自 2016 年 9 月 21 日治理超载超限专项行动开启以来，到 2018 年年底，共带动新增需求 64 万辆，其需求释放高峰在 2017 年，2018 年释放节奏减慢，到 2018 年年底治超利好基本释放完毕。进入 2019 年，虽仍有少量需求待释放，但较 2018 年政策带来的利好明显减弱，对新增需求的影响为负。

综合以上初步判断，2019 年我国汽车总需求将达到 2756 万辆，同比下降 2.5%。其中，乘用车销售 2310 万辆，同比下降 0.8%；7 类商用车销售 377 万辆，同比下降 5.9%（见表 2）。

表 2　2019 年我国汽车市场需求预测（内需口径）

车　型	2018 年需求量/万辆	2019 年需求量/万辆	增长率（%）
乘用车	2317	2310	−0.3
微型客车	95	69	−27.4
商用车	411	377	−8.3
合计	2823	2756	−2.4

注：数据来源于国家信息中心（SIC）预测数据。

（作者：徐长明）

2018 年客车市场现状及发展趋势

2018 年 1～10 月份，中国客车统计信息网的 40 家企业累计销售 5m 以上客车 156148 辆，同比下降 8.36%，其中座位客车（公路客车）下降 13.26%（见表 1），校车下降 22.80%，公交客车增长 4.51%，其他客车下降 19.20%。

40 家企业共有 32 家涉及新能源客车领域，5m 以上新能源客车销量为 59643 辆，同比增长 5.45%。

传统客车销量继续下滑，传统客车销量为 96505 辆，整体降幅达 15.22%，其中座位客车下降 10.62%，公交客车下降 45.86%。

总销量中，大型客车销量为 60102 辆，同比下降 9.95%；中型客车销量为 47947 辆，同比增长 1.31%；轻型客车销量为 48099 辆，同比下降 14.61%。可见，2018 年以来客车行业的整体表现并不好。

表 1　2018 年 1～10 月份销量同比情况表

类　别		合计	$L>12$	$11<L\leqslant12$	$10<L\leqslant11$	$9<L\leqslant10$
2017 年同期销量/辆	合计	170397	3089	28444	35210	5226
	座位客车	79217	1427	17097	10404	1611
	校车	18805	79	134	261	1731
	公交客车	60904	1579	11114	24429	1791
	其他	11471	4	99	116	93
2018 年累计销量/辆	合计	156148	3495	22971	33636	3909
	座位客车	68714	1099	14210	7935	1290
	校车	14517	5	41	1091	1642
	公交客车	63649	2375	8633	24371	886
	其他	9268	16	87	239	91
差额/辆	合计	−14249	406	−5473	−1574	−1317
	座位客车	−10503	−328	−2887	−2469	−321
	校车	−4288	−74	−93	830	−89

（续）

类　别		合计	$L>12$	$11<L\leq 12$	$10<L\leq 11$	$9<L\leq 10$
差额/辆	公交客车	2745	796	−2481	−58	−905
	其他	−2203	12	−12	123	−2
增速（%）	合计	−8.36	13.14	−19.20	−4.47	−25.20
	座位客车	−13.26	−22.99	−16.89	−23.73	−19.93
	校车	−22.80	−93.67	−69.40	318.01	−5.14
	公交客车	4.51	50.41	−22.30	−0.24	−50.53
	其他	−19.20	300.00	−12.12	106.03	−2.15

类　别		$8<L\leq 9$	$7<L\leq 8$	$6<L\leq 7$	$5<L\leq 6$	$3.5<L\leq 5$
2017年同期销量/辆	合计	26700	15401	16234	40093	—
	座位客车	9760	9175	6550	23193	—
	校车	800	3606	2390	9804	—
	公交客车	15679	2312	2883	1117	—
	其他	461	308	4411	5979	—
2018年累计销量/辆	合计	32025	12013	8618	39481	—
	座位客车	8941	6980	3638	24621	—
	校车	388	3189	1685	6476	—
	公交客车	22236	1516	2665	967	—
	其他	460	328	630	7417	—
差额/辆	合计	5325	−3388	−7616	−612	—
	座位客车	−819	−2195	−2912	1428	—
	校车	−412	−417	−705	−3328	—
	公交客车	6557	−796	−218	−150	—
	其他	−1	20	−3781	1438	—
增速（%）	合计	19.94	−22.00	−46.91	−1.53	—
	座位客车	−8.39	−23.92	−44.46	6.16	—
	校车	−51.50	−11.56	−29.50	−33.95	—
	公交客车	41.82	−34.43	−7.56	−13.43	—
	其他	−0.22	6.49	−85.72	24.05	—

从上述数据中可以看出，座位客车两个权重最大的区间是：5～6m（35.83%），11～12m（20.68%）；校车两个权重最大的区间是：5～6m（44.61%），7～8m（21.97%）；公交客车两个权重最大的区间是：10～11m（38.29%），8～9m（34.94%），这两个区间的总权重达 73.23%，公交客车的权重高度集中（主要受新能源公交的影响），是 2018 年客车市场的主要特点。2017～2018 年累计销量排名前 15 位的企业见表 2。

表 2 2017～2018 年累计销量排名前 15 位的企业

排名	企业名称	2018 年销量/辆	2017 年销量/辆	增量/辆	增速（%）
总计		136795	147587	−10792	−7.31
1	郑州宇通集团有限公司	44201	46704	−2503	−5.36
2	北汽福田汽车股份有限公司欧 V 客车分厂	17869	21198	−3329	−15.7
3	中通客车控股股份有限公司	10027	15288	−5261	−34.41
4	比亚迪汽车工业有限公司	9301	8445	856	10.14
5	金龙联合汽车工业（苏州）有限公司	8369	6168	2201	35.68
6	厦门金龙旅行车有限公司	8060	7718	342	4.43
7	厦门金龙联合汽车工业有限公司	8011	7695	316	4.11
8	安徽安凯汽车股份有限公司	5233	6614	−1381	−20.88
9	珠海广通汽车有限公司	4346	4346	0	0
10	东风襄阳旅行车有限公司	4218	4458	−240	−5.38
11	东风超龙（十堰）客车有限公司	4200	4846	−646	−13.33
12	湖南中车时代电动汽车股份有限公司	3994	5265	−1271	−24.14
13	南京金龙客车制造有限公司	3638	3531	107	3.03
14	江西江铃集团晶马汽车有限公司	2688	2690	−2	−0.07
15	扬州亚星客车股份有限公司	2640	2621	19	0.72

2018 年，市场表现较好的企业不多，从销量数据来看，宇通市场份额继续提升，市场集中度由 2017 年的 27.41%上升到 28.31% ；比亚迪依然突出，持续在新能源公交领域保持高增长；金龙联合汽车工业（苏州）有限公司走出泥潭，经过两年的低迷，渐渐找到感觉，2018 年客车出口增幅遥遥领先。

一、新能源客车：新能源公交正在收割最后的超额价值

2018 年 1～10 月份，5m 以上新能源客车销量为 59643 辆，与 2017 年相比，新能源客车总销量增长了 5.45%，其中座位客车下降了 48.06%，公交客车增长了 25.46%。2018 年 1～10 月份新能源客车销量与 2017 年 1～10 月份同比情况见表 3。

表 3　2018 年 1～10 月份新能源客车销量与 2017 年 1～10 月份同比情况

类别		总计	$L>12$	$11<L\leq12$	$10<L\leq11$	$9<L\leq10$
2017 年同期销量/辆	合计	56561	1271	7347	23972	741
	座位客车	5574	34	1110	4013	2
	校车	—	—	—	—	—
	公交	43010	1237	6210	19959	739
	其他	7976	—	27	—	—
2018 年累计销量/辆	合计	59643	1524	6892	23963	106
	座位客车	2895	36	964	979	—
	校车	—	—	—	—	—
	公交	53962	1488	5928	22941	106
	其他	2843	—	—	64	—
差额/辆	合计	3082	253	−455	−9	−635
	座位客车	−2679	2	−146	−3034	−2
	校车	—	—	—	—	—
	公交	10952	251	−282	2982	−633
	其他	−5133	—	−27	64	—
增速（%）	合计	5.45	19.90	−6.19	−0.04	−85.70
	座位客车	−48.06	5.88	−13.15	−75.60	−100.00
	校车	—	—	—	—	—
	公交	25.46	20.30	−4.54	14.94	−85.70
	其他	−64.36	—	−100.00	—	—
类别		$8<L\leq9$	$7<L\leq8$	$6<L\leq7$	$5<L\leq6$	$L\leq5$
2017 年同期销量/辆	合计	13557	578	5041	4054	—
	座位客车	204	126	4	81	—

（续）

类　别		8<L≤9	7<L≤8	6<L≤7	5<L≤6	L≤5
2017 年同期销量/辆	校车	—	—	—	—	—
	公交	13352	452	994	67	—
	其他	—	—	4043	3906	—
2018 年累计销量/辆	合计	21523	548	2371	2716	—
	座位客车	726	41	8	141	—
	校车	—	—	—	—	—
	公交	20833	506	2080	80	—
	其他	—	1	283	2495	—
差额/辆	合计	7966	−30	−2670	−1338	—
	座位客车	522	−85	4	60	—
	校车	—	—	—	—	—
	公交	7481	54	1086	13	—
	其他	—	1	−3760	−1411	—
增速（%）	合计	58.80	−5.19	−53.00	−33.00	—
	座位客车	256.00	−67.50	100.00	74.10	—
	校车	—	—	—	—	—
	公交	56.00	11.95	109.30	19.40	—
	其他	—	—	−93.00	−36.00	—

新能源公交客车正在收割最后的超额价值。新能源客车销量前 10 位的企业如下，宇通和比亚迪有脱颖而出的趋势，其领先优势越发明显（见表 4）。

表 4　新能源客车销量前 10 位的企业

排名	企业名称	2018 年销量/辆	2017 年销量/辆	增量/辆	增速（%）
	合计	48795	46023	2772	6.02
1	郑州宇通集团有限公司	13924	11156	2768	24.81
2	比亚迪汽车工业有限公司	9301	8445	856	10.14
3	中通客车控股股份有限公司	4506	8937	−4431	−49.58
4	珠海广通汽车有限公司	4346	4346	0	0

（续）

排名	企业名称	2018 年销量/辆	2017 年销量/辆	增量/辆	增速（%）
5	湖南中车时代电动汽车股份有限公司	3994	5265	－1271	－24.14
6	南京金龙客车制造有限公司	3609	3498	111	3.17
7	厦门金龙旅行车有限公司	3183	1445	1738	120.28
8	厦门金龙联合汽车工业有限公司	3009	900	2109	234.33
9	金龙联合汽车工业（苏州）有限公司	1524	163	1361	834.97
10	上海申龙客车有限公司	1399	1868	－469	－25.11

二、出口：大中型客车表现不佳

2018 年 1～10 月份，出口各类客车 26643 辆，出口金额约为 99.91 亿人民币（见表 5），出口量比 2017 年同期增长 9.24%，出口额下降 0.68%。其中，大中型客车出口 16740 辆，同比下降 5.96%，出口金额 93.61 亿人民币，同比下降 1.68%，大中型客车出口仍然低迷。

表 5 2018 年 1～10 月份客车出口情况

类 别	2017 年 1～10 月份出口		2018 年 1～10 月份出口	
	出口量/辆	出口金额/万元	出口量/辆	出口金额/万元
大型客车	13086	777299.19	12899	797014.15
其中：公交	4742	232913.37	3296	216396.21
中型客车	4715	174798.04	3841	139106.80
其中：公交	953	46417.58	1215	39863.69
轻型客车	6588	53816.79	9903	62970.86
其中：公交	7	164.33	17	424.22
合计	24389	1005914.02	26643	999091.81
其中：座位客车	18195	709876.61	21811	738171.19
公交	5702	279495.28	4528	256684.11
校车	187	12777.17	4	306.14
其他	305	3764.96	300	3930.37
类 别	增 量		增 速	
	出口量/辆	出口金额/万元	出口量（%）	出口金额（%）
大型客车	－187	19714.96	－1.43	2.54

（续）

类　别	增　量		增　速	
	出口量/辆	出口金额/万元	出口量（%）	出口金额（%）
其中：公交	－1446	－16517.16	－30.49	－7.09
中型客车	－874	－35691.24	－18.54	－20.42
其中：公交	262	－6553.89	27.49	－14.12
轻型客车	3315	9154.07	50.32	17.01
其中：公交	10	259.89	142.86	158.15
合计	2254	－6822.21	9.24	－0.68
其中：座位客车	3616	28294.58	19.87	3.99
公交	－1174	－22811.16	－20.59	－8.16
校车	－183	－12471.03	－97.86	－97.60
其他	－5	165.41	－1.64	4.39

2018 年 1～10 月份出口量较大，出口量、出口额双增长的企业仅有 4 家：苏州金龙、厦门金龙、厦门金旅、中通客车。2018 年 1～10 月份出口额列前 10 位的企业见表 6。

表 6　2018 年 1～10 月份出口额列前 10 位的企业

排名	企业名称	2018 年 1～10 月份		出口量增量/辆	出口额增量/万元	出口量增速（%）	出口额增速（%）
		出口量/辆	出口金额/万元				
合计		26058	982004.16	2403	－5208.18	10.16	－0.53
1	郑州宇通	6038	349877.86	－1207	－28575.70	－16.66	－7.55
2	苏州金龙	3101	149641.19	1212	41961.36	64.16	38.97
3	厦门金龙	8468	138913.00	2305	26242.39	37.40	23.29
4	厦门金旅	3917	98171.45	1251	1183.76	46.92	1.22
5	中通客车	1490	76742.91	289	2512.91	24.06	3.39
6	扬州亚星	866	71226.01	－36	6010.55	－3.99	9.22
7	安凯客车	1123	50530.13	－200	－9328.53	－15.12	－15.58
8	上海申沃	335	18163.08	－265	－9022.08	－44.17	－33.19
9	北汽福田	413	14740.30	－832	－28603.55	－66.83	－65.99
10	上海申龙	307	13998.20	－114	－7589.28	－27.08	－35.16

三、传统客车：传统公交客车仍是重灾区

2018 年 1～10 月份，5m 以上传统客车销量为 96505 辆，占总销量的 61.80%，较 2017 年同期下降了 5 个百分点，同比下降 15.22%，其中，传统座位客车下降 10.62%（见表 7），校车下降 22.80%，公交客车下降 45.86%。2018 年 1～10 月份销量列前 10 位的企业中，正增长的只有 1 家。2018 年 1～10 月份传统客车销量列前 10 位的企业见表 8。

表 7 2018 年 1～10 月份传统客车销量同比情况

类别		总计	$L>12$	$11<L\leqslant 12$	$10<L\leqslant 11$	$9<L\leqslant 10$
2017 年同期销量/辆	合计	113836	1818	21097	11238	4485
	座位客车	73643	1393	15987	6391	1609
	校车	18804	79	134	261	1731
	公交客车	17894	342	4904	4470	1052
	其他	3495	4	72	116	93
2018 年累计销量/辆	合计	96505	1971	16079	9673	3803
	座位客车	65819	1063	13246	6956	1290
	校车	14517	5	41	1091	1642
	公交客车	9687	887	2705	1430	780
	其他	6425	16	87	175	91
差额/辆	合计	−17331	153	−5018	−1565	−682
	座位客车	−7824	−330	−2741	565	−319
	校车	−4287	−74	−93	830	−89
	公交客车	−8207	545	−2199	−3040	−272
	其他	2930	12	15	59	−2
增速（%）	合计	−15.22	8.42	−23.79	−13.93	−15.21
	座位客车	−10.62	−23.69	−17.15	8.84	−19.83
	校车	−22.80	−93.67	−69.40	318.01	−5.14
	公交客车	−45.86	159.36	−44.84	−68.01	−25.86
	其他	83.83	300.00	20.83	50.86	−2.15

（续）

类　　别		$8<L\leq 9$	$7<L\leq 8$	$6<L\leq 7$	$5<L\leq 6$	$L\leq 5$
2017 年同期销量/辆	合计	13143	14823	11193	36039	—
	座位客车	9556	9049	6546	23112	—
	校车	799	3606	2390	9804	—
	公交客车	2327	1860	1889	1050	—
	其他	461	308	368	2073	—
2018 年累计销量/辆	合计	10502	11465	6247	36765	—
	座位客车	8215	6939	3630	24480	—
	校车	388	3189	1685	6476	—
	公交客车	1403	1010	585	887	—
	其他	460	327	347	4922	—
差额/辆	合计	−2641	−3358	−4946	726	—
	座位客车	−1341	−2110	−2916	1368	—
	校车	−411	−417	−705	−3328	—
	公交客车	−924	−850	−1304	−163	—
	其他	−1	19	−21	2849	—
增速（%）	合计	−20.09	−22.65	−44.19	2.01	—
	座位客车	−14.03	−23.32	−44.55	5.92	—
	校车	−51.44	−11.56	−29.50	−33.95	—
	公交客车	−39.71	−45.70	−69.03	−15.52	—
	其他	−0.22	6.17	−5.71	137.43	—

表 8　2018 年传统客车销量列前 10 位的企业

排名	单位名称	2018 年销量/辆	2017 年销量/辆	同比增量/辆	同比增速（%）
	合计	82527	96180	−13653	−14.20
1	郑州宇通集团有限公司	30277	35548	−5271	−14.83
2	北汽福田汽车股份有限公司欧 V 客车分厂	16548	18124	−1576	−8.70
3	金龙联合汽车工业（苏州）有限公司	6845	6005	840	13.99
4	中通客车控股股份有限公司	5521	6351	−830	−13.07

（续）

排名	单位名称	2018年销量/辆	2017年销量/辆	同比增量/辆	同比增速（%）
5	厦门金龙联合汽车工业有限公司	5002	6795	−1793	−26.39
6	厦门金龙旅行车有限公司	4877	6273	−1396	−22.25
7	安徽安凯汽车股份有限公司	3972	5486	−1514	−27.60
8	东风超龙（十堰）客车有限公司	3934	4725	−791	−16.74
9	东风襄阳旅行车有限公司	3133	3306	−173	−5.23
10	桂林客车工业集团有限公司	2518	3567	−1049	−29.41

四、2018年客车行业发展态势盘点

现状：资本重组善始善终者少，深陷泥潭者多。

趋势：客车市场提前入冬。

困惑：校车进入死胡同。

难题：沉淀在终端的二手车将成为压垮客车市场的最后一根稻草。

企业：新进入者面临大考。

五、旅游客车需求增长是促进客车行业发展的新动能

1．政策密集出台，旅游产业处于高速发展时期

最近十年以来，国家每年都有关于发展旅游的政策出台，特别是2016年，国务院出台了《“十三五”旅游业发展规划》，设定主要目标值：城乡居民出游人数年均增长10%左右，旅游总收入年均增长11%以上，旅游直接投资年均增长14%以上。到2020年，旅游市场总规模达到67亿人次，旅游投资总额2万亿元，旅游业总收入达到7万亿元。

根据2018年全国旅游工作报告发布的数据，2017年，三大旅游市场持续健康增长，我国连续多年保持世界第一大出境旅游客源国和全球第四大入境旅游接待国地位。预计2017年旅游总收入为5.4万亿元，比2012年增长2.81万亿元，年均增长15.83%（按此速度，2019年就会超过7万亿元）。2017年国内旅游市场为50亿人次，比2012年增长69.12%，年均增长11.08%；2017年国内旅游收

入为 4.57 万亿元，比 2012 年增长 101.15%，年均增长 15%。

景区景点 3 万多个（其中 A 级景区 10340 个，包括 5A 级 249 个、4A 级 3034 个）。A 级景区数量比 2016 年发布的数据有大幅度增长。

2017 年全国旅游投资达 1.5 万亿元（见图 1），同比增长 16%，其中民间资本投资占 60%，形成了民营为主、国有企业和政府投资共同参与的多元主体投资格局（按此速度，2019 年就会超过 2 万亿元）。

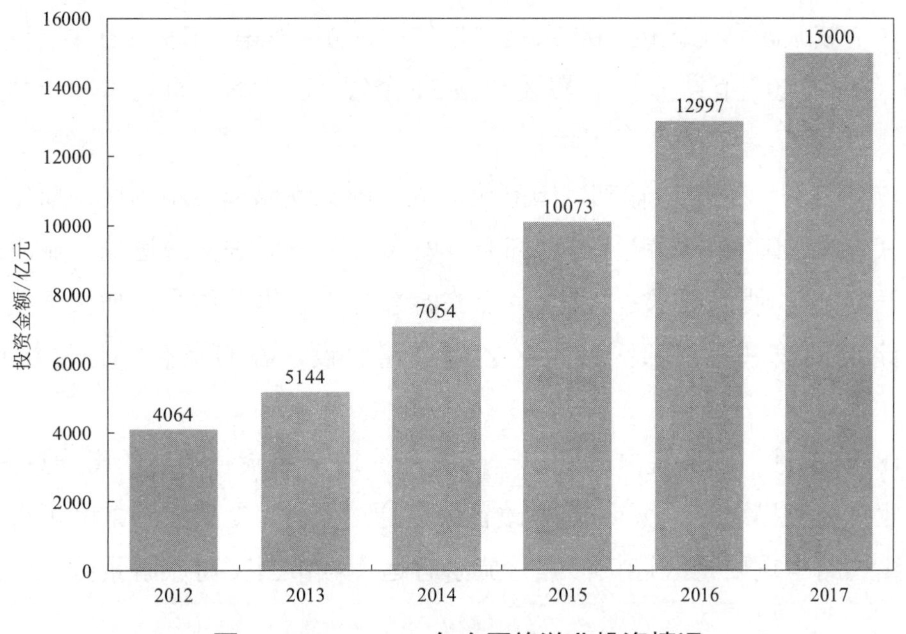

图 1　2012～2017 年全国旅游业投资情况

国内旅游人次已经连续 10 年高增长，其中 9 年增幅超过 40%，这种现象在经济领域十分少见。

国家政策的导向作用对资本投向旅游领域十分关键，旅游客车应该成为这种大规模投资的受益者。

2．全域旅游促进旅游客车需求升级

2016 年 7 月，习近平总书记明确指出：“发展全域旅游，路子是对的，要坚持走下去。”

2017 年 3 月，李克强总理在政府工作报告中指出：“完善旅游设施和服务，大力发展乡村、休闲、全域旅游。”

国务院发布的《“十三五”旅游业发展规划》明确了“以转型升级、提质增效为主题，以推动全域旅游发展为主线”。

2016 年 3 月国家旅游局启动首批 262 家国家全域旅游示范区创建工作，并于 2016 年 5 月召开首届全域旅游推进工作会议。随后，各地创建意愿和热情持续高涨，促使国家旅游局在还未启动首批验收的情况下又推出第二批 238 家创建工作，并于 2016 年 9 月在宁夏召开第二次全域旅游推进工作会议。一些未进入名单的地方也积极践行全域旅游发展理念，全域旅游实现了从创建工作到试点示范和推广普及的阶段。

国家全域旅游示范区的 500 家创建单位中，包括海南、宁夏 2 个省、自治区，91 个市（州），407 个县（市），覆盖全国 31 个省、自治区、直辖市和新疆生产建设兵团。

2017 年 3 月，交通运输部、国家旅游局、国家铁路局、中国民用航空局、中国铁路总公司、国家开发银行等六部委，发布《关于促进交通运输与旅游融合发展的若干意见》，明确要求："健全重点旅游景区交通集散体系，加快干线公路与景区公路连接线以及相邻区域景区之间公路建设，在有条件的地区形成旅游环线。"

2018 年 3 月，国务院办公厅出台《关于促进全域旅游发展的指导意见》，与客车行业有关的描述也十分明确："改善公路通达条件，提高旅游景区可进入性，推进干线公路与重要景区连接，强化旅游客运、城市公交对旅游景区、景点的服务保障。"

推进全域旅游，实现从景点旅游模式走向全域旅游模式，旅游交通的作用是不可替代的。它是纽带，或者说是贯穿全域旅游的主线，而景点和餐饮、住宿、购物等相关的旅游设施则只是这条主线上的一个个节点，旅游客运公交化在全域旅游中将会得到真正的落实和发展，全新的旅游客运模式对旅游客车产品必然也会有新的要求，新能源旅游客车的应用将会成为热点，在新能源公交逐步退坡之后，新能源公路客车毫无起色，希望新能源旅游客车能够接过新能源公交的接力棒，成为支撑客车行业持续发展的一个支点。可见，全域旅游不仅能够推动旅游客车市场规模不断扩大，而且能够推动客车技术的不断升级。

3．标准体系的建设和完善是旅游客车需求增长的催化剂

目前的景区车辆品种繁多、五花八门，大巴、中巴、公交车、面包车都有，主力则是低速电动车，安全性、动力性、舒适性参差不齐，什么样的车辆能够做

旅游客运，什么样的车辆能够做景区运营，需要明确规范，建设和完善相关的、专门的旅游客车标准体系很有必要。

旅游客车标准体系大致可划分为 3 大类：①服务标准，与客车相关的服务要求和管理要求，比如安全法规、准入条件、数据信息共享等。②技术标准，旅游景区客车结构、旅游景区车通用性能以及通用方法。③产品标准，专业类客车技术性能要求标准，如旅居车、旅游客车、新能源旅游客车等标准；客车各系统总成和客车零部件技术性能要求标准，如座椅、安全玻璃、缓速器、CAN 总线系统等标准。

1998～2002 年的 5 年中，大中型客车的市场规模从 2 万辆上升到 8 万辆，主要推动因素是营运客车类型划分和等级评定政策。

下面举两个例子：一个是桂林客车，一个是苏州金龙。1998 年之前，全国的豪华客车至少有 50%来自于桂林，但是，在 1998～2002 年，桂林客车没有抓住营运客车类型划分和等级评定标准带来的市场扩张机遇，短短几年就被淹没在“一通三龙”的大潮中；而苏州金龙在产品研发中紧紧围绕 T325，从 1998 年的年销量 230 多辆，短短 5 年间，销量迅速突破万辆关口。经验和教训都是值得我们研究的。

实践证明，标准对市场的规范和推动作用是毋庸置疑的，这一次，推出的景区客车的类型划分和等级评定标准，只是旅游客车标准体系中的一个，随着旅游客车标准体系的不断完善，对旅游客车市场的繁荣和扩张，将发挥重要的引导和促进作用。

4. 无人驾驶客车可率先在旅游领域落地

随着电子化、智能化和网络化应用的逐步深入，智能客车渐入佳境。

一方面，企业技术创新的热情很高。在此，仅举几例，宇通客车与总参 61 所李德毅院士联合开发出第一台无人驾驶大客车，厦门金旅于 2016 年初成立了无人驾驶技术研究项目组，2017 年 7 月中车电动自主研发的 12m 智能驾驶客车在湖南株洲公开路试，2017 年 10 月百度与金龙客车合作，计划于 2018 年实现无人驾驶微循环客车的小规模量产及试运营。国家科技体制改革的首要任务就是“支持鼓励企业成为技术创新主体”，智能客车发展现状中众多客车企业的表现无疑是十分可贵的。

另一方面，法规逐步完善。2015 年，国务院印发了《中国制造 2025》，将智能网联汽车列入未来十年国家智能制造发展的重点领域，2015 年，《中国智能网联汽车标准体系建设方案》出台，在客车方面，“自动紧急制动系统”“车道偏离预警系统”等标准也相继出台。产业发展、标准先行，标准和法规在智能网联汽车发展过程中的引领和支撑作用不可替代。

有人说，汽车智能化浪潮来袭，势不可挡，其理由主要有三个方面：一是汽车电子化开启智能化大门，电子化发展的积累从量变转向质变；二是消费升级和购车人群年轻化的趋势下推动汽车智能化发展；三是国家的支持政策提供良好的外部环境。

无疑，智能客车的研发投入十分巨大，但怎样落地却是难题。

无人驾驶技术，率先在拖拉机上应用并得到广泛好评。智能先行，洛阳把智能化农机作为培育高端制造业的一个重要突破口，获得了新的突破。2016 年、2017 年，一拖、洛阳博马的无人驾驶拖拉机相继量产并投向市场。无人驾驶拖拉机，能够对地形和周围的农作物进行全面地毯式扫描，从而计算出最佳的行驶路线和作业流程，给用户节省时间、提高作业效率、增加作业收益，在机械自动化的基础上进一步降低人力成本和时间成本。

但在客车领域，至少要突破两大难题：一是成本如何降低。传感器、激光雷达、散热器等核心装备都需要花费不菲的价格，而这些价格不菲的装备可能会使一辆车的成本翻倍增长。二是法律与标准是否能获得突破。目前，自动驾驶的立法还在摸索中，包括安全标准制订、市场准入、驾驶员的行为、数据保护、网络信息安全等一系列纷繁复杂的问题需要解决与规定。

在旅游景区内，或者全域旅游的景区与景区之间，设置一些特殊的封闭型路段，推广应用无人驾驶客车，是完全可以探索和尝试的。让无人驾驶技术落地，是保证生产企业在新技术方面持续投入的基础，只有不断的实现技术创新，才能保持我国客车的市场地位，并在国际市场上不断地攻城掠地。

六、房车将茁壮成长

1. 房车的增长潜力巨大

国家促进房车发展的政策较多，其中最具代表性的是《关于促进自驾车旅居车旅游发展的若干意见》《“十三五”旅游业发展规划》《关于促进交通运输与旅游融合发展的若干意见》《促进乡村旅游发展提质升级行动方案（2017年）》。

规划2020年，我国房车营地将达到2000个（2017年美国房车营地27210个）。

2017年9月29日，中华人民共和国国家质量监督检验检疫总局和中国国家标准化委员会，共同发布GB 7258—2017《机动车运行安全技术条件》，首次给出了旅居车、旅居挂车的定义，并对旅居车标准进行了进一步细化。新标准对房车行业的发展具有极强的指导意义。

新标准增加了旅居车、旅居挂车的术语和定义。旅居车是装备有睡具（可由桌椅转换而来）及其他必要的生活设施、用于旅行宿营的汽车。旅居挂车是装备有睡具（可由桌椅转换而来）及其他必要的生活设施、用于旅行宿营的挂车，包括中置轴旅居挂车和旅居半挂车。

对旅居车的乘员人数核定进行了详细规定。旅居挂车行驶途中不得载人，旅居车荷载人数应根据具体车型规定，最多不超过9人。此外，还对前后贯通的开口面积等方面做了相应的规定。

目前能够查到的房车标准只有5个，其中国家标准2个，汽车标准3个，关于房车的标准体系建设还任重而道远。最近，客车分会会同全国汽车标准化技术委员会客车分技术委员会正在做相关的调研和规划，争取在未来的2～3年之内为完善房车标准体系贡献一份力量。

中国产业信息网的2018年中国房车行业发展现状及未来发展前景分析中提到：目前江苏、湖北、辽宁是房车生产企业相对集中的地区，其次是北京、河南、山东、安徽、浙江、河北等地。我国房车产业和房车旅游还处于起步阶段，但是发展潜力巨大。2016～2017年短短两年，我国房车保有量从4.86万辆跃升至6.94万辆（美国1130万辆，欧洲744万辆），有行业人士预测2018年我国房车保有量将会到达10万辆的量级。从销售方面看，2016～2017年，我国房车销量从18600辆直逼20832辆。预计2021年我国房车市场将迎来大突破，年度销量有望超过3万辆。2018年4月，宇通客车和香港摩天集团在郑州完成“万台房车战略合作签约仪式”，香港摩天集团董事局主席谢万成表示，房车营地是新时代发展下的新趋势，相对于欧美发达国家目前拥有的房车露营地的数量，我国目前具备较好条件的房车露营地数量还屈指可数。正是看到了这样的商机和发展趋势，我们积极响应政府号召，大力发展房车露营产业。

可见，在发展房车方面，资本很积极，房车经营企业也很积极，大家一拍即合。

2．建立房车消费模式很重要

租赁模式中，房车是生产工具，受制于企业经营效果。租赁模式是目前的主要模式，对房车市场规模的扩大具有一定的拉动作用。

众筹模式又可以称作大众消费模式，在这个模式中，房车是最终消费品，只有拉动大众消费，才能真正推动房车市场规模的扩张。具有3个前提：身体健康、经济独立和时间自由，刚刚退休的职工是能够同时满足这3个条件的群体，全国每年退休职工大约500万人，如果能够有效地拉动10%的退休职工实现房车消费，即约50万人，如果5个人组成一个众筹单元，每年的房车市场规模将达到10万辆。如果能拉动5%的退休职工实现房车消费，每年的房车市场规模也将有5万辆，关键是，退休人员年年有，房车消费将源源不断，房车市场规模会不断扩张。

房车旅游的特点有新鲜感（新鲜感和趣味性与过去的旅游模式完全不同、感觉不同），自由性（说走就走，想住就住），便利性（探亲游、休闲游、亲友同游、主题聚会游），经济性（算算吃住行游的经济账）。

同时，传播和宣传非常重要：提炼特点，炒作概念，目的是让大众接受房车休闲旅游模式。“双十一”是一个最成功的范例，从无到有，再到连年火爆，是网购平台倾力炒作的结果。

七、对2019年客车市场的基本判断

预计2018年5m以上客车销量约为21万辆（新能源为10万辆，同比下降5%左右），同比下降10%。

2019年，客车市场的积极因素不多，预计销量将同比下降。

具体指标判断如下：

座位客车总销量为8万辆，同比下降5%。公交客车总销量为9万辆左右，同比下降10%。校车销量为1.5万辆左右，同比下降10%。其他客车销量为1.5万辆，同比略有下降。

预计2019年5m以上客车总销量为20万辆，同比下降5%左右。其中，新能源客车同比下降10%左右，总销量预计为9万辆（其中公交客车为7.5万辆，座位客车为0.5万辆，物流车为1万辆）。

（作者：佘振清）

2018 年轻型客车市场分析及 2019 年展望

一、轻型客车市场分析

1. 全口径轻型客车市场——持续下滑

2010 年至今，全口径轻型客车（以下简称轻客）总销量呈“过山车式”态势，从 2010～2014 年，全口径轻客总量保持稳定增长，2014 年总销量达到 44.3 万辆，为历史最高，而 2015 年至今，销量持续下降，2018 年 1～10 月份，全口径轻客累计销售 26.2 万辆，同比增长－6.1%（见图 1）。与商用车市场（5.5%）截然相反，主要原因来自于非完整车辆的低迷表现（－25.4%）。

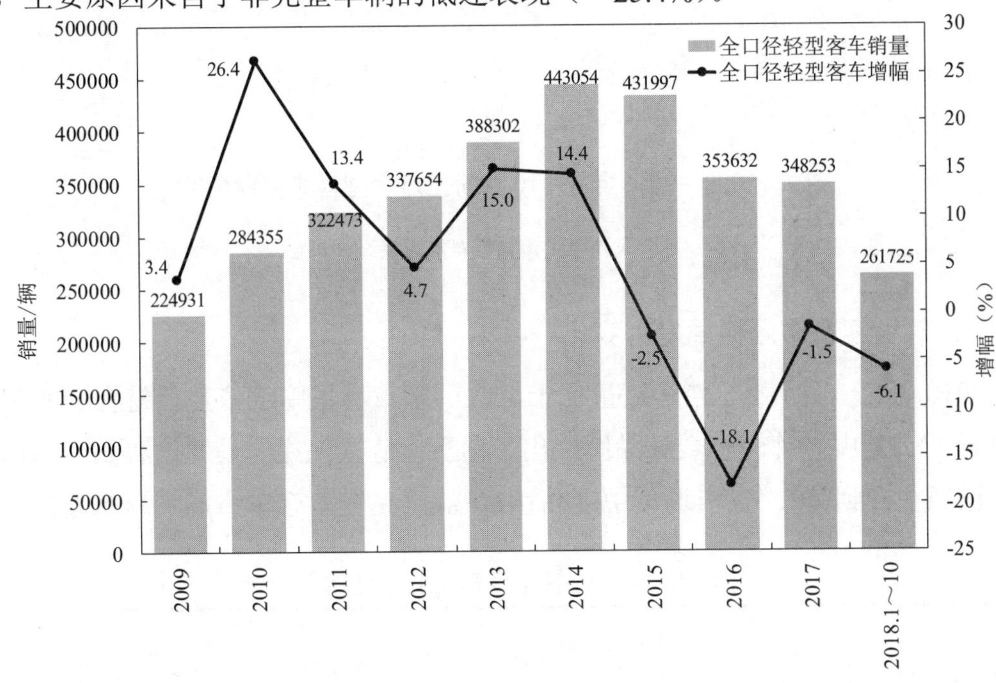

图 1　2009～2018 年全口径轻型客车销量情况

（注：资料来源于中国汽车工业协会）

2. 主流轻型客车市场 ——“回暖”

2018 年 1～10 月份主流轻型客车同比增幅－2.1%（见图 2），是近几年降幅相对较小的一年，在整体经济环境下行及法规政策影响下（“453”号文），增速止跌反升的主要原因来自于低端欧系产品承接日系产品中 M1 类流失客户，以及标准日系产品厢式运输车的增长。

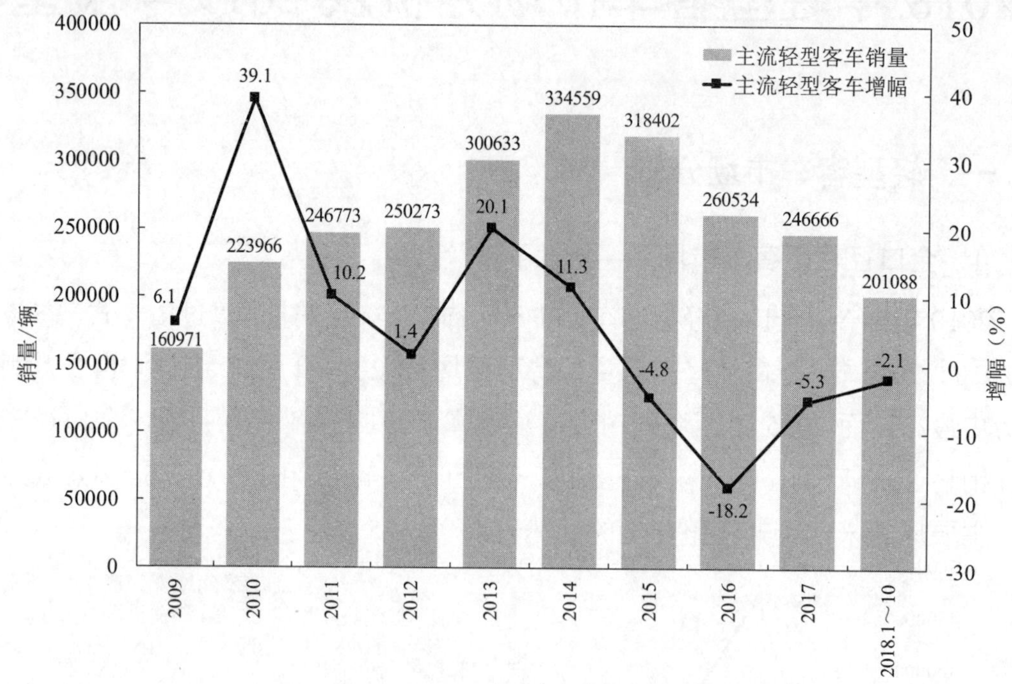

图 2　2009～2018 年 1～10 月份主流轻型客车销量情况

（注：资料来源于中国轻型车市场联合分析会）

3．轻型客车市场格局发生变化

2018 年 1～10 月份，轻客销量前十位的厂家市场集中度依然保持在 90%以上（见表 1）。其中老牌轻客金杯品牌跌出了前五；值得关注的是北汽福田依靠欧系产品已经上升到第二名，市场集中度高达 60%，可见轻型客车市场竞争越发激烈。

表 1　全口径轻型客车企业销量排名

企业名称		销量		份额	
		2018 年 1～10 月份/辆	同比增长（%）	2018 年 1～10 月份/辆	变化（%）
	全口径轻型客车总计	237958	−5.7	100.00%	—
1	江铃控股有限公司	71241	0.5	29.9%	1.9
2	北汽福田汽车股份有限公司	27694	2.6	11.6%	0.9
3	南京依维柯汽车有限公司	26000	4.5	10.9%	1.1

（续）

企业名称		销量		份额	
		2018 年 1～10 月份/辆	同比增长（%）	2018 年 1～10 月份/辆	变化（%）
4	上汽大通汽车有限公司	24060	8.4	10.1%	1.3
5	保定长安客车制造有限公司	19021	−11.7	8.0%	−0.5
6	东风汽车集团有限公司	18463	−28.3	7.8%	−2.4
7	金杯汽车股份有限公司	17407	−33.2	7.3%	−3.0
8	厦门金龙联合汽车工业有限公司	16709	8.9	7.0%	0.9
9	安徽江淮汽车集团股份有限公司	9022	−12.5	3.8%	−0.3
10	厦门金龙旅行车有限公司	8341	−2.5	3.5%	0.1

注：资料来源于中国汽车工业协会。

4. 宽体轻型客车在市场中越来越重要

按照轻客宽度对轻客市场进行划分，可以分为标准轻客市场和宽体轻客市场。标准轻客主要为日系海狮车型，宽体轻客主要为欧系轻客车型。2016 年以前，标准轻客的市场销量占据主导位置，但是随着“453”文件的颁布，日系海狮产品 M1 类下滑，导致 2018 年 1～10 月份宽体轻客已经超过 50%（见图 3）。2018 年年底，“453”文件将在全国全面落实，2019 年标准轻客份额将会进一步下滑。

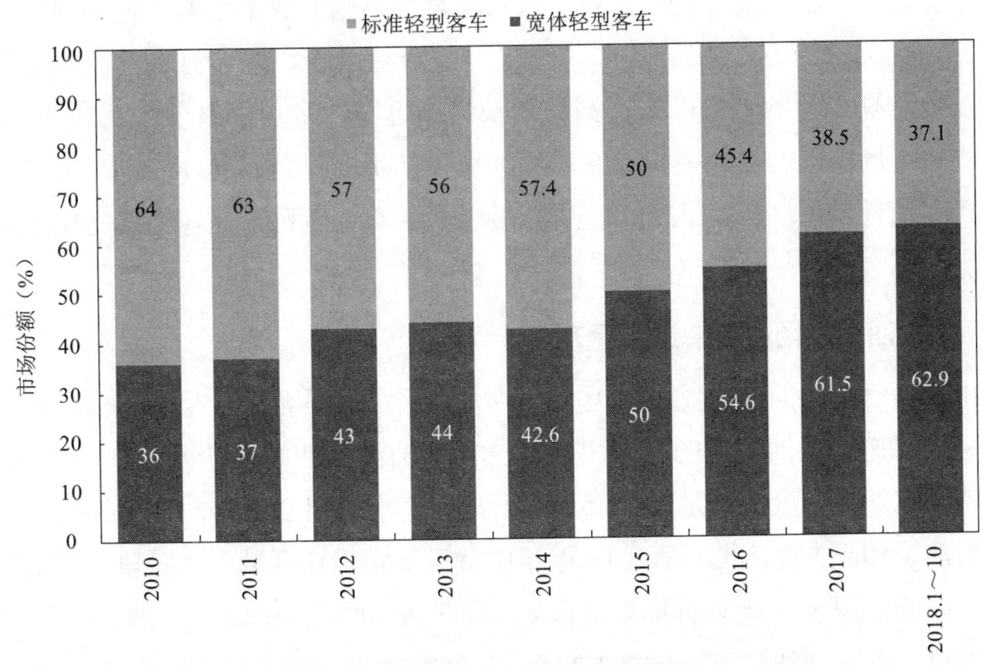

图 3　2010～2018 年标准/宽体轻型客车市场结构分析

（注：资料来源于中国轻型车市场联合分析会）

5．欧系轻型客车市场占有率在逐步提升

按照轻客技术对轻客市场进行划分，可以分成日系轻客与欧系轻客两大类，日系轻客以金杯海狮以及福田风景 G7 为代表车型，汽油车为主，价格偏低，是标准轻客的主力产品；欧系轻客以特顺、依维柯为代表车型，柴油车为主，价格相对较高，是宽体轻客的主力产品。日系与欧系轻型客车的主要区别见表 2。

表 2　日系轻型客车与欧系轻型客车的主要区别

<table>
<tr><th>类别</th><th>主要品牌</th><th>燃油</th><th>价格</th></tr>
<tr><td rowspan="2">日系</td><td>金杯海狮</td><td rowspan="2">汽油为主</td><td rowspan="2">低端（6 万～10 万元）
中端（7 万～10 万元）</td></tr>
<tr><td>福田风景 G7</td></tr>
<tr><td rowspan="2">欧系</td><td>特顺</td><td rowspan="2">柴油为主</td><td rowspan="2">低端（10 万～14 万元）
中端（>12 万元）</td></tr>
<tr><td>依维柯</td></tr>
</table>

2018 年随着法规变化，“453”“7258”等法规文件进一步严格执行，日系产品 M1 类面临停止销售的风险，日系轻客厂家纷纷在产品功能上寻求可以替代的产品，如 MPV、欧系轻客、发动机前置等方向，而更加专业化的物流车、行业专用车也将是下一步替代的重点方向。欧系轻客市场则形成了全顺、依维柯、大通 V80 三足鼎立的局面。江铃 2017 年推出了基于经典全顺平台打造的新欧系轻客产品江铃特顺。特顺上市以来，销量增长势头迅猛，带动了整个欧系轻客市场。货运物流市场需求的增加使得欧系轻型客车比例不断提升。2018 年 1～10 月份，欧系轻客销量增长 7.8%，占比升至 73.6%（见图 4）；而日系轻客销量同比下降了 22%。

6．柴油车市场占有率逐步提升

由于物流产业的高速发展，近几年欧系轻客占比不断提升，柴油机是其主要动力总成。选择柴油车型的原因主要是柴油燃油经济性好、动力大、转矩强等，这些特点在一定程度上满足了物流货运用户的需求。但 2021 年 7 月 1 日起强制实施柴油国VIa 排放标准，而 2019 年年中就可能在重点区域、珠三角、成渝等地率先实施柴油国 VI。国VI标准要比国V标准严格 40%至 60%，这无疑加大了主流欧系主机厂对于柴油国 VI 开发的难度以及供给时间。2010～2018 年 1～10 月份轻型客车市场燃料份额结构分析见图 5。

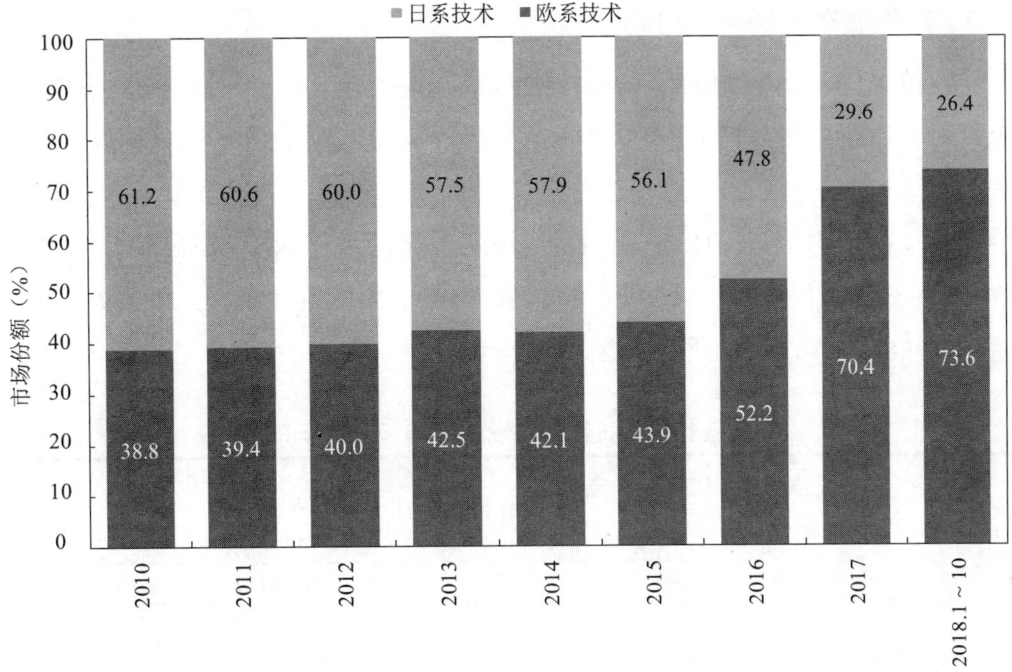

图 4　2010～2018 年日/欧系轻型客车市场结构分析

（注：资料来源于中国轻型车市场联合分析会）

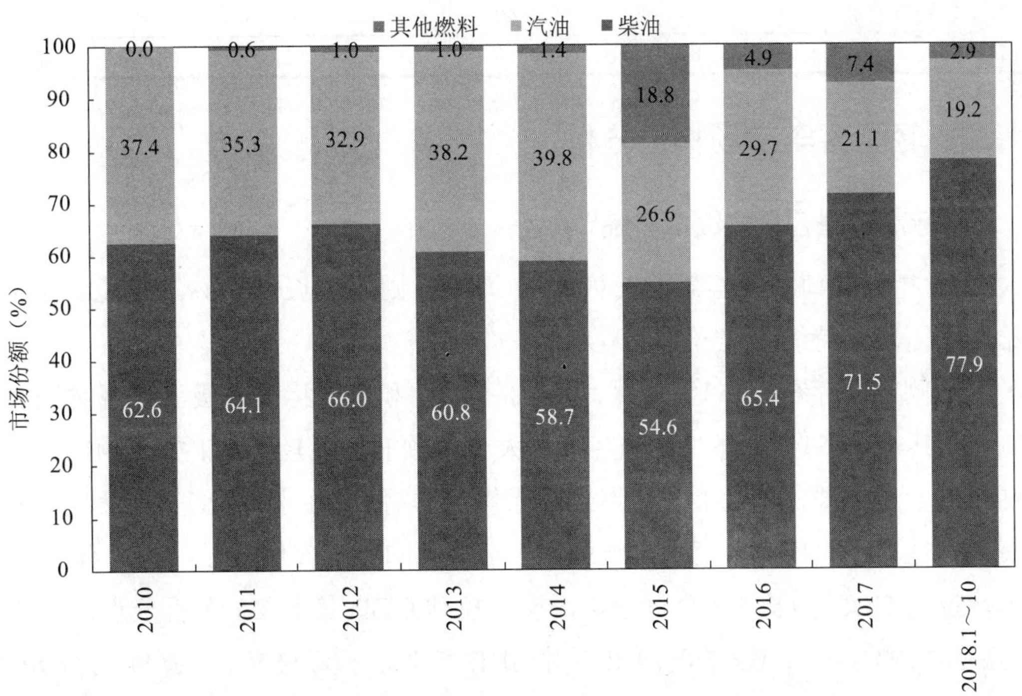

图 5　2010～2018 年 1～10 月份轻型客车市场燃料份额结构分析

（注：资料来源于中国汽车工业协会）

7．新能源车市场尚未启动

受政策推动，新能源商用车市场结构差异很大，其中新能源轻客仍在整个新能源商用车市场中处于较低份额（小于 5%），与新能源乘用车市场相反，销量依然在低位徘徊（同比－29%）（见表 3），市场尚未真正启动，5.9m 欧系产品和 5.4m 日系产品是市场主流，2018 年 1～10 月份两者合计占比达到 90%以上，主要原因是新能源轻客物流车对大容积货箱的需求，预测 2018 年 11～12 月份新能源轻客销量将与往年一样，会出现急剧增长的态势。

表 3　不同燃油类型的轻型客车和乘用车销量

燃油类型		轻型客车		乘用车	
		2018 年 1～10 月份/辆	同比增长 （%）	2018 年 1～10 月份/辆	同比增长 （%）
		240056	−3.9	19046244	−0.90
1	柴油汽车	187084	3.2	46019	−39.90
2	汽油汽车	46102	−20.7	18074580	−2.98
3	纯电动	6774	−29.0	543949	73.70
4	普通混合动力	9	—	157192	63.70
5	插电混合动力	0	—	202687	155.70
6	燃料电池	3	−40.0	0	—
7	天然气	84	−86.4	21817	2.97

二、轻型客车市场特征分析

1．标准轻型客车持续“萎缩”

2018 年，全口径轻客累计销售 26.2 万辆，同比增长－6.1%。究其原因在于供给侧和需求侧持续变化（见图 6）。

供给侧方面存在“453”文件、“7258”文件和排放标准升级等法规对轻客的抑制，尤其是“453”文件对占轻客市场大半份额的日系轻客 M1 类影响巨大，随着法规进一步加严，2019 年将面临全面停售。需求侧方面宏观经济持续稳定下行，消费基础性作用突出，投资同比转弱，净出口负向拉动作用明显。2018 年前三季度消费拉动 GDP 增长 5.2 个百分点，投资拉动 GDP 增长 2.1 个百分点，因货物贸易顺差大幅收窄，前三季度净出口对 GDP 增长的拉动转负，拖累同期 GDP 增速下降 0.7 个百分点。

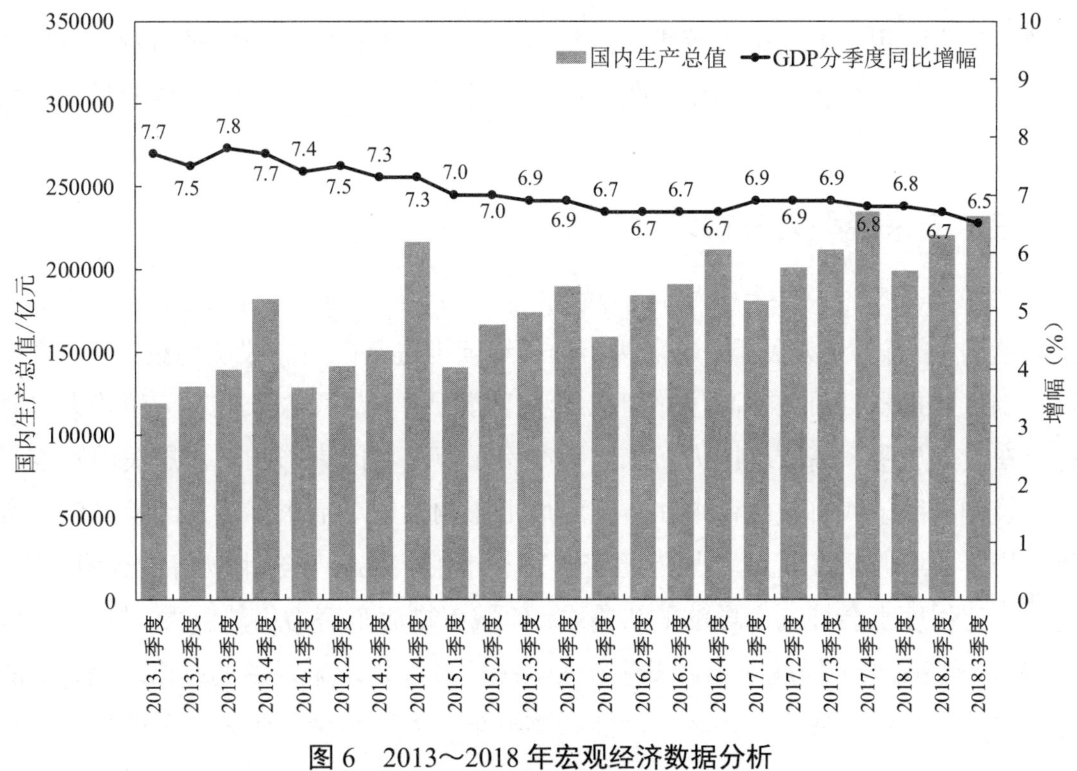

图 6　2013～2018 年宏观经济数据分析

（注：资料来源于国家统计局）

2．轻型客车市场结构趋于稳定

2014 年至今，日系轻客市场持续下滑，市场占有率进一步下降。“453”文件对日系轻客市场影响很大，但日系轻客仍能维持一定的市场份额，主要原因在于各地法规执行标准不一，随着法规的进一步加强与落实，2018 年年底受“453”文件影响的主机厂将全面停产 M1 类产品，而 2019 年中期将面临全面停售的状态，未来日系产品将面临只能销售 M2 类、N 类、专用车的局面，轻客市场结构也会相对趋稳。

3．物联化发展趋势

随着“互联网＋”时代的到来，消费者对高效快捷的物流服务需求不断提升，消费升级正推动城市物流向智慧、高效发展。目前，我国物流总费用占 GDP 比率达到 15%～16%，最后 1km 城市物流费用占到总费用的 1/3。降低物流成本，满足物流行业需求，打通供需信息通道，满足专业化、社会化、定制化的智慧物流需求，是未来物流行业发展的趋势。日系海狮轻客物流车（厢式运输车）依然有便捷、皮实耐用、高性价比等优势，是二线、三线城市物流的中坚力量，从日系海狮轻客产品上分析，推陈出新的最后 1km 物联化智能物流车是市场的另一个增长点。

三、未来轻型客车市场展望

2019 年宏观经济下行压力依然较大。在“十三五”期间，交通运输总投资规模将达到 15 万亿元人民币，未来两年仍会继续推进基础设施投资建设；房地产投资和制造业投资目前处于高位。但在经济下行压力下居民收入放缓，消费大幅降速。在收入放缓、高成本压力、未来信心不足等多种因素影响下，居民消费购买力以及购买欲望或将放缓，这在一定程度上影响了用车需求。法规因素对轻客客货两用车的影响仍在持续，另外随着国VI标准的实施，轻客市场售价普遍上涨，这在一定程度上会抑制市场的购买需求。但城市物流车潜力仍然巨大，与此同时，2019 年新能源车市场风向再次发生转变，绿色经济是未来发展的必由之路，新能源车已上升为国家战略，轻客类新能源物流车将为轻客企业带来更多的机会。

（作者：周超）

2018 年微型车市场分析及 2019 年展望

一、2018 年微型车市场分析

1. 微型车市场需求两级分化

（1）市场总体表现　微客市场容量自 2011 年开始逐步萎缩，2018 年 1～10 月份微客销售 19.6 万辆，同比下滑 32.3%，预计 2018 年全年销售 23.5 万辆，同比下滑 34.7%（见图 1）；微货市场从 2010 年以来需求基本稳定，容量维持在 40 万～45 万辆之间，2018 年 1～10 月份销售 50.7 万辆，同比上升 24.1%，预计全年可销售 63 万辆，同比上升 31.3%。

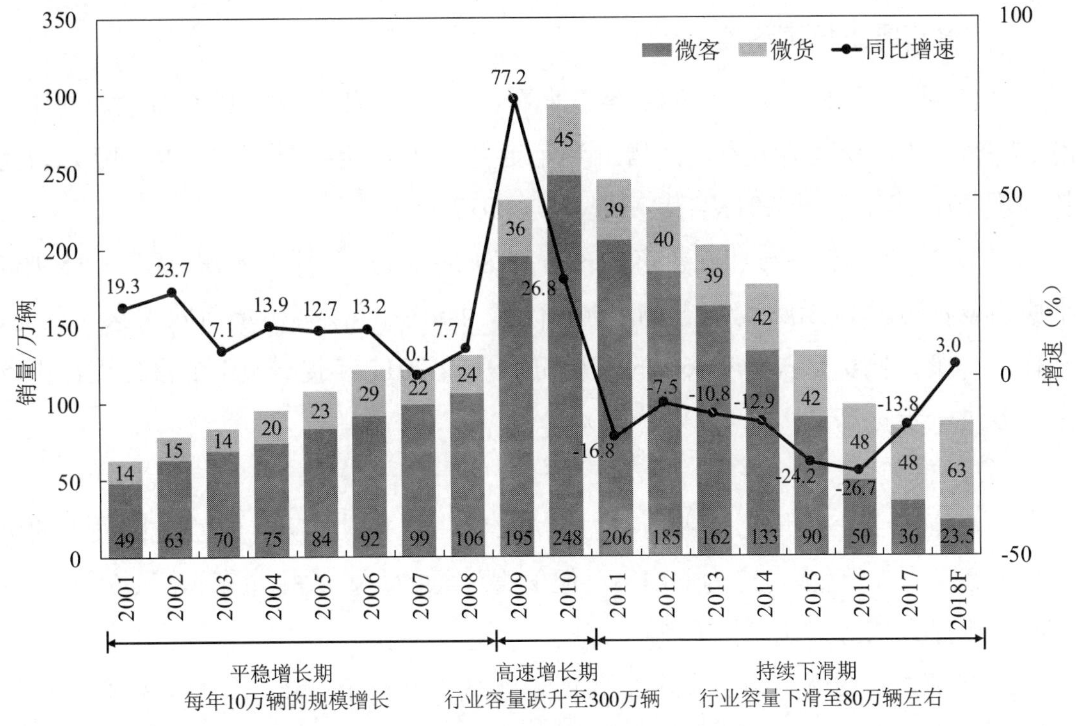

图 1　2001～2018 年微型车市场销量走势图

（注：资料来源于中国汽车工业协会。微型车市场包含微客与微货，微客扣除交叉车中的五菱荣光 V、五菱之光 V 数据，微货不含小卡、皮卡企业数据）

（2）月度走势基本与上年一致 2018年市场走势与2017年基本一致，5月份开始连续6个月好于上年同期表现。

（3）行业地位持续走低 微客是下滑最大的车型，微货市场同比大幅上升，带动微型车整体销售占比小幅回升，微型车整体2018年行业销售占比3.1%，同比上升0.2个百分点。

（4）微型车整体表现好于大部分市场，但内部仍然是两级分化

2．行业集中度较高，落后企业逐渐转型淘汰

从参与者来看，微型车市场由最初的长安、五菱、哈飞、昌河、佳宝5家，迅速扩大到20多家；现有的12家微型车企业中，预计2018年微型车销量过万的企业仅5家，3家年销量低于1000辆；微型车市场年销量大于1000辆的车型有30款，与上年持平。

从市场竞争格局来看，五菱占据微型车市场超半数的份额，而排名前三位的企业销量占到了微型车整体市场容量的88.5%，市场集中度非常高。

3．微客需求持续萎缩

（1）市场总体走势 从市场容量来看，2018年累计销售19.6万辆，同比下滑32.3%；从市场趋势来看，批售上半年走势与2017年基本一致，9～10月份走势弱于2017年；零售2018年趋势基本与2017年一致。

（2）市场竞争格局 五菱市场占有率为59.8%，金杯市场占有率为15.9%，小康市场占有率为10.5%，长安市场占有率为8.3%，微客市场前四大家（五菱、金杯、小康、长安）占据94.6%的市场份额，较2017年提升0.4个百分点，市场集中度进一步提高。

（3）市场特征

1）特征一：小排量仍是市场主力，大排量占比持续提升，销售占比最大的仍然是1.2L车型，销售占比为60.1%，但值得注意的是，大排量车型（1.5L）销售占比同比提升5.5%，达到31.9%。

2）特征二：传统区域。微客主要销售区域仍然集中在传统区域，核心区域为华东、西南、华中，这几个区域的销量占全国近七成的份额。

4．微货市场增长明显

（1）市场总体走势 从市场容量来看，2018年累计销售50.7万辆，同比上

升 24.1%；从市场趋势来看，整体趋势基本与上年一致，批售 3 月份开始好于上年同期表现；6 月份开始零售量基本与上年相近，主要原因是微货市场有全新产品上市，上市初期厂家终端铺货。

（2）市场竞争格局　五菱市场占有率为 62.5%，长安市场占有率为 12.5%，小康市场占有率为 14.3%，微货市场前三大家（五菱、长安、小康）占据 89.3%的市场份额，较 2017 年提升 0.6 个百分点，市场集中度进一步提升。

（3）市场特征

1）特征一：双排。2018 年微货单排占比提升 2.3%，但双排占比仍然大幅高于单排。

2）特征二：大排量。1.5L 排量同比提升 5.1%，达到 65.3%。

3）特征三：传统区域。微货主要销售区域仍然集中在传统区域，华东、华南仍是核心区域，华北、华南区域增长显著。

二、微型车行业发展趋势探讨

1）从产品发展历程来看，微客升级基本完成，但短期内微客仍会存在。而作为微客的衍生产品，微货发展轨迹与微客相似，产品需求的升级趋势也很明显，大排量、高端化成为趋势。

2）限行限购、油耗法规、安全法规等一系列政策因素，将对微型车行业调整产生重要影响。目前针对微型车行业的政策大部分都是利空政策，促使厂家拿出促销政策来处理受影响的库存车型，所以政策因素必将加速微型车行业的萎缩。

3）从参与者来看，传统微型车企业纷纷转型突破，微型车未来发展取决于厂家，也取决于消费者，现如今对于各厂家意义更多的可能仅仅是销量贡献。

4）从客户需求来看，微型车的需求仍然存在，但随着大量商乘兼用车型的上市，客户有了更多的选择，同时传统微型车市场销量的持续下滑，促使微型车销售企业重心的转移。

5）由于低端 MPV 产品价格下移对微客的替代性很强，再加上微客产品老化，行业政策法规趋严、企业重心转移等因素影响，微客市场将进一步萎缩；微货市场受新品上市影响，预计 2019 年将小幅上升；整体来看，预计 2019 年微型车市场整体销售 81.1 万辆，同比下滑 6.2%（见表 1）。

表 1 2019 年微型车市场容量预测

细分市场	容量/万辆		同比增速（%）
	2018 年 F	2019 年 F	2019 年 F
微客	23.5	17.2	−27.0
微货	63.0	63.9	1.5
总计	86.5	81.1	−6.2

（作者：冉碧林 ）

2018年重型载货车市场回顾及2019年展望

2018年是重型载货车市场形势再次超出预期的一年。截至2018年11月底，全行业已累计销售重型载货车106.5万辆。自2016年四季度起，全国实施的治超治限及不符合新法规标准的非标车辆淘汰等措施所导致的市场形势变化，给重型载货车市场带来了大量的更新需求。又在国家宏观经济稳中有升、物流行业蓬勃发展、供给侧结构性改革初见成效、基建工程开工项目不断增加的大背景下，重型载货车市场再创新高。

一、2018年重型载货车市场回顾

1. 汽车产销基本情况

（1）*汽车产销量整体出现增速回落* 2018年1～11月份全国累计产销汽车分别为2532.5万辆、2542.0万辆，同比下降2.6%和1.7%，汽车产销量增速回落。其中乘用车产销分别为2147.4万辆和2147.8万辆，同比下降3.4%和2.8%，降幅分别大于汽车总体水平0.8个百分点和1.1个百分点；商用车产销分别为385.1万辆和394.1万辆，同比增长2.0%和5.0%，商用车是遏制年内汽车行业出现大幅下滑的主力军。

根据中国汽车工业协会统计的2018年前11个月的出口数据，我国汽车企业累计出口汽车96.1万辆，同比增长20.6%，其中乘用车出口70.1万辆，同比增长24.3%；商用车出口26.0万辆，同比增长11.8%。

（2）*商用车市场运行同比仍保持小幅度增长* 2018年1～11月份，商用车产销分别为385.1万辆和394.1万辆，同比增长2.0%和5.0%。

商用车中，重型载货车产销分别为101.4万辆和106.5万辆，同比增速分别为−3.89%和1.64%（见图1）；中型载货车产销分别为15.8万辆和16.3万辆，同比分别下降23.2%和19.6%；轻型载货车产销分别为168.1万辆和169.8万辆，同比分别增长8.3%和11.0%；微型载货车产销分别为56.4万辆和59.6万辆，同比分别增长11.1%和14.1%；客车产销分别为43.5万辆和41.9万辆，同比分别下降

5.0%和 7.0%。重型载货车、轻型载货车和微型载货车成为商用车增长的主要车型品种，只有中型载货车和客车下降，重型载货车保持两年的高速增长态势出现大幅度减弱。

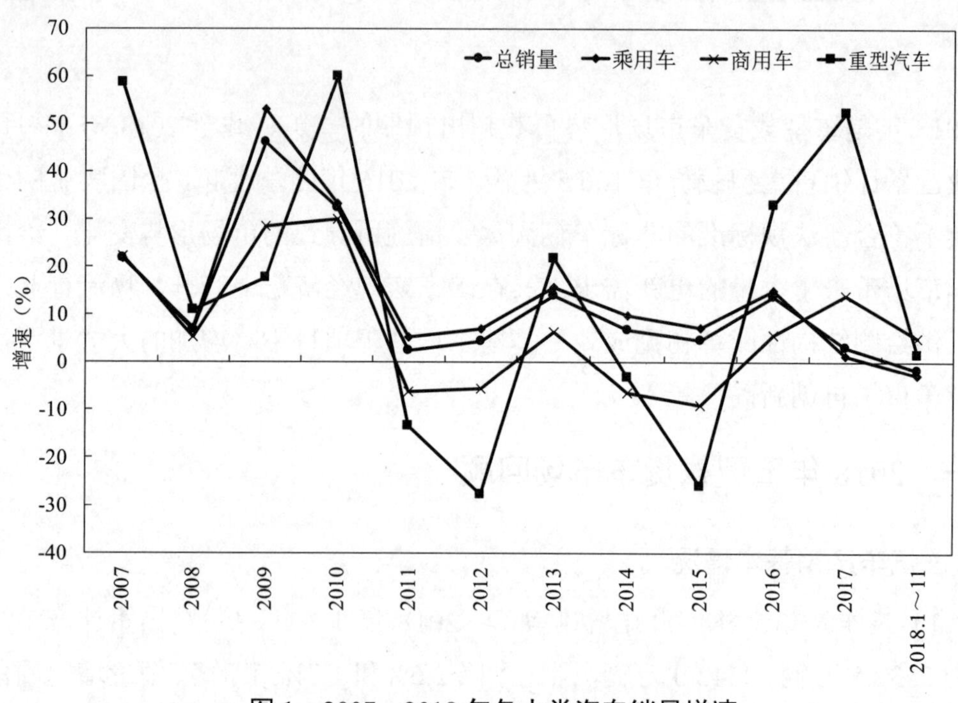

图 1　2007～2018 年各大类汽车销量增速

2．2018 年重型载货车市场回顾

2018 年 1～11 月份重型载货车累计产销分别为 1013837 辆和 1065337 辆，同比增速分别为－3.89%和 1.64%。其中普通载货车累计 224124 辆和 233948 辆，同比增长 2.91%和 8.71%；牵引车累计 426703 辆和 448166 辆，同比下降 22.00%和 19.78%，自卸车累计 260391 辆和 275955 辆，同比增长 28.01%和 42.18%（见图 2）。与 2017 年相反，自卸车成了重型车中增长幅度最高的品种系列。影响重型载货车增长的主要因素主要有以下几点：

（1）固定资产投资稳定增长促进重型载货车工程用车市场增长　截至 2018 年 11 月底，全国固定资产投资（不含农户）575057 亿元，同比增长 5.9%（见图 3），增速与 1～10 月份相比回落 0.2 个百分点。从环比速度看，2018 年 11 月份固定资产投资（不含农户）增长 0.46%。分产业看，第一、二、三产业投资分别为 21285 亿元、227817 亿元、360165 亿元，同比分别增长 12.2%、6.2%和 5.6%，增速分别比 2018 年 1～10 月份回落 1.2 个百分点、提高 0.4 个百分点和提高 0.2 个百分点。

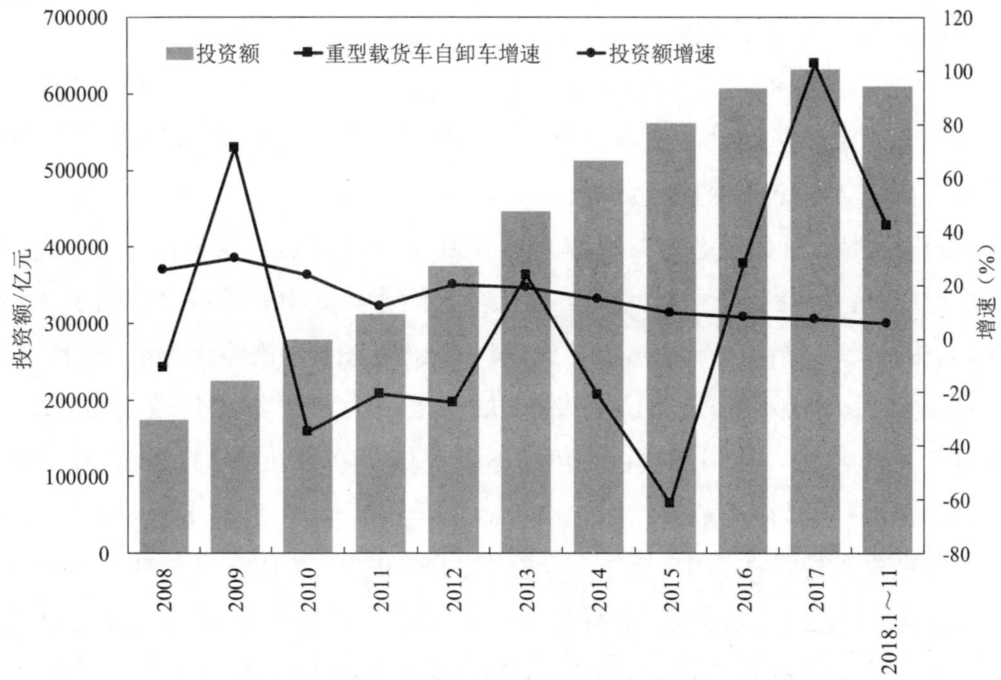

图 2　2008～2018 年 1～11 月份重型载货车自卸车增长情况

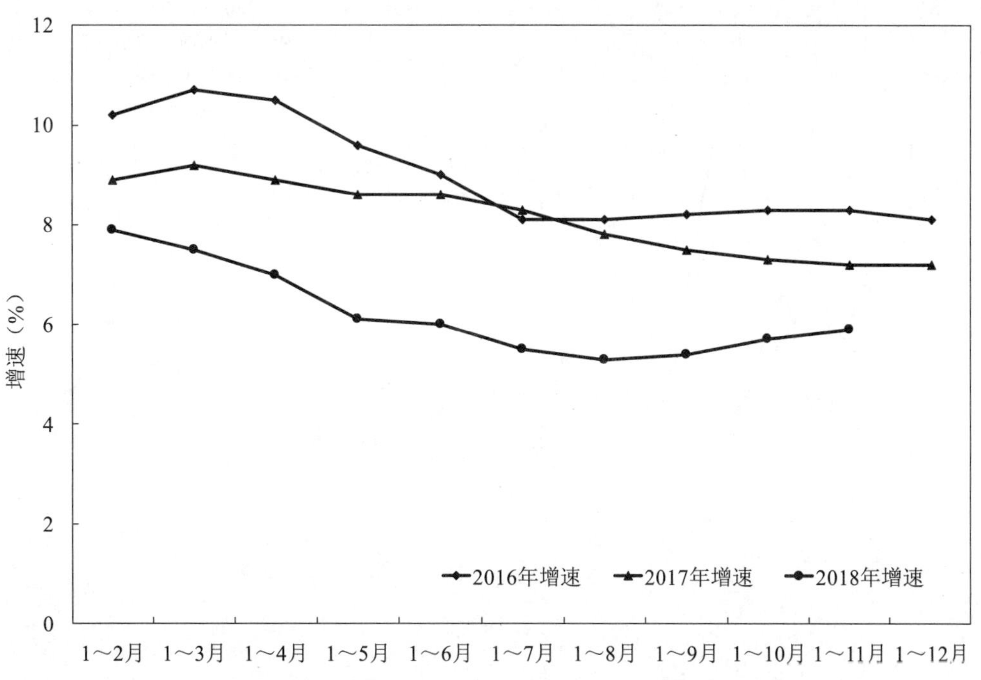

图 3　2016～2018 年 1～11 月份固定资产投资增速情况

第二产业中制造业投资增长 9.5%，电力、热力、燃气及水生产和供应业投资下降 8.8%。第三产业中，基础设施投资（不含电力、热力、燃气及水生产和供应业）增长 3.7%。水利管理业投资下降 4.4%；公共设施管理业投资增长 1.4%；道路运输业投资增长 8.5%；铁路运输业投资增长 4.5%。从整体来看，宏观经济结构调整趋于稳定，基础设施建设、公共设施建设、道路运输等相关产业的投资增长导致重型载货车继续保持稳定增长。

（2）公路运输稳增态势继续推动重型货车市场发展　根据国家交通运输部公布数据统计，2018 年 1～11 月份，全社会货运量、货物周转量分别增长 7.2%和 3.4%，其中公路运输部分分别增长 7.5%和 6.7%（见图 4）；铁路运输部分增长 8.7%和 6.9%；水路运输部分分别增长 4.7%和 0.2%。公路运输继续保持较高幅度增长。2018 年 1～11 月份，全国规模以上港口累计完成货物吞吐量 122.24 亿 t，同比增长 2.7%，其中外贸吞吐量同比增长 2.2%。从与其密切相关的重型车市场来看，重型汽车牵引车份额在 2017 年达到全行业的 51.08%。2018 年 1～11 月份较 2017 年同期下降了 11.23 个百分点。而载货车却上升了 1.43 个百分点，占比为 21.96%。因此，公路货运量和货物周转量这两项指标都直接影响重型载货车市场的发展。

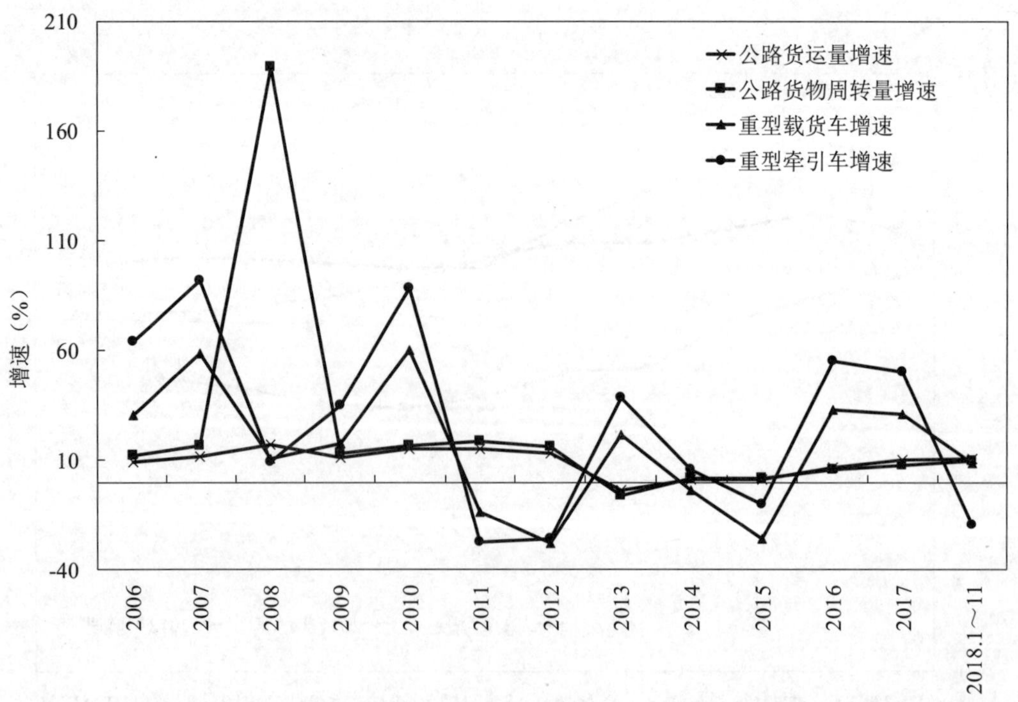

图 4　2006～2018 年公路货运量、公路货物周转量、重型载货车和重型牵引车增速

（3）全社会物流继续为重型载货车市场提供发展的空间　根据中国物流和采购联合会统计数据，2018 年 1～11 月份全国社会物流总额为 257.9 万亿元，同比增长 6.7%。其中，工业品物流总额为 233.8 万亿元，可比增长 6.5%；进口货物物流总额 12.9 万亿元，可比增长 4%。从快递物流指数来看，电器机械制造业、计算机制造业、交通运输设备制造业、专用设备制造业等行业商务快件指数 2018 年前 11 个月的均值分别为 103.2%、105.7%、105.7%和 106.5%，高于黑色金属加工、非金属制品业和化学原料制造业的 101%左右。电商物流指数中总业务量指数、农村业务量平均为 133.2 点和 131.2 点，显示出 2018 年以来电商物流总业务规模和农村业务规模同比增长超过 30%，社会物流总费用平稳增长。2018 年 1～11 月份全社会物流总费用为 11.9 万亿元，同比增长 8.6%。2018 年前 11 个月，物流需求增长平稳趋势仍在延续，初步预计全年社会物流总额为 280 万亿元左右，可比增长约为 6.5%。从行业来看，道路运输业和快递业继续保持高位回升的态势。因此，物流行业密切地影响到重型汽车公路用车的系列产品发展。

（4）行业法规政策继续引发重型货车市场产品结构的调整　新版 GB 1589 标准、“打赢蓝天保卫战三年行动计划”“国Ⅵ排放标准实施”等一系列法规和政策的即将实施，促使 2018 年延续了 2017 年高速发展的态势。2018 年 1～11 月份累计产销分别为 101.38 万辆和 106.53 万辆，同比增速分别为－3.89%和 1.64%，产销率为 105.08%。在重型汽车分车型中，其中载货车累计 22.41 万辆和 23.39 万辆，同比增长 2.91%和 8.71%；牵引车累计 42.67 万辆和 44.82 万辆，同比下降 22.00%和 19.78%，自卸车累计 26.04 万辆和 27.60 万辆，同比增长 28.01%和 42.18%。在 2018 年重型汽车分车型累计销售份额中，载货车、牵引车和自卸车分别占比 21.96%、42.07%和 25.90%（见图 5），分别比 2017 年同期增长 1.43 个百分点、回落 11.23 个百分点和增长 7.38 个百分点。因此，政策、法规等措施直接影响到了重型汽车市场产品结构的调整。

（5）市场充分竞争正在改变行业格局　从 2018 年 1～11 月份总质量 14 t 以上重型载货车的市场份额来看，超过 10%的有四家企业，分别为：中国第一汽车集团有限公司为 23.57%，同比增长 1.24 个百分点；东风汽车集团有限公司为 18.44%，同比下降 0.67 个百分点；中国重型汽车集团有限公司为 16.44%，同比下降 0.45 个百分点；陕西汽车集团有限责任公司份额为 14.88%，同比下降 0.58 个百分点。另外排在第 5 位的北汽福田汽车股份有限公司为 9.59%，同比下降 0.56

个百分点。前五家中中国第一汽车集团有限公司近几年一直位列重型载货车首位。这五家的市场占有率为83.94%，比2017年同期增长2.12个百分点，随着国Ⅵ排放标准的实施，新产品将不断推出，以及生产规模效益等企业经营体现，市场占有率将更加集中到前五家企业。

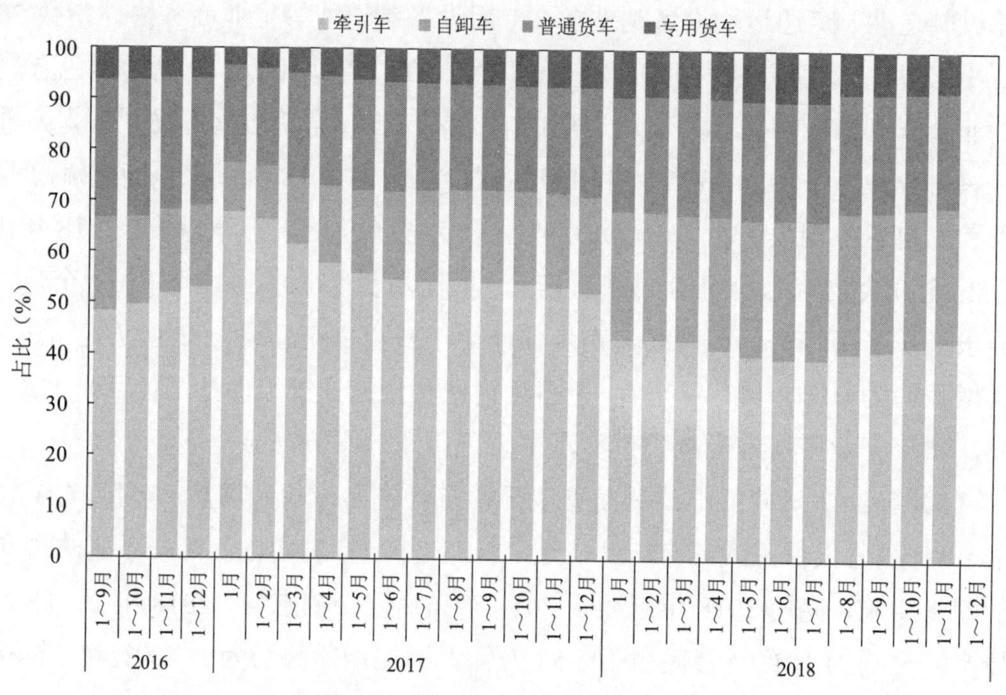

图5　2016～2018年牵引车、自卸车、普通货车和专用货车占比情况

（6）环保治理政策继续推动了重型载货车向清洁能源调整　2017年7月份，国家十三部委联合印发了《加快推进天然气利用的意见》，提出要加快推广重型载货天然气车替代燃油车。2017年全年销售天然气重型载货车5.9万辆，同比增长671%。进入2018年，天然气重型载货车的利好行情仍然拉动市场增长。在2018年下半年的几个月中，天然气重型载货车的需求继续增长，从2018年9月下旬到11月份，天然气重型载货车的细分市场需求和产销量不断回升。这主要得益于一是北方供暖季和储煤季到来，公路煤炭运输市场回暖；二是国内汽柴油价格上涨，油气差价进一步拉大，加上公路运价行情低迷，天然气重型载货车受到更多消费者的选择；三是三季度末和四季度国内部分城市推广使用清洁能源商用车等，带动需求增长。因此，天然气重型载货车是拉动行业发展的主力品种之一。

通过上述形势分析，可以看出2018年全国重型载货车的产销发展态势，纵向与国家宏观经济、横向与物流、自身与排放标准实施等因素密切相关。2018 年全年实现销量 116 万辆左右，再创历史最好成绩。

二、2019 年重型载货车市场形势展望

1. 2019 年国家宏观经济形势展望

2018 年 12 月 19 日～12 月 21 日，中央经济工作会议在北京召开。会议分析当前经济形势，部署 2019 年经济重点工作。七项重点工作如下：一是推动制造业高质量发展；二是促进形成强大国内市场；三是扎实推进乡村振兴战略；四是促进区域协调发展；五是加快经济体制改革；六是推动全方位对外开放；七是加强保障和改善民生。

总之，2019 年是新中国成立 70 周年，是全面建成小康社会的关键之年，做好经济工作至关重要。预计 2019 年经济增速目标定在 6.3%左右。

2. 2019 年重型载货车市场形势

2018 年全国重型载货车市场形势是爆发式增长且超预期的又一年，这与国内的经济环境、政策法规的实施和自身经济运行密切有关。展望 2019 年重型载货车的市场形势，笔者从以下几方面着重分析：

（1）促进形成强大国内市场将进一步提升重型载货车产业链　中国科学院预测科学研究中心（以下简称预测中心）“2019 年中国经济预测发布会”在中国科学院数学与系统科学研究院举行。发布会上，预测中心预计 2019 年我国经济将平稳增长，预计全年 GDP 增速为 6.3%左右，增速较 2018 年下降约 0.3 个百分点。预计 2019 年我国第一产业增加值增速为 3.6%，第二产业为 5.3%，第三产业为 7.5%。消费、投资和净出口对 GDP 增速的拉动分别为 4.7 个百分点、1.9 个百分点和－0.3 个百分点。预计 2019 年我国经济增长呈现前降后稳、稳中有进的趋势，一季度增速为 6.3%左右，二、三季度为 6.2%左右，四季度为 6.4%左右。预计 2019 年全年固定资产投资增速维持在 6%左右，最终消费将保持持续增长趋势，同比名义增速约为 8.4%。

对于在国内经济增长常态下的重型载货车市场而言，仍具备拉动重型载货车增长的外在条件。

（2）固定资产投资仍是影响重型载货车市场发展的重要因素　根据中经工

业景气指数报告，2018 年三季度景气指数为 126.9，比 5 年均值高 5.9 点，连续七个季度处于较高景气区间。2018 年投资增速创多年新低，基建投资为首要因素。2018 年投资表现出四个特征：一是基建投资增长“失速”，前 10 个月，基建投资同比仅增长 3.7%；二是制造业投资和民间投资稳中有升；三是房地产投资连续第三年加速增长；四是不同地区投资分化态势明显。2019 年稳投资政策频出，投资增长可能出现回暖。伴随着 2019 年更加积极的财政政策，基建投资有望提速，促使固定资产投资摆脱几年来不断下滑的趋势。中央经济工作会议也明确：“加大城际交通、物流、市政基础设施等投资力度，补齐农村基础设施和公共服务设施建设短板，加强自然灾害防治能力建设”。重型载货车市场发展仍具有一定的机遇期。

（3）“一带一路”建设仍将为重型载货车提供市场扩展空间　2018 年外贸进出口总额增速位于近年来较高水平（前三季度数据）。2019 年伴随着国内外因素叠加，外贸增长动能将减弱。抑制外贸增长的因素主要有：一是诸多不确定、不稳定因素影响全球经济增长动能放缓；二是贸易保护主义上升、贸易壁垒增多；三是我国外贸订单有所减少；四是中美贸易摩擦尚未妥善解决。预计 2019 年出口增长 6%左右、进口增长 10%左右，均比 2018 年有所放缓。另外，在“一带一路”倡议背景下，我国加大对金融方面的投资力度，对沿线投资合作项目的总额超出 1000 亿美元，使得各国在贸易当中获益。这对金融投资来说，使区域经济发展的优势更加凸显出来。但总体上预测，2019 年重型载货车出口量仍将保持稳定增长。

（4）未来房地产形势走向也将影响重型载货车发展　根据中央精神，对 2019 年房地产政策形成三个主要判断：一是 2018 年“控房价”成效显著，2019 年“稳房价”是基调；二是地方政府有更大的调控自主权，将平衡“稳增长、保财政和房价上涨”压力；三是涉及土地、租赁、保障的调控政策将进一步完善。2018 年房地产投资增速较 2017 年出现回暖趋势，体现出房地产企业的信心和景气状况。但预计 2019 年投资增速较 2018 年略有下滑，而由于地方政府平衡大规模财政支出和调控自主权的加强，预计部分城市地价、房价的增长率较 2018 年更高，整体房价稳定程度略有下降。房地产整体的表现将影响重型载货车车辆品种中水泥搅拌车等车型品种及其他相关产业的发展。

（5）各项政策和措施对行业产生很大影响　根据国家有关部委安排，国家出台影响 2019 年商用车行业的十大政策。其中影响 2019 年行业重型载货车发展因素是：2019 年 1 月 1 日实施的新 GB 7258、2019 年 7 月 1 日起国Ⅵ排放标准实施和打赢蓝天保卫战三年行动计划这三项政策和措施。国VI排放标准实施，造成生产厂家和用户双双成本提高，也在一定程度上促使市场在 2018 年或 2019 年上半年提前消费。打赢蓝天保卫战三年行动计划的关键要打好柴油货车等污染防治攻坚战。严格实施道路运输车辆燃料消耗量限值准入制度，大力推进国III及以下营运柴油货车提前淘汰更新，加快淘汰采用稀薄燃烧技术和“油改气”的老旧燃气车辆。2020 年底前，京津冀及周边地区、汾渭平原淘汰国III及以下营运中重型柴油货车 100 万辆以上。为此，重型载货车产品将转向新能源汽车并引发市场需求。

通过以上对重型载货车市场的分析，总体上，再创记录的 2018 年爆发式的市场增长是国家法规和政策、物流业发展、供给侧改革初见成效等因素所造成的。利好和负面因素各半。众所周知，重型载货车有着 3 年一个小周期，6～7 年一个大周期的轮回特征，2017 年距离 2010 年的重型载货车井喷年恰恰是 6 年时间，再加上 2018 年超水平发展，一定程度上消费了 2019 年的市场预期。预计 2019 年全年销量将在 2018 年的基础上下调 20%左右。

综合来看，2018 年重型载货车发展态势和根据目前所能掌握的对 2019 年经济环境的预测，2019 年重型载货车市场的发展又处在结构调整阶段。预计 2019 年全年销售高峰期仍在上半年发生，行业内各厂家要把握市场竞争的关键时期，力争实现制定的全年目标以期提高企业经济运行效益，从而推动我国重型载货车市场向前发展。

（作者：赵军）

2018 年中重型货车市场分析及 2019 年展望

2017 年中重型货车市场需求规模 135 万辆，创历史纪录（见图 1）。2018 年 1～10 月份，全国中重型货车实现销量 112.6 万辆，较上年同期下降 1.6%，总量仍保持在高位。在当前全球经济面临挑战增多，增长动能边际性减弱，我国经济稳中有变，内部面临“三期叠加”（经济增速换档期、刺激政策消化期、结构调整阵痛期），同时还遭遇了“中美关系冲突期”的背景下，能取得如此成绩，实属不易。

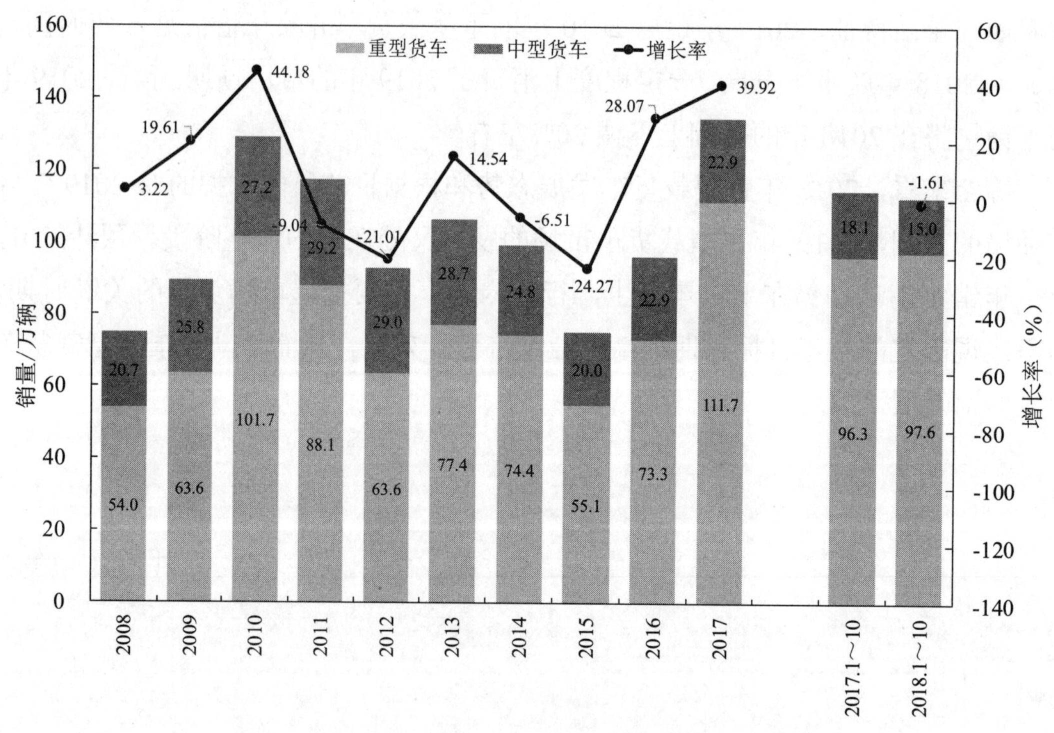

图 1　2008～2018 年中重型货车市场销量及增长率

一、2018 年中重型货车市场回顾

1．市场概况

2018 年 1～10 月份中重型货车市场规模 112.6 万辆，同比下降 1.6%。重型货

车市场规模 97.6 万辆，同比增长 1.3%，是市场需求的主要增长引擎；中型货车市场规模 15.0 万辆，同比下降 17.1%。

2018 年月度走势基本呈现前高后低的运行态势（见图 2）。从月度走势来看，2010～2011 年中重型货车销量曾达到发展高峰，2017～2018 年迎来换车高峰。2018 年上半年延续自 9·21 新政导致 2018 年市场需求提前释放，但下半年增长逐渐放缓；受"环保攻坚战"影响，2018 年 4 月习近平主持召开中央财经委员会第一次会议，强调柴油货车污染治理 3 年明显见效，6 月份国务院出台的《打赢蓝天保卫战三年行动计划》，将加快推进车辆结构升级，大力淘汰老旧车辆。政策明确在 2020 年年底前，京津冀及周边地区、汾渭平原淘汰国Ⅲ及以下排放标准营运中型和重型柴油货车 100 万辆以上。同时重点区域、珠三角地区、成渝地区提前实施国Ⅵ排放标准；受房地产和基建项目拉动，新开工面积、土地购置面积等维持高位，国家出台多项促进基础设施投资稳定发展的政策措施，支撑了中重型货车市场的发展。

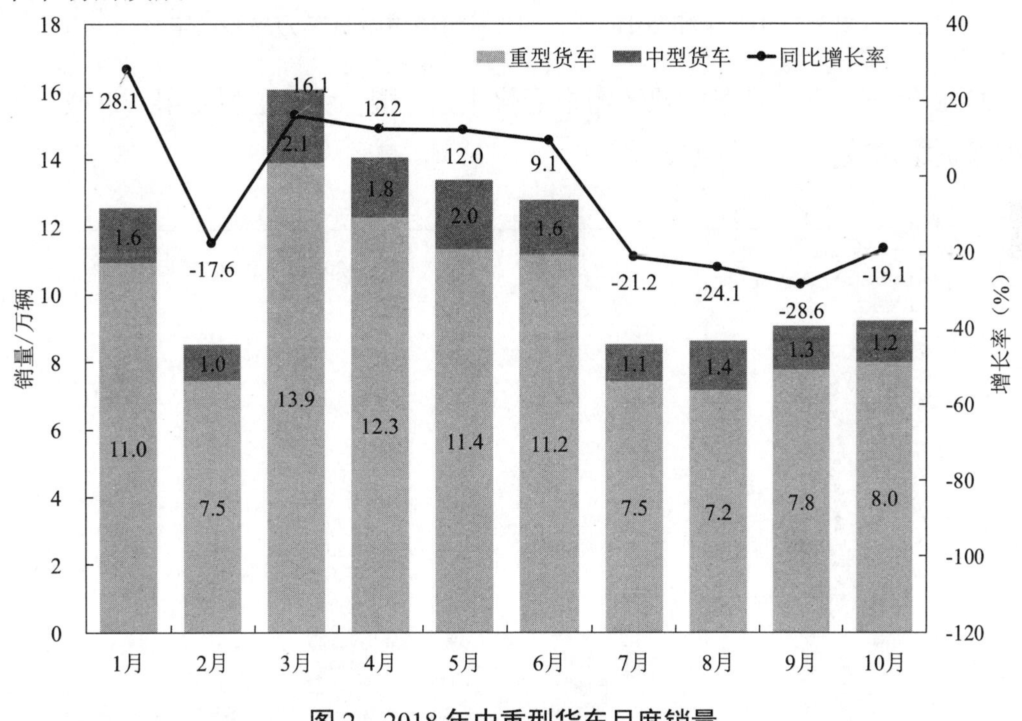

图 2　2018 年中重型货车月度销量

2．细分市场表现

预计 2018 年中重型货车市场全年需求 132 万辆，其中牵引车维持高基数；自卸车、专用车实现强劲回暖（见图 3）。

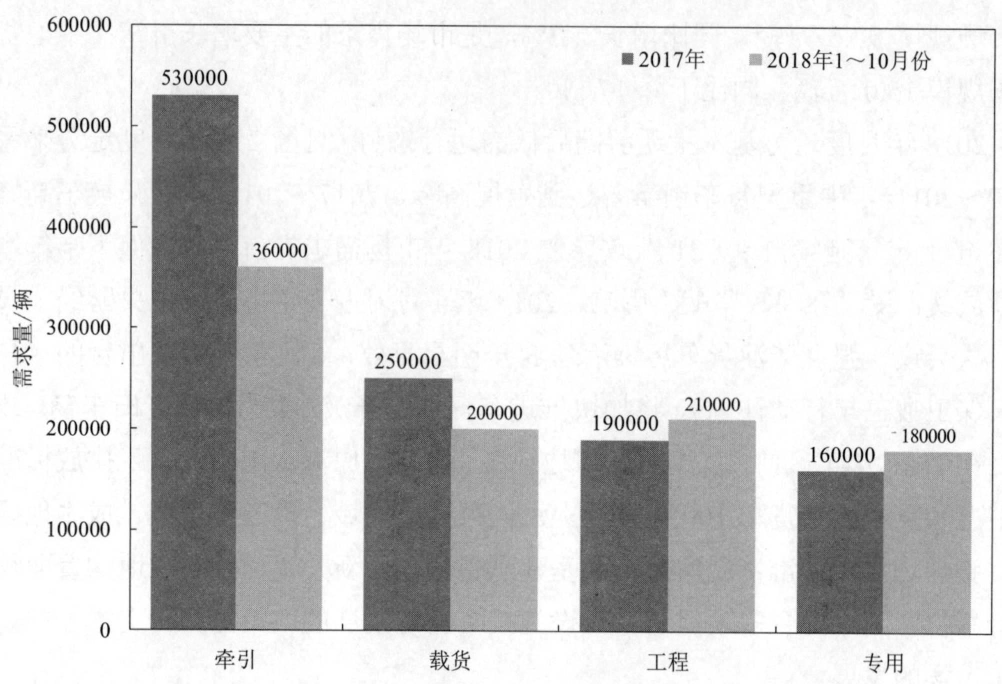

图3　2017年和2018年1～10月份中重型货车分品系需求

2018年在中重型货车产业链需求变化中，重型工程、重型专用、中型专用及重型载货增量较大（见图4）。

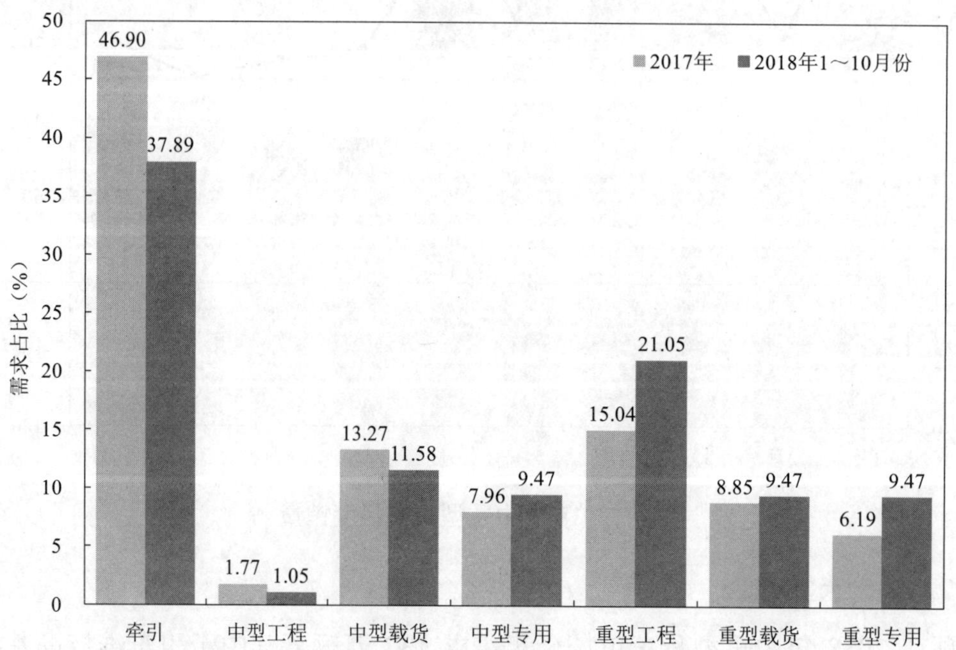

图4　2017年和2018年1～10月份中重型货车分品系需求占比

2018 年牵引车全年需求同比增长下降 21%，依旧维持较高基数。虽然之前受政策驱动销量增长，但消费类物流端需求端疲软，运价持续低落（见图 5）。

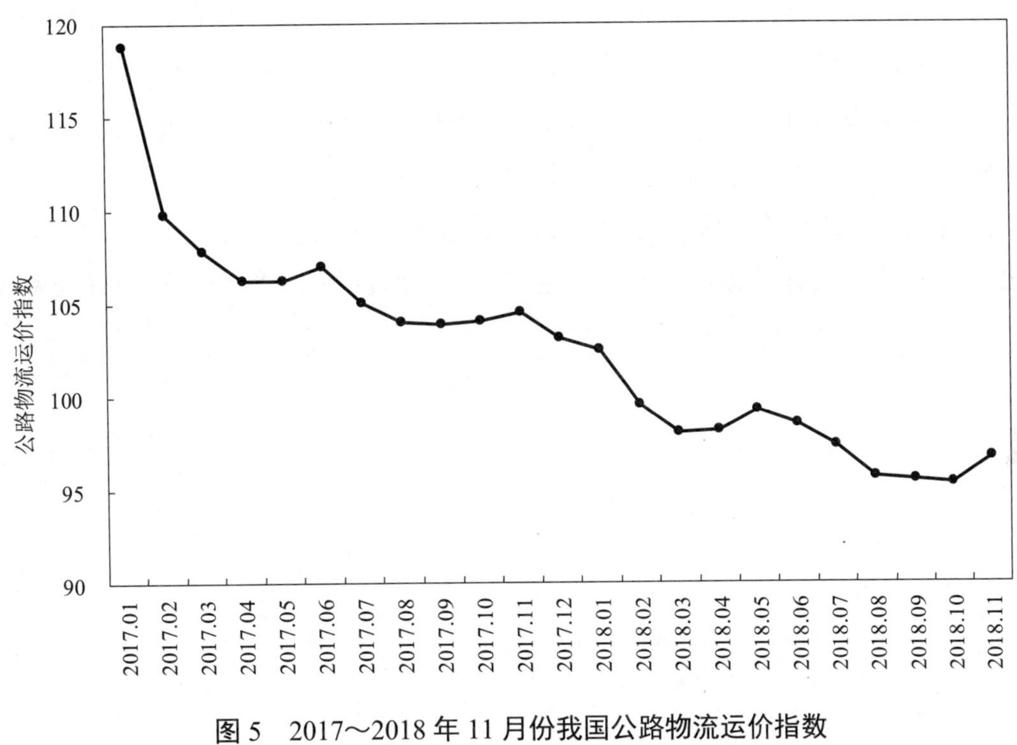

图 5　2017～2018 年 11 月份我国公路物流运价指数

（注：资料来源于中国物流与采购联合会）

二、2019 年中重型货车市场需求判断

从中长期看，周期性更新、自然增长和政策影响将决定中重型商用车的需求，但经济放缓将降低销量增长速度。同时 2017 年、2018 年两年的高增长对 2019 年销量会产生一定的抑制作用，2019 年中重型货车需求规模预计为 115 万辆，下降 17 万辆，同比下降 12.9%，2019 年基建补短板项目将会使工程自卸车直接受益。

1）有利因素：当前国Ⅲ标准重型货车保有量有近 300 万辆，国Ⅲ车提前淘汰短期将带来需求增量；国Ⅵ排放法规在部分区域提前实施，将进一步促进需求增长；重点区域推广使用新能源环卫车、邮政车、中轻型物流车，也将利好中重型货车市场，同时燃气车辆将迎来政策和气价优势，治超将带来轻量化车型的增量，这些都将带动换车需求；“一带一路”等政策发力，海外工程项目增加，我国施工企业带车，有望促进海外中重型货车销量稳步增长。

2）不利因素：GDP 等经济指标预期增速回落，对货车需求拉动力减弱；后工业化阶段，货物种类向高附加值、消费类转换，物流强度降低，将对需求产生负向影响；交通运输结构调整力度将加大，特别是在 2020 年以前，公转铁、公转水以及多式联运将对中重型货车需求产生较大的影响；物流组织化导致物流效率和车辆使用期限持续提升，会延长物流货车的更新周期；部分城市受路权和环保因素影响，中型货车需求向轻型货车转移。

综合来看，2019 年中重型货车市场总体发展环境正反叠加，在利弊共存的节点之上，企业需要抓住政策机遇，把握产品投放节奏，实现企业转型升级发展。

（作者：王帆）

2018年轻型载货车市场分析及2019年展望

一、2018年轻型载货车市场的环境分析

1．2018年轻型载货车的宏观经济环境

2018年是我国改革开放40周年，我国经济发展进入了“深化改革阶段”，前三季度我国经济GDP增速为6.7%，低于上年同期0.2%。分季度看，一季度同比增长6.8%，二季度增长6.7%，三季度增长6.5%（见图1）。2018年前三季度国民经济运行在合理区间，保持总体平稳、稳中有序的发展态势，经济结构调整优化，生产需求总体稳定，新动能继续发展壮大，发展质量效益不断改善，改革开放力度明显加大，民生福祉持续增进。同时也要看到，外部挑战变数明显增多，国内结构调整阵痛继续显现。

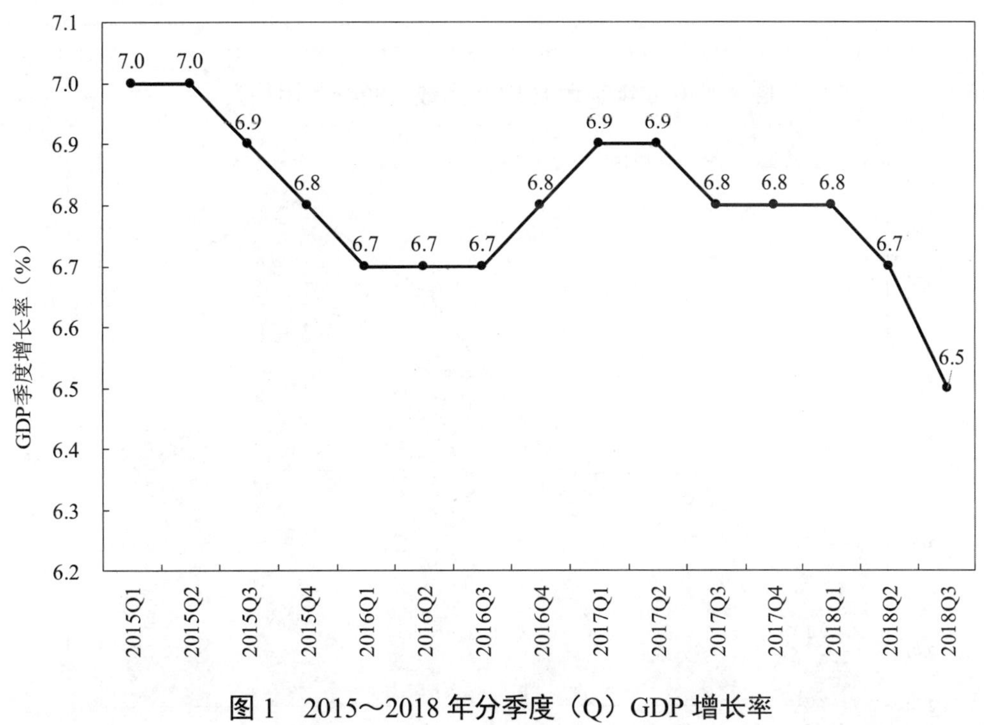

图1　2015～2018年分季度（Q）GDP增长率

2018年前三季度，全国居民人均可支配收入21035元，扣除价格因素，比上

年同期实际增长 6.6%；1～10 月份，全国固定资产投资（不含农户）累计同比增长 5.7%，固定资产投资总体稳定，投资结构继续优化；11 月份，我国制造业采购经理指数（PMI）为 50.0%，（见图 2）比上月小幅回落 0.2 个百分点，为 2016 年 8 月以来最低；公路货运量持续增长（见图 3），表明经济运行稳中有缓、稳中存忧，经济下行压力有所加大。

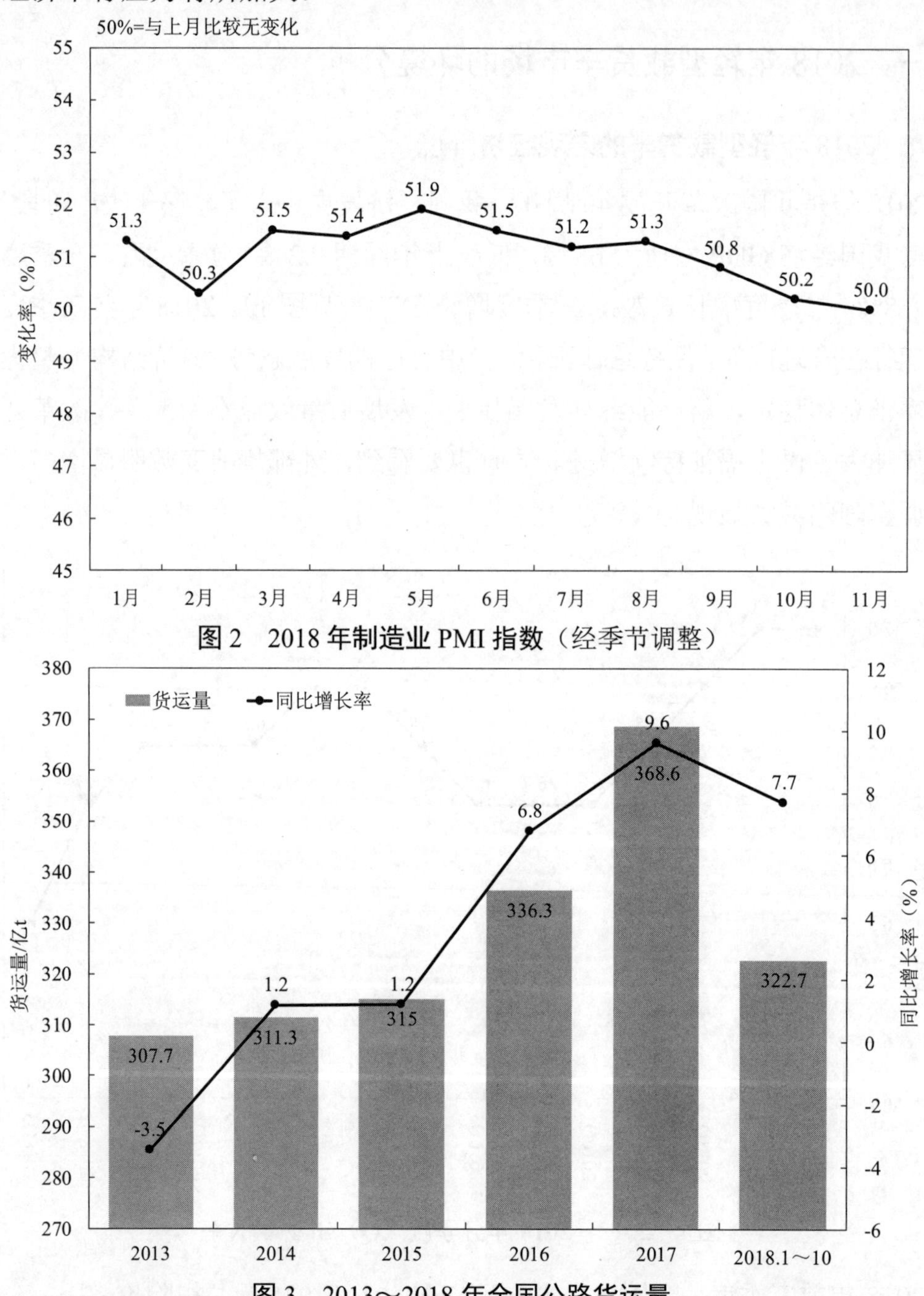

图 2　2018 年制造业 PMI 指数（经季节调整）

图 3　2013～2018 年全国公路货运量

在大势影响下，我国汽车行业多年来首次累计负增长，我国汽车市场的“寒冬”已经来临。受到市场环境变化，依法合规经营加强，原材料价格上涨，物流市场需求低迷，治超和污染防治等因素叠加影响，商用车行业竞争异常激烈，增速进一步减缓。

2．2018 年轻型载货车的政策法规环境

（1）物流业降本增效　国务院总理李克强 2018 年 5 月 16 日主持召开了国务院常务会议，确定了进一步降低实体经济物流成本的措施。一是从 2018 年 5 月 1 日至 2019 年 12 月 31 日，对物流企业承租的大宗商品仓储设施用地减半征收城镇土地使用税；二是 2018 年年底前，实现货车年审、年检和尾气排放检验“三检合一”，对货运车辆推行跨省异地检验，并在 2019 年年底前实现普通货运车辆全国异地审验，2018 年年底前，全国各地取消 4.5t 及以下普通货运从业资格证和车辆营运证；三是 2018 年下半年，交通运输经济运行情况会议中提出了降低过路过桥费，加快推进高速公路差异化收费，推动取消高速公路省界收费站；蓝牌车营运证的取消，将使行业准入门槛降低，有利于蓝牌车销售，市场规模有望扩大。

（2）排放升级步伐加快　2018 年 6 月 22 日，《GB 17691－2018 重型柴油车国Ⅵ排放标准》发布，标准将分为两个阶段实施，分别是国Ⅵa 和国Ⅵb。国Ⅵa 将于 2019 年 7 月 1 日对燃气车辆实施，2020 年 7 月 1 日对城市车辆（城市公交车、环卫车、邮政车等）实施，2021 年 7 月 1 日对所有车辆实施；国Ⅵb 将于 2021 年 1 月 1 日对燃气车辆实施，2023 年 7 月 1 日对所有车辆全面实施。随后，国务院发布了《关于全面加强生态环境保护、坚决打好污染防治攻坚战的意见》，要求重点区域提前实施机动车国Ⅵ排放标准，目前，京津冀及周边地区（京津冀鲁豫）、汾渭平原（晋陕）、长三角（沪浙苏皖）、珠三角（深圳、广州、海南）、成渝等区域已发文要求提前实施国Ⅵ排放，其中深圳要求 2019 年 1 月 1 日轻型车实施国Ⅵ、北京要求 2020 年 1 月 1 日实施，其余的要求 2019 年 7 月 1 日开始实施，轻型商用车即将全面迈入国Ⅵ时代。

（3）国Ⅲ淘汰更新　2018 年 6 月 27 日，国务院发布《关于打赢蓝天保卫战三年行动计划的通知》，《行动计划》要求大力推进国Ⅲ及以下排放标准营运柴油货车提前淘汰更新，要求各地制订营运柴油货车和燃气车辆提前淘汰更新的目标及实施计划。在淘汰更新比例方面，要求 2020 年年底之前，京津冀及周边地区、汾渭平原淘汰 100 万辆以上，相当于该地区保有量的 75%。国Ⅲ淘汰更新对轻型货车的积极拉动作用明显，产品的持续升级，企业间新一轮的竞赛即将开始。

（4）运输结构调整 2018 年 9 月 17 日，国务院发布了《推进运输结构调整三年行动计划》，一是推进大宗货物运输“公转铁、公转水”。短期内主要是利空公路干线物流的重型牵引车。从中长期发展看，待铁路货运发展成熟，在成本、时效、运距等综合优势下会向其他货运类型发展，但受场站影响（多在城市内）无法实现终端配送，轻型货车将迎来发展机遇，以承接城市配送短驳物流的需求。二是强化货运车辆超限超载治理。要求健全货运车辆非法改装联合监管工作机制，杜绝非法改装货运车辆出厂上路；加大货物装载源头监管力度、超限超载联合执法常态化制度化、推广高速入口称重检测、加强科技治超、加强信用治超等举措，有效遏制车辆超限超载，这将对轻型货车盈利能力带来一些影响，轻量化、黄牌车等合规性产品逐步增多。三是推进城市绿色货运配送示范工程建设和城市生产生活物资公铁联运。制定新能源车辆便利通行等政策，加大新能源配送车辆推广应用力度。在环保压力下，大型城市产业转移外迁、车辆限行，对燃油的物流用车需求减弱，新能源将成为这些城市物流的主要补充。

3．2018 年轻型载货车增长的驱动因素

（1）经济环境 宏观经济稳中有缓，高质量发展，各项经济指标运行稳定性日益增强，动力转换，消费稳增长支撑轻型商用车发展。

（2）政策环境 全国各地取消了 4.5t 及以下普通货运从业资格证和车辆营运证，推动取消高速公路省界收费站等一系列物流降本增效措施均是对轻型载货车市场的利好政策，同时国Ⅲ淘汰更新，促进货车销量增长。另外，新能源货车路权的开放以及运输结构的调整将刺激新能源货运车的增长。

（3）物流环境 公路货运量稳步增长，公路物流供给总体基本稳定，随着 10 月、11 月电商大力促销以及消费旺季临近，对国内消费需求放量具有短期拉动作用，与快递等相关的公路物流需求有望回升，同时一系列物流降本增效措施的落地执行，也将带动轻型载货车市场的增长。

二、2018 年轻型载货车市场的形势分析

1．汽车行业整体销量分析

2018 年 1～10 月份，汽车行业总体出现多年来首次下降。商用车行业增速好于汽车行业总体。载货车市场，除中型货车下降外，其余分车型均同比增长。重型货车风光不再，增速大幅回落，轻型载货车（含皮卡、工程车）增速为 12.49%，增幅最大（见图 4）。

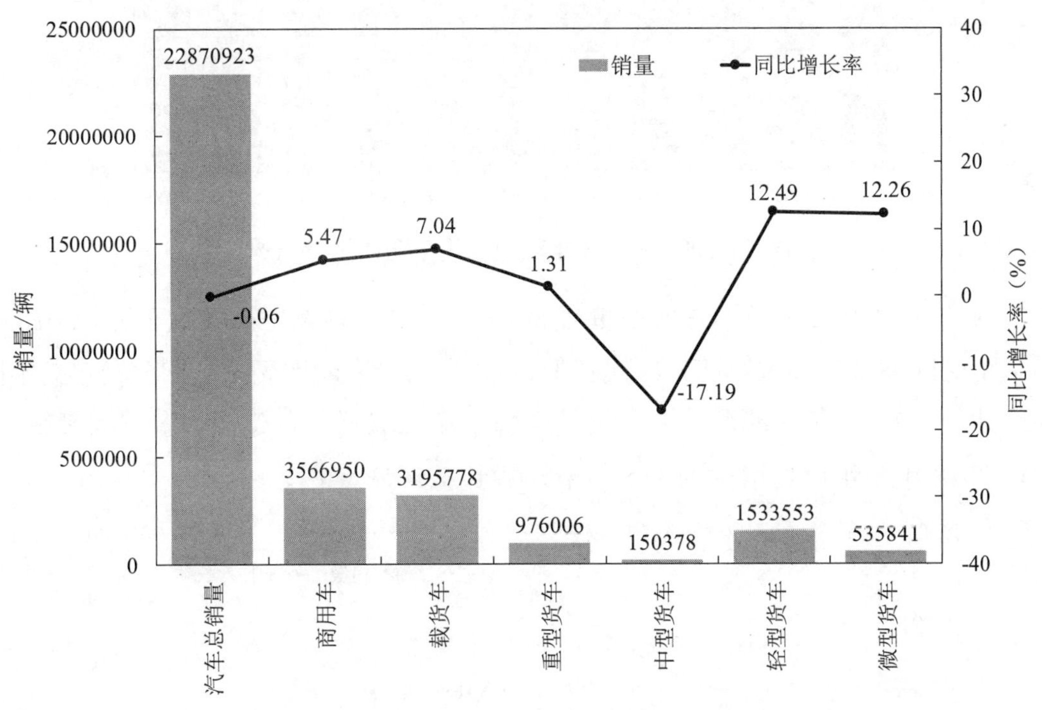

图 4　2018 年 1～10 月份汽车行业整体销售情况

2．2018 年轻型载货车行业销量分析

（1）近年来市场整体概况　轻型载货车市场的趋势基本平稳，两次波动都是由于政策的影响，波动区间也不大。从 2016 年开始，稳步提升，目前仍处于上升阶段，轻型货车市场规模正逐步恢复到 185 万辆/年的水平（见图 5），随着 2010 年前后大规模购车更换周期的到来，未来轻型货车市场销量将在高位运行，增速呈现低位波动。

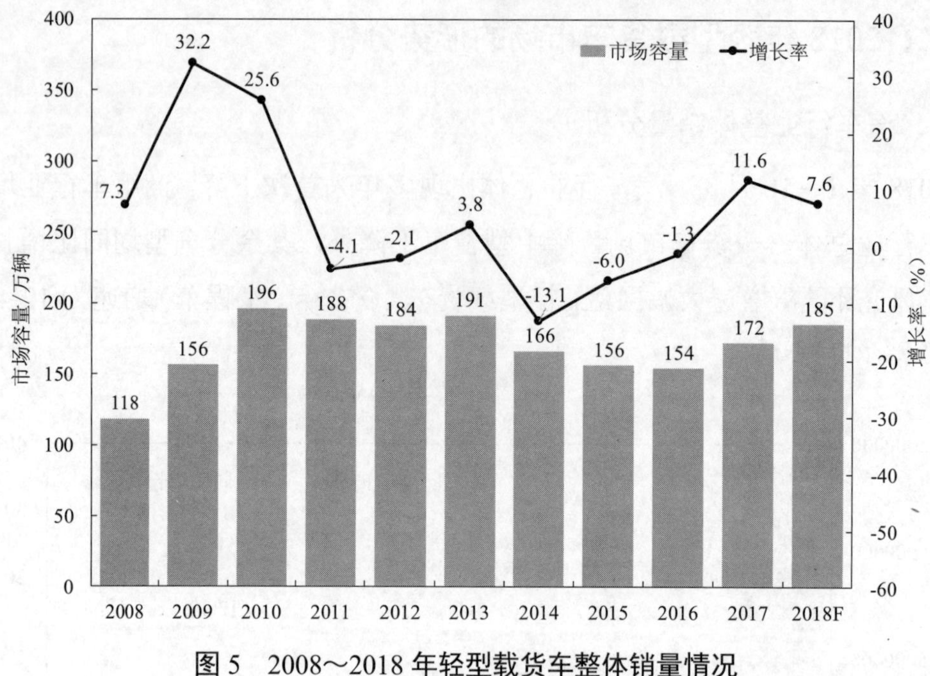

图 5 2008～2018 年轻型载货车整体销量情况

（2）*月度销量走势* 月度销量自 2017 年以来一直保持高增长态势，2018 年下半年受同期基数高位影响，同比在低位运行，但销量仍较高（见图 6）。受年底补库冲量、2019 年新能源补贴退坡及蓝牌车双证取消消费延期等多重因素影响，预计 2018 年全年市场销量为 185 万辆，增长 7.56%（见图 5）。

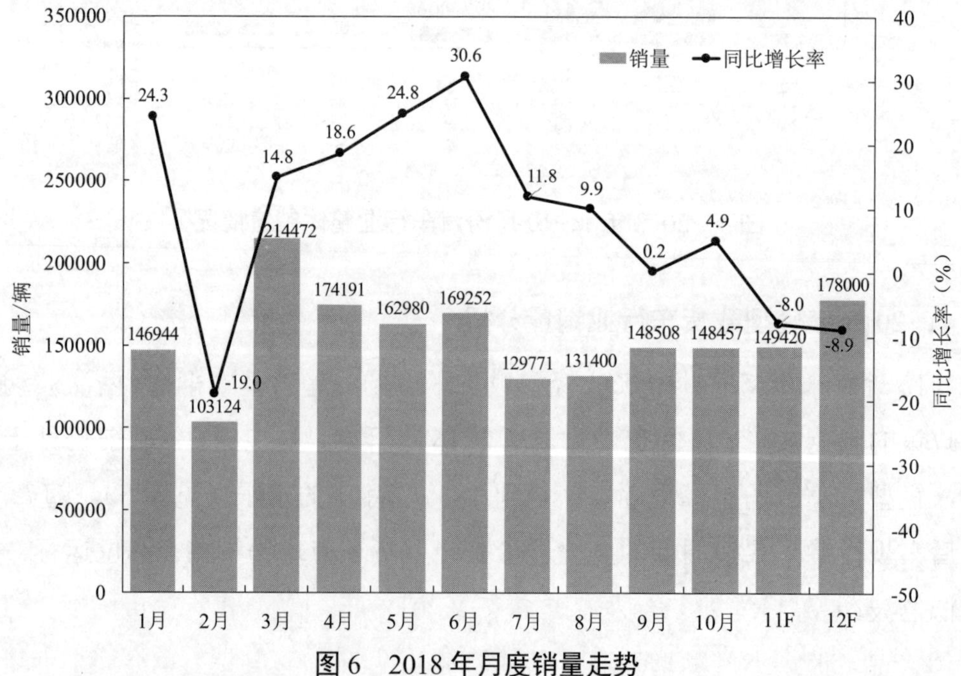

图 6 2018 年月度销量走势

（3）轻型载货车行业情况　2018 年 1～10 月份广义轻型载货车（包括纯轻型载货车、皮卡、工程车及出口）实现销售 153 万辆，同比增长 12.49%（见表 1）。行业前十家企业同比均增长。重汽、一汽、长安均大幅增长，重型货车企业加大力度抢占轻型载货车市场。TOP10 企业的市场集中度为 77.57%，市场竞争激烈，福田、江淮、江铃、东风、庆铃 5 家企业份额在下降，重汽、一汽份额增长，长安凭借在小货车市场的强势表现，份额扩张明显。福田、江铃、东风、重汽等调整战略布局，竞争日趋白热化。福田清晰三个品牌定位，其中奥铃聚焦中高端轻型载货车市场，欧马可聚焦高端中轻型载货车市场，成为福田集团最为核心的中型载货车业务线。江铃推出使用凯锐 800（700P 风格）驾驶室的升级版凯运，推出宽体、重载版产品（如搭配康明斯 3.8 动力的产品），逐步优化原来以窄体产品为主的产品结构；重汽以重载版成功进入轻型载货车市场，长远布局于标载及轻量化产品。

表 1　中国汽车工业协会 2018 年 1～10 月份产销快讯数据（含工程车、皮卡、出口）

厂　家	2018 年 1～10 月份累计销量/辆	同期累计销量/辆	累计增长（%）	本期份额（%）	同期份额（%）	份额变化（%）
北汽福田汽车股份有限公司	264987	238378	11.16	17.28	17.49	−0.21
安徽江淮汽车集团股份有限公司	165134	156935	5.22	10.77	11.51	−0.74
重庆长安汽车股份有限公司	143714	82478	74.25	9.37	6.05	3.32
江铃控股有限公司	142732	140576	1.53	9.31	10.31	−1.00
东风汽车集团有限公司	132685	120159	10.42	8.65	8.81	−0.16
长城汽车股份有限公司	110888	94229	17.68	7.23	6.91	0.32
中国重型汽车集团有限公司	92390	74351	24.26	6.02	5.45	0.57
中国第一汽车集团有限公司	50970	37684	35.26	3.32	2.76	0.56
庆铃汽车（集团）有限公司	43532	41117	5.87	2.84	3.02	−0.18
金杯汽车股份有限公司	42552	24602	72.96	2.77	1.80	0.97
前十小计	1189584	1010509	17.72	77.57	74.12	3.45
轻型货车合计	1533553	1363325	12.49	100.00	100.00	0.00

3．2018 年轻型载货车细分市场分析

（1）轻型载货车市场结构变化情况　2018 年，轻型载货车市场中，轻卡仍为主流产品，但小卡产品增速高于其他产品（见图 7）。主要由于汽油小卡排放升

级的成本低，价格竞争力较高，预计国VI阶段，汽油相比柴油的成本优势会进一步显现。

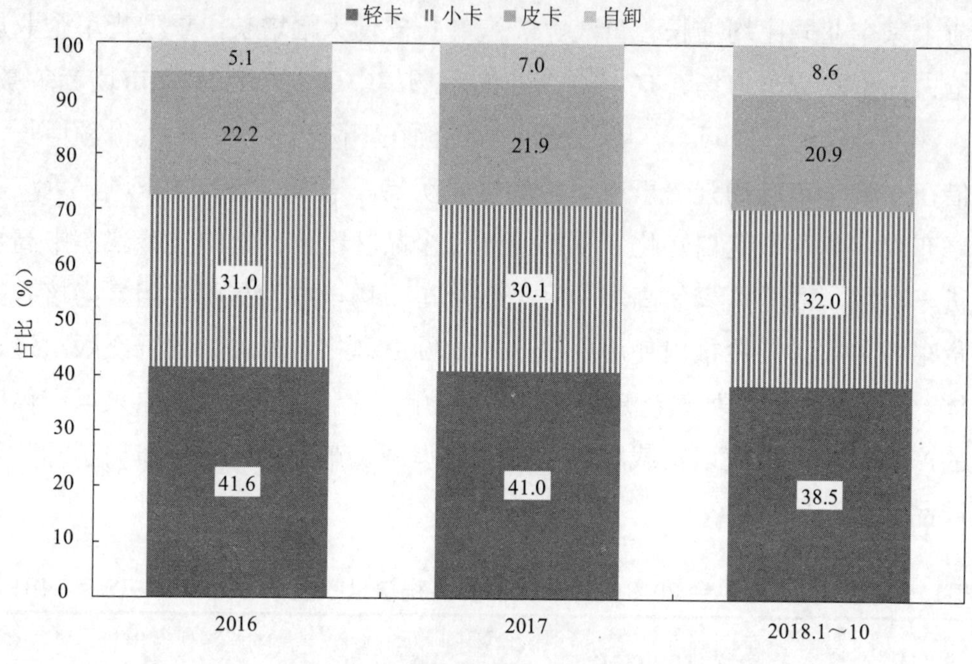

图 7　轻型载货车市场结构变化

（2）轻型载货车产品结构变化情况

1）轻型载货车货厢宽度分布。从轻型载货车的货箱宽度分布来看，2.3m 以上宽货箱满足大容积或标准托盘（箱）需求，对应的宽体驾驶室产品得到快速增长（见图 8），目前，大马力多档箱宽轮距大容积宽货厢已成为轻型载货车市场的新宠，未来宽体市场仍将得到进一步充分发展。

2）轻型载货车动力结构变化。柴油机仍为主体，但市场份额有所下降（见图 9）。受排放升级和区域物流市场拉动，经济型市场汽油机动力份额上升，并且向 1.5L 排量方向发展。清洁能源纯电动在国家及地方政府的推动下，经过这几年的试运营，正在被市场认可和接受，未来将成为城市物流车的有效补充。

4．2018 年轻型载货车市场的特点

（1）消费变化　随着社会发展进步，以及从业人员的年轻化，人们的消费价值观转变，对商用车的要求已不只是赚钱工具，越来越多的客户价值诉求在发生转变。总的来说，商用属性、经济利益仍然在客户心中占据主导地位，但舒适、安全、智能、互联、节能已经越来越受到重视。消费升级成为必然趋势，但在发展不平衡的大环境下，消费人群、购买能力形成了细分市场差异，价格和性能配置的高、中、低现象还将持续一段时间。

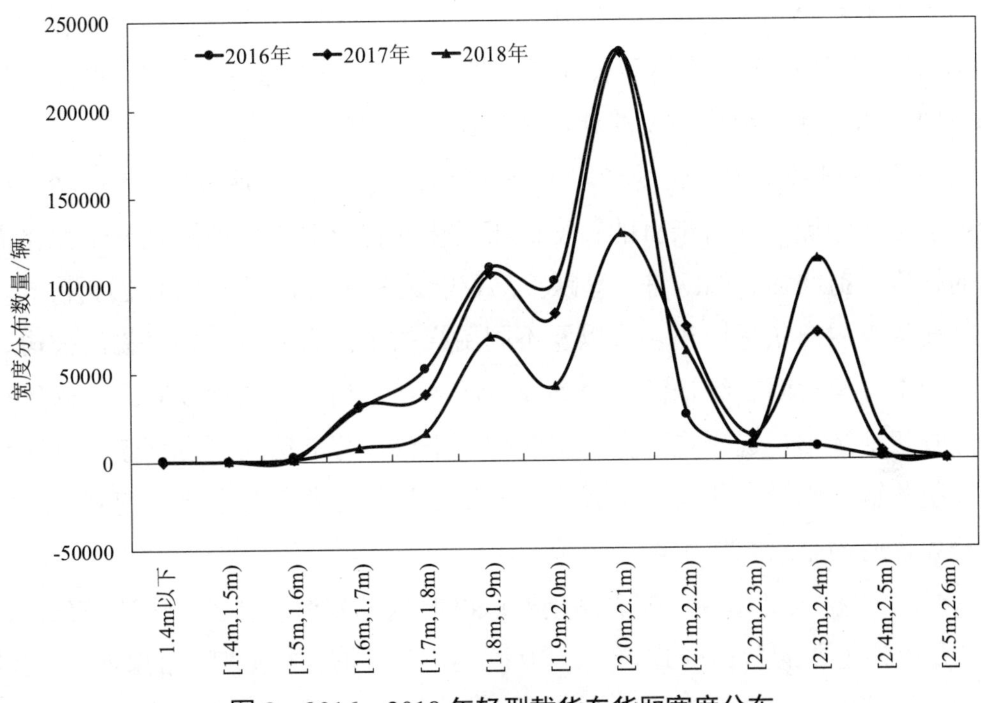

图 8　2016～2018 年轻型载货车货厢宽度分布

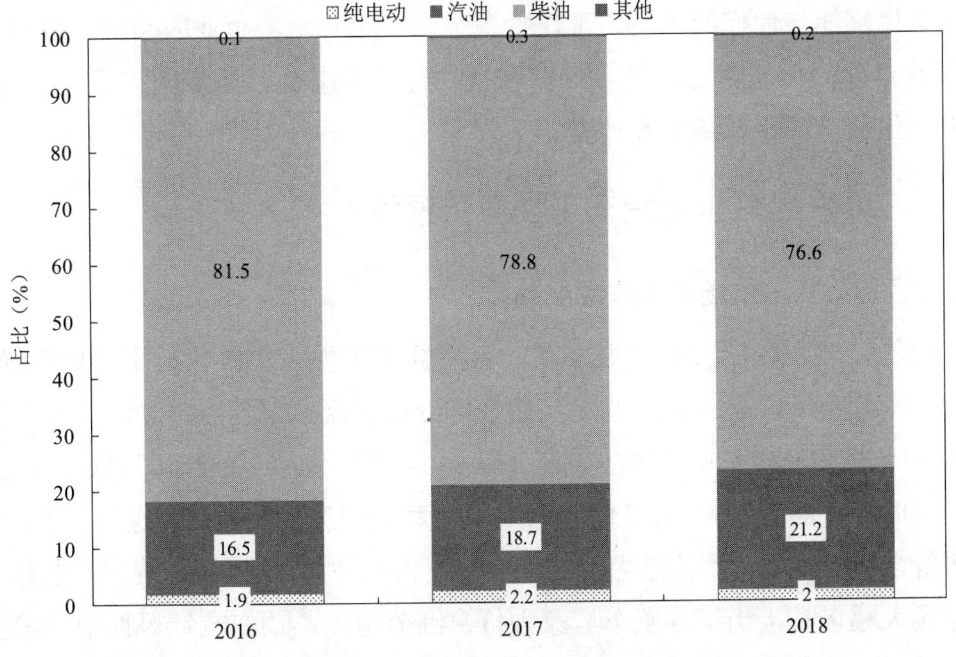

图 9　轻型载货车动力结构变化

（2）购买行为变化　根据相关机构对购车客户的调研及分析，超过82%的受访客户购车时习惯和倾向于先在线查询和电话询价，然后到店洽谈。汽车类网站、汽车类手机APP及经销商/销售人员是三大主要购买渠道，线上依赖度在提升。客户购车从过度关注价格到关注综合指标，排前五的指标分别为：产品质量、品牌口碑、动力性、承载力及油耗，客户比以前更理性。

（3）智能网联　智能化是当前影响各行各业的一大主流发展趋势，轻型载货车行业也正在经历着前所未有的转变。年轻化的客户对于智能网联和个性化需求提升的趋势日益明显。如跃进“喜跃汇”智能选配平台，基于C2B创新模式，结合轻型载货车用户实际用车场景以及不同用户的个性喜好等，通过物流公司、主机厂、货主、运营商、经销商、服务商等诸多利益相关方的深度联结，创建帮助用户随时随地选车，选择更适合车型的购车平台。智能选配平台打破了以往单纯产品或服务输出为导向的传统定式，为轻型载货车行业创建了多方交互、深度定制、跨界融通的全新合作生态。

（4）营销模式变化　伴随着移动互联网时代的繁荣，数字化营销已在各领域兴起，并成为重要的营销模式之一。“互联网＋”对物流行业赋能的影响已逐渐显现，通过智能定制化的服务、透明的全运输过程，不断提高运输效率、优化运输成本。而伴随着互联网时代成长起来的年轻用户群体，正逐渐成为消费的主力大军，数字化媒体与他们的生活、工作紧密结合，相应地，企业的品牌、渠道、产品等营销要素都必须随之而变。可以看到，行业生态链已逐步向二手车、金融、服务专业化及一体化解决方案转变。

三、2019年轻型载货车市场形势预测

1．轻型载货车市场的未来发展趋势

当前物流业正在向现代物流发展，客户群体呈现出集团化、平台化的模式，物流行业细分市场，正在向专业化（如生鲜冷链物流、医药冷链物流、大件物流等专业化物流快速发展）、高效化（次日达——半日达——1~2h即时达，物流准时性和及时性不断提高）、信息化/智能化（车联网快速发展，具备定位、通信、运营管理等功能）发展，尤其是当前在“一带一路”、消费升级的影响下，生鲜冷链运输市场大幅增长，当下各整车厂家为抢占细分市场，均在有针对性地开发适用不同细分市场需求的特定产品，如：冷链版、快递版、商贸版、重载版、绿通版

等。定制化产品、定制化服务已成为行业发展的新趋势。

2．影响因素分析

（1）经济环境

1）宏观经济。2018 年，我国经济稳中趋缓，预计 GDP 增长 6.6%左右。在“三驾马车”中，消费对 GDP 增长的贡献率显著增大，前三季度达到 78%，比上年同期高 13.5 个百分点；2019 年经济下行压力依然很大，预计宏观政策将在扩内需、稳外需两方面同步发力，适度扩大总需求，促进经济稳定增长，GDP 将增长 6.3%～6.5%。而轻型载货车市场的增长动力也在转变，新增需求呈下降趋势，更新需求呈上升趋势，市场由以前的新增需求为主转变为以存量更新为主、新增需求为辅的销售格局。

2）基建投资。在“十三五”期间，交通运输总投资规模将达到 15 万亿元人民币，其中铁路 3.5 万亿元，公路 7.8 万亿元，民航 0.65 万亿元，水运 0.5 万亿元。目前，公路领域已投资总额尚不及预期的一半，未来两年仍会继续推进基础设施投资建设，直接带动与基础设施建设相关的自卸车、专用车、物流车的需求增加。

3）消费与城镇化。在经济下行压力下居民收入放缓，在面临高成本压力、未来信心不足等多方面因素的影响下，居民消费购买力以及购买欲望或将放缓，这在一定程度上影响了用车需求。而随着生育政策的调整和城镇人口基数的扩大，我国城镇化率将持续提高，预计在 2019 年将突破 60%，城镇化建设仍是商用车市场增长的重要拉动力量。

（2）政策环境

1）排放升级。被业界称为“史上最严”的国Ⅵ排放标准将提前在重点地区实施，这会产生双重作用，在刺激更新需求的同时也加大了生产和购买成本。产品的排放升级，对发动机的技术水平提出了更高的要求，企业加快业务调整，推动技术升级，市场份额进一步向优势企业集中。

2）蓝天保卫战。调整交通运输结构和发展绿色交通体系是本次计划的重中之重，主要包括减少公路货运占比，强化移动污染源治理，其中柴油车治理和发展新能源是重点。蓝天保卫战背景下，移动污染源治理（国Ⅲ淘汰更新）对轻型载货车的存量更新拉动作用明显，2019 年将是重点推进时间。同时，在环保压力与国家政策引导下，新能源车对城市物流的传统燃油车替代明显，目前主要以经济相对发达的（省会）城市为主，汾渭平原、京津冀城市群、中原城市群比例也在增加。

3）双证取消。为落实国务院有关“放管服”的改革要求，交通运输部要求各地运管部门在 2018 年年底前全面取消总质量 4.5t 及以下的普通货车（蓝牌车）道路运输证和驾驶人员从业资格证。目前已有云南省、湖北省、山东省、河北省 4 省取消了双证。双证的取消节约了用户的大量时间成本和经济成本，既有利于蓝牌车市场，也有利于皮卡进城解禁。

3．2019 年轻型载货车市场预测

结合经济环境、政策环境和轻型载货车历年发展状况，预计 2019 年轻型载货车将呈现平稳增长态势，预测平均增幅在 2%左右，比 2018 年略低（见表 2）。

表 2　2015～2019 年轻型载货车市场

类　别	2015 年销量/万辆	2016 年销量/万辆	增长率（取整）（%）	2017 年销量/万辆	增长率（取整）（%）	2018 年 F 销量/万辆	增长率（取整）（%）	2019 年 F 销量/万辆	增长率（取整）（%）
轻型载货车	156	154	−1	172	10	185	8	188	2
纯轻型载货车	110	110	0	122	9	131	7	130	−1
工程车	13	9	−30	10	11	9	18	10	11
皮卡	33	35	6	40	14	45	12	48	7

（作者：朱永升　田建民）

2018 年皮卡市场分析及 2019 年展望

一、2018 年皮卡市场分析

1. 我国宏观经济运行状况

2018 年以来，我国经济运行总体稳定，新旧动能加速转换，结构不断优化，质量效率有所提升，但外部环境不确定性风险增加，国内股市、汇市波动加大，实体经济经营困难，经济运行呈现温和回落态势。

GDP 增速从 2014 年的 7.4%下滑到 2017 年的 6.9%，预计 2018 年 GDP 增速将继续回落到 6.5%。2018 年前三季度国内生产总值分别增长为 6.8%、6.7%、6.5%，呈现逐季走低的态势。从生产看，第二产业由 2018 年一季度的 6.3%放缓至三季度的 5.3%；2018 年 1～11 月份，全国规模以上工业增加值同比增长 6.3%，比 1～10 月份回落 0.1 个百分点；其中，高技术制造业、装备制造业增加值同比分别增长 11.8%和 8.3%，分别快于规模以上工业 5.5 个百分点和 2.0 个百分点。从需求看，2018 年前三季度固定资产投资增长 5.4%，同比放缓 2.1 个百分点，各季度投资增速分别为 7.5%、5.2%、4.6%，下滑态势明显；1～11 月份，全国固定资产投资（不含农户）609267 亿元，同比增长 5.9%，其中，民间投资 378432 亿元，增长 8.7%，2018 年以来一直保持在 8%以上的较快速度。分产业看，第一产业投资同比增长 12.2%；第二产业投资增长 6.2%，其中制造业投资增长 9.5%，加快 0.4 个百分点，2018 年 4 月份以来增速持续回升；第三产业投资增长 5.6%，其中基础设施投资增长 3.7%。高技术制造业、装备制造业投资同比分别增长 16.1%和 11.6%，增速分别比全部投资快 10.2 个百分点和 5.7 个百分点。1～11 月份，全国房地产开发投资 110083 亿元，同比增长 9.7%。全国商品房销售面积 148604 万 m^2，增长 1.4%；全国商品房销售额 129508 亿元，增长 12.1%。消费需求也呈现减速态势，1～11 月份，社会消费品零售总额同比增长 9.1%。1～11 月份，全国网上零售额 80689 亿元，同比增长 24.1%。其中，实物商品网上零售额 62710 亿元，增长 25.4%，占社会消费品零售总额的比例为 18.2%，比上年同期提高 3.4 个百分点；非实物商品网上零售额 17978 亿元，增长 19.7%。各季度消费品零售总额分别实际增长 9.8%、9.0%、9.1%。出口保持稳定，1～11 月份，进出口总额 278777 亿元，同比增长 11.1%。其中，出口 149234 亿元，增长 8.2%；进口 129543 亿元，增长 14.6%。2018 年前三季度出口增长分别为 13.7%、11.5%、11.7%。

2．我国皮卡市场整体运行状况

2018 年 1～11 月份，汽车累计销量为 2542 万辆，同比下降 1.7%，行业增长趋势出现下滑，主要是乘用车增速低于年初的行业预测，商用车销售（尤其是重型车）受固定资产投资和汽车排放政策影响，实现销售 394.1 万辆，同比增长 5%。具有生产资料属性的皮卡在 1～11 月份销量为 375000 辆（开票量含出口）（见图 1），其中上险量 337653 辆，1～11 月份皮卡终端上险累计同比增长 1.8%，预计全年达到 375000 辆，实现 1.1%的增长。2018 年皮卡总体销量上升的主要原因是：政府在六个省实行皮卡解禁以及 GB 7258 取消反光贴等措施利好皮卡；国V产品整体售价向下转移，如低端产品长安神骐销量增加明显；皮卡乘用化、智能互联化，分流小众市场的乘用车市场份额。

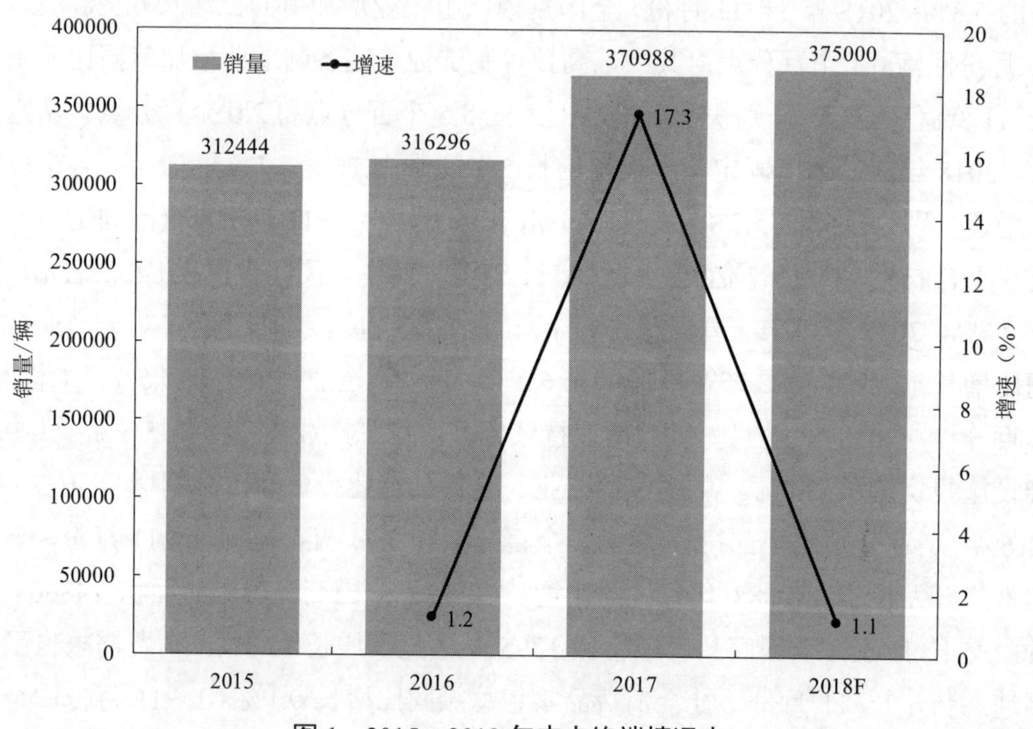

图 1　2015～2018 年皮卡终端情况表

从各皮卡企业终端销量来看，2018 年 1～11 月份各主要汽车企业销量苦乐不均。全国前五家皮卡企业终端销售 247993 辆，市场集中度为 73.5%（2017 年 1～11 月份皮卡终端销售 230846 辆，市场前五名市场集中度为 69.6%），相比上年同期上升 4 个百分点。长城皮卡销售 108507 辆（见表 1），继续蝉联第一，增速为 6.7%；江铃股份皮卡销售 61850 辆，整体增速达到 5.0 %；排名第三的郑州日产在 2018 年 1～11 月份销量为 35032 辆，同比增长 14.6%；而新进入市场的江西五十铃高端皮卡表现抢眼，江西五十铃皮卡销售 26116 辆，增速达到 15.6 %，江淮汽车皮卡销售 16488 辆，累计同比下降 3.3%。

表 1 2015～2018 年 1～11 月份皮卡终端保险数销量

（单位：辆）

底盘企业	2015 年销量	2016 年销量	2017 年销量	2018 年 1～11 月份销量
长城	95705	97976	112312	108507
江铃股份	55199	57561	65843	61850
郑州日产	41698	34063	35770	35032
江西五十铃	5255	14989	25303	26116
江淮汽车	9662	14603	18834	16488
河北中兴	23798	19254	21411	13988
丹东黄海	10208	13430	17865	13104
庆铃汽车	15076	13701	12668	11727
北汽福田	23570	19190	19388	11104
上汽大通	—	—	5292	10926
河北长安	—	5581	9775	10030
其他	32273	25948	26527	18781
合计	312444	316296	370988	337653

整个皮卡行业呈现以下特点：

1）汽油皮卡销量上升明显。随着国VI排放的实施，深圳、西安等地出现禁柴的趋势，而且柴油皮卡升级后成本上升较快，导致用户对汽油皮卡的需求增加。

2）皮卡需求向四驱车倾斜。四驱皮卡销量快速上涨，高端用户对四驱皮卡的需求远高于中低端皮卡，且这个趋势保持快速增长。

3）皮卡智能化、互联化趋势明显。皮卡市场主要参与者如长城、江淮、大通都已经推出了配装车联网的产品，大通 T60 搭载的斑马智行系统，江铃域虎搭载的钛马和科大讯飞的语音识别系统，江淮 Carlife 车机互联、远程诊断、远程控制、远程升级等功能齐全。

2016～2018 年，皮卡前五强市场集中度分别为 69.3%、69.6%、73.45%，长

城、江铃股份、郑州日产、江西五十铃、江淮汽车纷纷发力，不断推出新产品挤压原有中兴、黄海、福田等传统老牌三线企业，依靠强大的研发实力和精细化成本管理水平，销量增速快于行业平均水平，尤其是江西五十铃，对市场贡献度较高。长城皮卡连续多年都获得市场第一，江铃股份紧随其后，市场份额稳步上升。长城作为皮卡领导者，与江铃股份、郑州日产、江西五十铃组成第二阵营奋力拼杀，越战越勇。

从市场集中度来看，长城市场份额由 2017 年的 30.3%上升到 2018 年 1～11 月份的 32.1%，市场份额上升 1.8%（见图 2）；而江铃股份、郑州日产、江西五十铃、江淮汽车组成的第二阵营，也在不断推出新产品来应对，市场集中度上升 2%，其中江铃股份加上郑州日产与长城份额的差距正在加大，而江西五十铃加上江淮汽车的份额与长城相差较大，但增速高于前三名，与江铃股份和郑州日产的差距在逐步缩小，正在挑战江铃股份和郑州日产在第二集团的主导地位。

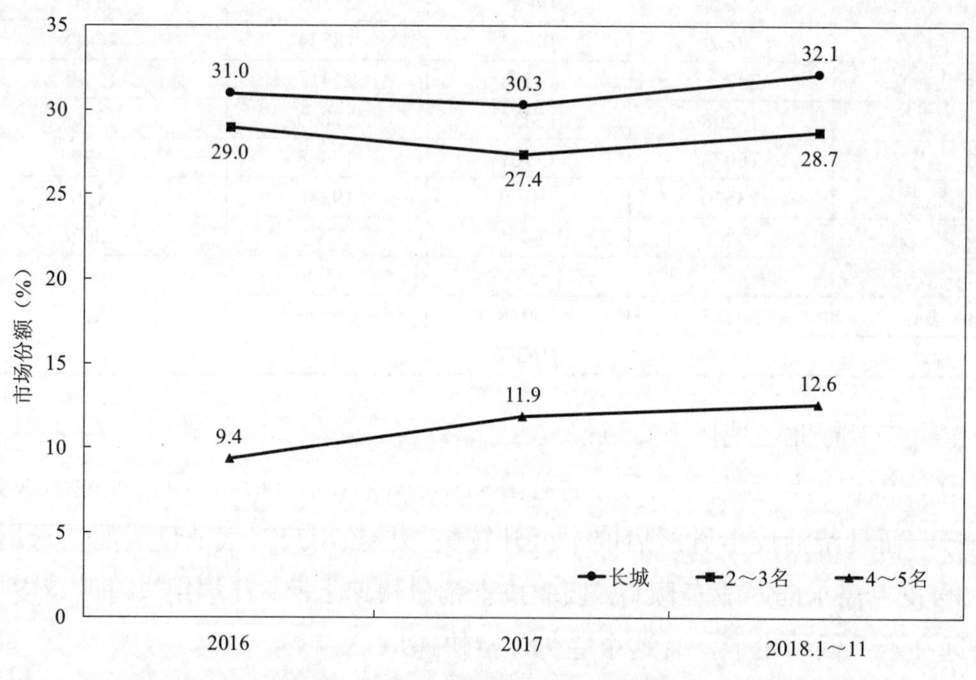

图 2 皮卡市场集中度前五名分析

（注：数据来源于上牌数据和保险数）

3．主流皮卡市场分析

（1）长城皮卡　2018 年 1～11 月份，长城皮卡终端上险销量 108507 辆，同比增长 6.7%，月度仅 6 月和 7 月略低于上年同期（见图 3）；从上牌车型分布来看：具有超高性价比的风骏 5 欧洲版 2018 年 1～11 月份累计销量为 75161 辆（见图 4），而低端产品风骏 5 在 2017 年借用风骏 5 欧洲版外观并降价，但市场反应并不热烈，未能达成延长产品生命周期的战略目标，在风骏 7 上市后将面临退市的局面；风骏 7 于 2018 年 11 月上市遭市场“疯抢”，市场销量值得期待。长城皮卡在风骏 7 的加持下，月均销量突破万辆，将继续蝉联皮卡销量冠军。

在车型分布上，长城两驱车占比由 2016 年的 74.5%下降到 2018 年的 61.7%，柴油车占比由 2016 年的 70.1%上升到 71.9%，柴油车上升 1.8 个百分点。

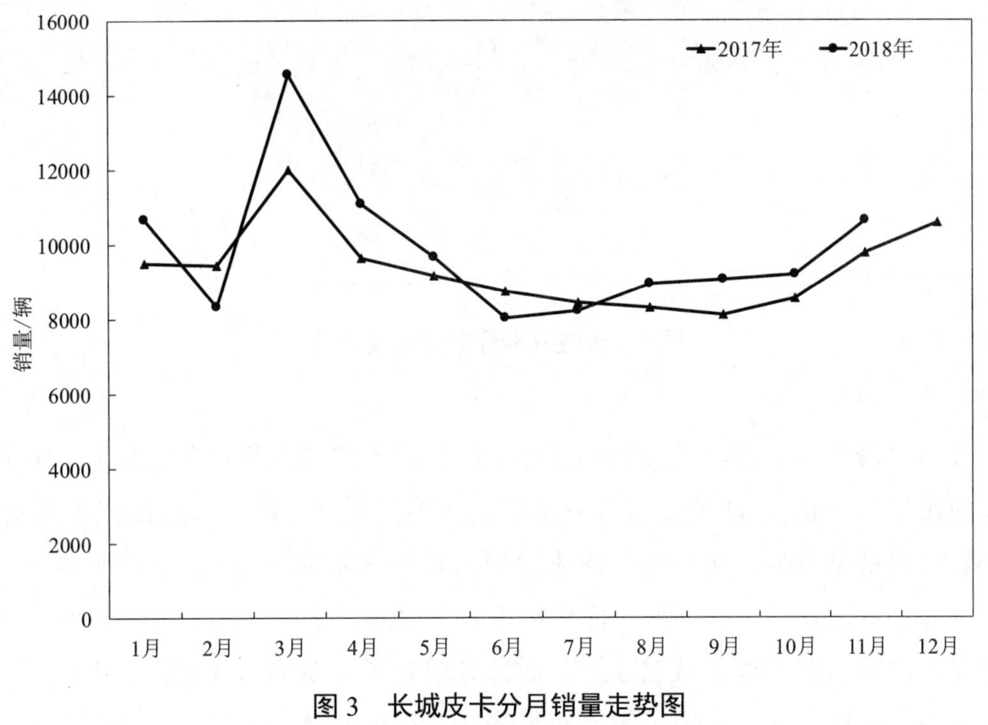

图 3　长城皮卡分月销量走势图

在产品投放和营销上：2018 年长城皮卡积极主动提升客户体验，提升产品竞争力，并加大新产品投放力度。2018 年 2～3 月份，长城皮卡开展“庆 20 年销量第一”的活动，开展 2000 元大礼包促销活动；4～5 月份，开展“王牌实力 谁与争锋”的长城皮卡驾控体验营活动。10 月份，新产品风骏 7 车型即将发布，对老产品库存开展购车 3000 抵 6000 的活动，同时，为提升长城风骏 5 的竞争力，借用风骏 5 欧洲版内外饰并优化升级 8 项内饰，11 月份，长城风骏 7 上市，长城皮卡提出“5＋N”款产品战略，并将在重庆建立皮卡工厂（2019 年年底正式投产），以产品、生产、服务、渠道、营销及海外的“六星战略”，打造更好的购车用车服务，提升竞争力。

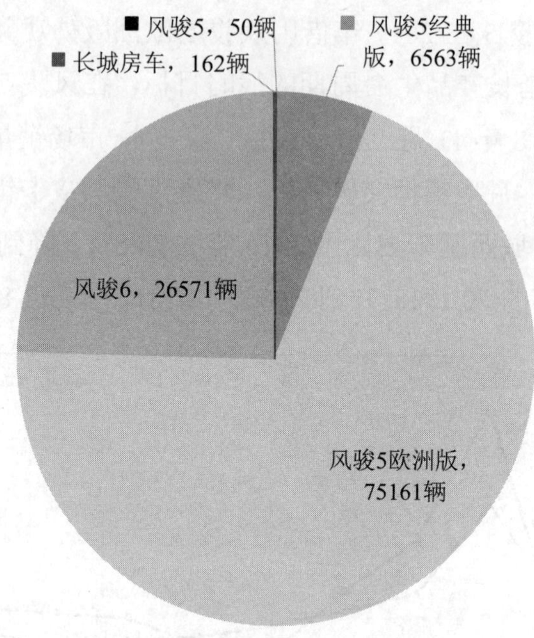

图 4 长城皮卡分车型销量分布

（2）江铃皮卡 2018 年 1～11 月份，江铃皮卡终端上牌保险销量 61850 辆，累计同比增长 5.0%，江铃皮卡分月销量走势图见图 5。产品升级换代意图明显，原有老宝典销量萎缩，而域虎 5 快速增长以确保整体份额的稳定，中低端皮卡宝典销售 23966 辆，下滑 38.3%，而域虎 5 销售 30612 辆，同比增长 24.4%，成为江铃股份最畅销的车型；域虎 3 上市后部分填补了宝典的市场份额，但没有达到市场预期，江铃皮卡分车型销量分布见图 6。在车型分布上，江铃两驱车占比由 2016 年的 65.2%下降到 2018 年的 50%，柴油车占比由 2016 年的 89.3%上升到 91.4%，柴油车所占比例上升了 2.1 个百分点。

2018 年江铃老款市场促销力度较大。2～3 月份，购买江铃宝典可享受 2000 元抵 5000 元超值现金优惠；5 月份，江铃宝典全系官降 4000 元，涵盖 1.8T 汽油、2.9T 柴油、2.4L 汽油三款动力车型，购买江铃域虎即可享受 3000 元抵 7000 元现金让利。在产品投放上，9 月份，江铃域虎 3 上市，汽油版域虎 3 的起售价格为 8.68 万元，柴油版车型的起售价格为 8.98 万元，与域虎 5、域虎 7 一同组成了全新的域虎家族；10 月份，域虎 T500EV 上市，包括 1 字头和 6 字头两款皮卡，满足了广州和深圳等地提前实施国VIb 的排放要求。

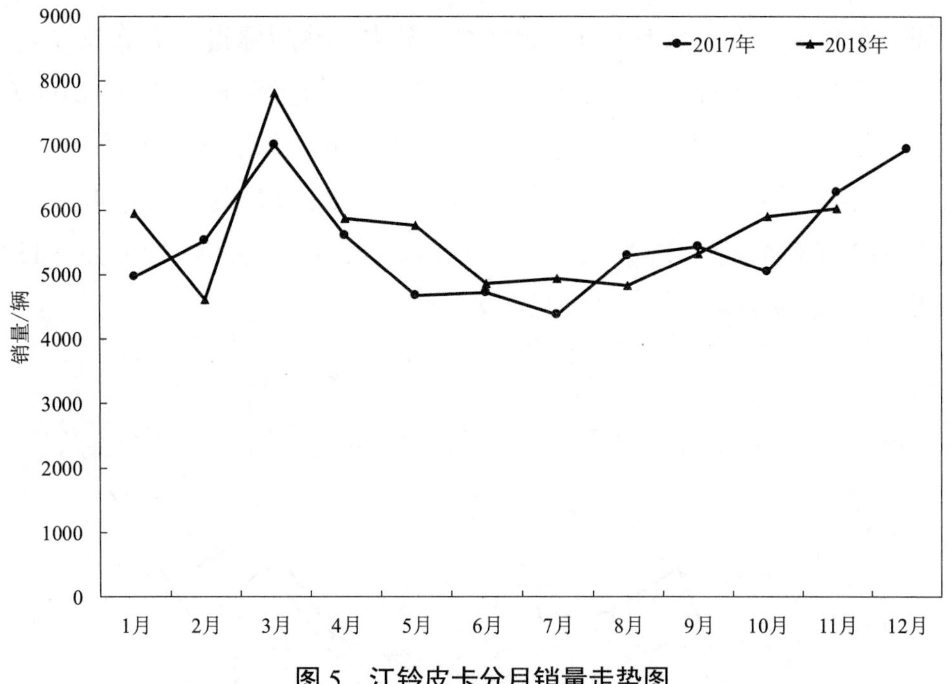

图 5　江铃皮卡分月销量走势图

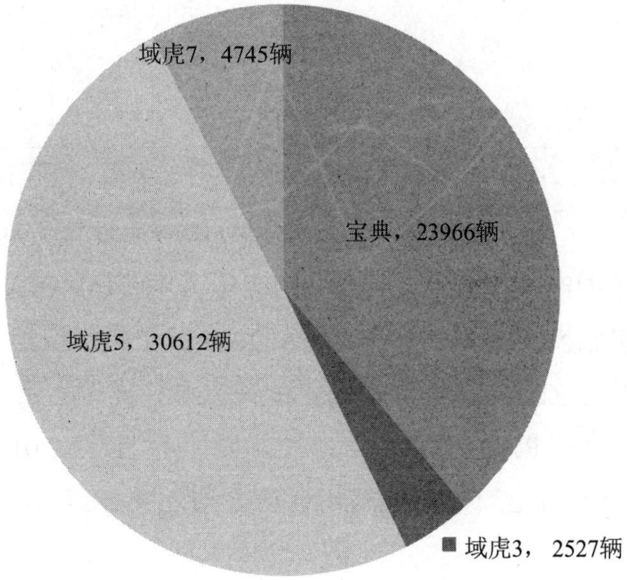

域虎7，4745辆
宝典，23966辆
域虎5，30612辆
域虎3，2527辆

图 6　江铃皮卡分车型销量分布

（3）郑州日产皮卡　2018 年 1～11 月份，郑州日产皮卡销量为 35032 辆，比 2017 年同期销量增长 14.6%，位列皮卡行业第三名。从月度销量看，郑州日产月销量普遍高于上年同期（见图 7），这得益于新产品上市。2018 年 3 月份，郑州日产锐骐 2018 款上市，全系共 16 款车型，其中汽油版标箱售价 8.58 万～10.98 万元，长货箱版售价 8.68 万～11.08 万元；柴油版标箱售价 8.98 万～12.08 万元，长货箱版售价 9.08 万～12.18 万元。2018 年 10 月份，锐骐 6 荣耀上市，首创高品质皮卡标准。锐骐 6 全系首发 12 款车型，其中汽油 MT 版售价 8.48 万～12.58 万元，柴油 MT 版售价 9.48 万～13.18 万元，柴油 AT 版售价 11.98 万～13.98 万元。郑州日产皮卡分车型占比分布见图 8。

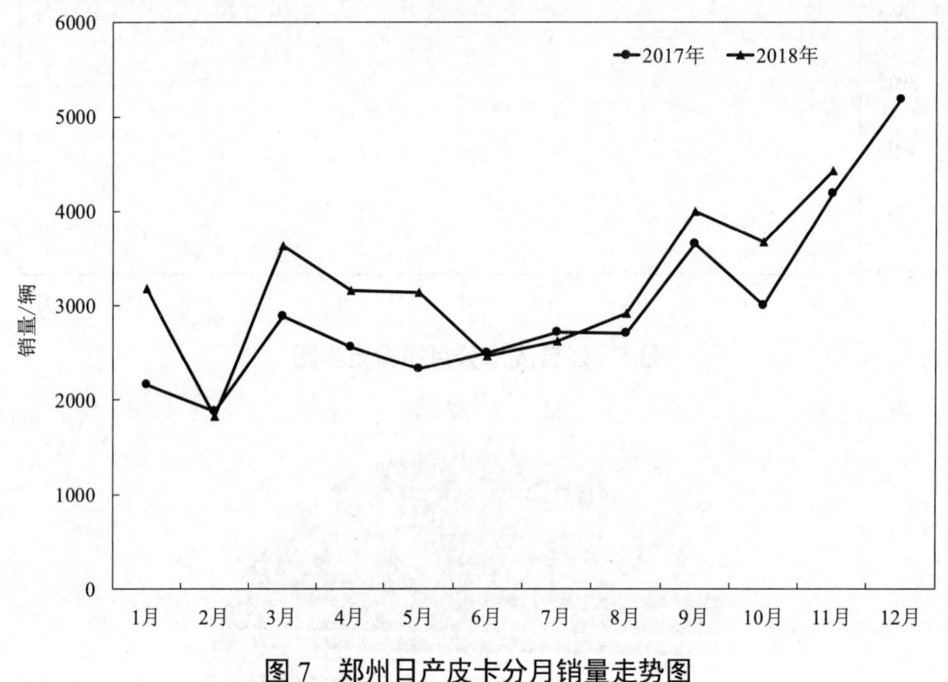

图 7 郑州日产皮卡分月销量走势图

在未来的车型产品规划方面，继 2017 年 6 月 NAVARA 上市后，2018 年 3 月，采用老锐骐底盘（窄体车身）的锐骐 2018 款上市，价格为 8.58 万～12.18 万元；7 月份，采用 ZD25T5 柴油发动机的锐骐单排皮卡上市（2.15m 单排货箱）；10 月份，采用 NAVARA 底盘的中高端皮卡锐骐 6 上市；2018 年年底，郑州日产的新款电动皮卡即将上市。未来郑州日产公司还将继续加大新能源和新技术的导入。

营销方面，郑州日产将继续深化赛事营销，通过参加系列赛事向广大客户展示车型强大的产品实力，优化客户体验。2018 年 6 月，郑州日产参加环塔（国际）拉力赛，在 8 个赛段中荣获 4 个金头盔奖；9 月份，郑州日产纳瓦拉车队斩获 2018 丝绸之路国际汽车拉力赛（中国站）T2.1 量产组厂商队冠军，车手何-乌日图那生/王恩车组还摘得 T2 量产组车手冠军；郑州日产的锐骐皮卡车队勇夺 2018 中国汽车场地越野锦标赛 COC 量产组厂商杯冠军。此外，服务营销的宣传也是郑州日产的亮点。2018 年 7 月，为持续提升服务网点的客户接待及维修技术能力，郑州日产举办第六届服务精英大赛；11 月份，为了保障车主在冬季温暖出行，郑州日产推出“暖心呵护，安心出行”冬季服务月活动。

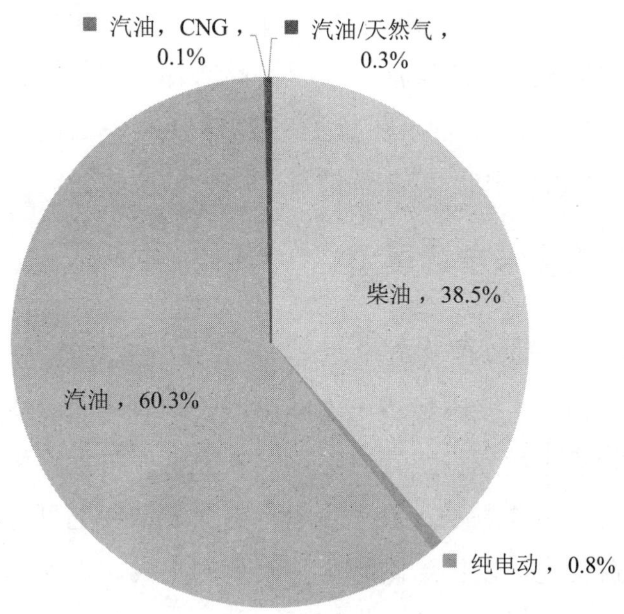

图 8 郑州日产皮卡分车型占比分布

（4）江西五十铃皮卡 2018 年 1～11 月份江西五十铃皮卡销量为 26116 辆，累计同比增长 15.7%。从车型终端上牌数量分析，江西五十铃两驱车占比由 2016 年的 56.2%下降到 2018 年的 44.1%，高端车型四驱化趋势明显，而汽油车占比由 2016 年的 0%上升到 7.2%，汽油车的销量在缓慢增长。

2018 年，江西五十铃公司精耕细作，针对不同目标细分市场来布局产品线。4 月份，针对 D-MAX 和瑞迈未能覆盖的 11 万～14 万元市场，推出合资品牌的入门级皮卡——铃拓，涵盖标准/加长车、两驱/四驱、基本/豪华型，提供 7 种车身颜色，售价 11.68 万～14.68 万元，未来还将拓展出 AT 车型；7 月份，推出 D-MAX 单排皮卡，目标市场是改装车/旅居车市场，官方指导价格为 19.48 万元；同时为满足日益增长的越野爱好者和户外运动人群的需要，结合泰国五十铃的成功经验，推出 D-MAX X-POWER 特装版皮卡，官方指导价格为 19.88 万～21.98 万元，弥补了江西五十铃单排皮卡和特装车的空白，形成了涵盖双排、单排、特装版的强大车型矩阵。8 月份，铃拓长货箱车型正式上市，铃拓长货箱车型售价

11.88 万～14.88 万元；9 月份，针对 8 万～10 万元的工具车市场，精心优选经典的五十铃 4JB1 发动机，推出高品质的经典瑞迈皮卡，涵盖标轴版和加长版，售价为 8.48 万～10.68 万元，成为国内多功能皮卡的风向标。

此外，赛事营销也是江西五十铃营销的主旋律。2018 年 5 月份，参加泥石流越野赛，摘得 T2.2 柴油量产组冠军；6 月份，参加 2018 中国环塔（国际）拉力赛，D-MAX 皮卡摘获 T2.2 柴油量产组厂商队杯，并包揽相应组别的前三甲，实现赛事三连冠；9 月份，江西五十铃参加 2018 年丝绸之路国际汽车拉力赛暨中国越野拉力赛，D-MAX 荣获 T2.2 柴油量产组厂商队冠军。

二、2019 年皮卡市场展望

1．宏观经济和细分市场走势

十九大报告指出：我国经济已由高速增长阶段转向高质量发展阶段。准确地说由经济下行阶段过渡到稳定提质阶段，未来工作重点将集中到提高经济发展质量上来，主要强调更高质量、更有效率、更加公平和更可持续的发展，必须坚持质量第一、效益优先，以供给侧结构性改革为主线，推动经济发展质量变革、效率变革、动力变革，提高全要素生产率。

2019 年，全球经济增长趋缓，内外需形势均不明朗，我国经济在内部去杠杆和外部风险的双重影响下，大概率面临出口萎缩、顺差缩小、外汇收支收紧、部分出口企业转移、局部地区失业增加等严峻形势；2019 年经济增速会小幅回落，增速为 6.2%～6.4%。宏观政策方面，仍然会延续积极有效的财政政策和稳健中性的货币政策。2019 年经济运行最大的不确定，集中在外需负面冲击，以及国内微观主体的活力和信心。加强政策储备稳内需，深化改革开放提振信心，显得至关重要。预计 2019 年“去杠杆”和 “稳增长”的天平会向“稳增长”倾斜，“扩内需”政策将会落实。

汽车行业增长与经济增速存在正相关性，预计 2019 年汽车行业下降 2.5%，其中乘用车下降 0.8%，微型客车下降 28.1%，商用车下降 5.9%，轻型载货车下降 3%。皮卡作为轻型货车的一个细分市场，在汽车下乡和逐步放开进城的宽松政策下，皮卡市场的发展速度将保持稳定，增速大概在－1%～1%，也就是说 2019 年皮卡终端市场可能零增长。

2．产品趋势

在产品方面，皮卡消费者的偏好从圆润流线、中庸造型向更威猛、豪华、智能互联化发展，皮卡产品竞争采用降维打击，在同价位情况下提供更宽大的车身和更豪华的配置，并逐步向智能互联升级。

（1）车辆设计 SUV 化　与 SUV 共平台设计的皮卡纷纷涌现，其造型流行趋势结合北美、欧洲和日本的外形设计，个性硬朗、时尚、大气、彪悍，如江铃域虎与 SUV 驭胜共用 N350 平台，福田 U201 也是基于拓路者皮卡平台打造，SUV 车的内饰和电子化配置在皮卡大行其道，如自动档变速器、液晶自动空调、一键启动、可选装具备导航、倒车影像、USB 的液晶屏幕等在高档皮卡中作为标配出现。

（2）车身加长化　2018 年新上市的皮卡中，新车身的皮卡（车长超过 5.3m，车宽超过 1.84m）占比超过 90%，其中锐骐 6 的外部尺寸达到 5290mm×1850mm×1810mm，域虎 3 的外部尺寸达到 5410mm×1905mm×1795mm，东风 P11 的外部尺寸达到 5219mm×1870mm×1844mm，未来长安模仿 PSA 皮卡上市后的外部尺寸将达到 5330mm×1925mm×1880mm（轴距 3180mm），车身尺寸有明显加大加宽的趋势。

（3）智能互联化　皮卡智能互联化倾向越来越明显，上汽大通 T60 全新搭载的 YunOS 互联网智能系统拥有在线互联、远程遥控、语音识别等多项功能；长城推出新一代互联网皮卡风骏 7，提供实时路况、在线导航、增量更新功能，语音助理功能更新，提供云、本地端识别、语音控制汽车生活服务、查询天气、查询违章记录、听在线新闻等功能。此外，江铃、江淮等主流皮卡厂家纷纷涉足皮卡车联网，智能互联成为皮卡配置的风向标。

3．市场趋势

2019 年，宏观经济受到内外部影响将有所回落，但在皮卡解禁、取消双证（营运证、通行证）和 GB 7258 等利好政策影响下，2019 年皮卡国内市场规模将保持稳定；皮卡出口受到各国贸易保护日趋严重，整车出口市场会下降，而在出口所在国的 KD 件本地组装出口会呈现上升。皮卡企业将逐步洗牌，新进入企业如江西五十铃、江淮汽车将冲击第二阵营的市场地位，大型汽车企业依赖产品竞争力和强大的开发能力，市场格局将发生较大变化。

（作者：邓振斌）

2018年豪华车市场分析及2019年展望

过去的 2018 年将注定成为我国汽车历史上值得关注的一年。进口车关税降低、整车合资企业股比放开、中美贸易摩擦，以及乘用车市场首次出现负增长（很大可能性）等事件，都将在未来几年产生一系列深远影响。

回首2018年，宏观经济增速下行，中美贸易战影响继续发酵，加之金融去杠杆监管加强后，政策组合从“紧货币＋紧信用”转向“宽货币＋紧信用”，引发流动性退潮、股市跌跌不休、P2P 爆雷，诸多因素叠加对消费者潜在消费能力造成了重创，2019年上半年的形势可能更趋恶劣。

下面将进行简略分析，回顾2018年豪华车市场形势的预期并就2019年前景作出展望。文中豪华品牌的定义参照IHS 分类中的核心豪华品牌，所使用的市场数据来自全国乘用车市场信息联席会和各品牌之间的交换数据。

一、宏观市场变动及其对豪华车市场的影响

1．关税下降

在2006年7月锁定25%的进口整车关税以前，我国共9次调整汽车进口关税。此后十多年来一直维持25%的关税不变。直到2018年5月，经过多轮吹风，国务院关税税则委员会发布公告，称将汽车整车及零部件进口关税降至 15%，7月份开始生效。此后，各豪华品牌在5月底前基本都发布了官降通知。

2．合资企业股比放开

2017年6月，国务院办公厅取消“新建纯电动乘用车生产企业生产的产品须使用自有品牌”规定。2017年11月，外交部宣布我国将于2018年6月前在自由贸易试验区范围内开展放开专用车和新能源汽车外资股比限制试点工作。2018年4月17日，国家发展和改革委员会网站发布消息称，汽车行业将分类型实行过渡期开放，2018年取消专用车、新能源汽车外资股比限制；2020年取消商用车外资股比限制；2022年取消乘用车外资股比限制，同时取消合资企业不超过两家的限制。通过5年过渡期，汽车行业将全部取消限制。该政策带来的直接结果是：2018

年 7 月，特斯拉在上海临港的独资建厂规划获批；7 月份第五次中德政府磋商会议上，宝马与华晨签署了框架协议；10 月份，宝马官方宣布，在 2022 年政策允许时，以 36 亿欧元的价格收购华晨宝马合资公司 25%的股份，宝马公司在华晨宝马合资公司的持股比例将由此前的 50%增持至 75%，华晨宝马合资公司也将成为我国在取消合资股比之后，首个外资大于国资的汽车企业。而宝马也将继续投资扩大产能，引入 X5 进行本土化生产，继而将华晨宝马作为宝马的全球生产基地，投产纯电动 SUV 宝马 iX3，并由我国的工厂出口到全球市场。

3．中美贸易战

中美贸易战对竞争格局产生了显著影响。

2018 年 3 月 23 日，美国正式对中国进口钢铁和铝产品加征关税，波及产品价值高达 600 亿美元，中方等价回应，双方不断升级，在 7 月 6 日正式相互实施了对 340 亿美元货物加征关税的决定。作为应对，我国宣布对产自美国的整车加征 25%的特别关税，使其达到 40%，致使美产车的进口量出现下滑（见图 1）。

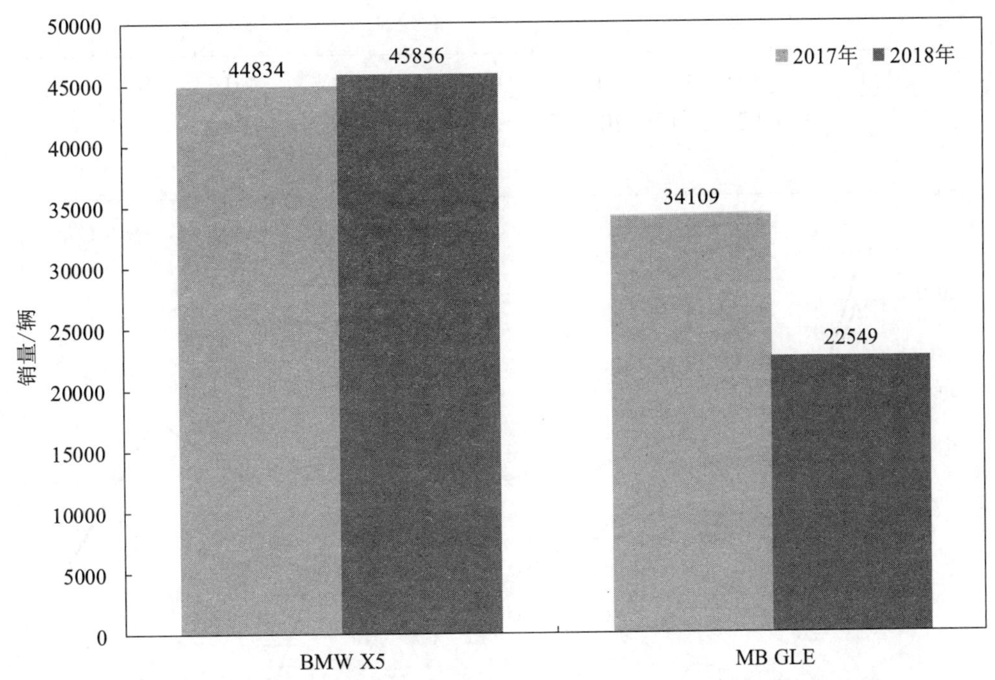

图 1　主要美国进口车型 2017～2018 年 1～10 月份累计销量

（注：资料来源于全国乘用车市场信息联席会，下同）

2018 年 BMW X5 由于在 7 月 6 日关税加征前，加大了进口通关数量，使得

1～10 月份总体销量略优于上年同期（见图 2）。MB GLE 则销量下滑明显（见图 3），特别是关税加征以后的 8～10 月份，GLE 月销量不足 500 辆。而特斯拉年内四次调价，也更能反映税率变动造成的影响（见表 1）。

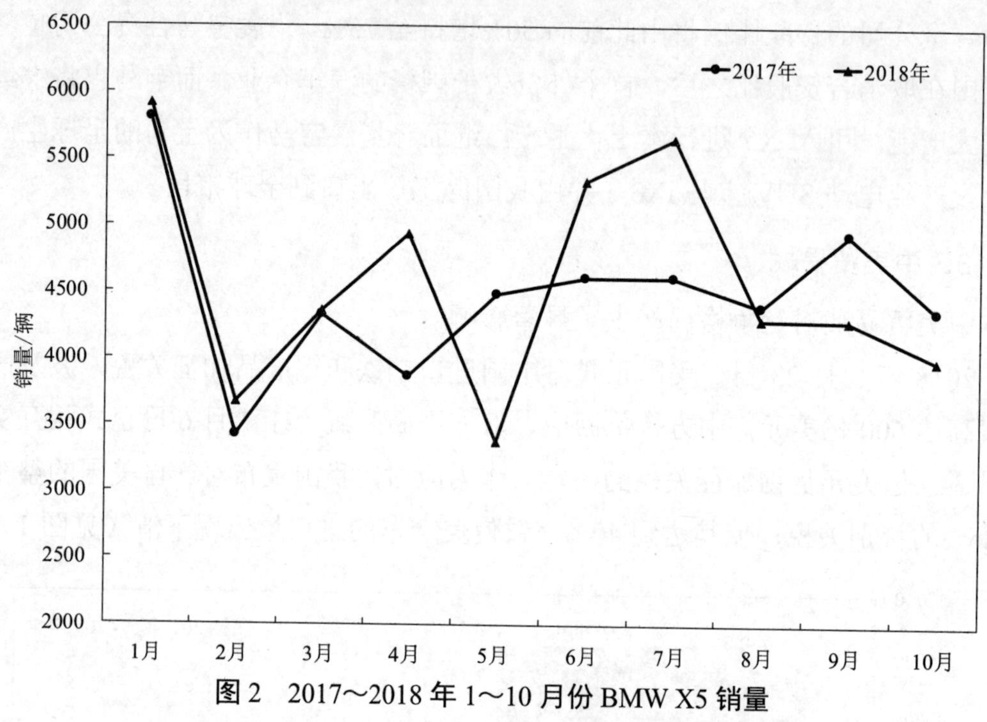

图 2　2017～2018 年 1～10 月份 BMW X5 销量

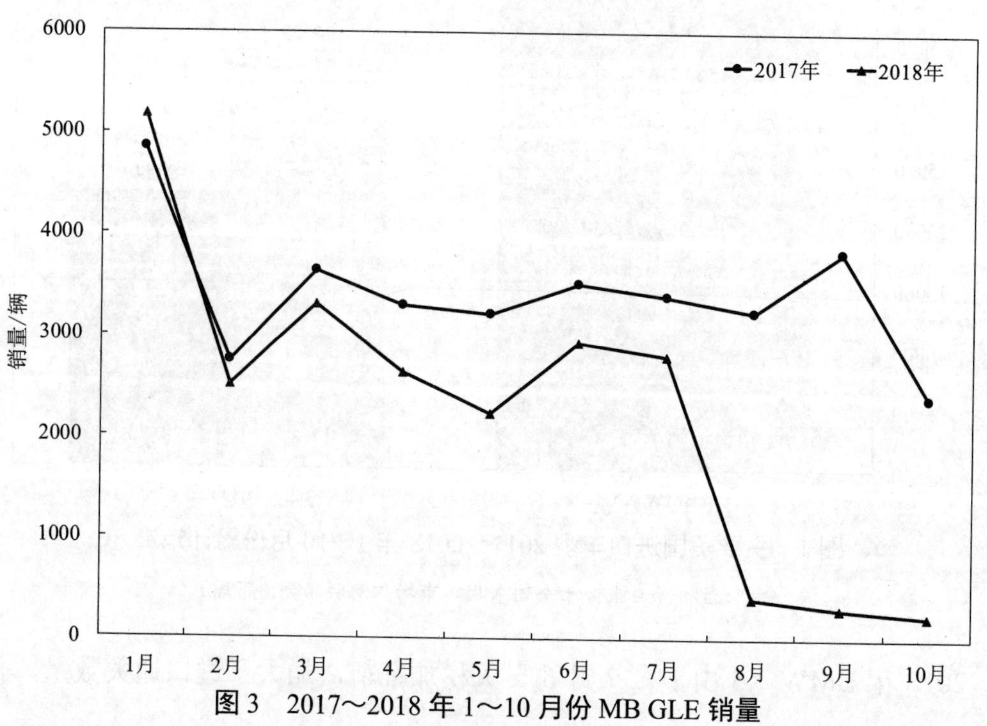

图 3　2017～2018 年 1～10 月份 MB GLE 销量

表 1　2018 年特斯拉年内调价情况

（单位：万元）

车　　型	原售价	第一次下调	第一次涨价	8 月中旬再涨价	最新售价
MODEL S 75D	75.89	71.06	84.99	88.76	78.29
MODEL S 100D	93.06	87.16	104.17	106.32	95.46
MODEL S P100D	131.70	123.26	147.32	147.32	109.10
MODEL X 75D	82.81	77.56	92.72	97.57	86.18
MODEL X 100D	98.88	92.56	110.67	113.90	95.25
MODEL X P100D	140.56	131.56	157.22	157.22	118.93

2018 年 5 月份特斯拉因关税下降在国内第一次下调价格，7～8 月份为应对 25%额外关税上涨和汇率变化两次上调价格，而我们推测其最新调价的原因是应对在华销量下降，以及预期到美国对贸易受损企业将有补贴。

二、豪华车市场概况

2018 年整体乘用车市场 1～10 月份销量比上年同期下降 2%左右，这将是我国汽车市场经过 20 年高速发展后的首个负增长（见图 4）。

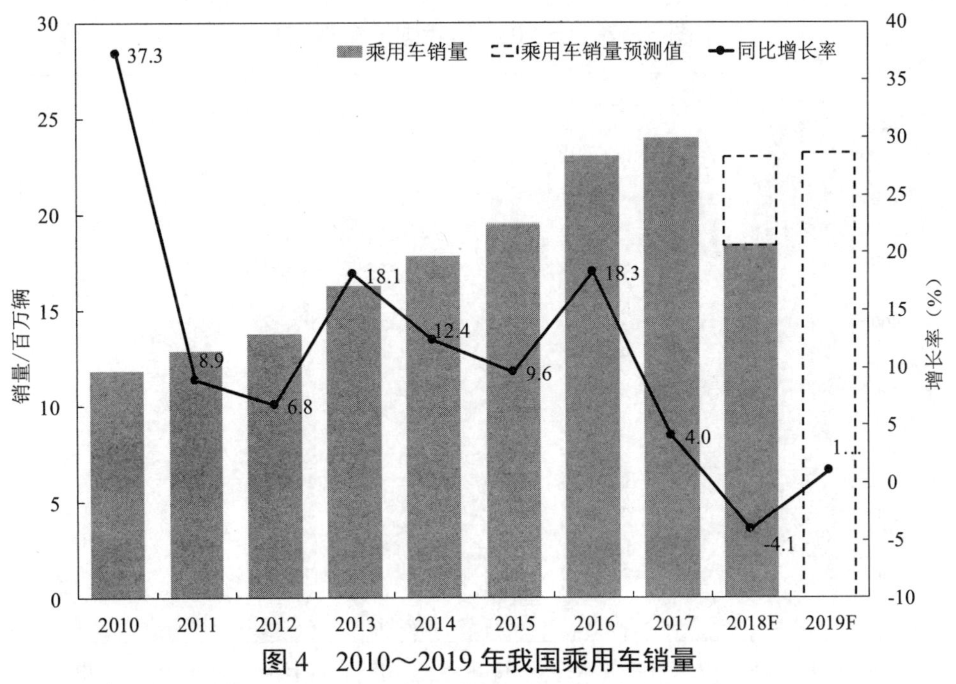

图 4　2010～2019 年我国乘用车销量

受经济大环境影响，汽车市场整体需求量降低；经销商集客量下降，到店人数减少；部分消费者观望国VI车型，等待国V车降价；考虑到 2018 年经销商库存压力较大，来自于厂家的压库能力下降，且不像 2016 年和 2017 年有购置税减半到期的政策利好扶持，2018 年乘用车市场以负增长收尾将是个大概率事件。

考虑到我国经济的内在增长韧性以及我国千人保有量远低于其他工业国家，汽车市场中长期发展还是有增长潜力可以期待的（见图 5 和图 6）。

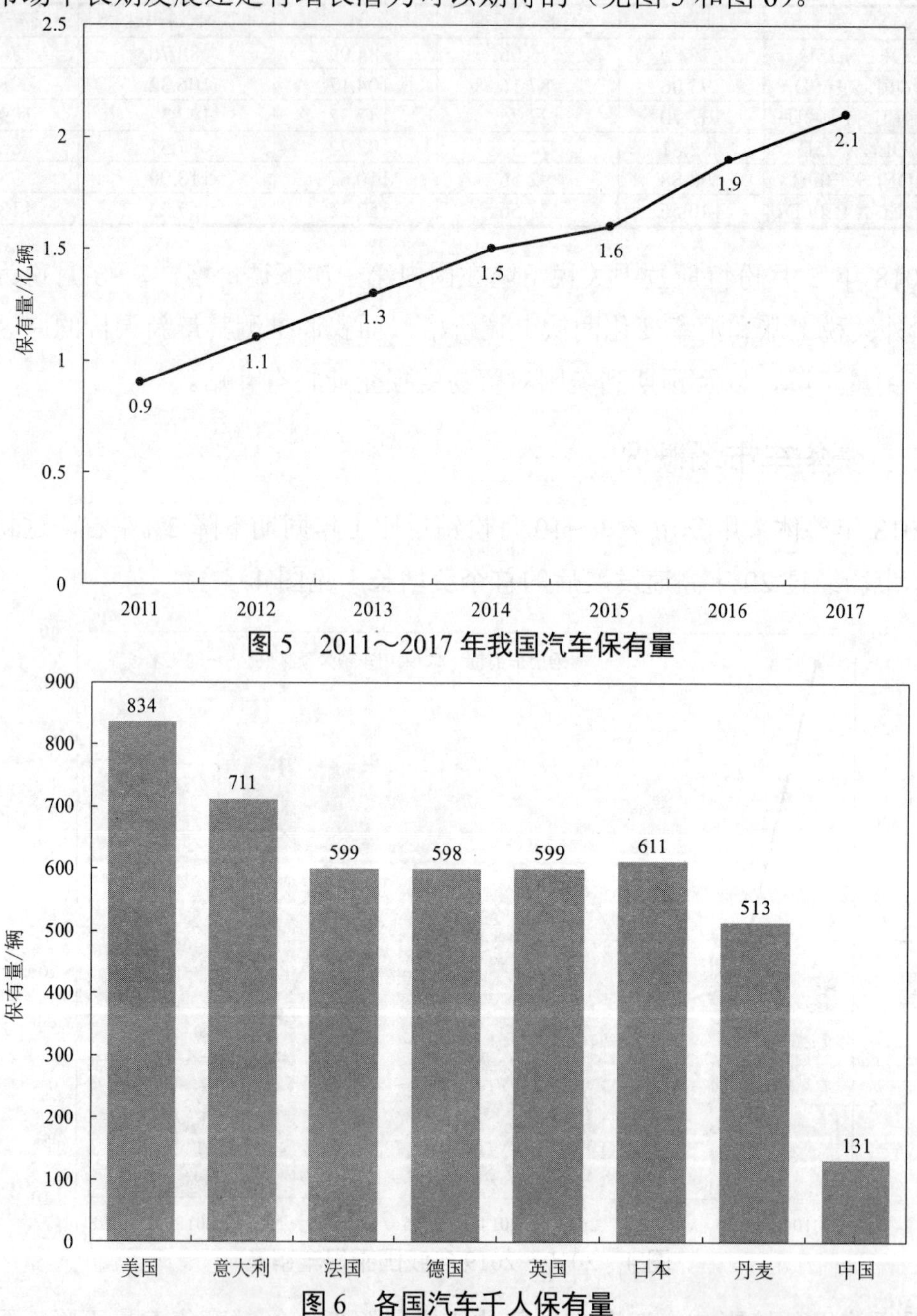

图 5 2011～2017 年我国汽车保有量

图 6 各国汽车千人保有量

从占整体乘用车份额而言，豪华品牌持续走高，近豪华品牌保持原有份额，本土品牌略降，2018 年 1～10 月份最大下降来自于一般合资品牌类别，同比下降 6%，各品牌类别近五年市场份额见图 7。

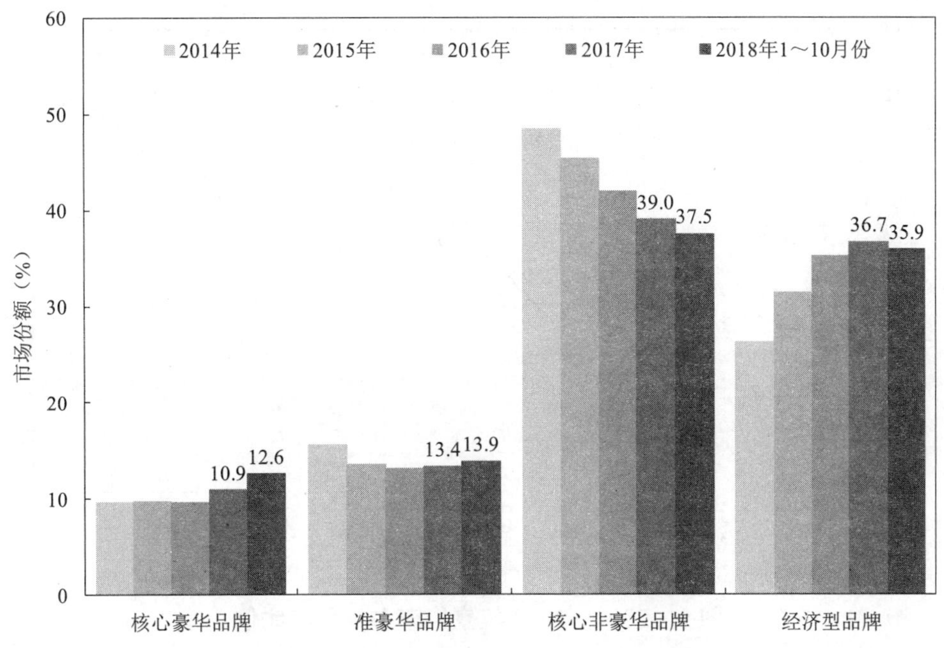

图 7　各品牌类别近五年市场份额

（注：资料来源于全国乘用车市场信息联席会，下同）

就豪华车市场而言，2018 年维持了将近 10%的增长速度（见图 8）。2018 年 1～10 月份，雷克萨斯更是取得了 22%的增长率。考虑到豪华车在乘用车中占比扩大的趋势，2019 年豪华车将继续维持增长（见图 9）。

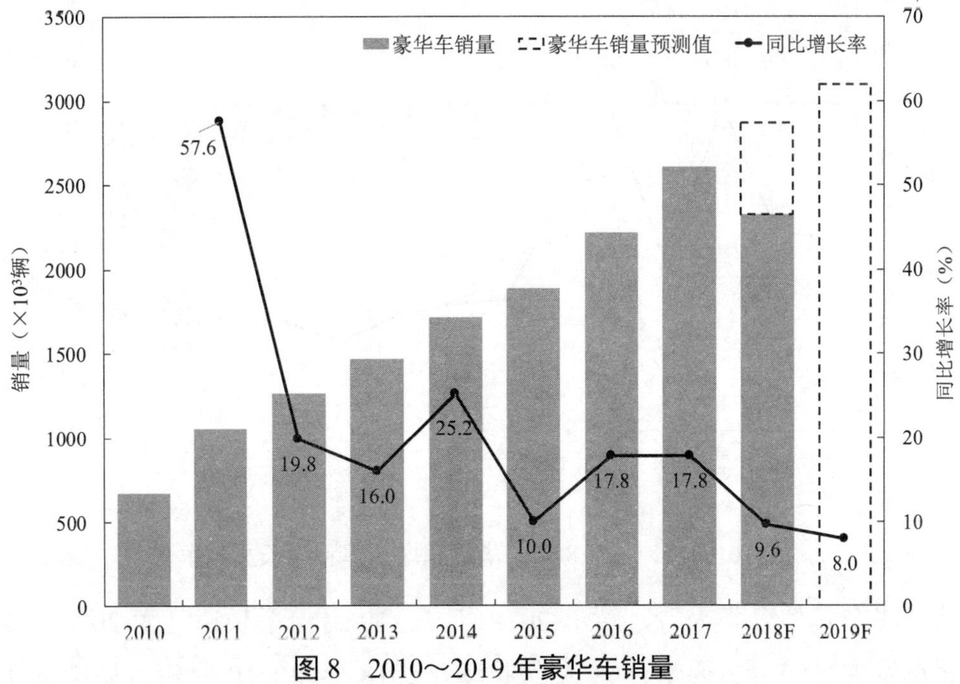

图 8　2010～2019 年豪华车销量

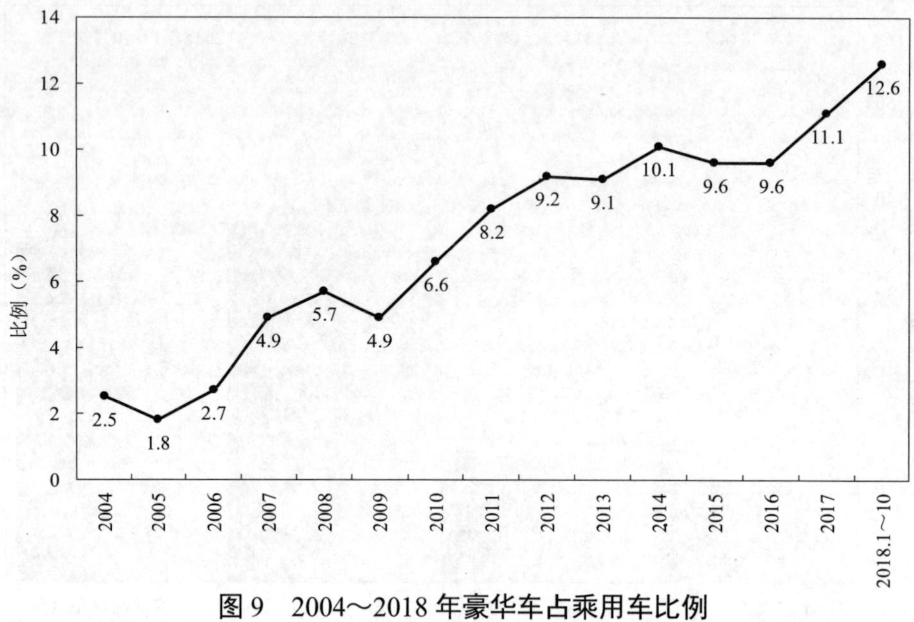

图 9 2004～2018 年豪华车占乘用车比例

在具体豪华品牌中，雷克萨斯和凯迪拉克的增长率最高（见图 10）。奥迪和奔驰由于其基数大以及高增长率，对整体豪华车市场的增长贡献率最大。一半的豪华品牌销量下降，将导致更高的品牌集中度，不同品牌在未来表现和战略选择上的分化和差异将更趋明显。

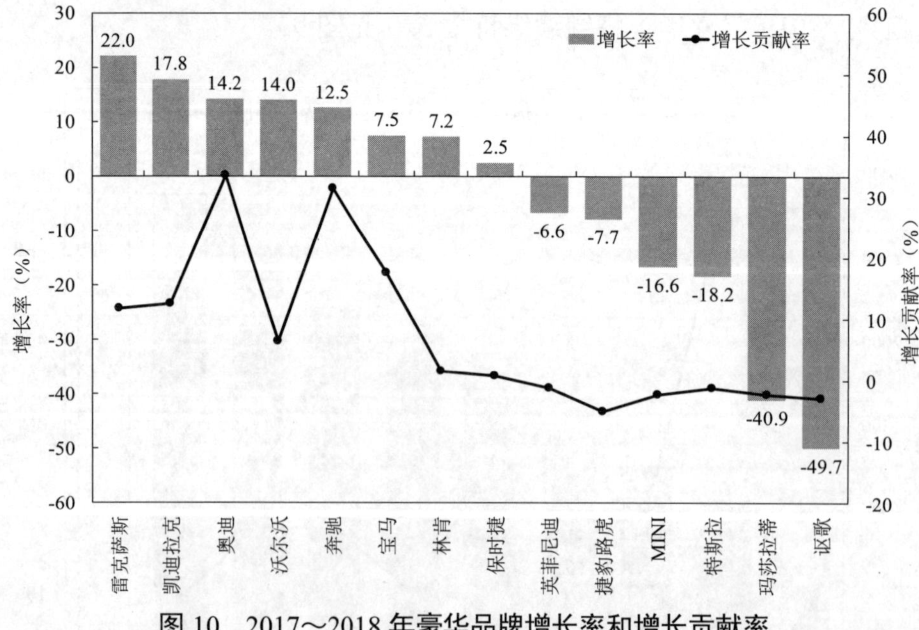

图 10 2017～2018 年豪华品牌增长率和增长贡献率

从豪华车具体分类来看，轿车 2018 年 1～10 月份增长速度为 20%，其中入门级轿车发展最快，主要是奔驰 A 级拉动，2018 年 8～10 月份月均销量 12000

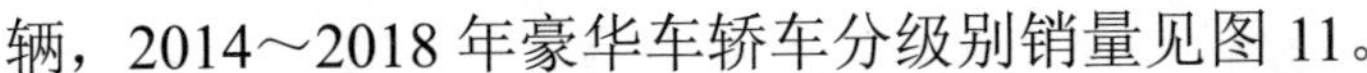
辆，2014～2018 年豪华车轿车分级别销量见图 11。

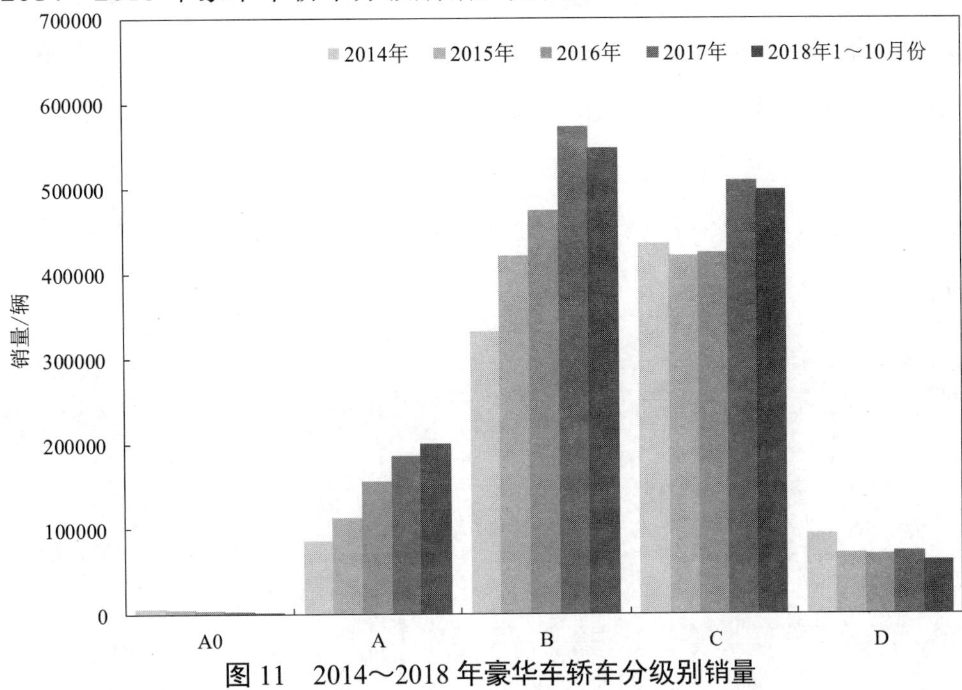

图 11　2014～2018 年豪华车轿车分级别销量

SUV 小幅回落，幅度为 1%。全尺寸 SUV 下降幅度最大，为 9%，该品类中除了林肯 Navigator 和雷克萨斯 LX 外都在下降，其中路虎、玛莎拉蒂降幅最大。2014～2018 年豪华车 SUV 分级别销量见图 12。

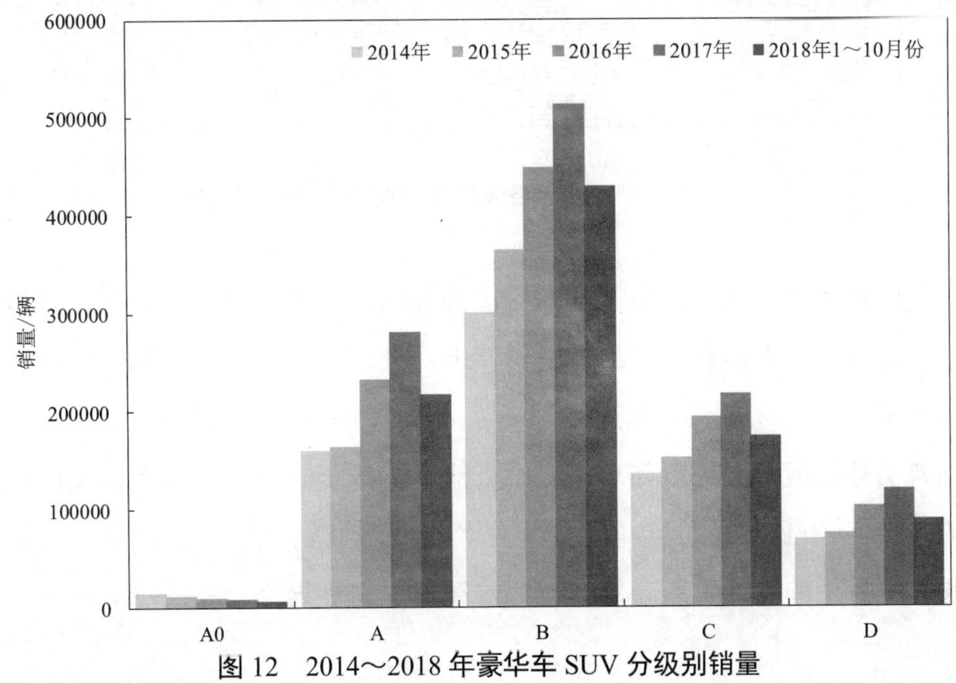

图 12　2014～2018 年豪华车 SUV 分级别销量

国内豪华车市场从市场份额来看，三个阵营的格局基本稳固（见图 13）。奥迪、宝马、奔驰三家组成第一阵营豪华车市场，占有率接近七成，都有不止一款车的销量超过 10 万辆，地位稳固。二线豪华车中，凯迪拉克、雷克萨斯和沃尔沃齐头并进，捷豹路虎 2018 年虽然掉队，但总销量仍将超过 10 万辆。其余品牌中，保时捷 2018 年微增，林肯受到关税影响最大，2019 年若对美取消加征关税，增长可期。

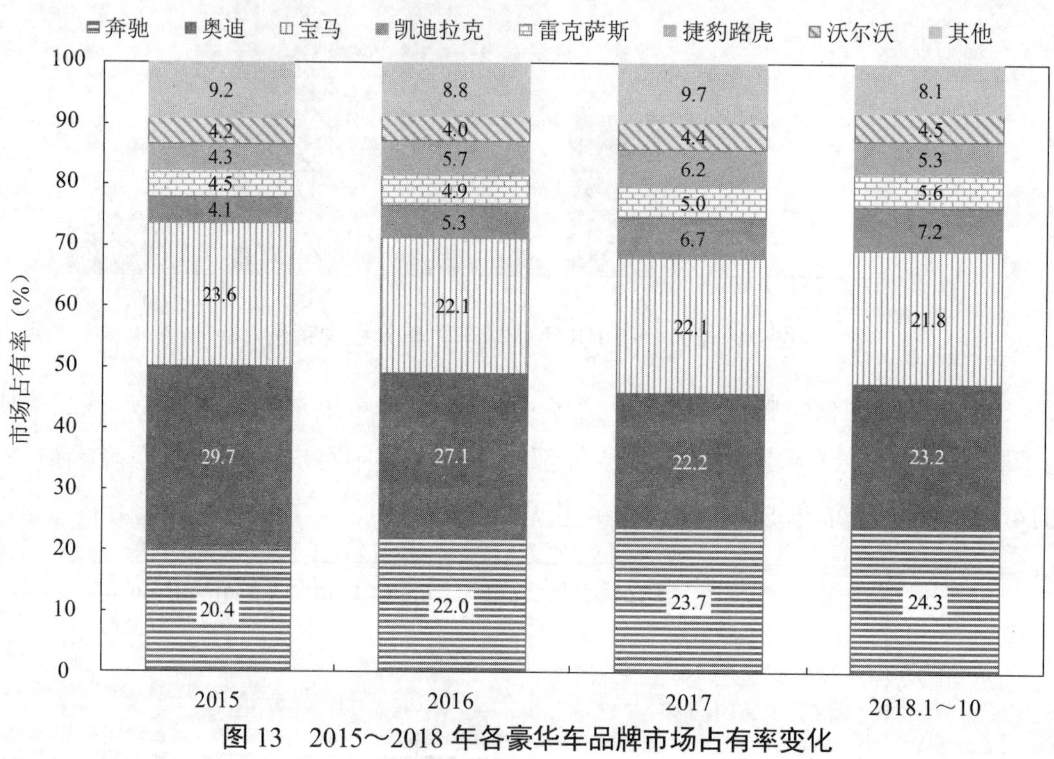

图 13 2015～2018 年各豪华车品牌市场占有率变化

从国产化的趋势来看，由于放开股比的限制，一些原来不会放到我国国产的车型，在外资品牌占多数股权的前提条件下，将有机会国产，如 BMW X5、雷克萨斯（各豪华车品牌国产率变化见图 14）。同时，考虑到“双积分”政策中企业平均燃料消耗限值第五阶段要求，将不可能通过传统的内燃机改进达成，新能源汽车的国产化必将在 2020 年前后掀起大潮，但具体到某一车型的本土化节奏还要取决于主机厂的全球生产布局、财务测算和谈判筹码等。

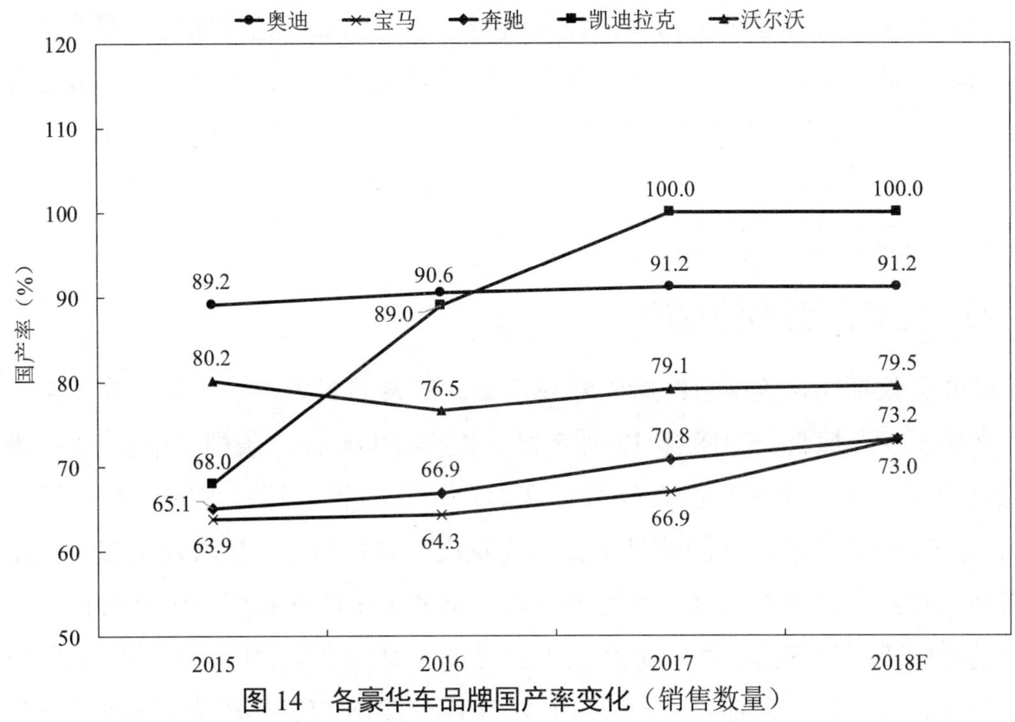

图 14　各豪华车品牌国产率变化（销售数量）

三、2019 年豪华车市场展望

（1）中美之间贸易纠纷的走势将对我国经济增长有重大影响　2017 年，我国经济增长贡献了世界经济增长的 34%，相应地，我国经济放缓也将拖累世界经济增长。虽然净出口仅占我国 GDP 增长的 1.7%，但出口对其他产业的带动效应无法估量。短期看，中美在 G20 达成一致，美国将暂不提升 2500 亿美元商品的进口税率至 25%，前提条件是需要 90 天内就一系列条件达成协议。中美边打边谈，以“升级—接触试探—再升级—再接触试探—双方妥协”结束的可能性较大。中长期随着经贸竞争性的增强，贸易摩擦可能会具有长期性和复杂性，这取决于中美经济、科技、军事实力的此消彼长。

（2）国内汽车市场赖以发展的经济基本面正受到多方因素的挑战　从国内来看，GDP 增长率持续放缓，居民财富缩水，改革进入深水区，社会心态普遍焦虑。2018 年的投资者（股民＆P2P）损失严重，部分影响到中高端汽车市场的增长。城市化进程和房地产波动影响了三线和四线市场的购买力。是否能坚持甚至加大改革开放力度决定了汽车市场长期发展的空间和可能性。

（3）乘用车市场仍有条件保持基本稳定　综合来看，总体乘用车增长率将在 0% 上下小幅波动，豪华车增长率略低于 10%。个别区域，如传统的、市场经济力量较弱的区域可能通过上马大工程等政府力量得到部分销售能力的提升。

（4）品牌分化将进一步加剧　国产品牌提升品牌定位，如 WEY、Lynk&Co、Nio 等，而高端品牌又推出入门级车向下挤压，中档车将承受双向压力。

造车新势力企业（新能源）产品将大规模在 2019 年上市，这也将对定位中等定价的品牌和产品产生冲击。

四、主机厂面临的挑战

G20 会议期间，美国总统特朗普在两国政府发布美中贸易休战的公开声明之后，又抛出一个惊喜。2018 年 12 月 2 日深夜，特朗普在一条推文中说："中国已同意向美国作出一个虽小但具政治意义的让步：它将取消对美国汽车的进口关税"。此前，两国政府公开的信息中都未提及汽车关税问题。我国外交部一位发言人将问题转给了商务部，该部委仍未表态，记者也未能联系到美国官员置评。如果真的降低美产汽车的关税，那么最大的受益方可能会是德国，其美国工厂向我国出口量超过福特（含林肯）和特斯拉。2014～2018 年豪华车进口量见图 15。

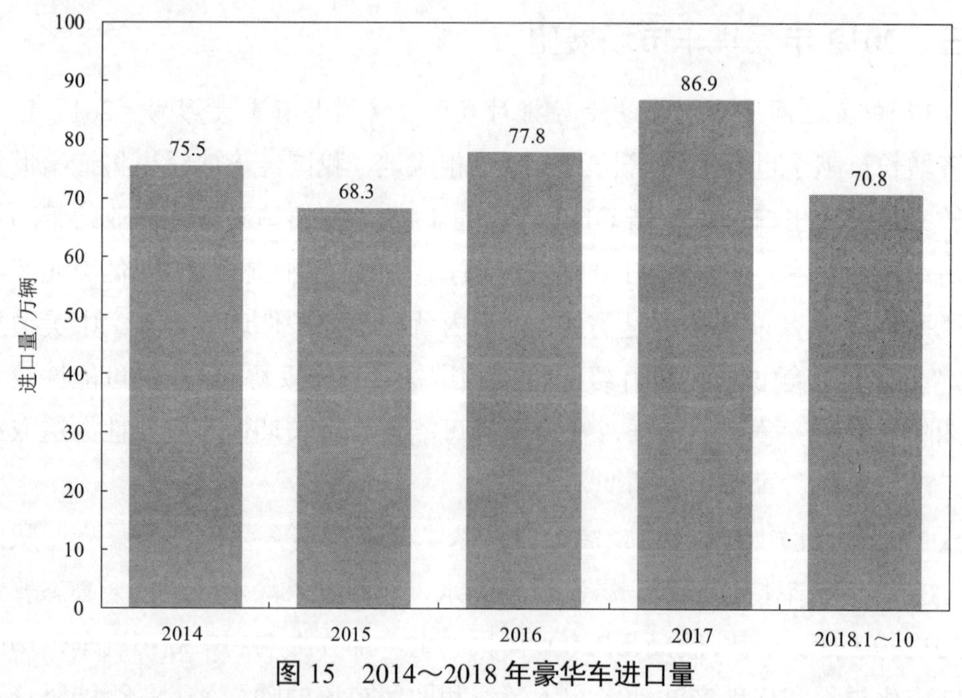

图 15　2014～2018 年豪华车进口量

从月度数据看来，公布关税下调至 15%后，2018 年 5～6 月份的进口车销量受消费者持币待购的影响下滑，7 月开始恢复（见图 16）。从目前的数据看来，关税下降对进口车增长拉动有限。可能的原因有：

1）综合税率下降幅度有限，各主机厂官降幅度普遍在 6%左右，与消费者的期待有距离。

2）各主机厂的国产化比例已经很高，宝马奔驰都在 70%以上，奥迪 90%。进口车以高端车型、小众车型为主，本身市场容量有限。

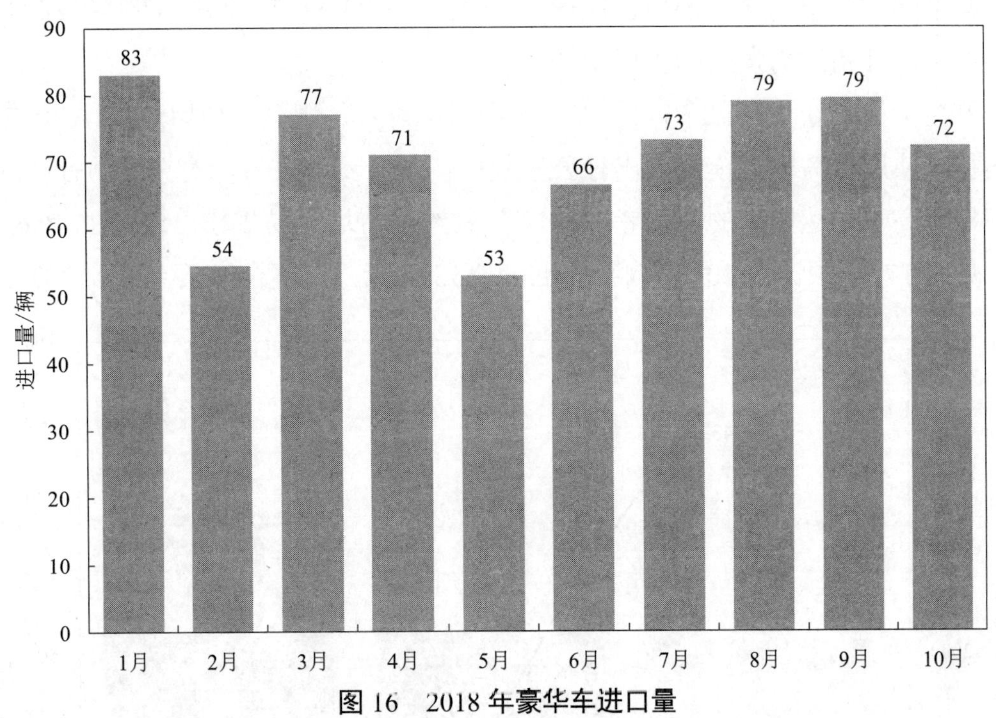

图 16　2018 年豪华车进口量

但如果进一步降低关税至 5%，综合进口税率将进一步降低至 28%。排量在 2.0L 以上的进口车车价有继续下降的空间，接近同款国产车。考虑到外资品牌 100%占有进口车利润，毋须与本土伙伴分成，后续车型的进一步国产化动力降低，已国产车型的换代甚至可能回归进口。外资品牌将以此作为谈判筹码，在 2022 年股比放开后重新商定双方股比。若国内主机厂自身缺乏核心技术和商业议价能力，将不得不接受利润分成减少，淡出合资企业管理的局面。从目前看，华晨是第一例，北汽近期或将与奔驰达成协议。

对国内主机厂而言，有四种可能性：一是转变成为纯代工厂；二是持有少数股份（少于 25%）；三是让渡 1%股份，基本维持平等合作；四是强势合作，反向获取高于 1%的股份，成为控股股东，和外资品牌在全球范围内展开合作。

五、豪华出行新动向

出行是当下主机厂关注的热点，是对未来市场格局的预判。纵览我国城市出行生态图，目前城市出行服务可以细分为网约车（快车、专车等）、出租车（APP端）以及顺风车三大业务模式。2017 年城市用车市场总体交易规模达到 2292 亿元，其中网约车市场交易规模占比达到 76%。在 2018 年，网约车已经成为几个主要主机厂开始发力发展的主要市场。

罗兰贝格最新调查显示，约 75%的我国受访者每周至少使用一次 APP 来规划出行，使用按需出行模式的出行公里数比例上升到 18.3%，对按需出行模式的偏好显著高于发达国家的消费者。2017 年网约车市场交易规模已达到 1746.69 亿元（见图 17），预计在 2020 年将达到 3699.58 亿元，年复合增长率达到 28%。

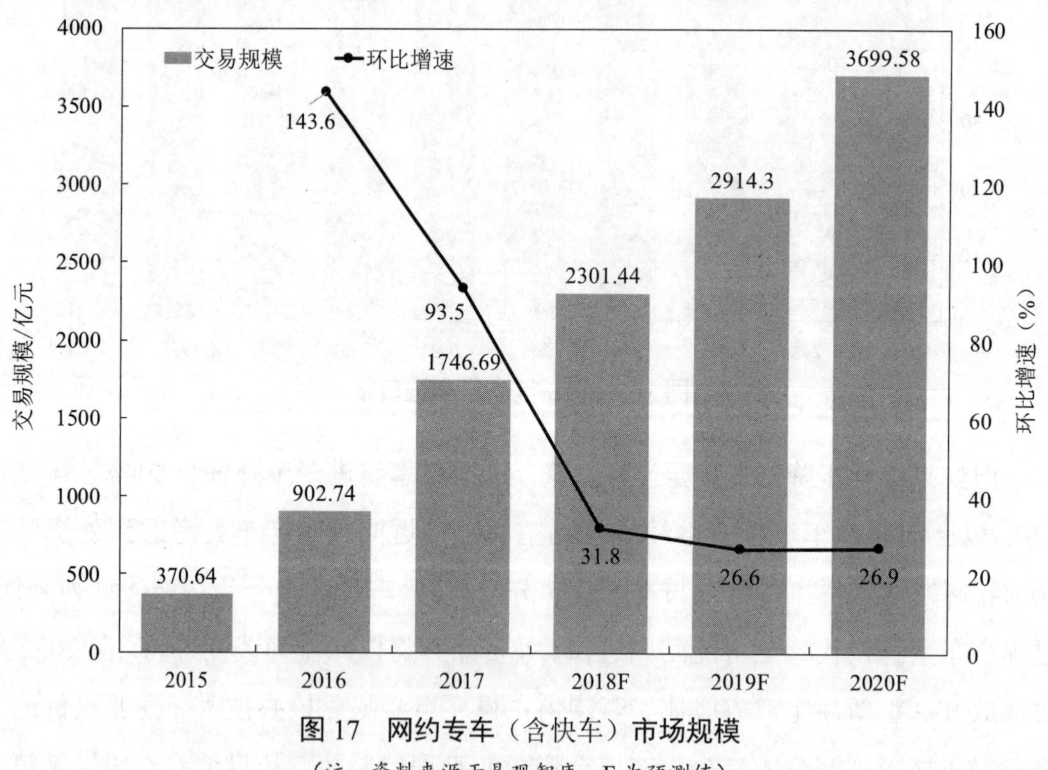

图 17 网约专车（含快车）市场规模

（注：资料来源于易观智库，F 为预测值）

自 2015 年以来网约专车/快车用户规模迅速增长，到 2017 年用户规模达到 2.36 亿人，2018 年有望达到 2.82 亿人。随着网约车市场已从初期的“拼补贴”转向“拼服务”阶段，市场规范化发展、用户消费需求升级，让网约车竞争核心逐渐转向专车市场。

用户选择网约专车是因为其方便快捷，及时准时。除此之外，安全性、合理的价格设置及良好的服务环境也是用户选择网约专车的主要原因。

随着网约车市场的快速发展，客户需求进一步细分，可划分为以下三个层次：强调专业服务和豪华车的高级需求；对服务和车型有一定要求、价格适中的中级需求；有车、安全、低价的基本需求。而随着消费升级，中高级需求的市场将进一步扩大，渗透率逐步提高。

据调研，高端网约车乘客以 35～45 岁的男性为主，乘客画像有以下 6 个特点：高层次、高收入、高消费、有家庭、有资产、有品质。

高端网约车常见的使用场景中，工作通勤最主流，占到约 1/3（34%）。其余常见使用场景包括休闲娱乐（29%）、商务接待（21%）、往返机场/车站（21%）、接待亲朋（11%）。其他使用场景有看病打针、上课培训、高档场所/宴会、接送孩子、特殊天气、代步等（见图 18）。

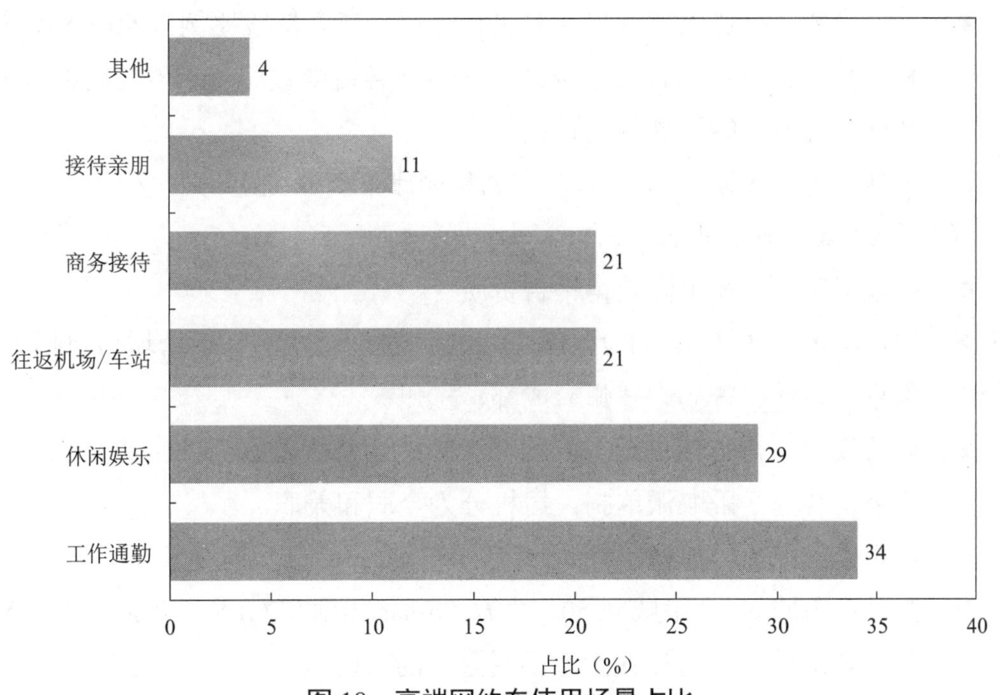

图 18　高端网约车使用场景占比

在汽车行业的创新转型中，汽车正在从购置的资产变成一种服务性的消费品，目前的一次性消费将转化成高频的使用场景，产品属性不断降低，而服务属性会越来越高。各大汽车企业纷纷向服务商转型，进军网约车市场，并期望在需求端掌握更多数据，以网约车业务的发展推动智能化、电动化等方向的转型布局。目前，宝马、戴姆勒等豪华汽车企业以及上汽集团等国资大型汽车企业在网约车领域均有所布局。

（1）宝马 ReachNow 网约车服务

- 合规资质：宝马全资子公司宝马出行在成都获得“网络预约出租汽车经营许可证”。
- 城市覆盖：2018 年 12 月 14 日，在成都正式上线。
- 运营模式：定位豪华专车服务，宝马出行运营管理自有车队，配备专职司机。
- 车型：投放 200 辆 BMW 5 系车型，包括汽油车和新能源车型。

（2）戴姆勒与吉利组建高端专车出行公司

- 合规资质：暂未公开。
- 城市覆盖：暂未公开。
- 运营模式：合资组建豪华专车出行公司，双方持股比例为 50∶50，戴姆勒出行与吉利集团将在合资公司董事会各占半数席位，双方将共同开发开展业务所需的软件基础设施。
- 车型：梅赛德斯-奔驰品牌及吉利集团旗下高端纯电动车型。

（3）上汽集团享道出行

- 合规资质：已在上海获得平台资质。
- 城市覆盖：2018 年 11 月 18 日在上海试运营，潜在运营城市包括苏州、南京、长沙、青岛、郑州、成都、杭州。
- 运营模式：在车辆供给上，和符合当地运营规范标准的出租车公司、租赁公司合作；采取派单制，司机分为全职和兼职。
- 使用模式：使用享道出行 APP 呼叫车辆。
- 车型：荣威 ei6、荣威 e950、大众 Passat 和别克 GL8，全部车牌为 Y 牌和 AM 运营车，可以在上海不受限行的阻碍。

六、总结

综上所述，笔者认为 2019 年的经济大环境将相当困难，GDP 增长率可能比 2018 年进一步放缓。国内外不确定性的因素影响较大，如无特殊政策刺激，汽车乘用车总体市场将维持 2018 年水平，豪华车市场会有一位数增长。

关税下降和政策放宽将使现有合资企业面临极大的压力。外资方将利用政策放开给予的机会，追求对现有合资企业更高的股比控制。

同时，对未来出行的布局将成为行业主流，随着未来出行场景战略蓝图越来越清晰，汽车行业参与者在布局未来出行场景时，储备核心技术与数据的决心也会成为行业驱动力，网约车作为出行市场数据量最大、离消费者最近的一个场景，是汽车主机厂的必争之地。

（作者：叶永青　金凌）

2018 年 MPV 市场分析及 2019 年展望

据相关方面 2018 年 11 月初发布的统计数据显示，2018 年 1～10 月份狭义乘用车批发销量为 1893.6 万辆，同比下降 0.6%，这是近十多年来首次出现的累计负增长（见表 1）。市场负增长的原因是多方面的，主要是 2018 年以来国际环境的不确定因素增多，国内经济增长速度放缓，汽车市场增长动能不足，产能过剩，导致汽车市场出现比较严峻的局面。2018 年以来 MPV 累计销量 140.9 万辆，同比下降了 14.1%，为什么 MPV 连续几年下降，有何原因？笔者下面试着从当前 MPV 市场的竞争态势、产品构成、市场营销等方面进行剖析。

表 1　2018 年 1～10 月份国产汽车分车种批发销量及同比增速

品类	2018 年 10 月销量/辆	2017 年 10 月销量/辆	增长率（%）	2018 年 1～10 月销量/辆	2017 年 1～10 月销量/辆	增长率（%）
轿车	995769	1107073	－10.1	9421978	9425760	0.0
MPV	147218	189771	－22.4	1408599	1640631	－14.1
SUV	870918	1020852	－14.7	8105990	7981936	1.6
狭义乘用车小计	2013905	2317696	－13.1	18936567	19048327	－0.6
交叉车型	32935	34766	－5.3	367406	453893	－19.1
商用车	333287	351069	－5.1	3566950	3381953	5.5
汽车合计	2380127	2703531	－12.0	22870923	22884173	－0.1

一、MPV 市场概况

2018 年 1～10 月份国产 MPV 累计销量 140.9 万辆，同比下降 14.1%，MPV 在狭义乘用车中的占比为 7.4%，比 2017 年同期又下降了 1.2 个百分点。2018 年，市场上共有 68 款 MPV 车，但其中有 9 款车退市（有 2017 年销量，没有 2018 年销量），10 款新车上市（2017 年无销量）；10 款车销量出现正增长，却又有 39 款车销量出现负增长。

从月度销量曲线来看，整体保持了低开低走的跟从态势，2018 年 4～5 月份的销量与 2017 年的销量最接近，负增长率只在 4%～7%，而其他月份的同比增长率均出现大比例下滑（见图 1）。整体来看，7 月份为全年月度销量的低谷（月销 10.6 万辆），2018 年的 9～10 月份两个月销量基本走平。11 月份国内汽车经销商库存预警指数为 75.1%，为历年来最高。由于经济大环境的影响，MPV 市场乃至汽车市场需求量都在降低，经销商集客量下降，在部分地区即将实施国Ⅵ标准之际，部分消费者持观望态度，等待国Ⅴ车型降价，因此厂商库存压力越来越大。笔者在现有累计 140 万辆的基础上，预计最后两个月的销量在 25 万～30 万辆，2018 年 MPV 总体批发销量在 170 万辆左右。

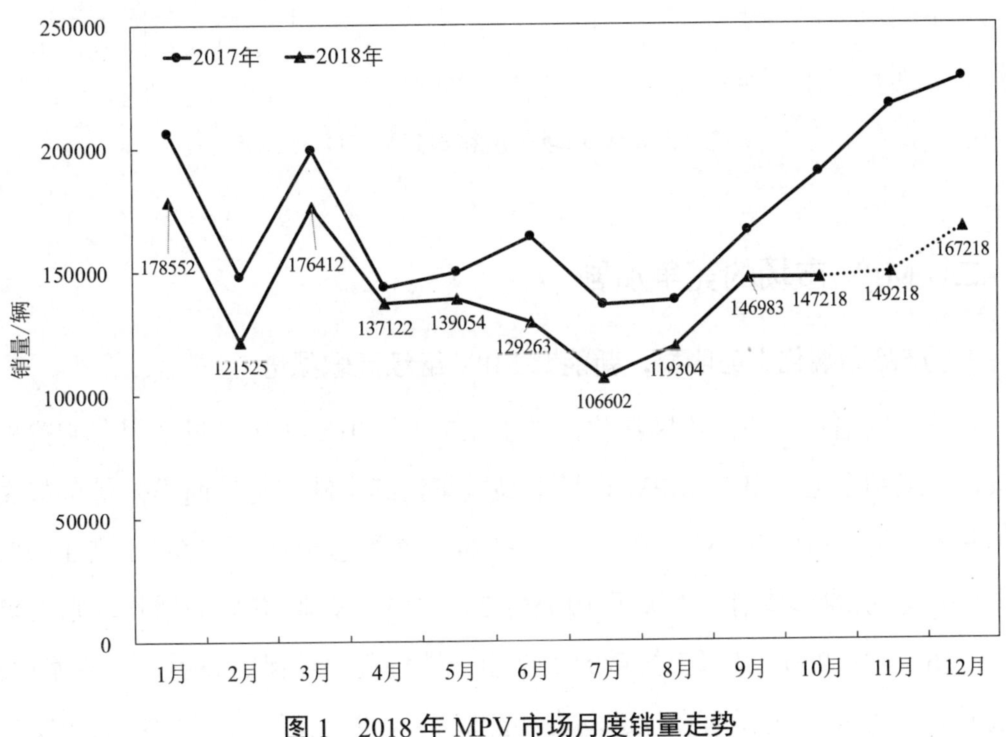

图 1　2018 年 MPV 市场月度销量走势

2016～2018 年这三年间，MPV 季度销量走势图是一个“下倾”的趋势（见图 2），2016～2017 年第四季度都有翘尾现象，主要是因为购置税减半征收的优惠政策；2018 年优惠政策已经彻底退出，2019 年不同省市即将分步实施国Ⅵ标准，期待着“国Ⅴ”转换“国Ⅵ”过渡期的“甩卖”带来销量上的增长小行情。

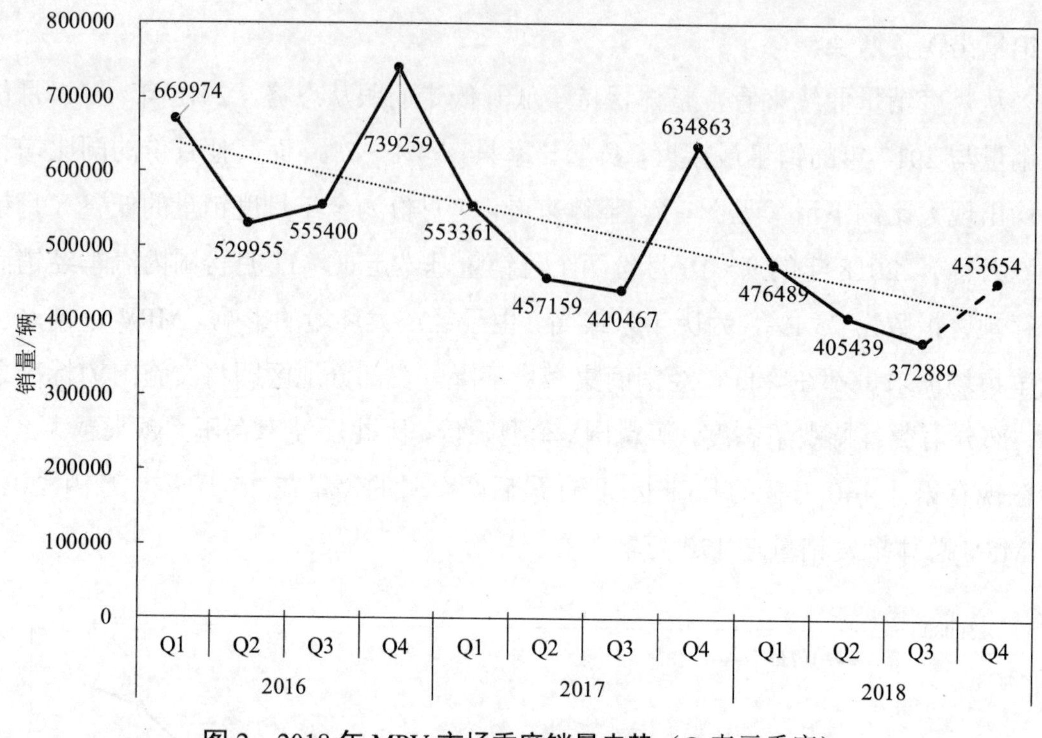

图2 2018年MPV市场季度销量走势（Q表示季度）

二、MPV市场的竞争加剧

1．产品高端化走势明显，新能源MPV继续高歌猛进

随着我国消费升级的不断深化，加上2017～2018年小排量乘用车购置税优惠政策半退和全退，整个MPV市场上高端车延续上涨态势，而小排量车却连续两年深度下滑。2018年小型MPV（1.0～1.6L）销量急剧减少，销量下滑17.1%；1.6～2.0L级别的车型销量下降了19.1%；2.0～2.5L级别MPV的增长率则大幅提升（＋16.4%）；2.5L及以上排量的车型由于消费税、环保的关系处于萎缩状态，销量下降了29.4%。为了有合理的动力和操纵感，同时又能满足节能环保的要求，国内越来越多的车型配置了涡轮增压发动机，升功率非常高，这才使2.0～2.5L段的MPV销量飙升，成了唯一增长的传统燃油车阵列。

新能源MPV“开天辟地”是在2017年，2018年继续沿承新能源整体市场火爆的趋势，销势高歌猛进，1～10月份累计增长达80.8%（见表2）。

表 2 2018 年 1～10 月份 MPV 各排量销售情况汇总

排量	2014 年销量/辆	2015 年销量/辆	2016 年销量/辆	2017 年销量/辆	2018 年 1～10 月份销量/辆	2018 年累计增长率（%）
新能源	0	0	0	6185	8850	80.8
1.0～1.6L	1501660	1766757	2196263	1623804	1046652	−17.1
1.6～2.0L	149828	117953	140685	264959	185779	−19.1
2.0～2.5L	228180	197885	143058	175254	167056	16.4
2.5～3.0L	34041	23942	16234	452	262	−29.4
＞3.0L	546	192	289	0	0	0
合计	1914255	2106729	2496529	2070654	1408599	−14.1

2．车系分析：中系车拖后腿，美、日、德系车大翻盘

1）中系车：2018 年 1～10 月份中系车累计销量为 107.2 万辆，同比下降了 21.8%，市场占有率也下降到 76.2%，较上年同期锐减 7.4 个百分点（见表 3）。为何中系车在 2018 年销量锐减而其他车系的销量不降反升呢？中系车多以小型车、小排量车为主，目标消费者是入门级用户，他们对价格敏感，没有购置税优惠加持和西部地区房产大热的环境对车辆销售带来了一定的消极影响；再者消费升级已是大势所趋，因此中系车厂商需要顺势引导消费，走在不断变化的市场状况和用户偏好的前面，做出符合千禧一代需求的新品，这才是今后国内 MPV 中系车的希望和目标。

表 3 2018 年 1～10 月份 MPV 车型来源地分析

来源地	2018 年 1～10 月份销量/辆	2017 年 1～10 月份销量/辆	增长率（%）	2018 年市场份额（%）	2017 年市场份额（%）
中系车	1072711	1371395	−21.8	76.2	83.6
美系车	157333	123201	27.7	11.2	7.5
日系车	122056	104393	16.9	8.7	6.4
德系车	56499	41642	35.7	4.0	2.5
合计	1408599	1640631	−14.1	100.0	100.0

2）美系车：2018 年 1～10 月份美系车累计销量为 15.7 万辆，同比增长 27.7%，市场占有率为 11.2%，较上年同期增长了 3.7 个百分点（见表 3）。别克 GL8 是美系车的杰出代表，自上市以来已有 18 年，已经成为国内高端 MPV 的标杆，它拥有近 100 万用户（历年累计销量 102 万辆），在消费精致化、个性化的新时代，别克 GL8 产品力和美誉度所向披靡。在汽车市场遭受寒流、MPV 大幅下滑的市场环境下，GL8 依然正增长，加上近两年别克 GL6 和雪佛兰沃兰多的纷纷加盟，上

汽通用的 MPV 已具产品矩阵规模。

3）日系车：2018 年 1～10 月份日系车累计销量 12.2 万辆，同比增长 16.9%，市场占有率为 8.7%，较上年同期增长了 2.3 个百分点（见表 3）。2018 年中日建交 40 周年，两国关系有所缓和，10 月份安倍首相在时隔 7 年后成功访华，标志着中日关系的缓和，这为日系车销量提升奠定了良好的外围基础，产品设计精致和经济节油是其内部因素。2018 年本田奥德赛和艾力绅保持了旺销态势，增长了约三成。

4）德系车：2018 年 1～10 月份德系车累计销量为 5.6 万辆，同比增长 35.7%，市场占有率为 4.0%，较上年同期增长了 1.5 个百分点（见表 3）。德系车中，途安 L 成为担当车型。在动力安排上，途安基本放弃了 1.8T 和 1.6L 的发动机，市场选择了热销的 1.4T 动力总成，由此让途安系列销量增长了 34.8%。2018 年在消费升级的大环境下，奔驰威霆和 V 级销量大幅增长，累计销量达 2.3 万辆，同比增长了 37.1%，为德系车的增长做出了不小的贡献。

3．MPV 前 10 厂商分析：市场集中度稳定，比亚迪、广汽本田加速晋级

比亚迪、广汽本田加速晋级。在 2018 年的 MPV 前 10 厂商排名中，有两家企业是“跳空高开”直接晋级的企业，即第三名比亚迪和第八名广汽本田（见表 4）。

表 4　2018 年 1～10 月份 MPV 厂商销量排名及占比

2017 年排名	2018 年排名	厂商	2018 年 1～10 月销量/辆	2017 年 1～10 月销量/辆	增长率（%）	2017 年车型数	2018 年车型数
1	1	上汽通用五菱	531656	628618	−15.4	3	3
3	2	上汽通用	157333	123201	27.7	2	3
N/A	3	比亚迪	121980	4899	2389.9	2	2
2	4	长安汽车	97764	197607	−50.5	5	7
7	5	东风本田	75669	66589	13.6	2	2
5	6	东风柳汽	53927	71769	−24.9	2	1
8	7	江淮瑞风	49968	54658	−8.6	5	5
N/A	8	广汽本田	38877	29602	31.3	1	1
6	9	东风小康	32542	72783	−55.3	2	2
9	10	华晨汽车	27634	45659	−39.5	4	4
TOP10 合计			1187350	1295385	−8.3	28	30
MPV 市场总销量合计			1408599	1640631	−14.1	60	59
TOP10 占比（%）			84.3	—	+5.3	47	51

市场集中度徘徊不前。排名前三的是上汽通用五菱、上汽通用、比亚迪。2018年MPV的集中度基本保持原样：即TOP3都是58%（比较对象是2018年的上汽通用五菱、上汽通用、比亚迪和2017年的上汽通用五菱、长安汽车、上汽通用）；TOP10都是84%（2018年TOP10销量与上年TOP10销量的比较，名单稍有不同）。

从2018年产品数比较来看，TOP10厂商产品数达30个，超过了整个MPV市场的一半（51%），上年仅占47%。

合资企业均保持了强劲的增长势头，比亚迪成为自主品牌的杰出代表。前十榜单中，保持同比增长的是三家合资企业和一家自主品牌企业，它们是上汽通用、比亚迪、东风本田和广汽本田，其他厂商则出现不同程度的下滑。

4. 新品云集

2018年与前两年的新车上市量差不多，1～10月份已有10款全新车型上市（见表5），合计销量达13.3万辆，占国产MPV销量的9.5%。宝骏360和广汽传祺已经成绩斐然，但愿其他车型也顺风顺水，得到用户的认可，取得良好的口碑和销量。

表5 2018年MPV新车销量排名

排名	2018年MPV新品	2018年1～10月份销量/辆
1	上汽通用五菱 宝骏360	77946
2	广汽传祺 GM8	25811
3	江淮 瑞风R3	8198
4	长安汽车 睿行S50	7536
5	上汽通用 沃兰多	6764
6	四川野马 斯派卡	5162
7	四川野马 E32（BEV）	1430
8	北汽昌河 M60	550
9	南京金龙 创业者BEV	30
10	长安汽车 科尚	13
合计		133440

上汽通用五菱宝骏360是2018年新车销量冠军。它于5月份上市，上市当月月销8003辆，成功跻身于全国乘用车市场信息联席会MPV批发销量榜单中的

前四，成为比亚迪宋的最有力的竞争者。宝骏 360 与宝骏 510 共享平台，座位采用 2+2+2 的六座布局，定位于家用 MPV，官宣价为 5.68 万～7.58 万元，车身尺寸（4615mm×1735mm×1640mm，轴距 2750mm）与比亚迪宋 MAX（4680 mm×1810 mm×1680mm，轴距 2785mm）相近，但略小，价格上也稍低，比其兄弟车型宝骏 730 也略显小，而轴距一样，内部布置是 6 座（宝骏 360）与 7 座（宝骏 730）的区别。这是上汽通用五菱又挤出来的一个新市场，从 2018 年 5 月份以来各个月的销量来看，宝骏 360 与宝骏 730 形成了互补关系，挤压了比亚迪宋的市场。

广汽传祺 GM8 是众人关注的高端 MPV，于 2017 年 12 月 30 日上市，上市整 10 个月，销售一路走高，最高时超过 4000 辆。它具有乘坐空间大、配置丰富、静音效果、双电动门等特点，整体尺寸完全领先于某些合资车型（5066 mm×1923 mm×1822mm，轴距 3000mm），官宣价格 17.68 万～25.98 万元，是一款偏“轻商务”市场的 7 座版 MPV，定位比较成功。

2018 年还有些初次进入 MPV 市场的厂家出现，如四川野马、南京金龙。市场反映是它们成功与否的试金石，让我们拭目以待。

5．MPV 区域销售特点：与区域经济水平高度契合

MPV 区域销售特点呈现与经济水平高度契合的现象，本文拟就高、中、低端 MPV 三种情况进行介绍。高端 MPV 车型，如 GL8、奥德赛、艾力绅、GM8 等，中端如途安、GL6、杰德、奥兰多等，中低端如 730、宏光、凌轩、欧尚等。从全国销量数据来看，高端 MPV 在经济发达地区的销量占绝对优势，其中广东、山东、北京分列前三；中端车型基本上是以家用为主的 MPV，广东依然是名列第一，山东和河南紧随其后；（中）低端车型的分布以中西部地区为主，其中河南人口众多，销量居首位，广西是小型 MPV 地产大省，居次位，山东在其后；由此在全国的总排名中，广东、河南、山东成为 MPV 市场的冠亚季军销量大省。

另外，对照总排名榜，上海、辽宁、山西，上海、辽宁，贵州分别在高、中、低三档 MPV 组中出现，这很好地解释了产品与地区经济的紧密关系，上海经济发达，购买力强，又占有高、中端地产车的地利（GL8 和途安）；辽宁也有高端地产车的优势；另外山西煤老板多，经济富裕，在高端车榜中也占有一席（排名第

10，见表6）。

表6　2018年高、中、低端MPV的区域流向TOP10省市排名榜

排名	高端	中端	低端	总排名
1	广东	广东	河南	广东
2	山东	山东	广西	河南
3	北京	河南	山东	山东
4	江苏	江苏	江苏	江苏
5	上海①	河北	云南	河北
6	浙江	上海①	广东	浙江
7	河南	北京	河北	广西
8	河北	浙江	贵州①	云南
9	辽宁①	四川	四川	四川
10	山西①	辽宁①	浙江	北京
占统计（%）	20%	20%	60%	100%

注：“占统计（%）”是指本文统计到的流向数据总销量的占比。
① 表示在总排名榜中没有出现的省市。

6．MPV国产、进口及出口销量分析：国内市场低迷，海外市场竞争力不强

国产MPV在2018年销售了140.9万辆，同比下降14.1%；进口车与国产车同样处在下行通道，1～9月份进口MPV同比呈现了20.6%的负增长，累计进口了3.1万辆（1～9月份数据）；2018年累计出口达1.1万辆，同比下降了26.9%，国内MPV内需市场1～10月份达142.8万辆（其中进口为1～9月份数据），同比仍有14.2%的下降。由此可见，国内MPV市场一直低迷，国外市场竞争力又不强（见表7）。

表7　国产、进口、出口MPV销量及内需对比

MPV内需	2018年1～10月份/辆	2017年1～10月份/辆	增长率（%）
国产	1408599	1640631	－14.1
进口	30930	38955	－20.6
出口	11360	15536	－26.9
合计内需	1428169	1664050	－14.2

注：进口MPV数据来源于国机汽车，为海关1～9月份的数据。

7．MPV新能源车急剧增长

从2017年开始，MPV新能源车开始有了销量统计，在2018年市场落寞遇冷

的大环境下，新能源 MPV 新品销量却高歌猛进，成为了市场的亮点。

MPV 新能源车是一个大浪淘沙不进则退的小众市场，2018 年国内 MPV 新能源车已经有 8 款，2017 年只有 5 款车，与 2017 年相比，2018 年市场上增加了 5 款车（上年同期销量为零），退市的是比亚迪 T3、普力马两款车，销量下跌的车型仅两款：欧力威、帅客。虽然产品还不多，但销量已达 8850 辆，同比增长 84.5%，较前一年有较大进步（见表 8）。如今我国各企业都在纷纷上马新能源车，发展新能源车已成为我国汽车发展的必由之路，预计 2019 年将是 MPV 新能源车加速推进之年。

表 8　2018 年 1～10 月份 MPV 新能源车批发销量汇总

排名	MPV 新能源车	2018 年 1～10 月份/辆	2017 年 1～10 月份/辆	增长率（%）
1	菱智（BEV）	226	—	—
2	创业者（BEV）	30	—	—
3	开瑞 K50（BEV）	618	—	—
4	欧力威（BEV）	1775	3967	−55.3
5	欧尚（BEV）	4338	—	—
6	四川野马 E32（BEV）	1430	—	—
7	帅客（BEV）	344	798	−56.9
8	大通 EG10（BEV）	89	31	187.1
	合计	8850	4796	84.5

8. 我国汽车市场的消费升级在持续深化

从 2018 年 1～9 月份 MPV 市场价格变化指数中可以发现，由于我国用户消费升级在持续深化，市场的平均交易价，由原来年初的 15.68 万元，上升为 16.93 万元，中低端的交易减少，中高端的 MPV 销量增多，交易价上升也属正常。

三、MPV 市场发展趋势

1. 适应低增长

当前国际环境的不确定因素增多，国内经济增长速度放缓，汽车市场形势严峻。由于汽车市场增长动能严重不足，汽车市场寒流来袭，这使得汽车市场竞争更加白热化，加上新能源补贴退坡和油耗“双积分”政策的要求，以及部分地区将提前实施国VI排放标准，这些都给汽车整车企业造成了巨大压力。汽车销量高增长的时代已经过去，取而代之的是高质量的增长，这将是今后一段时期的新常态，我们要努力适应这样的常态。最近有业界人士讨论到底我国的汽车市场有多大？3000 万辆、4000 万辆，甚至 5000 万辆，业界目前比较倾向于 3000 万～4000 万辆的规模。笔者认为不管我国汽车市场有多大，现在都要清醒地认识到新购的比例已经很低了，不能指望着再度高速增长。在市场低落的时候，更是我们磨练内功的时候。

2．开辟新蓝海

人们对生活质量提高的要求日益显现、二胎家庭的出现和成长、城镇化人口数量的提高，都市用户对用车需求的多层次、多样化、个性化、高端化已经成为不可阻挡的潮流。汽车“新四化”（电动化、网联化、智能化、共享化）会在 MPV 车中得到体现，具备高端、时尚、个性、科技等特征的 MPV 会受到市场青睐。厂商要努力做精品车，还要开辟新领域，如出行服务、“新四化”等蓝海。2018 年 MPV 产品迭代加速还不够快，远不及轿车和 SUV 市场，2019 年 MPV 内需仍会低迷徘徊，继续前两年的调整、萎缩态势。因此需要厂商聚势蓄能，砥砺前行，认真研判千禧代的消费喜好，把握住市场发展方向、读懂用户，谁的市场功夫深，谁就是赢家[①]。

（作者：唐奕奕）

① 本文数据来源于《产销快讯》和全国乘用车市场信息联席会销量及流向月报表。

2018 年三轮汽车市场分析及 2019 年展望

2018 年是三轮汽车生产企业转变发展方向和过渡阶段适应产品排放要求的一年，在我国城镇化逐步推进的大前提下，三轮汽车产销量较 2017 年前 9 个月降幅达 25%，但仍继续担当目前农村地区中短途、中小吨位道路货运的主力军，并且仍将在今后的一段时期内继续为“三农”建设发挥重要作用。

一、2018 年三轮汽车市场分析

2018 年前三季度，三轮汽车总产销量呈现明显的下降趋势。据统计，2018 年前 9 个月，三轮汽车总产量 135.19 万辆，同比减少 25.2%，是五年来降幅最大的一年。从月度销售数据来看，除 5 月份同比增长 4.6%外，其余各月份销量均明显下滑，其中，2 月份、3 月份、8 月份、9 月份同比降幅均超过 30%，2017～2018 年前三季度三轮汽车月度产量见图 1。从产销量情况来看，2018 年前 9 个月三轮汽车总产销量基本平衡，从月度销售数据来看， 1 月份、4 月份、6 月份出现产量大于销量的情况，其中，4 月份产大于销的情况最明显，产量高于销量 2.73 万辆，占当月销量的 22.0%，这可能与销售旺季之前的备产有关，其余各月销量均高于产量（见图 2）。结合近 5 年的情况估计，第四季度三轮汽车产销量与 2017 年相比也将下降。

从市场集中度来看，三轮汽车的行业集中度处于高度集中的稳定状态。2018 年前三季度，三轮汽车产量前 5 位企业排名与 2017 年相同，前 5 位企业产量之和 133.89 万辆，占全行业的 99.0%，与 2017 年相比提高了 1 个百分点。其中，山东时风和山东五征的产销量仍然分别位列第一和第二，两家企业 2018 年 1～9 月份共生产 116.22 万辆，占行业总产量的 86.0%；共销售 116.56 万辆，占行业总销量的 86.1%。

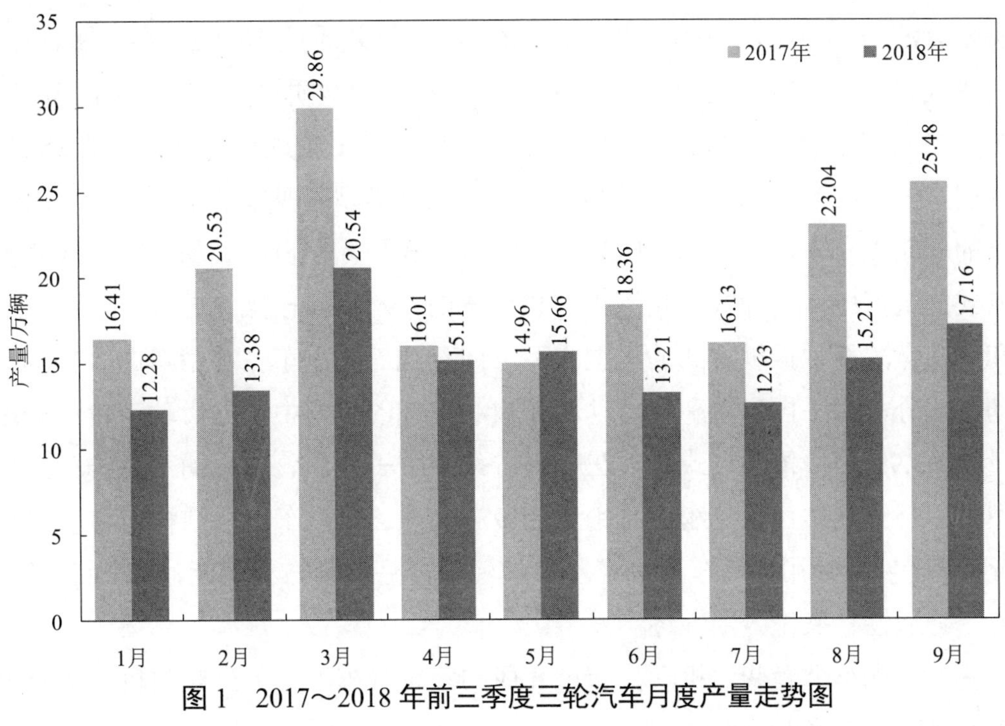

图 1　2017～2018 年前三季度三轮汽车月度产量走势图

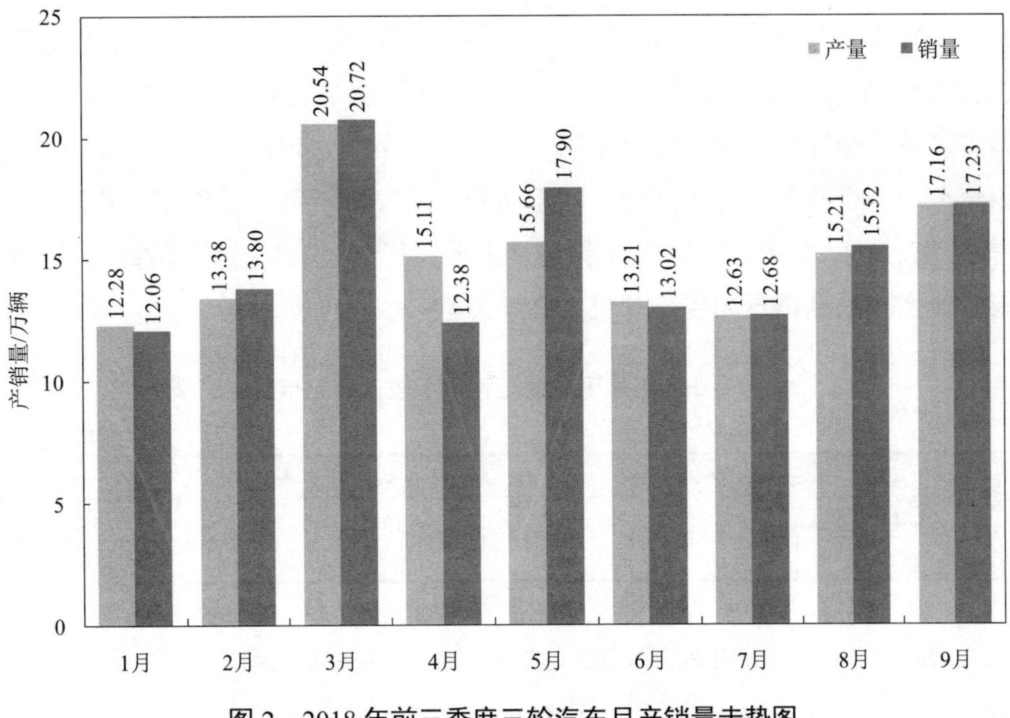

图 2　2018 年前三季度三轮汽车月产销量走势图

从三轮汽车产品结构来看，市场主体产品结构没有变化，仅是不同机型所占比例略有波动。与 2017 年相同，三轮汽车产品以载质量 500kg、半封闭、自卸、方向盘式、电启动、带＋连体产品为主。其中，按额定载质量分，在 200kg、300kg、500kg、750kg 四种载质量的机型中，载质量 500kg 的三轮汽车占总销量的 88.2%；按驾驶室分，在半封闭、全封闭和简易棚式三种类型驾驶室的机型中，半封闭驾驶室的三轮汽车占总销量的 61.2%；按卸货方式分，在自卸式和非自卸式两种卸货方式的机型中，自卸式三轮汽车占总销量的 79.9%；按操纵方式分，在方向把式和方向盘式两种操纵方式的机型中，方向盘式三轮汽车占总销量的 87.1%；按启动方式分，在手摇启动和电启动两种启动方式的机型中，电启动三轮汽车占总销量的 93.9%；按传动方式分，在带＋链条、带＋连体、轴传动三种传动方式的机型中，带＋连体三轮汽车占总销量的 97.9%。三轮汽车产品结构对市场的适应情况说明，农村使用的汽车产品在从单纯注重产品的价格和功能，向产品的价格、功能、舒适性、操作方便性逐步发展。

从三轮汽车配套柴油机看，超过九成的三轮汽车配套单缸柴油机，配套机型以 1115 和 1105 等机型为主。

从三轮汽车生产区域分布看，生产企业仍以山东为主，山西占比快速提升。与2017年情况相同，山东省仍是三轮汽车生产第一大省，占全国总产量的96.97%。河南省产量占全国总产量的比例下降了近两个百分点，退出前三，这是由于河南三轮汽车生产企业向汽车生产企业转型所致（见表 1）。从三轮汽车销售区域分布来看，河南、山东、甘肃、山西、河北仍然是主要销售地区，占全国总销量的 63.94%，河南重新回到销量第一的省份（见表 2）。

表 1　2017～2018 年前三季度三轮汽车按省份分布的生产情况

（单位：%）

省　份	山东	山西	湖南	河南	甘肃
2017 年	96.92	0.67	0.18	2.22	0.01
2018 年	96.97	2.07	0.66	0.25	0.05

表 2　2017～2018 年前三季度三轮汽车按省份分布的销售情况（前 5 位）

（单位：%）

省　份	河南	山东	甘肃	山西	河北
2017 年	16.86	17.76	10.72	8.63	10.01
2018 年	17.67	15.95	10.61	10.38	9.33

二、2019年三轮汽车市场展望

从市场需求方面来看，农民的收入水平是决定农民购买何种道路货运工具的主要原因。调查表明，购买货运车辆产品的用户首要考虑的是价位问题。国家统计局2013～2017年的人均可支配收入统计数据表明，农村居民人均收入2017年达到13432.43元，比2013年提高42.4%，但与城镇居民人均可支配收入差距却正在拉大（见表3）。同时，我国的城镇化进程也处于稳步推进阶段，2017年我国城镇化率为58.5%，距离发达国家80%的城镇化率水平还有很大的上升空间。农民收入的提升和城镇化的持续推进决定了在中短途的中小吨位货运条件下，物美价廉的三轮汽车在今后较长一段时间内仍将具有比较优势；但是城乡收入差距的扩大不利于农民消费升级，也不利于农村汽车需求潜力的释放，三轮汽车需求量未来可能会出现缓慢下滑和增长动力不足的问题。另外，农业相关的生产运营活动需求的减少，也是2018年三轮汽车产销量出现下滑的重要原因，主要表现在继2017年粮食最低收购价格下调后，2018年再次下调水稻等粮食最低收购价格，从而降低了粮食类农产品的生产运营需求，降低了对低速汽车产品的需求。

表3　2013～2017年农村与城镇居民人均可支配收入对比表

指　标	2013年	2014年	2015年	2016年	2017年
城镇居民人均可支配收入/元	26467.00	28843.85	31194.83	33616.25	36396.19
农村居民人均可支配收入/元	9429.59	10488.88	11421.71	12363.41	13432.43
人均可支配收入差/元	17037.41	18354.97	19773.12	21252.84	22963.76

从政策措施方面来看，三轮汽车用柴油机第三阶段排放要求将使近两三年的三轮汽车市场出现明显波动。三轮汽车配套的动力90%以上均为单缸柴油机，即将实施第三阶段的排放要求，将推动三轮汽车配套柴油机的升级换代。产品成本将出现较大幅度的上升，预计可达20%左右。企业消化这一增加的成本需要时间，这对于微利润产品无疑是一个重大的考验；另外，企业为解决产品排放升级对动力性、可靠性、使用经济性、维修方便性等方面可能造成的影响也需要增加技术投入。因此，近两三年中，三轮汽车的产销量可能出现较明显的下降。2018年，为避免可能出现配套第二阶段的三轮汽车积压至2019年无法销售的情况，主要

生产企业已经适当减少了当年产量，这也是 2018 年三轮汽车产销量下滑明显的一个原因。

随着城镇化进程的逐步推进以及农村土地流转的加快，连片经营趋势明显，农民收入水平将进一步提高；三轮汽车作为价格低廉的中短途货物运输工具，相对于微型货车、三轮摩托车、三轮电动车等运输产品具有较好的比较优势，因此三轮汽车市场需求在今后的较长时间内仍然有较强的支撑。但受制于三轮汽车用柴油机第三阶段排放要求即将实施的政策影响，随着部分三轮汽车企业陆续转型升级，预计 2019 年三轮汽车市场会有相当幅度的下降。

（作者：张琦）

2018年专用汽车市场分析及2019年展望

2018年1～11月份，我国六大类专用汽车累计产量为130.3万辆，比2017年1～11月份产量增长6.5%，普通自卸汽车产量为31.4万辆，同比累计增长7.8%，半挂汽车产量为53.6万辆，同比下降15.6%。2018年专用汽车市场的增长，主要来自于土建工程类车辆、市政环卫类车辆的爆发式增长，以及公路物流类车辆的小幅增长。近两年专用汽车市场的快速增长，很大程度来自于政策刺激，2019年，随着前两年市场需求的部分透支，以及经济增速放缓，老旧高排放车辆的加快淘汰，部分区域国VI排放标准提前实施，预计2019年六大类专用车产量约在155万辆左右，普通自卸车产量在40万辆左右，半挂汽车产量在60万辆左右。

一、2018年专用汽车市场态势

1. 专用汽车行业在波动中增长

（1）六大类专用汽车　近十年，六大类专用汽车产量呈波动式增长的态势，与商用车总体市场呈现相近的波动周期。2007～2010年，六大类专用汽车产量逐年增长，从53.7万辆增长到103.9万辆。2011年和2012年，产量连续两年下滑至83.9万辆。2013年产量达到124.4万辆的高峰后，于2014年和2015年连续两年下滑。2016年产量爆发式增长，并于2017年达到历年的产量峰值，达到160.2万辆。2018年1～11月份累计产量为130.3万辆，同比增长6.5%（见图1）。

2018年专用汽车市场快速增长，主要来自于三大类产品：土建工程类、环卫类以及公路物流类。土建工程类专用车爆发式增长，主要是经历2013～2016年四年的下降期后，这两年土建工程类专用车进入快速更换期。环卫类专用车主要是由于机械化清扫率持续提高，以及城镇垃圾运转体系快速发展。公路物流类专用车主要受营运车辆标准的升级、治超力度加大，以及公路货物运输量持续增加的影响。

六大类专用汽车中，厢式、仓栅、罐式、自卸、特种、举升占比分别为54%、22%、8%、7%、6%和4%。六大类专用车中，2018年增幅最大的是特种汽车，为

38.4%、举升汽车增幅为 36.2%，其次是自卸汽车为 26%，罐式汽车为 7.7%、仓栅汽车为 5.2%、厢式汽车为 1.1%。厢式、仓栅、罐式、举升、特种、自卸汽车历年产量走势见图 2 和图 3。

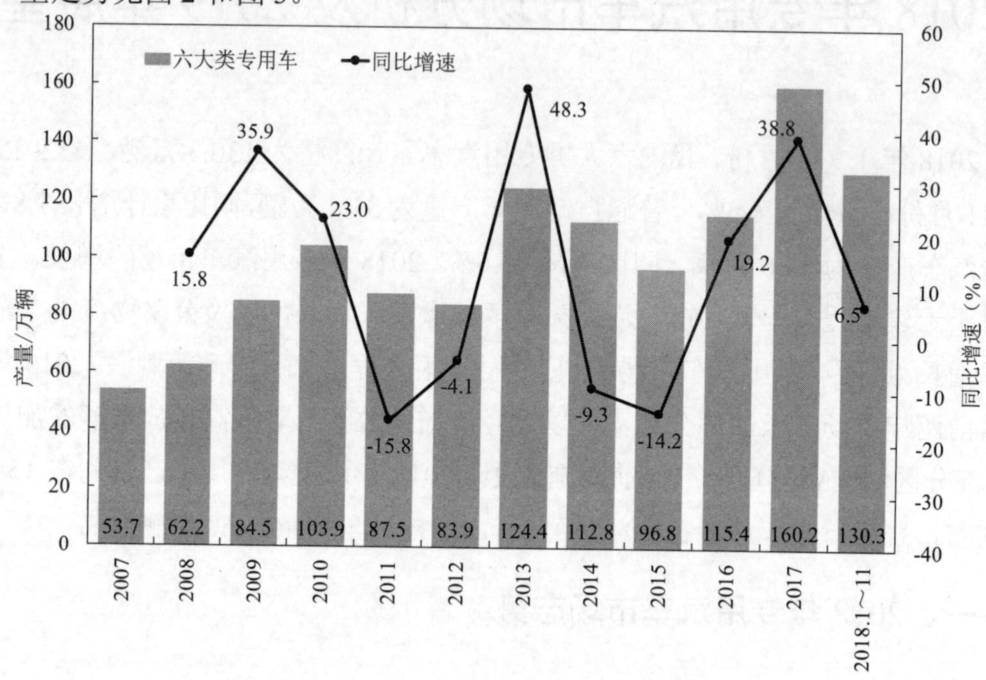

图 1　2007～2018 年六大类专用汽车产量走势

（注：数据来源于中国汽车技术研究中心产销数据库，下同）

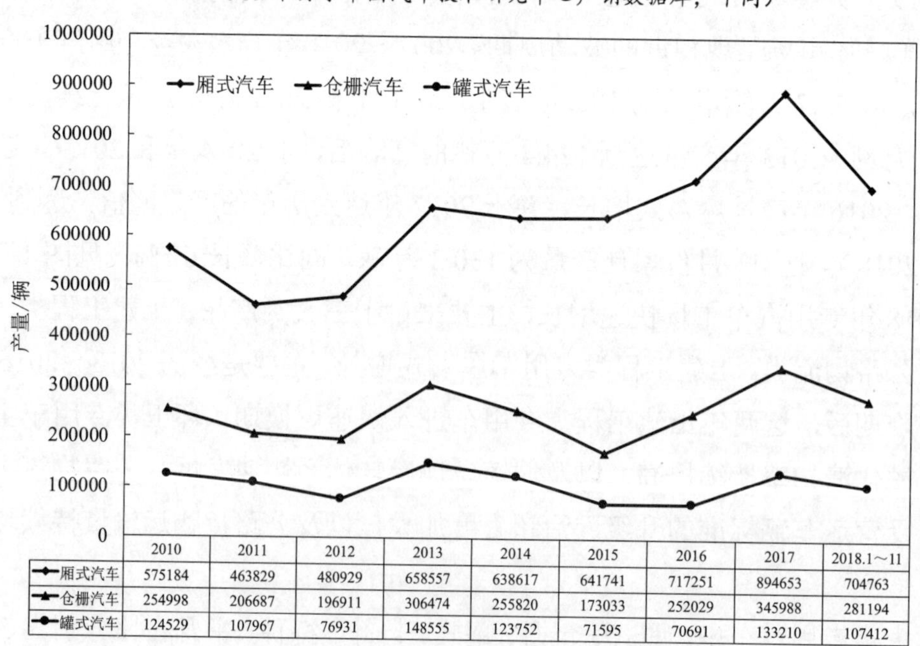

	2010	2011	2012	2013	2014	2015	2016	2017	2018.1～11
厢式汽车	575184	463829	480929	658557	638617	641741	717251	894653	704763
仓栅汽车	254998	206687	196911	306474	255820	173033	252029	345988	281194
罐式汽车	124529	107967	76931	148555	123752	71595	70691	133210	107412

图 2　厢式、仓栅、罐式汽车历年产量走势

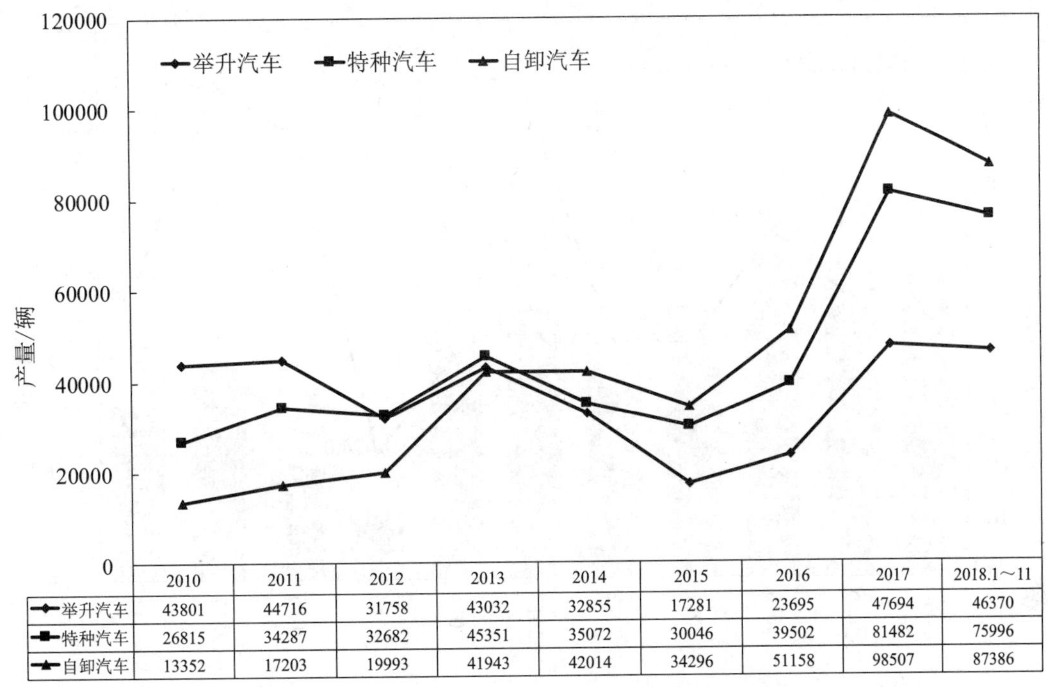

	2010	2011	2012	2013	2014	2015	2016	2017	2018.1～11
举升汽车	43801	44716	31758	43032	32855	17281	23695	47694	46370
特种汽车	26815	34287	32682	45351	35072	30046	39502	81482	75996
自卸汽车	13352	17203	19993	41943	42014	34296	51158	98507	87386

图 3　举升、特种、自卸汽车历年产量走势

（2）普通自卸汽车　普通自卸汽车与商用汽车总体呈现出同样的规律，以三年为周期呈波动式变化。2015～2016 年，普通自卸汽车总产量呈现断崖式下滑的态势。2017 年，受重型载货车市场爆发式增长的带动，普通自卸汽车市场显著回暖，全年产量为 39.2 万辆，同比增速为 91.1%。2018 年，普通自卸汽车产量微增长，2018 年 1～11 月份普通自卸汽车产量为 31.4 万辆，同比增长 7.8%（见图 4）。

（3）半挂汽车　近年来政府大力支持甩挂运输，半挂车市场在 2016 年开始呈现爆发式增长态势，2017 年达到产量最高，为 74.8 万辆，同比增长 22.3%。2018 年 1～11 月份，产量为 53.6 万辆，同比下降 15.6%（见图 5）。这主要是前两年市场快速增长，在一定程度上透支了市场需求导致的。

半挂车细分产品中，车辆运输半挂车、罐式半挂车产量累计同比实现较大幅度增长。车辆运输半挂车主要是受 GB 1589 和 GB 7258 的政策利好，2018 年 7 月 1 日起，全面禁止不合规运输车上高速公路运行，对车辆运输车市场需求形成刺激。2013～2018 年半挂汽车细分市场产量走势见图 6。

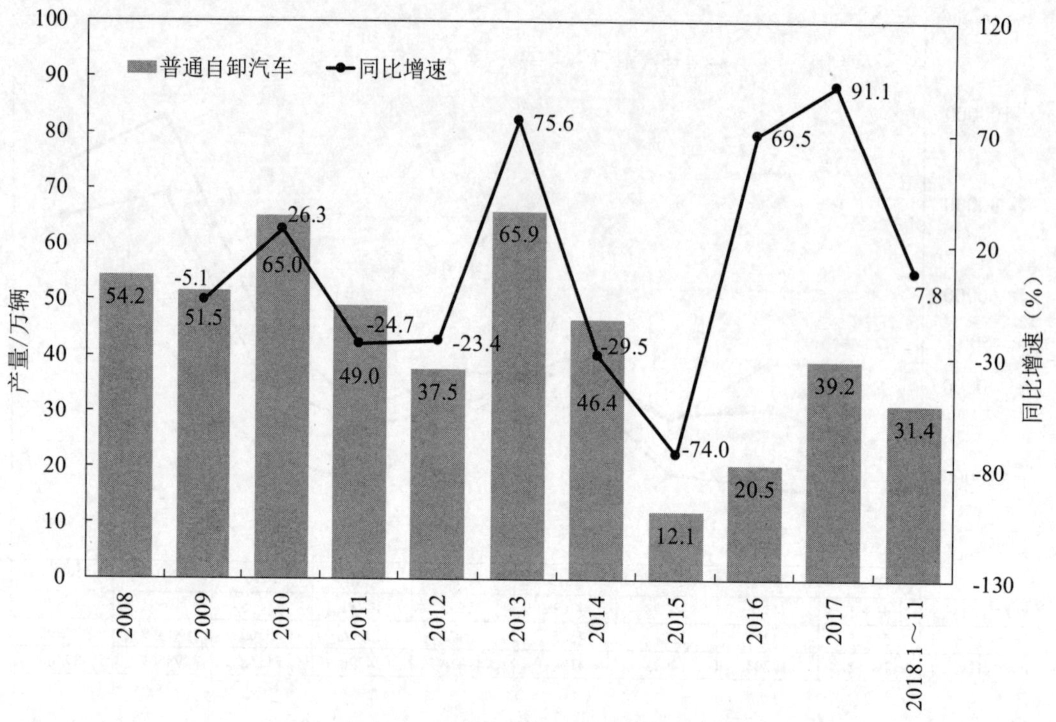

图 4　2008～2018 年普通自卸汽车产量走势

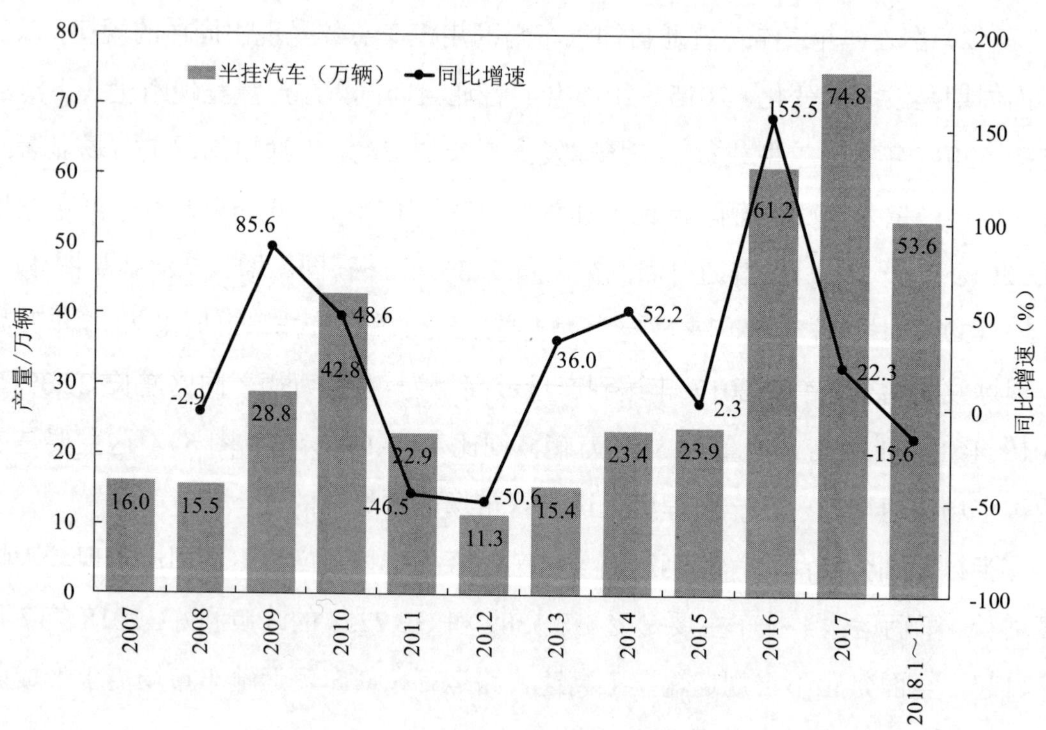

图 5　2007～2018 年半挂汽车产量走势

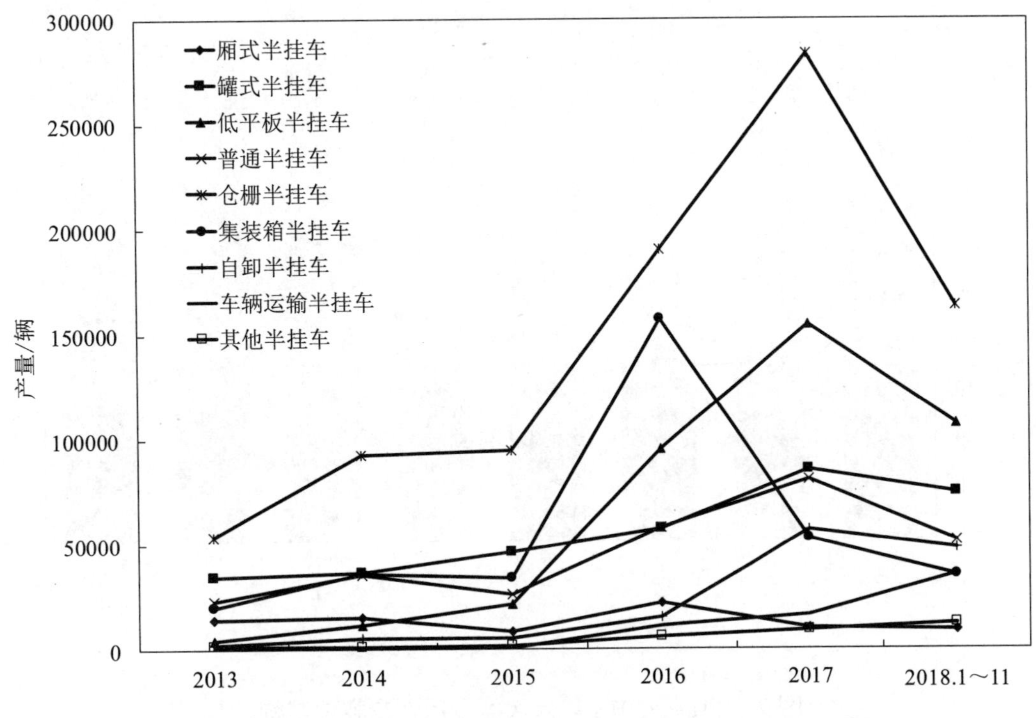

图 6　2013～2018 年 11 月份半挂汽车细分市场产量走势

2．专用汽车行业吨位结构变化

（1）六大类专用车吨位结构　从吨位结构来看，2011～2015 年，六大类专用车呈轻型化的发展态势，轻型车产量持续增长，重型车和微型车占比不断降低。2017 年，重型专用车产量大幅增长。2018 年 1～11 月份，轻型车和重型车产量同比均呈增长态势，分别增长 10%和 6%，而微型车和中型车产量同比下降 32%和 20%。从各吨位占比来看，轻型车占比显著增加，而微型车、中型车和重型车占比均有所下降（见图 7）。

（2）普通自卸汽车吨位结构　从普通自卸汽车的吨位走势可以看出，2015 年和 2016 年重型车占比大幅降低，2015 年重型自卸车产量大幅下降 22 万辆，轻型自卸车产量下降 10 万辆，而 2016 年轻型自卸车产量增长 5 万辆，重型自卸车仅增长 3 万辆。2017 年，受重型载货车市场大幅增长的影响，重型普通自卸汽车产量也大幅增长。2018 年，轻型载货车占比显著增加（见图 8）。中型自卸车占比逐年降低，主要由于用户追求运行效率，中型商用车受重型及轻型商用车的挤压。

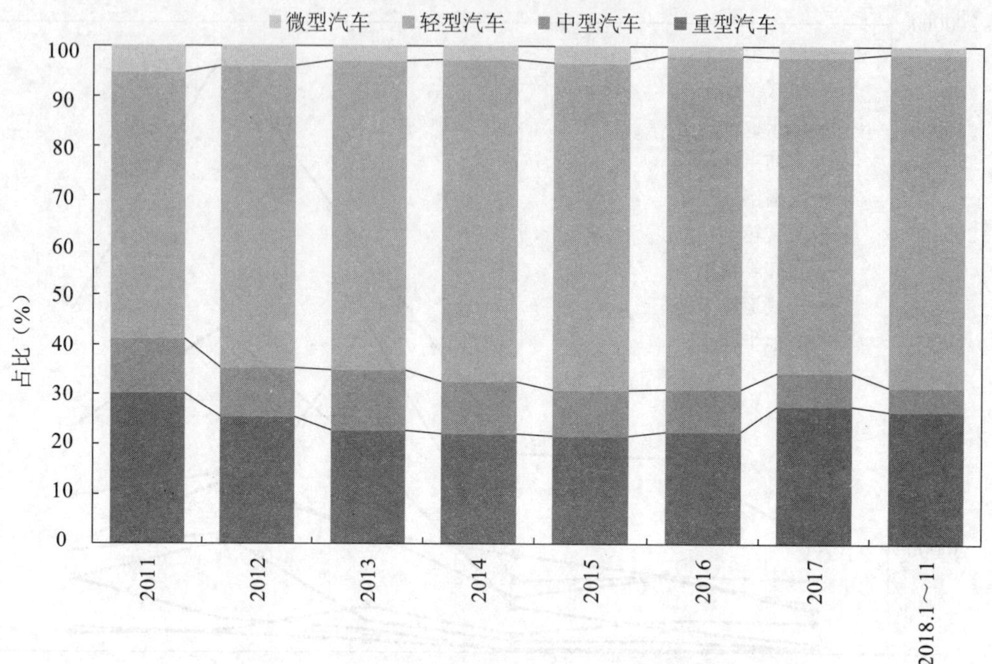

图 7　2011～2018 年六大类专用汽车吨位结构

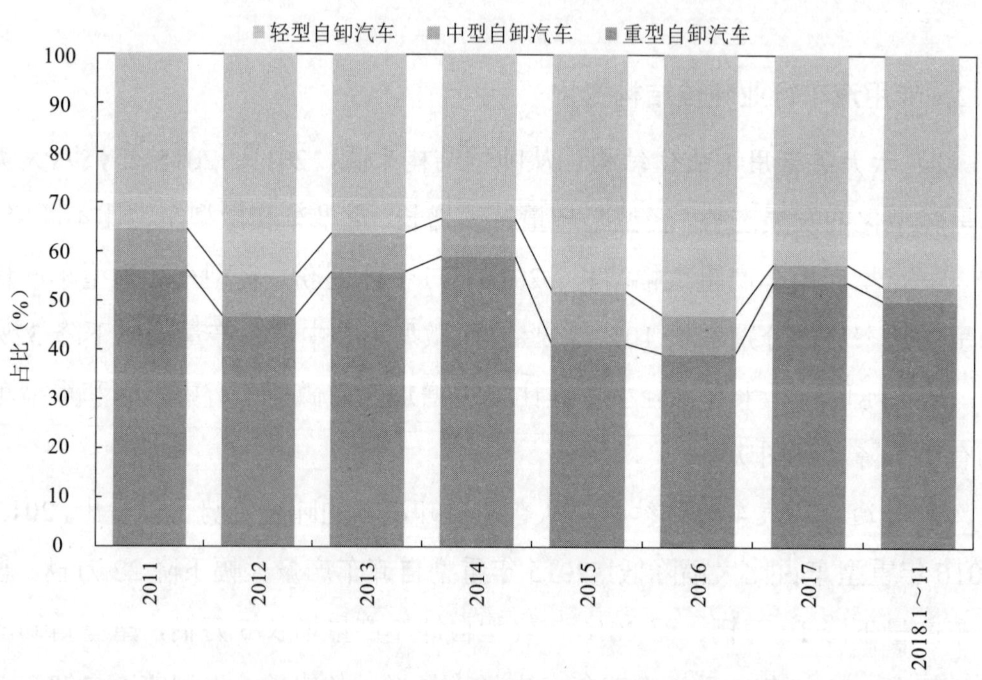

图 8　2011～2018 年普通自卸汽车吨位结构

（3）半挂汽车吨位结构　2012～2015 年，半挂汽车吨位结构呈现重型化趋势，超重型半挂车比例持续走高。随着 2016 年治超力度加大，超重型半挂车比例大幅下降。2018 年，中型和重型半挂车占比持续增加，超重型半挂车占比继续下降（见图 9）。

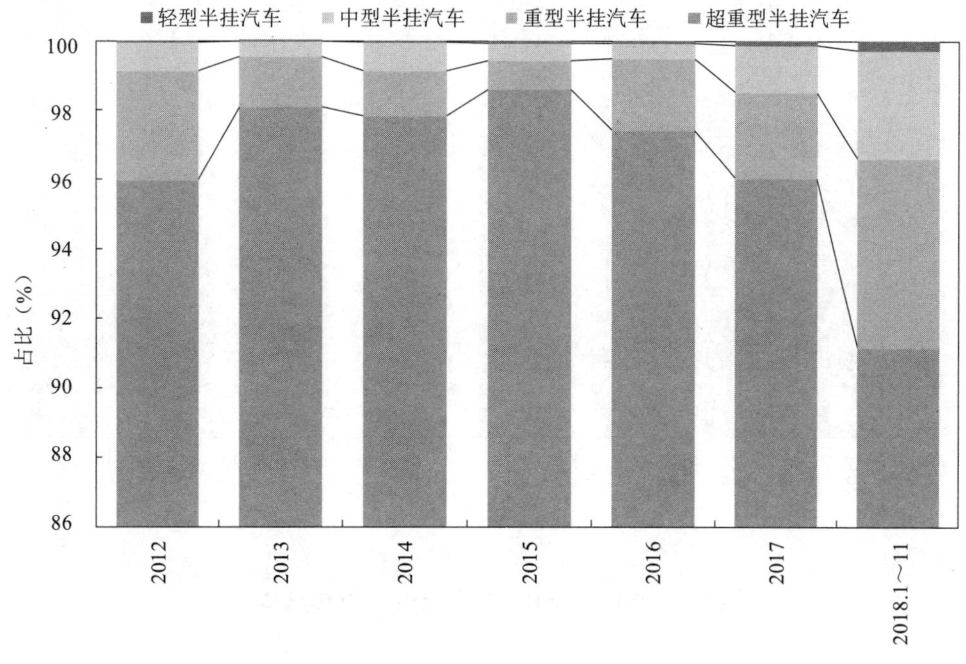

图 9　2012～2018 年半挂汽车吨位结构

3．专用汽车行业燃料结构走势

近年来，六大类专用汽车燃料结构发生了重大变化，柴油车的占比显著下滑，而汽油车占比持续增长。同时，近年来，在新能源汽车快速发展的背景下，纯电动物流车也快速增长，2017 年新能源专用车占比已达到 9.8%。2018 年，受补贴政策影响，纯电动物流车产量同比出现下滑，专用车电动化比例为 5.72%（见图 10）。

随着新能源汽车政策体系的不断完善，近年来新能源专用车快速发展。而 2018 年受补贴政策调整的影响，新能源专用车呈较大幅度的下滑，1～11 月同比累计下降 22%（见图 11）。

4．专用汽车月度产量走势

（1）六大类专用汽车　2018 年除 2 月与 11 月外，各月份的产量显著高于前两年同期水平（见图 12）。由于 2017 年年底，受 GB 7258 实施等政策的影响，专用车规模快速冲量，呈甩尾效应，使得 2018 年 11 月、12 月两月的产量难以达到上年同期的规模。

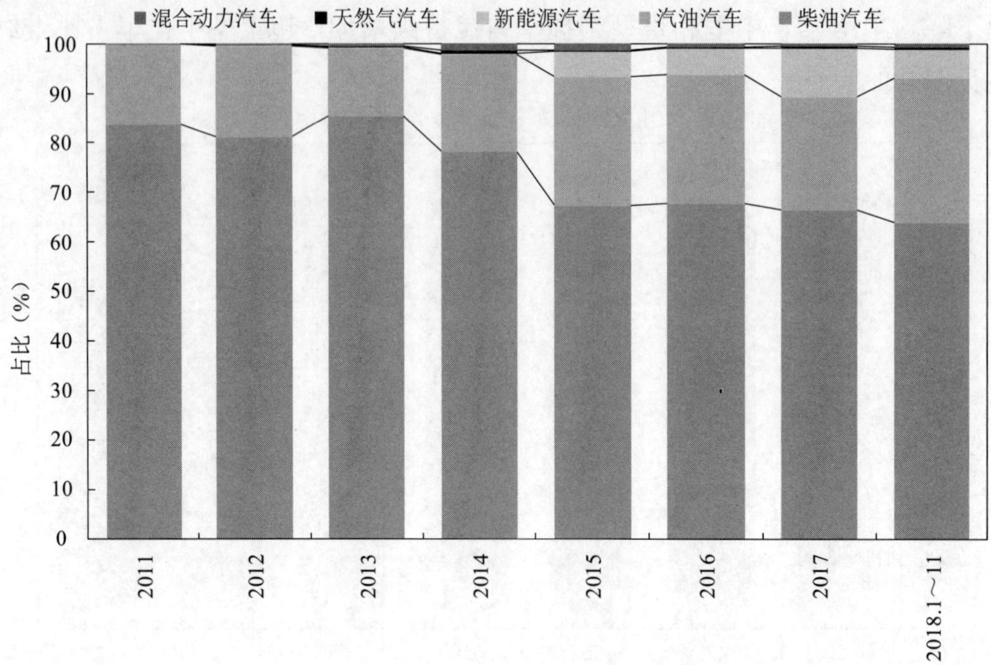

图 10　2011～2018 年专用汽车燃料结构

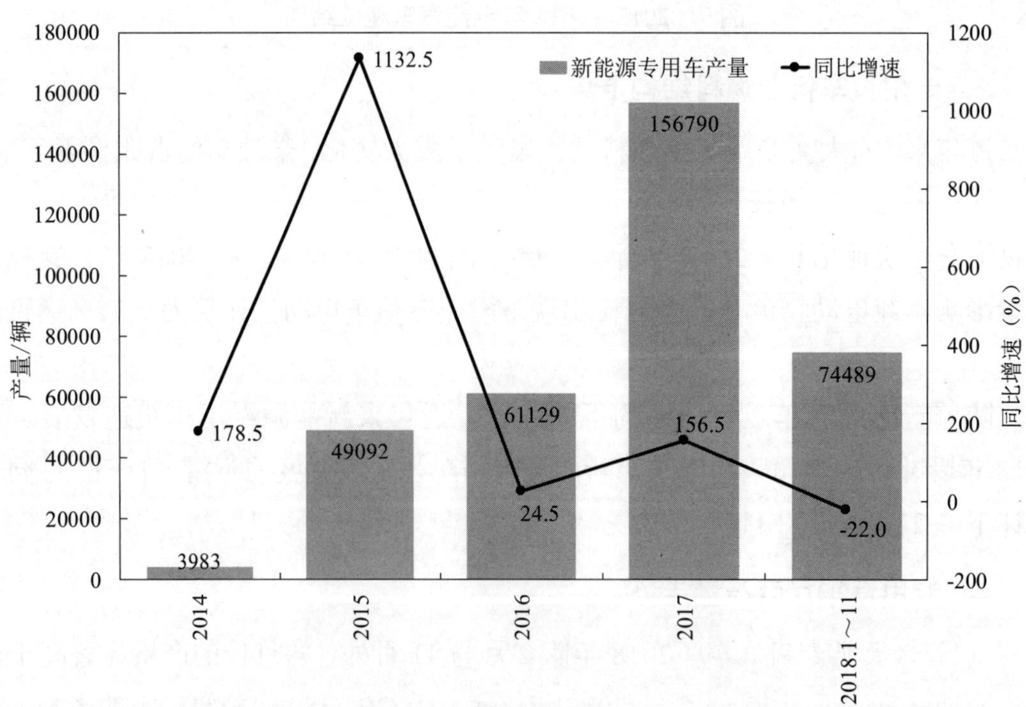

图 11　2014～2018 年新能源专用车产量走势

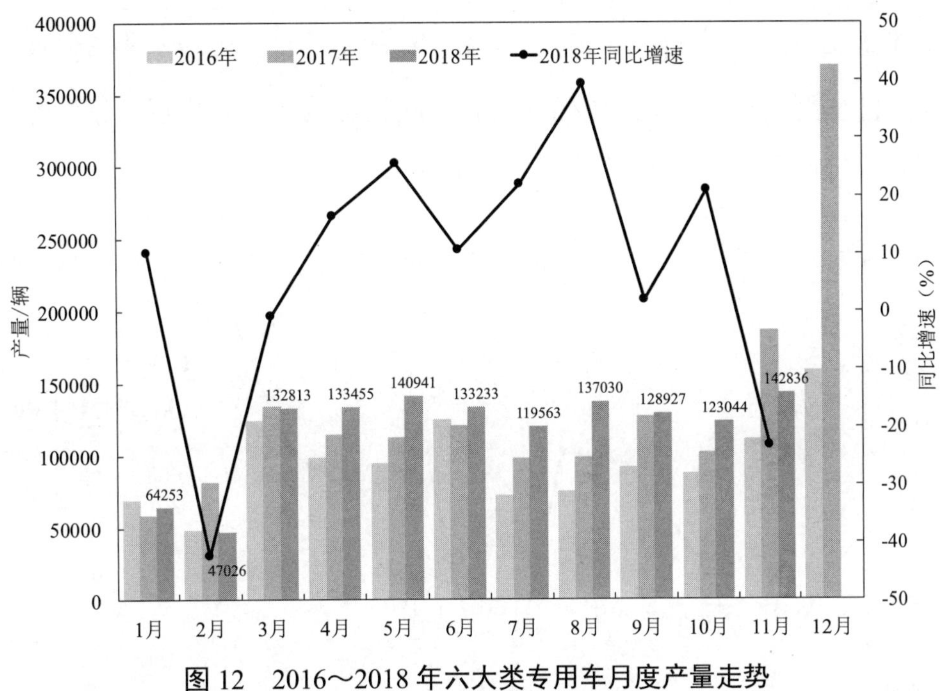

图 12　2016～2018 年六大类专用车月度产量走势

（2）普通自卸汽车　从月度走势来看，2018 年 2 月、6 月、9 月和 11 月普通自卸车出现了一定程度的下滑。2017 年 12 月份，受 GB 7258 实施等政策的影响，普通自卸车快速冲量，拉高了全年的产量（见图 13）。

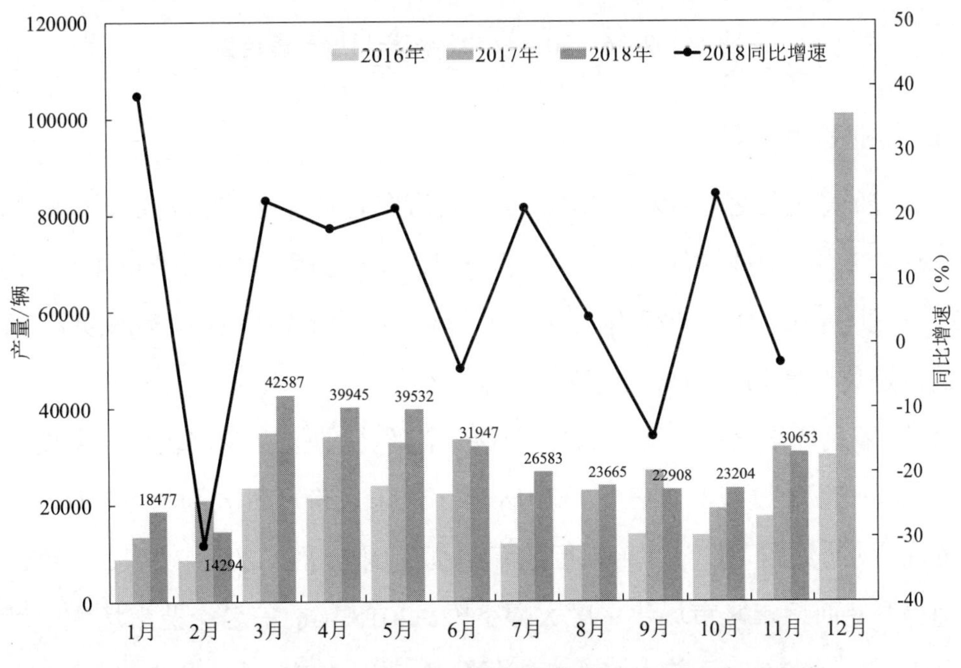

图 13　2016～2018 年 11 月份普通自卸汽车月度产量走势

（3）半挂汽车 2018 年 2 月、3 月、6 月和 8 月，半挂车产量回落。由于上年 6 月份重型柴油车国Ⅴ排放标准实施等政策影响，产量出现政策性爆发，使 2018 年 6 月份产量出现了大幅回落（见图 14）。

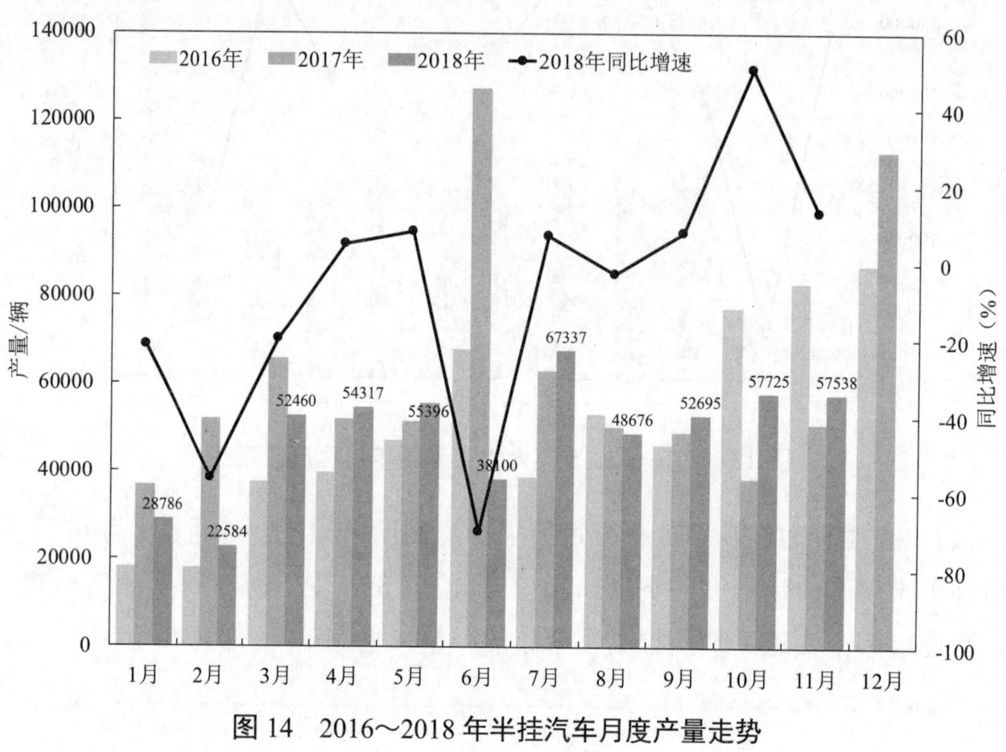

图 14 2016～2018 年半挂汽车月度产量走势

5．行业竞争格局

（1）厢式汽车竞争格局 2018 年厢式汽车行业排名较为稳定，北汽福田、江淮和江铃专用车占据市场前三，产量分别为 10 万辆、6.6 万辆和 4.4 万辆（见图 15）。行业集中度比上年略有上升，前三名企业的市场集中度为 29.9%，前十名企业的市场集中度为 57.9%（见表 1）。

（2）罐式汽车竞争格局 2018 年罐式汽车行业排名变化较大，主要生产企业为湖北程力、华菱星马、三一，2018 年 1～11 月份产量分别为 1.1 万辆、7690 辆和 6555 辆（见图 16）。近年来行业集中度呈倒 V 形，2008～2012 年市场集中度迅速提升，而近年来市场集中度大幅下降。2018 年前三名企业市场集中度进一步提升 1.5 个百分点，而前十名企业市场集中度增加 7.3 个百分点（见表 2）。

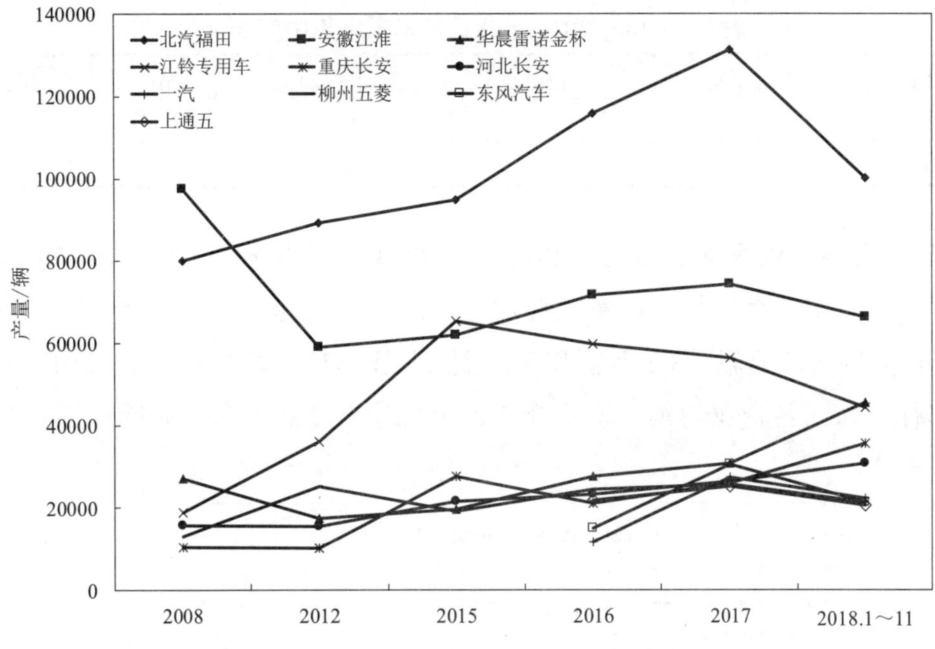

图 15　2008～2018 年厢式汽车市场竞争格局

表 1　2008～2018 年厢式汽车市场集中度走势

厢式汽车	2008 年	2012 年	2015 年	2016 年	2017 年	2018 年
TOP3 市场份额（%）	41.7	38.4	34.6	34.5	29.5	29.9
TOP10 市场份额（%）	65.2	64.7	57.1	56.8	51.2	57.9

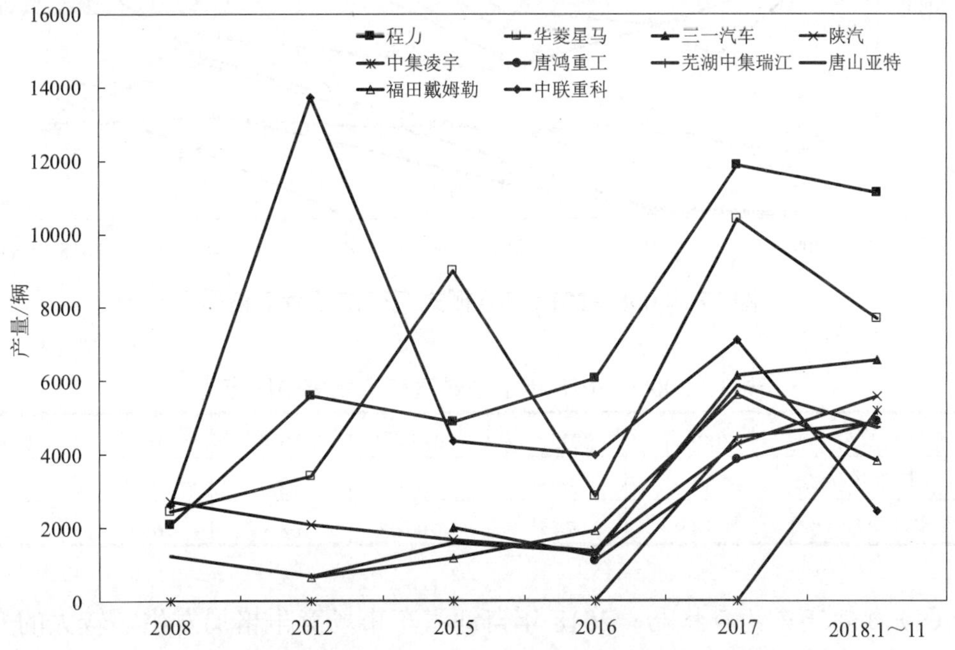

图 16　2008～2018 年罐式汽车市场竞争格局

表 2 2008～2018 年罐式汽车市场集中度走势

罐式汽车	2008 年	2012 年	2015 年	2016 年	2017 年	2018 年
TOP3 市场份额（%）	18.0	34.2	25.5	19.8	22.1	23.6
TOP10 市场份额（%）	40.2	60.6	47.2	41.1	47.8	55.1

（3）仓栅式汽车竞争格局 2018 年仓栅式汽车市场竞争格局出现了较大的变化，重汽济南、重庆长安产量大幅增加，前三分别为一汽、江淮、重汽济南商用，产量分别为 4 万辆、3.2 万辆和 3 万辆（见图 17）。集中度方面，2018 年仓栅式汽车行业前三名企业的集中度下降 1.8 个百分点，前十名企业提升 3.1 个百分点（见表 3）。

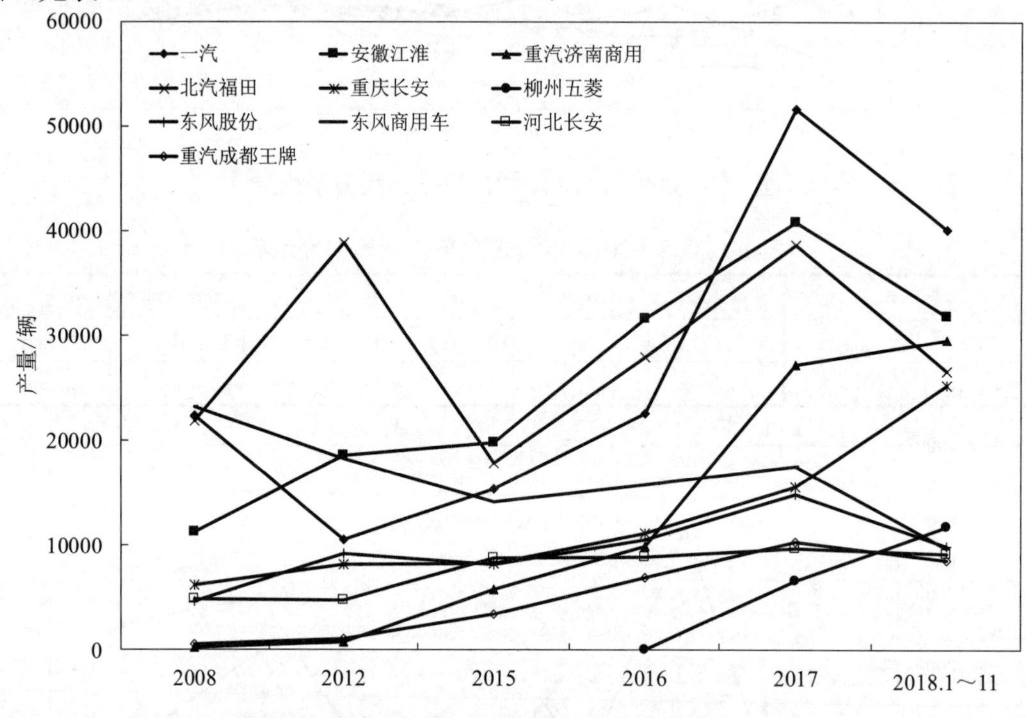

图 17 2008～2018 年仓栅式汽车市场竞争格局

表 3 2008～2018 年仓栅式汽车市场集中度走势

仓栅式汽车	2008 年	2012 年	2015 年	2016 年	2017 年	2018 年
TOP3 市场份额（%）	38.0	38.5	30.6	32.6	37.9	36.1
TOP10 市场份额（%）	78.9	74.8	70.0	68.8	69.0	72.1

（4）自卸汽车竞争格局 2018 年自卸汽车市场竞争格局发生了较大的变化，上汽依维柯红岩、陕汽、一汽等企业均呈大幅增长态势。2018 年 1～11 月份，前

三名企业分别为上汽依维柯红岩、陕汽、中联重科，产量分别为 11427 辆、7972 辆和 5832 辆（见图 18）。2018 年，前三名企业市场集中度增加了 5.9 个百分点，前十名企业市场集中度增加 5.5 个百分点（见表 4）。

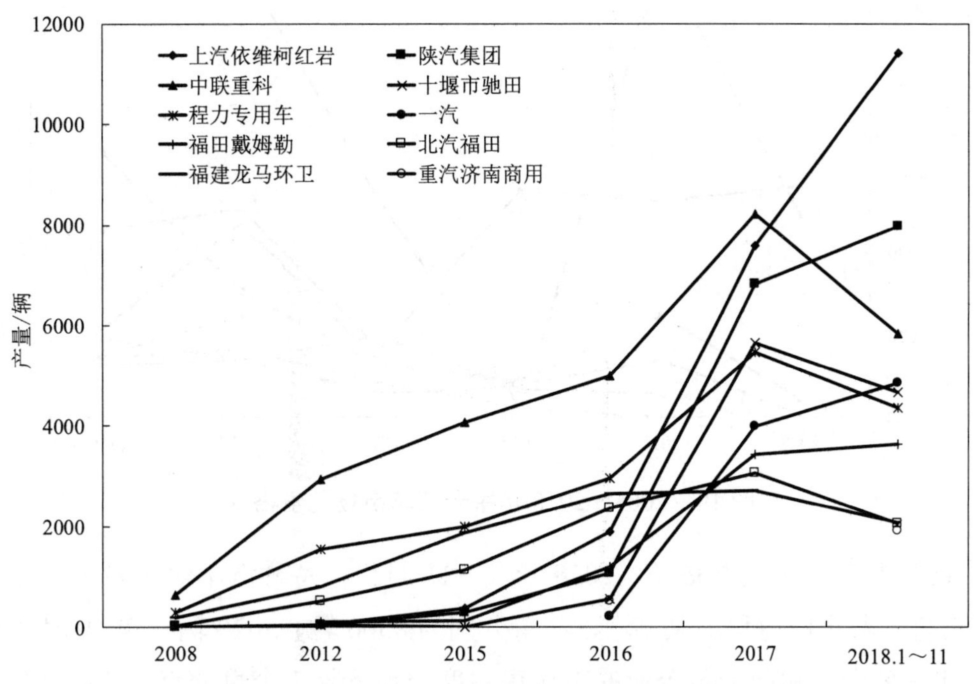

图 18　2008～2018 年自卸汽车市场竞争格局

表 4　2008～2018 年自卸汽车市场集中度走势

自卸汽车	2008 年	2012 年	2015 年	2016 年	2017 年	2018 年
TOP3 市场份额（%）	20.0	26.5	25.0	20.7	23.0	28.9
TOP10 市场份额（%）	44.0	47.4	47.6	43.0	50.3	55.8

（5）举升汽车竞争格局　举升汽车市场竞争格局同样呈现了较大的变化，2018 年 1～11 月份产量前三的企业分别是徐工、三一、中联重科，产量分别为 13030 辆、6498 辆和 4567 辆（见图 19）。2018 年前三名企业的市场集中度增加了 8.3 个百分点，前十名企业的市场集中度增加了 0.1 个百分点（见表 5）。

表 5　2008～2018 年举升汽车市场集中度走势

举升汽车	2008 年	2012 年	2015 年	2016 年	2017 年	2018 年
TOP3 市场份额（%）	66.2	61.9	35.1	37.3	43.7	52.0
TOP10 市场份额（%）	80.7	85.2	64.8	68.5	71.4	71.5

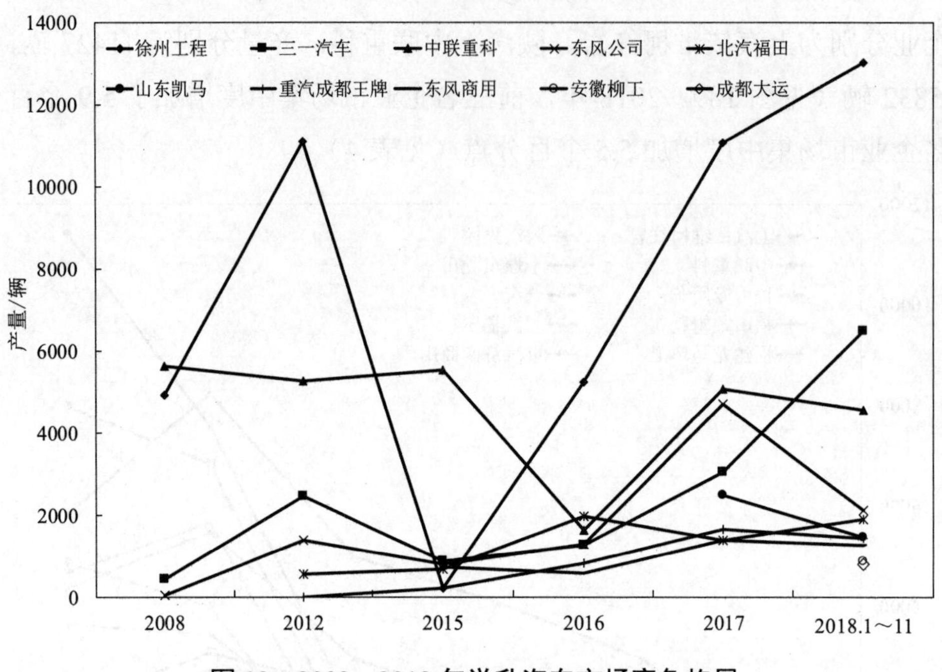

图 19　2008～2018 年举升汽车市场竞争格局

（6）特种汽车竞争格局　2018 年 1～11 月份，特种汽车前三名企业分别为中联重科、湖北程力和东风柳汽，产量分别为 8500 辆、5020 辆和 3949 辆（见图 20）。前三名企业和前十名企业的市场集中度分别下降 2 个百分点和 3.6 个百分点（见表 6）。

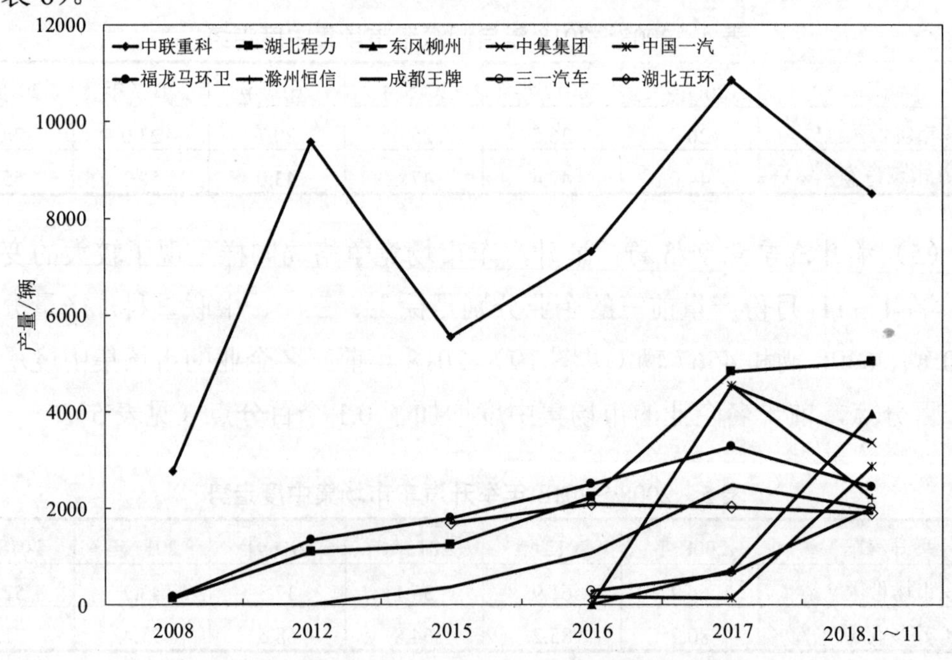

图 20　2008～2018 年特种汽车市场竞争格局

表 6　2008～2018 年特种汽车市场集中度走势

特种汽车	2008 年	2012 年	2015 年	2016 年	2017 年	2018 年
TOP3 市场份额（%）	46.6	54.3	31.1	30.5	25.0	23.0
TOP10 市场份额（%）	62.0	68.8	55.7	53.9	48.7	45.1

（7）普通自卸汽车竞争格局　2018 年 1～11 月份，普通自卸汽车产量前三的企业分别是陕汽、北汽福田、重汽济南卡车，产量分别为 2.8 万辆、2.6 万辆和 2.2 万辆（见图 21）。前三名企业市场集中度下降 0.8 个百分点，而前十名企业市场集中度增长 1.7 个百分点（见表 7）。

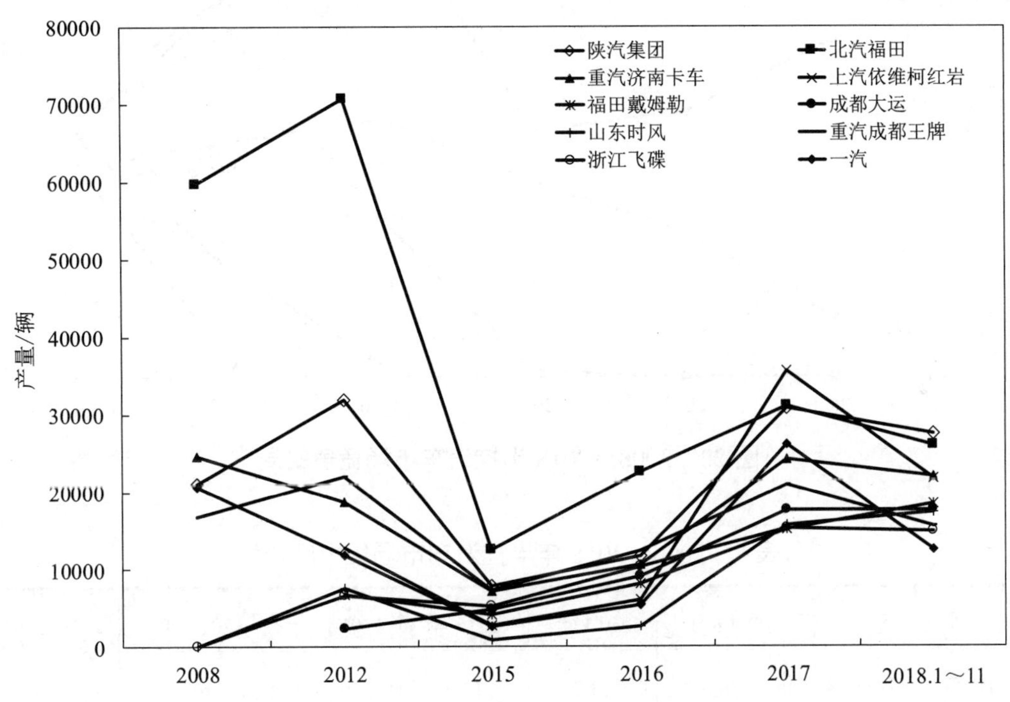

图 21　2008～2018 年普通自卸汽车市场竞争格局

表 7　2008～2018 年普通自卸汽车市场集中度走势

普通自卸汽车	2008 年	2012 年	2015 年	2016 年	2017 年	2018 年
TOP3 市场份额（%）	40.2	34.3	23.0	22.7	24.9	24.1
TOP10 市场份额（%）	67.6	65.3	53.4	55.5	60.1	61.8

（8）半挂汽车竞争格局　半挂汽车技术门槛相对不高，行业竞争格局变化最大。2018 年 1～11 月份产量前三的企业是扬州中集通华、山东锣响、驻马店中集

华骏，产量分别是11121辆、10440辆和9843辆（见图22）。2018年前三名企业的市场集中度下降0.6个百分点，前十名企业的市场集中度上升0.5个百分点（见表8）。

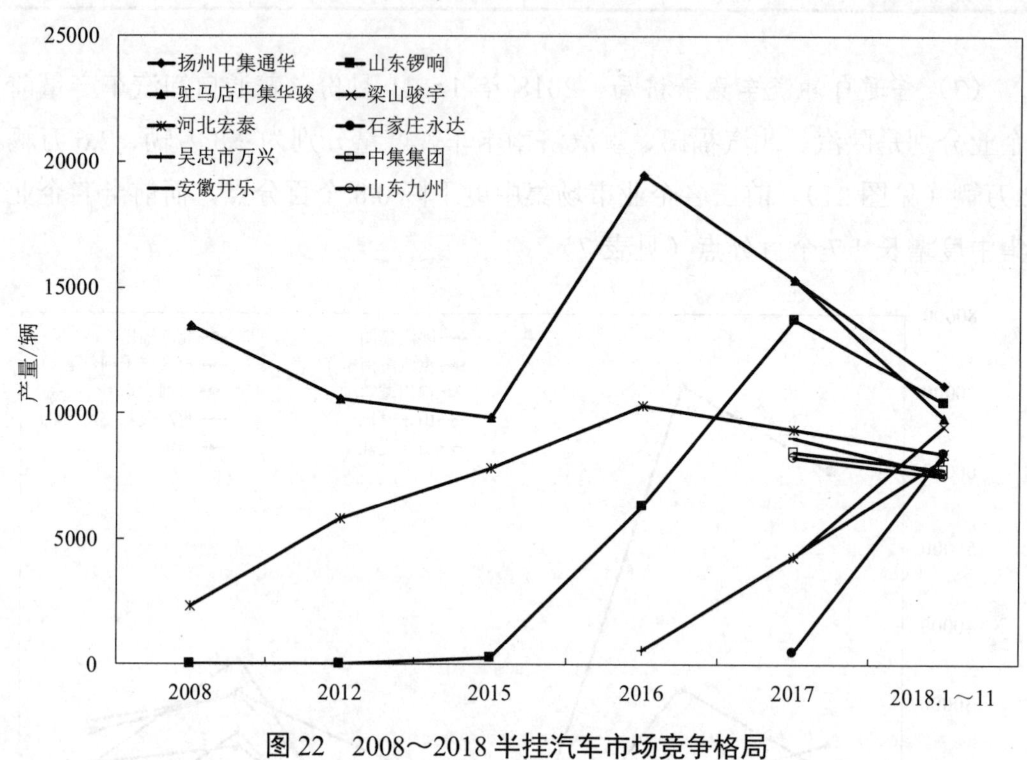

图22 2008～2018半挂汽车市场竞争格局

表8 2008～2018年半挂汽车市场集中度走势

半挂汽车	2008年	2014年	2015年	2016年	2017年	2018年
TOP3市场份额（%）	20.8	13.2	11.2	9.0	6.5	5.9
TOP10市场份额（%）	38.4	28.8	27.2	24.1	16.1	16.6

6. 专用汽车各用途走势

在专用汽车各细分用途中，公路物流类、土建工程类、环卫类及城市功能类是规模较大的细分市场。2018年六大类专用车市场大幅增长（见表9），主要是由于土建工程类、环卫类、公路物流类的爆发增长，医疗救护类、路面和抢险类、消防类专用车也有较大幅度的增长。

表 9 主要用途专用汽车 2012～2018 年产量走势

用　　途	2012 年产量/辆	2013 年产量/辆	2014 年产量/辆	2015 年产量/辆	2016 年产量/辆	2017 年产量/辆	2018 年 1～11 月份产量/辆	2018 年 1～11 月份同比累计增速（%）
公路物流类	631137	917159	833893	733914	890992	1174819	950656	4
土建工程类	88308	138094	111154	58778	53013	122823	111729	19
环卫类	44545	91675	84521	67469	96818	176662	141997	15
城市功能类	37994	40983	56065	66836	67532	70442	52775	−7
危化品运输类	12925	21501	14790	13740	16456	19416	14128	−5
路面/抢险类	8338	14817	10757	11767	13014	17302	14114	10
医疗救护类	9946	11840	10578	8832	8803	10242	10805	24
警用军用类	2756	2905	3529	3459	3870	5852	3627	−20
消防类	1949	2873	1641	2329	2915	3143	2864	29
其他	1306	2065	1202	868	913	833	426	—

（1）公路物流类　2018 年 1～11 月份，公路物流类产量为 95.1 万辆。其中厢式运输车和仓栅式运输车是主力车型。2018 年厢式运输车累计产量达到 57 万辆，与上年基本持平。仓栅式运输车累计产量为 27.8 万辆（见图 23），比上年略高 5%，其中重型仓栅运输车比上年下降 31.7%，轻型车增长 25.6%。冷藏车近年来持续快速增长，从 2011 年的 6208 辆增长至 2018 年 1～11 月份的 3.8 万辆（见图 24），同比增长 32.9%。翼开启厢式车从 2011 年的 661 辆增长至 2018 年 1～11 月份的 1.4 万辆。而邮政车、运钞车属于特定用途的车辆，总体规模相对平稳。

（2）土建工程类　土建工程类专用车经历了 2017 年的爆发式增长，2018 年稳中有增，产量为 11.2 万辆，同比累计增长 19%。经历 2013～2016 年四年的下降期后，这两年土建工程类专用车进入快速更换期。2018 年 1～11 月份，混凝土搅拌运输车同比增长 7.2%，汽车起重机车同比增长 57.6%，混凝土泵车同比增长 46.7%。

2011～2018 年主要土建工程类专用车产量走势见图 25。

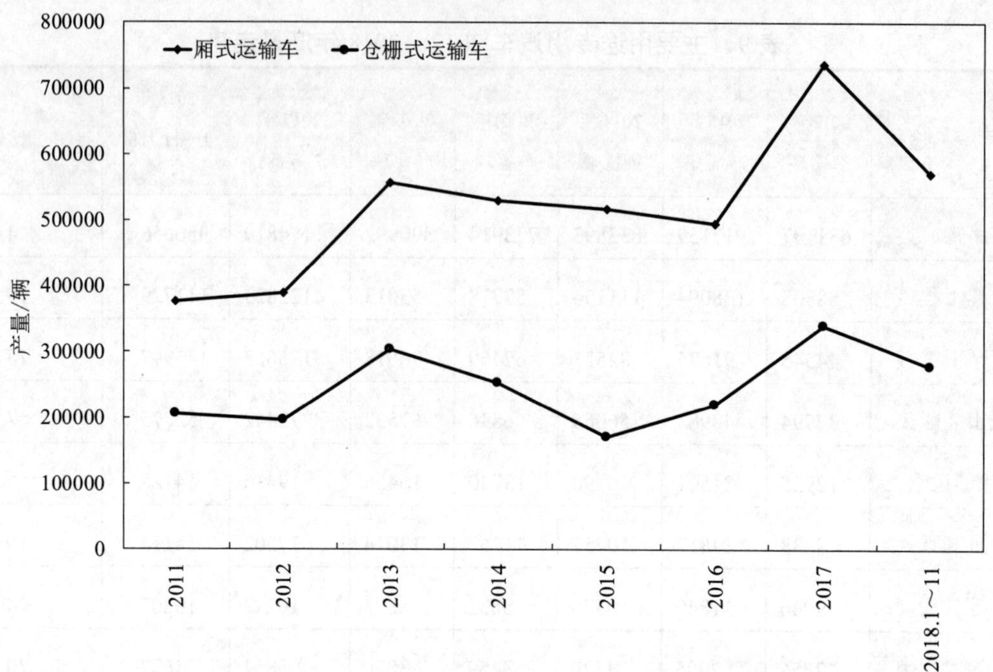

图 23 2011～2018 年厢式运输车与仓栅式运输车产量走势

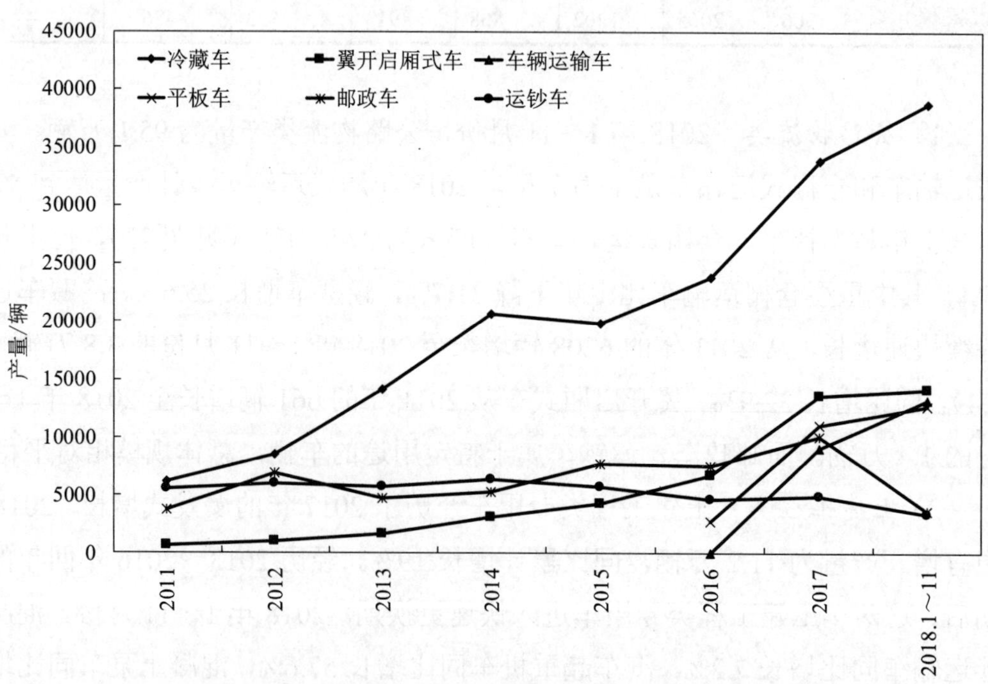

图 24 2011～2018 年其他公路物流类运输车产量走势

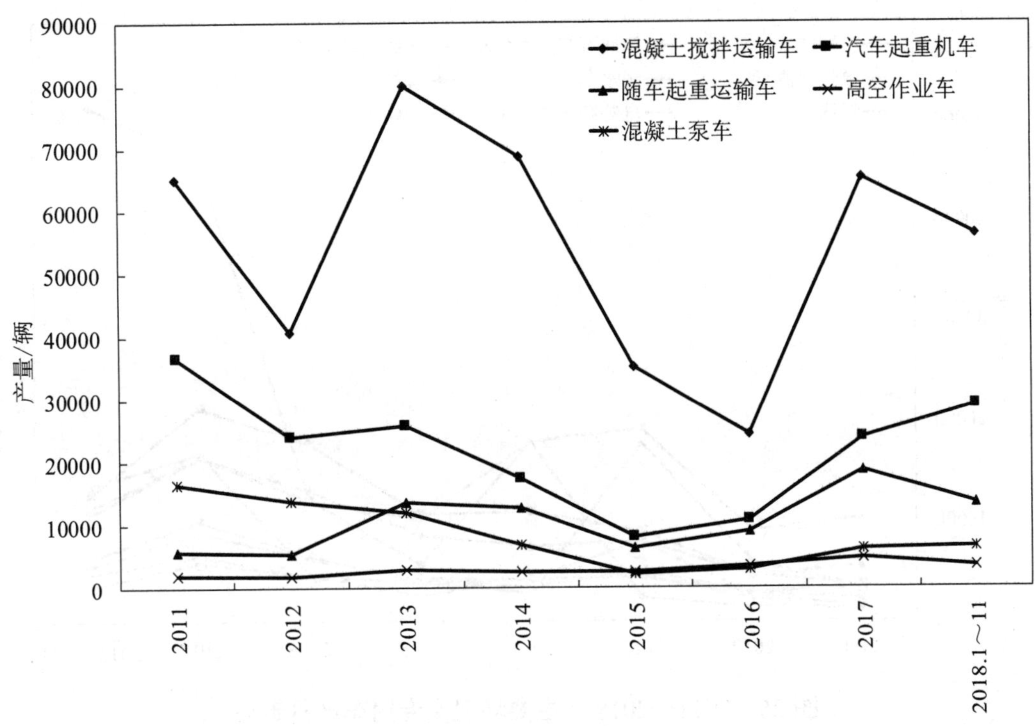

图 25　2011～2018 年主要土建工程类专用车产量走势

（3）环卫类　近年来，环卫类专用车市场呈爆发式增长的态势，2018 年产量为 14.2 万辆，同比增长 15%。随着城镇化率持续提高，环境压力增大，机械化清扫率实现快速增长，垃圾运转体系持续快速扩大，为环卫用车提供了广阔的市场需求。在环卫车细分车型中，自卸垃圾车产量持续爆发增长，2018 年 1～11 月份为 5.1 万辆（见图 26），同比增长 63.4%。而车厢可卸式垃圾车、压缩式垃圾车、洗扫车、清洗车等均呈现一定幅度的下滑。

（4）城市功能类　2018 年，城市功能类专用车呈现一定的下滑，同比下降 7%左右。受宏观经济低迷的影响，企业经营压力增大，商务车市场 2018 年下滑 21%。教练车市场延续持续下滑态势，2018 年下降 51%。监测车、工程车呈现 28%和 17%的下滑。而与民生相关的售货车延续了近年来持续增长的势头，2018 年同比增长 38%，旅居车同比增长 66%。2011～2018 年城市功能类专用车产量走势见图 27。

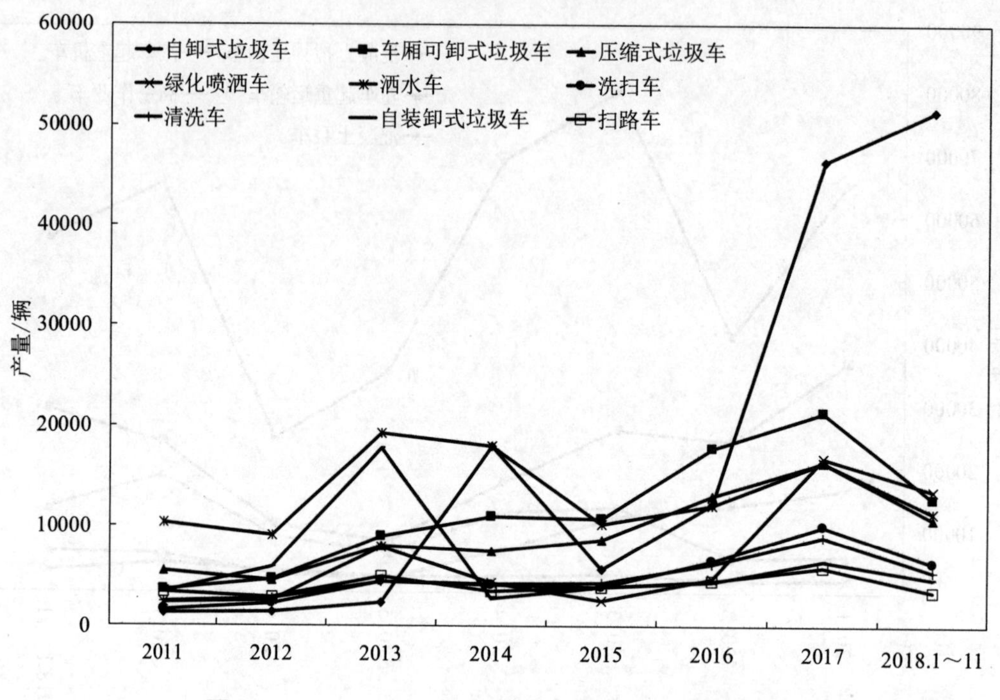

图 26 2011～2018 年主要环卫类专用车产量走势

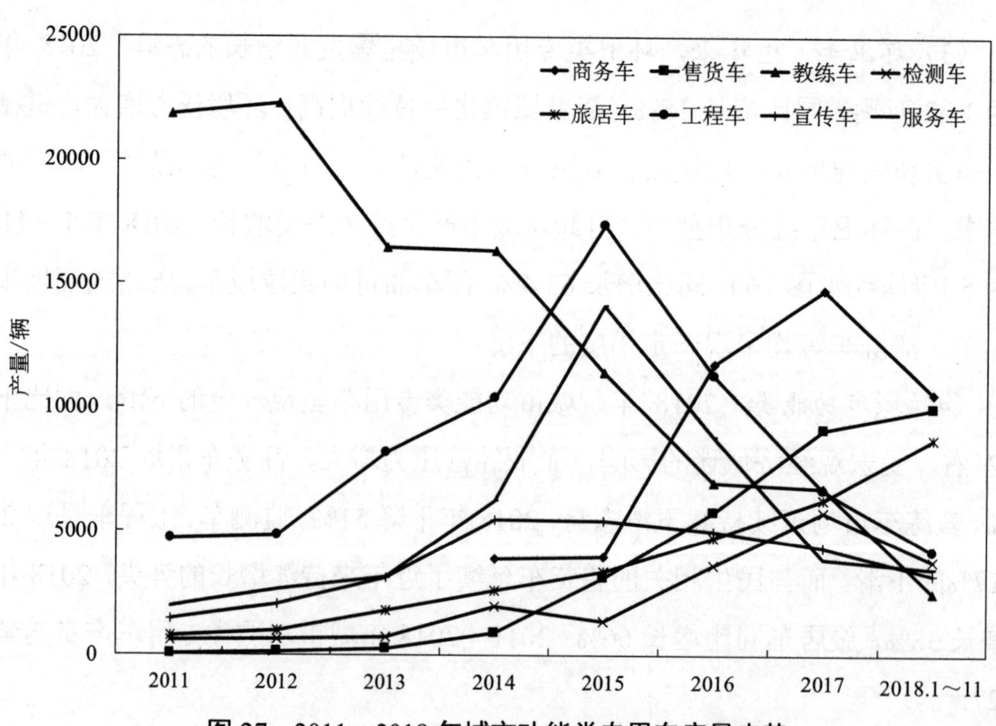

图 27 2011～2018 年城市功能类专用车产量走势

二、专用汽车市场的影响因素

1. 政策与标准

（1）汽车产业投资管理规定　2018 年 12 月 18 日国家发展和改革委员会发布了《汽车产业投资管理规定》（下面简称《规定》）。《规定》明确了各类新建整车及其他投资项目的管理方式，提出了整车项目布局的方向及各类投资项目的重点发展区域。《规定》明确了燃油汽车投资项目的要求，包括禁止投资项目及扩产能项目的要求。《规定》明确了纯电动汽车投资项目的要求：所在省份要求、新建独立纯电动汽车企业项目要求、企业法人要求、扩能要求。《规定》还明确了各类零部件投资项目的要求。关于专用车和挂车，《规定》提出：新建专用汽车和挂车企业投资项目，企业法人应建立产品研发机构，拥有专业研发团队，具有相关研发经历，具备专用装置的技术研发和试验验证能力；禁止新建仓栅车、栏板车、自卸车和普通厢式车等普通运输类专用汽车和普通运输类挂车企业投资项目；专用汽车企业不得建设各类汽车底盘和整车生产能力，特种作业车底盘自制自用除外。

（2）道路机动车辆生产企业及产品准入管理办法　2018 年 12 月 6 日，工业和信息化部发布了《道路机动车辆生产企业及产品准入管理办法》，于 2019 年 6 月 1 日起施行。新管理办法有诸多变化，如：大幅减少企业准入类型、大幅减少产品准入类型、优化准入管理流程、加强事中事后管理。第一，大幅减少了企业准入类型。企业获得某一个类别的准入后，生产该类别之内的产品，无需再次申请企业准入。产品类别从改革前的 19 个缩减为 6 个。其中，专用车 8 个类别调整为专用车和挂车两个类别。第二，大幅减少产品准入类型。推行道路机动车辆产品系族管理，鼓励企业按照系族提出道路机动车辆产品准入申请。生产同一系族内的产品，将不需要重复申请公告。全面推广后，预计产品准入的类型将降幅 1/3。第三，优化准入管理流程。包括：优化准入流程、优化检测流程、优化改装车管理、推行集团化，以及对新技术新材料新工艺的应对，同时允许符合规定条件的研发设计企业借用生产企业的生产能力申请准入。针对改装车的管理政策，该办法指出，货车类企业可以委托上装生产企业完成平板、仓栅、厢式、自卸货车产品的上装生产作业。货车类企业对采用本企业底盘进行上装生产的改装车进行统一道路机动车辆产品准入申请，承担产品质量和生产一致性责任。第四，加强事中事后管理。改变目前重准入轻监管的做法，通过抽检、建立企业信誉档案、吊销企业准入资质等手段，加强产品生产的事中事后管理。

（3）蓝天保卫战三年行动计划 2018 年 7 月 3 日，国务院发布了《打赢蓝天保卫战三年行动计划》，北京、天津、河北、广东、浙江、江苏、辽宁等多省市出台了配套的《打赢蓝天保卫战三年行动计划》。与汽车相关的内容包括：一是加快车船能源结构升级，推广使用新能源车。公交、环卫、邮政、出租、通勤、轻型物流配送车辆采用新能源或清洁能源汽车，重点区域使用比例达到 80%。二是排放法规升级。2019 年 7 月 1 日起，重点区域、珠三角地区、成渝地区提前实施机动车国VI排放标准（地区政府极有可能提前实施）。三是优化调整货物运输结构。干线运输推进公转铁行动计划，加大货运铁路建设的投入，发展多式联运。四是加快油品质量升级。2019 年 1 月 1 日起，全国全面供应符合国VI标准的车用汽柴油，实现“三油并轨”。

（4）推进运输结构调整三年行动计划（2018～2020 年） 2018 年 10 月 9 日，国务院办公厅发布了《推进运输结构调整三年行动计划（2018～2020 年）》（以下简称《计划》)。《计划》提出以推进大宗货物运输“公转铁、公转水”为主攻方向，不断完善综合运输网络，切实提高运输组织水平，减少公路运输量，增加铁路运输量，加快建设现代综合交通运输体系。《计划》明确了未来公路货运的政策方向，超限超载、货运车型标准化、集约化、多式联运、绿色城配等政策将进一步强化落实。同时，《计划》将引导长途干线物流向铁路和水路转移，公路运输将被压缩。《计划》提出公路货运治理行动，包括强化公路货运车辆超限超载治理，大力推进货运车型标准化，推动道路货运行业集约高效发展。同时，《计划》提出了多式联运提速行动，包括加快联运枢纽建设和装备升级，加快发展集装箱铁水联运，深入实施多式联运示范工程。《计划》提出城市绿色配送行动，包括推进城市绿色货运配送示范工程，加大新能源城市配送车辆的推广应用力度，推进城市生产生活物资公铁联运等。

（5）排放升级 2018 年 6 月 28 日，生态环境部发布了《重型柴油车污染物排放限值及测量方法（中国第六阶段）》（见表 10)，轻型汽车和重型柴油车的国VI实施计划已全部出台。轻型汽车国VI排放标准 a 阶段，全国范围内 2020 年 7 月 1 日实施，b 阶段全国范围内 2023 年 7 月 1 日实施。重型柴油车国VI排放标准，a 阶段燃气车 2019 年 7 月 1 日实施，城市车辆 2020 年 7 月 1 日实施，所有车辆

2021 年 7 月 1 日实施。重型柴油车国VI排放标准 b 阶段燃气车，2021 年 1 月 1 日实施，所有车辆 2023 年 7 月 1 日实施（见表 11）。

表 10 排放升级政策梳理

时间	政策名称
2018.6.28	生态环境部发布《重型柴油车污染物排放限值及测量方法（中国第六阶段）》
2018.3.29	深圳发布关于轻型汽车执行第六阶段国家机动车大气污染物排放标准的通告（征求意见稿）
2018.5.7	广州市发布《关于轻型汽车执行第六阶段国家机动车大气污染物排放标准的通告（征求意见稿）》
2018.6.22	海南省提前实施国家第六阶段机动车排放标准工作方案（征求意见稿）
2018.8.14	广东省提前实施机动车国VI排放标准方案（征求意见稿）
2018.10.17	深圳市发布关于轻型汽车执行第六阶段国家机动车大气污染物排放标准的通告
2018.11.9	广州市提前执行轻型汽车国VI排放标准工作方案
2018.11.28	天津市发布关于实施第六阶段国家轻型汽车大气污染物排放标准的通告（征求意见稿）

表 11 生态环境部制定的全国范围内排放升级实施时间

排放标准	类型	实施时间
国V	轻型车	轻型汽油车 2017 年 1 月 1 日实施
		轻型柴油车 2018 年 1 月 1 日实施
	重型车	2018 年 7 月 1 日实施
国VI	轻型车	a 阶段 2020 年 7 月 1 日实施
		b 阶段 2023 年 7 月 1 日实施
	重型车	a 阶段燃气车 2019 年 7 月 1 日实施 城市车辆 2020 年 7 月 1 日起实施 所有车辆 2021 年 7 月 1 日实施
		b 阶段燃气车 2021 年 1 月 1 日实施 所有车辆 2023 年 7 月 1 日实施

此外，多省市已明确国VI提前实施计划（见表 12）。2018 年汽车市场已经开始下滑，实施国VI标准将提高汽车的成本，并进而提高车辆的成交价，同时不少企业的车型特别是低价车还没有做好国VI的准备，国VI车型的供给将不足，预计 2018 年在部分地区提前实施国VI后，汽车市场将经受严峻的考验。

表 12 多省市已明确的国VI实施时间进度

进度	发布时间	省市	执行时间	执行标准
确定	2018.10.17	深圳市	2018.11.1	柴油车国VIb
确定	2018.10.17	深圳市	2018.12.31	汽油车国VIb
报批	2018.11.9	广州市	2019.3.1	国VIb
征求意见	2018.11.28	天津市	2019.7.1	国VIb

（续）

进　度	发布时间	省　市	执行时间	执行标准
确定	2018.8.23	河北省	2019.7.1	国VI
确定	2018.8.8	山东省	2019.7.1	国VI
征求意见	2018.8.14	广东省（不含深圳、广州）	2019.7.1	国VIb
确定	2018.9.21	河南省	2019.7.1	国VI
征求意见稿	2018.6.22	海南省	2018.11.1	国VI
确定	2018.10.19	成都市	2019.7.1	国VI
确定	2018.7.29	山西省（重点区域）	2019.7.1	国VI
确定	2018.10.11	陕西关中地区	2019.7.1	国VI
确定	2018.10.11	江苏省	2019.7.1	国VI
确定	2018.10.8	浙江省	2019.7.1	国VI
确定	2018.7.3	上海市	2019.7.1	国VI
确定	2018.10.11	安徽省	2019.7.1	国VI
确定	2018.9.29	重庆市	2019.7.1	国VI
确定	2019.7.1	重点区域、珠三角、成渝	2019.7.1	国VI

多地在蓝天保卫战行动计划等政策中，提出高排放老旧汽车淘汰计划（见表13）。根据国务院蓝天保卫战三年行动计划，2020年年底前，京津冀及周边地区、汾渭平原淘汰国Ⅲ及以下排放标准营运中型和重型柴油货车100万辆以上。此外，北京、陕西、深圳等多地明确出台了相关政策。大量老旧车辆的淘汰利好专用汽车市场。

表13　部分省市出台的高排放老旧汽车淘汰计划表

发布时间	政　策　名　称
2018.7.23	西安市发布禁限行高排放老旧汽车的通告（征求意见稿）
2018.10.11	陕西省高排放老旧机动车淘汰更新实施计划（2018～2020年）
2018.11.2	北京市发布《关于对国Ⅲ排放标准柴油载货汽车采取交通管理措施降低污染物排放的通告》
2018.4.18	深圳市老旧车提前淘汰奖励补贴办法（2018～2020年）（征求意见稿）

（6）专用车电动化　目前，利于新能源专用车快速发展的政策体系已基本形成，包括：核准、企业准入及产品准入、需求端采购比例要求、动力电池、充电基础设施等。过去几年，政策是新能源汽车行业的主要推动因素，未来新能源汽车将由政策主导向市场主导转移。同时，新能源专用车政策正向消费端转移，包括补贴退坡、路权利好、电价支持、购置税减免等。通过这些措施，鼓励消费端

使用新能源专用车。2018 年 6 月份，交通运输部等部门发布《关于公布城市绿色货运配送示范工程创建城市的通知》(以下简称《通知》)，确定天津、石家庄等 22 个城市为绿色货运配送工程试点。《通知》提出了完善多方政策以支持新能源货运配送车辆的推广，如完善加气加电设施、通行便利。国务院印发的《打赢蓝天保卫战三年行动计划》明确提出，加快推进城市建成区新增和更新的公交、环卫、邮政、出租、通勤、轻型物流配送车辆使用新能源或清洁能源汽车，重点区域使用比例达到 80%；重点区域港口、机场、铁路货场等新增或更换作业车辆主要使用新能源或清洁能源汽车。各地的蓝天保卫战系列政策中，也明确提出了新能源专用车的采购比例，比如北京市就明确提出到 2020 年，邮政、城市快递、轻型环卫车辆（4.5t 以下）基本为电动车，办理货车通行证的轻型物流配送车辆（4.5t 以下）基本为电动车。

（7）标准及其管理　2018 年 8 月份，出台了危险货物道路运输车辆安全技术条件要求，9 月份出台了危险货物道路运输规则（见表 14），预计 2019 年对危化品运输车的管理将进一步规范。各类标准及相关政策密集出台，推进了行业标准的进一步完善，对标准的制定过程进一步规范，标准的执行力度加强。

表 14　各部委出台的各类标准及相关政策

时　　间	名　　称
2018.5.10	交通运输部、公安部、工业和信息化部三部门联合印发《关于深入推进车辆运输车治埋工作的通知》
2018.5.29	交通运输部关于下达 2018 年交通运输标准化计划的通知
2018.7.26	国家标准化管理委员会发布《机动车安全技术检验项目和方法》（征求意见稿）
2018.8.1	危险货物道路运输营运车辆安全技术条件（征求意见稿）
2018.9.6	交通运输部关于发布《危险货物道路运输规则》等 34 项
2018.9.18	推荐性国家标准《中国汽车行驶工况》第 1、2 部分通过汽车节能分标委审查
2018.10.15	国家市场监督管理总局发布《强制性国家标准管理办法（征求意见稿）》
2018.10.17	工业和信息化部发布关于落实 GB 7258—2017 等相关标准检测工作的通知

（8）交通运输部发布关于严格执行全国超限超载认定标准的通知　2016 年 9 月 21 日新一轮货车非法改装和超限超载治理工作两年后，交通运输部再次发文，要求统一全国超限超载认定标准。《通知》要求严格执行 173 号文件明确的超限超载认定标准，确保全国范围内标准统一。要求加强高速公路治超执法管理，加强超限检测站执法管理，加强治超信息化建设，加强监督检查。

2．经济因素

（1）全社会固定资产投资额　2011～2018 年，全社会固定资产投资额同比增速持续下降，从 2011 年 23.8%下降至 2017 年的 7.2%。2018 年 1～11 月份，全社会固定资产投资额为 60.9 万亿元，同比增长 5.7%（见图 28），增速进一步放缓。从具体领域看，2018 年 1～11 月份，基础设施投资同比增长 3.7%；第一产业投资同比增长 12.2%；全国制造业投资同比增长 9.5%，比上年同期高 5.4 个百分点；民间投资同比增长 8.7%，增速高于上年同期 3 个百分点。预计 2019 年基础设施将保持稳中有增的态势，直接影响专用汽车市场。近两年经济下行、固定资产投资增速下降，加上政策刺激拉动市场需求导致近两年产量基数较高，形成了一定程度的透支，预计 2019 年，受经济下行因素及多地实施国Ⅵ拖累，专用汽车市场将有所下滑。

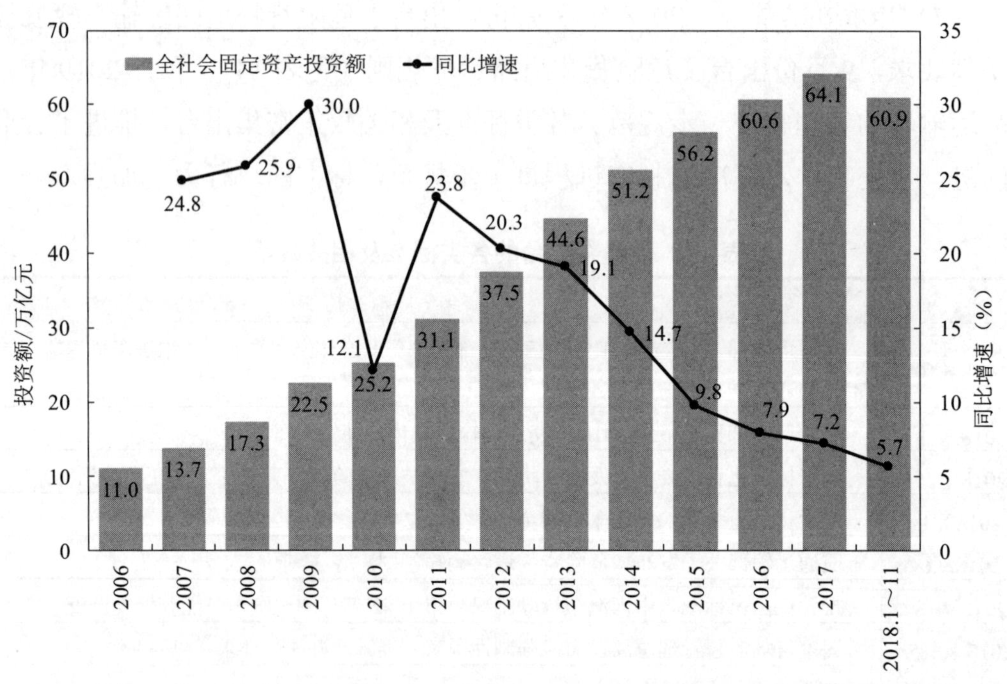

图 28　2006 年～2018 年全社会固定资产投资额走势

（2）城镇化率走势　近年来我国城镇化率持续提高，从 2011 年的 51.27%增加至 2017 年的 58.50%（见表 15），这就为各类城市功能类用车提供了广阔的市场需求。同时，城镇化率的提升带动的施工建设、机械化清扫率要求，为土建工程与市政环卫专用车提供了一定的市场需求。

表 15 我国城镇化率逐年快速增长

（单位：%）

年 份	2008	2009	2010	2011	2012	2013	2014	2015	2016	2017
城镇化率	45.68	46.59	47.50	51.27	52.57	53.70	54.77	56.10	57.35	58.50

（3）公路货运周转量与国内快递量　2013 年至今，公路货运周转量与国内快递量持续快速增长（见图 29 和图 30），这些因素利好了厢式运输车、普通自卸汽车和半挂汽车等各类公路物流类专用汽车。随着电商持续快速发展，快递周转量保持了较快增长，这就导致对各类城市物流车需求较大。

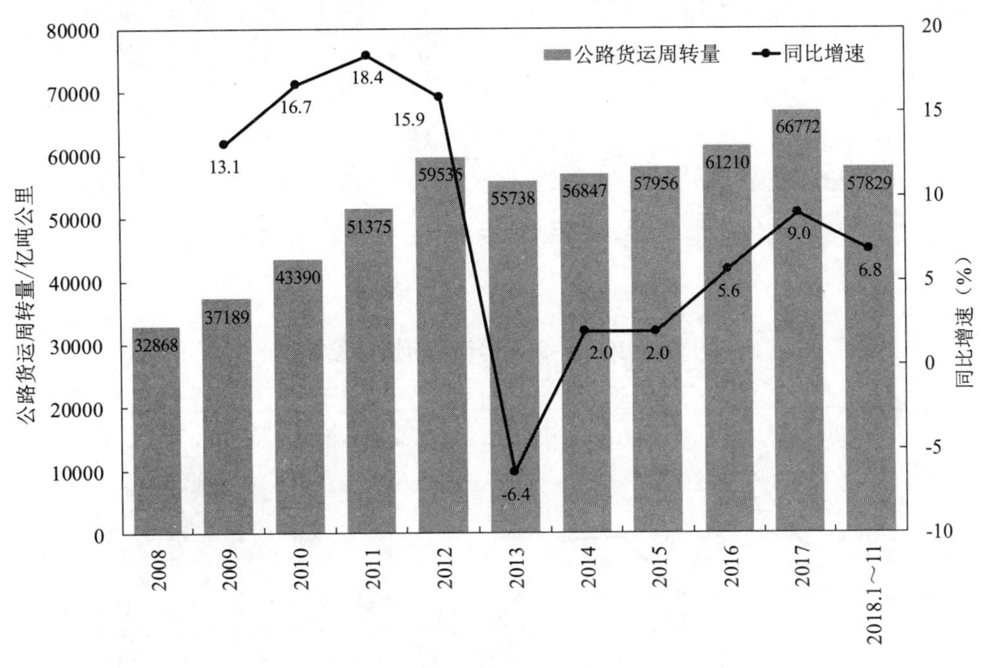

图 29　2008～2018 年公路货运周转量走势

（4）全社会消费品零售总额　近年来，全社会消费品零售总额同比增速略有下降，但由于基数较大，同比增速仍达到 9.2%（见图 31），使消费品零售总额仍呈逐年大幅增加的态势，这就为冷藏车、售货车、城市物流车等车辆提供了旺盛的市场需求。

（5）乡村振兴战略　《乡村振兴战略规划（2018～2022 年）》提出：提升农业装备和信息化水平；优化农业生产力布局；壮大特色优势产业；发展新型农村集体经济；打造农业科技创新平台基地；推动农村产业深度融合；集中治理农业环境突出问题；未来农村和农业将迎来快速发展，农村产业发展、农村经营主体、农业环境约束、农村装备水平等，这对相关占用车也是新的发展机遇和挑战。适应新时代农村农业的专用车将大有可为。

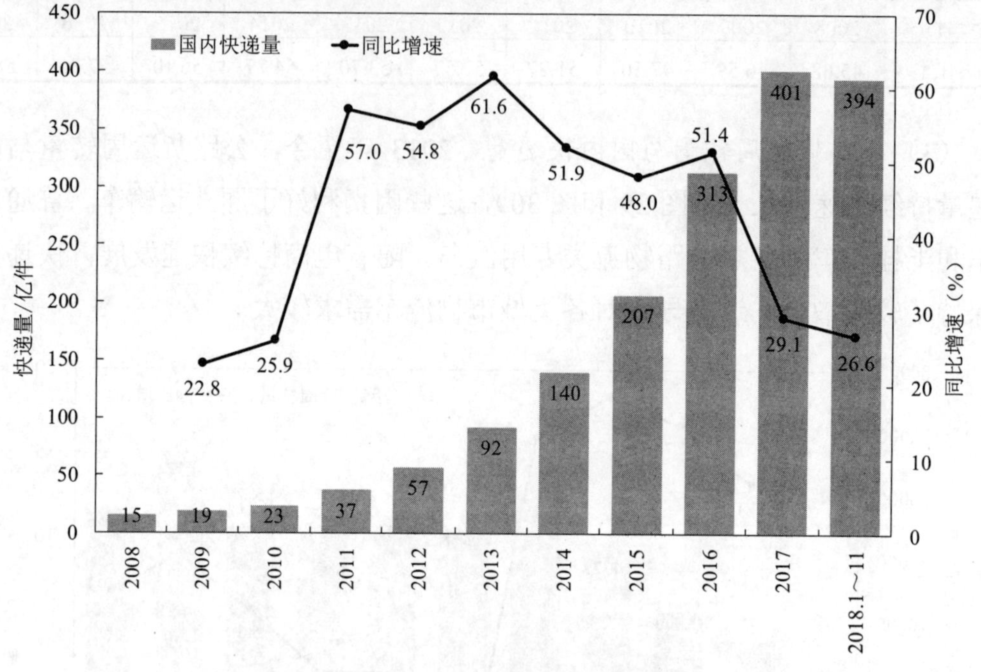

图30 2008～2018年国内快递量走势

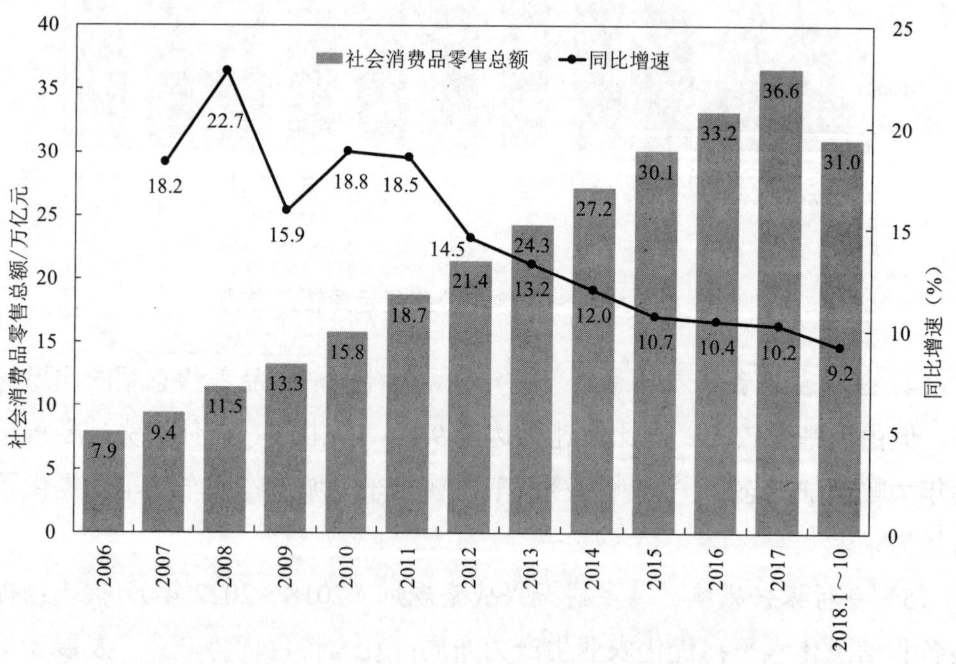

图31 2006～2018年社会消费品零售总额走势

3. 新技术

（1）智能网联　近两年，港口、物流、环卫等领域的行驶路线较为固定，应用场景较为封闭，这些领域的智能网联探索进程加快。一汽解放、东风、江铃等商用车企业加快了智能网联的布局。部分企业已推出 L3、L4 级别的自动驾驶试验车，前期主要应用在港口、高速公路、环卫、园区等场景，在封闭或半封闭、结构化道路上，实现自动循线、自动跟车、自动换道、横穿停等、路口减速等功能。随着智能网联的相关政策及标准的加快出台、主要企业加快布局、资本开始涌入、智能网联关键技术的快速提升，智能网联在部分车型、部分场景的应用正在加速，将成为未来几年商用车企业转型升级的重要契机。

（2）新能源　随着关键技术不断突破，新能源专用车的产品性能显著优化。近年来，动力电池能量密度显著提升。2018 年纯电动专用车动力电池能量密度中，120Wh/kg 占比已达到 67%以上（见图 32）。2018 年纯电动专用车续驶里程中，200km 以上的续驶里程占比已达到 95%以上（见图 33），基本能满足很多场景的车辆日常应用。

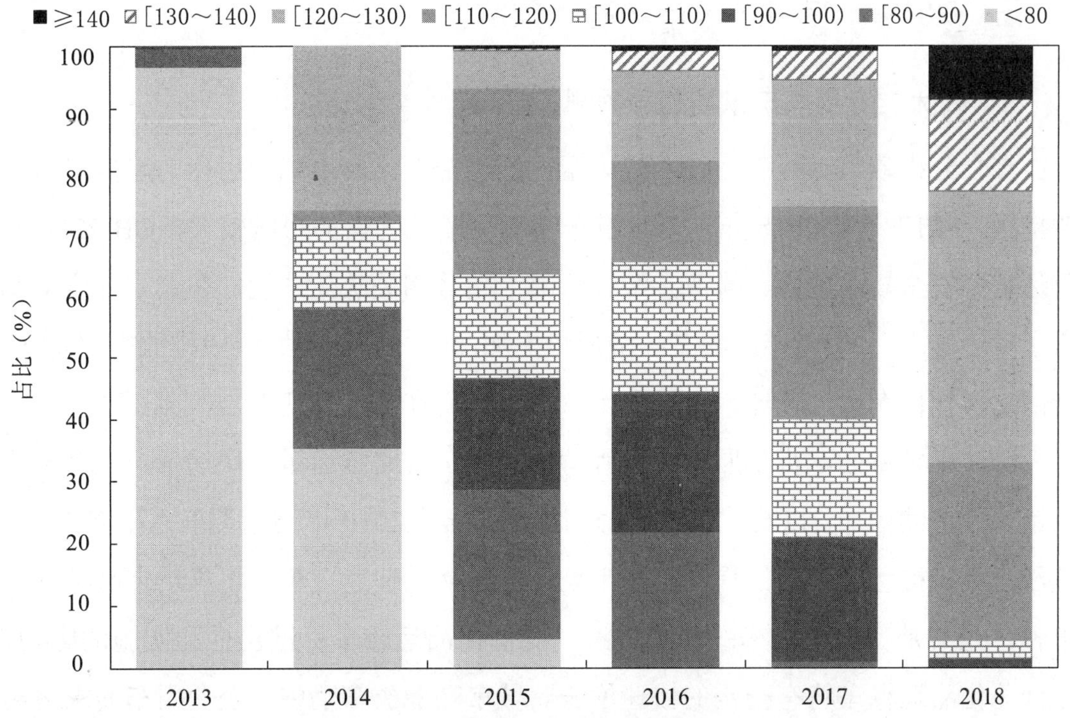

图 32　2013～2018 年纯电动专用车动力电池系统能量密度分布（单位：Wh/kg）

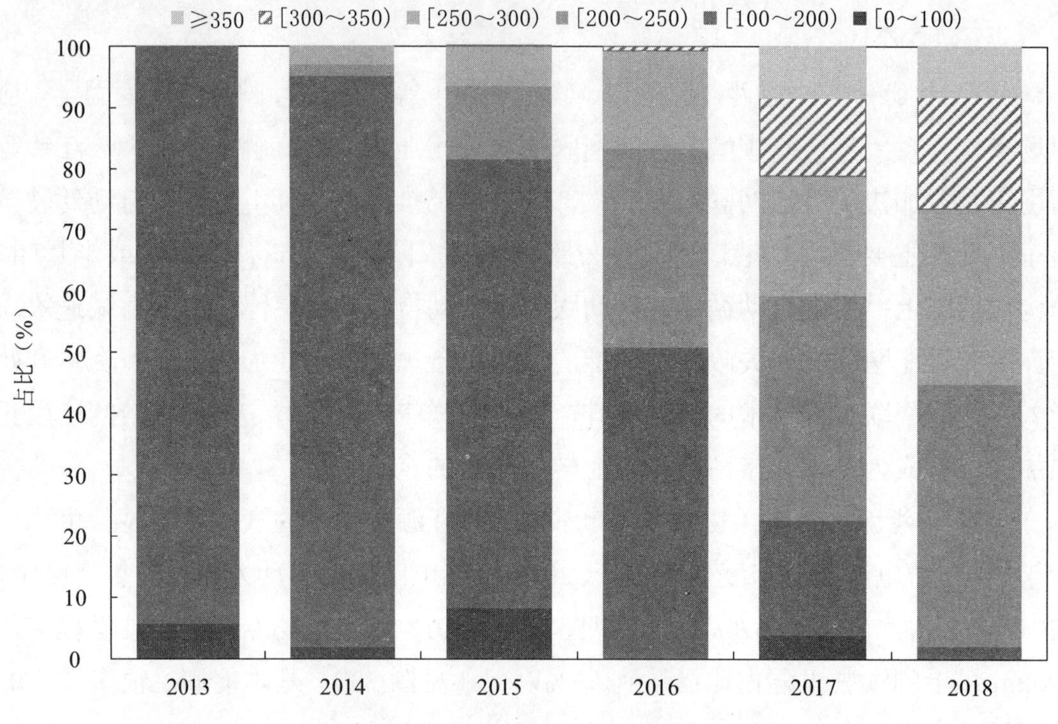

图 33　2013～2018 年纯电动专用车续驶里程分布（单位：公里）

三、2019 年专用汽车市场趋势预测

1. 六大类专用汽车市场趋势预测

综合分析政策、经济、技术等因素，长期来看，商用车专用化的趋势仍将长期持续。2017 年和 2018 年，专用汽车市场受政策因素的影响较大，GB 7258 及营运货车安全技术条件、排放升级、治限治超等相关政策法规，在一定程度上刺激了市场需求。2019 年，随着经济形势更加严峻、部分区域国VI排放提前实施、老旧车辆加快淘汰，预计六大类专用汽车市场将在 155 万辆左右（见图 34）。

具体车型方面，货车厢式化进程持续加快，公路货运量、快递量、社会零售品销售额持续增加，以及政策法规的利好，将推动 2019 年物流类车辆微增长。环境压力及机械化清扫率的提高，城市垃圾运转体系快速完善，将推动市政环卫类车辆，尤其是各类垃圾车的持续增长。受危化品运输车标准出台和实施的影响，预计危化品运输车将有一定的快速增长。城市功能类车辆中，企业用车需求将会有所下降，而居民消费类的车辆，如售货车、旅居车仍将快速增长。土建工程类专用车这两年基数已经较大，随着固定资产投资的下滑，预计 2019 年土建工程车产量将有所下滑。随着新能源汽车快速发展形成的电池技术提升、用车环境成熟、用户认知度提升，将进一步推动专用车电动化，预计 2019 年新能源专用车产量将在 20 万辆左右。

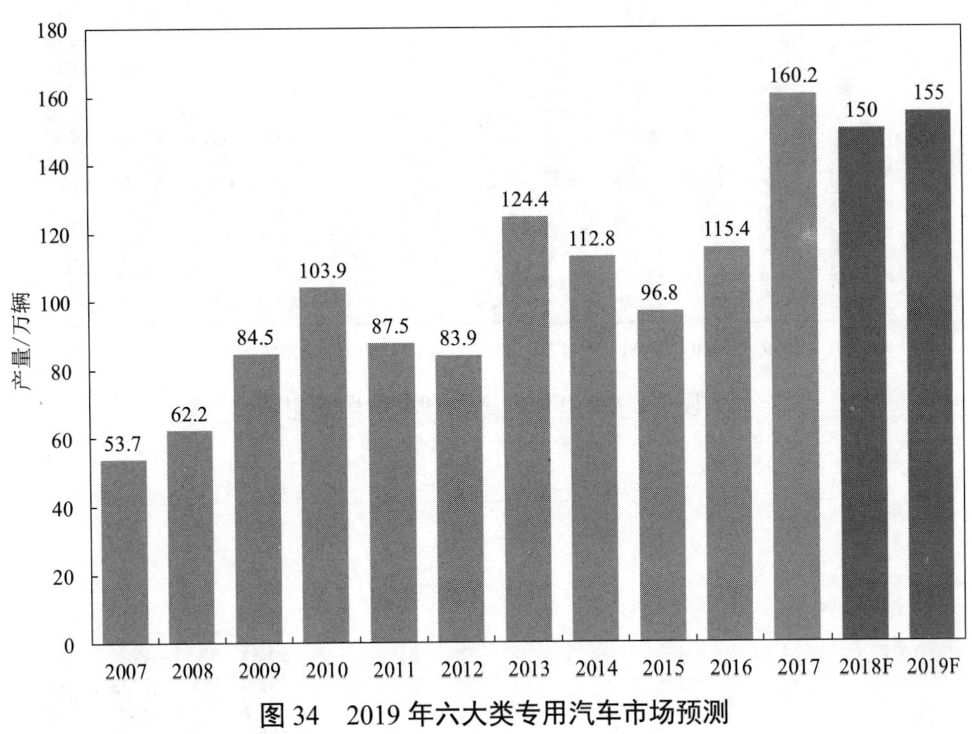

图 34　2019 年六大类专用汽车市场预测

2．普通自卸车和半挂车市场趋势预测

近两年多地渣土车新政频出，利好渣土车市场，预计 2019 年普通自卸车会有小幅增长，全年产量在 40 万辆左右（见图 35）。

未来几年，我国交通运输方式和结构将发生明显变化。长途干线运输中，公路货物运输量将压缩，铁路、水路的比例将提升。而支线领域，公路运输仍不可替代。多式联运将改变现有货运方式。同时，新的核准及准入政策对半挂车企业要求更高，新企业将无法进入。随着经济形势更加严峻，以及近两年车辆产销规模较大导致公路运力过剩，2019 年半挂车市场需求将持续下滑，预计全年产量在 60 万辆左右（见图 36）。

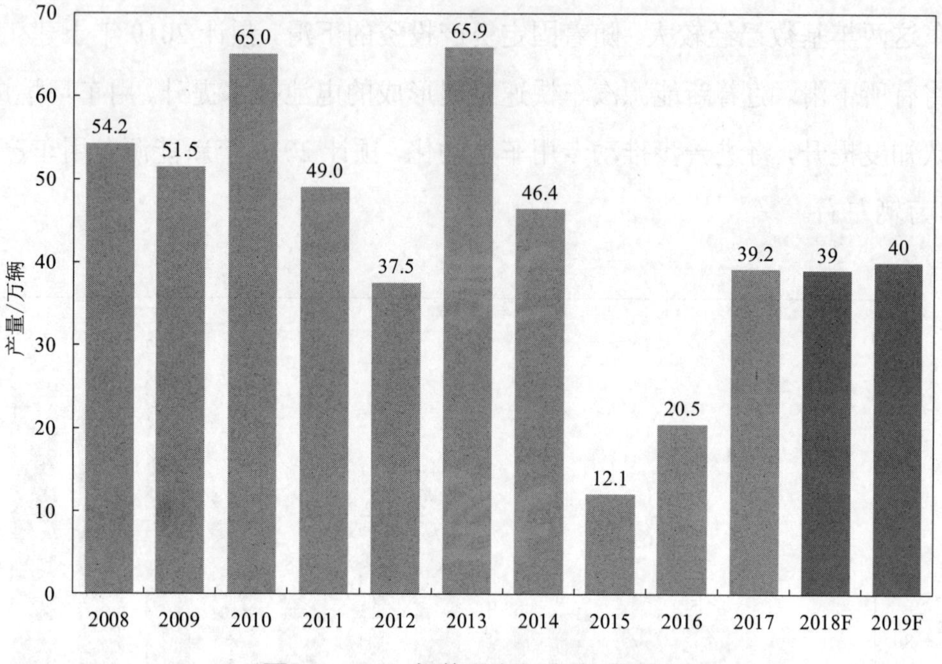

图35 2019年普通自卸车市场预测

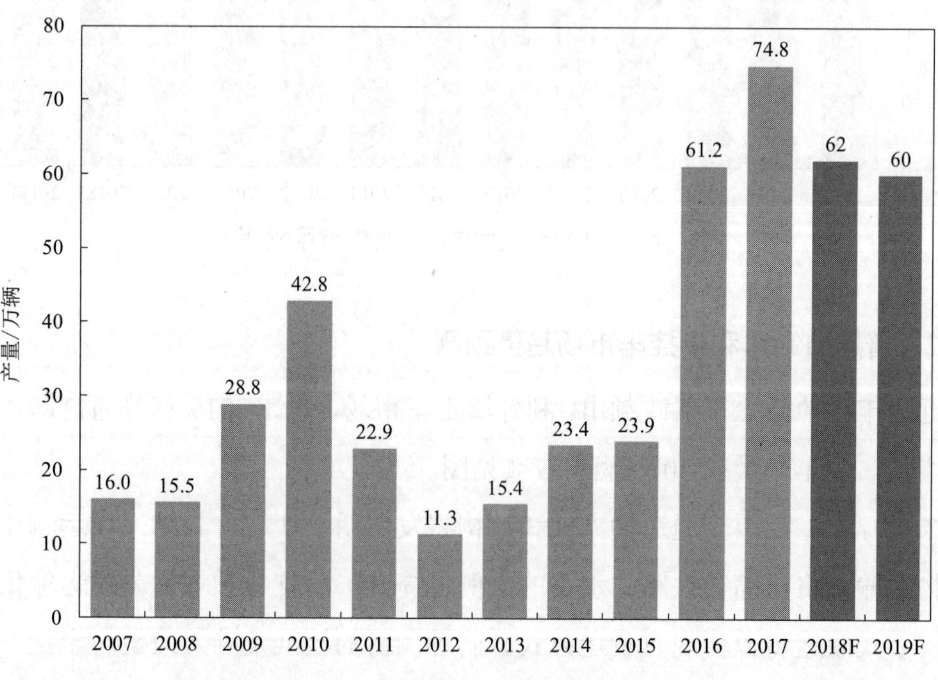

图36 2019年半挂车市场预测

（作者：任海波 胡苧丹）

细分市场篇

2019 年北京市汽车市场展望

受宏观经济、行业政策、信息科技及电动化、智能化、电商化、共享化的“四化”竞争环境等因素影响，2019 年北京市汽车市场将充满震荡、变幻、困惑和挑战，需要在创新应变中运用新思维、寻找新机遇，慎思笃行，实现转型和突破。

一、2019 年影响北京市汽车市场发展的环境因素分析

1．宏观经济层面

国民经济已由高速增长阶段转向高质量发展阶段，主要宏观经济指标平稳波动。受美国贸易保护主义政策的实质影响，尽管 GDP 增速有所减缓，但经济发展依然非常强劲，减缓只是经济正常且恰当的转型过程，坚持稳中求进总基调，把握“稳”和“进”之间的平衡和火候，更加突出“六稳”，继续干好“三大攻坚战”等重点大事。

2．行业政策层面

洞悉行业政策，关注市场变幻，才能未雨绸缪，准确把握企业发展方向。近期涉及汽车领域政策层出不穷：

1）2018 年 10 月 11 日，国务院办公厅印发《完善促进消费体制机制实施方案》（2018～2020 年）。在汽车领域，《方案》特别提到“继续实施新能源汽车车辆购置税优惠政策，完善新能源汽车积分管理制度，落实好乘用车企业平均燃料消耗量与新能源汽车积分并行管理办法，研究建立碳配额交易制度”“深入推进汽车平行进口试点；全面取消二手车限迁政策，便利二手车交易；修订报废汽车回收管理办法。”除了前期政策的深化和细化，更特别提到“积极发展汽车赛事、旅游、文化、改装等相关产业，深挖汽车后市场潜力”这一新的领域。

2）财政部、工业和信息化部、科技部、国家发展和改革委员会发布《关于高速完善新能源汽车推广应用财政补贴政策的通知》（财建〔2018〕18 号）。在门槛提高的同时，新能源汽车补贴金额总体呈下降态势。

3）北京市科委、经信委、财政局、城管委、交通委联合发布《北京市推广应用新能源汽车管理办法》。2018 年 1 月 1 日起执行，有效期至 2020 年 12 月 31 日。该《办法》特别指出：

①北京市鼓励购买和使用新能源汽车相关财政补助政策参照财建[2018]18 号《通知》制订补助政策，北京市地方财政补贴至 2020 年底结束。

②按照《北京市小客车数量调控暂行规定》及其实施细则（2017 年修订），单位和个人通过轮候配置方式申请取得和使用新能源小客车；持有普通小客车指标的单位或个人可购置、登记新能源汽车。

③本市各级党政机关、事业单位、国有企业按规定逐步扩大新能源汽车配备比例。

④新能源汽车企业是产品安全、质量、售后服务、应急保障及动力电池回收的责任主体，应确保产品质量和安全运行。

4）三大政策（补贴、牌照、不限行）刺激新能源汽车市场连续 4 年高速增长。

5）《节能与新能源汽车产业发展规划（2012～2020 年）》明确指出：2020 年将全面实现乘用车油耗小于 5L/100km 的目标。

6）工业和信息化部颁布新能源汽车“双积分”政策改变供给侧，《乘用车企业平均燃油消耗量与新能源汽车积分并行管理办法》实施在即，旨在建立新能源汽车发展市场化长效机制。

7）国家发展和改革委员会完善政策，推动智能汽车和新能源汽车发展，包括智能汽车创新发展战略、加快新能源汽车应用推广意见，修订 2015 年 27 号令《新建纯电动乘用车企业管理规定》，鼓励外资参与中国智能汽车和新能源汽车发展，同时促进互联网、汽车制造、信息通信等企业跨界融合。

8）关于燃油车实施国VI排放标准的有关政策

①2016 年 12 月国家环保部、质检总局联合发布《轻型汽车污染物排放限值及测量方法（中国第VI阶段）》的标准。实施分为两个阶段：2020 年 7 月 1 日起实施国VI（A）标准，2023 年 7 月 1 日起实施国VI（B）标准。

②2018 年 7 月 12 日，北京市生态环境局发布公告：2019 年 7 月起，公交、环卫行业实行重型柴油车国VI（B）排放标准；2020 年 1 月 1 日起其余车辆实施国VI（B）排放标准。

③广州、山东、上海等外埠地区 2019 年有可能率先推行国VI排放标准。

9）关于进口汽车关税调整

①2018 年 5 月 22 日，财政部发布进口汽车关税下调至 15%。

②2018 年 6 月 16 日、8 月 8 日国务院关税税制委员会作为对美国加征关税反制措施，先后决定对原产于美国的 659 项约 500 亿美元、333 项约 160 亿美元进口商品加征 25%的关税。其中涉及原产于美国进口汽车规模占进口车的 20%左右。对应的车型陆续涨价影响了其市场竞争力及销量。

③2018 年 12 月 14 日国务院关税税制委员会发布〔2018〕10 号公告：从 2019 年 1 月 1 日～3 月 31 日，对原产于美国的汽车及零部件暂停加征关税。进口车经销商信心回暖。

3．产品供应层面

（1）大量新车投放市场　威尔逊观察信息显示：仅 2019 年已公布的车型更新数量就超过了 250 辆（包括换代、新车型），盛况空前。车型更新带来的积极影响将成为刺激 2019 年汽车市场好转的另一个突破口。

（2）新能源汽车供给侧取得突破性发展　我国新能源汽车产量连续 3 年居世界首位；技术水平有了显著提升，乘用车主流车型续航里程已达 300km 以上，与国际先进水平同步；充电网络建设稳步推进，保有量居全球首位。乘用车油耗 5L/100km 以下目标及平均燃料消耗量考核办法和双积分管理办法将进一步推动新能源汽车品质及数量发展，提高小排量车及新能源车的比例，更多厂家开始布局非补贴城市，更多新能源车型将上市。全球主要发达国家、主要汽车公司、有影响力的互联网科技公司纷纷加入新能源汽车领域的竞争，以推动汽车产业转型。

（3）暂停加征来自美产地汽车的 25%的关税，利好平行进口车进口量的增长。

4．市场消费层面

1）购置税优惠、报废高补贴政策退出的负面影响显著减小，市场活力逐渐恢复正常。

2）政策刺激下过度透支的北京市汽车市场进入消费积淀、有序释放通道。

3）北京市 2009～2010 年购车高峰期的在用车辆继续支撑京城汽车市场“十三五”窗口期置换市场销售。

4）北京市新能源汽车不限行、燃油车更新指标保持原有属性可购新能源汽车政策及续航里程提高的三大因素将极大地提升京城新能源汽车的资源空间和消费热情。

5）股市、楼市、国VI排放标准、中美贸易战等综合因素将影响消费者购车意向及汽车消费投入。

6）北京市交通管理规定进一步规范严格，将降低外埠牌照车的购置增长。

二、四方面特征勾画北京市汽车市场发展趋势

1．市场竞争更加惨烈，品牌结构性调整及经销商队伍洗牌进行时

市场竞争惨烈表现在以下六个方面：

（1）汽车市场增量资源进一步收窄　2018年燃油车新增配置指标4万辆，较10年前降低了83.3%，2019年预计不会有所增加；轮候配置的6万辆新能源车指标虽然供不应求，但数量有限；燃油车更新指标置换新能源车还未形成拉动销售增长的有效因素。

（2）汽车市场存量资源的置换释放数量趋减，购车消费处于积淀恢复期　经过两年报废车高补贴政策刺激，北京市老旧车深度淘汰，提前释放特征显著；京城新增及存量更新车辆从汽车限购前的90万辆/年，锐减到限购初期的40万辆/年，近五年年均滚动增加基本保持在60万辆/年的规模，北京市“十三五”窗口期置换市场将呈现趋减的稳定态势；由于北京市路况、车况优异，在用车置换周期将有所延长。

（3）售后服务收益增长面临四大挑战

1）北京市汽车实行总量控制，刚性增长很难突破10万辆/年，新增资源增长艰难，存量资源蓄水乏力。

2）外埠牌照车辆禁行新措施，将减少其在北京六环内专卖店的售后维保量。

3）出保客户流失，利空授权经销商特别是弱势品牌经销商的售后收益增长。

4）独立汽车维修站（点）规范发展，分流授权经销商部分售后业务资源。

（4）新车供需不均，整体效益欠佳　传统燃油车需求放缓，销售不畅，库存压力加大，经营成本增加，售前售后双线亮起警戒灯。新能源汽车供需两旺，但售后收入不理想，不足以带动企业整体效益明显增长。

（5）弱势品牌及弱势经销商面临进一步洗牌整合　北京市汽车经销商数量与市场需求之间仍然存在失衡，弱势经销商愈加难以承受市场的持续重压，不同

汽车品牌是份额之争，同品牌经销商之间乃是生死之战。汽车市场仍不断出现更换经营品牌、并购重组乃至退网等洗牌整合现象。

（6）京城经销商外埠市场销售增长愈加困难　汽车价格洼地及各款现车充盈历来是北京市汽车市场吸引外地客户来京购车的两大亮点，也是维系京城经销商外埠销售增长的两大支撑点。汽车限购政策使得北京市区域销售增长乏力，整车厂倾斜北京市的商务政策有所调整，并加大了全国包括北京市周边区域销售网络的布局和渠道的下沉速度；厂家资源供应趋于均衡，特别是网络信息技术发展，让京城汽车市场常态化产品外埠销售亮点减弱，直户零售减少、资源批发增加，效益下降。

2．以更新置换为主导的北京市汽车市场，新旧车业务链相互对接融合，汇智创新实践探索蔚然成风

随着北京市小客车总量新增空间的逐年减小，北京市汽车市场存量置换销售占据主导。卖掉旧车才能换新车的政策，使得新车销售更加依赖二手车成交量的增长，新旧车市场的相互嵌入、对接融合表现在以下四个方面：

1）新车厂商将营销前置深入到二手车交易环节，在努力获得二手车一手车源及相应利润的同时，采取新旧车捆绑销售的方式留住以旧换新客户，实现置换销售。二手车经销商也将新车资源纳入营销范畴，更多地服务上游。

2）新旧车经销商注重竞争下的合作，在资源分解及渠道衔接上互为联系、相互支撑。

3）新旧车在价格及资源供需上愈加相互影响。新车价格下滑传导至二手车中间价下挫，继而影响二手车车源供给，导致新车置换销售提升乏力。

4）新旧车经销商汇集多元跨界资源，开展O2O平台式合作营销，突出精准的有效性和线上线下的有机结合性。

3．新能源汽车将成为北京市汽车市场的有效增长点和核心推动力

我国汽车产业和新能源汽车领域的相关政策对新能源汽车产业正在产生广泛深远的影响，其不仅体现在新能源汽车的供给端和需求端，甚至还影响到基础设施层面，在某种程度上塑造了消费者对新能源汽车产品的理解和认识，北京市作为新能源汽车政策、产品推广以及创新营销的前驱城市，在新能源汽车发展历程中做出了不可磨灭的贡献，新能源汽车已经成为适合北京市战略发展定位，促进北京市汽车市场质量提升的有效增长点和核心推动力。

1）新能源汽车产业政策已从激进的助推式节奏转向更加考虑实际需求层面。

2）新能源汽车市场发展从政策单轮驱动，渐进式进入政策倒逼和市场激励双轮驱动阶段。

3）新能源汽车补贴倒计时和新能源汽车实施双积分管理办法以及燃油车实施国VI排放标准，将推动新能源汽车厂家产品的研发和生产。

4）伴随着汽车电动化、智能化、电商化、共享化发展，新能源汽车市场销售将保持长期稳定增长趋势。

5）新能源汽车正成为我国汽车市场一个重要的战略新兴领域和最活跃的市场。

4. 平行贸易进口车仍是商家追逐、消费者青睐的热点

(1) 价格低、配置高、利润空间大是平行进口车供需两旺的基本原因

1）随着进口车关税下调到15%，平行进口车的价格更具吸引力。

2）尽管国务院关税税则委员会公布2019年1月1日～3月31日暂停对美产进口车加征关税，但美规车进口商多数采取谨慎观望态度。预计2019年上半年美规平行进口车销售将有所好转。

(2) 平行进口车售后服务保障体系的不断完善是平行进口车市场规范健康发展的基础 “便宜车”是平行进口车市场的营销诉求点，而“放心车”是平行进口车市场诚信建设的短板，是服务消费者，构建和谐社会的重要内容。

平行进口车的售后“三包”是兑现“放心车”承诺的措施保障，以自由贸易区为主导，通过众商家及保险公司等第三方机构积极参与，汽车流通协会有效推动，平行进口车售后服务措施得以有效落实，并得到消费者的基本认同，完善落实平行进口车售后服务“三包”规定永远在路上。

三、汽车有形市场面临的困惑和挑战

汽车有形市场具有“全、特、网”的先天优势，在我国汽车行业及市场发展中做出了先驱性贡献。新时代、新常态、新变化，伴随着汽车行业“四化”趋势及我国汽车产业从高速增长转向高质量发展的调整，汽车有形市场原有的功能资源优势也发生着悄然的调整和变化，老问题与新状况叠加，出现了许多新困惑，提出了许多新课题和新挑战。

1）汽车有形市场汇集营销平台功能有待重塑提升。各主机厂品牌网络渠道纵向建设及作用发挥完善到位，但营销各成一体；区域内缺乏由厂家直接参与打造，具有一定规模，高质量、全品牌、旗舰型的线下汇集营销平台，横向集约化 O2O 智慧营销格局有待汇智创新。

2）综合性汽车有形市场未列入整车厂主要网络渠道序列。汽车有形市场内二级经销商与授权经销商（一级）签订车源合作协议或形成长期合作关系，但二级经销商游离于厂家销售网络外，不能直接享受厂家促销活动商务政策的支持，更得不到年底返利等实惠。

3）二级经销商经营利润的空间减少，市场规则有待重塑。二级经销商是一级授权经销商二网销售的承载者，在销量和资金等方面给予了授权经销商有力的支持和帮助，是促进市场有效竞争、惠及消费者利益、激发市场活力的重要力量。随着买方市场日渐成熟，增量资源日趋紧俏，市场竞争日近白热化，授权经销商留给二级经销商的利润空间日趋狭小，以往资源与让利相兼的默契合作规则常常被打破，二级经销商弱势性更加凸显；零售批发比例倒挂，营销手段单一，收益规模下降，生存愈加艰难，二级经销商平台依附性愈加强烈。

4）新旧车有形市场的诚信建设有待加强完善。

5）七方面因素导致汽车有形市场物业型经营模式及原有场地资源优势受到严峻挑战：

①北京市实行小客车总量控制汽车限购政策，抑制了汽车的刚性增长。

②市场销售增长与经销商数量匹配失衡，僧多粥少，摊薄了每个商家的交易数量。

据有关数据统计，2018 年北京市预计新车交易量达到 60 万辆，较十年前增长 20%，但经销商数量起码增长了一倍。

③京城汽车市场外埠市场板块销售业绩下降。

④自由贸易区数量和影响力不断提升，平行进口车营销渠道多样化，使北京市汽车市场中转集散功能降低。

⑤有形汽车市场资源性特征愈加显著。汽车有形市场经销商批发业务量占比超过 50%，有的甚至达到 80%，批发占比高企导致单车及整体效益偏低。

⑥有形市场内商户经营模式手段单一，所售产品与市场外 4S 店同质化严重，特色不明显，优势不突出。

⑦控制乃至收缩经营规模，降低运营成本是经销商普遍采取的措施。

6）低成本（场地租金、人工费用）运营、快速连锁扩张是新兴经营实体普遍采取的市场发展方略。如何顺应环境变化进行全方位思考变革，保持企业效益稳定提升是有形市场经营管理面临的新课题。

四、汽车有形市场汇智创新、转型突破的若干思考

经济结构在调整，行业政策在变化，信息科技在发展，消费需求在升级，营销模式在创新，厂商观念、打法套路在更迭。汽车市场出租率、交易量、交易额等实物量营收指标同比有所下降是经济结构调整、汽车产业发展、信息技术进步、行业政策、供需环境及经营模式创新等综合因素深刻变化传导所致。在汽车产业转型革命中，我们该干什么？能干什么？怎样挖掘资源优势弥补短板，实现转型创新和突破，是实体市场需要深刻反思并面临解决的迫切现实问题。

1. 汽车有形市场仍然具有得天独厚的资源优势

（1）*有形市场具有公共平台性* 集约化的公共经营平台是汽车有形市场与品牌 4S 店的最大区别。汽车行业任何一个新生事物在其发展节点上，有形市场都是宣传示范推广的最佳场所；有形市场实体与行业协会携手开展营销服务创新，有利于推动市场公共经营平台更有效地发挥作用，在广度和深度上促进相关细分市场的健康规范发展。

（2）*“六个汇集”彰显汽车有形市场魅力* 作为公共营销平台，汽车有形市场具有“六个汇集”功能：汇集汽车主机厂家多种资源要素；汇集一、二级经销商实体； 汇集多元化汽车产品；汇集汽车跨界资源；汇集多种集客服务功能，为消费者提供一条龙需求服务；汇集线上线下、零售与批发业务销售。

（3）*“全、特、网”仍是有形市场最具竞争力的功能优势*

1）全：汽车有形市场经营品牌“全”，是汽车主流品牌产品的汇集基地；业务模式服务功能“全”，是汽车上、中、下游业务模式交汇互动互促，汽车各项衍生服务扩展对接的集约化公共平台。

2）特：汽车有形市场更具有开展特色营销的空间。

“特”指坚持创新和差异化的经营宗旨，整合运用发挥有形市场的资源优势，拓展差异化的特色项目，开展特色营销和服务。

3）网：运用互联网，特别是移动互联技术开展线上线下相互融合营销，支撑

有形市场特色项目的拓展经营。

2．传承精髓，提升核心竞争力；破门而出，实现转型新突破

在汽车市场变革中，汽车有形市场作为一手牵多家的营销平台，要从发挥诸多资源优势入手，明确为谁做？做什么？怎样做？将“鸡肋”当作挑战，更视为机遇。更新观念、转变思路，把平台做好，提升竞争力，增强客户黏度，提高存量资产的经营效益。

（1）促进建立全国汽车有形市场营销联盟　各区域汽车有形市场在中国汽车流通协会的领导下，抱团建立全国有形市场营销联盟，形成更高层次、更广范围、更大力度、更重砝码的资源优势，提升竞争力、影响力，围绕新车销售、二手车交易、市场信息、营销活动及服务管理，开展全国性汽车有形市场间B2B联盟业务合作，实现资源共享、交易互动、转型升级和创新突破。

（2）借力使力、练好内功，做好自身调整变革　全国有形市场营销联盟增强了资源优势力度，各汽车有形市场要跳出本区域市场半径，内外线结合作战，寻找更大更多的出口，借力使力，重新考量做好自身调整变革，对接承载联盟营销活动，针对商家和消费者呈现的交易痛点，创新落实解决措施，注重拓展特色细分市场，实现点面结合、多元突破的转型升级。

（3）汽车有形市场助力北京市会展经济发展　梳理中国国际贸易促进委员会、汽车工业协会、汽车流通协会、汽车商会和有关媒体组织的各种在京汽车博览会、展销会资源，为北京市会展产业平台汽车板块的建设发展做贡献。

3．深耕四个特色细分市场

汽车有形市场最显著的资源优势是能够拓展差异化且具有提升潜能的特色经营项目，从特色项目专区入手，逐步扩展形成特色市场，开展特色营销和服务，吸引不同细分市场的消费者。特色细分市场虽然小众，但小市场做到大份额，对拉动市场人气，增强集客能力，带动常规汽车产品销售具有现实意义。

（1）深耕新能源汽车细分市场

1）营销服务模式升级。升级北京市“五位一体”新能源汽车应用推广中心，进一步牵手主流新能源整车厂家，建立新能源汽车厂家共同参与，具有一定规模的体验展示及信息发布中心集群，形成各品牌横向汇集营销与品牌内纵向销售网络相结合的新能源汽车区域市场营销格局。

新能源汽车取消补贴有利于新能源汽车全国性资源流通，为有形市场开展新能源汽车全生命周期的联盟营销活动创造共赢时机。

2）产品布局多元化。新能源汽车应用推广中心集群产品布局多元化，涵盖乘用车、客车、专用车（物流）、油电混合等新能源车型。

3）着眼后补贴时代，跨界延伸业务链，扩展多样集客渠道，开展全生命周期客户服务，从后市场获取运营和增值服务收入。

①在动力电池寿命双周期中采取两个方面的举措：第一，与新能源车厂家及蓄能电站联合，参与动力电池退役后梯次再利用工作；第二，与报废解体厂联合，开展回收再利用工作。通过创先参与动力电池梯次再利用和回收再利用跨界行动，促进新能源汽车集客销售并拉动新能源二手车市场交易。

②发挥有形市场资源作用，助力充电智能化蓝海发展。

针对未来新能源汽车以夜间慢充储能为主，日间快充为辅，调节峰谷用电，减少碳排放等消费趋势，有形汽车市场可与充电桩公司及共享单车公司合作，有效利用停车场建立夜间慢充区，为消费者提供共享代步工具，为开发新能源车售后多元服务做好先期市场积淀。

（2）汽车有形市场坚持发力平行进口车细分市场

1）发挥好主载体作用。汽车有形市场是开展平行进口车业务的主要渠道载体，是汽车有形市场寻求突破创新经营的重要细分市场，符合北京市城市高端化、特色化、差异化、“高精尖”的总体发展要求。

2）抓好资源及营销两个“合作对接”。随着全国各进口口岸和自由贸易区各方面政策及建设逐步完善推进，特别是互联网技术支持下实现的信息零距离传播，促进了各地区汽车经销网络和汽车贸易发展，但北京市汽车资源性城市、资源性市场的集散功能受到削弱及挑战。顺遂应变，适者生存，努力探索“两项”合作对接：

首先，在产品资源的获取上要与进口车口岸开展对接合作。

其次，在渠道销售上，围绕“好车、便宜车”市场卖点，针对买卖双方在交易环节存在的“诚信”痛点，联合金融服务方，运用互联网＋汽车技术手段，与全国汽车有形市场营销平台平行进口车联盟会员进行线上线下紧密型共享对接，开展平行进口车B2B资源批发和B2C零售业务。

3）突出抓好与改装车细分市场的捆绑开发。个性化改装将成为今后平行进口车资源特点之一，新、奇、特仍将引领汽车消费新浪潮，是平行进口车细分市场特色中的特色。

4）助力推动平行进口车售后服务诚信体系建设。北京亚运村汽车市场在2014年与中国人保财险围绕平行进口车售后“三包”签订了战略合作协议，并推广到全国汽车有形市场，为平行进口车的诚信建设做出了先导性贡献。

“实惠车”是平行进口车销售的卖点，“放心车”诚信建设既是平行进口车市场规范发展的瓶颈，也是开展市场营销的亮点，更是有形市场破门而出、寻求发展的着力点。

（3）坚持差异化互联互动经营方针，拓展改装车细分市场　随着80后、90后逐步成为汽车市场消费主体，个性化需求愈加凸显，北京市新增及在用车存量资源为改装车市场发展提供了较为雄厚的潜力基础。

1）建立前店后厂改装车基地。将规范诚信、旗帜性品牌汽车改装厂引入有形市场，建立具有一定规模的私人订制车辆改装专区。

2）商户经营互依互促。车辆改装厂与新车、二手车商户互动互促、共创共赢。

3）开展诚信共建。改装车厂与有形市场共建产品质量保障体系，推进有形市场的诚信建设提升落地。

4）形成改装车市场特色，提升企业品牌含金量。增强新车及在用车客户黏度，满足消费者个性化服务需求，改进有形市场内外产品同质化现象，扩大经销商收入利润空间。

（4）突破二手车交易圈，牵手上下游跨界资源，拓展多维度合作渠道，创新O2O平台服务模式　在控制增量、挖掘存量、取消限迁等政策促动下，北京市二手车市场整体将继续保持上行态势。以需求为引导的各项创新及尝试方兴未艾，但二手车短板依旧，竞争亦日益激烈。只有生存才能发展、只有发展才能保证生存成为永恒的课题。

1）注重创新二手车平台服务模式。汽车有形市场基本经营职能即为集合多维度资源，开展集约化平台服务。注重创新二手车平台服务模式，满足消费者的便捷服务体验，提升市场影响力、吸附力，企业效益才能稳定持续增长。

2）牵手上下游跨界资源。置换销售主导京城汽车市场，二手车市场是新车市场的发动机，开展多维度扩展合作：在行业协会的扶持下，与新车厂家和4S店商家进行前置合作；与汽车报废解体延伸联姻；与保险公司、金融机构、传播媒体跨界合作。

3）拓展多元获客渠道和线索。漫灌改滴灌，拓展定向客户，开展线下精准营销活动，提高线索转化率。

4）用诚信杠杆培养撬动消费者购车观念和行为。

4．打好落地营销五张牌

一是特色项目旗帜牌；二是行业责任引领牌；三是诚信经营服务牌；四是品牌项目推广牌；五是 O2O 网络联盟营销牌。

五、2019 年北京市汽车市场销售预测

2019 年新能源汽车补贴政策进一步退坡，并将于 2020 年年底退出，政策倒计时的刺激效应将在“十三五”窗口期后期显现；《完善促进消费体制机制实施方案》（2018～2020 年）不断深化和细化，将进一步促进包括新能源汽车、平行进口车市场，二手车、改装车等汽车后市场，以及汽车报废回收行业的创新发展。在综合因素的影响下，北京市汽车市场总体将延续 2018 年的市场态势，新车交易稳中有降，或将出现小幅负增长，二手车市场运营平稳，过户辆次仍会超过新车销量，同比持平或小幅正增长。2019 年已经进入高质量发展通道，充分挖掘优势，增强信心，客观分析短板，知耻而后勇。调整变迁，创新探索，转型突破，求生存谋发展的考验开始了！

（作者：颜景辉）

2018 年天津汽车市场分析及 2019 年展望

2018 年全国汽车消费出现负增长，以天津为代表的北方汽车市场受到经济与人口等因素影响出现下滑，但新能源汽车结构性恢复较好。随着天津启动了人才引进计划，2018 年汽车消费稍有改善，汽车市场销量预计全年微增长。随着关税降低，天津平行进口汽车表现持续走强。2018 年 4 月份开始的关税调整的降税预期影响了消费节奏，贸易战也导致进口车的销量偏低。但作为限购城市的天津消费升级潜力很大，2019 年的进口车和新能源车销量将有很好的表现。

一、天津汽车保有量历史变化趋势

天津汽车保有量增长较快，从 2003 年的 52 万辆增长到 2018 年的预计 288 万辆（见图 1），2001～2013 年平均每年的汽车保有量增长速度达到 17%。但限购后的 2014～2016 年的平均增速仅有 3%，2018 年有望接近 288 万辆，保有量增速处于相对低位。从增长特点来看，2009 年到 2013 年是增长的爆发年，增量平均达到 30 多万辆。2014～2016 年汽车保有量增长较慢，2015～2018 年是内部调整期。

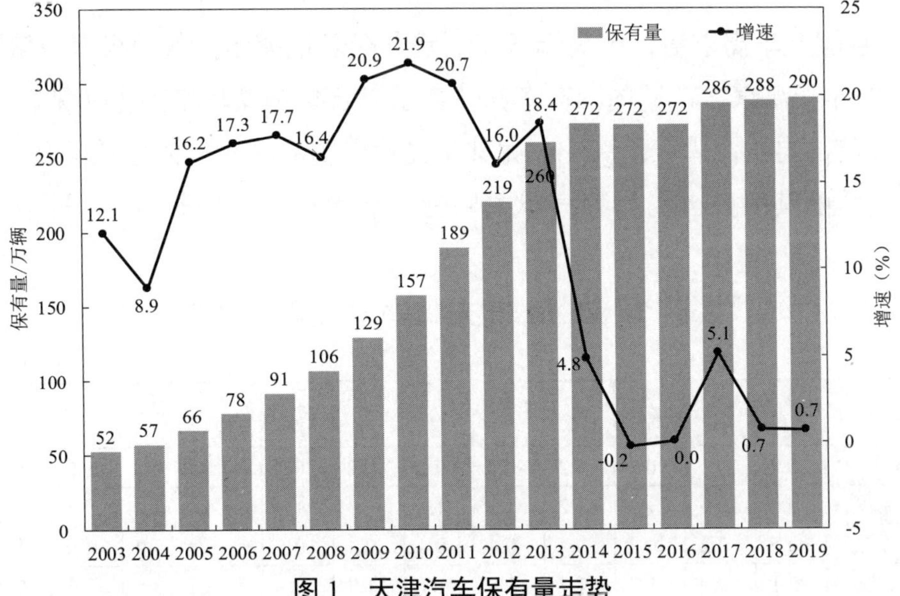

图 1　天津汽车保有量走势

二、2018 年天津汽车消费特点

1．2018 年天津汽车消费整体相对低迷

2018 年 1～11 月份天津的汽车消费额增速累计下降 1.6%，尤其是 11 月份的汽车消费额增速下降 10%，增速持续下行（见图 2）。2018 年由于进口关税下调，进口车进入局部低迷期，天津平行进口政策的变化影响消费的发展。

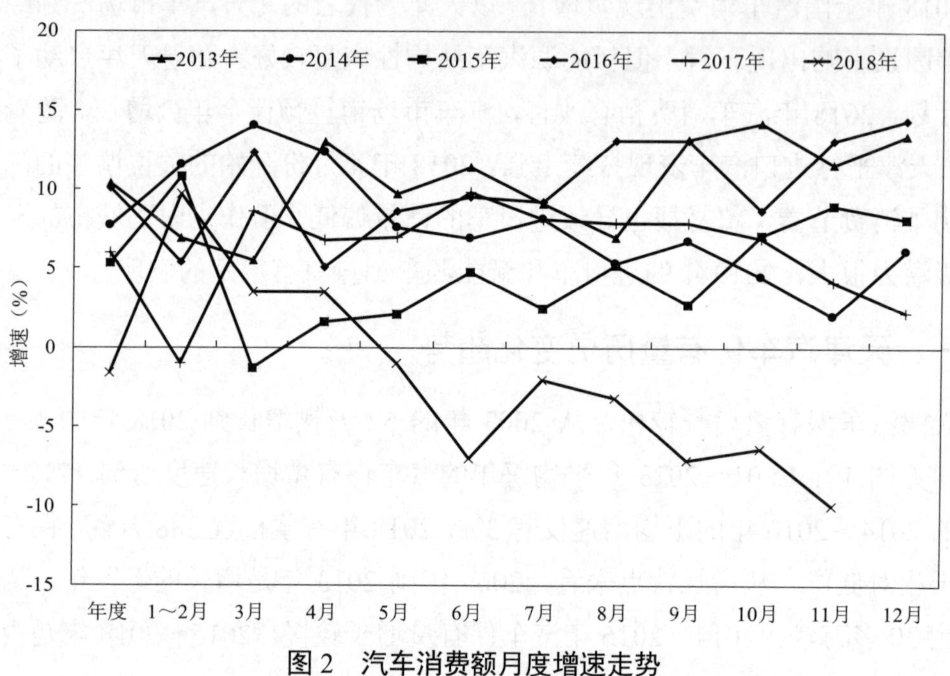

图 2　汽车消费额月度增速走势

2．从国产车需求看，中高端汽车消费升级表现突出，入门级消费依旧不足

2018 年天津汽车市场的国产车消费需求以合资和豪华车为主（见表 1 和表 2）。2018 年的自主品牌表现突出，尤其是民营自主品牌汽车的增长强劲，豪华车市场表现紧随其后，自主品牌汽车主要受新能源车的高增长带动，干扰了实际走势。

表 1　2016～2018 年天津汽车分级别月度销量

（单位：万辆）

品牌类		1月	2月	3月	4月	5月	6月	7月	8月	9月	10月	11月	12月	总计
2016年	豪华	0.2	0.1	0.2	0.2	0.2	0.2	0.2	0.2	0.2	0.2	0.2	0.2	2.2
	合资	1.4	0.6	1.2	1.2	1.2	1.1	1.3	1.4	1.4	1.4	1.5	1.4	15.0
	自主	0.5	0.2	0.4	0.4	0.4	0.4	0.4	0.5	0.6	0.9	1.0	1.8	7.4
2016 年 汇总		2.1	0.9	1.7	1.7	1.8	1.7	1.9	2.1	2.2	2.5	2.6	3.3	24.6

（续）

品牌类		1月	2月	3月	4月	5月	6月	7月	8月	9月	10月	11月	12月	总计
2017年	豪华	0.3	0.1	0.2	0.2	0.2	0.2	0.2	0.2	0.2	0.2	0.3	0.2	2.6
	合资	1.0	0.6	1.1	1.0	1.0	1.0	0.9	1.1	1.1	1.0	1.4	1.6	12.7
	自主	0.5	0.2	0.4	0.4	0.5	0.5	0.5	0.6	0.6	0.6	1.0	2.1	7.9
2017年 汇总		1.8	0.9	1.7	1.6	1.7	1.6	1.6	1.9	2.0	1.8	2.6	3.8	23.1
2018年	豪华	0.3	0.2	0.2	0.2	0.2	0.2	0.2	0.2	0.2	0.2	0.2	0.0	2.5
	合资	1.3	0.7	1.0	1.0	1.1	0.9	1.0	1.1	1.0	1.0	1.0	0.0	11.1
	自主	0.8	0.4	0.5	0.6	1.2	0.8	0.5	0.6	0.7	0.7	1.1	0.0	7.8
2018年 汇总		2.4	1.3	1.7	1.8	2.5	1.9	1.7	1.9	2.0	1.9	2.3	0.0	21.4

表2 2017～2018年天津汽车分级别月度增速

（单位：%）

品牌类		1月	2月	3月	4月	5月	6月	7月	8月	9月	10月	11月	12月	总计
2017年	豪华	7	17	31	16	22	16	32	20	18	17	14	5	17
	合资	−25	−1	−10	−19	−19	−15	−26	−21	−20	−30	−6	13	−16
	自主	6	−3	19	17	15	29	5	16	1	−34	4	18	7
2017年 汇总		−14	0	0	−8	−7	−2	−14	−9	−10	−28	−1	15	−6
2018年	豪华	14	48	−7	17	12	−1	1	8	2	1	−8	—	6
	合资	32	29	−8	7	12	−5	4	−6	−7	−6	−29	—	0
	自主	53	68	17	32	145	62	14	11	6	25	7	—	35
2018年 汇总		36	41	−1	15	50	15	6	0	−2	5	−13	—	11

三、2018年天津汽车产销量特点

1．2018年天津地产汽车产量强于全国

从国家统计局的数据来看，2018年1～11月份，全国汽车产量为2582万辆，同比下降2%，其中，轿车产量为1068万辆，增速与上年持平（见图3）。2018年1～11月份的生产低迷主要是乘用车的生产偏低，而客车等商用车受新能源补贴鼓励在年初生产异常强劲。

2018年1～11月份，天津地产汽车产量为75.73万辆，同比增长41%（见表3），表现亮眼，尤其是2017年年底以来天津汽车生产增长迅猛，实现了产量的爆发增长。2018年各月份的汽车产量均保持较快增长，丰田基地较快发展，大众的天津基地也较快布局。

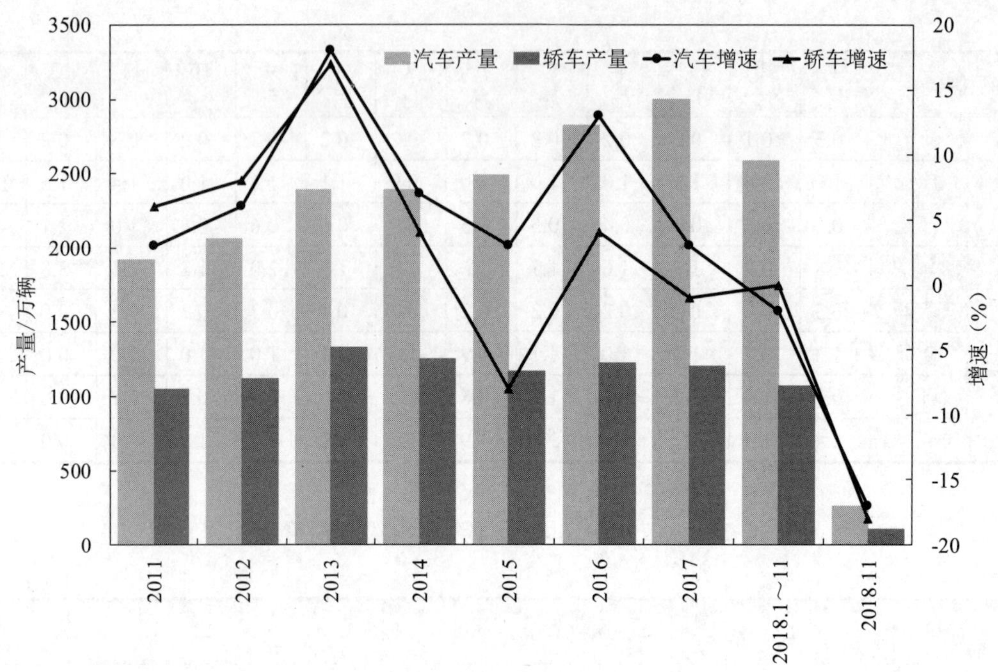

图3 中国汽车历年产量

表3 2018年天津地产汽车月底产量

天津2018年指标	2018年11月	2018年10月	2018年9月	2018年8月	2018年7月
汽车产量当月值/万辆	9.87	7.7	6.38	6.1	6.68
汽车产量累计值/万辆	75.73	65.86	58.17	51.79	45.69
天津2018年指标	2018年6月	2018年5月	2018年4月	2018年3月	2018年2月
汽车产量当月值/万辆	6.43	6.49	5.5	5.3	—
汽车产量累计值/万辆	39.01	32.59	26.1	13.61	8.31
增　速	2018年11月	2018年10月	2018年9月	2018年8月	2018年7月
汽车产量当月（%）	7	92	35	52	36
汽车产量累计（%）	41	48	44	45	4
增　速	2018年6月	2018年5月	2018年4月	2018年3月	2018年2月
汽车产量当月（%）	24	49	44	4	—
汽车产量累计（%）	46	51	52	2	1

2．2018年天津乘用车销售总量稍好于2017年

天津国产乘用车的传统换购群体相对稳定，销量走势受到新能源车的影响较大，形成2018年1～11月份的天津汽车市场相对良好的增长态势。2018年新能

源车的市场波动较大，尤其是5月的新能源车在过渡期上牌效果很好，推动汽车市场销量在年初较快拉升，三季度后走势相对低迷，考虑到2017年12月的天津市场零售火爆，2018年的全年零售估计持平于2017年的销量（见图4）。天津的新能源车销量占比15%，远高于全国平均水平，这体现了天津支持新能源车的政策比较到位，有较高的补贴发放能力，同时天津的分时租赁等共享用车的数量也较大。

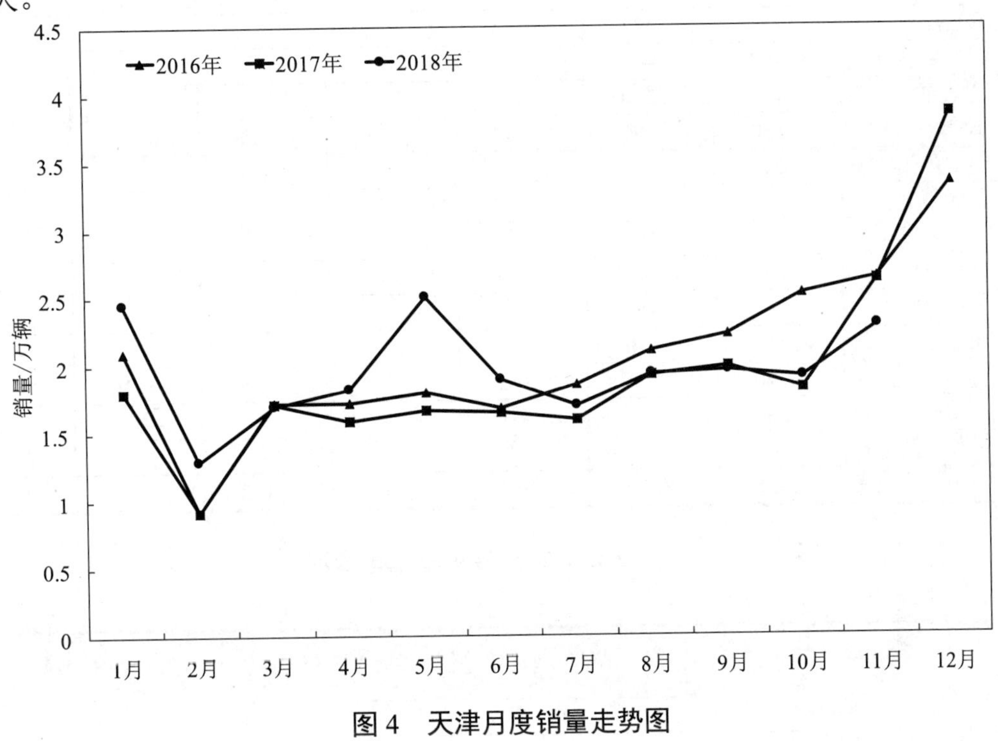

图4 天津月度销量走势图

3．天津新能源汽车销售增长较好

天津2018年的新能源汽车销售增长较好，结构逐步转向纯电动汽车。由于2016年后期对普通混合动力汽车的政策压制，导致纯电动微型车成为市场的主力，插电式混合动力汽车的市场表现较差。天津新能源客车的主要需求是公交，珠海银隆的钛酸锂客车虽然技术落后，但是市场表现也很好（见表4）。

2018年的天津新能源专用车市场总体规模不大，没有持续扩张的趋势，产品也没有明显的持续性，主要是北汽和东风的产品。2018年的成都大运汽车和山西的中通客车销量都不高。增长较好的是北汽的微型客车电动车，国宏汽车的销量表现一般（见表5）。

表 4 天津新能源客车销售情况

（单位：辆）

天津新能源客车	2016 年销量	2017 年销量	2018 年汇总销量	2018 年			
				大型客车	中型客车	轻型客车	微型客车
东风渝安	—	573	16	—	—	—	16
珠海广通	4	82	447	396	51	—	—
福建新龙马	—	458	—	—	—	—	—
一汽吉林	—	436	—	—	—	—	—
陕西通家	—	434	—	—	—	—	—
比亚迪	407	—	—	—	—	—	—
中国重汽	—	280	—	—	—	—	—
郑州宇通	150	81	47	21	26	—	—
众泰汽车	245	—	—	—	—	—	—
烟台舒驰	—	200	—	—	—	—	—
奇瑞汽车	—	190	—	—	—	—	—
华晨汽车	—	113	64	—	—	—	64
长安汽车	—	156	—	—	—	—	—
厦门金旅	119	10	—	—	—	—	—
苏州金龙	60	—	55	—	45	10	—
上海申龙	81	—	—	—	—	—	—
华晨鑫源	—	—	77	—	—	—	77
总　　计	1316	3070	707	417	122	11	157

表 5 天津新能源专用车销售情况

（单位：辆）

专用车	2016 年销量	2017 年销量	2018 年销量
东风汽车	24	1715	679
成都大运	270	1074	1
中通客车	—	708	1
国宏汽车	433	23	15
北汽新能源	—	—	262
上汽依维柯	—	176	—
吉利商用车	—	130	28
上汽大通	51	81	2
山东凯马	—	52	53
江苏九龙	—	100	—
南京金龙	—	58	21
湖北新楚风	—	35	25
北汽福田	—	—	59
烟台舒驰	—	25	27
一汽轻型车	—	43	1
东营蒙德金马机车	—	33	2
总　　计	840	4260	1218

2018年纯电动汽车翻身，插电式混合动力汽车表现也不错。2018年天津新能源汽车的销售主要是北汽的EC系列表现很好，其次比亚迪的秦和唐销售也较好，同时奇瑞EQ电动车和吉利的康迪电动车表现也不错（见表6）。这也反映出天津限购带来的入门级消费和家庭第二辆车的需求增长。天津汽车市场受到限购的影响，导致主城区居民的换购和新购热情较高，而雾霾天气的限行压力导致新能源车的需求在年末爆发增长。

表6 天津新能源乘用车销售情况

（单位：辆）

厂　家	2016年销量	2017年销量	2018年销量
北汽新能源	1701	3898	9252
比亚迪	4128	3046	4348
奇瑞汽车	930	2684	3576
长安汽车	3	819	2126
上汽乘用车	100	831	2008
江淮汽车	691	2425	1902
吉利汽车	1849	1531	1769
吉利知豆	2449	4498	1753
众泰汽车	4845	3246	1479
广汽乘用车	155	148	1071
华泰汽车	1322	3325	589
昌河汽车	—	1771	414
美国特斯拉	50	508	326
华晨宝马	—	4	317
长城汽车	—	241	239
蔚来汽车	—	—	171
电咖汽车	—	4	156
吉利康迪	1261	159	132
重庆力帆	6	286	101
总计	20242	30980	32524

随着天津国Ⅱ用车淘汰更新政策的推进、限购政策的深入和限迁政策的实施，天津的二手车数量大、档次低，本地的二手车价格较低，导致本市的置换需求不如淘汰更新的需求，因此2018年年末新能源车的销售相对火爆。

三、天津汽车市场展望

2018年天津的新车交易市场严重低迷，导致换购需求相对偏弱，而新能源车的新购需求促进了汽车市场平稳增长。随着 2019 年 7 月 1 日国VI标准实施的不确定性，2019 年年末天津的低排放车型限行措施也可能加严，2019 年天津汽车市场销量将较好，二手车的活跃度也较高。

总体看，天津的 2019 年天津汽车市场增长表现较平稳，以新能源为拉动的结构性增长相对较好，进口车消费潜力较大。随着关税的降低，市场的活跃，未来天津汽车市场流通体系建设将有更快的发展。

（作者：崔东树）

2018 年上海市汽车市场分析及 2019 年预测

受购置税优惠政策完全退出、中美贸易摩擦等不利因素的影响，2018 年前 11 个月国内汽车产销量出现了明显下滑，中国汽车工业协会数据显示，2018 年 1～11 月份，我国汽车市场整体销量为 2542 万辆，同比下降 1.7%；乘用车共销售 2147.8 万辆，同比下降 2.8%。

一、2018 年上海市经济情况

2018 年前三季度，面对复杂严峻的国内外环境，上海市坚持稳中求进的工作总基调，坚持新发展理念，按照高质量发展的要求，加快建设“五个中心”，全力推进“四大品牌”建设，全市经济发展总体平稳、稳中有进。

初步核算，2018 年前三季度全市生产总值 23656.69 亿元（见表 1），按可比价格计算，比 2017 年同期增长 6.6%。其中，第一产业增加值 61.34 亿元，下降 2.1%；第二产业增加值 7112.48 亿元，增长 3.0%；第三产业增加值 16482.87 亿元，增长 8.2%。第三产业增加值占全市生产总值的比例为 69.6%。

表 1　2018 年前三季度上海市生产总值

（单位：亿元）

指　标　名　称	2018 年前三季度	增长率 （%）
地区生产总值	23656.69	6.6
农林牧渔业	66.43	2.8
工业	6451.84	3.3
建筑业	686	0.4
批发和零售业	3255.95	3.9
交通运输、仓储和邮政业	1179.29	12.7
住宿和餐饮业	310.30	−0.6
金融业	4122.08	5.3
房地产业	1407.23	2.6
第一产业	61.34	−2.1
第二产业	7112.48	3.0
第三产业	16482.87	8.2

前三季度，全市地方一般公共预算收入为 5950.69 亿元，比 2017 年同期增长 7.0%，增速比上半年提高 0.2 个百分点；全市居民人均可支配收入 48339 元，比 2017 年同期名义增长 9.0%，扣除价格因素，实际增长 7.4%，实际增速比 2017 年同期提高 0.8 个百分点；全市居民消费价格比 2017 年同期上涨 1.5%，涨幅与上半年持平。

二、2018 年上海市汽车市场分析

据公安部交通管理局公布的统计数据，截至 2017 年年底，上海市汽车保有量达 359 万辆，上海市小型载客汽车达 318 万辆（见图 1）。上海市汽车保有量继续呈现较快的增长趋势，与 2016 年相比，汽车保有量净增 37 万辆，其中小客车新增 33 万辆。

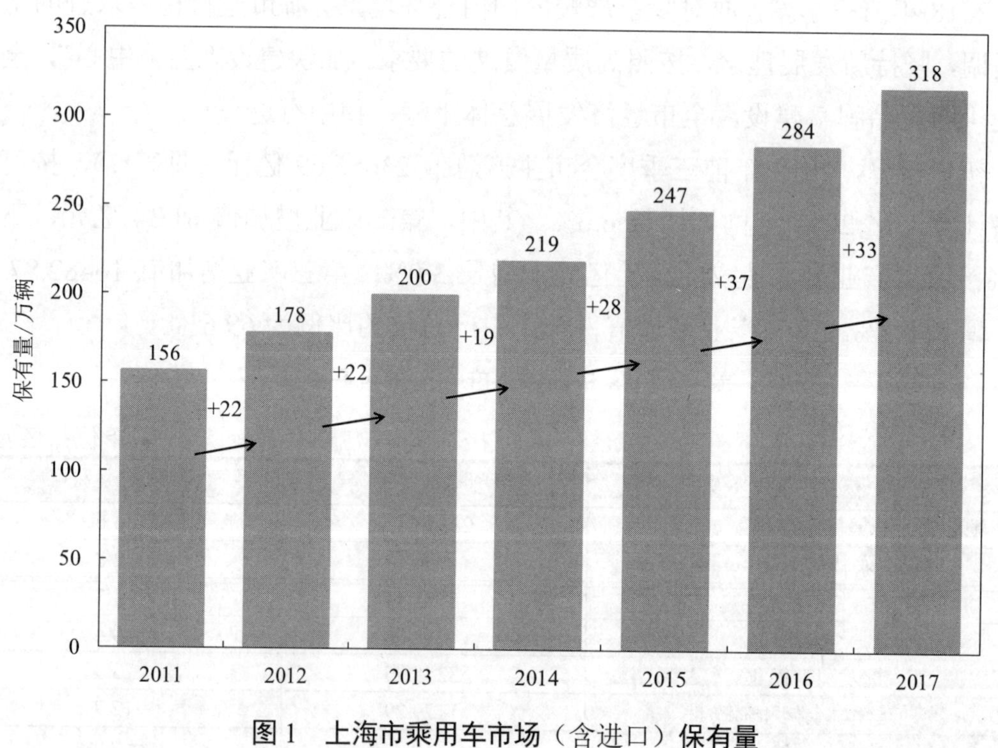

图 1 上海市乘用车市场（含进口）**保有量**

2018 年上海市汽车市场需求小幅回升，全年总体市场需求（注册数）预计为 50.3 万辆（见图 2），同比增速 0.6%；其中乘用车市场预计为 46.8 万辆，占汽车市场需求比例为 93%，同比增速预计为 1.5%。

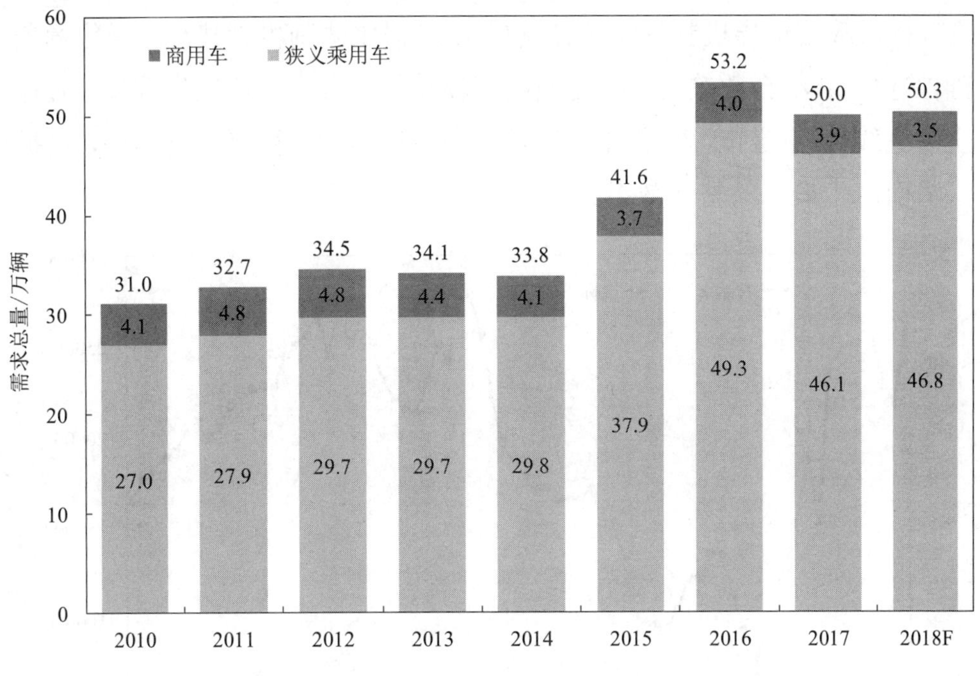

图 2　2010～2018 年上海市汽车需求总量

（注：数据来源于上海市信息中心）

2018 年上海市乘用车市场新车需求的回升主要由牌照增量推动，其中新能源车牌照增幅较大，传统能源车牌照小幅上升：2018 年新能源车牌照预计为 8 万张以上，比 2017 年的 6.6 万张增长 20%以上。

2018 年上海市市区牌照额度为 15.7 万张，比 2017 年的 15.2 万张略高；其中市区私人牌照额度达到 13.5 万张，与 2017 年的 13.3 万张接近。2018 全年市区私人牌照的投标人次为 238.6 万，投标人数出现下降导致中标率上升，从 2017 年的 4.5%上升到 5.7%。上海私车牌照投标人数及中标率见图 3。

三、2019 年全国市场环境分析

2019 年我们将迎来新中国成立 70 周年，中央经济工作会议明确指出，我国发展仍处于并将长期处于重要战略机遇期。中央经济工作会议在对形势分析的基础上仍把“坚持稳中求进工作总基调”放在经济工作指导思想中的突出位置，以“稳”保“进”，以“进”促“稳”。 突出强调宏观政策“要强化逆周期调节，继续实施积极的财政政策和稳健的货币政策”，着力点在“积极的财政政策要加力提效，实施更大规模的减税降费”“稳健的货币政策要松紧适度，保持流动性合理充裕，改善货币政策传导机制”；结构性政策要“强化体制机制建设，强化竞争政策的基础性地位”；社会政策要“强化兜底保障功能，实施就业优先政策，确保群众基本生活底线”，稳定市场总需求，激发市场主体活力，稳定市场预期，提振市场信心，从而产生最大的整体效果。

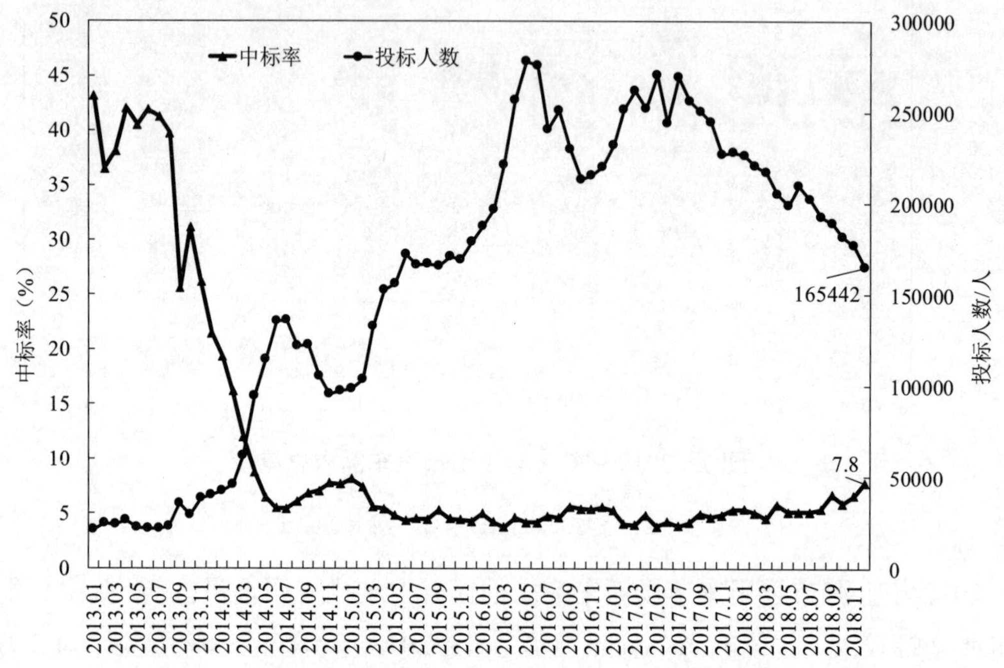

图 3 上海市私车牌照投标人数及中标率

2019 年中美贸易摩擦将是我们面临的最大的不确定外部因素，中美贸易摩擦有复杂和深刻的根源，很难通过一两次会晤和谈判得到根本解决，2018 年四季度抢出口透支了外需，2019 年我国出口有下行压力。

由于土地财政减弱，控制地方政府债务，导致地方政府投资能力下降，2019 年基建投资明显回升的难度较大，房地产投资在调控之下难有起色，整体投资难有明显改善。

政府大力减税降费，提高居民的可支配收入，稳定市场预期，将有利于推动 2019 年的消费增长。

2019 年宏观经济预期有下行压力，主要机构的 GDP 增速预测多在 6.2%左右。

由于 2019 年经济放缓，消费者对于大宗可选消费品的购买将受到影响，2019 年预计乘用车销量将低于潜在市场增速，市场增长乏力。

四、2019年上海市经济态势

2018年12月28日召开的中共上海市第十一届委员会第六次全体会议指出：2019年上海市要对标国际上公认的竞争力最强的自由贸易区，加快启动上海自由贸易试验区新片区规划建设，大胆探索、创新突破；积极配合中国证券监督管理委员会，支持上海证券交易所设立科创板并试点注册制，吸引培育更多科创企业发展壮大，助推上海国际金融中心和科创中心建设；抓紧研究、探索实施长三角区域一体化制度创新，推动全面深化改革试点举措集中落实、率先突破、系统集成；持续办好中国国际进口博览会，全力做好服务保障工作，提升上海市城市品质，进一步提高配置全球高端资源要素的能力，不断增强上海市发展的新动能。

全会指出要强化政策制订的精准性，提高政策落实的便捷性，以新的政策供给为消费新热点的形成、经济新增长点的培育、发展新亮点的打造提供有力支撑。要抓好重点产业突破，坚持有所为有所不为，集中优势、突出重点，加快建设战略性新兴产业集群，做大做强集成电路、人工智能和生物医药三大产业，推动制造业高质量发展。聚焦主导产业、优势产业、特色产业、新兴产业，引进一批龙头企业、战略项目。发挥好投资带动效应，加大重点产业、新一代信息基础设施、生态环境保护等领域的投资力度。

要加强创新平台和载体建设，创新平台要善于组合和整合、嫁接和链接，提升运作能级，优化生态系统。创新园区要进一步集聚创新要素，提升创新浓度，提高集中度和显示度。通过重大活动的举办，引领创新潮流，营造创新氛围，推动一流人才、一流技术、一流项目的落地。

要进一步激发微观主体活力，营造公平竞争的市场环境，让民营企业发展更有动力、更有信心、更加安心。深化混合所有制改革，走出国有企业、民营企业协同发展、融合发展的新路子。大力引进跨国公司的地区总部。持续优化营商环境，全力打响“一网通办”品牌，政府部门要当好“店小二”，有求必应、无事不扰。

要切实解决好民生“痛点”问题。把握好机关过“紧日子”和让老百姓过“好日子”的关系，把握好底线民生、基本民生和质量民生的关系，把握好改善民生与扩大内需的关系，解决好养老、托幼、旧区改造、乡村振兴等突出问题，把好事办好、实事办实。要牢牢守住城市安全和社会稳定的底线。切实防范风险，维护社会稳定，确保城市生产和运行安全。

五、2019 年上海市乘用车市场影响因素及总量预测

2019 年上海市乘用车的新车注册数预计仍将主要由新能源车的增量推动小幅上升。2018 年新能源车牌照额度发放量达到 8 万张（见表 2），但增幅小于 2017 年，预计 2019 年仍将保持增长，但增幅下降。

表 2　2013～2018 年新能源车牌照额度发放量

年　　份	2013 年	2014 年	2015 年	2016 年	2017 年	2018 年 F
新能源牌照/万张	0.0	1.0	4.2	4.5	6.6	8.0

2018 年上海市市区非新能源车牌照额度保持在 15 万张以上的发放规模，2019 年发放数量难有明显上升，预计将与 2018 年基本持平（见表 3）。

表 3　2013～2018 年非新能源车牌照额度发放量

年　　份	2013 年	2014 年	2015 年	2016 年	2017 年	2018 年 F
市区牌照/万张	11.1	9.9	10.4	14.6	15.2	15.7

2019 年沪 C 牌照及更新需求预计将保持小幅增长。

综合以上因素，预计 2019 年上海市乘用车销量（注册数）将达到 48.3 万辆，同比增长 3.2%（见图 4）。

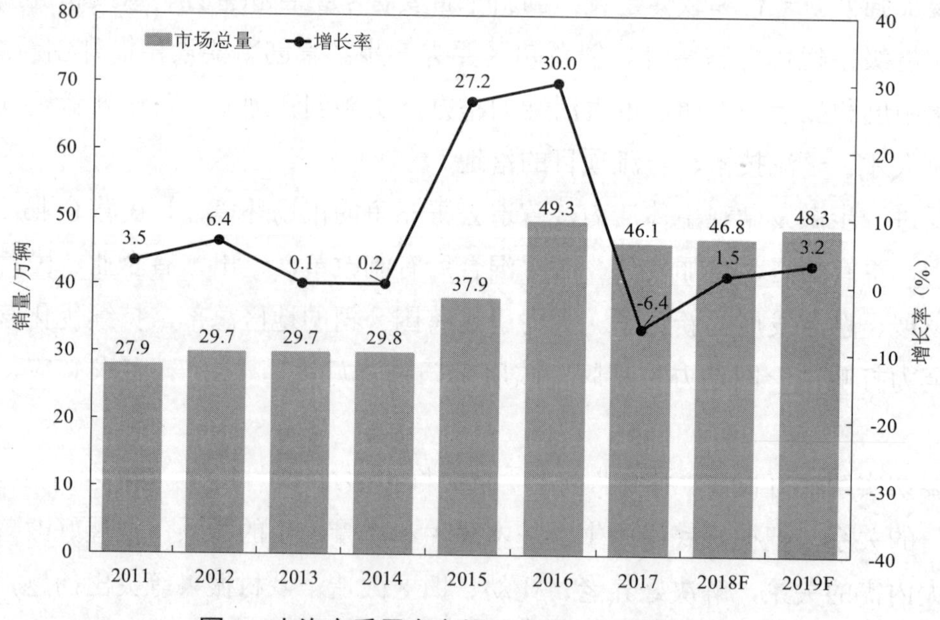

图 4　上海市乘用车市场（含进口）销量走势

（作者：俞滨）

2018 年江苏省乘用车市场分析及 2019 年展望

一、2018 年江苏省乘用车市场概况

1. 江苏省基本情况

江苏省地处我国大陆东部沿海的中部，长江淮河下游，幅员 10.32 万 km^2，占全国总陆地面积的 1.1%（见图 1），是全国面积较小的省份。江苏省属于长江经济带，与上海市、浙江省、安徽省共同构成的长江三角洲城市群是国际六大世界级城市群之一。江苏省是人口大省，2017 年年末常住人口 8029 万人，占全国总人口的 5.8%；江苏省对人口吸引力强，常住人口中外来人口和劳动力人口比例都较高，劳动力资源丰富。

优越的自然地理环境和丰富的劳动力资源为江苏省成为全国经济体量大、发展水平高的省份奠定了基础。2017 年江苏省的 GDP 规模 8.6 万亿元，为全国各省排名第 2 位，仅次于广东省。人均 GDP 为 107189 元，达到中高收入国家水平，接近全国平均水平的两倍，位列全国第四，省区第一。江苏省是我国经济最活跃的省份之一，产业门类齐全、私营和民营经济发达、外向度高。江苏省是制造业大省，同时第三产业发展水平高。制造业占二产比例接近 80%，高于全国 63%的制造业比例，主导产业为汽车制造、通用设备、纺织、化工、电器机械、非金属制品、计算机通信和其他电子设备行业等，对江苏省经济的稳定增长起到了决定性作用。作为私营、民营经济比例较高的省份之一，江苏省的发展模式有其独有的特点，企业形式以集体企业和外资企业为主，“国有经济”的特征更为明显，“私营、民营经济”特征不如广东省、浙江省鲜明。江苏省是外贸大省，外贸依存度在 30%以上，省区中仅次于广东省、浙江省。

江苏省省内城市经济发展不均衡，苏南和苏北、苏中经济发展水平差距大，苏南经济发展水平高，体量大，经济总量占全省的比例接近 60%，已进入以消费

拉动经济增长的阶段，新旧动能转换超前，研发成本占 GDP 总量比例超过 2.5%；苏北与苏中城市经济相对落后，GDP 占全省总量仅为 40%。2018 年前三季度，苏南、苏中、苏北三个板块经济增长对全省经济增长的贡献率分别为 61.2%、20.5% 和 18.3%，其中，苏南贡献率仍在提升。

良好的经济基础为江苏省乘用车市场的发展创造了较好的条件。江苏省乘用车市场规模大，是全国七大百万级销量以上的市场之一，2017 年乘用车上险数达到 187 万辆，排名第 2 位，仅落后于广东省。在相当需求规模的基础上，过去十年，江苏省乘用车市场依然保持平稳增长，2008 年到 2017 年的平均增速达到 16%。同时，江苏省保有水平高，到 2017 年年底，乘用车保有量为 1400 万辆，占全国总保有量的 8.4%；千人保有量接近 200 辆，已处于乘用车发展阶段的普及后期。

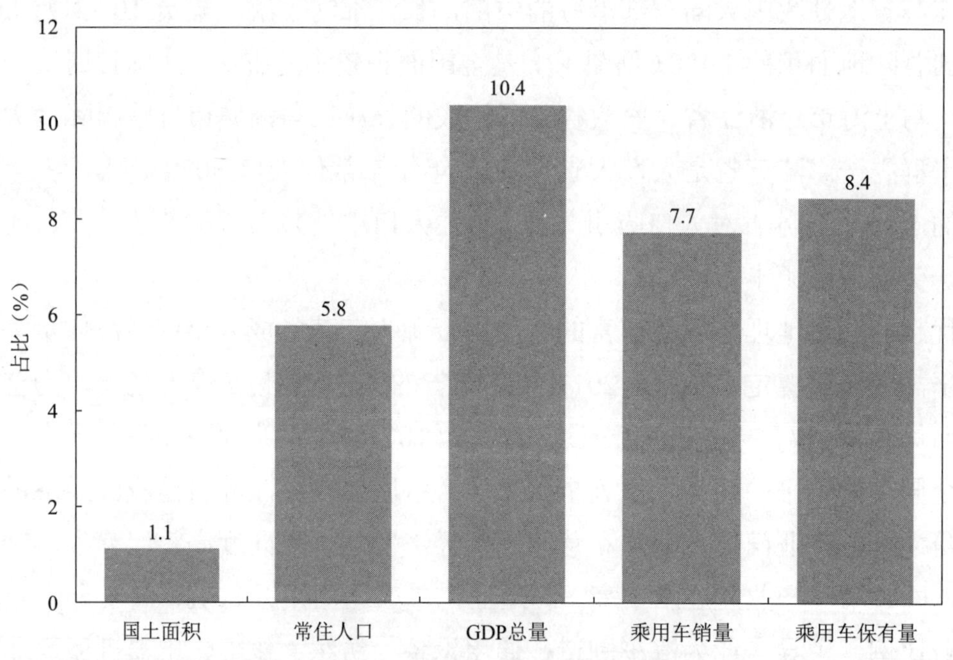

图 1　江苏省各项指标占全国总量的比例

2．江苏省乘用车市场特征

由于区域要素禀赋、经济发展水平和消费观念等方面的差异，同其他省份相比，江苏省乘用车市场有其自身特征：

（1）*发展阶段高，潜在增速低*　江苏省乘用车千人保有量接近 200 辆，在全国 31 个省、自治区、直辖市中排名第三，仅次于北京、浙江。根据乘用车发展阶段原理，千人保有量在 100 辆/千人到 250 辆/千人是普及后期，江苏省已处于该阶段。在该阶段，乘用车需求增速和增长弹性都在快速下降，据此分析，未来江苏省需求潜在增速将不断下滑。

（2）购买力依然是影响江苏省乘用车市场需求的关键因素，同时人口因素和消费环境对江苏省的需求影响作用不断加大　处于发展阶段普及后期的江苏省汽车市场，消费人群已逐渐转换为以县及以下为主，而这部分人群购车大多是首购。同时，江苏省外来人口比例高，外来消费者购车同样以首购为主。因此，以首购消费者为主要购车群体的江苏省乘用车市场，购买力依然是主要决定因素。购买力因素包含收入和支出两方面，其中收入端主要受宏观经济影响，江苏省经济发达，人均 GDP 高于全国水平，因而从收入端看，消费者购买力水平高，需求层次高。支出端主要受车价、税费等因素影响，如购置税减半等汽车消费刺激政策，一方面显著降低了购车成本、提高了购买力；另一方面国家主导的刺激政策也有利于乘用车消费氛围的形成。

人口因素和消费环境对需求的影响日益增加。在人口因素方面，由于外来人口比例高，因此，外来人口的流入和流出，会造成江苏省乘用车市场需求规模的波动。在消费环境方面，乘用车保有水平高的南京和苏州城市交通环保压力都较大，限购传闻时有发生，未来汽车需求可能受到抑制。

二、2018 年江苏省乘用车市场分析

处于乘用车发展阶段普及后期的江苏省乘用车市场，需求增速持续低于全国市场，2018 年，伴随着全国乘用车需求增速的下滑，江苏省乘用车需求增速也明显下滑，具体呈现以下特征。

1．江苏省 2018 年乘用车市场表现

（1）2018 年江苏省乘用车需求负增长，增速再创历史新低　2018 年 1～10 月份，江苏省共实现乘用车销售 136 万辆，同比增速－6.1%，继 2017 年需求负增长后，2018 年需求再次负增长，增速再下台阶，低于全国增速两个百分点。纵观 2012 年以来江苏省乘用车市场表现，除 2014 年和 2016 年增速快于全国外，其他年份江苏省的需求增速都低于全国，与全国市场增速差距保持在两个百分点以上（见图 2）。

（2）江苏省乘用车月度需求增速与全国月度增速走势一致　从月度走势来看，2018 年 1～10 月份，江苏省需求增速基本呈现逐月下滑的态势（见图 3），1

月份江苏省同比增速 4%，10 月份同比增速－21%，下滑 25 个百分点；全国 1 月份同比增速 12%，10 月份增速－17%，下滑 29 个百分点，江苏省增速与全国增速相关性达到 0.93。

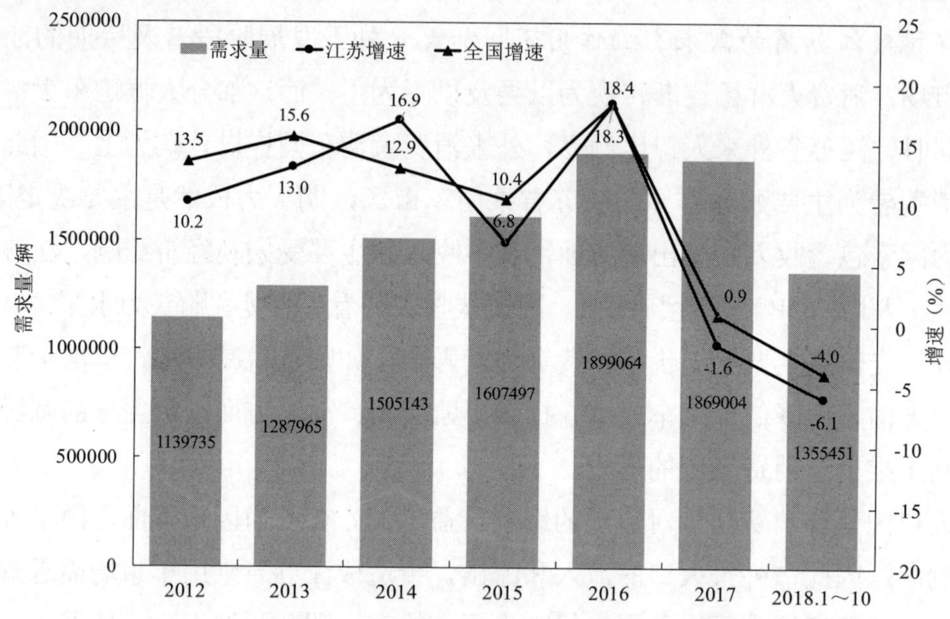

图 2 2012～2018 年江苏省与全国乘用车需求及增速对比①

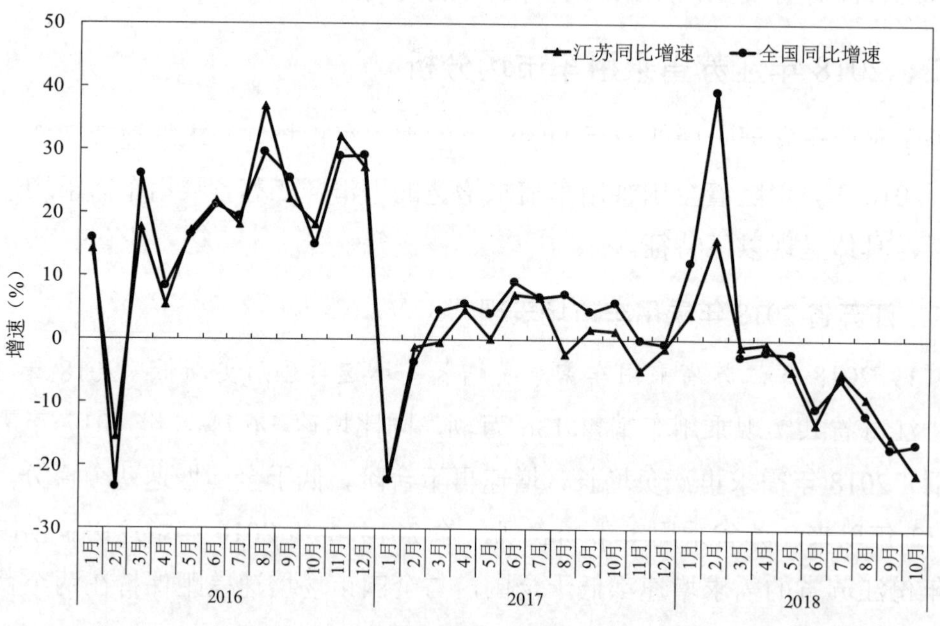

图 3 2016～2018 年江苏省与全国乘用车需求增速月度走势对比

① 本文中 2015 年及以前数据均为国家信息中心注册数，2016 年以后数据为保险数。

（3）江苏省内部苏南、苏北分化大，苏南市场需求增速明显高于苏北 从江苏省内部城市需求表现来看，2018 年 1～10 月份，苏南与苏北、苏中需求增速月度走势基本一致，双双呈现逐月下滑的态势，但二者增速差距较大，除 2 月份受春节影响，苏南增速低于苏北、苏中外，其他月份苏南增速基本都快于苏北、苏中 10 个百分点以上，苏南市场相对稳健（见图 4）。

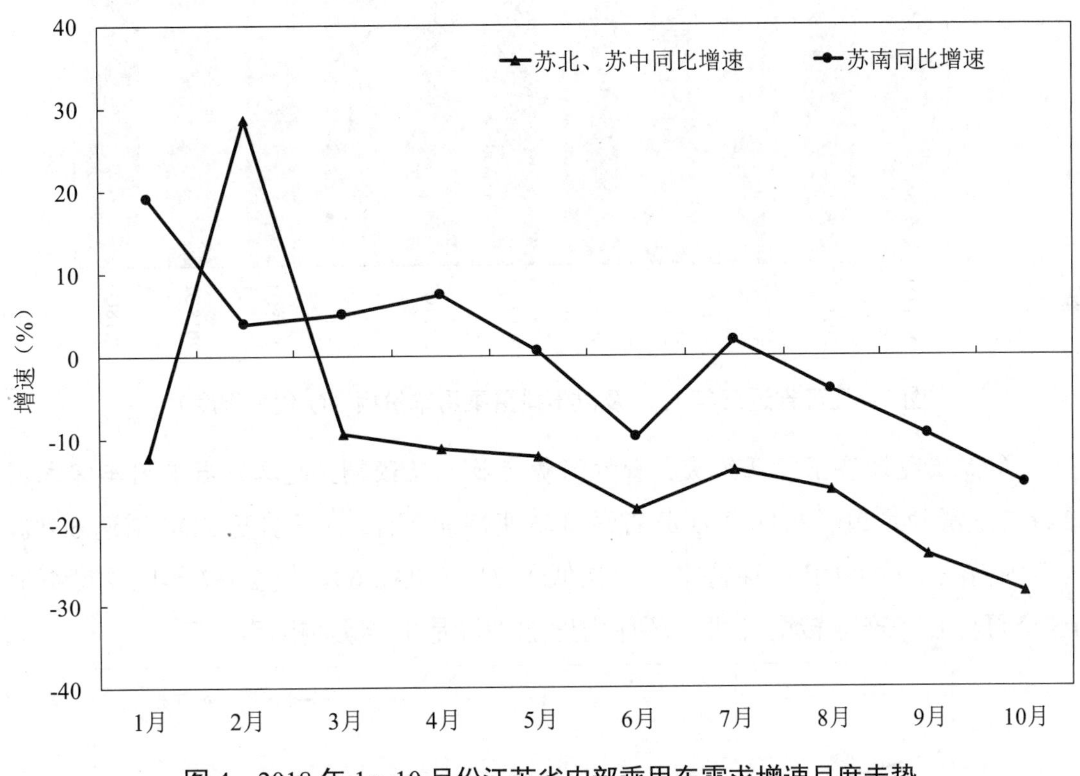

图 4 2018 年 1～10 月份江苏省内部乘用车需求增速月度走势

2．江苏省乘用车市场表现的原因分析

（1）购置税政策全部退出导致需求增速平台再下台阶 2018 年江苏省乘用车市场需求增速的大幅下滑，与全国市场是同步的。2018 年 1.6L 及以下排量车型购置税刺激政策完全退出，购置税税率恢复至此前的 10%，较 2017 年上升 2.5 个百分点。购置税政策的退出导致 2018 年的乘用车需求在 2017 年年底被透支。2017 年购置税政策半退，税率为 7.5%，1.6L 及以下排量车型份额从 2016 年的高平台上下滑，2017 年一季度骤降 9.2 个百分点。2018 年购置税刺激政策完全退出，1.6L 及以下排量车型份额从 2017 年的中平台上再次下滑，2018 年一季度骤降 10.2 个百分点；二季度、三季度与一季度份额基本持平，没有回升（见图 5）。

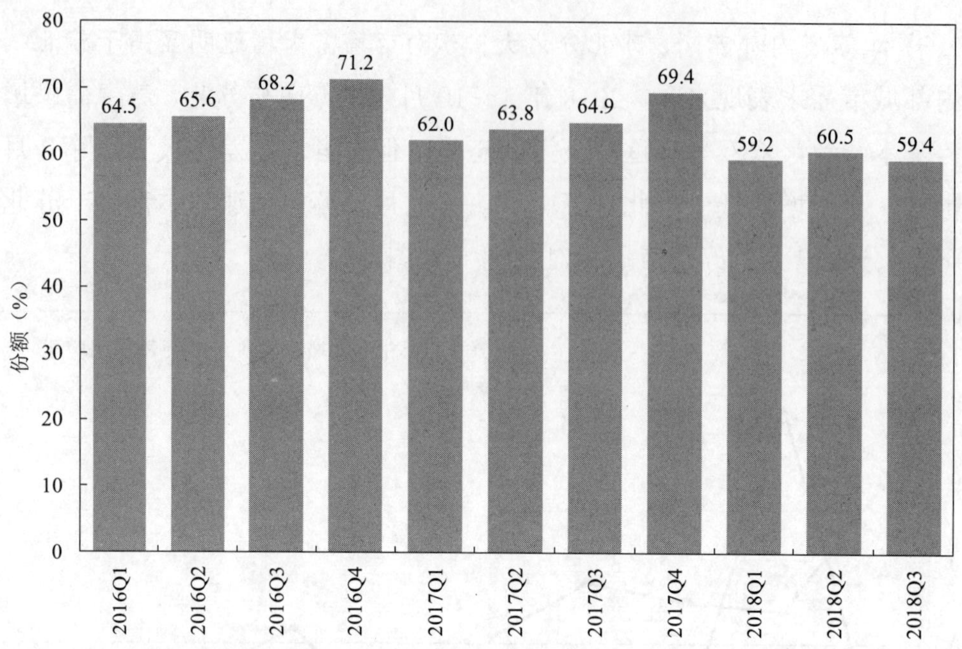

图 5 江苏省近三年 1.6L 及以下排量乘用车份额（Q 代表季度）

（2）宏观经济下行压力大，影响消费者收入及预期，是江苏省乘用车需求增速持续下滑的主因 2018 年江苏省经济增速持续下行，前三季度 GDP 增速 6.7%，与全国前三季度 GDP 增速持平，首次低于 7%（见图 6），较 2017 年四季度下滑 0.5 个百分点，产业转型升级、环保力度加大等是主要影响因素。

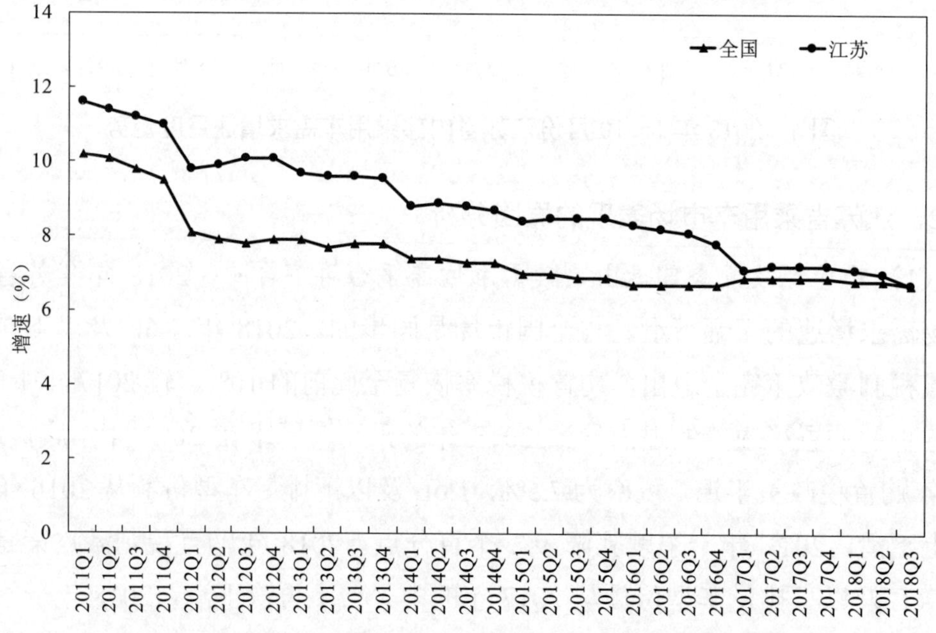

图 6 2011～2018 年三季度江苏省与全国 GDP 增速对比

2018 年，江苏省产业结构转型升级加快，大批企业关停和外迁，上半年注、吊销企业为 13.36 万户，较 2017 年同期增长 68.1%；环保方面实行“零容忍”态度，部分企业限产、停产，对当地经济有一定冲击。在此大环境下，消费者收入和收入预期下降，购买力和购买意愿不足，因而推迟购车或放弃购车。此外，作为沿海外向型程度高的大省，2018 年江苏省经济受中美贸易摩擦的影响还不明显，因此汽车市场受此影响较小。

在产业转型、环保力度加大的背景下，2018 年江苏省内各城市经济增速较上年普遍出现不同程度的回落，尤以苏中和苏北地区较为突出，苏南地区经济增长相对平稳。前三季度，江苏城市 GDP 增速前 5 名中 4 个城市都是苏南城市（见图 7），且增速全部快于江苏省整体增速；苏北、苏中城市 GDP 增速相对落后，普遍低于江苏省整体增速。可见，苏南地区经济对汽车市场的支撑力更强，苏北、苏中地区较弱。

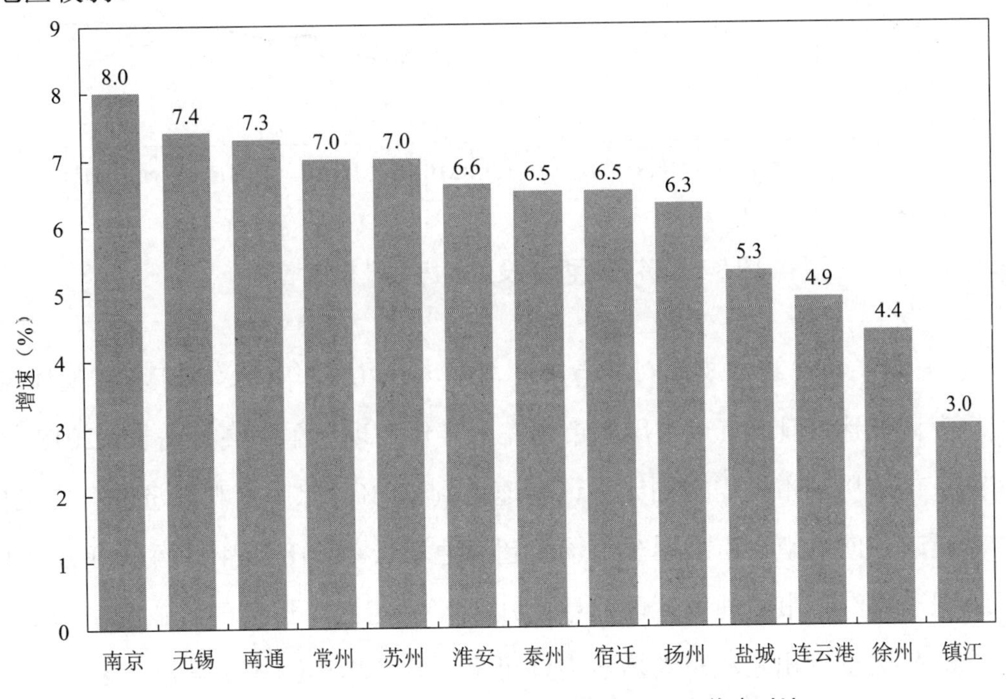

图 7　2018 年三季度江苏省内城市 GDP 增速对比

（3）*房价上涨挤占购车需求*　2018 年江苏省总投资与房地产投资表现反差较大，总投资增速再下平台，从 2017 年 7.5%的增速下滑至 2018 年 10 月 5.6%的增速；相反，房地产投资增速大幅攀升，从 2017 年 7.5%的增速上升至 2018 年 10 月 16.5%的增速，增速上涨 9 个百分点（见图 8）。房地产市场的火爆，一方面挤占了消费者的购车资金，另一方面，快速上涨的房价也导致企业生产成本的上升，进一步增加了企业的经营压力，相关从业人员的收入和收入预期受到一定程度的影响。

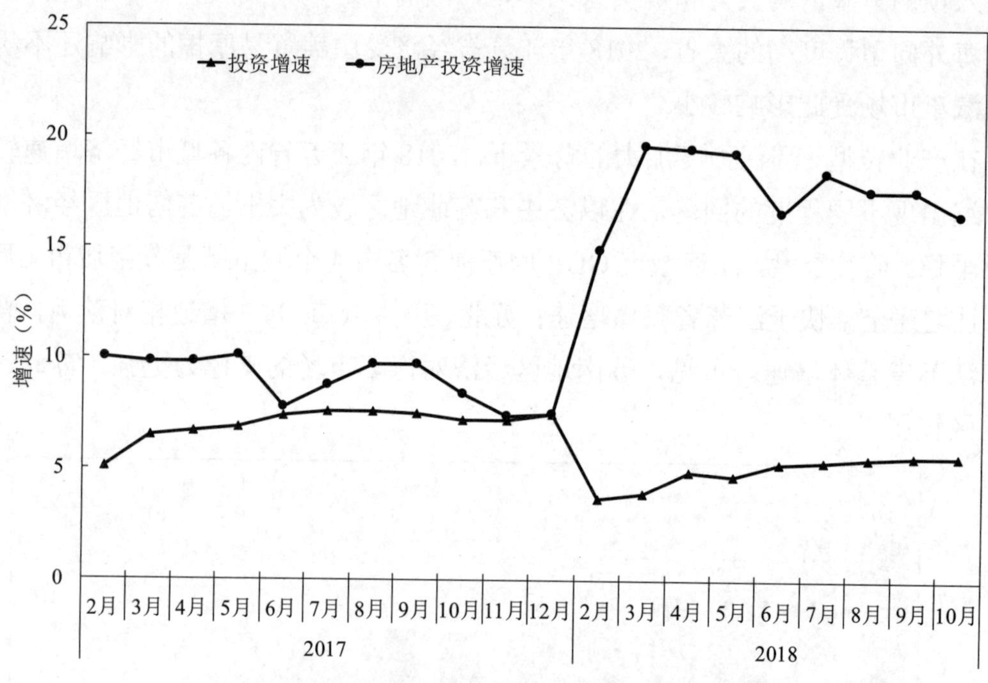

图 8 江苏省近两年投资和房地产投资增速

（4）*上半年网约车政策利好南京汽车市场* 2018 年，尽管江苏省整体乘用车市场表现低迷，但南京市乘用车市场在上半年表现出了超高速增长，2018 年上半年南京市乘用车市场需求同比累计增速达到 20%。除了宏观经济的有力支撑，网约车新政也助推南京市乘用车市场的超高速增长。2018 年 4 月南京市出台了《关于加强出租汽车市场规范管理的意见》，明确规定对出租汽车实施调控，从 4 月 21 日起，暂停受理出租汽车新增运力许可事项和新增车辆注册登记，这一政策也覆盖了网约车，并为符合条件的车辆留下了 3 个月的办证过渡期，7 月 20 日过渡期结束。因此，一大批网约车集中在 4～7 月份投放到南京市场。下半年，伴随着政策过渡期的结束，南京市场需求增速直线下滑，10 月份同比增速已降至－13.6%（见图 9）。

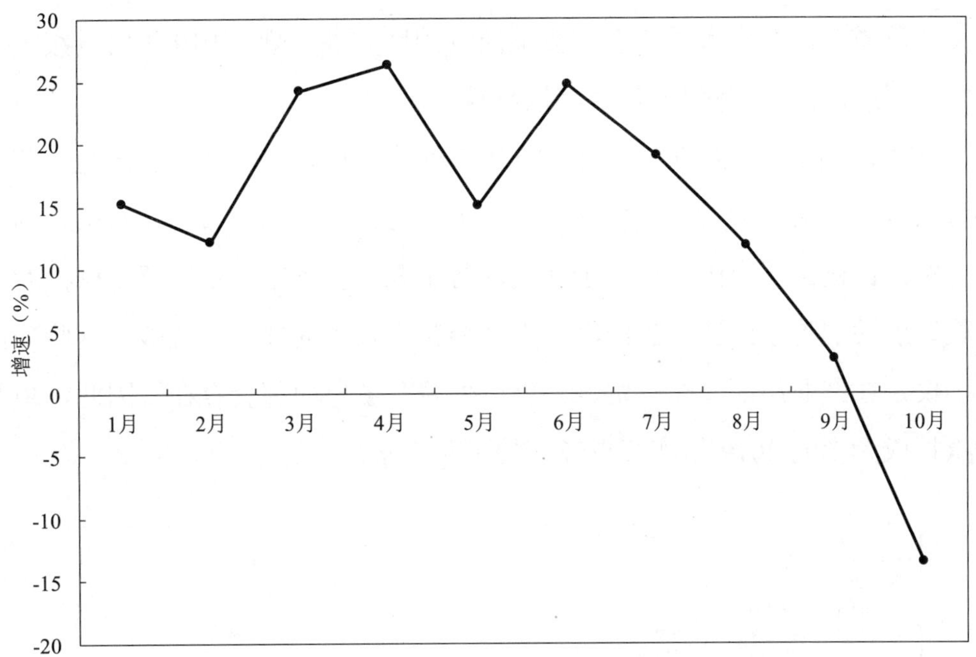

图 9　2018 年 1～10 月份南京市月度需求增速

三、2019 年江苏省乘用车市场展望

2019 年，宏观经济依然是影响江苏省乘用车市场变化趋势的主因，其中，中美贸易摩擦对江苏省经济的影响较 2018 年可能有所增加。此外，乘用车市场发展阶段也是影响江苏省市场发展趋势的关键因素。综合来看，在经济下行压力较大的大环境下，江苏省乘用车市场需求增速将延续下滑态势，且低于全国增速。

1．江苏省乘用车市场发展阶段

根据乘用车发展规律，千人保有量接近 200 辆的江苏省乘用车市场，已处于乘用车普及阶段的后期，乘用车需求潜在增速和增长弹性都在快速下降，预计 2019 年江苏省乘用车需求潜在增速约为 3%。

2．江苏省 2019 年宏观经济展望

宏观经济作为影响江苏省乘用车需求的主因，2019 年难有好转，预计 2019 年江苏省 GDP 增速为 6.7%（见图 10），处于历史低位。产业转型升级将持续，偏重工业的苏北、苏中经济受影响较大，民营、私营企业经营压力依然存在。环保方面，2018 年年初，江苏省出台了实施《江苏省大气污染防治条例》，这是自 2001

年以来江苏省首部在省人民代表大会上通过的地方性法规，2019 年将继续大力推进“263”专项行动，环保治理力度依然较大。

与 2018 年相比，2019 年，外贸进出口面临的风险将增加。美国是江苏省重要外资来源地、第一大对外投资国、第一大贸易伙伴和出口市场，对美贸易占江苏省外贸的比例高于全国，也高于其他沿海主要外贸省市。中美贸易摩擦对处于高质量发展关键阶段的江苏省经济，无疑会带来较大的冲击和挑战。这些冲击和挑战不仅是在产业层面，在外贸、外资、外智等各层面都会存在。因此，中美贸易摩擦将成为影响 2019 年江苏省经济的不利因素之一。

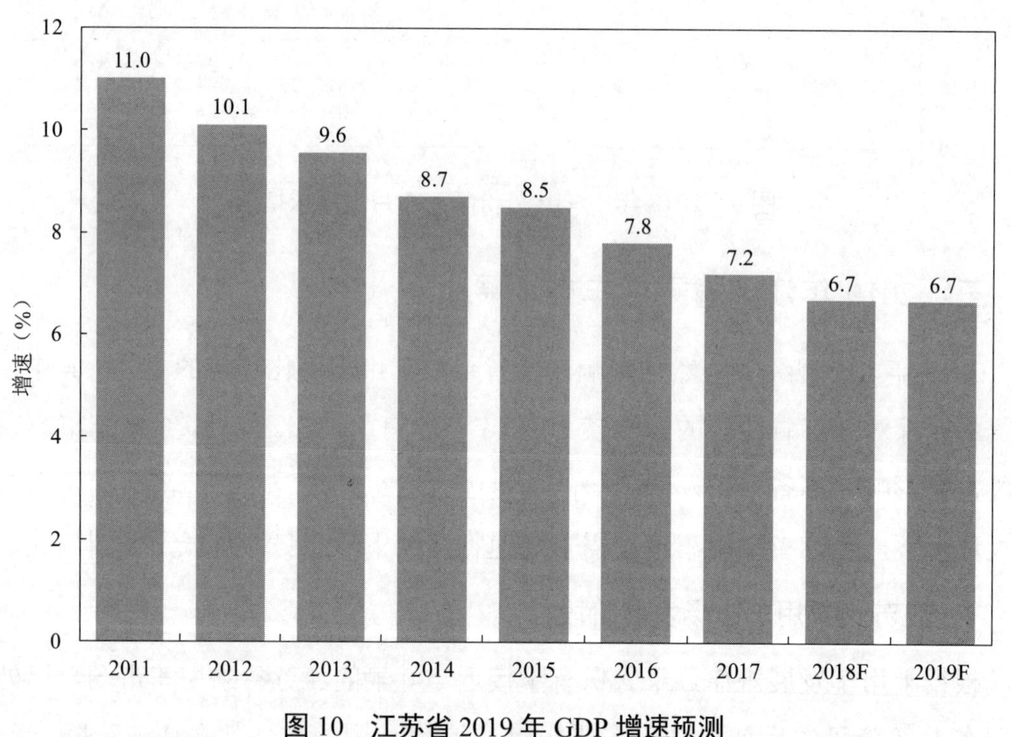

图 10　江苏省 2019 年 GDP 增速预测

3．2019 年江苏省乘用车需求展望

综合考虑 2019 年江苏省乘用车发展阶段、宏观经济等因素，预计 2019 年江苏省乘用车市场需求仍延续负增长态势，同比增速约为－3.8%（见图 11），需求规模接近 164 万辆。

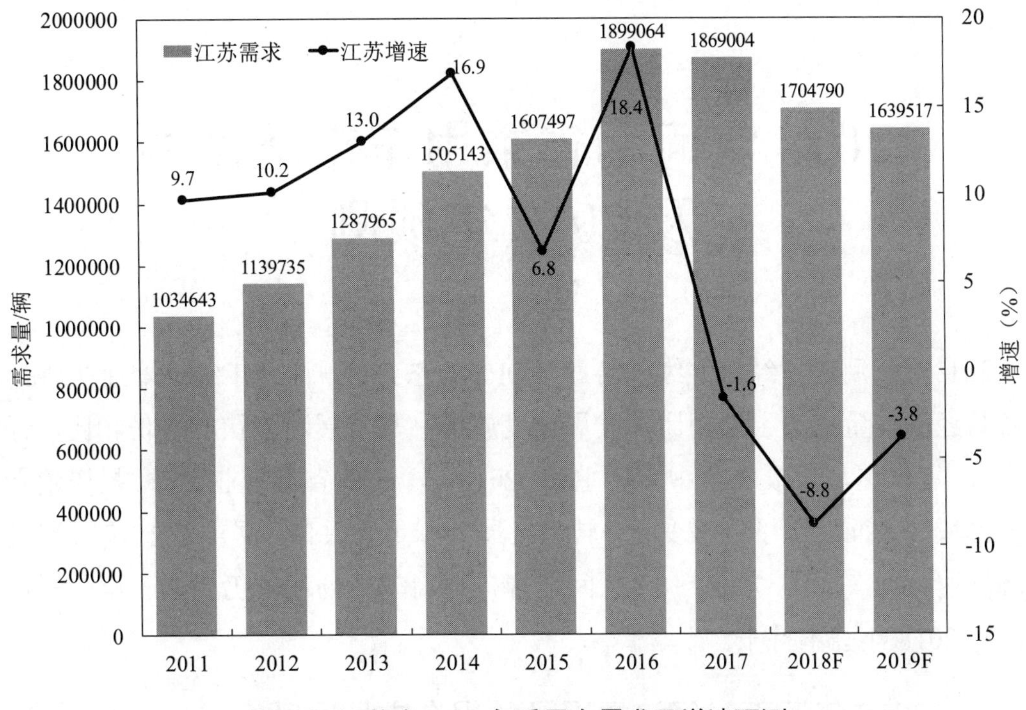

图 11　江苏省 2019 年乘用车需求及增速预测

（作者：张飒）

2018 年河南省乘用车市场回顾及 2019 年预测

2018 年，河南省经济继续保持稳中向好的态势，预计全年经济增速 7.5%。河南省与经济体量大的省份相比，发展速度放缓；与发展速度快的省份相比，经济体量较大，在区域发展竞争中占据主动。2018 年，河南省在产业支撑、投资消费、城乡区域等方面发生了积极变化，转型发展处于重大关口。展望 2019 年，河南省经济增速可能有望在 7.5%～8%区间运行，乘用车市场增幅仍会低于全国平均水平，与 2018 年基本持平。

一、2018 年河南省经济情况及乘用车市场回顾

1．2018 年河南省经济发展情况回顾

2018 年前三季度河南省生产总值突破 3 万亿元大关，河南省经济总量持续居于全国第五位，增速位次由 2017 年的第七位下降至第十一位。也就是说，与经济体量更大的省份相比，河南省发展速度缓慢，但 GDP 增速依然“跑赢”了全国数据 （6.7%）。2018 年前三季度分省份经济总量和增长率对比见图 1。

2018 年前三季度，第一、二、三产业增加值分别增长 2.7%、7.3%和 8.9%，三次产业结构比例达到 9.2：46.8：44，服务业对经济增长的贡献率达到 50%，消费对经济发展的基础性作用进一步增强。

2018 年 1～11 月份，全省财政一般公共预算收入 3456.2 亿元，增长 11.8%；地方税收收入 2461.6 亿元，增长 15.9%；税收收入占一般公共预算收入的比例为 71.2%，同比提高 2.5 个百分点。企业经营效益改善。2018 年 1～10 月份，全省企业实现营业总收入 22337.1 亿元，同比增长 16.7%。符合产业转型升级方向的高成长性制造业收入增长 24.1%、利润同比增长 11.6%。河南省进出口总额 5024.8 亿元，增长 13.6%，出口 3227.9 亿元，增长 23.3%。

总的来看，2018 年前三季度河南省经济保持了持续稳定向好的发展态势，总体运行符合预期，结构调整深入推进，质量效益稳步提升，改革开放持续深化，

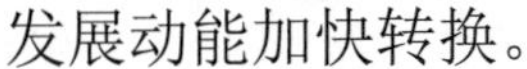
发展动能加快转换。

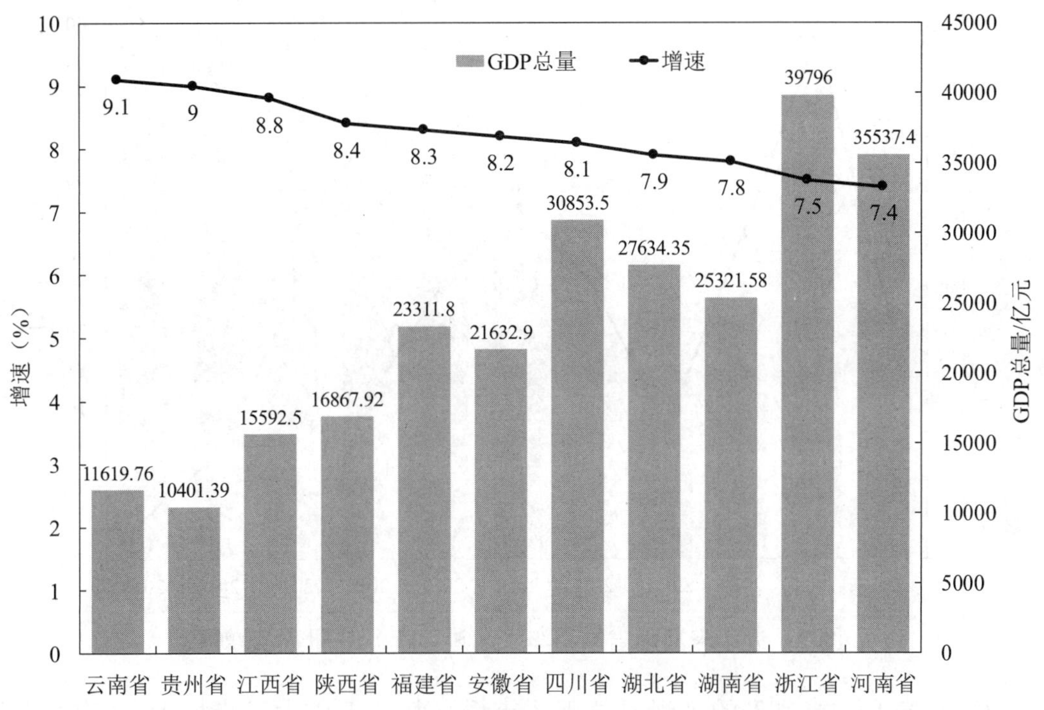

图 1　2018 年前三季度分省份经济总量和增长率对比

2．2018 年河南省乘用车市场回顾

（1）2018 年河南省乘用车市场分析　自 2000 年汽车大规模进入家庭以来，2018 年是汽车总需求首次负增长，其负增长程度之深、持续时间之长也为 20 年来之最。从数据上来看，全国上牌量同比下降 4%，河南省同比下降 5%。河南省乘用车注册数 2018 年预计为 155 万辆，增幅下降约 9 个百分点（见图 2）。

河南省乘用车需求下降主要受经济下行、购置税政策透支的影响，此外，乘用车市场正处在普及期，而波动调整是普及期的必然现象。

2016 年河南省狭义乘用车零售 160 万辆，同比增速 24%，也体现了楼市暴涨的短期财富效应波动影响下的汽车市场增速拉升特征。2017 年河南省狭义乘用车零售 167 万辆，同比增速 4%。由于 2016 年基数较高，导致 2017 年增速较低。

在 2016 年购置税 5%优惠政策退出前的强势走势的基础上，2017 年 1～11 月份同比增长 7 万辆，2018 年 1～11 月份同比减少 8 万辆，回到 2016 年销量水平。

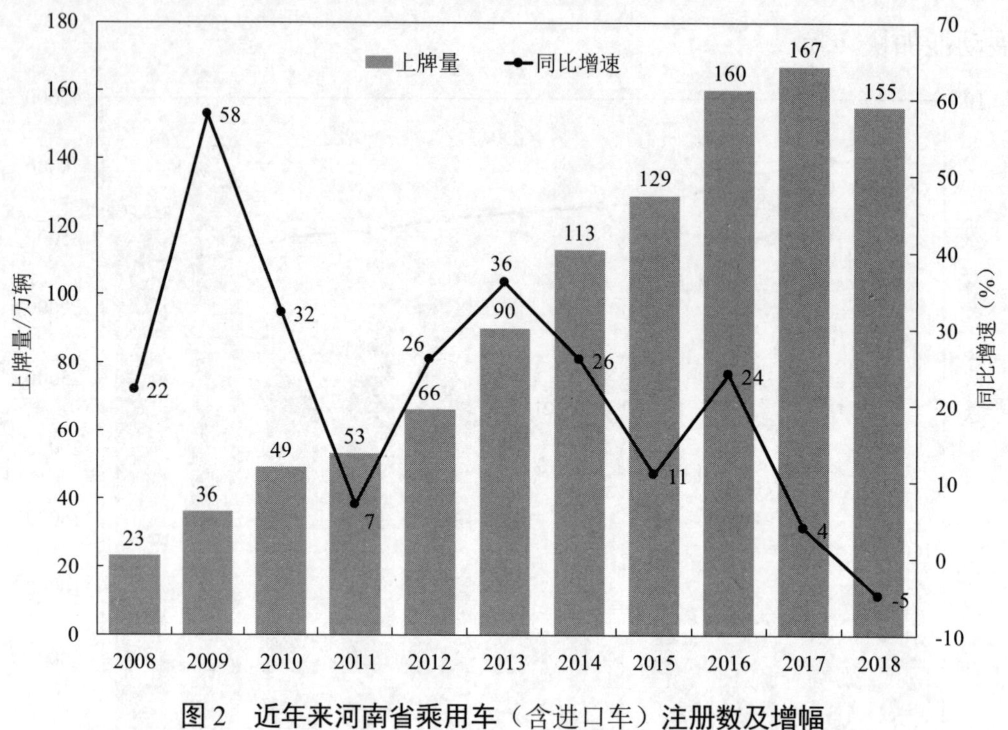

图2 近年来河南省乘用车（含进口车）**注册数及增幅**

2018年1～11月份的下滑，体现了市场高基数下压力逐步加大，汽车市场整体下降并不异常。

2016年河南省楼市暴涨后，2017年降温必然带来经济的下行压力。经济下行对2018年汽车市场的消费也有较大影响，中美贸易摩擦引爆的一些问题，尤其对企业用户的影响较为明显。

2018年，河南省多个城市限行、限号成为常态，新能源市场迅猛发展，共享汽车方兴未艾，以“新四化”为代表的新业态对传统汽车市场造成一定的冲击，这些变化使得消费者的选择越发多样，搅动着2018年低迷的传统汽车市场。

从河南省各地市销量来看，豫北地区下降幅度显著高于其他地域，信阳、周口、开封、三门峡正向增长领跑河南省内（见图3）。中西部和地县级市场为购买新车的主力，市场下沉、人口红利因素显现。

2018年，豫南区域市场为河南省汽车消费增长区域；这些区域的市场表现要远远好于豫北区域。得益于豫南各地市场的面积较大，人口较多，例如周口、信阳、驻马店等地级市，人口基本都在700万人以上。

所以说人口因素带来的红利，对汽车市场的影响是积极的，这一点在2018年的汽车市场中表现得较为显著。

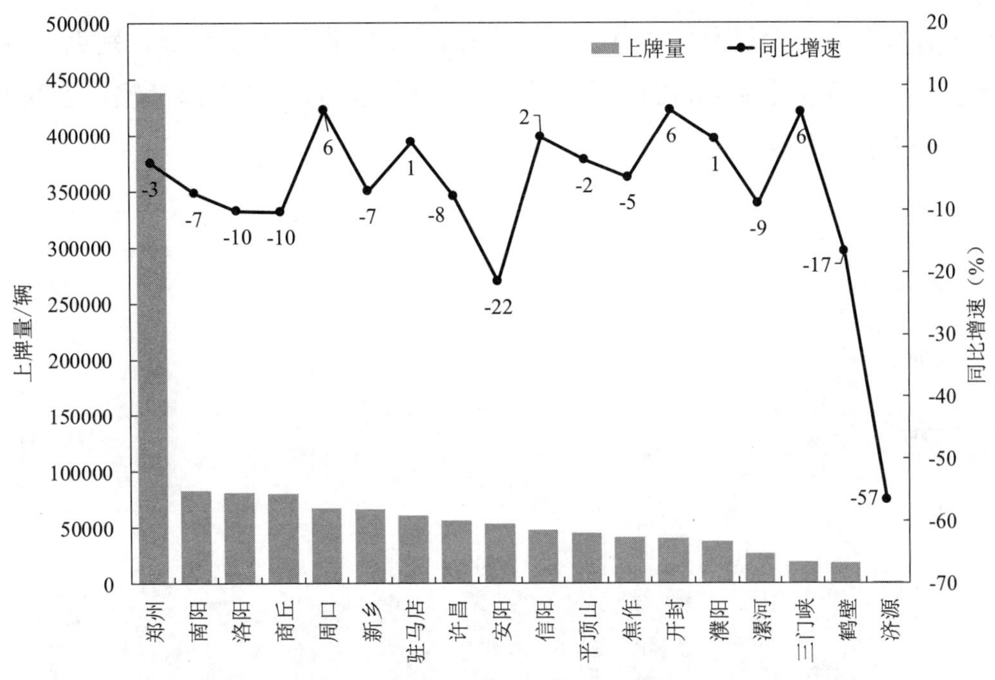

图 3　河南省分区域乘用车销量增速

从品牌销量趋势看，两级分化趋势愈发明显，市场竞争格局重塑进程加剧。合资品牌与主流自主品牌虽然销量增速均呈负增长态势，但其市场份额均有不同程度扩张。低端自主品牌受冲击力度最大，销量下降 23%，市场份额被侵蚀 3 个百分点，行业洗牌进程加剧。

豪华品牌销量整体增速 10%，但路虎、进口大众、讴歌跌幅明显。主流合资品牌销量整体下降 4%，日系品牌表现优异，一汽大众新车效应明显。平价合资品牌销量整体下降 3%，北京现代销量恢复增长，斯柯达、广汽三菱增速超过 20%。主流自主品牌销量整体下降 3%，吉利增势强劲，荣威、比亚迪受到新能源车型及网约车的拉动，销量正向增长超过 20%。

（2）SUV 销量排名分析　2015 年以来，SUV 细分市场一直保持高速增长，这一态势在 2018 年出现转折。河南省 2018 年 SUV 销量同比下降 5%，与乘用车市场同比下降幅度一致。河南省乘用车的销量主要依靠 SUV，SUV 的市场份额与 2017 年的 54%保持一致。

从品牌来看，自主品牌在这个细分市场的表现依然抢眼。2018 年自主品牌在这个细分市场的车型价格分布也更细致，有进一步向上的趋势。在河南省市场销量排前三位的车型分别为：哈佛 H6、传祺 GS4、吉利博越（见图 4），市场占有率均在 10%左右。合资品牌在 15 万元以上的 SUV 市场表现较好，别克昂科威、大众途观是市场接受度最高的车型，大众途观更是实行了双车型战略，途观 L 上市以后深受市场青睐。

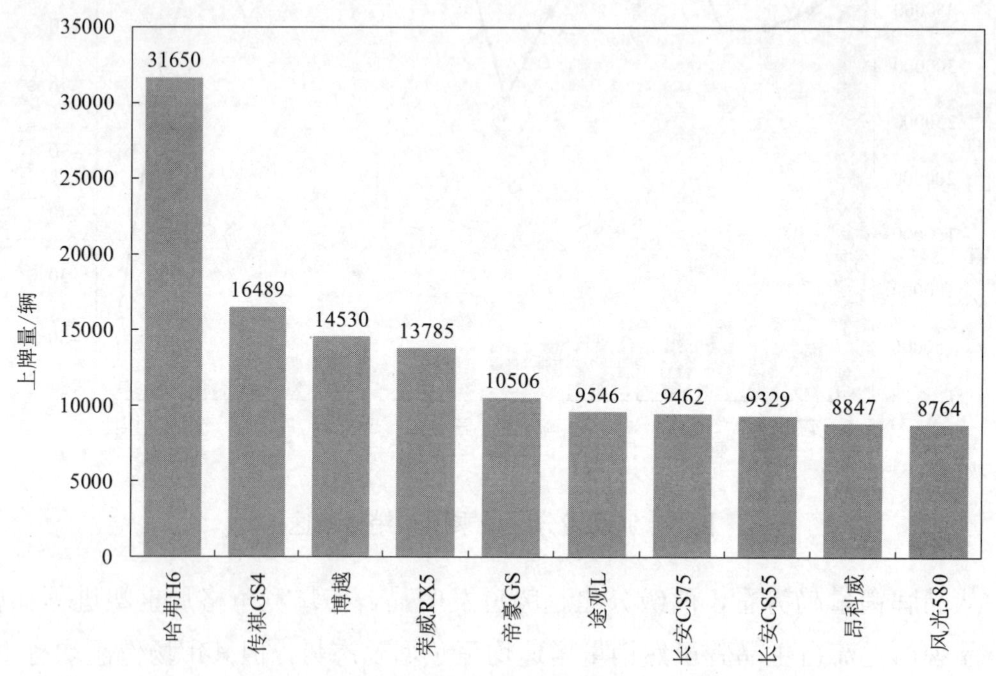

图 4 河南省 2018 年 1～11 月份 SUV 上险数据排名

（3）*轿车销量排名分析* 2018 年，河南省的轿车市场下滑较大，市场销量同比 2017 年下降了 21%，市场份额同比下降了 1 个百分点。但从细分市场表现来看，我们会发现我国汽车市场正在悄然发生变化，消费升级进一步加强，客户从重价格向重品质转变，中高级轿车降幅远低于中低端轿车。2018 年中高级轿车同比下滑 3%，市场份额同比增长了 1 个百分点。可见，车辆品质、技术、安全等成为客户的主要购买因素。

从品牌来看，合资品牌在这个细分市场仍具优势，销量占比仍然为 50%。尤其是南北大众，这一细分市场的地位无人能及，前 10 位占据 6 位（见图 5）。其他进入前 10 名的品牌有别克、雪佛兰、吉利、北京现代。

（4）*新能源汽车发展分析* 2018 年，传统汽车市场遭受了冲击，但是对于新能源车来说却是一个良好的增长环境。2018 年，河南省新能源车型销量整体增长高达 251%（见图 6），北汽新能源领先优势明显，海马汽车地方政策的支持带动了销量的高速增长。

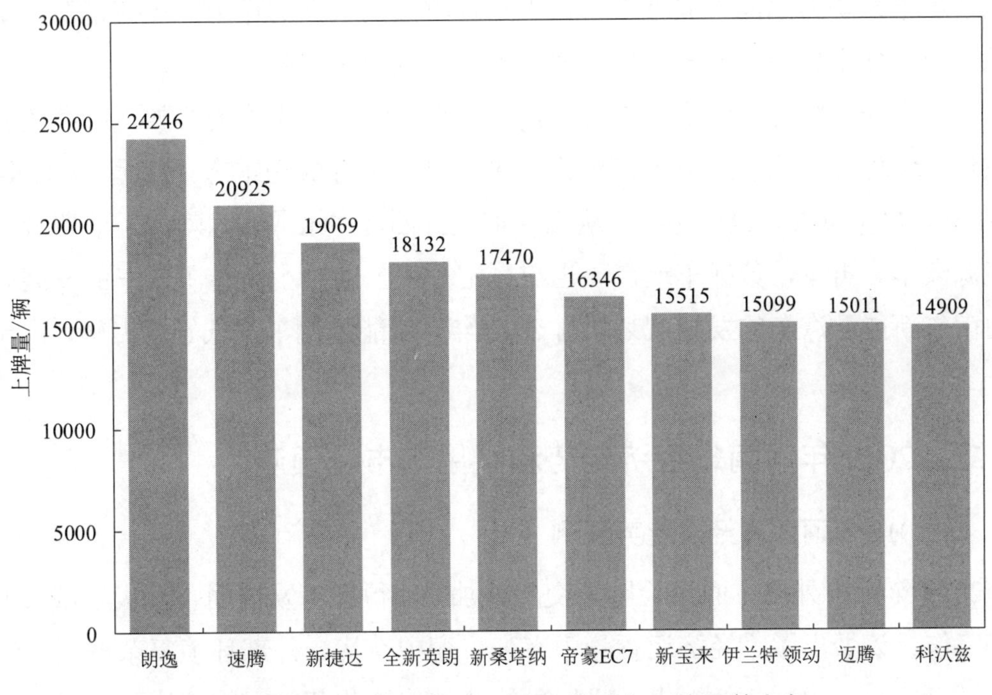

图 5 河南省 2018 年 1～11 月份轿车上牌量前十名

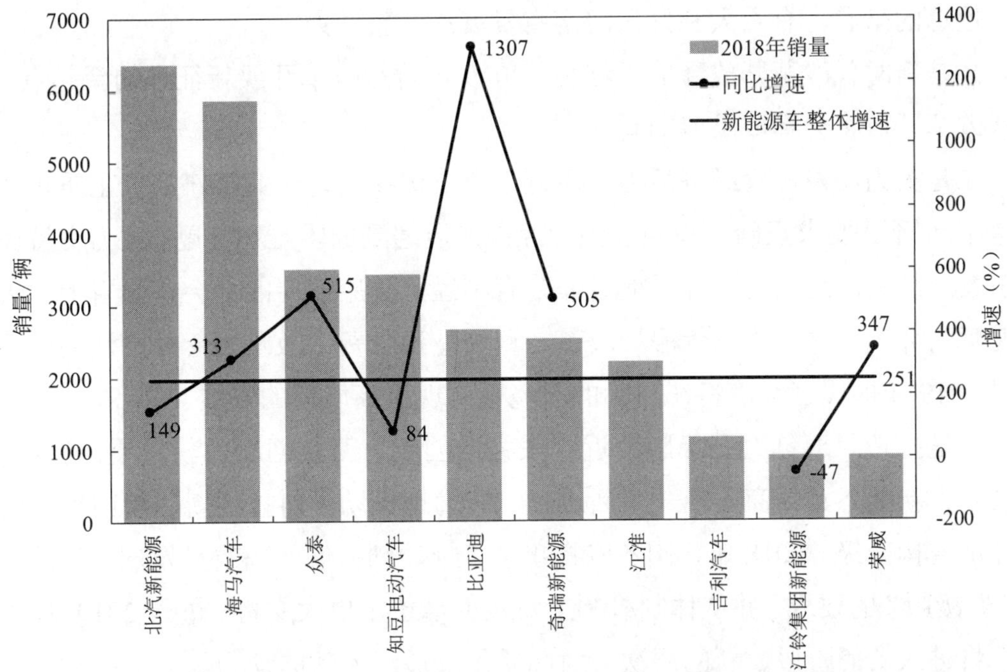

图 6 河南省 2018 年 1～10 月份新能源汽车销量和增速

河南省新能源汽车销量的迅猛增长，与诸多因素有关，包括新能源车型增多、技术进步带来动力电池等成本下降、国家各项鼓励政策的作用，还有消费者更加愿意接受和使用新能源汽车，以及河南省多地推出尾号限行措施。

河南省在大气污染治理的过程中，为减少机动车污染物的排放，持续改善空气质量，缓解交通压力，2018 年河南省多个城市限行成为常态。11 月 21 日至 12 月 31 日，郑州市限行范围扩大，从三环扩大到四环，此举大大刺激了消费者购买新能源汽车。再者，黄标车退市，也在一定程度上助推了新能源汽车的发展。按照河南省新能源汽车的发展规划，到 2020 年，新能源汽车不低于 5 万辆，占比不低于 5%。

二、2019 年河南省经济走势和乘用车市场预测

1. 2019 年河南省经济走势预测

2019 年国内外多方面风险因素交叉叠加，使得经济发展面临巨大挑战。中央经济工作会议做出了“经济运行稳中有变、变中有忧，外部环境复杂严峻，经济面临下行压力”的判断，提出了坚持供给侧结构性改革“巩固、增强、提升、畅通”的八字方针。我们对此要深刻领会，坚决贯彻。

但总的来看，有六大利好为河南省发展注入新动力。

一是新时代改革开放释放新红利。2019 年将是改革开放新征程的新起点，新时代改革开放将会释放发展的新红利。

二是大力激发民营经济活力。习近平总书记在民营企业家座谈会上重申“两个毫不动摇”，要求正确认识当前民营经济发展遇到的困难和问题，大力支持民营经济发展壮大。河南省召开了促进非公有制经济健康发展的大会，全省上下大力优化营商环境，深化“放管服”改革，积极减税降费，激发民营经济活力，可以预见 2019 年的民营经济将在更优的环境下实现更高质量的发展。

三是打造“双创”升级版。近年来大众创业、万众创新蓬勃发展，新产品、新技术、新业态、新商业模式不断迸发，有力地推动了科技创新、新旧动能转换和经济结构升级。2018 年，国务院提出了“推动创新创业高质量发展、打造‘双创’升级版”的要求，并从体制机制上对双创给予了更大支持。进入 2019 年，“双创”将进入新的阶段、新的层次，对高质量发展注入新的动力。

四是激发消费提振内需。投资增速下滑、外部风险上升是经济下行压力加大

的主要原因。中央最近下发了《关于完善促进消费体制机制 进一步激发居民消费潜力的若干意见》，意在顺应消费升级趋势，不断提升居民消费能力，引导形成合理的消费预期，增强消费对经济发展的基础性作用。这些政策措施将逐步释放利好，对稳定 2019 年的经济发展形成有力的支撑。

五是区域协调发展进入新阶段。针对近年来我国区域发展分化的现象，中央提出要建立更加有效的区域协调发展新机制，促进区域协调发展向更高水平和更高质量迈进。郑州作为国家中心城市、将被赋予更大的改革发展重任，带动中原城市群形成更加统筹有力、竞争有序、绿色协调、共享共赢的区域协调发展新机制。

六是城镇化进程加快，促进消费升级。在城镇化快速发展的当下，河南省长期低于全国平均水平 8 个百分点左右的城镇化水平，已经不能适应人们对美好生活的需要。眼下，河南省正处于城市化快速推进中，预计未来 15 年内，还有 2000 万农民从农村迁向城市。这些都能带来强劲的发展红利。

2．2019 年河南省乘用车市场预测

（1）*有利因素* 2019 年，河南省宏观经济虽然存在下行压力，但仍然保持稳中有进，持续向好的态势，这将成为乘用车市场发展最重要的有力支撑。稳定的经济增长带来城镇居民人均可支配收入、农民人均纯收入的稳步提升。消费区域进一步下探，会继续向县、市、区发展，河南省作为全国第一人口大省，人口红利仍会继续释放，千人保有量仍处于较低水平，人口规模带来的汽车消费仍将是乘用车增长的主要支撑。汽车厂家产能过剩、汽车厂商之间的竞争加剧将使得汽车销售价格继续下探，消费者可以以更实惠的价格享受有车生活。

随着国家对新能源汽车的重视及对汽车厂商的新能源汽车配额的强制要求，新能源汽车已经成为乘用车市场新的增长点。2017 年年底开始持续到 2018 年，河南省 50 多个市县启动限行，对新能源汽车而言，是一个重要的推动力。未来即使出台更为严格的限行或限购政策，新能源汽车的消费都不会受到影响，甚至会受到鼓励。国家出台的一系列对新能源汽车的补贴政策，在传统燃油汽车销量萎缩的同时，使新能源汽车销量呈现爆发式增长。河南省新能源汽车累计上牌数近 7 万辆，占全国总数的 10%左右。2019 年新能源汽车的消费优势会继续保持。

2018 年的汽车低迷是在消费提前透支下的回落，中长期看汽车的发展前景仍然比较乐观。市场消费升级，高端需求及换购需求会成为增长的亮点。

（2）制约因素　首先，2019 年经济增长放缓，消费者消费信心不足，实物消费将会持续低迷，对汽车消费会造成一定的影响。其次，河南省经济虽然一直保持稳定增长，但人均 GDP 和城乡人均消费支出均低于全国水平，这也反映了较低的购买力。限行对传统燃油汽车而言，应该是短期利好，中长期利空。

根据对上述影响乘用车发展的各种因素的综合分析预测，2019 年，河南省乘用车需求量预计约为 150 万辆，与 2018 年持平。就区域来看，周口、信阳、商丘、驻马店、开封等地区有望出现增长。

（作者：朱灿锋）

2018年陕西省乘用车市场分析及2019年展望

一、陕西省乘用车市场概况

1. 陕西省基本情况

陕西省是中华民族及华夏文化的重要发祥地之一，位于西北内陆腹地，东邻山西、河南，西连宁夏、甘肃，南抵四川、重庆、湖北，北接内蒙古，横跨黄河和长江两大流域中部，因秦岭－淮河一线而横跨北方与南方，是中华人民共和国大地原点和中国科学院国家授时中心所在地。国土面积20.58万km^2,占全国总面积的2.16%。

2017年陕西省常住人口3835万人，占全国总人口的2.76%，是西部第二、西北第一人口大省；城镇化率56.8%，略低于全国平均水平。陕西省是我国五大重要科教高地之一，西安是我国高等院校和科研院所聚集的城市之一，普通高校在校学生人数居全国前五位。在西部尤其是西北地区，陕西省具备一定的人才吸引优势。近年来，西安户籍新政不断升级，2018年1～5月份，西安市迁入人口超过45万人，其中学历落户和人才引进占总迁入人口的65.9%。落户人才总体上学历、素质相对较高，人才“西”引效果明显。

自1996年以来，陕西省经济增速始终快于全国增速（见图1）。2017年陕西省GDP总量达到21899亿元，占全国的2.65%，经济规模居西部第二、西北第一。从产业结构来看，陕西省三产比例为7.9：49.8：42.3，第二产业占比居全国各省之首，主导产业包括能源化工、装备制造、食品、有色、计算机通信、非金属矿物制品等，工业类型偏重、资源能源行业占比高。陕西省居民购买力偏低，人均GDP为57266元，略低于全国平均水平。

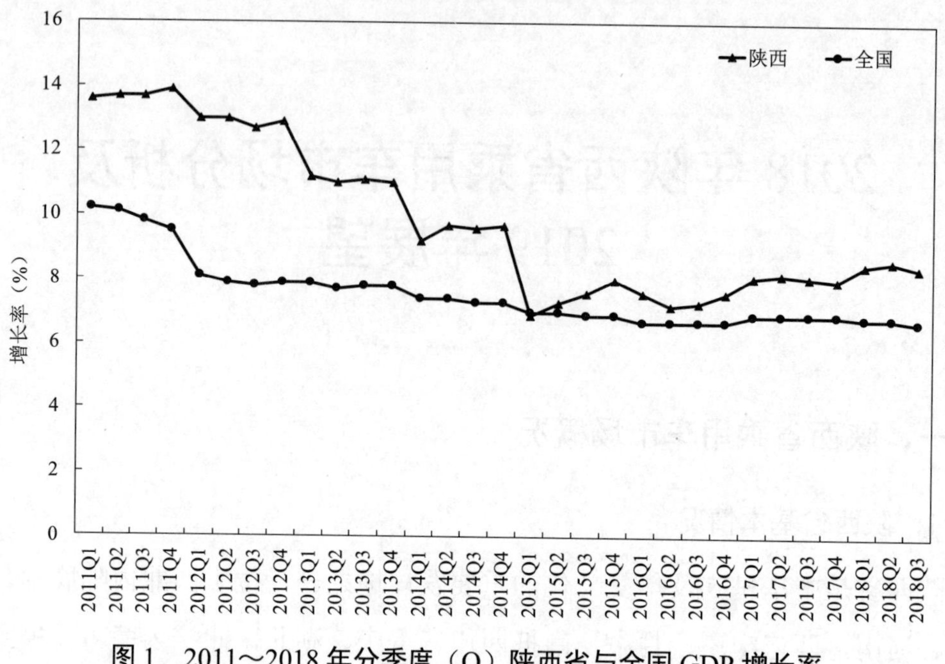

图 1 2011～2018 年分季度（Q）陕西省与全国 GDP 增长率

陕西省地区经济发展不平衡，西安一枝独秀。陕西省中部关中平原包含西安、咸阳、宝鸡、渭南、铜川五市，人口规模相对较大，以装备制造业为主，资金相对充裕，经济活跃度高。北部陕北高原包含延安、榆林两市，经济以煤炭、能源化工为主，榆林市人均 GDP 全省最高，有一定的购买力。南部秦巴山区包含汉中、安康、商洛三市，人口规模小，以绿色循环产业为主，经济总量和人均 GDP 较低。2017 年西安常住人口 961.67 万人，占全省总人口的 25.1%；城镇化率 73.4%，居全省首位；GDP 达到 7470 亿元，占全省总量的 34.2%，第三产业占比最高；人均 GDP 为 78346 元，居全省第二。除西安外，陕西省其他城市均为二产占比最高。

2．陕西省乘用车市场特征

陕西省是我国西部第二、西北第一的乘用车市场。自 2012 年起，随着经济增速逐年放缓，陕西省乘用车需求增速低于全国平均水平（见图 2）。2017 年陕西省乘用车需求 61.9 万辆，占全国总需求的 2.69%，与 GDP 占比相当、略低于人口占比，排名全国第 13 位。保有量 421.4 万辆，占全国总保有量的 2.58%，排名全国第 15 位；千人保有量 109.9 辆，低于全国平均水平 117.3 辆，排名全国第 16 位。根据乘用车发展阶段理论，千人保有量在 100～250 辆是普及后期，该阶段乘用车需求增速和增长弹性都在快速下降。

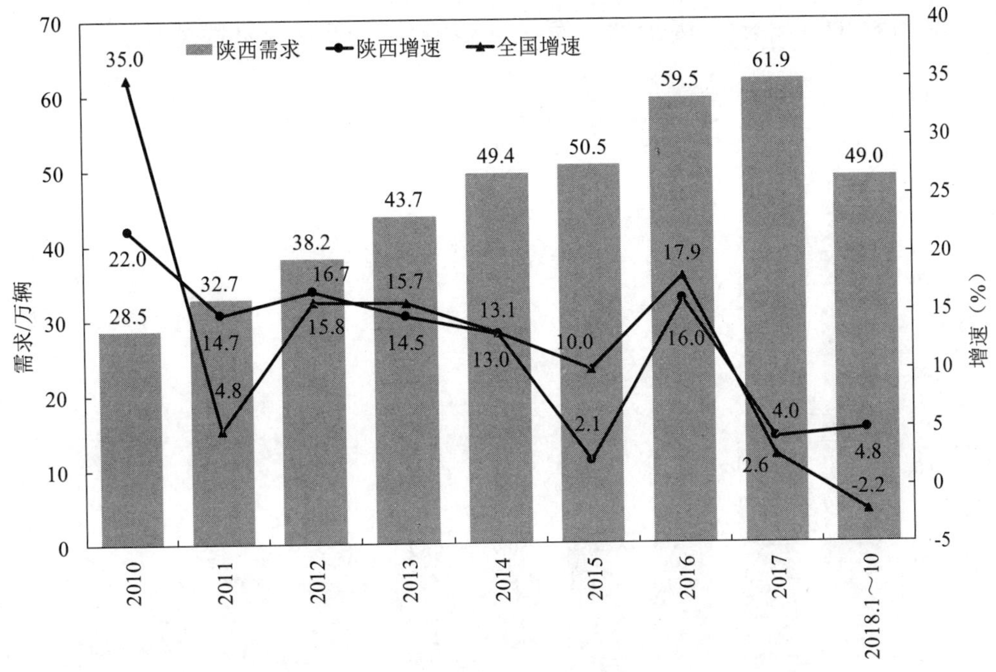

图 2　2010～2018 年陕西省与全国乘用车需求及增速

（注：2010～2015 年需求为注册口径，2016～2018 年需求为保险数，均含进口车数据）

陕西省乘用车市场地区分化明显。分城市来看，2017 年西安乘用车需求达到 37.2 万辆，占全省需求的 56.7%，且占比呈现逐年上涨的趋势；榆林、咸阳、渭南为第二梯队，需求超过 4 万辆；其他城市需求规模小。2016 年，西安千人保有量达到 240.3 辆（见图 3），居全省之首、全国第 10 位，已接近复数保有期；榆林千人保有量为 115 辆，其他城市则不足 100 辆、甚至刚突破 20 辆，进入起飞期，这些城市未来仍具有一定的发展潜力。从城乡来看，西安、榆林、咸阳等省内较大市场，其城区首购需求已接近饱和，再购需求弹性大；而广大的县乡地区及其他发展阶段较低的城市，乘用车首购需求潜力依然较大。

二、2018 年陕西省乘用车市场分析

1. 2018 年陕西省经济发展

2018 年陕西省经济稳中有升。前三季度 GDP 累计增速 8.4%，较 2017 年提升 0.4 个百分点，高于全国平均水平 1.7 个百分点，居全国第五位，是六个 GDP 增速上升的省份之一。2018 年 1～10 月份，工业增加值累计增速 9.5%，较上年提升 1.3 个白分点，高于全国平均水平 3.1 个百分点，居全国第三位。随着有色金

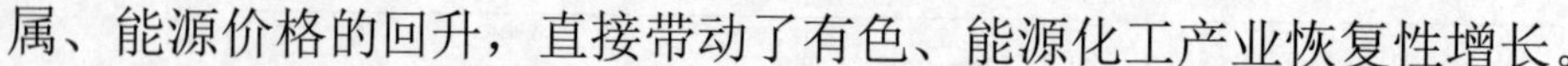

属、能源价格的回升，直接带动了有色、能源化工产业恢复性增长。

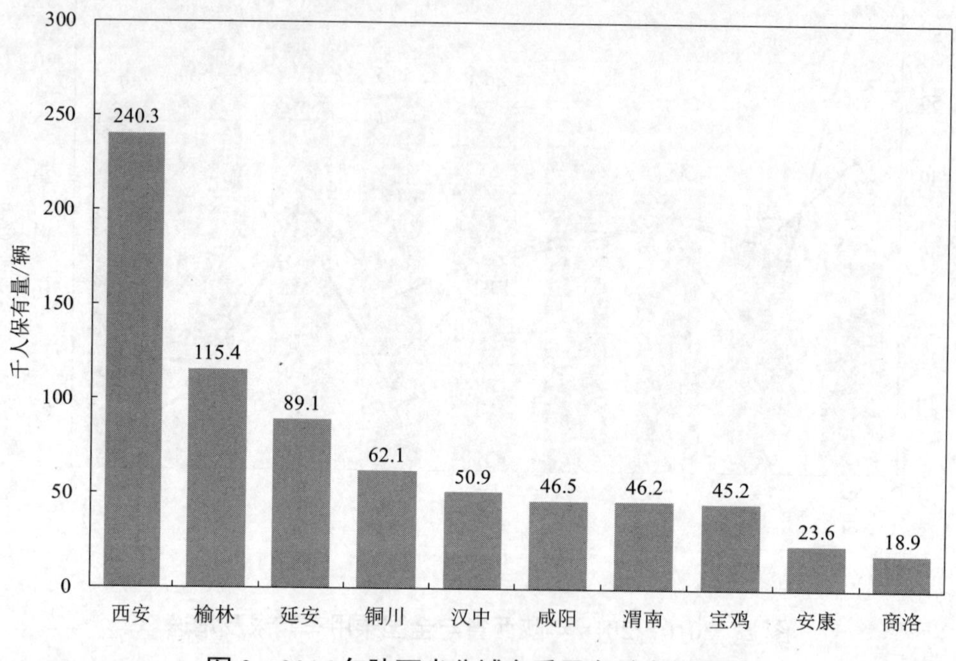

图 3 2016 年陕西省分城市乘用车千人保有量

2018 年陕西省固定资产投资保持平稳增长，各月增速均高于全国增速 5 个百分点以上，1～10 月份累计增长 10.9%，较上年下降 3.7 个百分点（见图 4），高于全国平均水平 5.2 个百分点，增速居西部第三、西北第一。

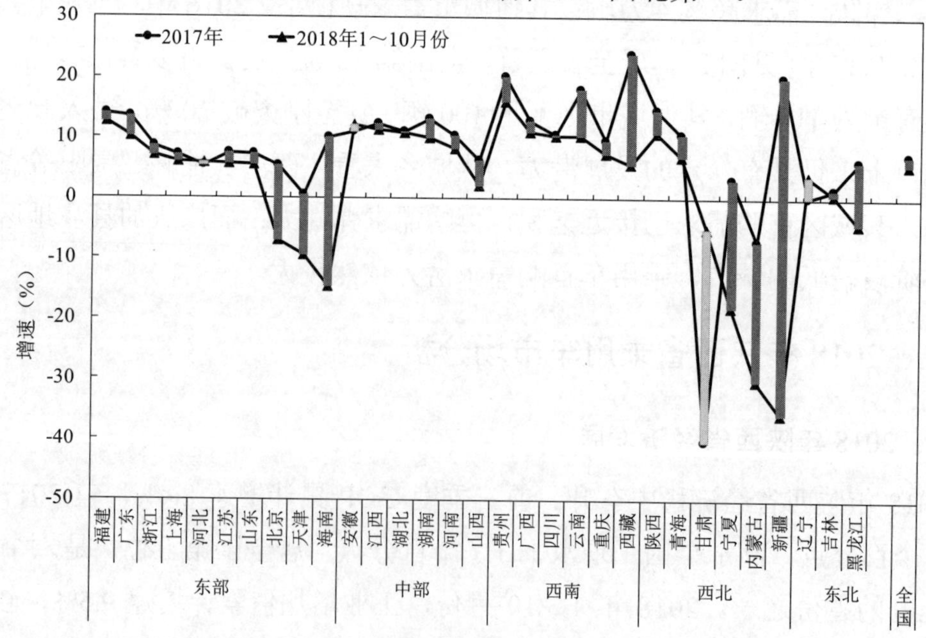

图 4 各地区固定资产投资累计增速

房地产投资在 2 月份触底后持续加快，2018 年 1～10 月份累计增长 18.4%，较上年提升 5.1 个百分点，高于全国平均水平 8.7 个百分点，位居全国第六。民间投资增速、制造业投资增速均创 2015 年三季度以来新高，拉动了全省投资增长。受 PPP 政策收紧、防控地方政府债务风险等因素影响，基础设施投资增速持续回落，拖累了全省增速。

自 2017 年四季度起，陕西省社会消费品零售总额同比增速逐季下降，2018 年前三季度累计增长 10.9%，较上年下降 0.5 个百分点，高于全国平均水平 1.6 个百分点，排名全国第八。受房价上涨、居民负债率上升、收入增速回落等因素影响，消费信心有所下降。

2018 年陕西省进出口总额继续保持高速增长，1～10 月份累计增速 38.6%，较上年提升 4.6 个百分点，高于全国平均水平 22.5 个百分点，位居全国第三。其中进口总额累计增速 36.2%，较上年提升 25.7 个百分点，高于全国平均水平 15.9 个百分点，位居全国第四；出口总额累计增速 40.3%，较上年下降 14.7 个百分点，高于全国平均水平 27.7 个百分点，位居全国第二。由于陕西省经济对外依存度低，出口目的地主要是中国香港、韩国、中国台湾，美国排名第四，因此中美贸易摩擦对经济的影响并不明显。

2．2018 年陕西省乘用车市场表现

2018 年，陕西省乘用车市场表现好于全国总体。1～10 月份，陕西省乘用车需求量 49.0 万辆，占全国市场的 2.85%；同比增速 4.8%，略低于 2017 年，高于全国平均增速 7 个百分点，排名位居全国第六。

分月度来看，自 2 月份起，陕西省乘用车需求增速均远高于全国平均水平，但走势与全国基本一致（见图 5）。1～2 月份受春节及购置税调整造成的低基数影响，需求同比大幅提升。3～5 月份，增速回落但仍保持正增长。6～7 月份，与全国负增长不同，陕西省需求增速依然维持正增长，一方面得益于陕西省宏观经济的支撑，另一方面则来自于西安限购传闻的刺激作用，在《西安市“铁腕治霾·保卫蓝天”三年行动方案（2018～2020 年）》中提到，持续深化移动源污染防治，2018 年 6 月底前，制定出台西安市机动车出行总量调控政策，可采取机动车限行、经济调控等措施，降低机动车出行总量，减少机动车污染物排放；8～10 月份，需求增速负增长并大幅下降。

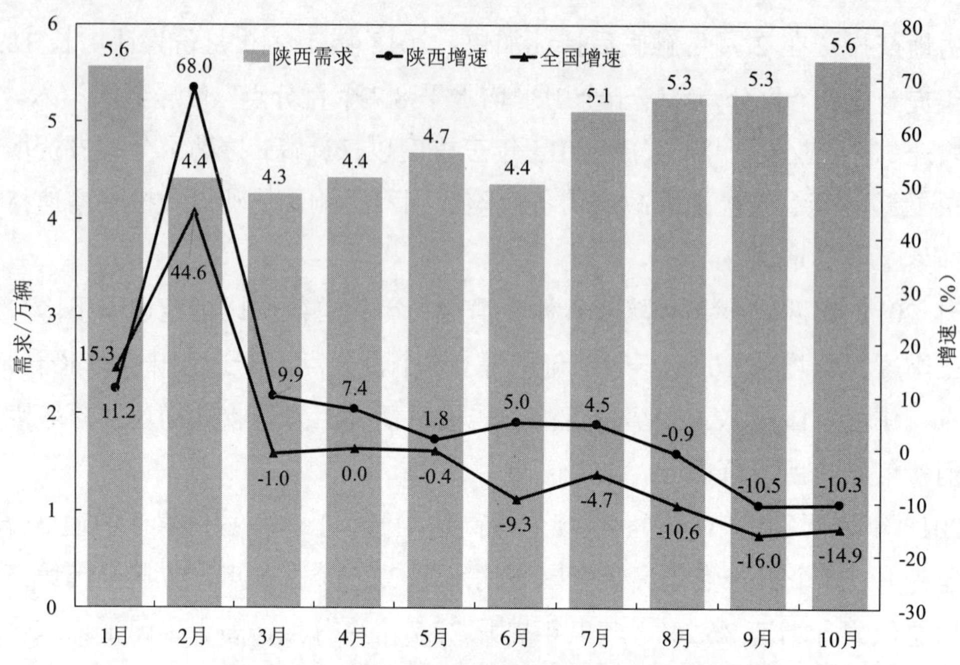

图5 2018年陕西省乘用车月度需求与增速

（注：以上需求数据为保险数，含进口车保险数据）

从乘用车级别来看，陕西省乘用车需求档次以普通家用为主，A级车份额逐年增长（见图6）。近两年，受资源能源价格回升、购置税优惠政策逐步退出的影响，B级及以上高级别车占比有所回升；在新能源车带动下，以A00级为主的小级别车需求份额有所回升。

从乘用车类型看，轿车占据陕西省乘用车市场的主体地位，SUV份额逐年大幅提升，威胁了轿车的地位，MPV份额稳中有增但规模较小（见图7）。2018年1～10月份SUV增长势头放缓，份额略有下降，轿车保住了半壁江山。近年来SUV产品不断丰富，购买门槛不断降低，用户对SUV的偏好实现更加容易。2018年油价上升较为明显，相比同级别轿车，SUV油耗大、使用成本高，随着宏观环境变化，用户收入预期下降，消费更为谨慎。

从乘用车车系看，陕西省自主品牌占据主体地位且份额大幅提升（见图8），占比远高于全国平均水平。日系品牌份额逐年上升，欧系、美系、韩系品牌份额逐年下降。

从区域看，西安继续引领陕西省乘用车市场，2018年1～10月份西安乘用车需求累计28.8万辆（见图9），占陕西省全省需求的58.8%。

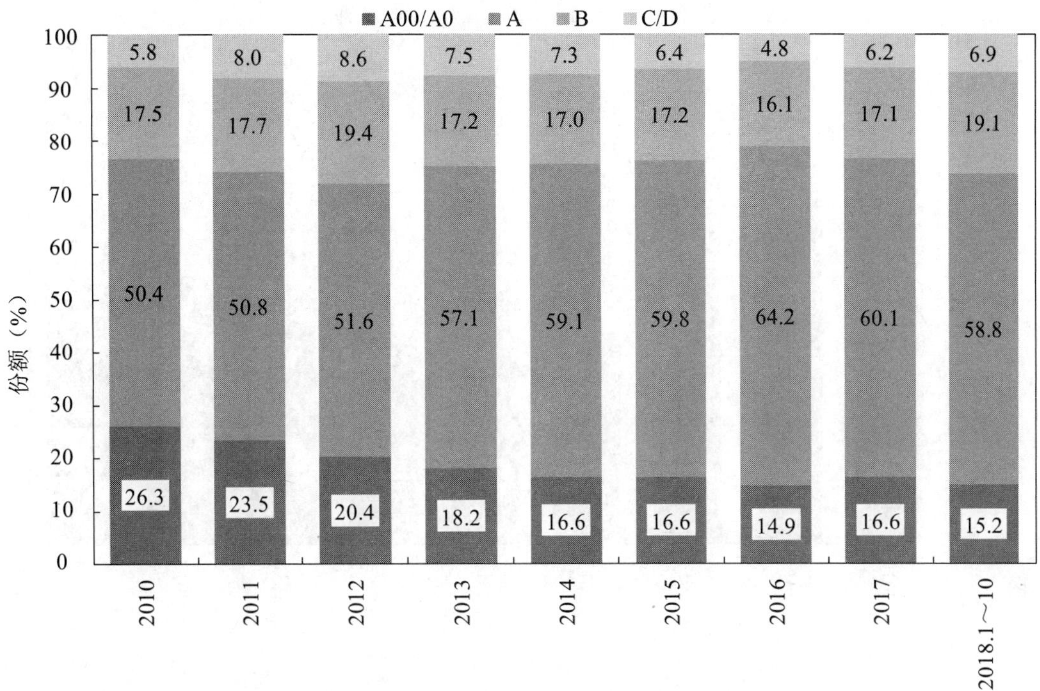

图 6　2010～2018 年陕西省乘用车分级别份额

（注：2010～2015 年需求为注册口径，2016～2018 年需求为保险数，均含进口车数据）

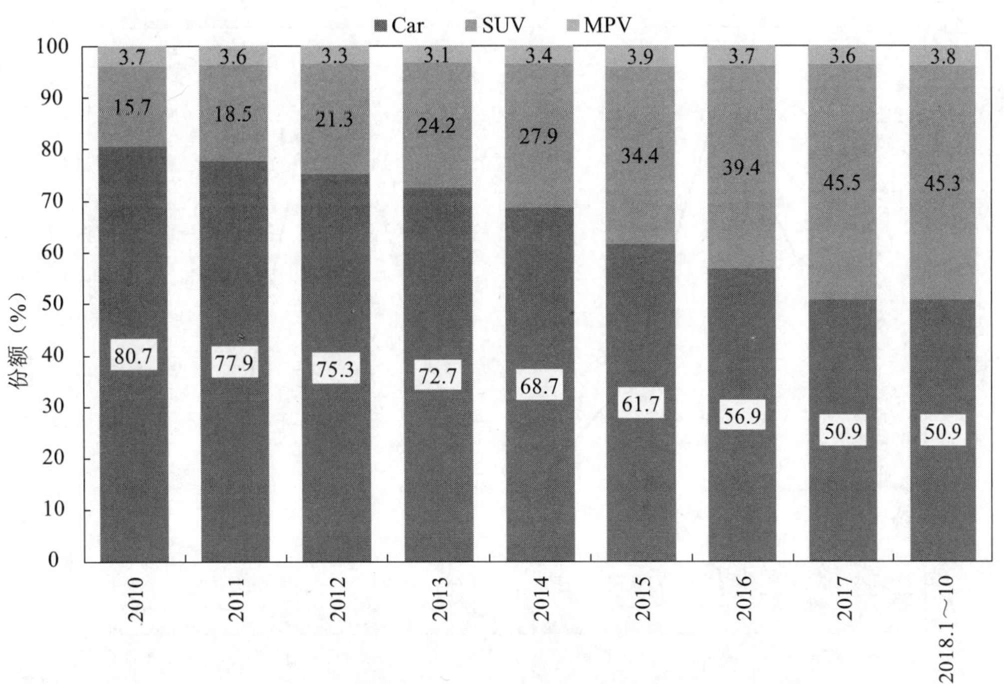

图 7　2010～2018 年陕西省乘用车类型份额

（注：2010～2015 年需求为注册口径，2016～2018 年需求为保险数，均含进口车数据）

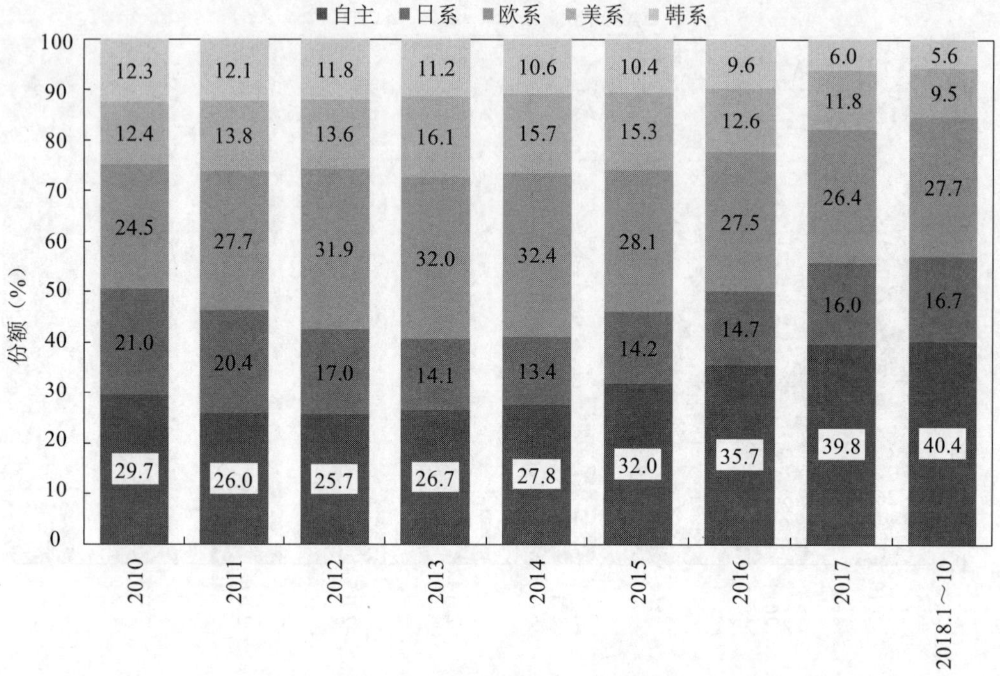

图 8　2010～2018 年陕西省乘用车车系份额

（注：2010～2015 年需求为注册口径，2016～2018 年需求为保险数，均含进口车数据）

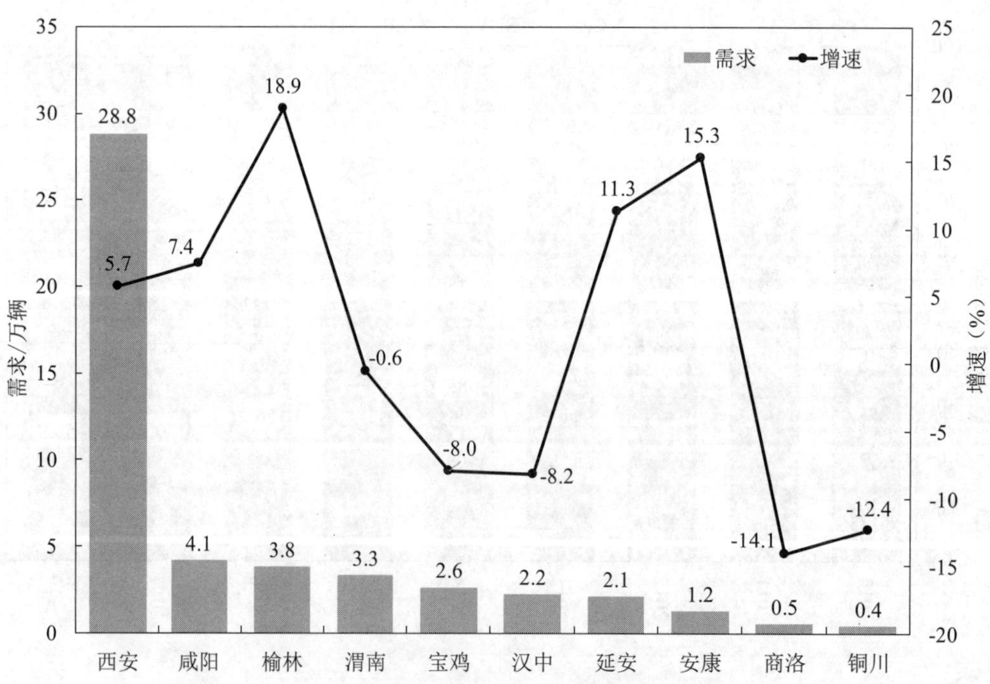

图 9　2018 年 1～10 月份陕西省分城市乘用车需求与增速

（注：以上需求数据为保险数，含进口车保险数据）

市场集中度进一步提高，西安同比增长 5.7%，高于全省平均水平。榆林、安康、延安同比增速较高，均超过 10%；咸阳同比增长 7.4%，相对较高；商洛、铜川、汉中、宝鸡同比降幅较大，渭南的需求较上年略有下降。

近两年，陕西省新能源车需求大幅提升。2017 年同比增速 207.1%，2018 年 1～10 月份同比增速 106.0%。比亚迪作为地产车、吉利新能源汽车产业化项目落户陕西省等都对拉动陕西省新能源车需求起到了一定的激励作用。

三、2019 年陕西省乘用车市场展望

1．2019 年陕西省经济展望

2019 年，陕西省经济有望在基建投资企稳回升、制造业投资增长加快、消费品市场稳定增长、对外贸易继续快速增长等因素的带动下，延续平稳增长的发展势头，预计 GDP 增速有望保持 8%左右。国内外煤炭、石油、有色金属等大宗商品价格反弹后的高位运行，将继续推动陕西省能源产业增速回升，进而带动工业增长；投资仍将保持快速增长势头，继续拉动经济增长；出口形势继续好转；现代服务业、消费升级相关产业发展较快，消费整体保持稳定。

2019 年，陕西省产业转型升级的变化将体现为：煤化工产业链的延伸将带动能源化工产业转型升级；高端装备制造、信息技术、新能源、新材料、新能源汽车等战略性新兴产业有望加快发展，特别是高端装备制造、新材料和新能源汽车产业将成为经济发展的新生力量。

关中城市群/呼包鄂榆城市群建设、最高人民法院第二国际商事法庭在西安揭牌、西安获批跨境电子商务综合试验区等都将助力陕西省未来的经济发展。

分区域看，秦巴山区三市经济体量小、增速快；西安集合全省乃至西部人财物优势，增速相对较快；铜川作为资源枯竭型城市，经济转型升级任务重；其他城市经济平稳发展（见图 10）。

2．2019 年陕西省乘用车市场需求预测

结合乘用车发展阶段理论及陕西省省内经济发展状况，2019 年陕西省乘用车需求预计为 63.8 万辆，同比增长 1.6%（见图 11），增速较 2018 年增长 0.1 个百

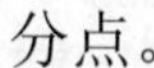

分点。

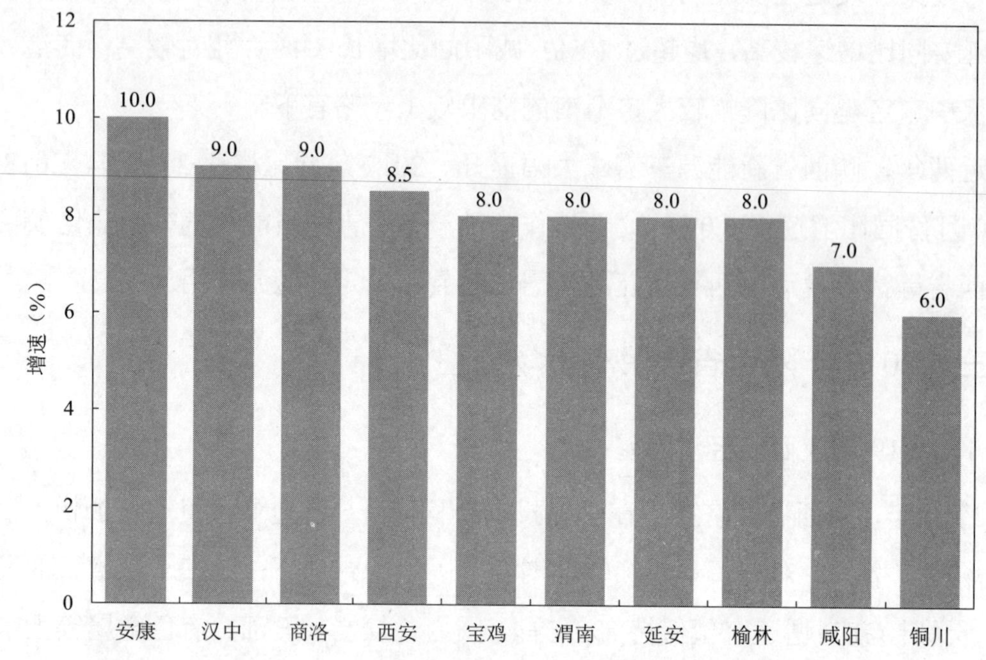

图 10　2019 年陕西省分城市 GDP 增速预测

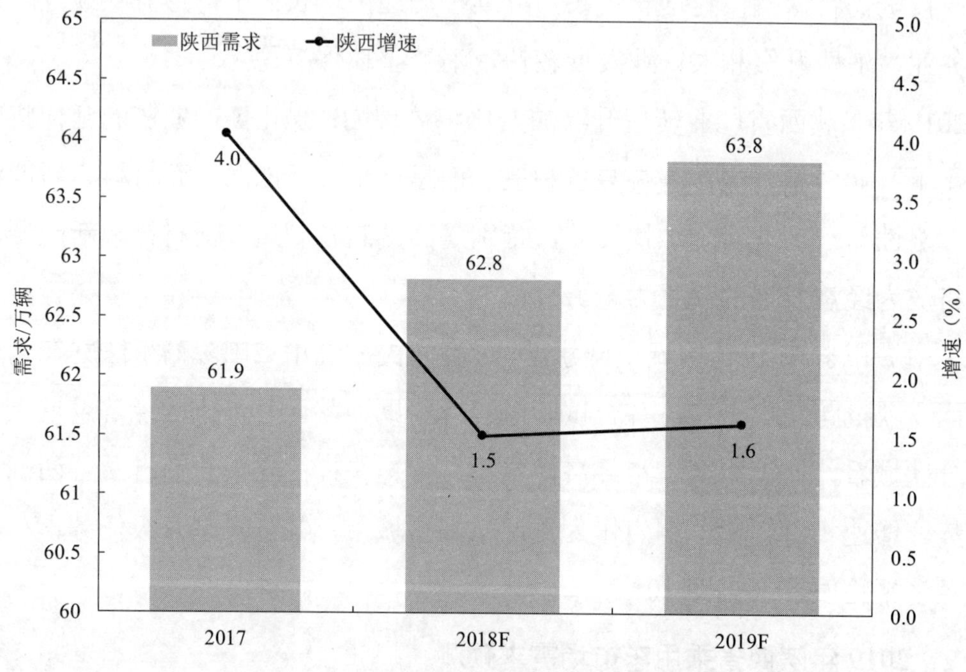

图 11　2019 年陕西省乘用车需求预测

（作者：贾炜　臧晔）

2018 年浙江省乘用车市场分析及 2019 年展望

浙江省人均 GDP、人均可支配收入均位居全国前列，汽车发展阶段高，研究其汽车市场发展规律对预测其他省市汽车的发展具有重要的参考价值；作为外贸大省（外贸依存度近 50%）和民营经济最活跃的省份之一（民营经济贡献 65%的 GDP），浙江省的汽车市场走势能够在一定程度上反映出贸易摩擦和民营经济发展对汽车市场的影响。

一、浙江省乘用车市场概况

1．浙江省的基本情况

浙江省地处我国东南沿海长江三角洲南翼，幅员 10.55 万 km^2，占全国总陆地面积的 1.1%，是全国面积较小的省份，浙江省海域辽阔，海岸线总长 6486.24km，占全国的 20.3%，居全国首位。浙江省属于长江经济带南翼，与安徽、江苏、上海共同构成的长江三角洲城市群已成为国际六大世界级城市群之一。2017 年年末常住人口 5657 万人，占全国总人口的 4.0%；浙江省对人口的吸引力强，常住人口中外来人口和劳动力人口比例都较高，劳动力资源丰富。

优越的自然地理环境和丰富的劳动力资源为浙江省成为全国经济体量大、发展水平高的省份奠定了基础。2017 年浙江省 GDP 规模为 5.2 万亿元，全国各省排名第 4 位。人均 GDP 为 83923 元，达到中高收入国家水平，高于全国的 59660 元，全国各省排名第 5 位。城镇居民人均可支配收入连续 17 年位居全国第 3、省区第 1。同时，浙江省是我国经济尤其是民营经济最活跃的省份之一，具有结构均衡、民营经济强、外向型程度高的特点。浙江省制造业发达，同时第三产业发展水平高；制造业占第二产业比例接近 90%，明显高于全国 66%的制造业比例。2015 年以来，浙江省大力发展信息、环保、健康、旅游、时尚、金融、高端装备制造七大万亿元产业；2017 年又新增文化产业，形成八大万亿元产业。各产业融合互动、不断创新，已形成以八大万亿元产业为支柱的产业体系，经济新旧动能转换领先全国各省。浙江省最具特色的民营经济领冠全国，平均每 11 个人中就有 1 位业主，平均 30 个人拥有 1 家企业。浙江省出口以一般贸易为主，外贸依存度接近 50%，在全国省区排名中仅次于广东省；自 1999 年以来，浙江省一直保持着全国跨区域直接投资最大省份的地位。目前，在外投资创业的浙商超过 750 万人。浙江省内城市经济发展均衡，且各地市经济发达程度普遍较高，所辖 11 个地级市的人均 GDP 均高于全国平均水平。杭州、宁波、绍兴、温州是浙江省的四大经济支柱。

良好的经济基础为浙江省乘用车市场的发展创造了较好的条件。浙江省乘用车市场规模大，是全国七大百万级销量以上的市场之一，2017 年乘用车上险数达到 164 万辆（见图 1），排名全国第 5 位。在较高需求规模的基础上，过去十年，浙江省乘用车市场依然保持平稳增长，2008～2017 年平均增长率达到 15%。同时浙江省乘用车保有水平高，至 2017 年年底，千人保有量接近 200 辆，已处于乘用车发展阶段的普及后期。

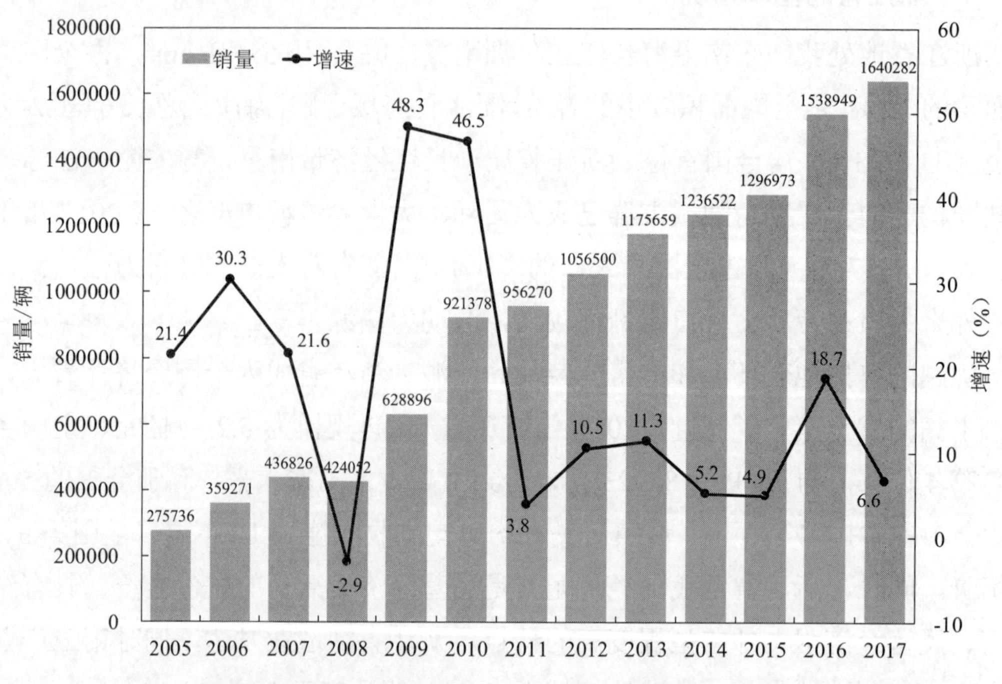

图 1　浙江省乘用车 2005～2017 年销量及增速

2. 浙江省乘用车市场特征

总量特征上，汽车发展与经济发展阶段密切相关，当经济快速发展时，汽车市场发展迅速；当人均 GDP 和人均可支配收入高时，汽车保有量高。结构特征上，当人均 GDP 和人均可支配收入达到一定阶段后，汽车的需求结构将更加高端化和多样化。区域特征上，由于浙江省内各城市间经济发展水平均较高，汽车发展水平相对均衡。

1）市场容量大。随着人均 GDP 持续快速增加，浙江省乘用车千人保有水平快速增加，已达到 200 辆左右。2003 年，浙江省乘用车千人保有水平超过 10 辆，当年人均 GDP 突破 20000 元；2012 年浙江省乘用车千人保有水平达到 100 辆，人均 GDP 超过 60000 元；2017 年浙江省乘用车千人保有水平达到 200 辆，人均 GDP 接近 100000 元。

浙江省乘用车年销量逐年增长至 164 万辆（2017 年），且增速与千人保有水平存在较强的相关性。2005～2011 年，浙江省乘用车千人保有水平小于 100 辆，销量年均增速达到 24.4%；2012～2017 年，浙江省乘用车千人保有水平超过 100 辆，销量年均增速放缓至 9.5%。

2）需求结构高端化和多样化。首先，高端化需求不断增加，豪华车渗透率不断提高，约为 20%，仅次于北京和上海，领跑全国各省。静态看，浙江省豪华车渗透率高的主要原因是居民收入水平高，豪华车消费力强。2016 年浙江省居民人均可支配收入接近 40000 元，仅次于上海和北京；同时，浙江省的高净值人群占全国比例达到 6.6%[①]。动态看，浙江省豪华车渗透率的提升经历了三个阶段。阶段一是 2012 年以前，豪华车渗透率较低且提升较慢，主要是因为经济发展水平不高，千人保有量不到 100 辆，汽车仍处于快速普及阶段，豪华车需求有限；阶段二是 2012～2016 年，豪华车渗透率快速提高至 15%以上，主要是因为经济快速发展，部分居民财富快速积累，购买力大幅提高，显著带动了豪华车消费；阶段三是 2017 年后，豪华车渗透率再一次上台阶，主要是因为大量的更新和改善性需求将逐渐释放，豪华车需求保持强劲。

其次，多样化需求日益明显。从品牌的市场集中度看，销量排名前 10 的品牌的市场份额由 2010 年的 60%下降至 2017 年的 52%，销量排名前 30 的品牌份额从 88%下降至 82%：从车系看，自主品牌的市场份额由 2010 年的不到 20%上升至 2017 年的 32%，合资品牌由近 80%下降至 60%；从车身形式看，2010 年轿车

① 数据来源于《2017 年中国高净值人群数据分析报告》。

独大，占比超过80%，SUV仅占10%左右，2017年市场更加均衡，轿车占52%，SUV占40%。日益多元化的需求主要来自于供给和需求两方面原因：一是供给端，产品供给越来越多元化，消费者拥有了更多的选择；自主品牌竞争力不断提升，消费者对其偏好随之提高；众多汽车制造厂家尤其是自主品牌汽车企业加大了SUV产品的开发力度，有效刺激了SUV需求的释放。二是需求端，浙江省经济发展好，是外贸发达、民营经济活跃的省份和人口流入大省。浙江省人口层次多样，存在着不同偏好和购买力的消费者。

3）区域市场相对均衡。首先，各城市的汽车发展阶段均较高。全省11个市，除舟山外均高于全国水平，其中有7个市的乘用车千人保有量超过200辆。一方面，千人保有量高意味着市场潜在增速较低，未来浙江省以及省内各市的汽车销量增速将相对平稳；另一方面，千人保有水平高意味着增换购的改善需求增加，高端化、个性化的需求将持续释放。

其次，各城市的销量相对均衡。杭州销量最高，占全省销量约23.2%（见图2），远低于其他省会城市；宁波、温州和金华的销量各占全省的10%～15%，台州、嘉兴、绍兴和湖州的占比也超过5%。销量在各城市间的均衡分布，意味着个别城市的市场大幅波动不会带来全省销量的大幅波动。

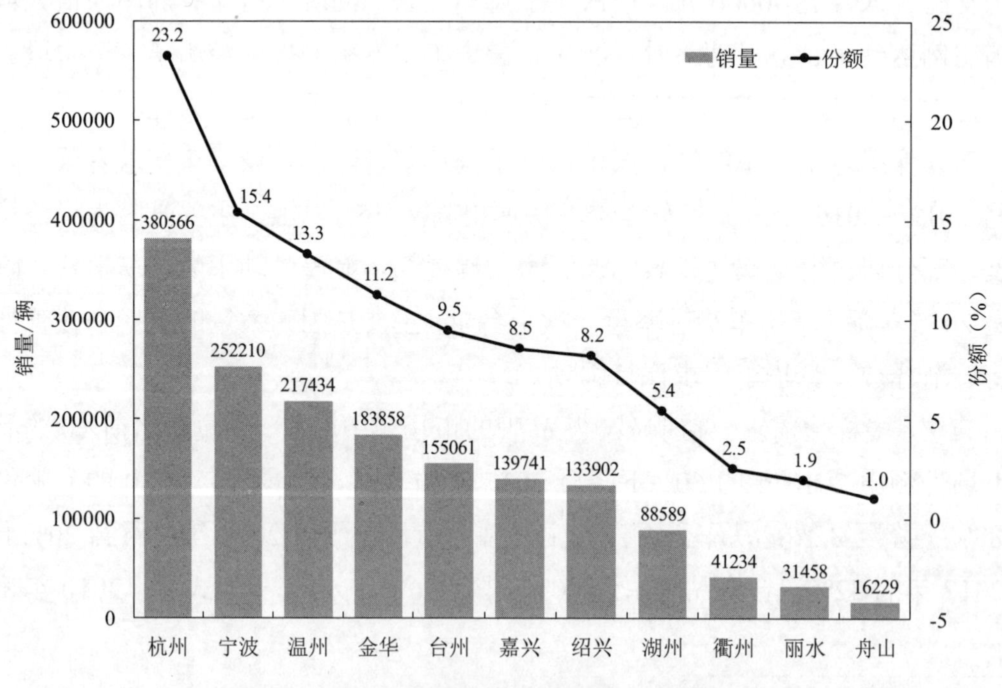

图2 2017年浙江省各市销量及占全省份额

第三，各城市的豪华车渗透率存在差异。千人保有辆超过 200 辆的 7 个城市中，仅杭州豪华车渗透率超过 20%，宁波、温州、金华、嘉兴、湖州的豪华车渗透率集中在 16%～18%，衢州只有 12%，甚至低于全国水平。从千人保有量和豪华车渗透率来看，浙江省的豪华车市场仍存在较大的增长空间。

二、2018 年浙江省乘用车市场分析

尽管浙江省汽车市场已进入平稳增长阶段，但 2018 年受经济大环境的影响，全国汽车市场低迷，浙江省也不例外。

1. 2018 年浙江省乘用车市场表现

1）浙江省乘用车总量“乘扶梯下行”。2018 年 1～2 月份销量同比高速增长，增速超过 20%（见图 3）；3～5 月份销量增长仍然较快，但增速回落至 10%左右；6～7 月份市场明显开始走低，同比基本零增长；8 月份以来，市场日益低迷，销量负增长，且降幅不断扩大，10 月份已降至－13.7%。1～10 月份累计增速 2.7%，全年很可能将是零增长甚至负增长。

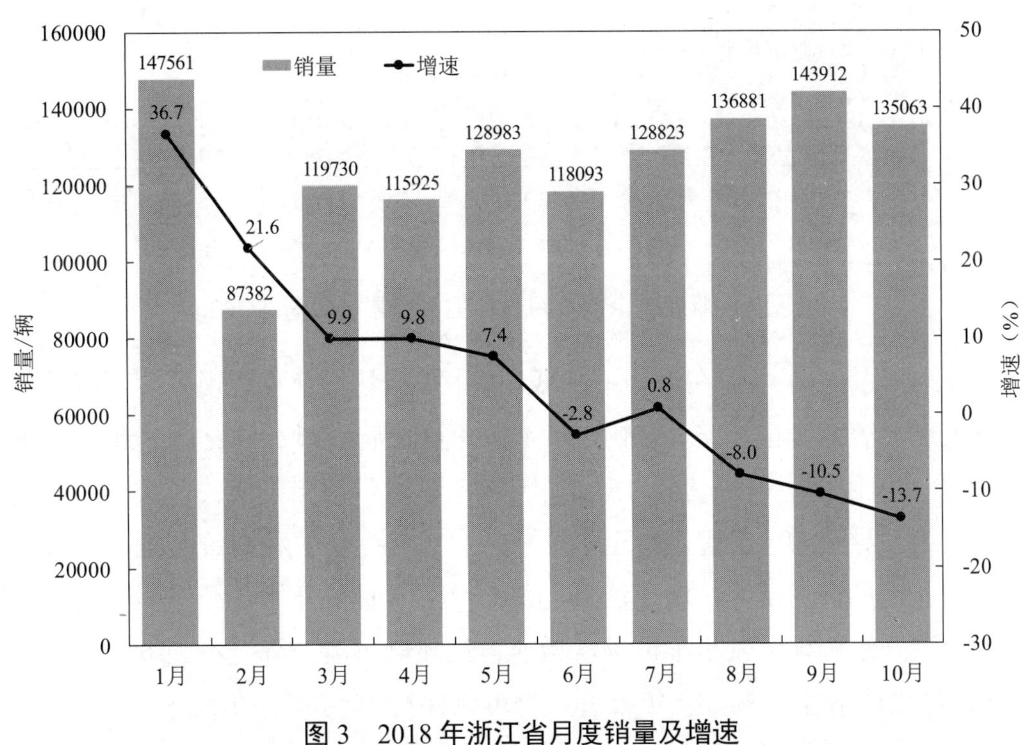

图 3　2018 年浙江省月度销量及增速

2）浙江省自主品牌销量“乘电梯下滑”。自主品牌的月度走势基本与市场整

体保持一致，但是增速的下滑更加明显。2018 年 1～2 月份高增长，且增速高于市场整体；3～5 月份增速回落至 10%；6 月份仍是增长；7 月份开始负增长，且降幅迅速扩大，10 月份已降至近－20%。1～10 月份累计增速 1.6%，全年负增长已不可避免。具体品牌分化明显，吉利一骑绝尘，实现超高增长，1～10 月份合计销量 82947 辆，同比增长 34.5%；荣威保持较快增长，1～10 月份合计销量 27755 辆（见图 4），同比增长 16.9%；其他自主品牌销量均不理想。

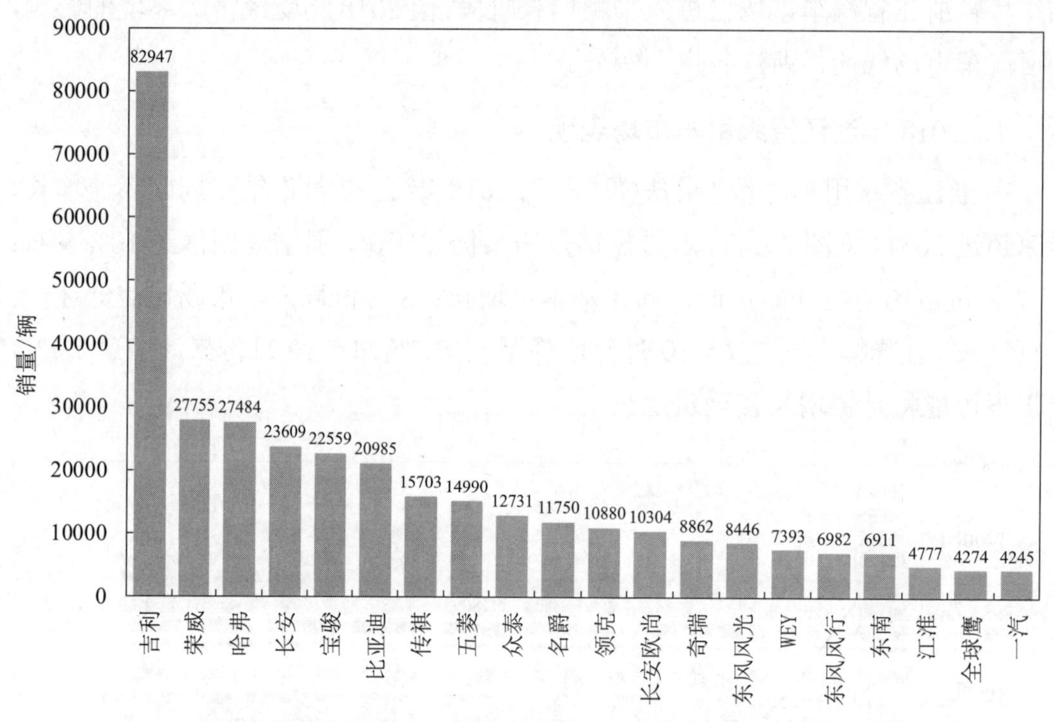

图 4　浙江省 1～10 月份自主品牌累计销量 TOP20

3）浙江省豪华车增速在波动中降低。豪华车市场增速也呈现月度下降的趋势，但市场表现显著好于市场整体。2018 年 1～2 月份高速增长，同比增速超过 30%；3～4 月份增速回落，但仍达到 15%以上；5～6 月份由于降低关税政策带来的市场观望情绪，导致增速显著下滑至 5%左右；7～8 月份关税政策落地，市场观望情绪消失，销量快速反弹，增速达到 10%以上；9 月份开始，经济大环境对汽车市场的影响开始传导至豪华车市场，增速再次显著下滑，降至不到 5%。2018 年 1～10 月份累计增速 13%，全年来看，仍可以保持 10%以上的增速。

4）车型结构“分化明显”。MPV 保持高速增长，2018 年 1～10 月份累计销量 46626 辆，同比增长 13.8%；轿车表现好于整体，1～10 月份累计销量 675340

辆，同比增长 5.7%；SUV 表现较差，1～10 月份累计销量 503878，同比增长 1.3%，低于乘用车整体增速；微客型 MPV 断崖式下跌，1～10 月份累计销量 25722 辆，同比下降 40%，几乎腰斩。

2．浙江省乘用车市场表现的原因分析

人是购车的主体，汽车市场表现逐渐低迷，根本原因在于人的购买力下降。经济下行压力持续存在是影响购买力的最主要因素，外贸和民营经济是浙江省经济的晴雨表。

1）中美贸易摩擦影响尚未完全显现，2018 年浙江省进出口仍保持较快增长。长期看，中美贸易摩擦对进出口肯定会产生较大的影响，但短期内，企业赶在政策窗口期内“抢出口”，因此进出口总额并未受到影响。但是，外贸企业的效益已经开始受到冲击，企业未来的生产和投资预期已经受到了影响。

2）金融防风险短期内对部分居民财富和民营经济产生了较明显的影响。一方面，由于金融防风险力度的加大，7 月份开始，浙江省的 P2P 平台连续暴雷，这是浙江省市场三季度大幅下滑的主要原因之一。另一方面，银行的“压贷”“抽贷”等给部分民营企业造成了巨大的资金压力，直接影响了企业效益和企业家信心。企业效益受损，则导致员工收入大幅下滑，甚至出现裁员现象；企业家信心受损，则抑制企业投资，影响民营经济的长期发展。

3）环保攻坚战对部分不符合规范的中小企业产生了直接影响。虽然浙江省少有煤炭、钢铁等高污染、高能耗的企业，但作为民营经济和中小企业活跃的省份，存在大量的不符合环保标准的企业，环保攻坚战导致企业关停、生产停滞、人口外迁，对这些企业（尤其是市区范围内的企业）产生了显著影响。环保攻坚战影响的主要是中小企业和相对低层次的人群，一方面他们购车选择大多以自主品牌为主，因此 2018 年自主品牌下滑更为明显；另一方面他们是微客型 MPV 的主要购买者，因此 2018 年微客型 MPV 显著下滑。但是，与北方、西北等相关省市相比，环保攻坚战对浙江省市场的影响相对较小。

三、2019 年浙江省乘用车市场展望

1．2019 年浙江省乘用车市场影响因素分析

民营经济发展环境将会改善，但难以短期内快速恢复。一方面客观上的不利

因素依然存在。环保及金融防风险将继续，客观上对民营经济造成的影响短时间内不会消退；社保严征管是企业当前最大的顾虑，可能使企业成本提升，在政策不确定的前提下，企业对未来的投资将会更加谨慎。另一方面政府在积极推进纾困民企的政策，但落地实施以及显现效果仍需时日。浙江省 2018 年 10 月 26 日设立百亿市场“债转股”基金，重点支持省内民营上市公司；11 月 7 日交易商协会、央行杭州中心、浙江省金融监管局签署《浙江民营企业债券融资工具合作协议》，扩大支持的民营企业范围。政策已出台，但从民营企业的调研情况发现，目前政策尚未落地实施，实际的效果仍有限，实业投资融资难、融资贵的情况并没有得到根本性改变。

中美贸易摩擦的影响将逐渐显现。美国是浙江省第一大货物贸易伙伴、第二大服务贸易伙伴、第四大外资来源地和第二大对外投资目的地，中美贸易摩擦无疑会对浙江省的经济尤其是外贸发展带来较大的冲击和挑战。2018 年“抢出口”造成的透支不可避免，同时国际经济走弱、关税上调，2019 年出口将面临严峻考验。

2. 2019 年浙江省乘用车市场预判

民营经济发展遇挫是 2018 年浙江省经济下行和汽车市场低迷的主要原因。总体来看，2019 年民营经济的发展短期内难以迅速恢复，中美贸易摩擦的影响将逐渐显现，浙江省汽车市场存在较大压力。总体来看，2019 年将大概率延续 2018 年的走势，市场表现持续低迷，尤其是上半年，汽车市场将很不理想。全年来看，2019 年乘用车销量与 2018 年差不多，约为 165 万辆。

（作者：林超）

2019年山东省乘用车市场展望

一、2018年宏观形势概述

新故相推，岁序更迭，2018的篇章已告一段落。回顾走过的这一年，国家的发展站上了新的历史坐标——“新时代”扑面而来，改革开放迎接40周年，这是贯彻十九大精神的开局之年，更是实施“十三五”规划承上启下的关键一年；山东省的发展恰逢新的历史机遇——国务院批复《山东省新旧动能转换综合试验区建设总体方案》，成为全国首个区域性国家发展战略，领全国之先，先行先试，率先垂范；汽车市场的发展遭遇新的历史低谷——2018年我国乘用车市场销量出现了28年来的首次下滑，“寒冬”“阵痛”“至暗时刻”……成为这一年汽车人的真实感受。

当汽车产业发展到一定阶段后，汽车市场增速将低于GDP增速，我国汽车市场在2017年进入了这一阶段；通常而言，汽车市场的涨跌与经济增速的高低呈现正相关性，但是，2017年山东省市场却显现出经济稳态增长而汽车市场负增长的局面，山东省乘用车市场2017年的前5个月出现了连续负增长，尽管汽车市场疲态已现，变局早已暗下伏笔，但真正到来的时刻却还是让人猝不及防：2018年，全国汽车市场迎来政策退出后的周期性回调，也出现了山东省市场2018年年初的局面，自年中开始进入了“跌跌不休”（据全国乘用车市场信息联席会数据）；汽车经销商库存预警指数首次出现全年位于荣枯线之上（据中国汽车流通协会产业协调部数据），库存压力堪忧，成交量下滑，单车利润摊薄，不盈利企业数目攀升，经销商群体又开始新一轮洗牌；这一年，汽车市场还遇到了“SUV热”的整体退烧，品牌混战继续着优胜劣汰，新能源车逆市上扬却依然存在“里程焦虑”，造车新势力如雨后春笋，国VI排放标准在部分地区提前实施，中美贸易战打响拖累了汽车市场表现……汽车市场在这诸多因素的影响下艰难前行。

二、2018 年山东省经济发展情况纵览

山东省是全国经济与人口大省，海岱会集，禀赋天然，历史悠久，积淀雄厚，自 1979 年至今，GDP 总量始终稳居全国第三位，次于广东、江苏。2017 年，山东省 GDP 首次跨过 7 万亿元整数关口，创历史新高。2018 年新春开班第一天，山东省委省政府就召开了全面展开新旧动能转换重大工程的工作动员大会，省委书记刘家义深刻剖析了山东经济存在的问题，擂响了山东创新求变向高质量发展进军的战鼓。6 月份的青岛上合峰会和 50 家中央企业掀起的投资热潮，7 月份的南方考察学习，主动对标广东、浙江、江苏找差距，寻计问策，8 月份的青年企业家创新发展峰会，9 月份的全球推介、儒商大会，11 月份的工商联峰会，山东省正在腾笼换鸟、凤凰涅槃之路上上下求索。

2018 年，山东省的改革步入攻坚期，“一次办好”“双招双引”的效果渐显，新旧动能转换胶着地进行着，“十强”产业逐步迸发出新的活力，东中西发展差距缩小，经济结构逐步向高级阶段进阶，经济发展逐步向高质量跃迁。全省经济运行呈现出总体平稳、动力优化、质效提升的局面。

2017 年，山东省 GDP 增速为 7.4%。2018 年年初，为推动实现质量变革、效率变革、动力变革，山东省政府主动下调 GDP 增长目标到 7%。从 2018 年前三季度的运行来看，全省实现生产总值 59607.5 亿元，同比增长 6.5%。分季度来看，一季度同比增长 6.7%，二季度同比增长 6.6%，三季度同比增长 6.5%（见图 1），均略低于全国同期平均增幅 0.1～0.2 个百分点，属于动能转换、结构调整的结果。从中期走势来看，山东省 GDP 近年来首次进入 6 区间稳态发展，正如龚正省长年初工作报告中指出的：“牢牢把握高质量发展要求，始终保持战略定力，速度掉一点不可怕，关键看掉的是什么，如果掉的是高能耗、高污染、低效益过剩产能，提的是新兴产业、现代服务业、高新技术产业，就是强质量、提效益、上水平。”由此，在动能转换的改革攻坚期，山东省 GDP 应当会在一定时期内维持在 6 区间，与全国经济增速波动趋势基本重合。

2018 年前三季度山东省生产总值中，第一产业增加值 3514.4 亿元，增长 2.8%；第二产业增加值 26677.3 亿元，增长 5.3%；第三产业增加值 29415.8 亿元，增长 8.3%，增速高于 GDP 1.8 个百分点，对经济的贡献率达到 58.5%，成为经济保持中高速增长的主要引擎。三次产业结构分别为 5.9∶44.8∶49.3。前三季度，全省居民人均可支配收入为 22331 元，同比增长 8.5%，高于全国水平。

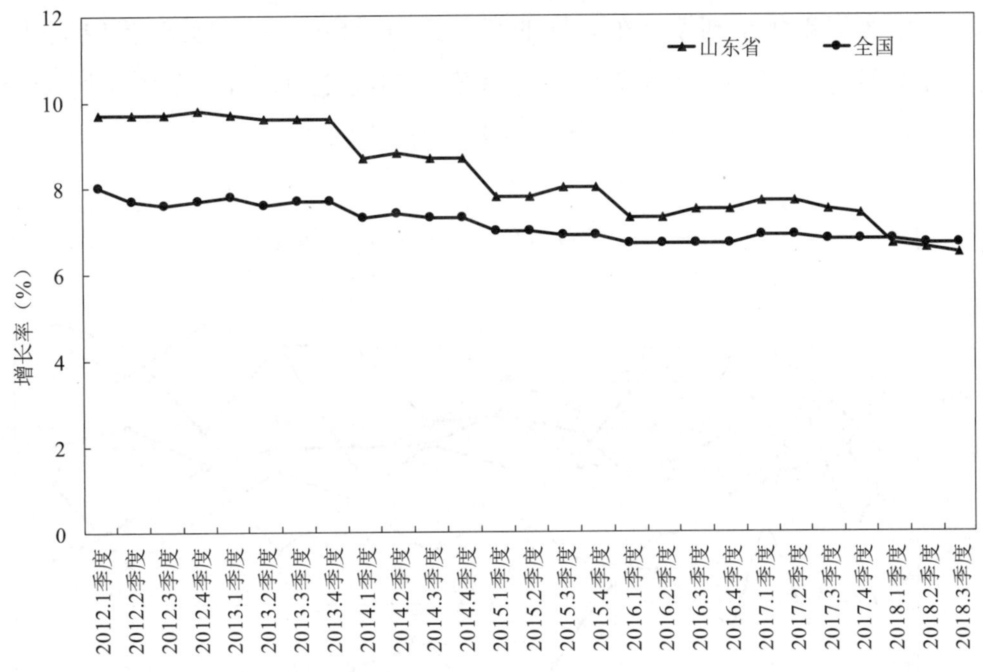

图 1　2012～2018 年山东省与全国 GDP 增长率

三大需求中，消费对经济增长的贡献率高达 54.2%，为近年来同期最高水平；与之相对的，投资、进出口两驾马车的拉动作用均有所下降，2018 年前三季度，山东省固定资产投资增长 5.8%（2017 年同期 7.3%）；外贸低位回升，增长 4.8%，其中，出口、进口分别增长 5.6%和 3.9%（2017 年均在 10%以上），拉动经济增长的动力机制发生变化。社会消费品零售总额 23962.6 亿元，同比增长 9.3%，消费增长拉动力由汽车等少数商品向与民生紧密相关的多数商品转变。从全国趋势来看，5 月份开始，汽车消费出现了连续七个月的负增长（见图 2），加之居民贷款超高增长，远高于居民可支配收入和居民存款增长率，用于汽车等享受类消费需求的收入部分被挤压，汽车市场增长面临着严峻的挑战。

三、2018 年山东省乘用车市场分析

2018 年 1～11 月份，山东省累计销售乘用车约 142.52 万辆，同比下降 8.75%（2017 年为－5.94%），占全国比例为 7.08%（2017 年比例为 7.16%），全国同期乘用车市场累计销量为 2015.2 万辆，同比增长率为－4%；二手车交易量（包含但不限于乘用车）212.55 万辆，同比增长率达 22.74%（2017 年为 40.32%），高于全国 12.84%的涨幅，占全国比例 16.86%（2017 年比例为 15.7%），近两年受政策市

推动，二手车表现优于同期新车表现的现象尤为明显。截至2018年12月末，全国汽车保有量达2.4亿辆，山东省汽车保有量为2148.25万辆，占全国比例8.95%；千人汽车保有量为213.31辆，与全国的比例为1.24∶1。

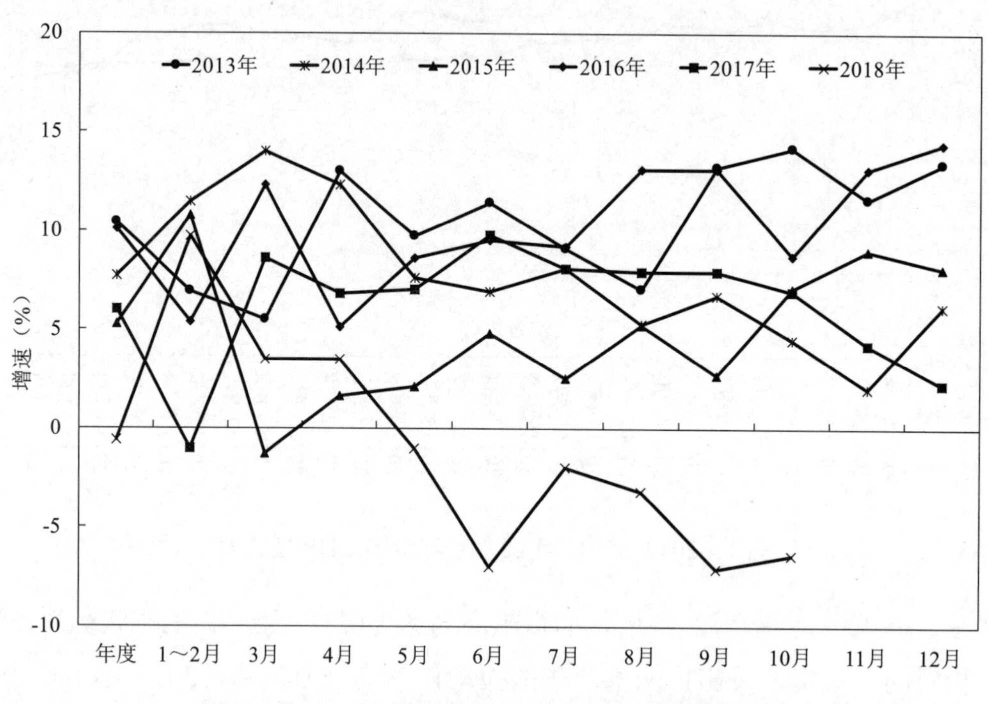

图2 2013～2018年全国汽车消费额月度增速走势

（注：数据来源于全国乘用车市场信息联席会）

1. 保有量的历史变化趋势

山东省汽车保有量增长较快，“十二五”期间，增幅超过80%。近5年来，年增长率均维持在10%以上，尤其是2016年以1754.3万辆跃居全国第一位。2018年，受经济结构调整和整体汽车市场表现的影响，山东省汽车市场也出现了近年来的历史低位，导致汽车保有量增长率达到近年的最低点，仅为10.00%（见图3），2014年和2015年也出现过类似谷底，但2015年10月国家推出“1.6L及以下排量车型购置税减半”的利好政策，对2016年的汽车市场有明显的拉升作用，“有形的手”带来短期提振市场的强心剂，但与此同时，需求透支和政策退出效应将会导致新的历史低谷也得到了数据支撑和普遍认同。

2018年的救市，购置税减税政策并没有延续，替而代之的是2018年12月29日出台的《中国人民共和国车辆购置税法》，该法将于2019年7月1日实施，将购置税从现行的条例级别上升为法律级别，此后，税率将不容易轻易更改。2019年1月8日，国家发展和改革委员会公布将“出台全新的鼓励汽车消费政策”，构建市场“新陈代谢”的长效机制，刺激更多购车需求实现转化。

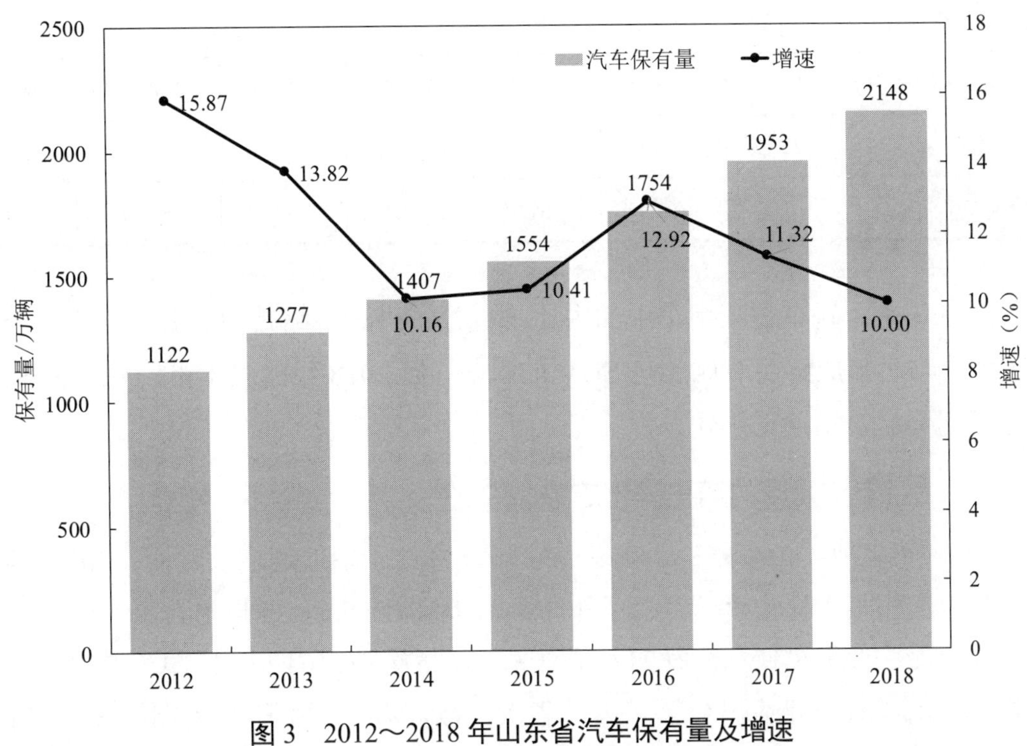

图3　2012～2018年山东省汽车保有量及增速

（注：数据来源于国家信息中心注册数、保险数和山东省公安厅交警总队统计数据）

2．上牌量的历史变化趋势

2015年，汽车市场受到经济“新常态”下行压力的影响也进入了缓步微增长阶段，号称史上最惨烈的官降风潮也未能拉住汽车市场失速的步伐，从增速来看，呈现出一个历史谷底。2016年，在购置税减半政策的拉动下，增长率有了明显起色。2017年，政策的退出效应、需求的提前透支、2016年同期高基数、共享经济的兴起、火爆楼市对汽车消费的挤压等因素的共同作用，使山东省汽车市场首现近年来的负增长。2018年，实体经济转型艰难，环保督查力度加大，各类成本上升，市场消费需求回落，在全国汽车市场整体表现惨淡的情况下，山东省汽车市场下探更深，全年汽车上牌量197.60万辆，同比下降8.50%（见表1）。

表 1 2012～2018 年山东省上牌量及变化趋势

年份	2012 年	2013 年	2014 年	2015 年	2016 年	2017 年	2018 年
汽车上牌量/万辆	171.37	183.74	203.72	206.94	226.28	215.96	197.6
汽车增速（%）	19.27	7.21	10.87	1.58	9.35	−4.56	−8.50
轿车上牌量/万辆	104.57	113.08	126.21	130.02	133.6	118.11	104.87
轿车增速（%）	23.73	8.13	11.61	3.02	2.76	−11.59	−11.21
轿车占比（%）	61.02	61.54	61.95	62.83	59.04	54.69	53.07

近三年来，轿车在乘用车中的占比一直处于进一步缩减的趋势，占比已经不足 60%，与之形成鲜明对比的是 SUV 的大热，但 2018 年的汽车市场寒冬使 SUV 热也遭遇降温，增速低于轿车。

3．二手车交易量的历史变化趋势

2016 年之前，山东省二手车交易市场一直处于中低速增长阶段。2016 年 3 月，政府工作报告提出“活跃二手车市场”，随即在 3 月 25 日出台了《国务院办公厅关于促进二手车便利交易的若干意见》国办发〔2016〕13 号文（业内俗称“国八条”），山东省也相应出台了《山东省人民政府办公厅关于贯彻国办发〔2016〕13 号文件 促进二手车便利交易的实施意见》鲁政办发〔2016〕47 号文，行业吹响了加速发展的号角！在诸多利好政策的强势拉动下，行业发展信心倍增，这一年，山东省二手车交易量重回两位数增长区间，同比增长 22.73%，达到 134.72 万辆交易规模。2017 年，解除“限迁”全国接力，山东省部分城市相继解除，全省二手车交易数据再创新高，二手车需求量同比增长 40.32%（见图 4），高于全国同期水平。2018 年，虽然宏观环境面临严峻挑战，汽车市场整体走低，但山东省二手车在 2017 年 40%增长率的基础上，市场增速仍然有 21.73%的优异表现，主要问题在于销售端的盈利水平变差。

4．2018 年山东省乘用车市场月度表现

2018 年，山东省狭义乘用车累计需求 142.52 万辆，占全国比例 7.08%，同比下降 8.75%；2017 年同比下降 5.94%，2018 年汽车市场比 2017 年的降幅深度要略好于全国市场的表现。

分月度来看，2017 年 1～2 月份，由于购置税退坡引发 2016 年年底消费需求提前透支，山东省乘用车市场尤为低迷，一度在 1 月份、2 月份出现了连续两个月的负增长，增速分别为－31.73%和－20.20%，3 月份才盘整恢复；此时，全国汽车市场 1 月份、2 月份的增速表现是－9%和 9.5%。基于 2017 年年初的较低基数，2018 年 1 月份、2 月份的增长率表现尚可。尤其在 2 月份，出现了一个小幅高潮，主要是 2018 年春节在月中，春节前旺盛购车需求集中爆发释放，而 2017 年春节假期在月初，假期后的整体购车需求都不强烈，2016 年 2 月春节假期从第二个星期开始，所以，剔除政策透支效应，2016～2018 的三年里，2 月份同期的购车需求分别为 9.9 万辆、7.9 万辆、11.7 万辆（见图 5）。

自 3 月份开始，山东省汽车市场出现了较大幅度的回落，连续九个月负增长，且出现负增长的月份比全国市场提前了三个月。整体来看，除了 7 月份、10 月份表现略好于全国同期外，其余月份表现平平，8 月份之后，降幅达到两位数，全国市场也是一路下探，体现出市场信心的萎靡不振。同时，往年购置税政策积累的高基数和当下居民购房债务高企的消费挤压，导致年末经销商身负指标压力艰难求存。

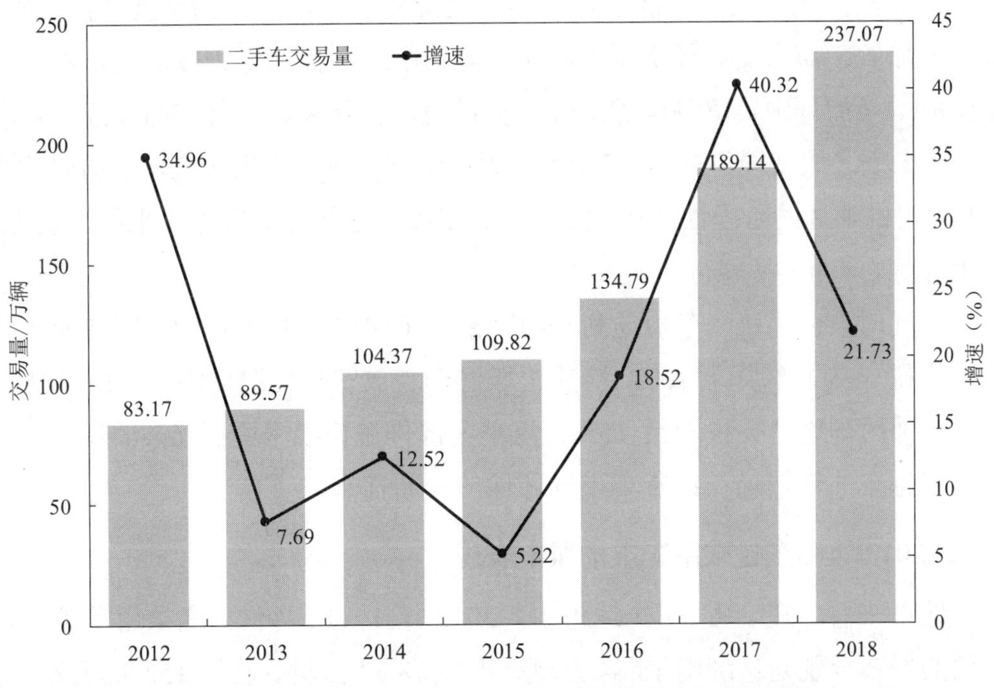

图 4　2012～2018 年山东省二手车交易量及增速

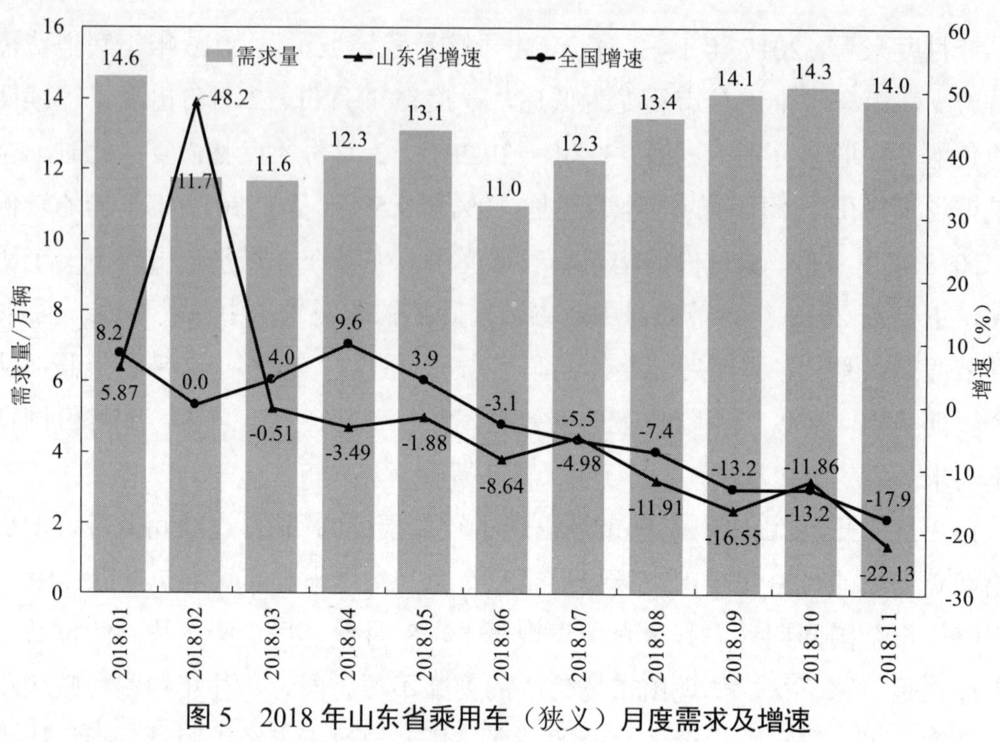

图 5　2018 年山东省乘用车（狭义）月度需求及增速

纵观全年汽车市场表现，28 年来首现的负增长引发多方热议，综合来看，这属于多元因素叠加导致：经济下行；实体经济动能转换，结构调整；投资不旺，贷款难度加大；需求受到经济压力和楼市等影响；环保督查力度加大，不合规企业经营成本增加；中美贸易摩擦上升为贸易战，美元 8 次加息，国际经贸环境遭遇“百年未遇之大变局”，进出口受到拖累；购置税政策退出效应，市场周期性回调；进口关税下调的阶段性观望；国VI标准在部分地区提前实施带来的消费迟滞；油价上涨等。

与此同时，也存在汽车市场利好的因素：2018 年 5 月 1 日起，制造业等行业的增值税税率从 17%降至 16%；博鳌论坛进一步放宽外资股比限制；2018 年 7 月 1 日起，乘用车进口关税降至 15%、汽车零部件进口税率降至 6%，降税效果渐显；新能源车的较快增长；货车市场环保的更新需求。

5．2018 年山东省乘用车市场城市表现

分地市来看，在全省 17 个地市中，2018 年 1～11 月份狭义乘用车销量排名前三位的城市分别是：济南 18.84 万辆、青岛 18.33 万辆、临沂 15.97 万辆（见图 6），此外，还有潍坊 13.50 万辆、烟台 10.18 万辆，这五个城市的需求量超过 10

万辆。与 2017 年的需求量相比，17 个地市中只有烟台市表现出 1.09%的正增长，其次降幅较低的是潍坊和淄博，增速分别为－2.81%和－3.30%。

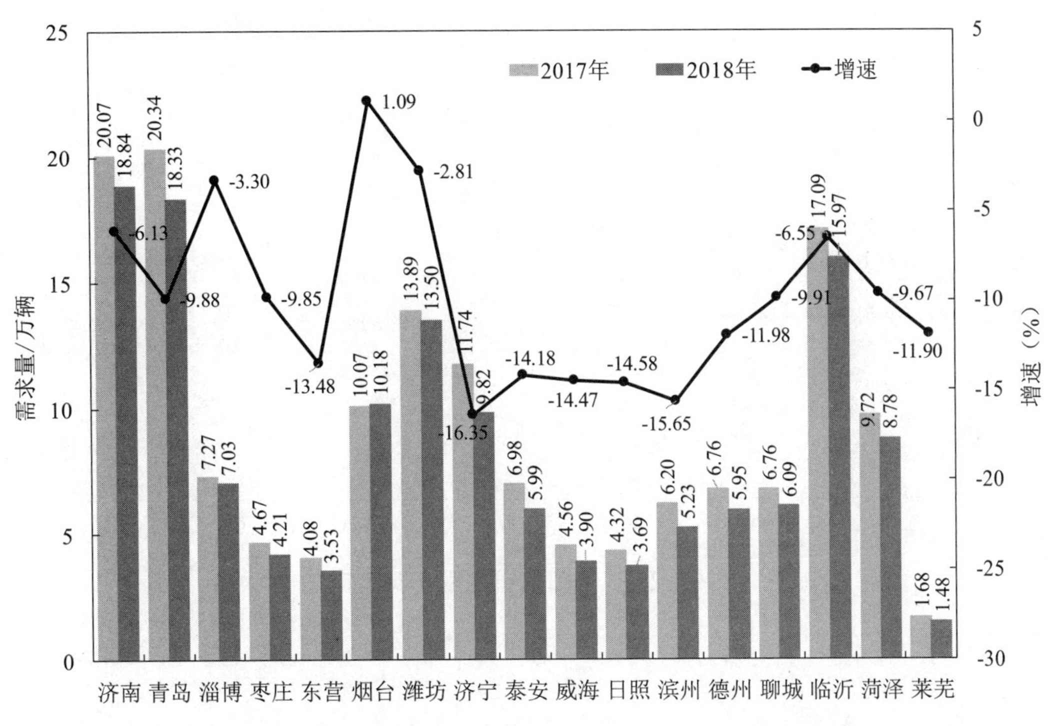

图 6 2018 年 1～11 月份山东省乘用车（狭义）分城市需求量对比及增速

6．2018 年山东省乘用车需求结构分析

从乘用车类型来看，2018 年乘用车市场结构与 2017 年基本相仿，轿车仍然占据市场主体地位，2018 年 1～11 月份，轿车、SUV、MPV 的需求量分别为 77.22 万辆、53.76 万辆、11.54 万辆，分别比 2017 年同期下降了 22.10%、18.98%、27.61%；份额占比分别为 54.2%、37.7%、8.1%（见图 7），分别比 2017 年同期增长了－0.7%、1.6%、－0.9%。

特别值得一提的是，2018 年的 SUV 市场爆出冷门，出现了 2012 年以来首次低于轿车市场增速的局面，从增长率来看，SUV 与整体汽车市场的步调一致，继 2 月份的超高增长后，3 月份开始了连续九个月的负增长（见图 8），SUV 增长红利在逐步消退，这与经济下行压力大、SUV 保有基数近乎饱和、高端品牌轿车价格下探分流了市场需求，以及油价回升使人们更多考虑用车成本等因素有关。

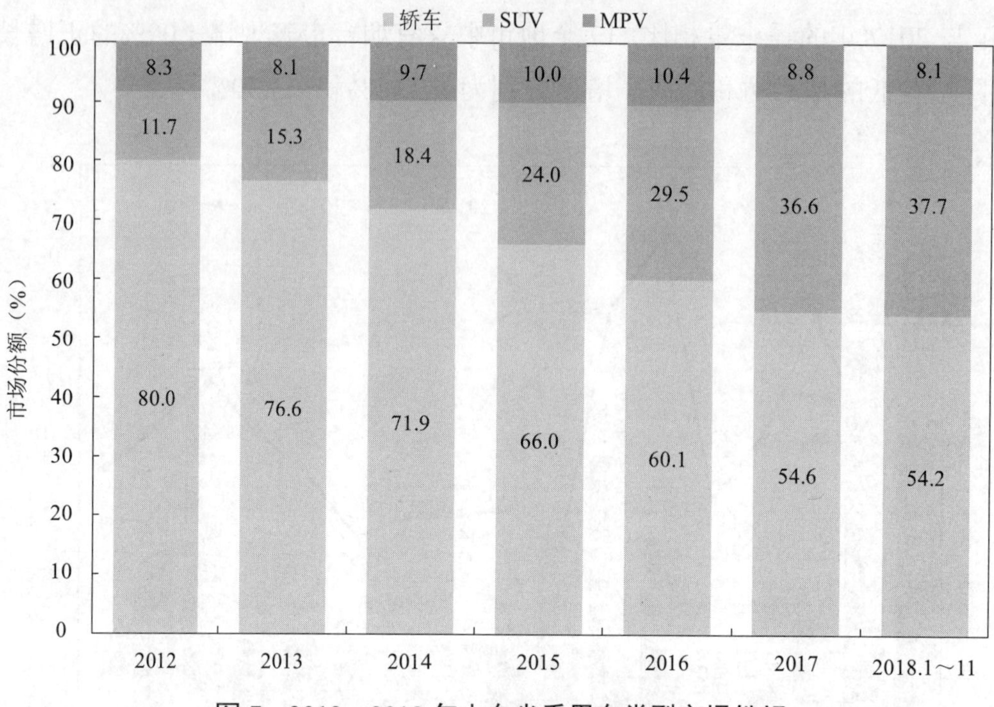

图 7 2012～2018 年山东省乘用车类型市场份额

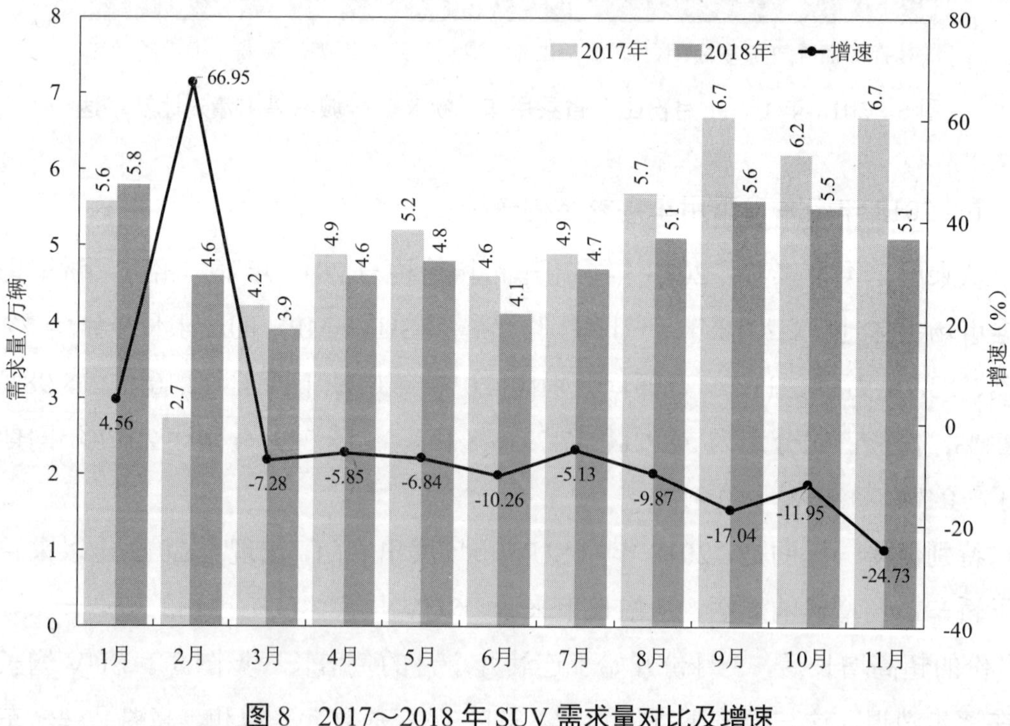

图 8 2017～2018 年 SUV 需求量对比及增速

从乘用车车系来看，山东省 2018 年 1～11 月份，自主、德系、美系、日系和韩系的品牌份额占比分别为 37.31%、26.45%、12.18%、15.74%和 5.42%（见图 9），其中，德系、日系、韩系份额较 2017 年分别上升 3.67 个、1.73 个、0.06 个百分点。自主品牌依然占据主体地位，但跌幅较大，近几年自主品牌的崛起很大程度上与快速布局 SUV 市场同合资品牌抢份额有着密切关系，但 2018 年 SUV 市场展现疲软态势，对自主品牌的影响远大于对合资品牌的影响，自主品牌的市场份额比 2017 年下降了 3.25 个百分点，美系下降了 2.03 个百分点。

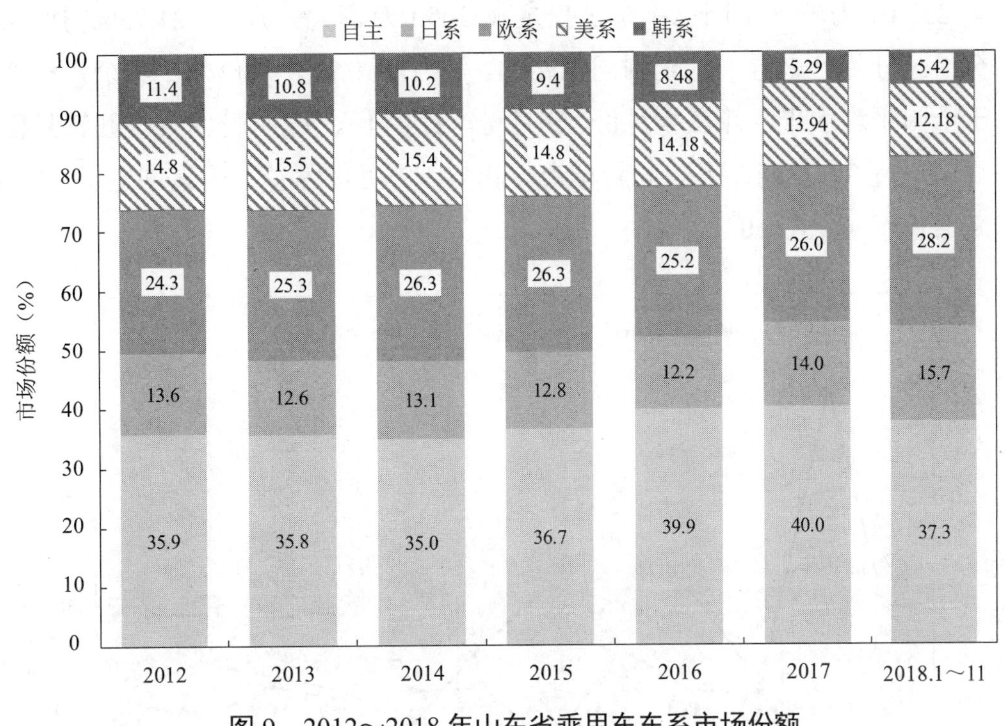

图 9　2012～2018 年山东省乘用车车系市场份额

从需求量上看，受到汽车市场低迷因素的影响，各系品牌需求量均有不同程度的下跌，其中，美系需求量跌幅最大，为－31.37%，日系需求量跌幅最小，为－11.50%，此外，自主、韩系、德系品牌跌幅分别为－26.65%、－19.47%、－11.73%。

7. 2018 年山东省二手车市场月度表现

2018 年，山东省二手车市场最大促动因素为全面取消二手车限迁。2017 年 7 月，山东省济宁、临沂、枣庄、日照、威海、烟台（2017 年元旦开始，后又收回）、泰安、莱芜（现已划归济南）、滨州相继解除二手车“限迁”政策，2017 年 6 月、7 月、8 月的山东省二手车“转入量”分别同比增长 52.78% 、41.18% 、52.21%，7 月和 8 月的环比增长率为 7.11%和 13.96%。2018 年《政府工作报告》要求“全面取消二手车限迁政策”。2018 年 8 月中旬，山东省公安厅交警总队在 2017 年放开部分城市二手车“限迁”的基础上，督导除淄博外全省其余 16 个市（含莱芜）全面放开二手车“限迁”（济南自 2018 年 4 月放开后，于 9 月 8 日收回），基本消除了全省二手车行业的贸易壁垒，凡是符合公安安检标准并通过检测的机动车在山东省内（除淄博、济南外）均可办理二手车转移登记。

受惠于行业政策的拉动作用，2018 年，山东省二手车（包含但不限于乘用车）需求量 237.07 万辆（全国二手车过户量破 2000 万辆大关），以 21.73%的增长率跑赢全国。分月度来看，与全国同期相比，除 1 月份、8 月份外，其余月份增速均高于全国平均水平，并在 4 月份、9 月份、11 月份、12 月份的常规旺销月份达到每月过户量 20 万辆以上。同新车市场相似，2 月份因春节因素创造了 70.99%的超高增长率（见图 10）。

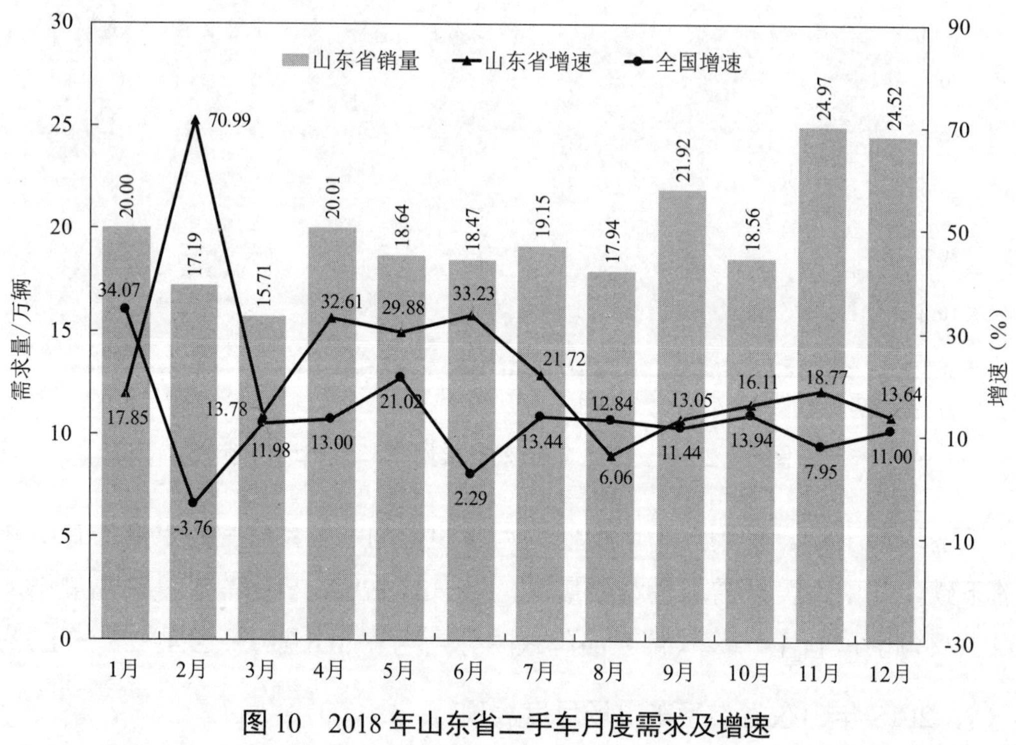

图 10 2018 年山东省二手车月度需求及增速

山东省商务厅 2018 年 3 月 1 日下发了鲁商字〔2018〕30 号文件《关于进一步加强二手车交易市场管理的通知》，对辖内二手车经营主体进行新一轮的备案管理，并在全年内分四批次通报了已经得到确认的二手车经营主体名录，便于更进一步的事中事后合规经营监管。

从月度增长率可以看出，2018 年上半年二手车需求量增势明显，但受到整体汽车市场动荡的拖累，淡季更淡之后，尽管下半年救市政策出台，但市场心理预期减弱，9 月份之后的 4 个月，基本维持在 10%～20%的增长区间，逆市拉动力不足，但仍优于全国市场的同期表现。业内普遍存在的问题是，二手车交易的利润进一步降低，单纯依靠赚取进销差价的模式越来越难盈利。

8．2018 年山东省二手车市场城市表现

分地市来看，在全省 17 个地市中，2018 年前三季度二手车需求量过 10 万辆的城市有 7 个，分别是：临沂 20.24 万辆、潍坊 17.25 万辆、枣庄 17.03 万辆、青岛 16.98 万辆、济南 15.16 万辆、济宁 13.03 万辆、烟台 12.65 万辆（见图 11）；需求量增幅高于全省平均 21.73%增长率的城市共有 11 个，分别是：枣庄 52.20%、莱芜 37.69%、日照 30.25%、济宁 30.14%、菏泽 28.00%、滨州 27.95%、潍坊 27.41%、济南 27.23%、聊城 26.20%、泰安 24.97%、临沂 24.35%，体现出解除二手车“限迁”的政策拉升效应非常显著。枣庄市继 2017 年的 80.07%的超高增长率之后，又于 2018 年创造出 52.20%的亮眼表现。莱芜 2017 年 7 月份曾出现过增长率 73.06%的高峰，2018 年继续以 37.69%的数值紧随枣庄其后（截至笔者发稿时，莱芜已经撤销行政设市，划归济南市，2019 年有望合并入济南市的需求量）。

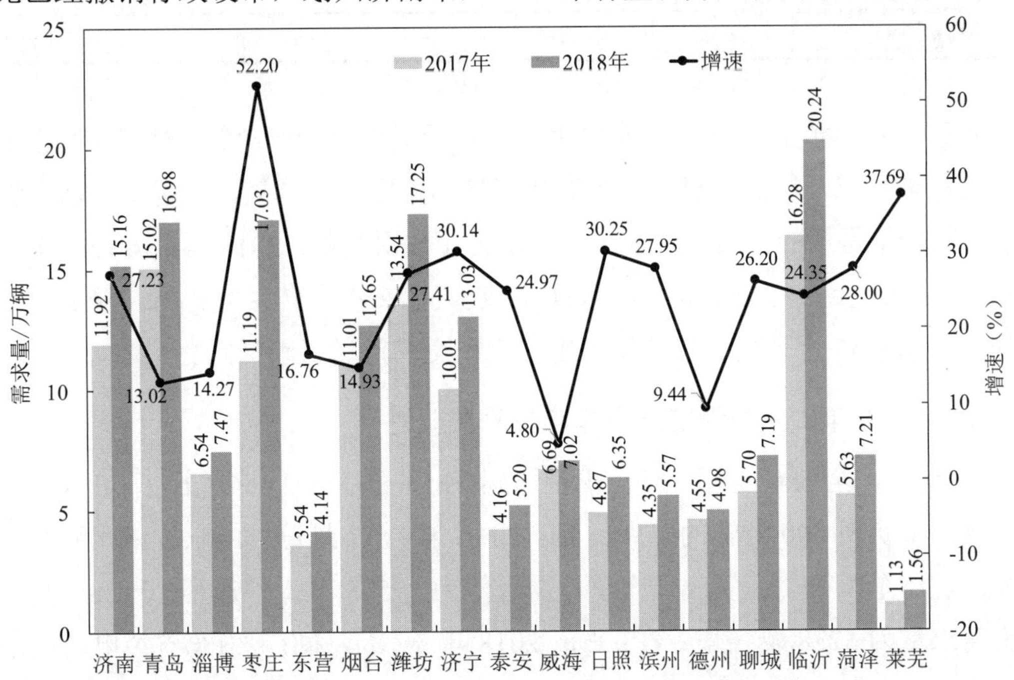

图 11　2018 年 1～9 月份山东省二手车分城市需求量对比及增速

9．2018年解除限迁政策对山东省二手车市场的影响

2018年8月，除个别地市外，山东省在2017年的基础上全面放开二手车“限迁”，2018年8月、9月的当期山东省二手车“转入量”分别同比增长20.96%、28.00%，9月份的环比增长为27.63%，表明政策放开后有更多周边地市的二手车流入山东省。在下列代表城市中，2018年8月和9月当月需求量比上年同期增长最多的城市是潍坊，分别为2159辆、4623辆，增长率最高的城市是菏泽，分别为14.53%、28.68%（见表2）。解除“限迁”后的9月份，除聊城外，各城市均有20%以上的环比增长。6个城市的8月份二手车需求量平均同比增长10.88%，9月份平均同比增长16.47%。

表2 解除“限迁”城市的二手车需求量变化

地 区	青岛	烟台	潍坊	东营	菏泽	聊城
2017年8月需求量/辆	16980	12455	16187	3825	6709	7156
2018年8月需求量/辆	18904	13294	18346	4259	7684	7727
同比增速（%）	11.33	6.74	13.34	11.35	14.53	7.98
2017年9月需求量/辆	20165	14966	18753	4442	7560	8617
2018年9月需求量/辆	22925	16505	23376	5209	9728	8984
同比增速（%）	13.69	10.28	24.65	17.27	28.68	4.26
环比增速（%）	21.27	24.15	27.42	22.31	26.60	16.27

数据显示，随着2016年以来二手车行业频繁推出利好政策、对市场经营主体的监管愈加规范、消费者对二手车的认可接纳程度越来越高，二手车盘活存量市场、拉动增量市场的作用愈加显现。全国公安数据发布，2018年共办理汽车转移登记2058万笔，比2017年增长9.44%；近五年来汽车转移登记与注册登记业务量的比例由0.55上升至0.77，反映出二手车交易市场日渐活跃。

10．2018年山东省新能源汽车市场发展概述

2018年，全国新能源汽车需求量达到125.6万辆，同比增长61.7%，“十三五”末有望实现500万辆的发展目标。2018年1～7月份，山东省新能源汽车需求总量位居全国第二，仅次于广东，需求量为39588辆，增速为10.8%，其中，济南需求量为5278辆，增速13.3%。2018年1～11月份，山东省纯电动汽车需求量为59342辆，同比增长179%。

2017 年，山东省全省共生产新能源汽车 14.05 万辆，占全国的 18%左右，成为新能源汽车生产大省。目前，山东省新能源汽车累计保有量为 14.6 万辆，充电基础设施保有量为 2.2 万个，均居全国前列。

截至 2018 年年底，全球新能源汽车累计销售突破 550 万辆，我国占比超过了 53%。我国是全球最大的新能源汽车市场，山东省是全国最大的新能源汽车市场之一。

2018 年 9 月的第一届儒商大会上，新能源作为山东省“新旧动能转换”的十强产业惊艳亮相，其中，新能源汽车是重要组成部分。大会向与会嘉宾推介了重汽、潍柴等众多山东省本土新能源汽车生产企业，从政府层面加大对企业的支持力度和社会宣传。

2018 年 9 月 17 日，山东省人民政府印发了鲁政字〔2018〕204 号《山东省新能源产业发展规划（2018～2028 年）》，根据《规划》，到 2022 年，山东省要建成济南、青岛、淄博、烟台、潍坊、聊城等一批新能源汽车产业集聚区，新能源汽车产量达到 50 万辆左右，新能源汽车产业产值达 2500 亿元。到 2022 年，山东省新能源汽车保有量力争达到 50 万辆，充电基础设施保有量达到 10 万个以上。到 2028 年，山东省要成为国内重要的新能源汽车和关键零部件生产基地，实现由低端新能源汽车生产大省向高端新能源汽车制造强省的转变，新能源汽车产业产值达到 4000 亿元。而且值得一提的是，《规划》要求，2019 年起，山东省全省各级党政机关及公共机构购买机动车辆，特别是用于机要通信、相对固定路线执法执勤、通勤等车辆配备更新时，全部选用新能源汽车。山东省政府办公厅印发的《山东省落实〈京津冀及周边地区 2018～2019 年秋冬季大气污染综合治理攻坚行动方案〉实施细则》中，按照国家要求，济南等 7 个传输通道城市建成区新增和更新的公交、环卫、邮政车辆等，基本采用新能源或清洁能源汽车。港口、机场、铁路货场等新增或更换作业车辆主要采用新能源或清洁能源汽车。政策导向将为新能源汽车行业的发展进一步助力赋能。

四、2019 年山东省经济发展形势展望

2019 年是新中国成立 70 周年，是决胜全面建成小康社会第一个百年奋斗目标的关键之年。2018 年岁末，中央经济工作会议再度召开，会议正视经济下行压力，指出“经济运行稳中有变、变中有忧，外部环境复杂严峻，经济面临下行压

力”，2019 年我国经济政策的首要目标是稳定经济增长、减税降费，并首次提出强化逆周期调节。会议提到 2019 年稳就业、稳金融、稳外贸、稳外资、稳投资、稳预期“六个稳”，提振市场信心，保持 2019 年经济运行处于合理区间。

金融政策方面，稳健的货币政策要松紧适度，保持流动性合理充裕，改善货币政策传导机制。2019 年开年，中国人民银行即全面降准 1 个百分点，释放出货币 1.5 万亿元。财税政策方面，国家税务总局党委委员、副局长孙瑞标表示，将围绕减税降负深入推进税制改革，再推出一批针对小微企业的普惠性免税政策。商贸流通领域，2018 年 1～11 月份，我国汽车出口 106 万辆，金额 136 亿美元，商务部部长钟山表示，2019 年商务部将从供给侧发力，继续深入实施消费升级行动计划，推进贸易强国行动计划，促进外贸“稳中提质”。

2018 年，是山东省新旧动能转换的开局之年和关键之年。回顾 2018，山东省紧紧抓住推动高质量发展的“牛鼻子”，革故鼎新，打出一系列“组合拳”，新旧动能转换全面起势，高端优质项目纷纷提速，软环境建设步入全新阶段。2018 年 12 月，山东省经济工作会议强调，做好 2019 年经济工作，要注意处理好“变”与“不变”的关系，牢牢抓住并利用好“不变”的大势，使“变”的挑战转化为发展的更大机遇；处理好“形”与“势”的关系，把经济运行动态波动的“形”，化为长期高质量发展的“势”；处理好“稳”与“进”的关系，坚持“稳”字当头，稳中求进，以稳促进，统筹做好“六稳”工作，推动经济向更高层次“进”，向更高质量“进”；处理好“危”与“机”的关系，在应对“危”的过程中发现和创造“机”，“危”中寻“机”，化“危”为“机”；处理好“快”与“慢”的关系，踏踏实实做好打基础、利长远的事情，尽快突破阵痛期，坚定不移地沿着高质量发展的路子走下去。

2018 年，山东省启动了一大批覆盖面广、针对性强、含金量高的重大制度创新，纾解企业的难点痛点：《支持民营经济高质量发展若干意见》的 35 条、《关于进一步扩内需补短板促发展的若干意见》的鲁政发〔2018〕24 号文、《支持实体经济高质量发展的若干政策》的“45 条新政策”“一次办好”倒逼各级各部门更新观念、转变作风、提升效能……2019 年将是“工作落实年”，各项政策将进一步向深处推、往实处落，营商环境进一步优化。

五、2019年山东省乘用车需求预测

2018年山东省乘用车千人保有量约为213辆（以2018年年末人口1.006亿计）。根据乘用车市场发展阶段理论，当千人保有量达到20辆以后，乘用车市场进入起飞阶段，千人保有量的提升幅度明显加快，高于当期GDP的增长率。当千人保有量突破100辆，属于乘用车市场起飞后期阶段，千人保有量净增量比较稳定或略有增长，需求增长相对缓慢，影响车辆需求的主要因素为经济增长、人口数量和消费环境。从长期来看，一个区域的乘用车需求弹性与乘用车千人保有量之间存在较强的相关性，即随着千人保有量的递增，乘用车需求弹性呈下降趋势。

结合乘用车发展阶段理论及山东省2019年经济发展总体情况，预测2019年山东省乘用车市场的狭义乘用车需求量约为155万辆，同比增长－3%（预计全国0%）（见图12）。

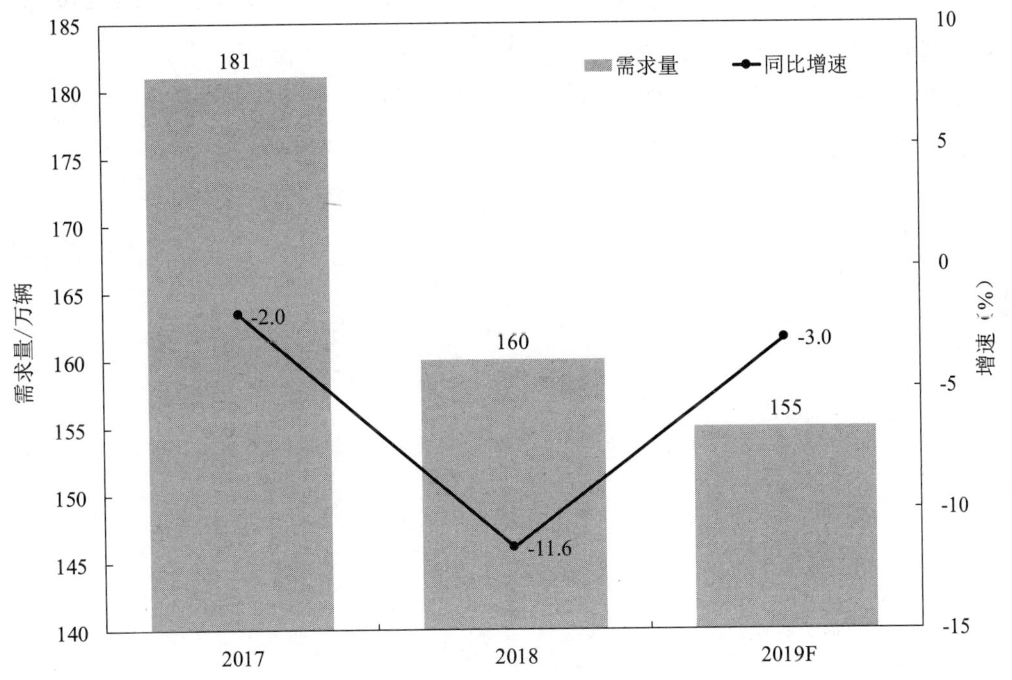

图12　2019年山东省狭义乘用车需求预测

从历史发展趋势来看，美国、德国、日本汽车市场基本都经历了一个30年以上的较快增长阶段，我国汽车市场也要经历一个较长增长的周期，在此期间，增长潜力巨大，但也常有波澜。2018年国内汽车市场出现了近28年来的首次负增长，为了积极应对，2019年1月8日，国家发展和改革委员会释放出了鼓励汽车

消费政策或将重启的信号，据悉，杜绝盲目刺激、提倡绿色消费、带动消费升级，成为即将启动的新一轮刺激政策鼓励和提倡的重点，2019年的汽车市场仍可期待。

纵观2019年，山东省将面临着大体量的市场和艰难转型的过程。2018年的政策翘尾因素将在2019年消失，但周期性回调会有一定时期的延续。2019年，山东省汽车市场受到国内投资放缓、房价上涨、国VI排放标准的提前实施、中美贸易摩擦等因素的影响，将继续保持低速运行，降幅会有回升，但仍有负增长的可能。二手车、豪华车、新能源车因政策和需求因素，将继续成为可以值得期待的亮点，尤其是新能源车将会有50%的增量空间。国VI排放标准将于2019年7月1日在全省实施，主机厂排产计划和经销商销售策略是国V向国VI标准成功过渡的关键。2016年，国IV向国V升级时，部分品牌如东风悦达起亚、五菱等品牌国IV库存车较多，经销商一时间难以消化，造成较大损失。2019年需汲取前车之鉴，未雨绸缪，谨防国VI新车型空档期的销量下降，对国V库存新车降价促销和国IV、国V二手车价格贬值等结果做好相应准备。从中长期来看，三、四线城市仍是汽车市场的主体，应更多加强对三、四线市场及农村市场的关注和营销。

（作者：任静）

2018 年我国进口车市场分析及 2019 年展望

一、2018 年我国进口汽车市场特点

1. 海关进口量小幅下滑，关税政策调整导致季度波动巨大

2018 年 1～9 月份我国累计进口汽车 84.7 万辆，同比下降 4.2%（见图 1），相比于 2017 年全年增长 16.8%，增速回落 21 个百分点。

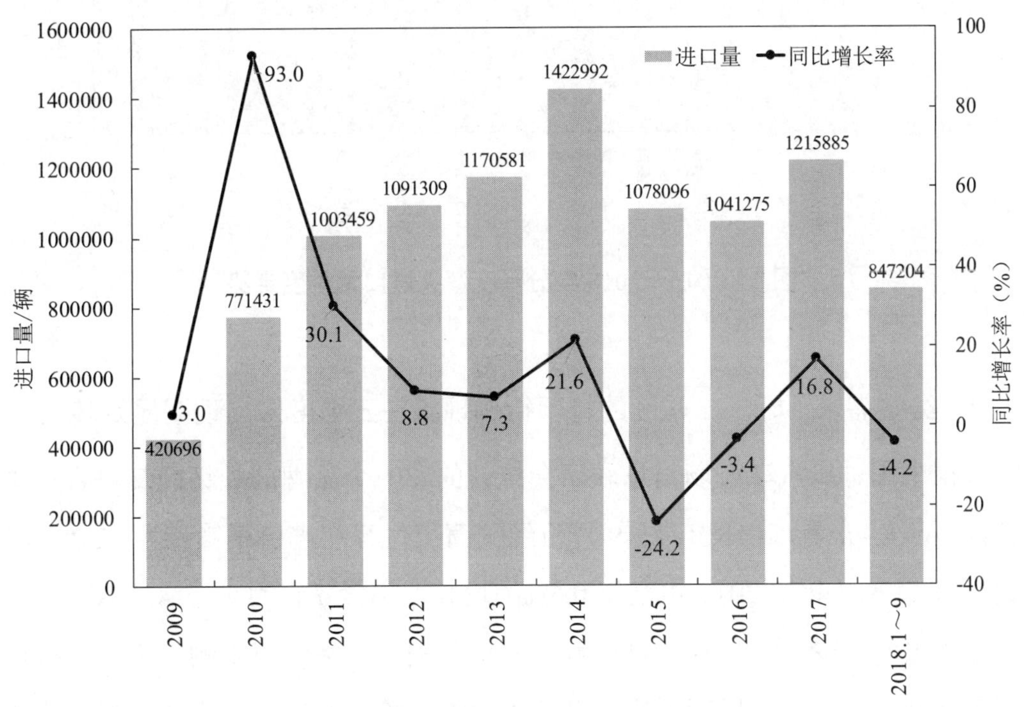

图 1 2009～2018 年海关汽车进口量

（注：资料来源于中国进口汽车市场数据库，下同）

从季度走势来看，2018 年进口车市场稳步开局，一季度进口量缓慢增长，同比增长 5.5%，随着 4 月份宣布 2018 年将相当大幅度地降低进口汽车关税后，跨

国公司贸易商采取延迟报关措施，二季度进口量急剧下滑，下滑幅度超过 45%，随着 7 月 1 日起进口关税下调正式实施，跨国公司贸易商开始大批量报关，2018 年三季度进口量增幅超过 30%（见图 2）。

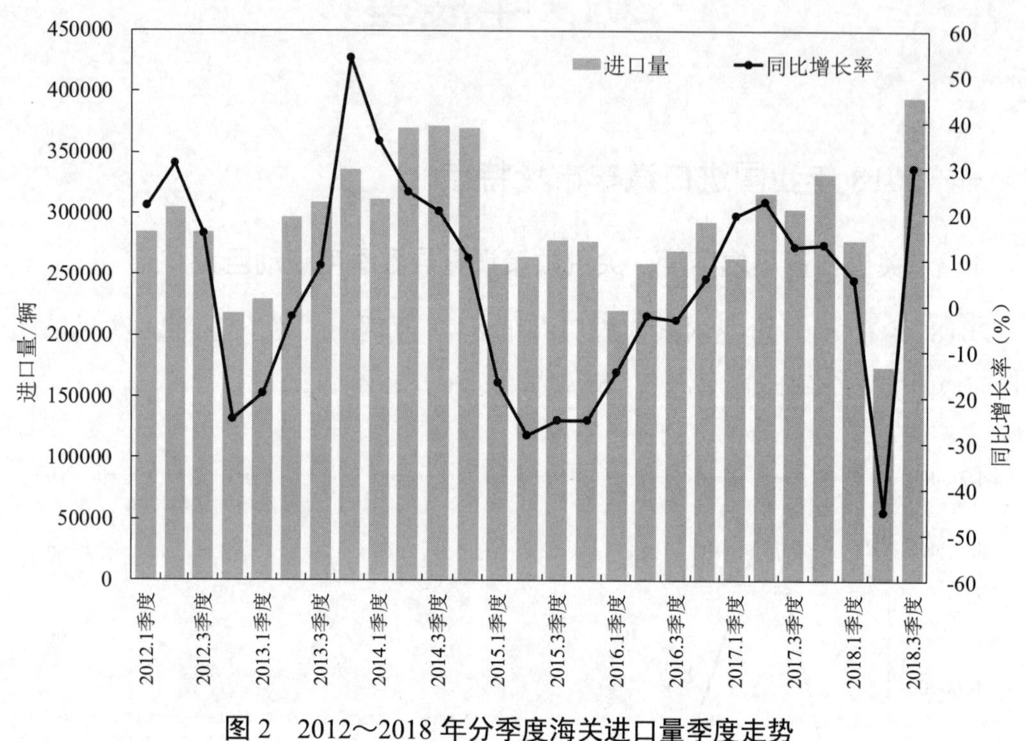

图 2　2012～2018 年分季度海关进口量季度走势

2．终端需求不旺，二季度的持币待购现象在三季度未出现明显好转

根据中国进口汽车市场信息联席会统计的 30 个品牌的经销商交付客户进口车数据（AAK）来看，2018 年 1～9 月份经销商交付客户进口车销量为 62.2 万辆，同比下降 6.4%，相比 2017 年全年 0.6%的增长，下滑 7 个百分点（见图 3）。

分季度看，受 2018 年 4 月份宣布进口车关税下降政策影响，消费者持币待购现象显现，到 7 月 1 日起正式实施关税下调政策，进口车价格随关税下降的利好直接刺激市场销量，7 月份和 8 月份销量同比上涨，后受中美贸易战持续升温外加上实体经济困难影响，9 月份销量同比下降，关税下调调整的利好并未在终端销售中体现，2017～2018 年分季度进口汽车市场销量见图 4。

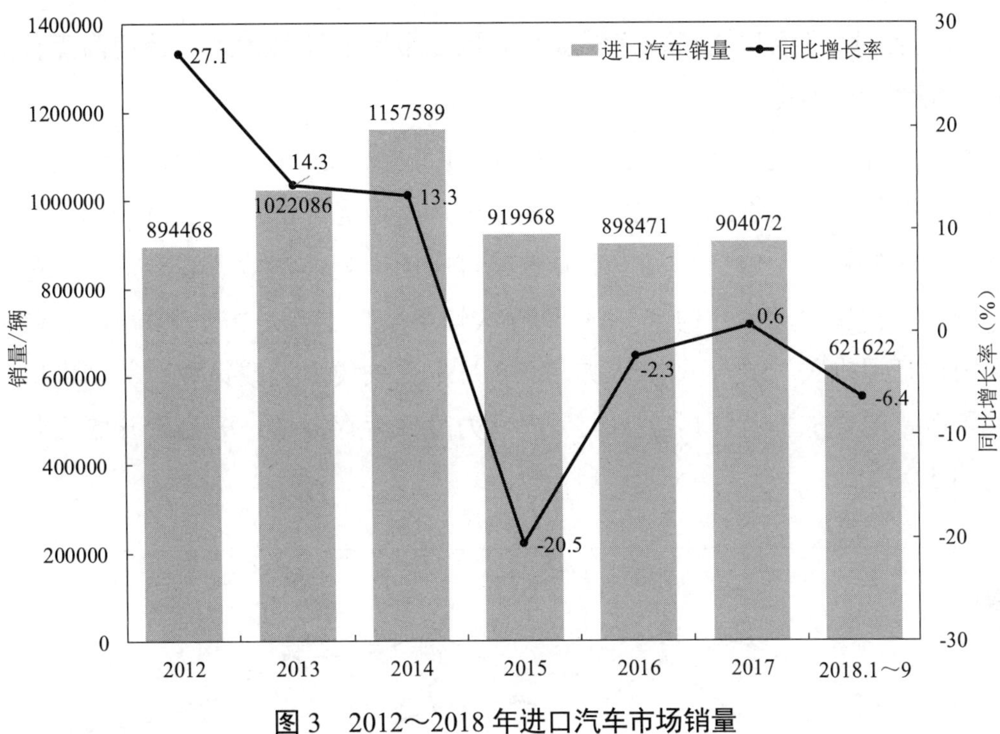

图 3　2012～2018 年进口汽车市场销量

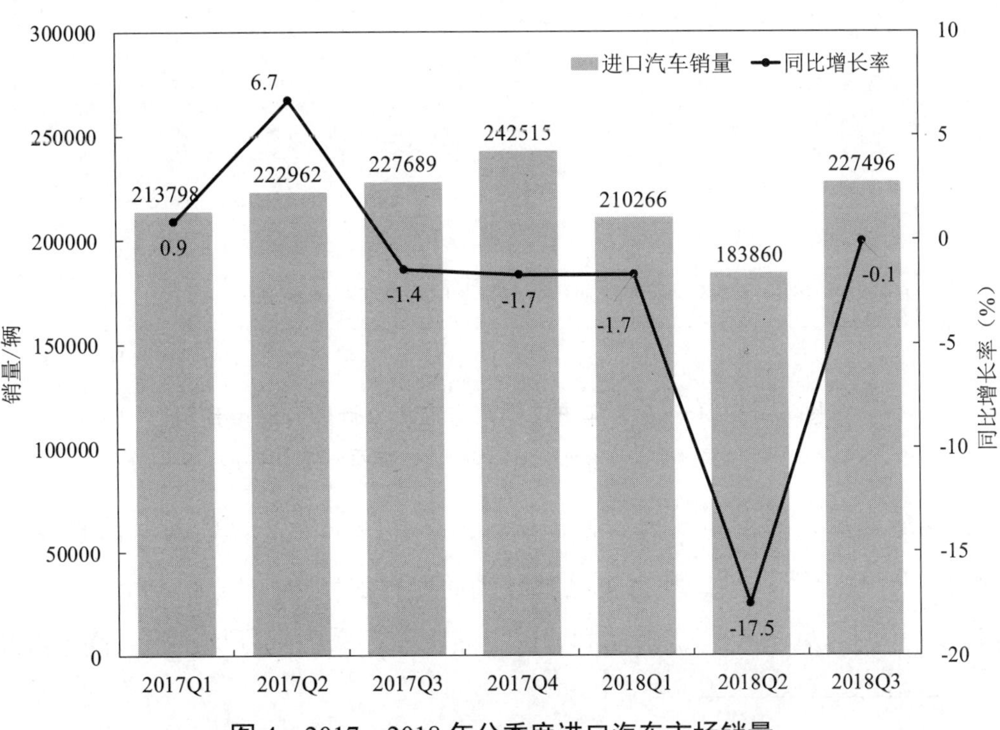

图 4　2017～2018 年分季度进口汽车市场销量

3．行业库存绝对量和库存深度受关税政策影响波动较大，经销商库存深度逐步调整到合理水平①

从行业库存深度上看，2018 年 9 月份行业库存（总经销商库存＋经销商库存）深度为 3.9 个月，环比下降明显；从 2018 年月度走势来看，1～5 月份库存呈递增趋势，4～5 月，受进口车关税下降政策宣布的影响，消费者观望情绪加重，需求下降，库存压力增大；而 6 月份库存大幅下降，主要是由于关税政策调整后，跨国公司延迟报关，供给下滑所致；7～8 月份受关税下调政策和对美产进口车加征关税政策的叠加影响，厂家加大了进口力度，库存激增；9 月份开始回归平稳（见图 5）。

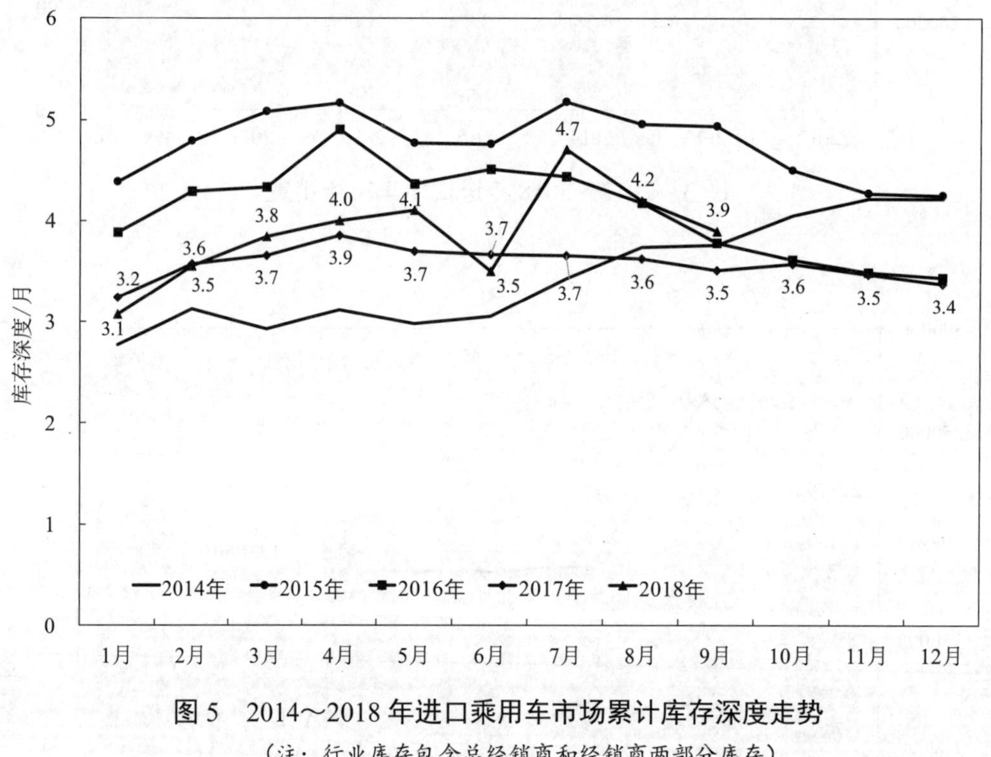

图 5　2014～2018 年进口乘用车市场累计库存深度走势

（注：行业库存包含总经销商和经销商两部分库存）

从经销商库存深度上来看，根据中国汽车流通协会的经销商库存调研显示，2018 年 9 月份合资、进口和自主品牌经销商库存深度分别为 1.78 个月、1.43 个月和 2.27 个月（见图 6），合资品牌、自主品牌库存系数均环比上升，高于经销商

① 行业库存根据中国进口汽车信息联席会统计的 20 个品牌的海关进口量和市场零售数据差值来计算；行业库存深度根据累计的总经销商和经销商的库存量除以月平均交付量计算。

库存水平线 1.5 个月的合理库存，进口品牌则恢复到合理库存水平（见图 7）。

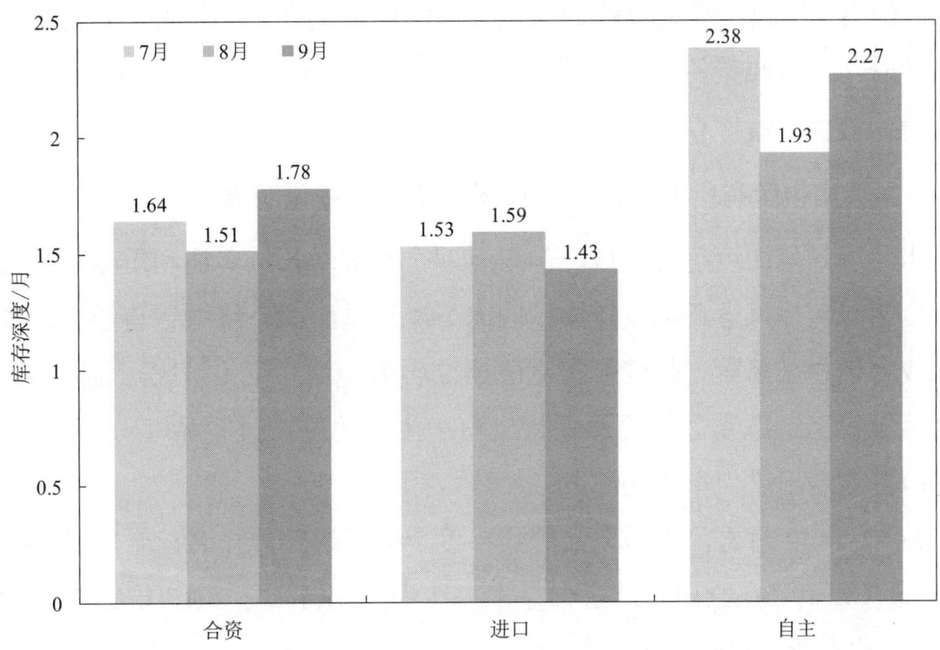

图 6　2018 年 7～9 月份合资、进口和自主品牌经销商库存深度

（注：资料来源于中国汽车流通协会经销商调研）

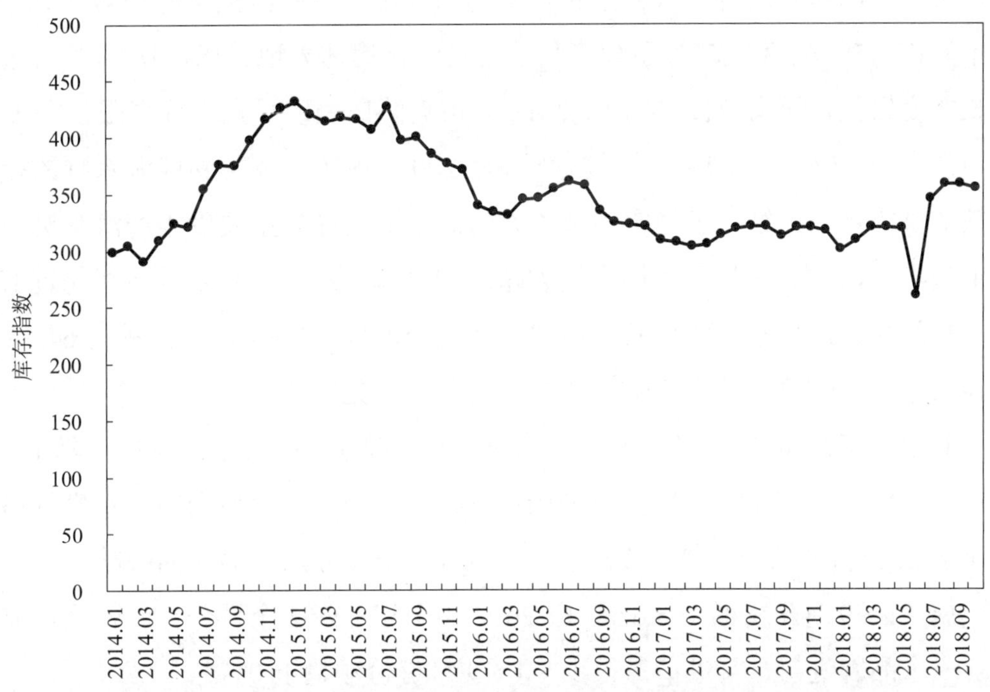

图 7　2014～2018 年 9 月份进口乘用车市场累计库存指数走势

（注：行业库存包含总经销商和经销商两部分库存）

从反映库存绝对量的库存指数上来看，2018 年 1～2 月份库存绝对量有所回落，3 月份小幅增长；受关税政策变化影响，4～5 月份保持平稳，6 月份大幅回落，而随着 7 月份政策的正式实施，7～8 月份库存出现恢复性反弹，9 月份开始回归平稳，整体来看库存处于相对合理的水平。

4．品牌集中度有所上升，第一集团竞争格局变化明显

前十品牌的集中度超过八成，但仅有四个品牌增长，奥迪和雷克萨斯进口量增长幅度明显，林肯下滑幅度较大，同比下滑超过 30%；终端销售层面，奔驰超越宝马成为销售排名第一品牌，雷克萨斯位居第二，并在 9 月份上升到第一名，宝马滑落至第三；欧系品牌仍然保持进口车主力地位，日系品牌份额继续回升，韩系品牌基本退出进口车市场。

2018 年 1～9 月份，进口车品牌集中度上升。进口量排名前十的品牌共进口乘用车 68.7 万辆，在乘用车总进口量中占比为 82.6%，与 2017 年的 79%相比提升了 3.6 个百分点。

从各品牌的进口量表现来看，排名前十的品牌中，受进口车关税税率下降影响，仅四个品牌实现进口量的增长，六个品牌进口量同比呈下降趋势（见图 8）。其中，在 A5、A8 和 Q7 等系列产品的带动下，奥迪表现突出，1～9 月份进口量增长幅度较大，同比增长 37.6%。2018 年雷克萨斯表现一直十分亮眼，1～9 月份进口量增长 25.6%，主要得益于新产品 ES200、ES300、NX 新能源系列的投放和高效的供需体系，维持了稳定的增长态势。下滑的品牌主要受美产汽车进口关税的上调影响，其中，林肯下滑幅度最大超过 35%，路虎、大众和宝马下滑超过 10%。

从品牌来源国看，欧系品牌仍然保持主力地位，1～9 月份份额为 64.5%，在 2017 年全年的基础上，份额提升 0.7 个百分点（见图 9）。

其中，德系品牌份额较 2017 年增长 4.1 个百分点；英系进口量下降 1.2 个百分点，至 9.6%。在雷克萨斯新车型的拉动下，作为第二大系别的日系份额略有回升，从 2017 年的 25.6%增至 27.1%，上浮 1.5 个百分点。美系品牌随着加征关税的实施，1～9 月份份额为 8.3%，较 2017 年全年下降 2 个百分点。韩系目前仅有起亚一个品牌进口，且进口量很少，1～9 月份份额趋于 0%。

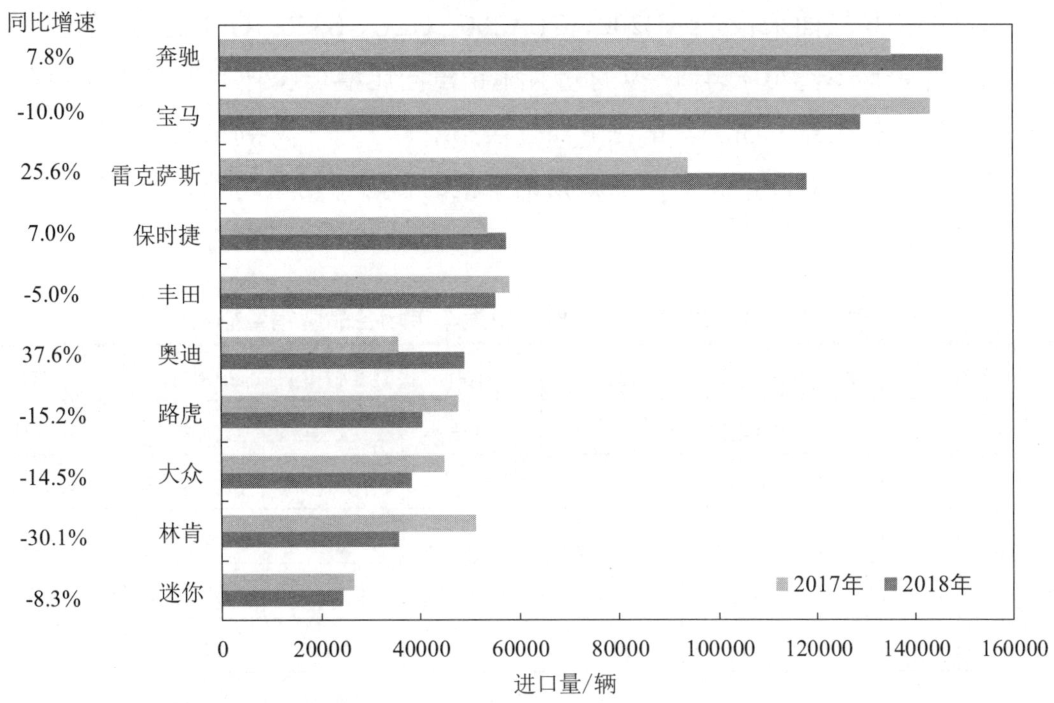

图 8　2018 年 1～9 月份乘用车分品牌进口量与同比增速

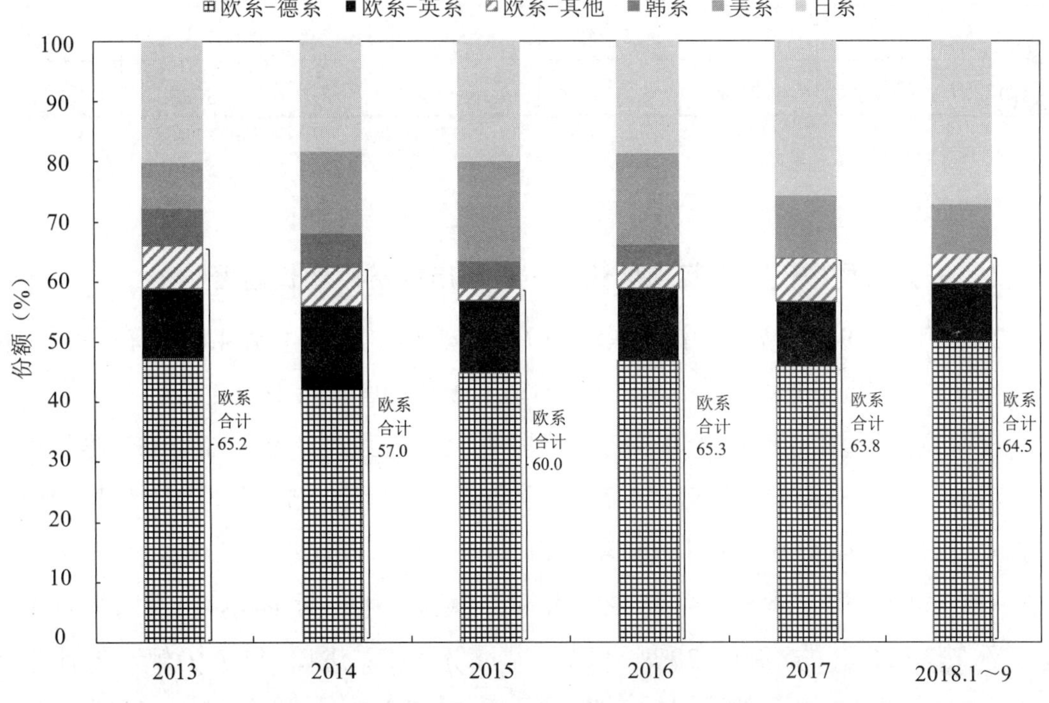

图 9　2013～2018 年分来源国海关进口量占比

从终端销售层面来看，在 B200、CLA200、GLC、S320、GLE200 等车型销量快速增长的带动下，2018 年 1～9 月份奔驰销量同比增长 3.5%，超越雷克萨斯和宝马成为销售排名第一品牌，雷克萨斯位居第二，宝马下降到第三的位置（见表1）；第二集团竞争激烈，奥迪在多款畅销车型的带动下销量超越大众，排名上升至第五。

表 1　2013～2018 年 9 月份进口汽车市场各品牌销量排名

排名	2013 年	2014 年	2015 年	2016 年	2017 年	2018YTD①	2018MTD②
1	宝马	宝马	宝马	宝马	宝马	奔驰	雷克萨斯
2	奔驰	奔驰	奔驰	奔驰	奔驰	雷克萨斯	宝马
3	大众	路虎	雷克萨斯	雷克萨斯	雷克萨斯	宝马	奔驰
4	奥迪	Jeep	Jeep	保时捷	保时捷	保时捷	保时捷
5	路虎	大众	保时捷	大众	大众	奥迪	奥迪
6	雷克萨斯	奥迪	路虎	奥迪	奥迪	大众	大众
7	Jeep	雷克萨斯	奥迪	斯巴鲁	路虎	路虎	路虎
8	沃尔沃	斯巴鲁	大众	路虎	MINI	MINI	沃尔沃
9	斯巴鲁	沃尔沃	斯巴鲁	MINI	斯巴鲁	沃尔沃	MINI
10	保时捷	保时捷	MINI	Jeep	沃尔沃	Smart	斯巴鲁

注：①YTD 表示当年累计。

②MTD 表示当月累计。

5. 三大车型中仅轿车实现增长，A 级车市场份额增长显著

2018 年 1～9 月份，乘用车累计进口 83.2 万辆，同比下滑 4.6%。在下调关税政策预期影响下，三大车型中除轿车外均出现较大幅度的下滑。

在雷克萨斯 IS200、LS350/500h、奔驰迈巴赫 S 系列、宝马 6 系 GT 等新车型的拉动下，以及关税下调后奔驰 CLA、宝马 5 系、奥迪 A5、保时捷 PANAMERA 的加大进口，2018 年 1～9 月份轿车进口 35.4 万辆，同比增长 7.6%，是三大车型中唯一增长的车型；受 X3、福特探险者等车型国产化因素影响，以及对平行进口汽车环保信息公开的整顿，2018 年 1～9 月份 SUV 进口 44.7 万辆，同比下降 11.3%；MPV 进口 3.1 万辆，同比下降 20.6%，在三大车型中降幅最大（见图 10）。

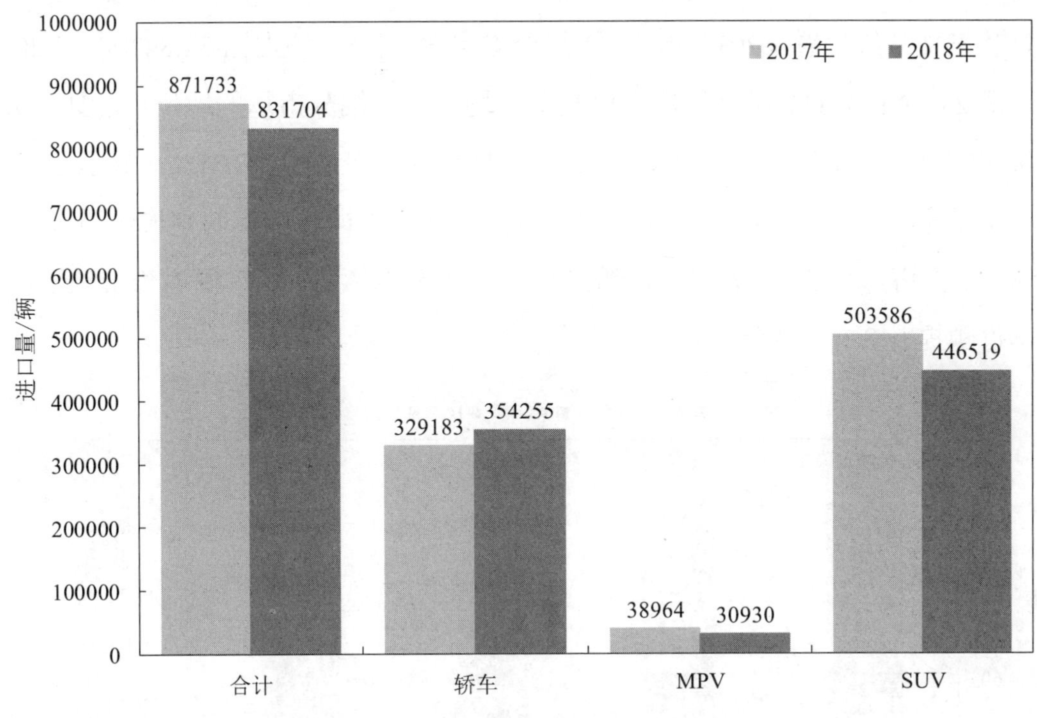

图 10　2018 年 1～9 月份乘用车分车型进口量

2018 年 1～9 月份，进口量前十名车型中，SUV 占比六成。在降低汽车整车进口关税政策正式实施后，厂家加大了进口，除路虎揽胜、MINI 进口量同比下滑外，其他车型进口量均恢复增长，其中，奔驰 CLA 和雷克萨斯 NX 进口量保持超过 40%的高速增长。因对美产进口车加征关税政策的实施，宝马 X5 利用 7 月份的时间窗口期，加大报关量，跃居 1～9 月份进口量排名第一（见表 2）。

表 2　2018 年 1～9 月份分车型进口量排名

排名	车型	进口量/辆
1	宝马 X5	45706
2	雷克萨斯 ES	42259
3	雷克萨斯 NX	30650
4	奔驰 GLE	30356
5	奔驰 CLA	30006
6	路虎 RANGEROVER	25280
7	保时捷 CAYENNE	24660
8	迷你 MINI	24192
9	雷克萨斯 RX	24029
10	丰田 LANDCRUISER	20548

从车型分级来看，2018 年 1～9 月份 C 级车细分市场占比 34.84%，较 2017 年下滑 2.0 个百分点，但仍保持进口汽车市场第一大细分市场的地位（见图 11）。D 级车细分市场增速超过 10%，C 级车和 D 级车累计份额 47.81%，显示了进口汽车市场豪华、高端的特点。在关税下调和换代版本即将上市的叠加作用下，奔驰 A180 价格降至 20 万元以下，遭到抢购，在奔驰 A180 的大幅增长带领下，A 级车份额提升 3.1 个百分点。

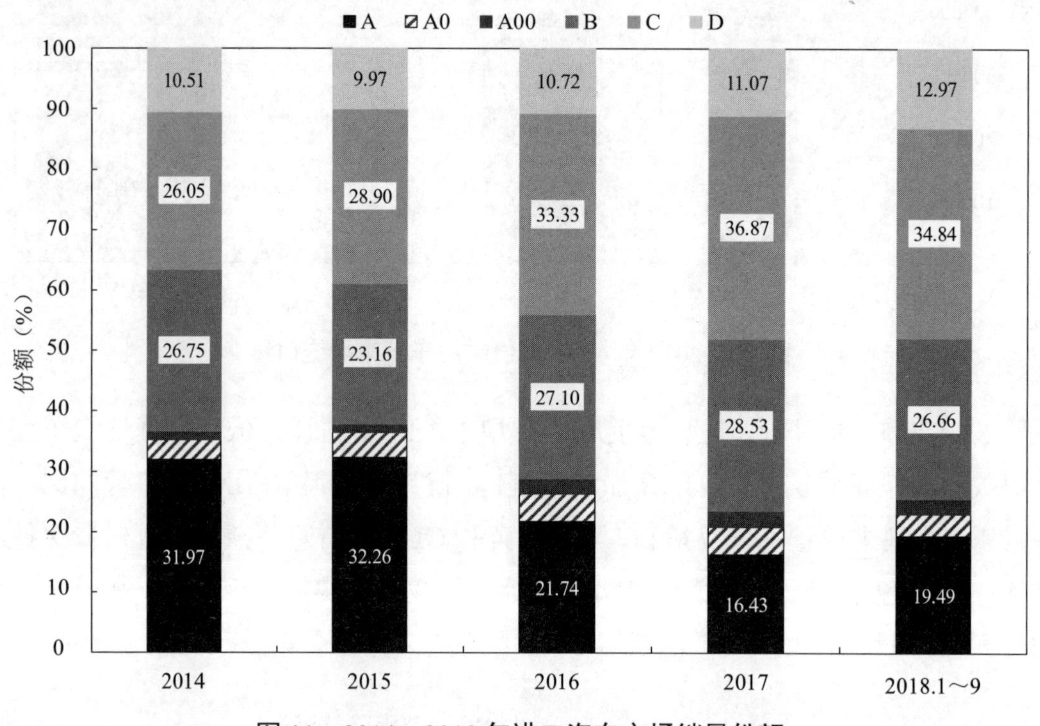

图 11　2014～2018 年进口汽车市场销量份额

从各细分市场销售增速来看，2018 年 1～9 月份，除 A 级车和 D 级车外所有细分市场均出现下滑（见图 12）。受奥迪 A1、MINI 全系车型销量下滑的影响，A0 级车销量同比下滑 24.3%。A 级车销量在奔驰 A180 和 B200 等畅销车型的推动下，销量增长幅度为 9.1%，D 级车销量保持稳步增长，同比增长 11.7%。

6．1.5～2.0L 仍是份额最大的排量区间，但 3.0L 以上的份额增长明显

2018 年 1～9 月份，1.5～2.0L 排量区间以 44.7%的份额稳居第一大排量区间，与 2017 年份额基本持平。尽管宝马 X3 的国产，以及对美产进口车加征关税政策，

导致林肯 CONTINENTAL、MKC 等车型的进口量大幅下滑，对该排量区间份额带来了一定影响，但关税下调政策实施后，奔驰 CLA 和雷克萨斯 NX、RX 等车型的加大进口迅速填补了空缺，使份额保持稳定。

进口汽车关税下调政策实施后，丰田 ALPHARD、LANDCRUISER、日产 PATROL 等日系平行进口主力车型迅速加大了进口，对 3.0L 以上排量区间的拉动作用明显，份额扩大至 12.2%，相比 2017 年份额增长 2.7 个百分点（见图 13）。2.5～3.0L 区间份额下滑 1.7 个百分点，主要是由于丰田 PRADO、路虎揽胜、玛莎拉蒂 LEVANTE 等车型进口量的大幅下降所致。

7. 港口“三足鼎立”态势延续，其余口岸角逐不足一成市场

传统三大港口的份额日趋稳定，上海港和天津港以 34.6%和 34.1%的份额位居前两位，黄埔港以 25.3%的份额位居第三位，第四位的大连港只有 1.6%的份额，广州港位列第五，青岛港仅占不到 1%的份额（见图 14）。

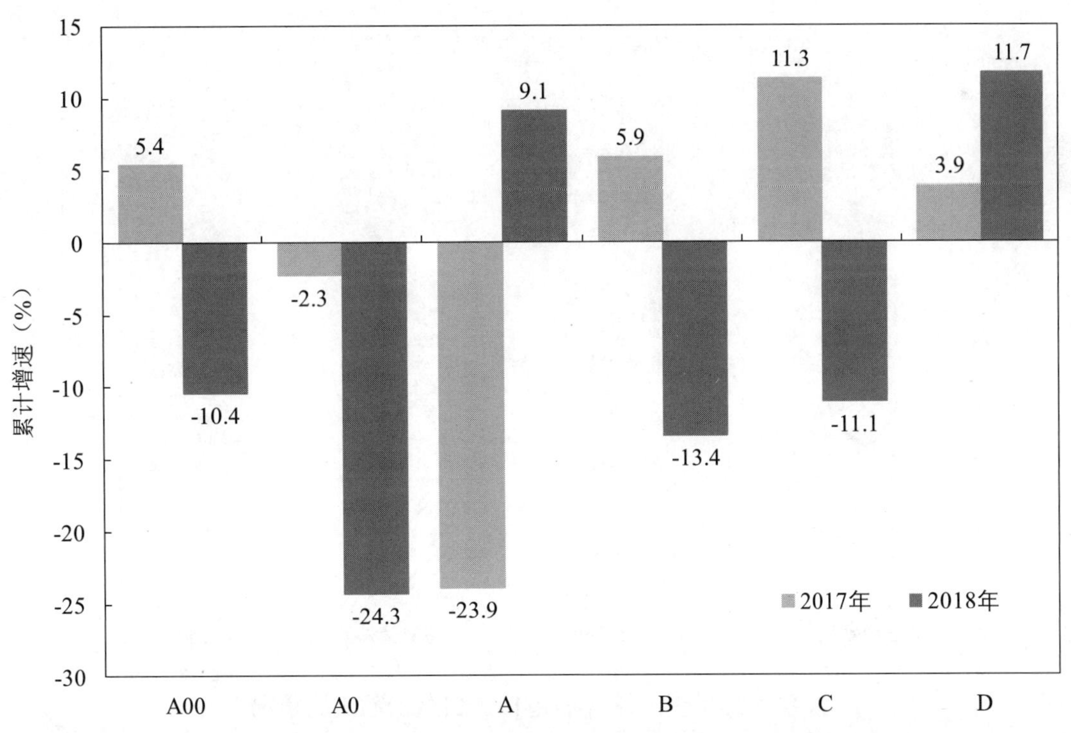

图 12　2017～2018 年进口汽车市场销量累计增速

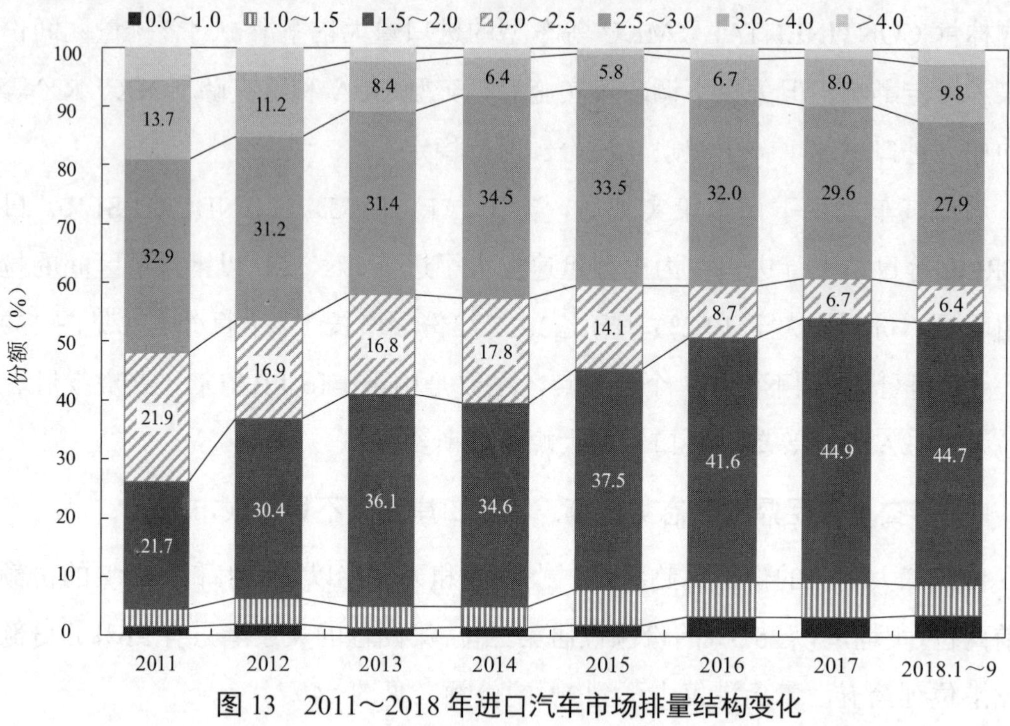

图 13 2011～2018 年进口汽车市场排量结构变化

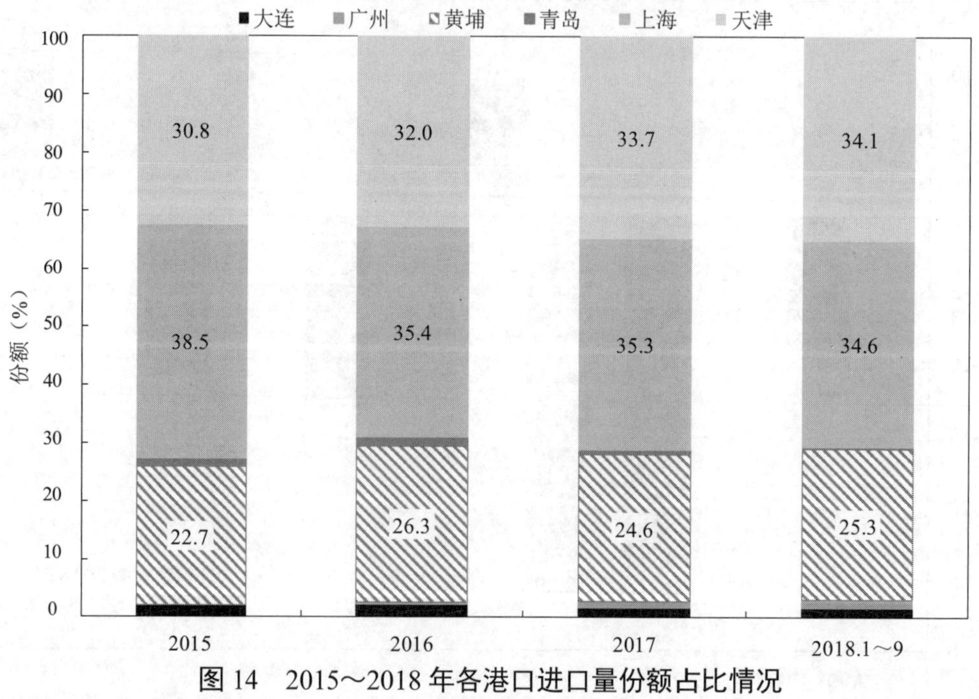

图 14 2015～2018 年各港口进口量份额占比情况

2018 年 1～9 月份，上海港、天津港及黄埔港三港占据 94%的市场份额，“三足鼎立”态势延续。

自 2017 年起，因部分品牌从天津港转到上海港的拉动作用在减弱，使得两港口的份额差距逐渐减弱。2018 年 1～9 月份，上海港份额占比 34.6%，继续维持第一大港的位置，天津港份额占比为 34.1%，较 2017 年份额提升 0.4 个百分点。

华南沿海地区需求日趋稳定。2018 年 1～9 月份，黄埔港市场份额为 25.3%，保持相对稳定的 1/4 份额。

其他港口份额较小，大连港和青岛港只有 1.6%和 0.4%的份额，相比 2017 年下滑 0.1 个和 0.4 个百分点，广州港 1～9 月份进口汽车 1.2 万辆，同比增长 53.7%，较 2017 年全年增长 0.4 个百分点。

8. 新能源汽车进口量同比出现下滑，纯电动车型仍是主力

2018 年 1～9 月份，新能源汽车进口 1.6 万辆，同比下滑 1.0%（见图 15），占进口汽车总量的 1.9%；以特斯拉为主的纯电动汽车进口量占新能源汽车进口量的 86.0%，较 2017 年下滑明显。

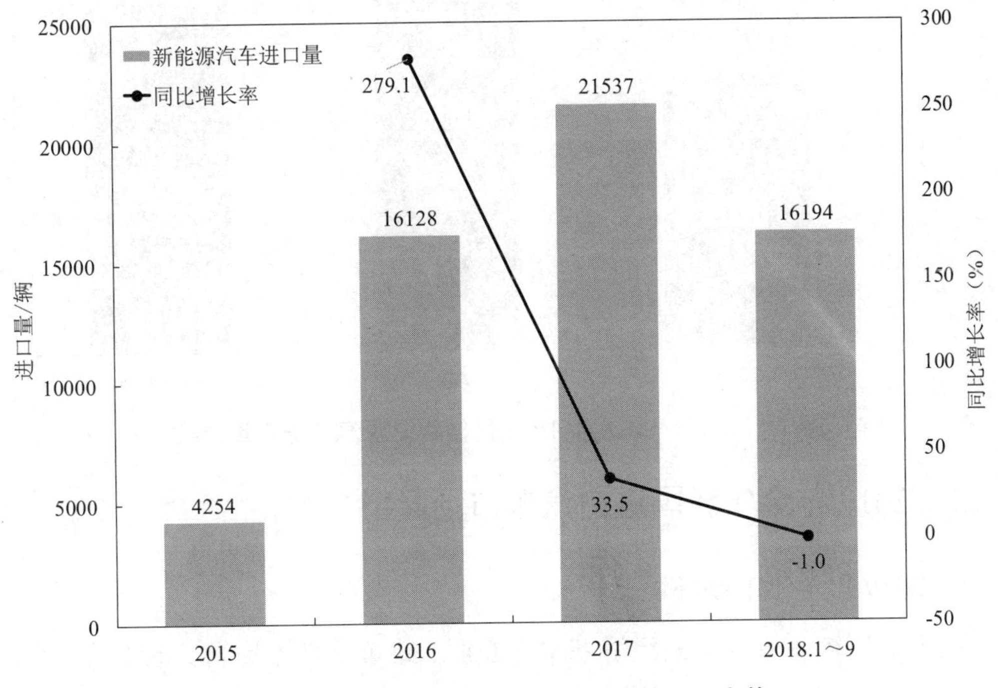

图 15 2015～2018 年新能源汽车进口量走势

在新能源汽车市场开拓初期，进口新能源汽车优惠政策受限，产品品种少。但在企业平均燃油消耗量达标的压力下，跨国汽车企业积极引入进口新能源产品，2016～2017 年呈快速增长态势。随着国产新能源汽车的快速发展和对原产于美国

进口车加征关税的影响，新能源汽车进口量增速呈明显回落态势。

根据中国进口汽车市场数据库显示，2018 年 1～9 月份新能源汽车进口量的规模为 1.6 万辆（见图 16），同比下滑 1.0%，增速较 2017 年下滑 34.5 个百分点；占进口汽车总量的 1.9%，相比 2017 年全年的 1.8%份额提升 0.1 个百分点。

受美产进口车加征关税政策影响，2018 年 1～9 月份，特斯拉进口量为 11705 辆，同比下滑 13.7%，降幅超过整体新能源进口汽车。在特斯拉影响下，纯电动汽车进口量占新能源汽车进口量份额下滑至 86.0%，较 2017 年下滑 4.7 个百分点。

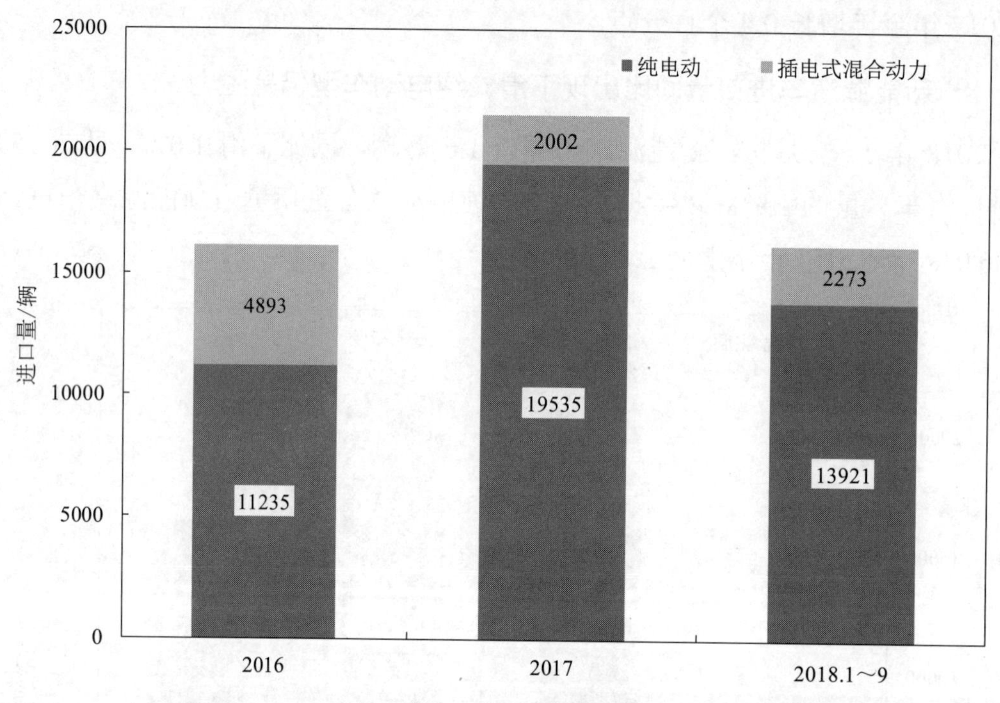

图 16 2016～2018 年 1～9 月份新能源汽车进口量结构

二、2019 年全年我国进口汽车市场展望

1. 2019 年全年市场环境分析

（1）*宏观经济面* 未来经济基本面脆弱、政策框架不完善、地缘冲突和国内政治风险较高的国家将遭受进一步考验。保护主义从贸易蔓延至投资领域，发达国家外商投资审查普遍趋紧，审查泛化与规则碎片化风险上升，但发展中国家有望扮演更加重要的角色。

1）全球经济：2018～2019 年的全球经济增长率预计为 3.7%。美国的贸易保护主义政策已经对全球经济增长前景产生了实质性影响。在美国，随着财政刺激继续扩大，经济增长势头仍然强劲，但鉴于近期宣布的贸易措施，2019 年的增长预测将下调。在新兴市场和发展中经济体，许多能源出口国的增长前景因石油价格上涨而改善，但阿根廷、巴西、伊朗和土耳其等国的增长预测下调，反映了本国特定因素、金融环境收紧、地缘政治紧张局势以及石油进口成本上升。

2）国内经济：我国经济已由高速增长阶段转向高质量发展阶段。2018 年主要宏观经济指标平稳波动，预计 2019 年 GDP 增速将低于 6.5%。尽管 GDP 增速有所减缓，但经济发展依然非常强劲，减缓只是经济正常且是恰当的转型过程。未来我国经济迈向高质量发展阶段还必须重视两个效率的提升，即劳动生产率和全要素生产率的同步提升。全要素生产率的提高，意味着经济增长逐渐摆脱要素投入带来的增长，进入内生增长阶段。

（2）市场政策面　2018 年 4 月 17 日，为贯彻、落实习近平总书记的讲话精神，国家发展和改革委员会会同各有关部门抓紧研究落实具体措施，通过制订新的外商投资负面清单，使对外开放的重大举措尽快落地。其中备受关注的汽车行业开放问题，将分类型实行过渡期开放。通过 5 年过渡期，我国汽车行业将全部取消外资股比限制。2018 年将取消专用车、新能源汽车外资股比限制；2020 年取消商用车外资股比限制；2022 年取消乘用车外资股比限制，同时取消合资企业不超过两家的限制。因此短期内对乘用车企业和行业影响较小，对进口汽车市场影响可以忽略。

2018 年 10 月 11 日，在华晨宝马成立第 15 个周年纪念日庆祝会上，曝出宝马集团与华晨集团已经确定股比调整方案，宝马集团将以 36 亿欧元（折合人民币 287 亿元）的代价收购华晨宝马部分股权，宝马将持股比例由原来的 50%提升至 75%，收购将于 2022 年完成。在我国政府承诺进一步开放汽车产业之后，这是首个跨国汽车企业提高在华合资公司股权的案例，标志着我国汽车产业开始进入后合资时代。

在增资扩股的同时，宝马也加码在我国市场的布局。华晨宝马铁西新工厂开工仪式上，科鲁格宣布我国将成为宝马新能源汽车的全球生产基地。预计到 2020 年，宝马品牌核心产品系列的首款纯电动汽车将在沈阳生产，这款产品不仅在我国销售，还将出口到全球市场。

从华晨宝马的案例可以发现，长期来看，股比放开将会吸引跨国公司在谋求获得更多股比的情况下，加速进口车的国产化进程。近期在中美贸易战背景下，对美产进口汽车加征25%的关税，美产进口车中规模较大的宝马、奔驰，均表示正在考虑有意将其SUV生产部门、GLE车型从美国转至我国生产，这对进口汽车市场的整体规模将有重大影响。

2018年7月3日，国务院日前印发《打赢蓝天保卫战三年行动计划》（以下简称《行动计划》），明确了大气污染防治工作的总体思路、基本目标、主要任务和保障措施，提出了打赢蓝天保卫战的时间表和路线图。

《行动计划》提出，2019年7月1日起，重点区域、珠三角地区、成渝地区提前实施国VI排放标准，推广使用达到国VI排放标准的燃气车辆。重点区域范围包括京津冀及周边地区，包含北京市，天津市，河北省石家庄、唐山、邯郸、邢台、保定、沧州、廊坊、衡水市以及雄安新区，山西省太原、阳泉、长治、晋城市，山东省济南、淄博、济宁、德州、聊城、滨州、菏泽市，河南省郑州、开封、安阳、鹤壁、新乡、焦作、濮阳市等；长三角地区，包含上海市、江苏省、浙江省、安徽省；汾渭平原，包含山西省晋中、运城、临汾、吕梁市，河南省洛阳、三门峡市，陕西省西安、铜川、宝鸡、咸阳、渭南市以及杨凌示范区等。基本上汽车的重点市场区域均在此范围内。

为防治机动车排气污染，深圳市根据《中华人民共和国大气污染防治法》《深圳经济特区机动车排气污染防治条例》（2017年修订）和《2018年“深圳蓝”可持续行动计划》（深府办规〔2018〕6号）的有关要求，经省政府同意，深圳市政府通知深圳市轻型汽车于2018年11月1日起执行第六阶段国家机动车大气污染物排放标准，其中I型试验应符合VIb限值要求。

另外，海南省于2018年6月发布了关于公开征求《海南省提前实施国家第六阶段机动车排放标准工作方案（征求意见稿）》，计划于2018年11月实施国VI排放标准。广州计划2019年1月实施国VI排放标准。

生态环境部大气环境管理司刘炳江司长在解读《轻型汽车污染物排放限值及测量方法》时提出：国VI是基于全球技术法规基础，引入和整合欧洲标准和美国标准的先进内容，仅从限值水平来看，国VIa限值略严于欧VI，比美国Tier3要求宽松；国VIb基本相当于美国Tier3规定的2020年车队平均限值。如果考虑测试程序的不同，以及RDE法规和PN限值的引入，国VI标准是目前世界上最严格的排放标准之一。

根据环保部的通告，截至2018年10月初的国VI车型公告包含国产285款车型和 133 款进口车车型。而目前每月乘用车正常销售 200 万辆，基本保持在有 3000 款以上的国产车车型，因此提前实施国VI的地区，会有一大部分车型停止供应。

对于进口汽车来说，原有生产体系的产品无法直接满足国VI的排放标准。目前主流品牌的国产车型经过升级，已有完成国VI的 3C 认证，有企业直接按照国VIb 标准进行认证，一步到位。对于跨国公司来说，因进口汽车规模有限，存在一定的改进技术难度，需要投入时间和费用，目前应对动作相对较慢，提前执行国VI的城市可能会面临短期部分车辆无法销售的局面。

对于平行进口汽车来说，如果国VI排放标准按时实施，短期内将面临全球无车源可供的局面，如无改进和升级到国VI排放标准的方案，对于平行进口车市场或将是巨大考验。

（3）新产品供给　据不完全统计，2018 年四季度至 2019 年全年将有 40 款进口新车投放我国市场，其中有 6 款全新产品以及 5 款换代产品竞争力较强，对于进口车市场规模扩大有较大的拉动作用。

投放的 40 款进口新车中，包括 20 款全新产品、16 款换代产品、4 款增添版本产品。从车身形式看，有 18 款轿车和 22 款 SUV，其中 SUV 占比 55%，轿车占比 45%（见表 3）。

从车身级别看，进口车新产品中，中型和大型车共 23 款，在引入的新产品份额中达到 57.5%，包括宝马 X5、宝马 X7、奔驰 GLS、奥迪 RS7、玛莎拉蒂 Levante GTS、阿斯顿马丁 DBX 等，体现出进口车市场高端、豪华的特点；随着政策红利的影响以及新车型设计考虑实用和多元化因素，紧凑型和小型产品共 17 款，同比增长 10%，以轿车车型为主，SUV 占比约三成。

从品牌看，豪华品牌占比超过 2/3，仍是进口新产品的主力，体现出中高端化、个性化、时尚化、小众化等特点。同时，新能源车型继续稳步导入，其中纯电动产品有奥迪 e-tron、MINI Electric 和捷豹 I-Pace；混动产品有 Jeep PHEV 插电混动 1 款。

全新产品中宝马 X7、雷克萨斯 UX、保时捷 Taycan、奥迪 Q4、玛莎拉蒂 Kubang、奥迪 RSQ8 等 6 款产品市场竞争力较强，将会带来一定规模的进口车市场增量。此外，换代产品宝马 X5、宝马 Z4、奔驰 GLE、奔驰 GLS 等车型也将提升竞争力，销量将会有所提升。2018 年四季度及 2019 年进口车新产品见表 3。

表 3 2018 年四季度及 2019 年进口车新产品（不完全统计）

品牌/车型	上市时间	所属细分市场	新品类型
宝马/8 系	2018 年 11 月	大型豪华轿车	全新
宝马/X5	2018 年年底	中型豪华 SUV	换代
宝马/X7	2019 年一季度	大型豪华 SUV	全新
宝马/Z4	2019 年二季度	紧凑豪华轿车	换代
宝马/i8 Roadster	2018 年年底	大型豪华轿车	全新
奔驰/AMG A35	2019 年年内	紧凑型豪华轿车	增添版本
奔驰/B 级	2019 年上半年	紧凑型豪华轿车	换代
奔驰/CLA	2019 年上半年	紧凑型豪华轿车	换代
奔驰/GLE	2019 年年初	中大型豪华 SUV	换代
奔驰/GLS	2019 年下半年	大型豪华 SUV	换代
雷克萨斯/UX	2018 年 11 月	紧凑型豪华 SUV	全新
丰田/Supra	2019 年上半年	中型轿车	全新
丰田/Harrier	2019 年年内	中型 SUV	全新
保时捷/Taycan	2019 年年底	紧凑型豪华 SUV	全新
保时捷/718 Cayman T	2019 年下半年	紧凑型豪华轿车	增添版本
奥迪/SQ3	2019 年年内	紧凑型豪华 SUV	换代
奥迪/RSQ3	2019 年年内	紧凑型豪华 SUV	全新
奥迪 e-tron	2018 年 11 月	中大型纯电动 SUV	全新
奥迪 A3 Sportback	2019 年年内	紧凑型豪华轿车	换代
奥迪/S1	2019 年年底	紧凑型豪华轿车	换代
奥迪/Q4	2019 年年内	紧凑型豪华 SUV	全新
奥迪/RS7	2019 年年内	中大型豪华轿车	换代
奥迪/RSQ8	2019 年年内	中大型豪华 SUV	全新
奥迪/S6	2019 年年内	中大型豪华轿车	换代
斯巴鲁/森林人	2018 年 9 月	紧凑型 SUV	换代
斯巴鲁/力狮	2019 年年内	中型轿车	换代
林肯/航海家 Nautilus	2019 年年初	中型豪华 SUV	全新
MINI/Electric	2019 年年内	紧凑型纯电动轿车	全新
Jeep/PHEV	2019 年年内	中大型插电混动 SUV	全新
捷豹/I-Pace	2019 年年内	中型豪华纯电动 SUV	全新
福克斯/ST	2019 年年内	紧凑型轿车	换代
沃尔沃/V40	2019 年年内	紧凑型 SUV	换代
英菲尼迪/Q30	2019 年年初	小型豪华轿车	全新
玛莎拉蒂/ Levante GTS	2019 年年内	中大型豪华 SUV	增添版本
玛莎拉蒂/ Kubang	2019 年年内	中型豪华 SUV	全新

（续）

品牌/车型	上市时间	所属细分市场	新品类型
Tesla Model 3	2019 年上半年	中型豪华轿车	全新
起亚/ Telluride	2019 年年底	中型 SUV	全新
日产/Altima	2018 年年底	中型轿车	换代
阿斯顿马丁/DBX	2019 年年内	中型豪华 SUV	全新
劳斯莱斯/ Culinan	2019 年上半年	大型超豪华 SUV	全新

注：新产品包括全新产品、换代产品和新增排量、新增车身形式，不包括年款车型、增加配置和限量版等。

2．2018～2019 年汽车市场预测与展望

从目前市场供给形势来看，在 2018 年一季度进口汽车市场增长 5.5%的基础上，第二季度进口量大幅下降 45%，三季度汽车进口出现明显的恢复性增长，特别是 7～8 月份进口量出现 49.4%的高增长，回补了第二季度政策影响的进口量。但是 9 月份进口汽车只有 9.6 万辆，同比出现 7.3%的下滑。从市场需求形势来看，三季度终端销售形势未见明显好转，仅与上年同期持平。

从进口车终端销售形势看，也没有明显好转，可以判断 2018 年三季度进口量的恢复增长不具备可持续性。此外，第三季度 GDP 增速为 6.5%，相比上半年有所回落，四季度经济增速仍有下滑的风险；进口汽车行业库存处于相对高位，经销商资金面相对紧张。

综合考虑目前的供需情况，预计全年进口汽车在 115 万～120 万辆之间，同比出现个位数下滑。

2019 年的进口汽车市场形势复杂，从宏观经济发展态势来看，国际环境复杂多变，中美贸易战影响将逐渐显现，国内宏观经济转型压力较大，GDP 增速或将进一步放缓。经济增速放缓，首先会对国产汽车市场产生影响，2018 年第三季度国产汽车已经出现连续三个月的下滑，根据经验，进口汽车市场会在之后一个季度左右时间受到影响，因此如果国产车的下滑趋势确定，将会对 2019 年的进口车市场产生较大冲击。

从政策来看，一是关税政策，进口整车关税如预期下降到 15%，但是对美产进口车加征 25%关税导致占进口汽车市场 20%的美产进口车受到冲击，2018 年 1～9 月份，原产于美国的进口汽车海关进口量同比下滑 27.8%，降幅远高于整体进口车市场 4.2%的降幅。其中受影响的主要是美系品牌，占进口汽车市场份额有

限，预计对 2019 年进口汽车市场影响力度相比 2018 年有所减弱。二是重点区域提前实施国VI排放标准，在这些区域市场的供给可能会出现问题。进口车产品升级国VI，会增加车型成本，但对应单个车型或同款发动机的车型销量规模有限，跨国公司很有可能停止部分车型的供给。国VI排放标准实施也会影响跨国公司引入新产品的进度，导致新产品导入速度放缓。截止到 2018 年 11 月 1 日，进口车完成国VI排放标准的车型有 155 款，从时间上来看，6～10 月份进口车达到国VI排放标准的车型分别为 3、11、33、88 和 22 款，可见跨国公司车型认证工作提速明显。

此外，根据公开信息，目前在 2019 年 7 月 1 日（含）前实施国VI排放标准的区域主要有海南省、河北省、河南省、广东省、山东省、杭州市等。根据进口车区域销售数据，上述区域占进口汽车销量的比例达到四成以上，如果这些区域按计划提前实施国VI排放标准，将对 2019 年进口汽车市场有较大的影响。

此外，平行进口汽车占进口汽车份额的 14%左右，对进口汽车市场影响也不容小觑。2018 年是平行进口汽车环境最复杂的一年，环保压力巨大。5 月份，平行进口汽车，由于三元催化、排放、整改等原因暂停上线与放行；5 月中，平行进口汽车因 3C 认证中耐久试验没有补齐，停止录号。7 月初美产车集中报关，7 月 6 日后美产进口汽车加税。2017 年美产平行进口汽车占整个平行进口汽车的比例为 28.5%，远高于美产进口汽车占整体进口汽车市场 20%的份额。另外，平行进口汽车贸易商没有承担成本上涨的能力，加上中规美产进口汽车的价格上调幅度远低于实际成本上涨幅度，因此平行进口汽车将受到巨大的冲击。2018 年 1～9 月份美产平行进口汽车下滑 7.8%，9 月份当月下滑 71.7%，如果按照目前的状态判断，2019 年美产平行进口汽车将大幅减少。

从供给来看，2018 年年底和 2019 年将引入的全新产品和换代产品市场竞争力较强，对市场的拉动力较大，特别是宝马 X7、雷克额萨斯 UX、保时捷 Taycan、玛莎拉蒂 Kubang 等产品，将会带来市场增量。

综合需求、政策和供给三个因素，2019 年的进口汽车市场难言乐观，大概率会出现下滑。如果国际环境进一步恶化，中美继续贸易战，提前实施国VI区域按计划实施，进口汽车市场或将下滑 5%以上。

（作者：国机汽车股份有限公司）

2018 年我国汽车出口市场分析及 2019 年展望

一、2018 年汽车出口概况

随着“一带一路”建设的深入推进和国际市场的逐步复苏，2018 年我国汽车出口延续了回升态势。根据海关数据统计，2018 年 1～10 月份，整车（不含未列名载人机动车①，下同）出口 86.66 万辆，同比增长 18.6%（见图 1），出口金额 127.01 亿美元，同比增长 14.5%。

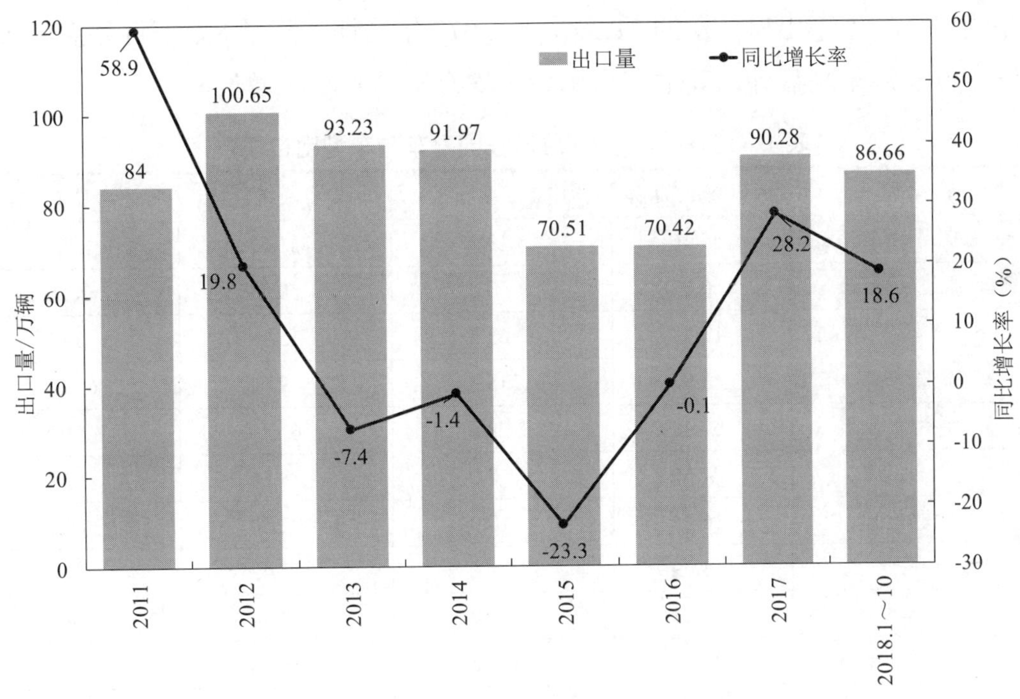

图 1　2011～2018 年我国整车出口变化情况

（注：数据来源于海关数据）

---

① 根据海关数据统计，“其他载人机动车中的未列明载人机动车”产品平均单价不足 2000 美元，不属于汽车。

其中，乘用车出口62.43万辆，同比增长28.6%，出口金额67.40亿美元，同比增长31.0%；商用车出口24.23万辆，同比下降1.2%，出口金额59.60亿美元，同比增长0.3%。预计2018年全年整车出口量有望突破100万辆，增幅在10%左右。

二、2018年汽车出口的主要特点

1．出口产品结构持续优化，小轿车和货车仍占主体地位

我国整车出口产品结构进一步优化，乘用车出口比例不断提升。分车型来看，2018年1～10月份，乘用车出口量仍然超过商用车，占整车出口总量的72.0%，比2017年同期提高了5.6个百分点。小轿车作为第一大出口车型，共出口45.46万辆，同比增长13.3%（见表1），占乘用车出口总量的72.8%；载货汽车位居第二，共出口16.35万辆，同比下降10.0%，占商用车出口总量的67.5%。以上两类车型出口量占整车出口总量的71.3%，比2017年同期下降了8.6个百分点。除载货汽车以及汽车底盘外，其他车型出口量均有不同程度的增长。

表1　2018年1～10月份我国整车分车型出口情况

车型		出口数量/万辆	同比增长率（%）	出口金额/亿美元	同比增长率（%）
乘用车	小轿车	45.46	13.3	41.57	7.0
	四驱越野车	0.57	7.0	0.84	−42.0
	9座及以下小客车	12.43	63.3	15.96	59.7
	其他载人机动车	3.97	1318.2	9.04	653.4
	乘用车合计	62.43	28.6	67.40	31.0
商用车	客车	4.66	0.6	18.88	7.9
	载货汽车	16.35	−10.0	22.56	−29.1
	特种车	3.09	135.5%	17.42	85.5
	汽车底盘	0.13	−67.9	0.74	6.1
	商用车合计	24.23	−1.2	59.60	0.3
汽车合计		86.66	18.6	127.01	14.5

注：数据来源于海关数据。

2．出口市场多元化，“一带一路”国家增长较快

我国整车出口已遍布全球200多个国家和地区，主要集中在拉美、西亚、东

南亚等发展中国家和地区。分国家来看，2018 年 1～10 月份，伊朗连续五年成为第一大出口市场，但受美国制裁影响，出口 19.28 万辆，同比下降 6.5%（见表 2）；受雪佛兰、赛欧等外资品牌车型出口的带动，墨西哥位居第二，出口 9.19 万辆，同比大幅增长 165.6%；随着我国品牌汽车质量和市场欢迎度提升，智利位居第三，出口 6.34 万辆，同比增长 25.9%；随着“一带一路”沿线国家市场需求的回升，我国汽车出口快速增长。2018 年 1～10 月份，我国对“一带一路”国家出口量占比超过 60%，其中，对厄瓜多尔、埃及和阿尔及利亚分别同比增长 55.0%、160.0%和 20 多倍。

表 2　2018 年 1～10 月份我国汽车整车分国家出口情况

序号	国家（地区）	出口数量/万辆	同比增长率（%）	出口金额/亿美元	同比增长率（%）
1	伊朗	19.28	−6.5	17.94	−2.0
2	墨西哥	9.19	165.6	8.84	108.9
3	智利	6.34	25.9	5.67	48.8
4	美国	6.02	30.6	15.76	23.6
5	厄瓜多尔	3.34	55.0	2.81	75.1
6	埃及	3.24	160.0	2.15	184.7
7	越南	3.01	−31.3	3.78	−41.0
8	秘鲁	2.76	−1.2	2.60	7.0
9	菲律宾	2.13	13.5	5.15	6.9
10	阿尔及利亚	1.90	2421.7	1.70	261.5

注：数据来源于海关数据。

3．主要自主品牌企业出口大幅增长

我国整车出口仍以我国品牌企业为主，多数企业出口量增长较快。根据中国汽车工业协会统计的整车企业出口数据，2018 年 1～11 月份，我国排名前五位的出口企业分别为奇瑞（11.39 万辆）（见表 3）、江淮（7.24 万辆）、北汽（7.19 万辆）、上汽（7.06 万辆）、东风（6.32 万辆）、长安（5.53 万辆）、华晨（4.21 万辆）、长城（4.29 万辆）、一汽（4.22 万辆）、重汽（3.53 万辆）和吉利（2.05 万辆），合计出口量占出口总量的 63.5%。其中，上汽、奇瑞、江淮、东风、长安、长城、一汽、吉利等大多数汽车企业出口均呈快速增长趋势，其中长安、厦门金龙、上汽和吉利增幅较大，分别为 33.2%、47.8%、56.0%和 74.2%，而华晨、华泰和力

帆则分别下滑 23.7%、45.8%和 57.1%。

表 3 2018 年 1～11 月份我国主要汽车企业出口情况

序号	企业名称	出口数量/万辆	同比增长率（%）
1	奇瑞汽车股份有限公司	11.39	14.5
2	安徽江淮汽车集团有限公司	7.24	18.4
3	北京汽车集团有限公司	7.19	−10.0
4	上海汽车集团股份有限公司	7.06	56.0
5	东风汽车集团有限公司	6.32	6.4
6	中国长安汽车集团股份有限公司	5.53	33.2
7	华晨汽车集团控股有限公司	4.21	−23.7
8	长城汽车股份有限公司	4.29	18.5
9	中国第一汽车集团有限公司	4.22	22.0
10	中国重型汽车集团有限公司	3.53	10.4
11	浙江吉利控股集团有限公司	2.05	74.2
12	厦门金龙汽车集团股份有限公司	1.73	47.8
13	广州汽车工业集团有限公司	1.57	−15.1
14	荣城华泰汽车有限公司	1.49	−45.8
15	重庆力帆乘用车有限公司	1.27	−57.1
16	湖南江南汽车制造有限公司	1.19	−16.0
17	陕西汽车集团有限责任公司	1.10	26.1
18	比亚迪汽年有限公司	0.96	−3.6
19	郑州宇通集团有限公司	0.67	−15.0
20	山东唐骏欧铃汽车制造有限公司	0.47	−21.3

注：数据来源于中国汽车工业协会。

4．合资企业乘用车出口规模大幅增长

随着国内汽车市场增速放缓和产能过剩问题的加剧，通用、沃尔沃、本田等跨国公司进一步调整对合资企业的定位，日益重视国际市场，乘用车出口规模不断扩大。2018 年 1～11 月份，上汽通用、大庆沃尔沃、本田中国、东风神龙、长安福特、华晨宝马等乘用车出口占乘用车出口总量比例达到 31.5%（见表 4），比 2017 年占比提升 10.8 个百分点。随着合资股比的逐步放开，跨国汽车企业加快调整生产布局，我国有望成为部分跨国公司全球性重要汽车出口基地。

表 4　2018 年 1～11 月份我国乘用车合资企业出口情况

序号	企业名称	出口数量/辆	同比增长率（%）	所占比例（%）
1	上汽通用	147959	60.1	21.1
2	大庆沃尔沃	52520	—	7.5
3	本田中国	11584	－31.6	1.7
4	东风神龙	4704	—	0.7
5	长安福特	2212	—	0.3
6	华晨宝马	1024	—	0.2
7	上汽大众	470	—	0.1
8	郑州日产	190	4.4	0
9	长安标致雪铁龙	2	－98.8	0
10	广汽菲克	0	－100	0
合计		220665	—	31.5

注：数据来源于中国汽车工业协会。

5．国内骨干汽车企业加快市场布局，部分企业开展海外并购

为应对贸易摩擦和降低关税成本，国内汽车企业积极调整全球化生产布局，加快推进国际产能合作。2018 年主要汽车企业海外投资和并购情况见表 5。根据调研统计，截止到 2018 年年底，江淮、长城、吉利、长安、奇瑞等 36 家骨干汽车企业已在伊朗、俄罗斯、巴西、埃及、委内瑞拉等 40 个国家建立 145 个海外工厂，主要以技术合作为主，采取 KD 工厂的形式在海外组装生产。海外并购主要以美国、西欧等成熟市场为主，并购交易集中在新能源汽车、无人驾驶、智能汽车等高新技术领域。

表 5　2018 年主要汽车企业在海外投资和并购情况

企　业	海外投资情况
均胜电子	1月份，宁波均胜汽车电子股份有限公司以3180.83万欧元收购德国公司Quin GmbH剩余的25%股权，均胜电子持有Quin GmbH 100%股权
吉利	2月份，吉利集团斥资90亿美元收购戴姆勒集团9.69%的股份，成为戴姆勒集团最大股东
	6月份，吉利集团宣布完成了对沃尔沃集团股权的收购，正式拥有沃尔沃集团8.2%的股权和15.6%的投票权，成为沃尔沃集团第一大持股股东，并拥有第二大投票权
江淮	3月份，江淮汽车为在墨西哥国内销售及出口，将扩建工厂，力争在墨西哥年产4万辆。还计划在厄瓜多尔设立工厂，目标是三年内具备达到8000辆的年产能
陕汽	3月份，陕汽重卡与巴基斯坦KK公司CKD合作项目正式签约，将合作建立CKD工厂

（续）

企　业	海外投资情况
北汽	6月份，北汽集团与巴基斯坦企业JW SEZ集团的合资公司JW Forland在拉合尔新建的组装工厂启动运营，年产能为3万辆
玲珑轮胎	8月份，山东玲珑轮胎股份有限公司拟在塞尔维亚投资建设年产1362万条高性能子午线轮胎项目，项目总投资约为9.94亿美元，实现销售收入约6.03亿美元，利润总额1.63亿美元。项目将分三期建设，拟从2019年4月开始施工，至2025年3月竣工
长城	10月份，长城汽车与德国加氢站运营公司H2 MOBILITY签署了谅解备忘录，长城汽车计划进行额外投资以收购H2 MOBILITY的少量股份
东风商用车	11月份，东风商用车东非KD工厂即将正式投产，年产能将达到2000辆
德赛西威	11月份，惠州市德赛西威汽车电子股份有限公司与德国ANTEBB Holding GmbH全体股东签署股权收购协议，德赛西威拟以现金收购ANTEBB控股的100%股权，间接持有德国先进天线制造公司Antennentechnik公司的100%股权

注：数据来源于公开资料。

三、2018 年汽车出口问题分析

1. 世界经济复苏缓慢，外部需求回升不足

虽然全球汽车市场延续回升势头，但各地区表现并不均衡，新兴市场复苏存在不确定性，直接影响了我国汽车产品出口。2018 年 1～10 月份主要国家和地区汽车销量情况见表 6。根据世界银行 2018 年 6 月发布的《全球经济展望》，2018 年全球经济将增长 3.1%，发达经济体增长 2.2%，新兴市场和发展中经济体增长 4.5%。根据世界贸易组织（WTO）9 月份的预测，2018 年全球货物贸易将增长 3.9%，低于 4 月份预测的 4.4%。未来一段时间，全球汽车市场将呈低速增长。根据日本 FOURIN 公司预测，2018 年全球汽车市场将保持增长，但增长率将进一步放缓，预计同比增长 1.0%，销量有望达到 9695 万辆。

表 6　2018 年 1～10 月份主要国家和地区汽车销量情况

序号	国家	2018 年 1～10 月份销量/万辆	2017 年 1～10 月份销量/万辆	同比增长率（%）
1	中国	2287.09	2292.71	−0.1
2	美国	1426.26	1422.95	0.2
3	日本	444.26	443.31	0.2
4	印度	374.64	335.42	11.7
5	德国	319.66	314.08	0.2

（续）

序号	国家	2018 年 1～10 月份销量/万辆	2017 年 1～10 月份销量/万辆	同比增长率（%）
6	法国	221.48	209.76	5.6
7	巴西	210.10	182.30	15.3
8	俄罗斯	145.79	127.79	14.1
9	韩国	126.68	127.74	－0.01
10	墨西哥	114.57	123.02	－6.9
11	澳大利亚	97.17	98.49	－1.3
12	印度尼西亚	96.27	89.82	7.4
13	土耳其	50.22	74.16	－32.3
14	马来西亚	50.22	47.27	6.2
15	南非	46.49	46.65	－0.4

注：数据来源于 MarkLines。

2．贸易保护主义升温，“逆全球化”明显抬头

全球贸易环境复杂多变，抑制了我国汽车出口市场需求回升。2018 年 3 月以来，中美贸易摩擦和争端不断升级，为全球经济复苏和贸易增长带来了很大的不确定性。7～9 月份，美国陆续对从我国进口的 500 亿美元和 2000 亿美元商品开始加征 25%和 10%的关税，导致相关整车和零部件产品出口成本提高，市场竞争力大幅削弱，部分整车企业开始减少出口或调整布局，如福特已宣布停止在中国长安福特基地生产福克斯车型向美国出口的计划，而对美市场依赖度较高的国内零部件企业可能面临严重亏损甚至倒闭的风险。

3．地缘政治局势紧张，贸易投资风险加剧

由于部分国家和地区的政治局势仍不稳定，直接影响了我国汽车出口贸易和投资合作。根据中国出口信用保险公司发布的《国家风险分析报告》，2018 年主要出口国家风险水平下降，海外投资风险加剧。泰国、哥伦比亚、委内瑞拉、俄罗斯、土耳其等国家社会风险和主权信用风险预警指数上升。受国际石油价格下跌、大宗商品价格回落、当地货币贬值严重等因素影响，哥伦比亚、委内瑞拉等国家经济状况持续恶化，汽车市场销量显著下滑。2018 年 1～9 月份，我国对哥伦比亚、委内瑞拉的汽车出口量分别同比下降 11.8%和 61.7%。

4．自主创新能力不高，产品国际竞争力不强

与欧、美、日等汽车强国或区域相比，我国汽车企业成立较晚，关键核心技术掌握不足，自主创新能力有待提高，造成了出口产品质量和技术含量较低，溢价能力和盈利水平不高，很难支撑持续的研发投入和经营发展，国际竞争力与欧、美、日等品牌差距较大。根据乘用车市场信息联席会统计，28 家主要自主汽车企业 2017 年研发投入占营业收入比例的平均值仅为 2.55%，远低于丰田、宝马、戴姆勒、福特、通用等国外汽车企业占比超过 5%的国际标准，其中 2017 年丰田公司研发投入达到 83 亿美元，占比达到 7.55%。

5．海外金融服务体系滞后，缺乏消费信贷支持

我国汽车企业海外发展面临融资贷款难、信用等级低、风险管控弱、盈利水平低等问题，亟需建立和完善海外金融服务体系。我国银行海外机构多设在发达国家和地区，没有覆盖汽车出口的一些新兴国家和地区，且业务模式单一，不具备支撑我国汽车企业的本地化发展。如在俄罗斯、巴西等出口国家，70%以上的消费者习惯贷款购买，而中资银行较少，且贷款利率较高，而当地银行不愿为我国汽车企业提供消费信贷，或规定较高的首付比例和按揭费率，削弱了我国品牌的产品竞争力和价格优势，严重影响了企业在当地的销售和长期发展。

6．售后服务距离国际品牌有明显差距，品牌形象有待提高

我国汽车出口市场分散，服务网点建设需要投入大量资金，投资风险较大，导致销售和售后服务网络布局不合理，多数企业采取委托代理的合作方式，存在着配件供货周期长、售后服务相对滞后、宣传力度不大等问题，造成品牌影响力和美誉度不高。如在俄罗斯，配套出口的塑料和橡胶等零部件很难适应一些特殊天气和道路条件，很多汽车企业没有配件仓库，维修保养周期较长，且保修期一般为 18～24 个月或 3 万～5 万 km，而日韩品牌通常为 5 年或 10 万 km，无法满足当地消费者的需求。

四、2019 年汽车出口形势展望

2019 年，汽车出口既有有利因素也有不利因素。总体上看，受外部需求回升不足、企业生产成本上升、贸易保护主义升温、美国对伊朗制裁等因素影响，我国汽车出口形势比较严峻。但是，我们也应该看到，随着“一带一路”倡议推进汽车企业走出去，深化供给侧结构性改革，加快贸易强国建设，国内汽车企业出口竞争力不断提升，国内市场增速大幅放缓势必将推动汽车企业扩大出口。综合判断，汽车出口将保持稳中求进的态势，乐观地估计 2019 年整车出口将增长 10%左右。

1．国际形势：全球经济复苏动力不足，美国对伊朗制裁影响我国对伊汽车出口

根据世界银行的《全球经济展望》报告，未来全球经济发展仍面临下行风险，主要原因包括发达经济体增长乏力、金融市场脆弱性增强、贸易保护主义抬头、地缘政治风险加剧、新兴市场私人债务高企、主要发展中经济体的大宗商品出口国经济状况持续恶化、宏观政策不确性增加以及难民危机深化等。根据国际货币基金组织（IMF）10 月发布的《世界经济展望》报告预测，2019 年全球增长率预计为 3.7%。由于全球经济复苏乏力，新兴市场需求回升不足，我国汽车出口稳定增长仍有较大压力。尤其是美国决定退出伊核协议，并对伊朗实施最高级别的制裁，导致贸易环境和金融风险加剧，冲击在伊朗扩建投资和销售的外国汽车企业。2018 年 1～10 月份，我国对伊出口 19.28 万辆，同比下降 6.5%。

2．中美双方达成协议可能性很大，但贸易战对产业和对美出口影响将进一步显现

2018 年，中美贸易摩擦不断升级，双方已将绝大部分汽车产品列入加征征税清单，虽然双方同意 2019 年对部分产品暂停加征关税 3 个月，争取在 90 天时间内积极推进谈判磋商，尽快终止加征关税，但贸易摩擦仍将影响近期对美出口。如果贸易战持续下去，整车方面，上汽通用、沃尔沃等合资品牌将减少出口供应或转移到欧美工厂生产，而广汽、吉利等我国品牌将暂缓出口美国和投资建厂计划；零部件方面，由于加征关税提升贸易成本，部分在美汽车企业可能调整全球化采购体系，美国采购商可能转向东南亚和印度等国家进口配件，对美市场依赖度高的零部件配套企业将面临严重亏损甚至倒闭的风险，相关企业不得不向海外转移产能，积极开拓其他国家市场，调整全球战略布局。

3．走出去的贸易和投资条件不断改善

随着“一带一路”和自由贸易区建设的深入推进，RCEP、中欧、中日韩及与沿线国家和地区的贸易和投资谈判正在加速，并将汽车产品列入重要谈判内容。关税降低和股比放开有望倒逼自主汽车企业加快技术创新与提质增效，培育具有国际竞争力的优秀企业。同时，国际化服务体系不断完善，在贸易促进、产能合作、营销网络、研发设计、金融服务等领域支持企业开拓国际市场。尤其在金融服务方面，利用丝路基金、中非基金、亚投行等融资平台的优惠政策，拓宽汽车企业海外发展融资渠道。2018 年 9 月，福田汽车与中非发展基金和中非产能合作基金签署合资协议，设立中非福田投资有限公司，三方将共同投资约 1.5 亿美元，在贸易、生产、销售、零部件供应、维修、金融等领域开展合作，深化中非汽车产业的对接和投资合作，推进我国汽车优势产能走出去。

4．自主企业竞争力不断提升，合资企业也可能逐步增加出口

我国已经建立起完备的现代汽车产业体系，自主企业技术创新和研发水平不断提高。以吉利、长城、长安、上汽、比亚迪、重汽、福田、宇通等为代表的自主汽车企业迅速成长，在国际市场特别是发展中国家表现出较强的性价比优势。目前，上汽通用、本田中国、东风神龙、长安福特、华晨宝马等合资企业乘用车出口占比已超过 30%。随着合资股比放开和国内市场产能过剩，中外企业将充分利用我国的生产优势，借助我国“一带一路”建设和对外签订的自由贸易区低关税等优惠条件，建设面向全球市场的制造、出口和采购基地。比如，2018 年 7 月，长城与宝马签约成立合资公司，采用宝马的全球研发和质量标准，发挥长城在本地化生产和采购等方面的优势，将促进合资产品出口规模和品牌影响力的提升。

5．新能源汽车出口有望大幅增长，但出口基数较低

作为全球最大的新能源汽车生产和消费国家，我国新能源汽车产业发展迅速，产品国际竞争力提升显著。目前我国新能源汽车出口规模较小，主要出口东南亚、南美等新兴市场以及部分发达国家。根据中国汽车工业协会数据统计，2018 年 1～10 月份，我国新能源汽车出口 0.75 万辆，同比增长 108.5%。随着主要国家节能减排法规日趋严格，纷纷出台禁售燃油车计划，新能源汽车将逐渐成为未来汽车市场增长的主要领域。目前比亚迪在英国的电动大巴市场份额超过 50%，位居第一，欧洲市场份额超过 20%，打破沃尔沃、艾瓦等欧洲本土品牌垄断；马来西亚、印尼、泰国等东盟国家出台了节能与新能源汽车支持政策，鼓励生产研发更多新能源车型，为上汽、吉利、长安、北汽等新能源乘用车产品进入东盟市场创造了很好的条件。2018 年 8 月 18 日，吉利集团与宝腾控股签署战略合作协议，深化新能源领域合作，将马来西亚打造成右舵汽车的研发和生产基地，重点导入吉利博越、宝腾、沃尔沃等新能源乘用车品牌。

6．对新兴国家二手车出口潜力大

随着我国汽车产品质量不断提升，二手车车况明显改善，对新兴国家出口潜力很大。中亚、非洲、东南亚等发展中国家对于价格便宜、质量可靠的二手车需求量很大，特别是当地低收入群体。如非洲国家主要以二手车消费为主，且车龄普遍较长，刚果、塞内加尔等国家二手车市场份额占到70%以上。2019年将陆续实施国VI排放标准，部分国III、国IV和国V二手车在海外市场具备价格优势，可以满足当地市场需求和法规要求。目前部分企业正在积极探索二手车出口业务，完善质量监管、销售网络、维修服务及配套措施，开拓二手车流通新渠道，有望培育汽车出口新的增长点，带动新车出口和加快开拓“一带一路”沿线及新兴市场。

（作者：马胜　吴松泉　沈庆　凌云）

2018 年二手车市场分析及 2019 年展望

2018 年已经接近尾声，从中国汽车工业协会以及全国乘用车市场信息联席会发布的数据看，2018 年的汽车市场表现可以说是 2000 年以来最惨淡的一年。汽车工业批发数据自 7 月已经连续五个月负增长，9 月份以来已连续三个月出现两位数的下滑。曾有人提出这个时候需要中央政府出台政策救市；甚至坊间传出国家将出台小排量购置税减征政策，而且政策面扩大到 2.0 排量。也许是因为行业对市场下行表现出了恐慌情绪，所以人们寄希望于出台与 2009 年一样的政策。

但是，大家忽略了重要的一点，2018 年与 2008 年的情况表面上相近，其实则完全不同。的确，小排量政策是恰逢 2009 年受国际金融危机波及，汽车市场出现了需求不足，政府通过政策干预一举扭转了市场颓废的态势，实现了爆发式增长。但不要忘记，那个时期我国的汽车市场刚刚进入快速普及阶段，普通家庭还没有实现购买的行为，此时的汽车市场是纯粹由新购来驱动的。这一点可以用一组数据来印证：第一组数据是保有量数据，2008 年年末我国的汽车保有量只有 5099 万辆，千人汽车保有量只有 37 辆；第二组数据是汽车市场规模，2008 年新车销量 936 万辆；第三组数据是调查公司威尔森的调查报告，报告指出，2009 年只有 6.8%的汽车购买者是由增/换购需求拉动的，也就是说，在所有汽车购买行为中，93.2%的群体是没有过汽车消费经历的。由此可见，那时我国的汽车市场就像一块干海绵，对汽车消费高度渴求，此时中央政府只要用恰当的政策杠杆，就能撬动市场。

但 2018 年的市场环境与 10 年前有了本质的区别，我国已经进入了存量市场阶段，在这里我们不妨还是用几组数据来说明。第一组数据还是保有量数据，2017 年我国汽车保有量已经达到了 2.09 亿辆，这个数据是 2008 年的 4.1 倍，千人保有量达到了 150 辆，达到了国际平均水平，是 2008 年的 4 倍；第二组数据是汽车市场规模，2017 年新车销量 2887.9 万辆，是 2008 年的 3.1 倍；第三组数据是威尔森的调查报告，2017 年增换购比提升至 60.8%，也就是说，在购买新车的人群中，一半以上的人是有车人群，他们的消费极有可能被激发成置换行为。

再从区域消费角度进行简单分析。众所周知，我国汽车市场发展极不均衡，市场销量主要集中在一、二线城市和东部地区，三、四线城市虽然有 63%的人口，但汽车消费仅占到了总销量的 30%[①]。以北京为例，2017 年年末北京常驻人口 2170 万人，其中户籍人口 1359 万人，汽车保有量为 564 万辆。按照平均每户家庭 4 名成员计算，在常驻人口中平均每户家庭拥有 1 辆汽车。北京属于限购城市，2017 年新增指标是 15 万个，年度新车销量约 55 万辆，比摇号指标多 40 万辆。毫无疑问，其中绝大多数来自于置换。由此可见，一线城市汽车拥有量已经接近饱和，再加上一线城市限购政策，直接导致了在这些区域的汽车消费方式以置换为主。

通过以上分析，笔者想表达一个观点：我国的汽车市场已经进入了存量市场阶段，拉动新车市场的驱动因素也发生了变化。为此，中国汽车流通协会于 2018 年中期，根据汽车市场运行情况向相关部门提交了促进汽车市场持续繁荣的若干建议，其中最主要的一条建议就是大力发展二手车市场，通过盘活存量，促进汽车市场的可持续发展。

那么，2018 年我国二手车市场是怎样的一种表现，市场发展过程中又遇到了哪些问题呢？

一、2018 年二手车市场的主要运行特征

根据中国汽车流通协会统计，2018 年 1～10 月份全国共交易二手车 1133 万辆，同比增长 13.02%（见图 1）；二手车交易额为 7045.41 亿元，同比增长 5.78%。这个数据比年初的预测低一些，主要是因为 2018 年我国经济形势面临下行压力，尤其是中美贸易摩擦对汽车消费影响较大，并在一定程度上传导到了二手车市场。特别是新车价格的动荡，影响到了二手车市场的整体运行。

各细分市场表现如下：基本型乘用车交易量为 673.28 万辆，同比增长 12.57%；SUV 交易量为 93.33 万辆，同比增长 35.83%；MPV 交易量为 64.42 万辆，同比增长 11.32%；微型面包车交易量为 25.97 万辆，同比下降 9.44%；客车交易量为

① 资料来源于国家信息中心。

120.85 万辆，同比增长 12.99%；载货车交易量为 100.42 万辆，同比增长 11.1%。从以上数据不难看出，2018 年的二手车市场出现了分化，乘用车各品种涨跌互现。特别是交叉型的近 10%的下降，与新车市场交叉型乘用车销量下滑 19%形成呼应。

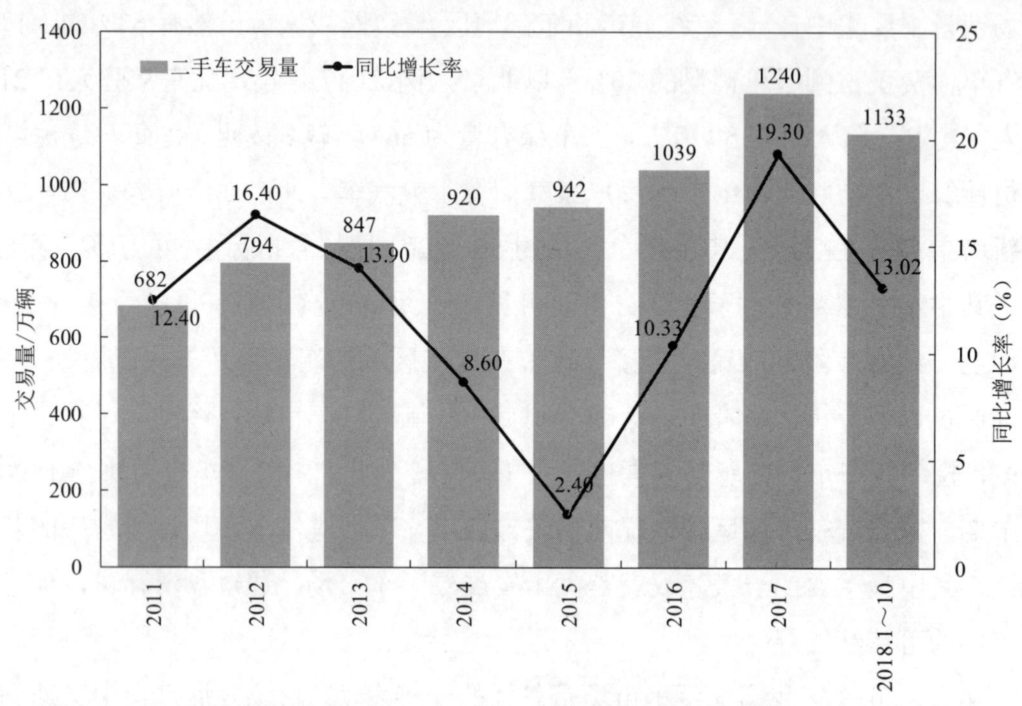

图 1 2011～2018 年二手车市场交易量与同比增长率

1．政府工作报告再提二手车，市场稳增长

在 2018 年 3 月的两会上，李克强总理在政府工作报告中提出了“全面取消二手车限迁政策”。可见，二手车市场的发展，牵动着国家最高领导人的心。随着国务院督办力度的持续加大，二手车限迁这个顽疾基本被破除。在新车市场出现明显下滑的情况下，二手车市场始终保持了持续增长的态势。

与 2017 年不同，2018 年二手车交易数据月度间波动显著（见图 2）。首先开年 1 月份出现 34%的高增长，2 月份出现接近 4%的负增长。这是由于春节放假时间从 2017 年的 1 月份改到了 2018 年的 2 月份，有效交易时间的挪移，月度增长率随之发生变化。从图 2 中还可以看到，除了各月出现的 10%～20%的正常增长以外，6 月份出现了约 2.3%的微增长。我们在分析成因时关注到了一个重要信息，消费者对进口汽车关税下调的预期同样也在二手车市场有所反应。

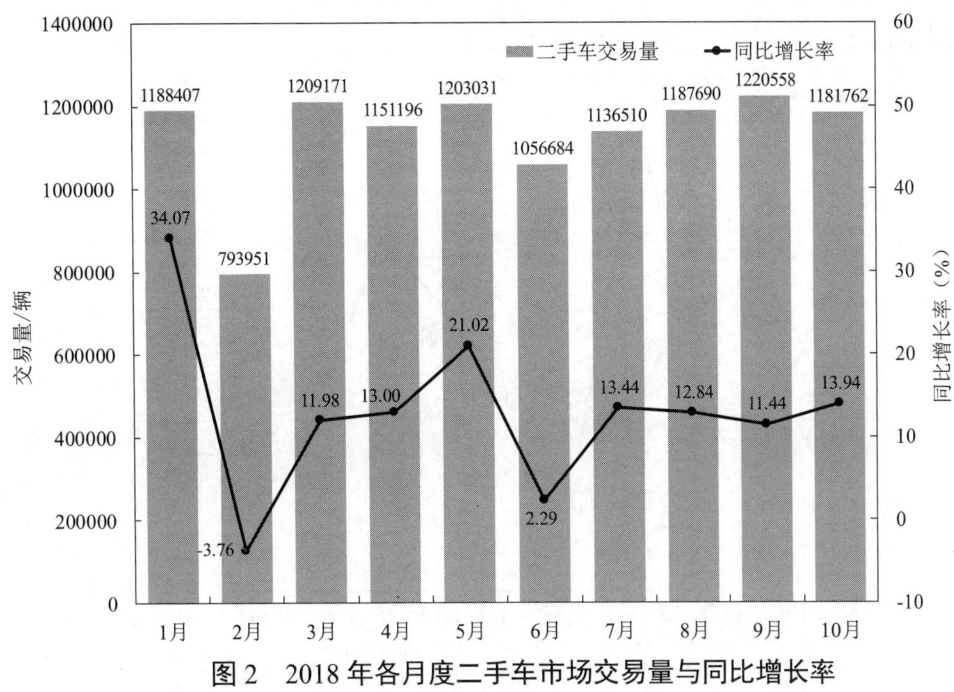

图 2　2018 年各月度二手车市场交易量与同比增长率

2．二手车市场运行情况要远远好于新车

通过对比新车销量增长率曲线与二手车市场交易量增长率曲线，可以发现在 2017 年的后三个月以及 2018 年上半年两条曲线还有交叉，但进入 2018 年下半年，两条曲线则出现了分离，而且曲线差越来越大（见图 3）。这并非是二手车市场进入下半年以后开始提速，而是新车市场出现了比较明显的下降。从图 3 中可知，2018 年 7 月份以后各月二手车交易量的增长非常稳定，基本上都在 10%～15%，反而是新车市场出现了令人担忧的加速下降情况。

3．乘用车份额再提升

2018 年 1～10 月份，二手乘用车共交易 856.9 万辆，同比增长 13.76%，与整体二手车交易总量增长率基本一致，二手乘用车占交易总量的 75.64%，比上年度 75.15%多出了约 0.5 个百分点。从这个意义上讲，二手乘用车比例仍在继续提升。商用车共交易 221.27 万辆，同比增长 12.12%，商用车交易量占交易总量的 19.5%。在乘用车中，轿车交易量占市场交易总量的 59.43%，同比下降 0.24 个百分点；MPV 交易量占交易总量的 5.69%，占比与上年基本持平，微降了 0.08 个百分点；SUV 交易量占交易总量的 8.24%，占比与上年相比增长明显，增加了 1.38 个百分点，SUV 继续保持较高的增速；交叉型乘用车的交易量占交易总量的 2.28%，这一比例也比上年下降了 0.57 个百分点（见表 1）。

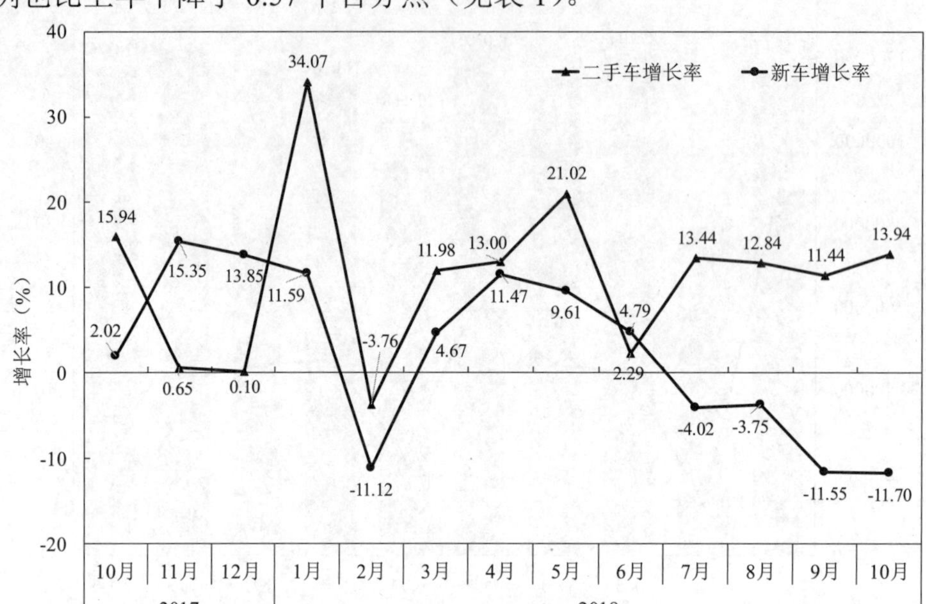

图 3　二手车与新车同比增长率对比图

表 1　2017～2018 年 1～10 月份各车型交易量占交易总量的份额

（单位：%）

车型分类	乘用车				商用车		其他车	农用车	挂车	摩托车
	轿车	MPV	SUV	交叉型	货车	客车				
2018.10	59.43	5.69	8.24	2.28	8.86	10.67	2.68	0.20	0.61	1.35
2017.10	59.67	5.77	6.86	2.85	9.02	10.67	2.98	0.18	0.93	1.07

4．2018 年区域差异显现

对比 2017 年二手车区域交易数据，2018 年前十个月交易量排在前十位的省市出现了分化，如排名第一的广东省以及排名第四的江苏省，都实现了 20%以上的增长，但与此同时，也出现了负增长的省市，如河北省、北京市、辽宁省。而 2017 年前十个月累计交易数据排名前十位的省市则全部实现了正增长。

从数据中我们还能读出另外一个变化，2018 年前十个月累计交易量出现了两个超过百万辆的省份，分别是广东省和浙江省。排名前五的省市的累计交易量均超过了 80 万辆。

我们再看一下各区域的座次变化。广东省从第二名跃升为第一名，与浙江省的座次进行了互换；四川省凭借 18.15%的增长速度，排名提升到了第三名，江苏省也同样因为增速较快，从第六名提升到了第四名；河北省由于出现了15.24%的负增长，从第五名倒退了两个席位，至第七名。2018年1～10月份和2017年1～10月份排名前十省市的交易量与增长率见表2和表3。

表2 2018年1～10月份交易量排名前十的省市交易量与同比增长率

名　次	省　市	累计交易量/万辆	同比增长率（%）
1	广　东	149.61	24.79
2	浙　江	102.06	12.47
3	四　川	84.60	18.15
4	江　苏	83.32	26.63
5	山　东	82.77	10.85
6	河　南	78.51	19.75
7	河　北	59.92	−15.24
8	北　京	55.99	−3.25
9	辽　宁	41.24	−8.63
10	上　海	40.09	7.22

表3 2017年1～10月份交易量排名前十的省市交易量与同比增长率

名　次	省　市	累计交易量/万辆	同比增长率（%）
1	浙　江	90.82	32.23
2	广　东	82.16	10.76
3	山　东	74.67	78.58
4	四　川	71.60	19.49
5	河　北	70.69	44.94
6	江　苏	65.80	7.94
7	河　南	65.56	35.41
8	北　京	57.87	10.27
9	辽　宁	45.14	4.77
10	上　海	37.39	1.60

5．二手车平均交易价格出现下降

2018年前十个月，二手车平均交易价格为62189元，比上年同期下降了4258元。虽然平均价格略有下降，但仍为近年第二高（见图4）。其中轿车平均交易价格为6.45万元，比上年同期下降了0.18万元；MPV平均价格8.25万元，比上年同期下降1.14万元；SUV平均价格为10.75万元，与上年同期相比，降幅最大，达到了1.29万元。二手车平均交易价格的下降，与2018年打破限迁密切相关，长期被封锁在一线城市的老旧车有了流通的渠道。这一点将在车龄分析中进一步验证。

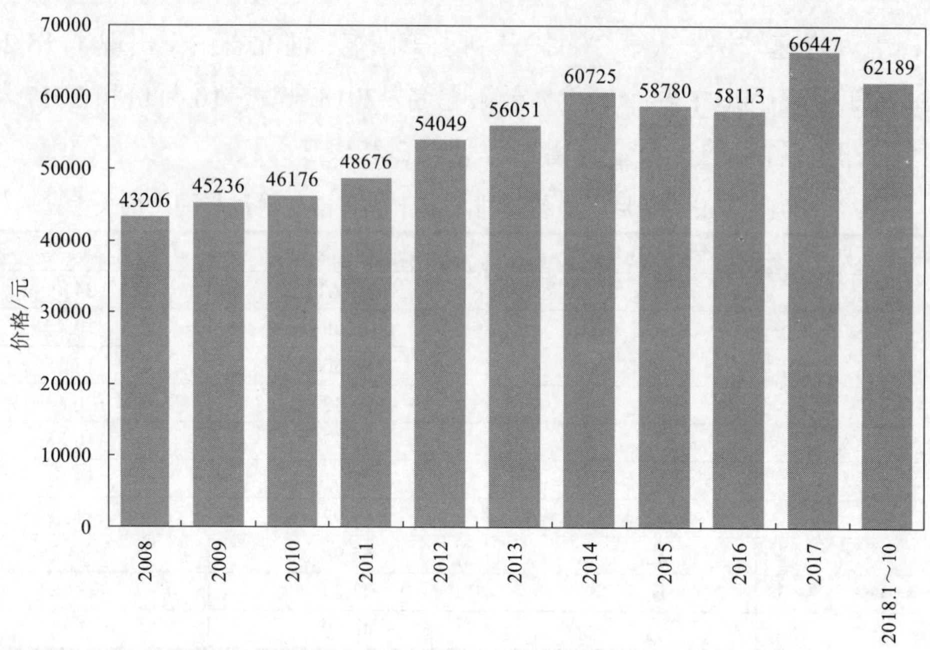

图 4 2008～2018 年二手车平均交易价格变化情况

从二手车价格分布上看，3 万元及以下价格区间的车辆占比，与上年同期相比上升了 1.82 个百分点，3 万～5 万元区间的车辆下降了 1.85%，5 万～8 万元区间的车辆同比上升 0.02%，8 万～12 万元的车辆同比下降 0.39%，12 万～15 万元的车辆同比上升 0.3%，15 万～30 万元的车辆同比上升 0.29%，30 万元以上的车辆同比下降 0.18%（见图 5）。

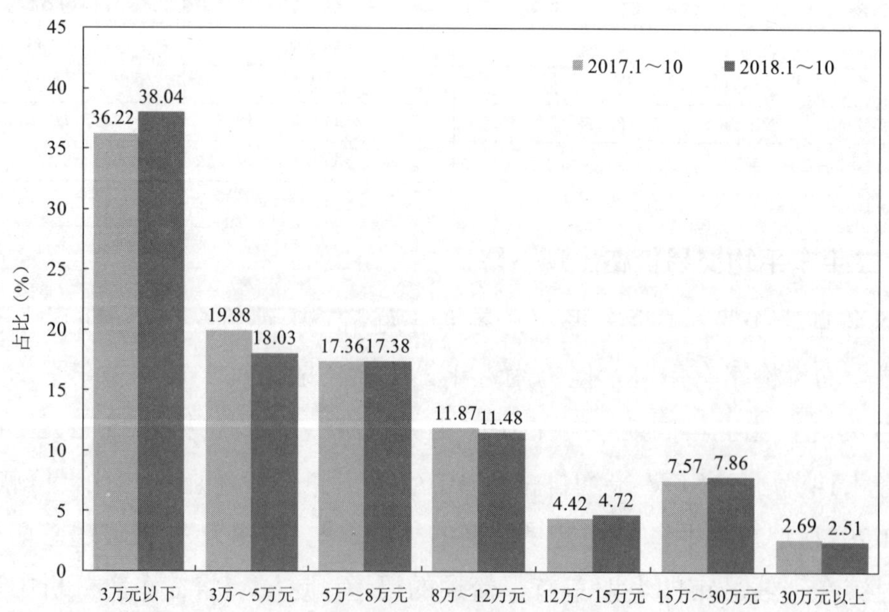

图 5 二手车价格区间变化情况

6．准新车比例下降，老旧车比例上升

2018 年 1～10 月份，使用年限在 3 年以内的准新车共交易 269.77 万辆，比上年同期多 22.3 万辆，同比增长 9.01%。占交易总量的 23.8%（见图 6），相比上年同期下降了 0.88 个百分点；使用年限在 3～6 年的“中年”车龄的车辆共交易 482.15 万辆，占交易总量的 42.6%，这一比例也比上年同期下降了 1.17 个百分点；7～10 年车龄的车辆共交易 257.05 万辆，占总量的 22.7%，占比与上年同期相比提升了 1.58 个百分点；10 年以上的老旧车共交易 123.92 万辆，比上年增加了 29.23 万辆，占交易总量约 11.0%，这一比例也比上年同期增加了 1.5 个百分点。

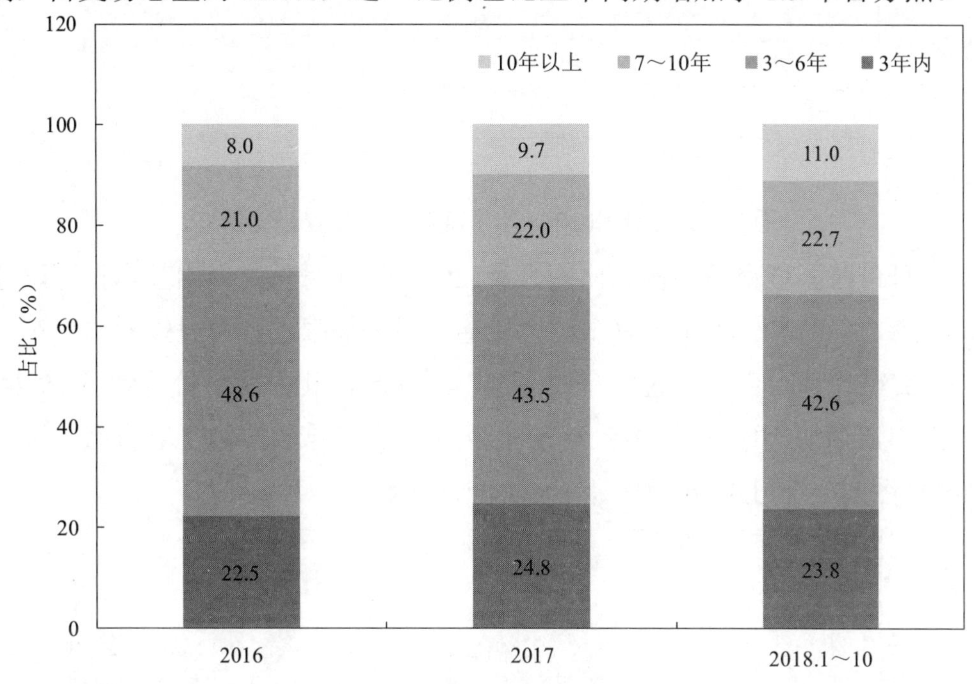

图 6　各年龄段二手车交易占比

10 年以上老旧车比例提高，与全国范围内解除限迁密切相关，原来被封锁在一线城市里的老旧车有了流通的出口。老旧车虽然在一线城市、大城市中不受“待见”，但由于价格低廉，在经济欠发达地区、县乡市场找到了落脚点。

7．中央政府着力破除“限迁”，成效显著

2018 年 3 月份的两会上，李克强总理在政府工作报告中提出了“要全面取消二手车限迁政策”，国务院加强了对地方政府抓落实的督办力度，随之各省于年初陆续出台了相关文件，取消了二手车限迁，二手车市场活力得到了释放，跨城市交易的比例迅速攀升（见图 7）。

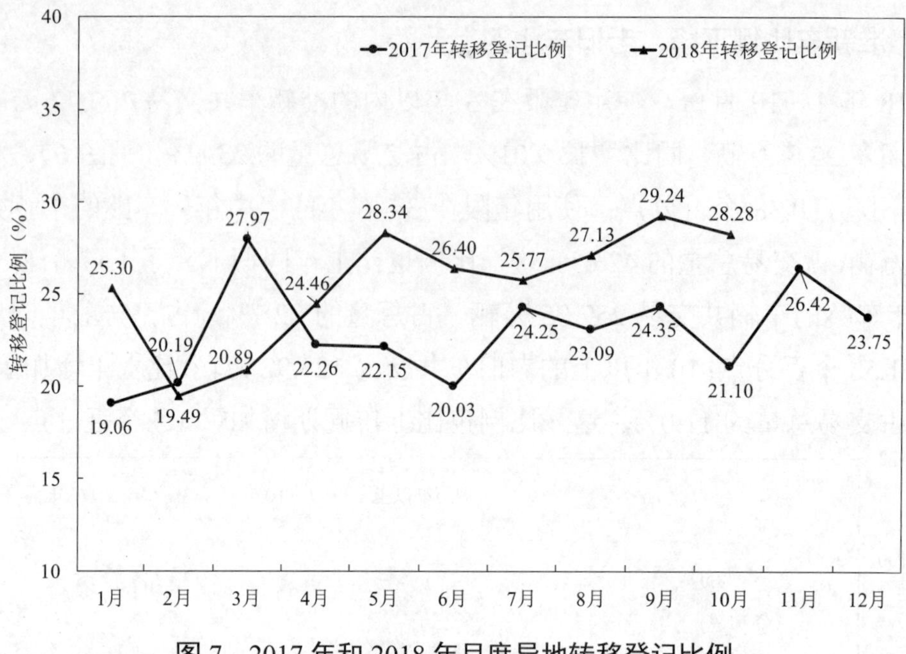

图 7 2017 年和 2018 年月度异地转移登记比例

从各月份跨区域交易比例变化图来看，2018 年 4 月份是全国基本打开限迁的重要时间窗口。随着二手车恢复全国大流通，原来被限迁严密封锁的二手车异地交易有了突破口，二手车跨区域流通比例迅速提高，其中 9 月份达到了 29.24%。据中国汽车流通协会统计，2018 年前十个月二手车异地转移登记的比例达到了 25.7%（见图 8），比上年同期提升了 4.4 个百分点。

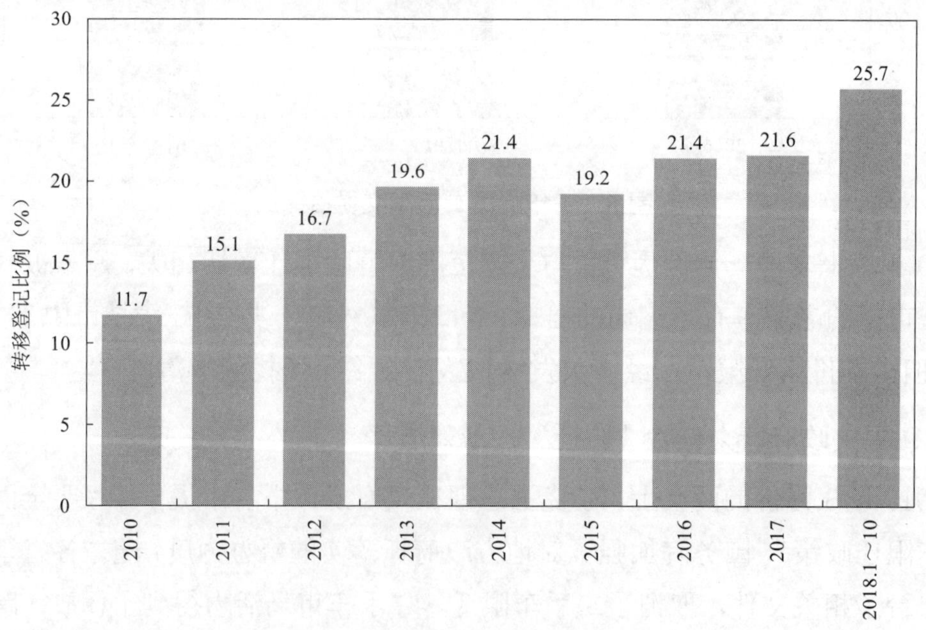

图 8 各年度异地转移登记比例

其中北京市外迁的比例最高，达到了 54.73%（见表 4）；浙江省排第二位，有 42.28%的车辆迁往外地；上海市外迁率为 37.20%，排在第四位；天津市外迁率为 35.73%，排第五。从外迁率上可以看出两个重要特征：一是外迁率高的省市，汽车市场相对比较发达；二是外迁率高的区域中的主要市场实施了限购，二手车的主要通道从本地转为外地。

表 4　2018 年 1～10 月份各省市二手车外迁率

排名	省　市	2018 年 1～10 月份外迁率（%）	2017 年外迁率（%）
1	北　京	54.73	44.54
2	浙　江	42.28	38.59
3	安　徽	39.08	32.93
4	上　海	37.20	33.75
5	天　津	35.73	37.84
6	辽　宁	32.52	22.89
7	四　川	31.26	23.84
8	广　东	31.11	26.54
9	湖　北	27.85	24.17
10	青　海	24.11	19.08

8. 通过渠道实现交易的比例基本稳定

最近行业里有一个比较大的变化，即天天喊“没有中间商赚差价”的公司也在大力发展线下卖场。在上年度的文章中笔者曾经分析了典型的商品流通规律，就是通过渠道的实现能够体现最高的效率，分析渠道交易占比能够让我们了解到二手车市场的成熟度。当然，由于税收政策的影响，很多的渠道行为被个人之间的直接交易形式所掩盖，那是因为按照现行的税收政策，个人之间交易免税，而通过经营企业销售行为要按照销售额的 2%征收增值税。即使如此，从终端统计的数据上来看，通过渠道交易的比例仍然达到了 32.50%（见图 9），比 2017 年提升了 0.43 个百分点，创历史新高。

二、2018 年市场发展存在的突出问题

2018 年，二手车市场的发展同样也受到了宏观经济下行压力所带来的不利影响，特别是上游新车市场销量下滑，经销商甩卖对二手车价格带来了冲击，使得相当比例的二手车商经营出现亏损。根据中国汽车流通协会发布的二手车经理人信心指数显示，2018 年只有 8 月份和 9 月份信心指数在正常值 50 以上（见图 10）。从图中可以看到 2017 年进入 8 月份以后二手车经理人信心指数高涨，市场活跃，

二手车商销量利润增长。但进入 2018 年，情况发生了比较明显的变化，下半年并没有出现指数的快速上扬，而是上升乏力。

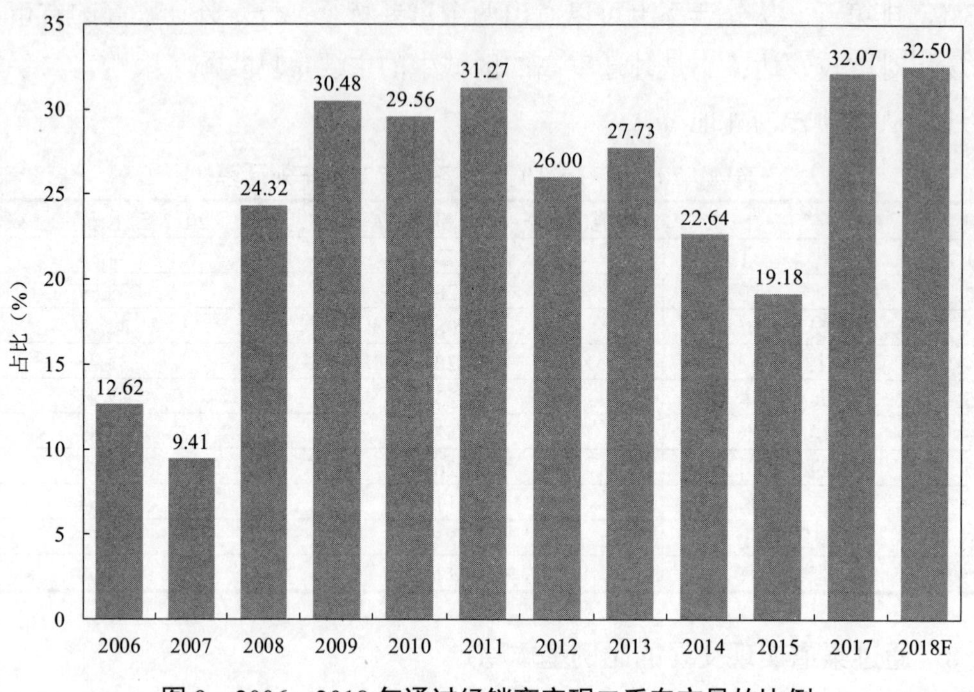

图 9 2006～2018 年通过经销商实现二手车交易的比例

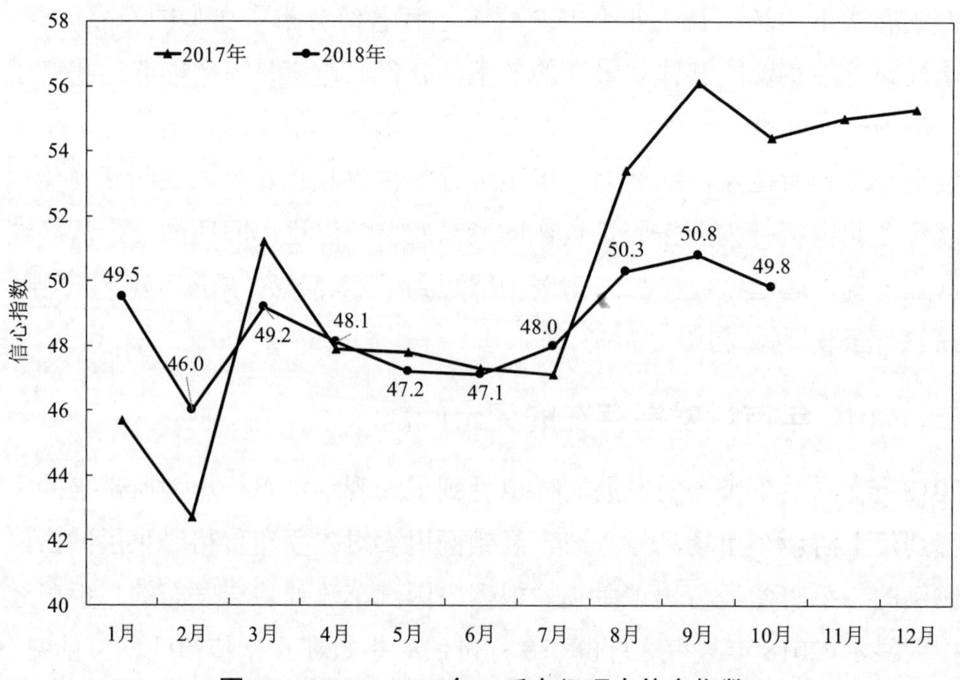

图 10 2017～2018 年二手车经理人信心指数

我们在调研中发现，2018 年出现了过去从来没有出现过的现象，一方面统计数据体现出的是两位数的增长，而另一方面二手车的经销商却大面积亏损，于是 2018 年二手车行业的主基调是“抱团取暖”，甚至个别二手车经销商由于经营困难而退出。笔者在参加二手车商活动时，看到了一位二手车商的“大群主”做的调查，他认为 2018 年有 30%的二手车经销商盈利，30%的二手车经销商持平，30%的二手车经销商亏损，还有 10%的二手车经销商退出。

当然，上述只是微观层面的问题，就不多做阐述。下文将重点讲宏观层面以及市场还面临哪些问题。

1．经营主体小而散的问题仍然没有解决

虽然表面上看起来做二手车城市展厅的多了起来，也出现了一些二手车连锁经营机构，但总体上，二手车商的经营规模不大。中国汽车流通协会发布的二手车经销商百强排行榜显示，2018 年的一个年度周期中，前 100 名二手车经销商总的销售额为 815.7 亿元，平均每个经销商的销售额为 8 亿元；前 100 名二手车经销商的销量为 74.7 万辆，这其中还包括了如广汇、永达、东风南方等年销量几万辆至二十几万辆规模的大经销商集团。如果扣除经销商集团的数据，百强车商的总量将会减半，即 40 万辆，如果平均分配到单体车商身上，排名前 100 的二手车商大概平均一年销售 3000 余辆。然而这仅仅是头部企业的数据，绝大多数从事二手车经营的车商普遍规模都在百辆水平，年度销量上千的车商风毛麟角，多数仍然停留在小规模、小格局阶段。即便是广汇等 4S 集团，在规模上具备一定的数量级，但多数停留在新旧置换阶段，用于零售的数量也只是为了满足厂商认证车的要求，总体规模一般不超过置换量的 20%。

2．二手车信息透明还需要一段很长的路

尽管行业协会在全力推进信息透明人的诚信建设，也有很多机构在经营过程中以诚信经营、透明交易作为经营理念，但二手车信息不透明的情况还相当普遍。车商们不愿意公开车况信息和价格信息，借口是怕车况说了真话会吓跑客户，价格说了真话会让同行比照定价。最主要的原因还是二手车经营主体小而散，同时还有大量的新人不断涌入，使得本来就过度分散的经营资源更加分散。同时绝大多数车商仍然处于原始资本积累阶段，盈利能力差，缺乏品牌意识，最看重的是经营利润，大家都不愿支付检测成本，更不愿意把问题车公示给消费者。引导二手车企业透明信息、规范经营还需要全行业的共同努力。

3. 二手车增值税收不合理的矛盾愈发突出

按照现行的二手车增值税政策，对于个人之间交易免征税；对于经营企业卖车要按照销售额的2%征收；对于拍卖企业则按照拍卖成交价的4%征收。国家文件规定，二手车交易市场可以代个人之间的直接交易和通过中介实现成交的开据统一发票。多数企业包括大型二手车经营企业、4S集团二手车中心，为了避税，选择了私人交易方式，即用员工个人的身份进行交易。虽然表面上看是避税了，但由于二手车的一车一况、一车一价非标的属性，对于流程的监管难以实施，滋生灰色地带是顺理成章的事情。多数情况下，二手车专员都会建立起个人的销售渠道，利用公司搭的平台，做自己的生意。业务能力强的员工一般会选择另起炉灶，大家戏称二手车行业是老板经济，老板必须亲力亲为，否则肥水就会流向他人田。我们也观察到了这样的现象，当一个二手车公司规模不大的时候，企业的盈利能力还不错；然而当企业规模达到一定程度时，公司就会亏损。所以我们看到了二手车流通行业中规模较大的企业，比如说超过3个专卖店的，可以说是凤毛麟角。

在做行业调研时我们发现，平均一辆二手车的经营毛利会在5%左右，扣除金融成本、运营成本，能够留下1%左右的净利就已经不容易了，如果缴纳销售额2%的增值税，企业就会亏损，选择避税的私人交易方式，也是企业不得以而为之。因此，现行的税收政策只适合于夫妻店式的小作坊，不利于大企业成长。

4. 警惕新的限迁抬头

最近，汽车流通业内谈论比较多的话题除了销量下降之外就属国VI排放标准的实施了。各地以“蓝天保卫战”的名义，提前实施机动车国VI排放标准。最早在2018年3月29日，深圳市规定从2019年1月1日起，深圳市销售、注册和转入的轻型汽油汽车应当符合国VI标准；其他省市紧随其后，广州、海南、杭州、北京、天津、河北、山东、山西、河南等地颁布文件，大部分区域从2019年1月1日起实施国VI标准。深圳市的用词“销售、注册和转入”值得关注。各地虽没有这么明确，其实在执行过程中也是按照国VI标准对待机动车的注册登记和转移登记。二手车跨区域流通的条件又被提升到了国VI。特别是一些不在“国八条”准许保留限迁的省市，有可能借实施国VI排放标准开始新一轮的限迁。

三、2019年二手车市场有望继续保持较高增速

随着2018年新车市场数据的发布，人们对2019年汽车市场普遍不看好，甚至还有人认为会有两位数的负增长，也有人认为，二手车市场也有可能受到波及。借此专文，我们共同分析一下2019年二手车市场发展的环境，并对市场规模与增长率进行大致的预测。

1．宏观经济逐渐向好

目前，对2018年宏观经济产生影响的几个因素正在发生改变。2016年中央提出“去产能、去库存、去杠杆、降成本、补短板”的五项任务。毫无疑问，这些举措的核心词汇就是收缩，降低由于经济过热所带来的难以弥补的问题。中国人民银行发布的《中国金融稳定报告（2018）》指出：“在推进供给侧结构性改革和防范化解重大风险的过程中，随着金融监管的加强，一些周期性的风险事件逐渐暴露，金融市场乃至宏观经济将感到‘阵痛’，是可以预期、也应当接受的情景。”显然，中国人民银行的报告承认去杠杆会引发短缺负面效应。特别是始于年初的中美贸易摩擦，会对我国经济稳定发展产生不利的影响。

2019年情况可以说完全不同。首先从宏观经济政策上，不再实施收缩性政策。中国人民银行在报告中指出“2019年中国宏观经济金融政策的前瞻性、灵活性进一步提高，协调性、有效性进一步增强，中国金融改革的深度、广度将会进一步拓展，对外开放的步伐只会加快不会放缓”，这预示着，从金融层面，国家会采取积极的财政政策，有利于经济发展的可持续。其次，从中美关系上，随着两国元首的建设性会晤，贸易摩擦有望在2019年得到缓解，之后将会建立起有利于我国宏观经济持续向好发展的国际局势。

2．政策环境更加有利

如前所述，2018年召开的两会上，李克强总理在政府工作报告中，时隔一年再次提到了二手车，可见二手车市场发展已经进入了中央最高决策者的视线。我们也清楚地看到，2018年是中央政府对取消限迁抓落实最严的一年，自从2016年国务院办公厅发布《关于促进便利二手车交易的若干意见》（俗称的国八条）以来，商务部、环保部、公安部等相关部委连续发出了多个文件敦促各地方政府取消限迁，但效果并不太明显，有的省市更是对取消限迁政策阳奉阴违。这种情况在2018年得到了彻底改变，除国八条允许保留限迁的区域外，几乎全国所有的区

域均打开了二手车流通的口子，二手车市场活力得以迅速提升。此外，商务部前后不低于 20 次召开相关机构、企业的座谈会，征求行业对《二手车流通管理办法》的修改意见。商务部还多次与财政部、税务总局、公安部等与二手车流通相关的部委探讨二手车增值税政策改革以及二手车转移登记政策改革等。我们有理由相信，国家政策将会在 2019 年向更加有利于促进二手车市场繁荣发展的方向转化，向更加有利于建立公平竞争的市场秩序、有利于培育大型经营主体的方向变革。

3．经营环境持续改进

二手车市场“水太深”是消费者普遍的看法，反映出老百姓对二手车行业的不信任。这样的问题主要是因为整体的市场体系还不完整，概括起来有四个方面的原因：一是行业发展初期，特别是市场主体结构不合理，市场主体多以小微经销商和个体经营者组成，大型企业少之又少，这就客观上造成了利润导向而不是品牌导向和服务导向。二是消费端的价值取向不一致，绝大多数二手车的购买群体主要是图便宜才选择二手车，很多人往往不好意思说买了二手车，怕别人瞧不起，而不是像发达国家所体现出的理性消费的理念。三是商品价值链的供求方式还比较落后，尤其是车源分散在个人手中，缺少发达国家那样的批量二手车制造系统，再大的公司也需要像个体户那样到处找车源。四是支撑二手车市场发展的配套制度不够完善，比如说二手车质量认证制度，二手车信息披露制度，车辆保险、过户、维修等数据也没有形成共享等。

但我们也欣喜地看到上述四个方面的问题正在逐步得到解决。在经营主体结构方面，一批有实力的企业正在迅速成长。我们以中国汽车流通协会二手车经销商百强排行榜的数据作佐证。2016 年排名前 100 的二手车经销商销量为 41.6 万辆，销售额是 537.7 亿元；2018 年销量达到了 74.7 万辆，销售额达到了 815.7 亿元，销量和销售额两年分别增长了 79.6%和 51.7%，百强企业年复合增长率超过了 25%。

尽管普通小车商销量下滑；但经销商集团二手车业务却在 2018 年有了大幅度的提高，电商平台也增长明显。以电商平台优信发布的数据看，该公司第三季度二手车成交量 22 万辆，同比增长 19%。这意味着 2018 年已经开始出现行业分化，小散的经营已经失去了优势，而大机构、大资金支持的企业却出现了快速增长。这些大企业注重品牌塑造，注重服务品质。在领先企业的影响和带动下，讲诚信、讲品质、讲服务之风已经开始在行业中逐渐形成。

其次，消费者的消费理念也随着消费者结构变化而变化。随着 2018 年钟声的敲响，2000 年出生的人已经成年，根据调查公司的结论，90 后已经成为汽车消费的主力，他们的消费理念已经接近了发达国家，注重品质，注重服务，他们不在意购买汽车是新车还是二手车，而是追求能够满足自己的出行需求和商务需求的产品，高品质的二手车正符合这个群体的消费偏好。

二手车供给端的情况也在发生着变化。虽然我们还不像发达国家那样由生产企业推进融资租赁销售方式，但由专业的金融机构推动的新的汽车消费金融模式正在快速崛起，正在为二手车市场注入大量优质车源。

最后，我们再看一下制度体系建设。由中国汽车流通协会推动的二手车质量检测——“行”认证正在全面铺开，全国百余个城市已经有了“行”认证检测机构，消费者买二手车不用再费心费力地托朋友、找关系帮着选车，而是可以直接购买有“行”认证证书的二手车，因为除了有品质保证外，出现问题有人担保。同时，我们还看到了二手车背景信息查询服务等企业开始出现，二手车市场配套体系将进一步完善，经营环境趋好。

4．市场基础逐步牢固，2019 年二手车市场将维持较高增速

在《2018 中国汽车市场展望》专文中，我们预测 2018 年二手车市场将会维持 20%左右的增速，交易量有望达到 1500 万辆。然而，从 2018 年前十个月的市场表现来看，达到预测值的可能性已经微乎其微。这主要是由于 2018 年宏观经济下行压力，新车市场出现了 28 年来的首次负增长，二手车市场受到了前端市场疲软的压力传递。之所以说二手车市场会保持较高增速，主要是基于对二手车市场发展基础的信心。据国家统计局统计数据显示，2017 年年末汽车保有量达到了 2.09 亿辆（不含低速载货车），统计数据还显示，我国汽车保有量还将以较快的速度增长。2016 年、2017 年汽车保有量净增都超过了 2200 万辆（见图 11），虽然 2018 年汽车市场增长遇到阻力，按照中国汽车工业协会的预测，2018 年汽车销量可能会达到 2800 万辆。以此数据作为基数，2018 年汽车保有量净增值也将会达到 2200 万辆。

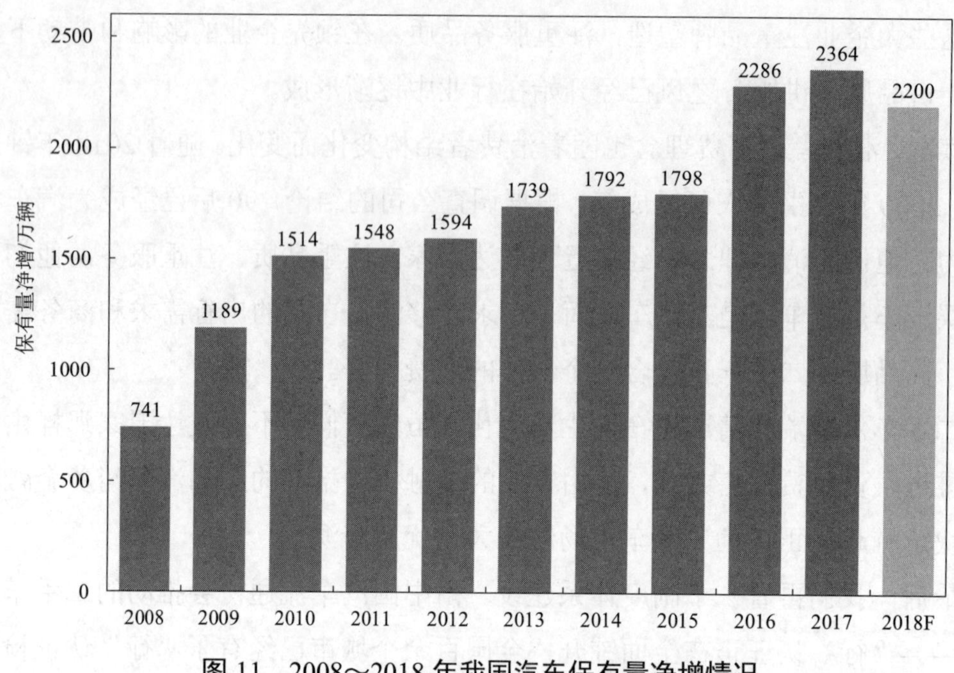

图11　2008～2018年我国汽车保有量净增情况

（注：上图2018年为预测数据）

预测2019年二手车市场，我们仍可以用保有量析出率来分析。保有量析出率也称保有量析出比，可以理解为汽车保有量中进入二手车市场进行交易车辆的比例。计算公式为：

保有量析出率=二手车交易量÷上年度汽车保有量

美国、德国、日本等发达国家的汽车市场是成熟市场，保有量只有小的波动，基本上维持稳定。美国2017年汽车保有量约为2.7亿辆，二手车交易量约为4000万辆，其保有量析出率约为16%；德国2017年二手车交易量为729.8万辆，保有量约为4500万辆，保有量析出率为16%；日本2017年汽车保有量约为6140万辆，二手车交易量约为694万辆，保有量析出率为11.3%。假如我国保有量析出率与日本持平，2017年二手车交易量应该能够达到2364万辆。因此，从保有量析出率的角度分析，即便保有量不再增长，我国二手车市场仍然有较大的增长空间。为何我国保有量析出率要远远低于发达国家？原因在于我国的平均车龄较短。《汽车服务世界》发布的2017中国汽车后市场研究报告显示，2017年我国乘用车平均车龄为4.5年，而日本的平均车龄为8.13年，欧美的平均车龄则更长。换句话说，我国保有车辆中，新车占比较高，绝大多数车辆还没有进入集中交易的阶段。近年我国汽车保有量析出率见图12。

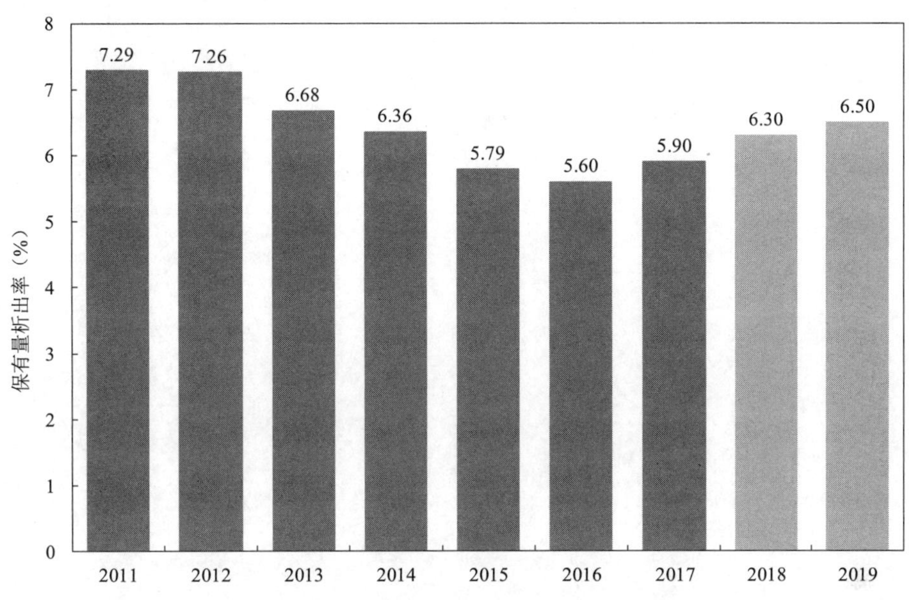

图 12　近年我国汽车保有量析出率比较

（注：上图 2018 年和 2019 年为预测数据）

从图 12 可以看出，2011 年时，我国汽车保有量析出率就已经达到了 7.29%，但随着各地越来越严的限迁政策，汽车保有量析出率随之不断下降，直至 2016 年的 5.60%，二手车市场活力大幅度下降。随着 2017 年限迁制度被突破，部分省市打开了限迁，二手车市场活力有了明显提升，我们先是看到跨区域流通的比例提升，如前所述，2017 年跨城市的二手车交易比例提高到了 21.3%，随之保有量析出率也提高了 0.3 个百分点。随着 2018 限迁政策的全面解除，跨城市交易的比例进一步大幅度提升，达到了创记录的 25.7%，市场活跃程度显然比上年度更高。虽然全年的二手车交易数据还没有出来，预计 2018 年二手车交易量仍然能够达到 1400 万辆，保有量析出率能够继续提升到 6.3%。

2019 年随着解除限迁红利的释放，二手车市场活跃度仍将会进一步提升，如果保有量析出率按 6.5%测算，2019 年二手车交易量将实现 1600 万辆左右，即将维持 15%左右的增长率。

当然，2019 年还有很多不确定性因素。负面因素是如果经济下行压力不能完全释放完的话，汽车消费仍然会遇到较大阻力；正面因素是《二手车流通管理办法》的修订出台，以及如果行业期盼已久的税收制度改革、二手车登记制度改革能够到位，二手车市场有望释放出更大的活力。

（作者：罗磊）

市场调研篇

2018年上汽大众产品市场调研报告

一、2018年上汽大众市场总体表现

自2015年以来，汽车市场增速下滑，不过到2017年依然保持着每年总市场同比正增长的态势，但是2018年市场低迷情况加剧，1～11月份同比增速已经变为负增长，达到了－2.9%。传统合资和进口汽车市场增速为－3.7%，就连2017年涨势迅猛的自主品牌，2018年同样出现负增长，达到－1.7%。在这样严峻的市场形势下，上汽大众凭借卓越的品牌口碑和产品质量、丰富的产品线以及精准灵活的营销策略，力挽颓势，在2018年1～11月份实现总销售量182.7万辆，位居汽车行业第一，并保持了0.6%的同比正增长。其中大众品牌共实现销售152.3万辆，稳居全国汽车企业中单一品牌销量第一；斯柯达品牌年度销量达到30.4万辆（见图1），同比增长7.7%。

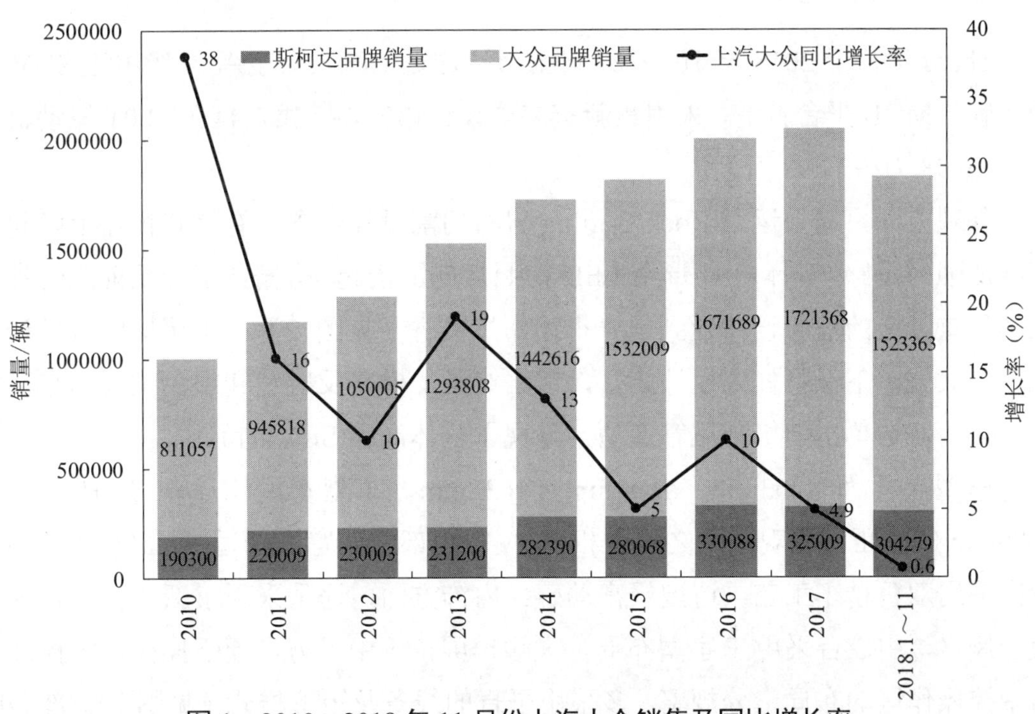

图1　2010～2018年11月份上汽大众销售及同比增长率

上汽大众具有深厚的历史底蕴，再加以近年来双品牌产品的不断丰富，企业品牌已拥有75%的无提示知名度，同时企业的美誉度、信任度和推荐度均位居行业榜首。上汽大众已然成为汽车消费者熟悉、喜爱和信任的汽车企业。

二、大众品牌

大众品牌2018年1～11月份销售152.3万辆。其中，在Lavida Plus上市之后，Lavida朗逸家族实现了45.1万辆的傲人销量，继续领跑A级轿车市场。Passat家族销售15.1万辆，仍然位于B级轿车市场前列。A级SUV的明星车型Tiguan家族销售势头依然火热，销售26.2万辆。Touran家族在Touran L上市后焕发了新的活力，实现销售3万辆。POLO在A0级两厢市场依旧是一枝独秀，实现销售13万辆。桑塔纳家族依然传承了桑塔纳家族的历史底蕴，实现销售25.1万辆。Teremont途昂实现销售8万辆，Phideon辉昂销量大幅提升，实现销售2.3万辆，它们代表了上汽大众的至尊品质。上汽大众全新A级SUV Tharu途岳在10月底上市，未来更将有不俗的表现。帕萨特PHEV和途观PHEV的上市也为未来上汽大众更多新能源车型的推出铺平了道路。

三、Tharu途岳

Tharu途岳于2018年10月27日上市，这是上汽大众全新A级主流SUV车型，基于MQB平台打造，采用最新家族式设计语言，搭载1.4T和2.0T发动机。售价16.98万～22.98万元。

外观方面，途岳运用Rock-Cutting岩石切割设计理念，脊背式机盖上隆起的筋线加强力量感，宽体双U形全LED前照灯向上扬起，格栅条延伸至前照灯处，因其稳重豪迈的前脸设计受到了“小途昂”美誉（见图2）。车尾横向线条让车尾简洁大气，下保险杠处设计丰富，镀铬饰条、横宽反射片和银色护板与车身呼应，采用双边单出的修饰尾管造型，显现了整体高端SUV的品质。

车型尺寸为4453mm×1841mm×1632mm，车型宽度比途观L还要宽，2680mm的轴距与途观丝绸之路版相仿，使得内部空间宽大舒适。18in（457.2mm）轮圈采用双色精车工艺，造型极富动感。内饰方面，途岳采用了新一代大众内饰设计风格，中控台采用T字型布局，大触摸屏位于中上方，便于操控，中控饰条与中控操作区的布局十分规整，多采用平直的线条及矩形样式（见图3）。部分区域则加入木纹饰板以提升档次感。三辐式多功能方向盘采用平底式设计。1.17m^{2}的超大全景天窗可以使乘客感受到阳光洒进车内的惬意。

图 2 Tharu 途岳外观

图 3 Tharu 途岳内饰

途岳上市后填补了上汽大众 A 级中端 SUV 的空缺，进一步丰富了 SUV 的产品线，上市之前在北京车展已经成为万众瞩目的车型，上市之后更是受到消费者热捧。相信这款“小途昂”将会在未来 SUV 的市场中创造新的神话。

四、斯柯达品牌

2018 年是斯柯达品牌硕果累累的一年，最主要体现在斯柯达 SUV 产品线上。随着柯珞克、柯米克和柯迪亚克 GT 的相继上市，斯柯达 SUV 产品线布局的框架已经完成，使得斯柯达品牌在 2018 年销量逆势上扬，2018 年 1～11 月份完成销售 30.4 万辆，并达到 7.7%的同比高增长。柯迪亚克家族实现批售量 4.8 万辆，柯珞克实现销售 2.2 万辆，柯米克实现销售 2.1 万辆。传统三厢车和两厢车受到了市场冲击，销量稍有回落，速派实现销售 3.8 万辆，明锐家族实现销售 9.7 万辆，昕锐家族实现销售 6.3 万辆。

五、Karoq 柯珞克

斯柯达全新 SUV 柯珞克于 2018 年 3 月 19 日上市，这是斯柯达品牌首款 A 级主流 SUV 车型，售价为 13.99 万～18.59 万元。新车基于大众 MQB 平台开发，搭载 1.2T 和 1.4T 两款发动机。

外观方面，柯珞克采用了最新的家族式水晶切割设计语言，外观设计与柯迪亚克相似，所以也被人喻为“小柯迪亚克”。全新的前照灯和前格栅一体化设计，加上 LED 前照灯组和分离式的角灯，给人以犀利以及未来科技的感觉，加上厚实的引擎盖，前部整体设计颠覆了斯柯达传统设计理念，令人感觉时尚前卫（见图 4）。飞箭式的侧面腰线连通引擎盖和尾灯，整体动感时尚。尾灯保持 C 型斯柯达品牌元素，但锐角分明，显得动感犀利。

柯珞克尺寸为 4432mm×1841mm×1614mm，轴距达到了 2688mm，在同级别车型中，其宽度和轴距均占有优势，保证了宽敞的内部空间，而相对于大哥柯迪亚克而言更为灵动和实用。

内饰方面，柯珞克也采用了 Vision S 概念车设计，打造了全新内饰风格，宽大的木纹饰条显示了高档和舒适感（见图 5）。新车标配胎压监测、车身稳定控制系统、后驻车雷达、定速巡航、发动机启停、上坡辅助、行车电脑、LED 日间行车灯以及后视镜电动调节等，提升了整体车型的性价比。

图 4 柯珞克车型外观

图 5 柯珞克车型内饰

柯珞克作为野帝的升级替代车型，全车外形、内饰和尺寸都作了巨大的改进，在 A 级主流 SUV 市场中体现了其出众的设计理念和性价比，相信在未来将会赢得市场的一致赞誉。

六、Kamiq 柯米克

继柯珞克之后，斯柯达一款 A 级入门级 SUV 柯米克于 2018 年 6 月 27 日上市，新车搭载 1.5L 发动机，售价 10.99 万～13.09 万元。

外观方面，全新柯米克也是采用家族式的设计风格，而不同于柯珞克和柯迪亚克，柯米克采用一体式前照灯造型，前照灯内眼角向斜下方延伸，与瀑布式的进气格栅连接，显现了整体协调感（见图 6）。简洁的侧面腰线贯通了前后大灯，别具一格。尾部造型非常有层次感，配合紧凑型 SUV 显得灵动活泼。

图 6　柯米克外观和内饰

内饰方面，柯米克也体现了简洁的设计理念，但做工精细入微。8in（457.2mm）中控屏使得整体内饰档次提升，并且内置智行在线互联系统，支持倒车影像、苹果 CarPlay/百度 CarLife/Mirrorlink 手机映射、车载蓝牙等功能，迎合了现代年轻人的需求。安全配置方面，新车配备了车身稳定系统、胎压监测、坡道辅助、自动启停等功能，同时体现了车型的安全性和性价比。

柯米克的上市使得斯柯达的 SUV 产品线完成了从入门紧凑型到中大型 SUV 的覆盖，全新前卫科技的设计理念使这个 SUV 家族在市场上昂扬屹立，并且大大提升了斯柯达的品牌形象和品牌价值。

七、2019 年展望

2018 年汽车市场的低迷对于我国汽车工业而言是一段非常艰难的时期，绝大多数整车企业都受到了或多或少的影响。上汽大众作为汽车行业的领军者，在这样的环境中体现出了浑厚的实力和底蕴，依然保住了增长的势头，引领着汽车工业的前进。

不断推陈出新、寻求新机遇是可持续发展的源动力。2019 年，上汽大众将在开拓市场上继续不懈努力。在传统汽车市场上，大众品牌将迎来POLO的换代车型，续写两厢车的神话。并且大众新的A级入门SUV将问世，途昂也将迎来新的变型车型，以此进一步完善大众品牌SUV的战略布局。斯柯达品牌也将迎来速派的改款，柯珞克和柯米克随着市场口碑和人气提升将步入正轨，达到产品的鼎盛期。

在新能源车型方面，2019年上汽大众将推出首款纯电动车型E-Lavida纯电动版（见图7），这是上汽大众迈入全新市场的第一步。未来新能源车型平台也在研发，将会产出更多的新能源车型。

图7 E-Lavida外观

上汽大众以“创造价值，负责任，创新进取，可持续”为企业价值观，长期的经营磨炼出丰富的行业经验和远见卓识。虽然我国汽车工业进入了调整期，首次出现负增长，但是未来汽车市场格局正在快速转变，三、四、五线城市的飞速发展、新能源车型的逐渐成熟、二手车以及汽车更新需求的逐步增长、新一代年轻购车人群的涌现等等，都是新的机遇，同样也是挑战。上汽大众敢于变革，勇于创新，不畏艰难，不断前进，紧跟时代的步伐，将为我国汽车工业发展不断注入新动力。

（作者：张曙）

2018 年一汽-大众（大众品牌）产品调研报告

截至 2018 年 11 月，我国乘用车市场已连续 6 个月同比负增长，且降幅呈逐月放大趋势，乘用车市场首次出现年度负增长已成定局。2018 年市场这种看似偶然的、让人猝不及防的下跌，其实还是有迹可循的，可以说偶然中存在着必然。正是市场自身发展周期与外部经济周期及政策周期的叠加作用，导致了 2018 年乘用车市场的负增长。首先，按照汽车市场发展周期理论的界定，当今我国的乘用车市场恰处于普及前期后段的波动期，这也就意味着市场震荡调整、竞争格局从纷乱到固化的时期已经来临；其次，从外部环境看，我国目前正处于经济“L”形筑底阶段，但由于国际竞争格局带来的冲击，导致经济二次探底，消费者普遍对未来预期信心不足，映射到消费端就造成了消费乃至汽车购买的迟滞；此外，前些年先后两轮的购置税政策刺激使得市场透支严重，2018 年的市场表现验证了这种透支效应；当然，2018 年的市场也不是全无亮点，国家大力倡导的“新四化”方兴未艾，新能源车发展势头迅猛，在一定程度上抵御了传统车市场的颓势。可以说，2018 年的乘用车市场正是在自身发展波动期、经济环境二次探底期、购置税政策偿还期和“新四化”发展期这四“期”叠加作用下出现了剧烈振荡的下行表现。

在这样的市场背景下，2018 年一汽-大众有条不紊、逆势有为，连续 5 个月厂家销量排名第一。大众品牌产品动作频出：三厢车方面，除捷达稳定地贡献着销量外，传统强势产品速腾、迈腾表现依然稳健，宝来也迎来了切换至 MQB 平台的历史时刻，最美大众车型全新一代 CC 再次惊艳世人；SUV 方面，探歌、探岳先后上市，一举摘掉了一汽-大众（大众品牌）没有 SUV 产品的帽子，不但快速补强产品覆盖短板，而且在短时间内便在各自细分市场占据了一席之地；两厢车方面，高尔夫家族携蔚领等产品，在 A 级两厢车市场技压群雄、一骑绝尘。2018 年 1～11 月份一汽-大众（大众品牌）分车型销量见图 1。预计全年大众品牌销量将在市场较为艰难的情况下再次刷新历史纪录，截止到发稿时，一汽-大众（大众品牌）正在按照自己的既定节奏发起 2018 年最后的冲锋。

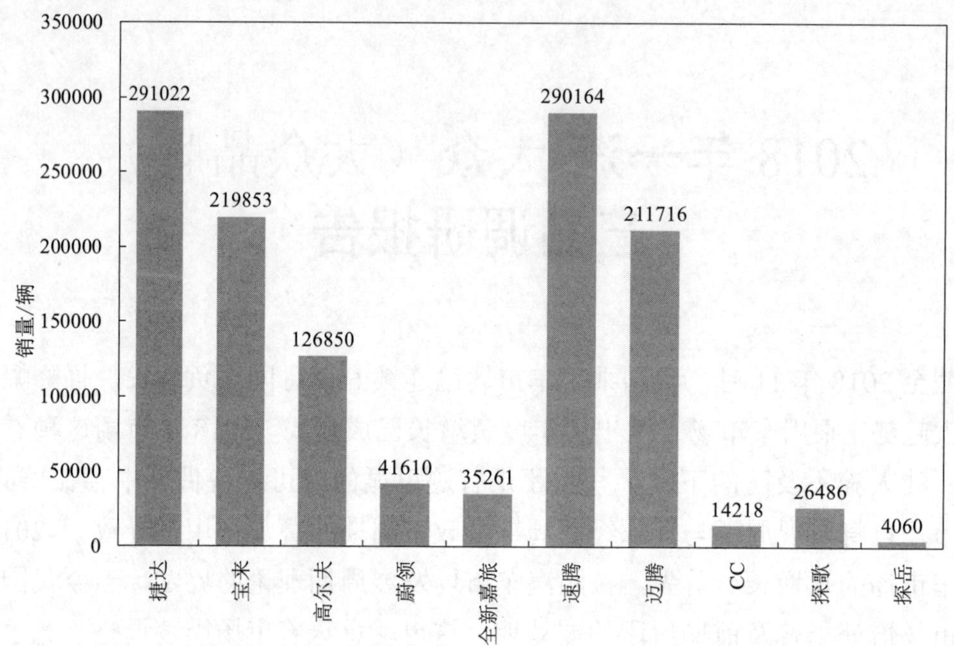

图 1　2018 年 1～11 月份一汽-大众（大众品牌）分车型销量

继 2018 年后，2019 年仍将是一汽-大众（大众品牌）产品动作活跃的一年。传统能源方面：两款主力畅销车型迈腾及速腾都将实现改款换代，进一步巩固各自细分市场的领军地位；计划于 2019 年末推出的小型 SUV 将进一步完善 SUV 产品组合，届时将实现 A0、A Main 和 A＋SUV 产品全覆盖；2019 年同时也将是一汽-大众新能源元年，计划陆续推出的 4 款新能源产品将涵盖 BEV 与 PHEV，未来大众品牌壮美的新能源蓝图即将展开（见图 2）。

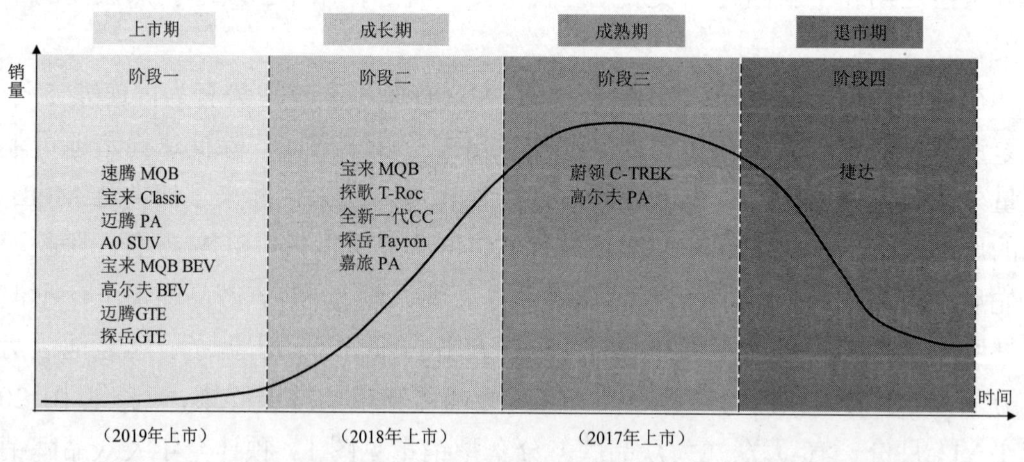

图 2　2019 年大众品牌各产品均处于产品力极强的上市期及成长期

除推出新产品外，2019 年一汽-大众（大众品牌）整体产品力也调整到极佳姿态。产品平台方面，绝大多数产品已经更新为最新的大众集团 MQB 平台，相比竞品具有明显优势；产品生命周期方面，绝大多数产品均处于上市期或成长期，竞争力锋芒正劲。

一、积跬步以至千里——传统三厢车强势阵容全面发力

1．捷达

捷达自 1991 年上市以来的 27 年时间里，已经发展到第六代产品。其间每一次改变，车辆的品质和技术都得以大幅提升，捷达不断在我国市场突破自我，充分满足了人们不断变化的用车需求。作为第一批走进百姓家中的轿车，它承载着无数用户的回忆，也承载了中国汽车的梦想。“平凡成就伟大”，捷达早已超出了一辆座驾的范畴，它传达的是一种精神、一种汽车文化、一种对品质永恒不变的追求。一代人记忆中的捷达将在 2019 年完成其历史使命，后续将实现华丽转身，请拭目以待。

作为“车坛常青树”的新捷达，2018 年 1～10 月份，销售已达到 250144 辆，占细分市场份额 18.8%，截至 10 月份更是实现了 8 个月占据细分市场销量冠军的业绩，“中国家轿第一品牌”深入人心。2018 年 1～10 月份捷达月度销量走势见图 3。

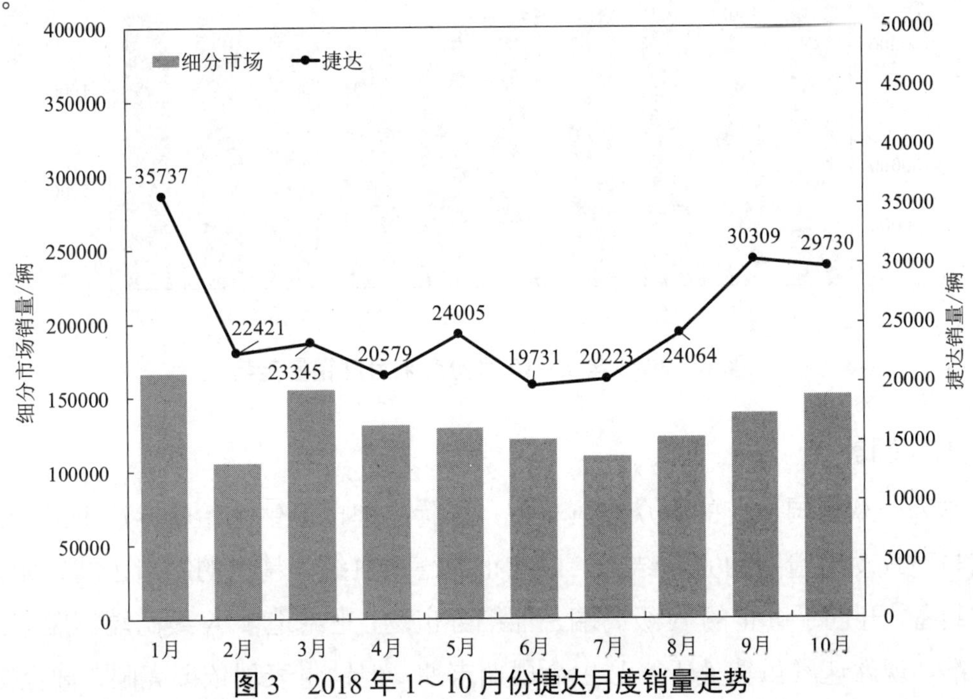

图 3　2018 年 1～10 月份捷达月度销量走势

2．宝来

从2001年进入我国，历经十七年的发展，宝来每一次更新换代都刷新了细分市场的行业标准，带给用户更高品质的出行体验。2018年基于MQB平台打造的全新一代宝来，更是集平台、外观、内饰、动力、空间、安全、科技七大价值蜕变于一体，产品力全面升级，带给消费者全方位的越级体验，是当之无愧的“新生代驾驶者之车”。

全新宝来上市以来，在面对趋于白热化的市场竞争形势下，销量维持稳定。2018年1～10月份宝来月度销量走势见图4，累计销量196722辆，圆满地完成了上市爬坡。2019年随着捷达车型的退市，宝来家族将采取新的策略，承载更大的使命。

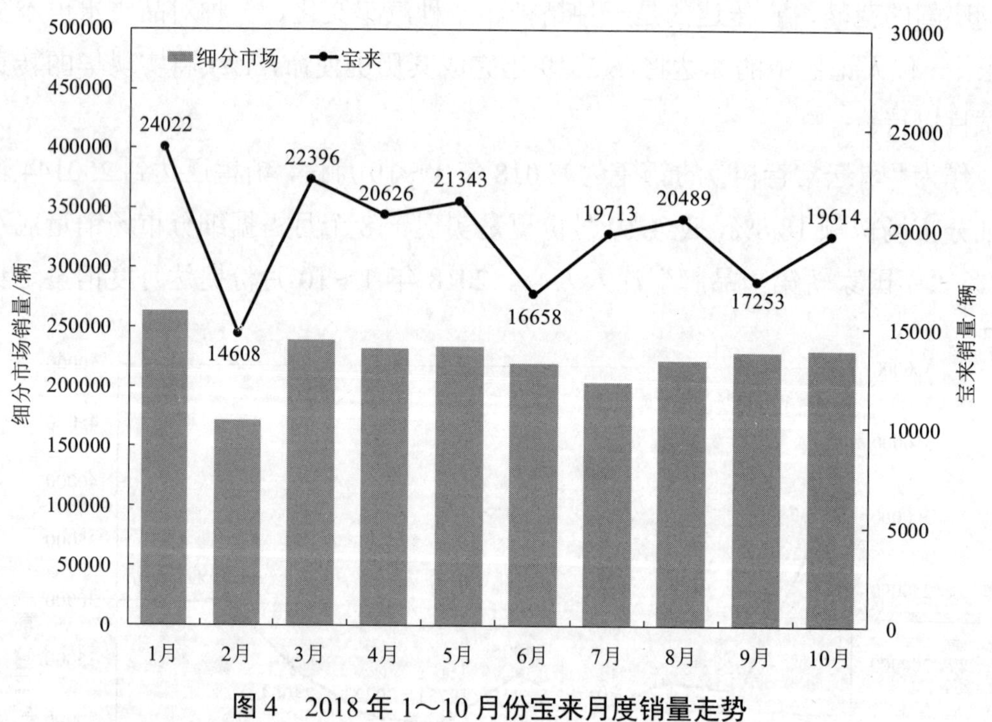

图4　2018年1～10月份宝来月度销量走势

3．速腾

作为一款德国血统的大众经典车型，速腾品牌自诞生之始就专注于最新德国工艺与现代动感造型的完美结合，以纯正的德系血统、精湛的制造工艺、领先的科技装备，开创了真正的A级高端三厢细分市场，也缔造了A级高端三厢车的行业标准。现款速腾虽然处于产品生命周期末期，但销量表现依旧亮眼，截至2018

年 10 月份，速腾累计销售 260840 辆，全年突破 30 万辆新车销售已无悬念，凭借 23%的细分市场份额在 A 级高端三厢车中排名稳居榜首。2018 年 1～10 月份速腾月度销量走势见图 5。

基于 MQB 平台打造的全新一代速腾将于 2019 年上市。作为高品质标杆，全新一代速腾传承并提升了现款车型品质、空间、驾控等特点，并大幅采用前沿科技装备与灯光设计元素，将全面提升速腾的产品竞争力。相信 2019 年全新一代速腾将凭借由内到外的全面革新，重立标杆，延续传奇，再创销量佳绩！

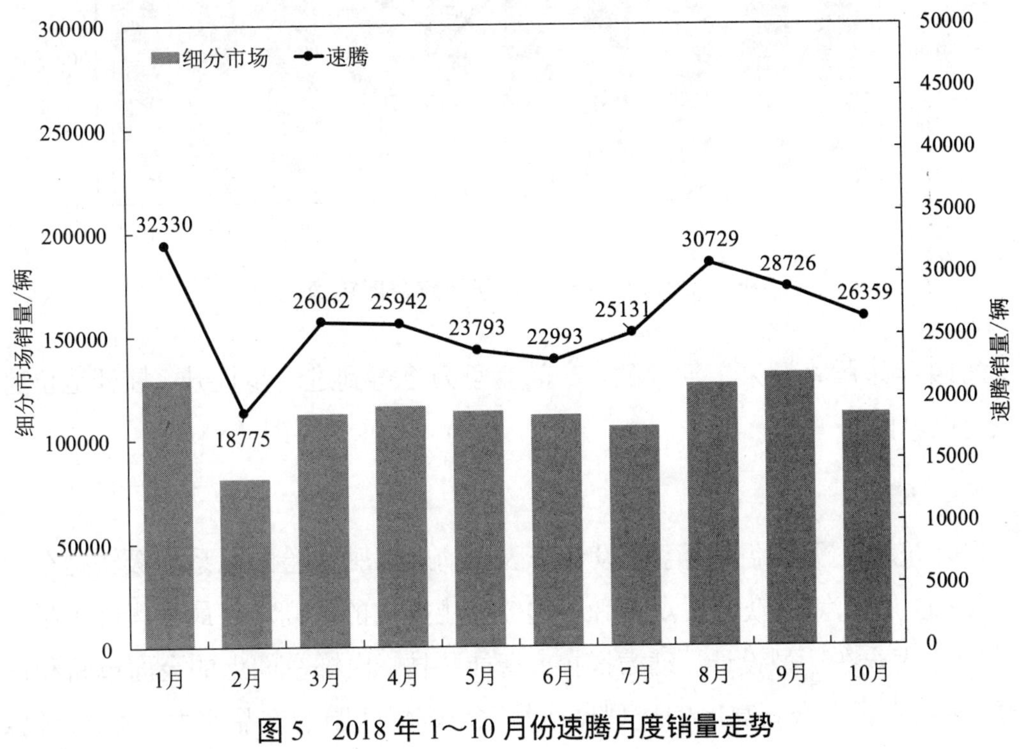

图 5　2018 年 1～10 月份速腾月度销量走势

4．迈腾

凭借越级的品质、创新的科技和尊崇的体验，迈腾一直是“创新、科技、品质”的代名词，持续引领市场的潮流和格局，始终立于国内 B 级车市场的标杆地位。

随着凯美瑞、雅阁、天籁的相继换代，B 级三厢车市场竞争日趋激烈，但迈腾的 B 级车第一名的地位仍然无法撼动。2018 年 1～10 月份迈腾累计实现销量 193450 台，同比增长 11.7%。2018 年 1～10 月份迈腾月度销量走势见图 6。

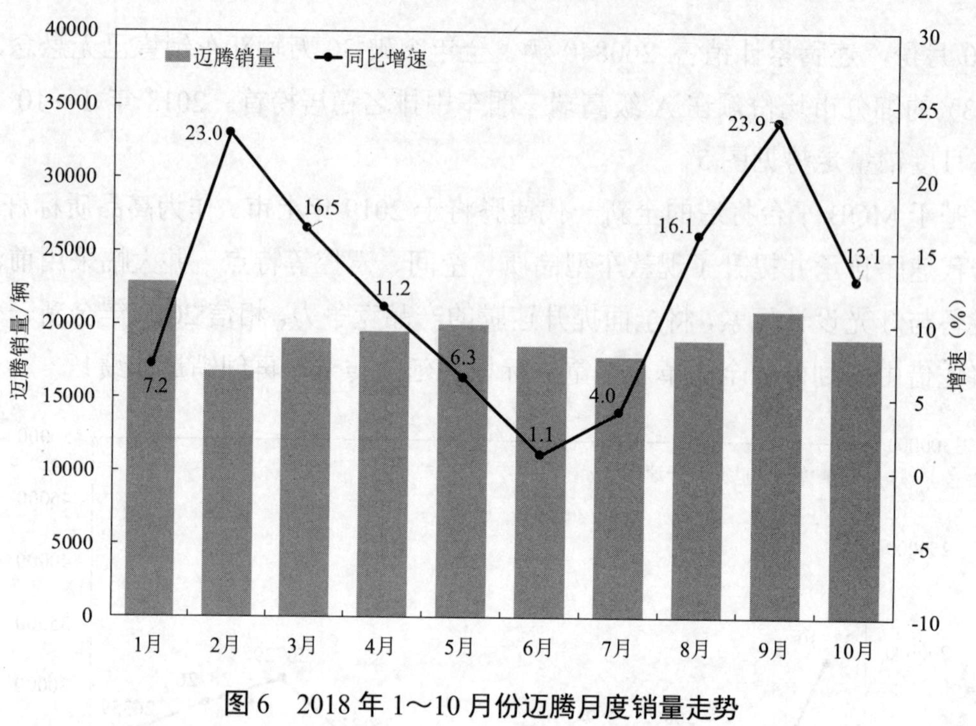

图 6　2018 年 1～10 月份迈腾月度销量走势

2019 年迈腾将迎来中期改款，产品竞争力将得到进一步提升，标杆地位势必再次得以巩固。

5．CC

作为一款引领潮流兼具豪华设计基因和动感驾驶体验的德系高级轿跑车，全新一代 CC 是一汽-大众（大众品牌）迄今为止推出的最高端、最豪华的车型，代表了一汽-大众在造型设计、动力操控、智能科技、内饰空间上的全面革新和最高水准。凭借引领大众新高度的造型设计与比肩豪华轿跑的产品实力，全新一代 CC 将扛起大众品牌“品牌向上”的大旗，更将带领一汽-大众旗下车型，组成我国汽车市场最为强大、最为全面的轿车家族阵容，2019 年将续写新的篇章，绽放新的华彩。

二、探虎穴兮入蛟宫——双“探”合璧打造 SUV 新秩序

2018 年是一汽-大众的产品爆发年，除传统三厢车相继改款换代，更是迎来了大众品牌首款紧凑型 SUV 车型探歌及第二款中型 SUV 产品探岳，双“探”合璧填补了一汽-大众（大众品牌）SUV 产品空白，伴随 2019 年年底全新 A0 级 SUV 的投放，产品线将进一步完善，市场覆盖度也将再创新高（见图 7）。

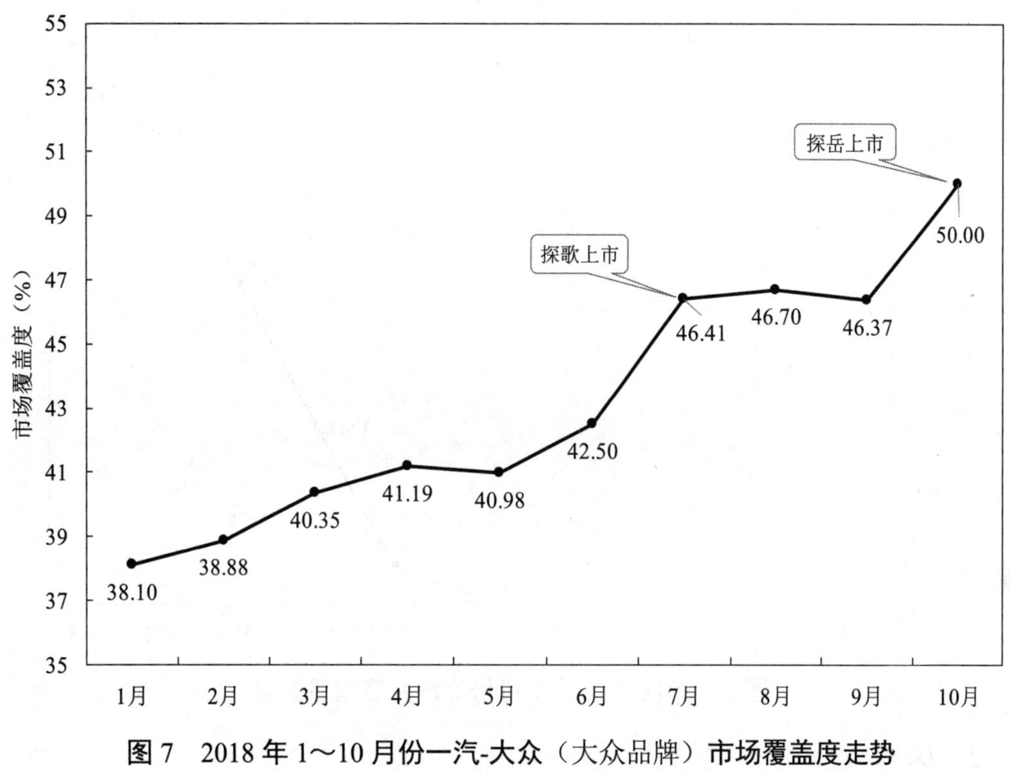

图 7　2018 年 1～10 月份一汽-大众（大众品牌）**市场覆盖度走势**

1. 探歌

探歌作为一汽-大众（大众品牌）SUV 的开山之作，上市以来销量持续攀升，仅 3 个月便跻身紧凑级 SUV 细分市场前三甲。探歌凭借“型格美学”的设计理念、灵活多变的空间布局、极致的越野操控性能、越级的丰富配置以及个性选装，成为充满自信与活力的年轻消费群体在追梦途中不可或缺的伙伴。探歌拥有同级最佳的最丰富的撞色外观与多彩个性化内饰；同级唯一的 Active Info Display 最新一代全液晶数字仪表；同级最高的 88%高强度钢比例，并在设计、配置和操控表现等产品特性上，都更加符合年轻人的口味，真正做到了“读懂”年轻人，自然水到渠成受到更多年轻人的追捧。2018 年 1～11 月份探歌月度销量走势见图 8。2019 年年中探歌家族将迎来一名新成员——经典的 R 系列车型，R-line 的投放将会把探歌的“年轻”与“个性”演绎得更加淋漓尽致。以探歌为代表的 SUV 力作，或将引发整个细分市场的连锁反应，进一步促进细分市场甚至是整个产业的转型升级。

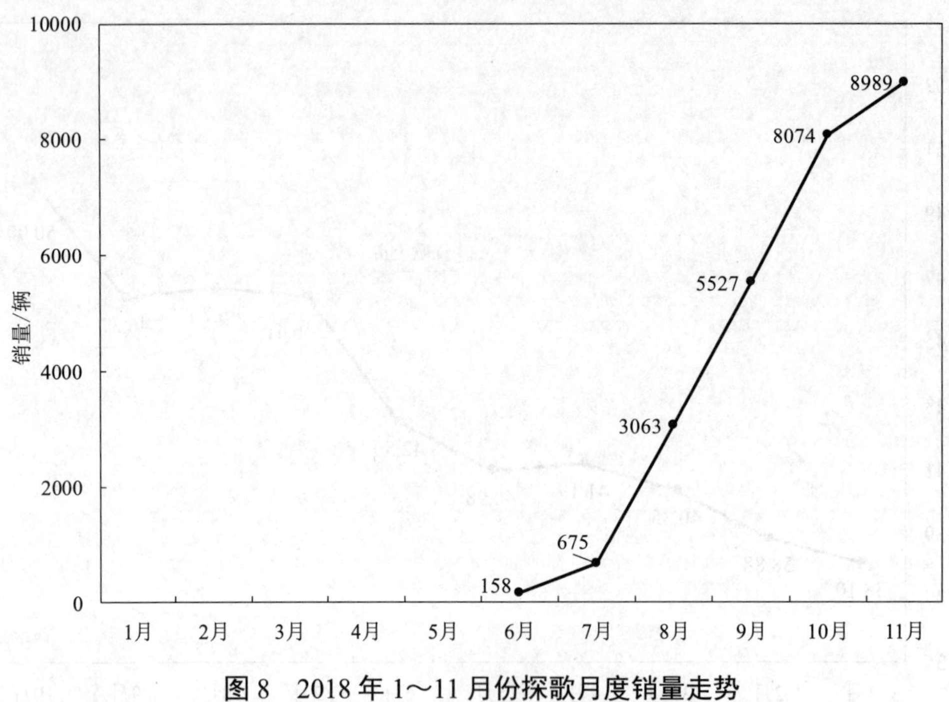

图 8　2018 年 1～11 月份探歌月度销量走势

2．探岳

探岳的到来是一汽-大众布局 SUV 产品线的重要落子，也是实现一汽-大众“3 年 5 款 SUV”目标计划的重要一步。作为纯正德系血统的传承者，融“锋·尚主义”造型设计、前瞻智能装备、极致操控体验于一身，是一款应对多重路况，适用全场景的全功能 SUV，成为全新一代高端中型 SUV 的价值标杆。在空间结构方面，探岳开创性地采用了“黄金结构准则”，为驾乘者打造了最大化内部使用空间；全系标配 SSR2.0 发动机启停和制动能量回收技术，有效降低了整车油耗；搭载了 4Motion 智能四驱系统及博格华纳第 5 代中央差速器，配合 Active Control 驾驶模式选择，带来更加智能与个性的四驱驾驶体验；成为同级合资量产 SUV 中唯一实现 L2 级别智能驾驶辅助功能的车型，在有效缓解驾驶疲劳的同时还将进一步提升车辆的安全等级。探岳不仅承接着助力一汽-大众“品牌向上”的使命，还将带领一汽-大众 SUV 家族形成合力，开疆拓土。

三、一花独放不是春——高尔夫家族引领两厢车百花齐放

近十年来，两厢车市场经历了从迅速发展到持续下滑的发展过程。近几年，在这个竞争并不激烈的细分市场，竞争格局已现。高尔夫以其品牌影响力、多年积累的口碑以及高保值率保持着绝对的统治地位。2014 年起，随着 SUV 逐渐走

热，厂家纷纷将精力投入新的蓝海之中，而两厢车市场，随着现有产品的逐渐老化以及部分车型停产渐渐萎缩（见图 9）。

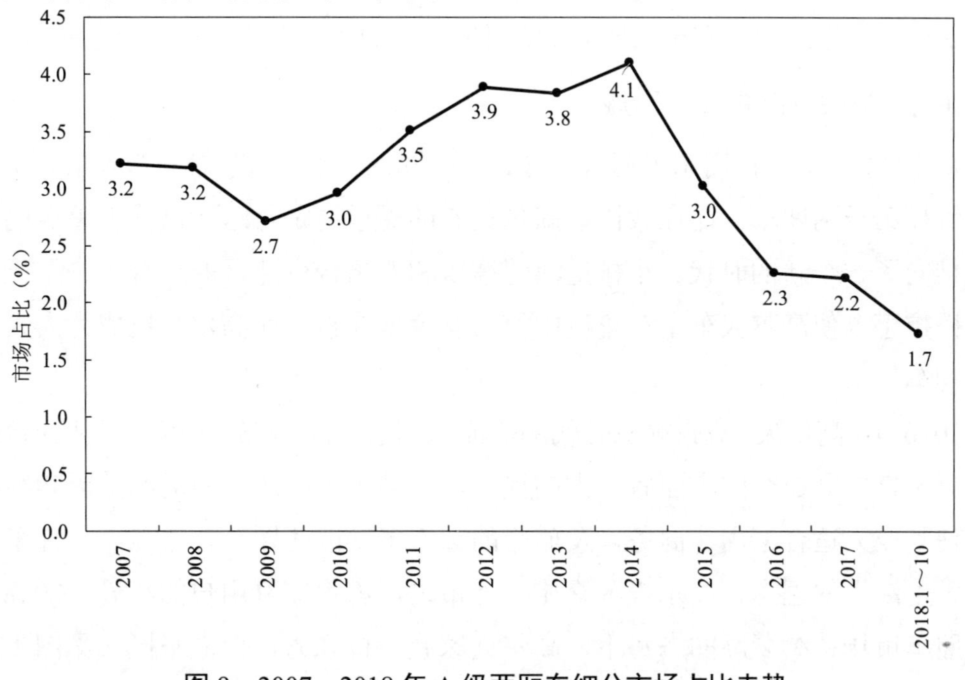

图 9　2007～2018 年 A 级两厢车细分市场占比走势

2009 年，高尔夫 6 被引入我国，带动了整个两厢车市场的发展，市场占比连年上升（见图 10）。

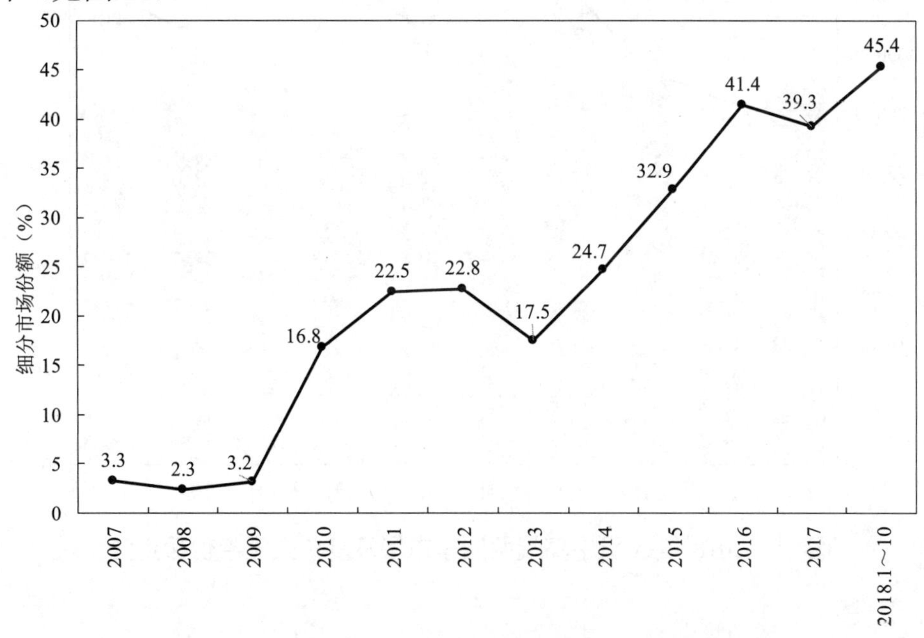

图 10　2007～2018 年高尔夫家族细分市场份额走势

市场的发展意味着机会，因此主流厂商纷纷布局该细分市场，推出其三厢产品的两厢版，一度车型多达 26 款。2013 年高尔夫 7 上市，迅速夺取市场份额，并于 2014 年起连续 5 年稳居细分市场销量第一的宝座。

1．高尔夫&高尔夫·嘉旅

从 1974 年第一代高尔夫问世至今，四夺欧洲“年度最佳轿车”的至高荣誉，堪称世界第一两厢车。而在我国，高尔夫 6 的面世更是将这一世界上著名的经典车型推向了一个新的时代。小排量涡轮增压和双离合变速器的组合带来了无可比拟的操控感，使高尔夫车主在车流中游刃有余地穿梭，而高尔夫也成为人人口中的“神车”。

2016 年，高尔夫·嘉旅顺应时代潮流而来，使高尔夫家族又迈上了新的台阶。高尔夫·嘉旅既在空间方面有巨大的提升，又继承了高尔夫的运动基因和纯粹性能，使其成为适合家用、商务以及旅行的都市多功能两厢车。借着“一部车，不止一种生活”的理念，高尔夫·嘉旅自上市之后深得家庭用户的喜爱。2018 年，在两厢车市场持续萎靡的态势下，高尔夫家族一枝独秀，份额坚挺（见图 11）。

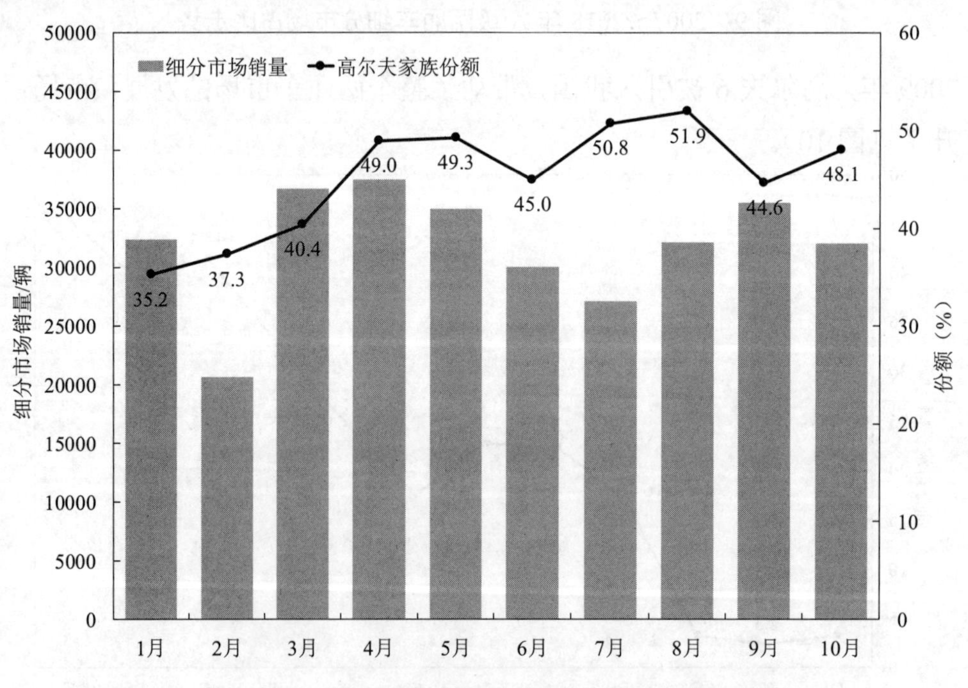

图 11　2018 年 A 级中高端两厢车市场及高尔夫家族份额走势

2．蔚领

作为一汽-大众倾力打造的首款 A 级跨界旅行轿车，蔚领唤醒了我国旅行车市场的春天。与 SUV 和 MPV 相比，旅行车的价格和使用成本都较低，且具有更灵巧的车身，便于驾驶和停放，因此在欧洲民众生活中扮演着重要的角色。当前几乎所有欧洲大型汽车厂商的成熟车系都拥有旅行版车型，而在我国，旅行车市场一直未被真正打开，只因我国消费者的消费习惯并不容易转变——接受两厢车花了 20 年的时间。而蔚领，勇敢地作为开拓者，以上市后迅速攀升的销量带动旅行车市场 200%的销量增长。可以说，旅行车的时代，已来。

虽然大众的两厢车在市场中均有不俗的表现，但是多样化的汽车门类是诞生汽车文化的重要条件。只有不断出现的竞争对手才能激发出产品的无限潜能。不管是丰富产品序列还是培养多元化的汽车文化，两厢车的存在都极为重要。对于各大汽车企业来说，两厢车的市场还未充分开发，仍具有一定的市场潜力，虽然打开市场很难，但 SUV 退烧之后，两厢车市场仍可能是一个更好的选择。

四、小荷才露尖尖角——登陆新能源及移动出行领域

1. 新能源领域

据中国汽车工业协会测算，到 2020 年，我国新能源汽车产量将达到 200 万辆，新能源汽车的时代将全面到来。应时代之需，一汽-大众将持续推进新能源项目的全面实施，以“2025 战略”为指引，将发展新能源汽车作为一汽-大众的重点战略目标。一汽-大众将极大地扩充产品线，并大力发展新能源汽车，深耕新能源领域。

2019 年一汽-大众（大众品牌）将正式推出新能源产品。两款纯电动产品宝来及高尔夫电动版（见图 12）将率先登陆国内市场，除此之外，还将推出两款插电混动车型，届时大众品牌将拥有更全面的产品线，为广大消费者提供更多样化的选择和更优质的产品体验。

图 12 高尔夫纯电动版

新能源战略为大众集团最重要的企业战略之一。为此，大众集团加大了对电动汽车领域的投入，并发布了“Roadmap E”战略，全面支持新能源战略转型。根据“Roadmap E”战略（见图 13），大众集团推出了专为纯电动车型打造的模块化生产平台——MEB 平台（见图 14），该平台将支撑大众集团旗下所有车型的电动版，续航里程最长将达 600km，充电只需一杯咖啡的时间，价格也将处于大众消费范围。一汽-大众已引入了 MEB 平台，根据规划，到 2025 年新能源汽车将占一汽-大众产量的 25%。大众品牌未来也将有多款纯电动产品基于 MEB 平台打造，为用户带来更好的产品体验和更加多样化的选择。

图 13 大众集团“Roadmap E”战略

图 14 大众集团的 MEB 平台

2．移动出行领域

“创卓越出行服务”是一汽-大众“2025 战略”的重要使命之一。为践行“2025 战略”，推行更多样、优质的出行服务，2018 年 4 月 2 日，一汽-大众（大众品牌）共享汽车“摩捷出行”（见图 15）正式启动长春试点，开始员工内测，标志着大众品牌实现了在移动出行领域从 0 到 1 的突破。

图 15 一汽-大众 摩捷出行

“摩”取自英语“mobility”的开头谐音，“捷”除快捷外，还因为捷达对于一汽-大众有着特殊的意义和情感。目前“摩捷出行”已完成员工内测，并在长春全面开放试点运营，运营车辆包括迈腾、高尔夫·嘉旅、宝来、捷达及探歌等多款车型，以满足用户对于共享出行的需求。一汽-大众摩捷出行 APP 见图 16。

图 16 一汽-大众 摩捷出行 APP

目前“摩捷出行”采用分时租赁模式、按需付费、自由用车的方式为广大用户提供出行服务。选择“摩捷出行”共享汽车的用户在用车后可以在区域内自由取还，这成为“摩捷出行”的一大亮点，“自由取还”极大地提升了用户的产品体验，让用户用车更加方便快捷。不仅如此，“摩捷出行”还全面应用了智能技术提升出行效率，让出行更加智能便捷，是目前业内唯一一家通过手机 APP 实现车辆解锁、启动等全部操作的移动出行平台，彻底告别了车钥匙，可实现在 APP 上控制车辆开锁、点火、鸣笛、熄火、锁车等功能。

未来，“摩捷出行”将稳步入驻全国其他城市，车型阵容也将不断扩大，并涵盖一汽-大众旗下的新能源车型，业务模式也将由目前单一的分时租赁，扩大到代步车、试乘试驾车、网约车、对公业务及 2C 短租等六大业务模式，最终成为全国性的整合出行服务品牌。

风物长宜放眼量，当前汽车产业在 GDP 增长中持续高位的支柱作用及我国千人保有量仍然较低的现实，让我们对未来依然充满信心。2019 年，一汽-大众（大众品牌）全系产品将以更崭新的姿态迎接市场的挑战与洗礼，并愿与各整车制造及销售企业携手，共同拱卫起我国乘用车市场一番新的天地。

（作者：袁烨）

2018 年上汽通用产品市场调研报告

一、上汽通用 2018 年总体市场表现

2018 年，是我国改革开放 40 周年，全球经济遇到的风险和困难逐步增多，主要经济体增长放缓。2018 年三季度，我国 GDP 增速为 6.5%，创近十年新低，预计全年 GDP 增速为 6.5%，其中消费是经济增速的主要力量，投资增速降幅较大，但 6.5%增幅仍然在预计范围之内，随着供给侧结构性改革逐渐深化，未来我国经济仍能保持强劲的动力。

汽车产业作为工业结构中的重要组成部分，整体发展与宏观经济增速和政策息息相关，同时，汽车作为重资产的消费品，也受到人们可支配收入的重要影响。经济增速放缓、楼市资金流通降低、股市大幅下跌、居民债务快速增加，以及汽车购置税优惠政策刺激下的2016～2017年汽车过度消费，导致2018年乘用车市场增速遇阻。2018年自6月起乘用车市场连续数月负增长，“金九银十”分别下滑－12%和－13%，SUV 市场也出现疲软状态。预计2018年行业全年批售总量为2400万辆，增速为－3.5%，是我国汽车工业发展至今的首次负增长。其中，合资品牌全年表现略好于自主品牌，市场份额略有回升。除豪华轿车与中高端车借助消费升级和促销降价保持增长以外，大部分细分市场均有所下滑。

对于上汽通用来说，2018 年产品线进一步丰富，先后上市了全新一代凯越、全新沃兰多、全新 XT4 以及改款 CT6，但由于受到整体汽车市场衰退的影响，上汽通用 2018 年 1～10 月份国内批发总销量 1478865 辆（见图 1），与上年基本持平，增幅－0.6%，总销量位列行业第三位（见图 2）。凯迪拉克和雪佛兰品牌同比大幅增长，别克品牌出现小幅下滑。

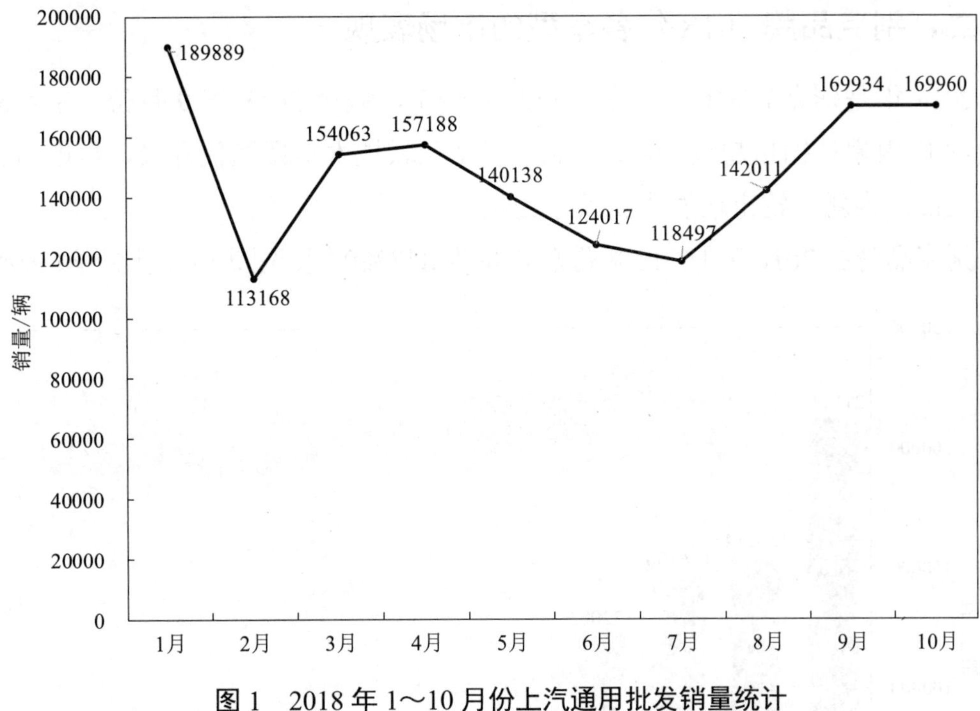

图 1　2018 年 1～10 月份上汽通用批发销量统计

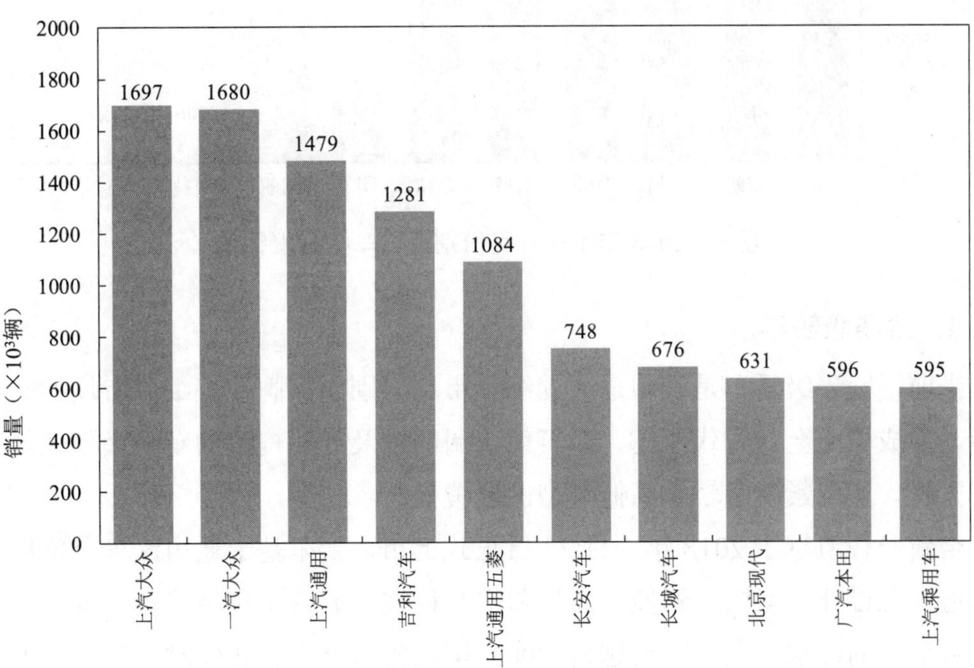

图 2　2018 年 1～10 月份各厂商乘用车批发销量统计

(注：资料来源于中国汽车工业协会)

二、别克品牌 2018 年各车型的市场表现

2018 年是别克品牌具有里程碑意义的一年，截至 2018 年 9 月份，别克品牌 20 年在国内累计销量超过 1000 万辆，产品互联技术实现迭代升级，年度新款车相继上市，为新一轮市场发力积蓄了力量。

别克品牌在 2018 年 1～10 月份总销量为 847780 辆（见图 3），同比下滑 9.9%。

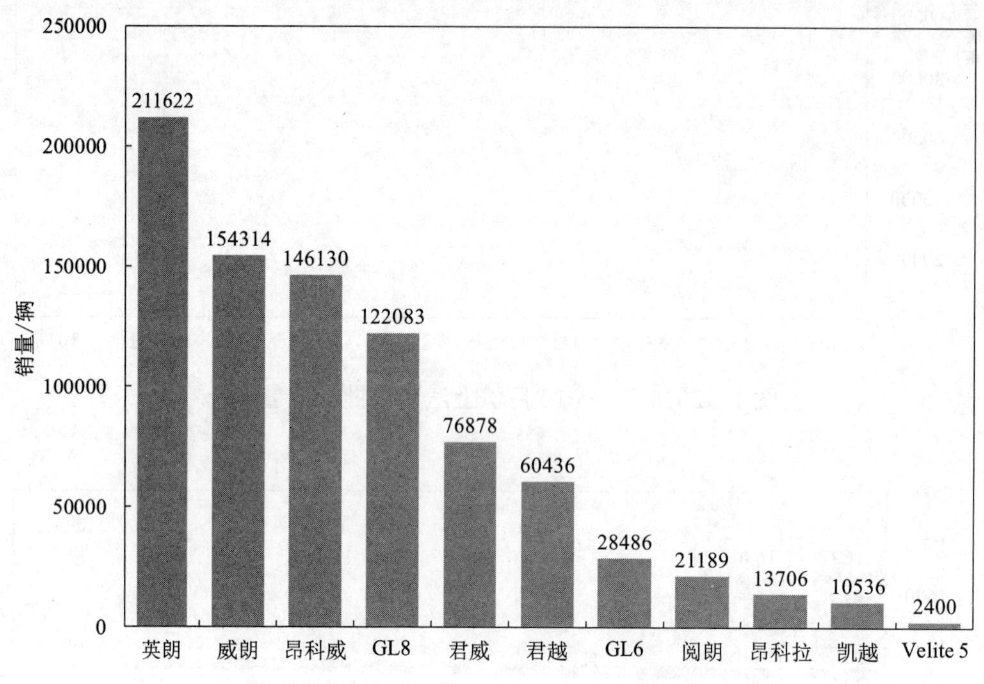

图 3 2018 年 1～10 月份别克各车型批发销量

1. 紧凑级轿车

当前，紧凑级轿车是我国最大的细分市场。别克品牌在该细分市场的布局已完善，形成了由全新一代凯越、新英朗、阅朗以及威朗构成的新一代别克紧凑型轿车家族，实现紧凑级轿车高低车型的全覆盖。

全新一代凯越于 2018 年 6 月 22 日正式上市，新车基于通用汽车全球最新架构打造，在设计、互联、驾控、油耗和安全科技方面满足年轻消费人群对“人生第一台车”的需求。上一代凯越自 2003 年在我国上市，凭借时代流行的外观设计、精致高档的内饰、质量好、维修费用低等特点，深受消费者喜爱，在售 13 年间共销售 268 万辆，即使在停产最后一个月销量仍达到 8000 辆。全新一代凯越采用新一代家族设计语言，造型动感，尺寸相比老凯越轴距增加 11mm，配合更

高效的内舱设计，带来宽敞舒适的空间表现；搭载全新一代动力系统，具备高效低耗、高可靠耐久、高科技静音等优势，油耗低至4.6L/100km，比上一代降低30%，领先同级；全系标配Onstar安吉星全时在线助理，搭载新一代别克eConnect互联技术，并具备OTA空中升级功能。

别克英朗作为别克品牌的主销车型，凭借好看、好开、好乘、好用、好养的特点，一直是该细分市场的标杆。全新英朗2017年升级改款，搭载新一代Ecotec智能双喷涡轮增压发动机，实现了动力性能和燃油经济性同步提升，但新动力总成仍处于市场接受期，2018年下半年以来，英朗累计降幅逐月减小，10月份销量达到29316辆，基本回到3万辆时代，重回轿车排行榜前四。

威朗三厢轿车定位更高，在内饰品质、外观造型、空间、高科技安全配置，以及节能的动力总成技术等方面没有明显短板，满足了家庭市场的升级需求。2018年1～10月份威朗三厢轿车累计销量149323辆，月均销量接近1.5万辆，同比增幅11.4%，在同级别车型中处于领先地位。

除全新一代凯越外，别克从2018年9月下旬开始又相继推出2019款英朗、阅朗、威朗，新款年度车型主要搭载了全新迭代升级的别克eConnect互联技术，新增包括远程升级、Super ID个人账号等全新车联功能，并升级手机端对车辆远程操作功能，全面提升用户的车联体验，使别克紧凑级产品更加适应我国新生代消费者个性的多元化用车需求。

2．中高级轿车

在中高级轿车市场中，别克“双君”持续发挥中级车的稳固地位，通过运动与商务的不同定位，迎合不同消费者的需求。自2009年投放以来，一直处于细分市场的标杆地位。

别克全新一代君越2016年3月上市，兼具卓越的操控性能和超越同级的驾乘空间，实现对高端中高级车和中大型车两大细分市场的覆盖，主要面向当代社会的中坚人群。2018年1～10月份销量达到60436台，处于中级车市场前列。

全新一代君威主要面向新生代中产用户，是别克品牌旗下最成功的车型之一，上市以来累计销量已超过110万辆。该产品全系搭载9速Hydra-Matic智能变速器，造型具有运动感。2018年10月份，全新一代君威延续9月份销量破万的良好态势，再次破万，并创2017年上市以来的新高，达到10232辆。

2018 年，全新一代“双君”携手，齐头并进，迎合整个中高级汽车市场的升级浪潮，并巩固别克在传统优势细分市场的领导地位，助力品牌向上发展。

3．SUV 产品

SUV 市场近几年快速增长，其中紧凑型 SUV 已经成为仅次于紧凑型轿车的第二大细分市场，各大厂商仍在积极布局 SUV 车型，SUV 市场竞争逐渐严峻。

别克昂科威自 2014 年 10 月上市以来，凭借“多 10%”的产品优势赢得了市场口碑和消费者的青睐，上市第二年便超越 CR-V、RAV 4 等车型，在合资 SUV 车型中，和大众途观不分伯仲，累计销量超过 75 万辆。2018 年 1～10 月份昂科威取得了 146130 辆的市场销量，稳居国内合资品牌 SUV 销量榜前列，并与别克小型 SUV 昂科拉、大型高端进口 SUV 昂科雷共同构成了完善的 SUV 产品线。

4．MPV 产品

一直以来，上汽通用在 MPV 市场都处于领导者的地位。GL8 自 1999 年上市，填补了国内 MPV 市场的空白，当前在商务 MPV 市场仍然有着不可撼动的地位；2017 年上市的 GL6 又扩大了别克在家用 MPV 市场的布局。

别克全新 GL8 分为商旅车、ES 豪华商旅车和 Avenir 三种车型，覆盖中大型 MPV 市场各价位段，对于别克品牌具有战略意义。从销量结构上看，2018 年 1～10 月份 GL8 累计销售 122083 辆，月销量连续过万，在 2017 年高基数和汽车市场增幅降缓的情况下，仍实现了 2.0%的同比增幅，刷新了同期历史纪录。全新 GL8 的销量已占到大型 MPV 市场的三成，在 30 万元以上的 MPV 市场中销量占比超过六成，市场表现稳健，GL8 Avenir 更是供不应求。2018 年 11 月别克推出了 GL8 ES 与 GL8 Avenir 国VI版车型，将进一步满足高端公商务人群的高品质要求，以及社会精英家庭的个性化用车需求。从需求结构上看，GL8 的消费者不仅出于公商务需求，家用需求的比例也在大幅提升。

GL6 是别克品牌在 2017 年推出的全新高档中型 MPV，座椅为“2＋2＋2”六座布局，在此基础上，2018 年 8 月推出了两款五座版，新车型的上市丰富了 GL6 的产品阵容，为新生代家庭出行带来了更多样化的选择。五座版车型在保持一贯的乘坐舒适的同时，提供了更充裕的后备箱空间，为用户带来了更多元的选择。2018 年 1～10 月份，GL6 共销售 28486 辆，位列中型合资 MPV 市场前三。

随着我国二胎政策的逐渐放开，老龄化也日趋严峻，大家庭的数量逐年增加，车辆空间、座位数、乘坐舒适性越来越受到消费者重视。近年来，别克品牌不断加码 MPV 市场，由全新一代 GL8 Avenir、GL8 ES 豪华商旅车以及 GL8 商旅车组成的产品矩阵实现了对中、高端大型 MPV 市场的全面覆盖，而 GL6 的推出将进一步加快别克对高档中型 MPV 市场的布局，全面巩固别克在国内 MPV 市场的统治地位。

5．新能源产品

别克 VELITE 5 是继凯迪拉克 CT6 混动、别克君越 30H 全混动、雪佛兰迈锐宝 XL 混动之后，上汽通用在我国推出的又一款混动车型，完成了中大型车、中型车、紧凑型车市场的全面布局。VELITE 5 是一款增程型混合动力车，搭载最新 eMotion 智能驱动、eConnect 智能互联和 eProtect 智能安全科技，配备通用 EREV 增程式混动系统，电池容量达到 18kW·h，纯电续航里程 116km，综合工况下油耗仅为 0.9L/100km。VELITE 5 以超长纯电续航里程与“无充电焦虑”的增程科技，实现了城市绿色出行＋无障碍城际通行。

在发展 eMotion 电驱技术领域，全新一代君越 30H、君威 30H 全混动车和增程型混动车 Velite5 等搭载全球领先的电气化技术的新能源产品，持续充实“别克蓝”新能源阵营。未来，别克还将推出更多新能源车型，实现从混动、增程型混动到插电式混动、纯电动的全系新能源产品覆盖，迎接电动化时代的到来。

三、雪佛兰品牌 2018 年各车型的市场表现

2018 年以来，雪佛兰品牌随着新生代家轿沃兰多的成功上市和各主力产品的升级换代，Redline 系列产品的发布，布局逐渐完善，雪佛兰产品力和品牌力不断获得消费者认可，销售结构持续优化，销量连年正增长。

雪佛兰品牌 2018 年 1～10 月份总销量 445444 辆，同比增长 10.8%，在 2017 年全年 5.0%的同比增幅上更进一步。2018 年 1～10 月份雪佛兰各车型批发销量见图 4。

1．小型轿车

雪佛兰品牌深耕小型轿车的细分市场，赛欧产品在销量和市场占有率方面常年保持前列，但受小型车整体市场萎缩的影响，赛欧也进入了生命周期末期，2018 年销量下滑明显。赛欧 3 在 2018 年 1～10 月份累计销量 40060 辆，同比下跌

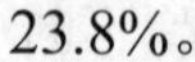
23.8%。

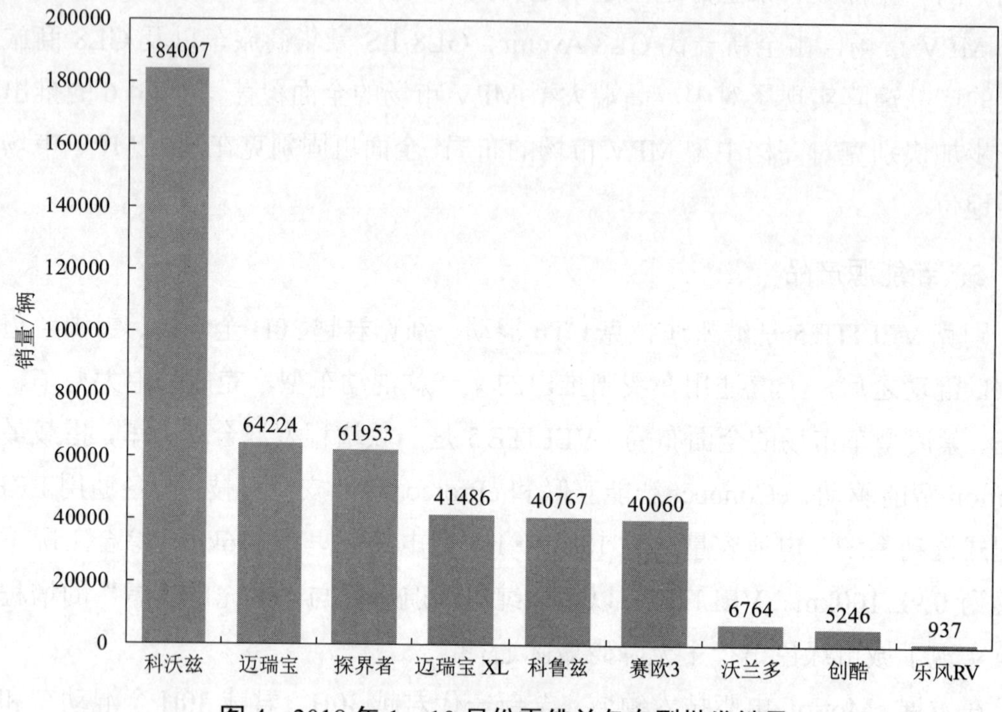

图 4 2018 年 1～10 月份雪佛兰各车型批发销量

2．紧凑型轿车

科沃兹贴合互联时代我国主流家庭的用车需求，在设计、节油、科技、安全以及品质等方面表现突出，再加上其更为亲民的价格，上市后迅速成为市场标杆，销量不断上升，2018 年 10 月份更是突破 2.2 万辆，1～10 月份累计销量达 184007 辆，同比增幅 34.1%，占雪佛兰品牌总销量的 40%。

科鲁兹车系是雪佛兰在紧凑型轿车市场的重磅产品系列，兼具动感的跑车造型和传统三厢轿车的车型特征，采用雪佛兰全新的设计语言。2018 年 8 月 31 日，科鲁兹 Redline 版作为 Redline 系列首发的两款车型之一正式上市，更加突显了科鲁兹的运动气质和潮流风格。2018 年 1～10 月份累计销量 40767 辆。

2018 年 9 月，雪佛兰品牌全新家轿沃兰多正式上市，新车共推出四款 5+2 座版车型，包括两款 Redline 尚·红系列，拓展了雪佛兰品牌的细分市场布局。沃兰多主要面向新时代下的年轻群体，主打潮流造型和极致实用的功能性。外观上，沃兰多不再拘泥于传统家轿造型，采用雪佛兰全新一代家族设计语言，外观跨界并富有张力。沃兰多轴距 2796mm，领先主流中级轿车，并创新采用更具功能性的“5+2”车内布局，以灵活多变的驾乘空间和全功能的用车体验，最大化满足年轻消费群体全天候、全场景的用车需求。新车搭载全新一代 Ecotec 双喷射涡轮增压发动机，应用 12 大静音减振核心技术，在智能互联科技上率先搭载雪佛兰全新一代 MyLink 智能车载互联系统，该系统创新集成手机互联和安吉星智联映射系统，具备丰富的互联娱乐功能。预计明年雪佛兰沃兰多的销量将继续爬升。

3．中高级轿车

2016 年，为了满足国内消费者不断升级的中高级车的消费需求，雪佛兰与全球同步推出了第九代迈锐宝——迈锐宝 XL，正式形成雪佛兰中高级轿车“双迈”组合。截至 2018 年 3 月底，“双迈”组合在我国市场累计销量突破 60 万辆。2018 年在 B 级车市场受高端车挤压的情况下，“双迈”销量稳定上升，1～10 月份累计销量达 105710 辆，同比增幅 18.7%，其中迈锐宝 XL 累计增幅达到 43%。

2018 年 11 月，上汽通用宣布全新迈锐宝 XL 即将上市，新车基于通用汽车全球最先进的中高级车平台打造，采用全新一代家族设计语言，配以 Redline 尚 • 红系列专属曜黑和炫红设计元素，迎合年轻消费者的个性与时尚潮流气质。全新迈锐宝 XL 首次搭载由 2.0T 智能变缸涡轮发动机与 9 速 HYDRA-MATIC 手自一体变速器组成的高效动力总成，全面满足国Ⅵ排放标准，提升了消费者的驾驶乐趣。在智能科技方面，全新迈锐宝 XL 将搭载全新一代 MyLink＋智联系统，消费者可以享受车联应用流量终身免费、OTA 远程升级、个性化账户设置等全新服务，并通过全系标配的 8in（203.2mm）彩色高清液晶屏操作，丰富消费者的智能化用车体验。

4．SUV 产品

雪佛兰中级 SUV 探界者 Equinox 于 2017 年 4 月在国内上市，并在 2018 年成都车展上发布 Redline 尚 •红版，成为雪佛兰在 SUV 细分市场的主力产品。2018 年 1～10 月份，探界者销量已达 61953 辆。

自 2015 年发布“梦 • 创未来”品牌主张以来，三年间雪佛兰逐步形成“高性能”和“全功能”双元产品阵容。未来，雪佛兰还将继续加码我国市场，以更丰富的产品和领先科技助力雪佛兰品牌继续向上发展。

四、凯迪拉克品牌 2018 年各车型的市场表现

凯迪拉克品牌近几年持续高速增长，已成为豪华品牌第二梯队的领头羊，并

向宝马、奔驰、奥迪看齐。近三年来，共有30个月实现两位数的同比增长，以持续远超国内主流豪华品牌的平均增速，在2018年1～10月份在国内累计销量185641辆，同比增幅达29.7%，再创销量新高（见图5）。

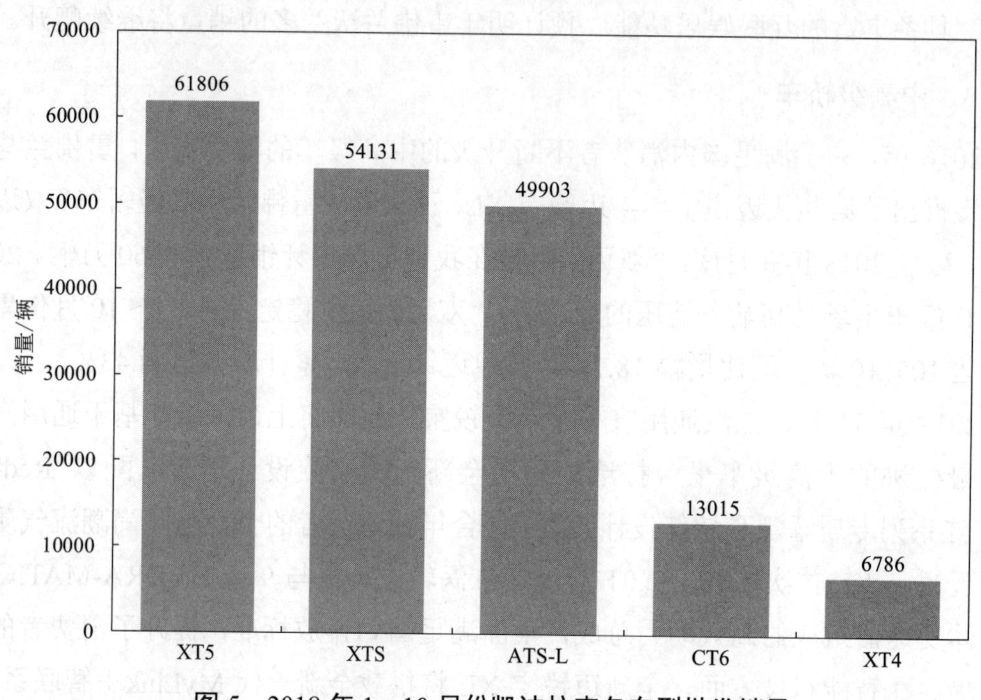

图5 2018年1～10月份凯迪拉克各车型批发销量

在多元化、个性化、年轻化已渐成主流的我国豪华车市场，凯迪拉克依托品牌鲜明的“新美式豪华”风格，围绕我国消费者需求不断以创新科技提升产品竞争力，并通过丰富多样的品牌营销活动提升消费者服务体验，逐步赢得我国豪华车消费市场的认同，多款主力产品已稳居主流豪华车细分市场销量前列。

在2018亚洲消费电子展上，凯迪拉克Super Cruise超级智能驾驶系统正式在我国发布，成为引领行业发展的前瞻科技。与其他驾驶辅助系统不同，Super Cruise是业内首个量产并可真正实现在高速公路上释放双手驾驶的智能驾驶技术，凭借独创的驾驶员注意力保持系统和高精地图数据系统两大核心技术，整合车道中央行驶保持系统和自适应巡航系统，使驾驶者在双手脱离方向盘之后仍能安全地完成一系列日常行驶操作，为驾驶者带来安全、轻松、智能的崭新驾乘体验。

1．豪华轿车

2018年12月3日，新豪华科技旗舰全新一代凯迪拉克CT6正式上市，作为凯迪拉克的旗舰车型，美式旗舰 CT6 承袭凯迪拉克概念车 ESCALA 的设计语言、搭载全新一代驱动系统技术和移动互联智能科技，驾乘空间和全方位的主被动安全策略超越同级别竞品。新车车身加长至 5223mm，轴距达 3109mm，全车共 202 颗 LED 灯，座舱内全皮质覆盖；新车搭载全新 2.0T 可变缸涡轮增压发动机以及同级首次全系标配的 10 速手自一体变速器，使动力输出更为平顺；在智能互联方面，全新一代 CT6 集成了最新一代凯迪拉克移动互联体验 CUE，全面应用车联网创新“云”服务，实现 OTA 智能云更新功能，同时提供更精准的 Hybrid 混合语音识别，新增副驾语音控制功能，可精准响应主副驾驶的语音指令，还配备了混合式实时互联导航、多账户个性化定制、全彩 HUD 飞航显示仪、5 种 HMI 交互方式等诸多领先科技。CT6 在 2018 年 1～10 月份累计销量 13015 辆，累计同比增长 41.5%。

XTS 在中级豪华轿车中表现更加突出，2018 年 1～10 月份累计销量 54131 辆，累计同比增长 54.3%。在中级豪华轿车市场中，品牌溢价能力强，豪华 A6L、BMW 5、Benz E 几乎成为豪华车的代名词，占据 64%市场份额，但随着 XTS 产品力多年来不断提升，以及不断上升的品牌形象，2018 年前 10 个月销量赢得了中级豪华轿车市场 7.2%的市场占有率，大幅领先非 BBA 的其他同级豪华车型。

作为凯迪拉克布局细分市场的重要车型，ATS-L 和 XTS 分别以运动和商务两种不同定位撬动市场。ATS-L 主打新美式风尚运动，以领先的豪华移动互联体验、风尚的外观、卓越的操控、丰富的配置，满足了国内年轻消费者对移动互联、彰显自我的购车需求，自上市以来始终保持着稳定增长的态势，2018 年 1～10 月份 ATS-L 累计销量 49903 辆，同比增长 9.1%。

2．豪华 SUV

XT5 于 2016 年 4 月上市，凭借动感设计和大空间，上市半年后销量便突破 5000 辆，之后一直处于高销量态势，2018 年 1～10 月份，XT5 平均月销 6000 辆以上，累计销量 61806 辆，同比增长 16.3%，稳居中级豪华 SUV 市场第三名，仅次于 GLC 和 Q5，已成为品牌增量的中坚力量。

2018 年 8 月 29 日，凯迪拉克 XT4 正式上市，丰富了凯迪拉克品牌的 SUV 布局，新车由新生代设计团队全力操刀，基于对年轻消费人群个性和审美的独到理解，XT4 首次采用了风尚、运动双外观设计策略。XT4 率先搭载的是通用汽车全新 2.0T 可变缸涡轮增压发动机，以及众多如全可变排量机油泵、电动放气阀涡轮增压器、智能主动电控碳罐泵等业内领先的智能电气化科技，同时还配备了智能双离合适时四驱系统，提供 Touring 舒适、Snow/Ice 防滑、Sport 运动、AWD 四驱多种驾驶模式切换，以及包括 E-boost 电子助力制动系统、新一代 ETRS 电子排挡等在内的一系列前沿动力科技；依靠领先科技的赋能，凯迪拉克 XT4 为驾乘人员提供了无微不至的安全保障，最多 6 个毫米波雷达、12 个超声波雷达、6 个摄像头组成的全方位安全监测系统，实现对周围环境的全面侦测。

凯迪拉克自 2016 年突破 10 万辆，2017 年突破 17 万辆，2018 年将成功踏上年销 20 万辆的新台阶，凯迪拉克品牌一直保持着“稳中有进”的发展态势。未来，凯迪拉克将借助消费升级趋势，在品牌营销、服务体验、渠道拓展等多个维度全面发力，进一步拓展目标消费群体。

五、2018 年总结及 2019 年展望

受 2017 年购置税优惠政策退出前的过度消费以及整体宏观经济形势的影响，2018 年，我国乘用车市场负增长基本已成定局。

上汽通用在国内批零端均位列第三，各品牌新产品上市较成功，但受整体汽车市场发展降缓的影响，上汽通用国内销量增幅受阻，预计全年三个品牌总销量与 2017 年基本持平，其中别克品牌受影响较大，雪佛兰和凯迪拉克品牌销量会逆势上扬，增幅可观。别克作为一线主流合资品牌，受汽车市场整体行情影响较大，品牌通过高端 MPV、高端轿车稳健发力以及新车上市，可减小外围因素冲击；雪佛兰品牌借助产品力的提升和细分市场的创新布局，突显品牌文化，不断获得市场认可，连续多月零售保持两位数增长，呈现明显复苏势头；凯迪拉克品牌以持续、快速、健康的增长态势，领跑豪华车市场第二集团，旗舰 CT6 的升级有效提升了凯迪拉克的品牌力。公司海外出口业务势头正足，全力克服中美贸易摩擦的不利影响，凭借赛欧在墨西哥市场的成功拓展，2018 年有望实现超过 15 万辆的出口总量，再创出口销量历史新高。

2019 年，预计国内宏观经济进入新一轮下行周期，GDP 或降至 6.3%；另外，产业政策对汽车市场没有显著支撑，而中美贸易摩擦负面影响可能进一步释放。对于汽车市场，2016 年、2017 年购置税补贴政策带来的汽车过度消费的影响尚待消化，2019 年，部分城市也将提前实施国 VI 排放法规，双积分政策已经正式实

施。综合各方面因素，预计 2019 年汽车市场将在低位振荡，乘用车销量可能达到 2350 万～2450 万辆，同比增幅－2.1%至 2.1%。从细分市场和车型来看，2019 年豪华车和新能源车是增长主力，预计仍保持两位数以上的高速增长；轿车市场，特别是中小型及以下市场受消费升级影响而继续萎缩；SUV 市场逐渐进入竞争红海区，将维持当前销量水平；MPV 市场，中型 MPV 市场在新车的带动下会较快增长，弥补中小型 MPV 市场萎缩带来的影响。

2019 年汽车市场的竞争更趋激烈，上汽通用汽车将凝聚共识、形成合力，力争跨上新台阶。

（作者：史林杰）

2018年广汽本田产品市场调研报告

一、2018年广汽本田整体市场表现

2018年宏观经济换档降速，预计GDP增长将放缓至6.5%。乘用车市场方面，受到宏观经济增长放缓、经济结构分化、消费信心下降和购置税政策透支等因素的影响，2018年第三季度乘用车销量结束了长期的正增长，首次出现超预期的大幅下降（见图1）。从月度走势上看，增速下滑的趋势还在进一步加大。

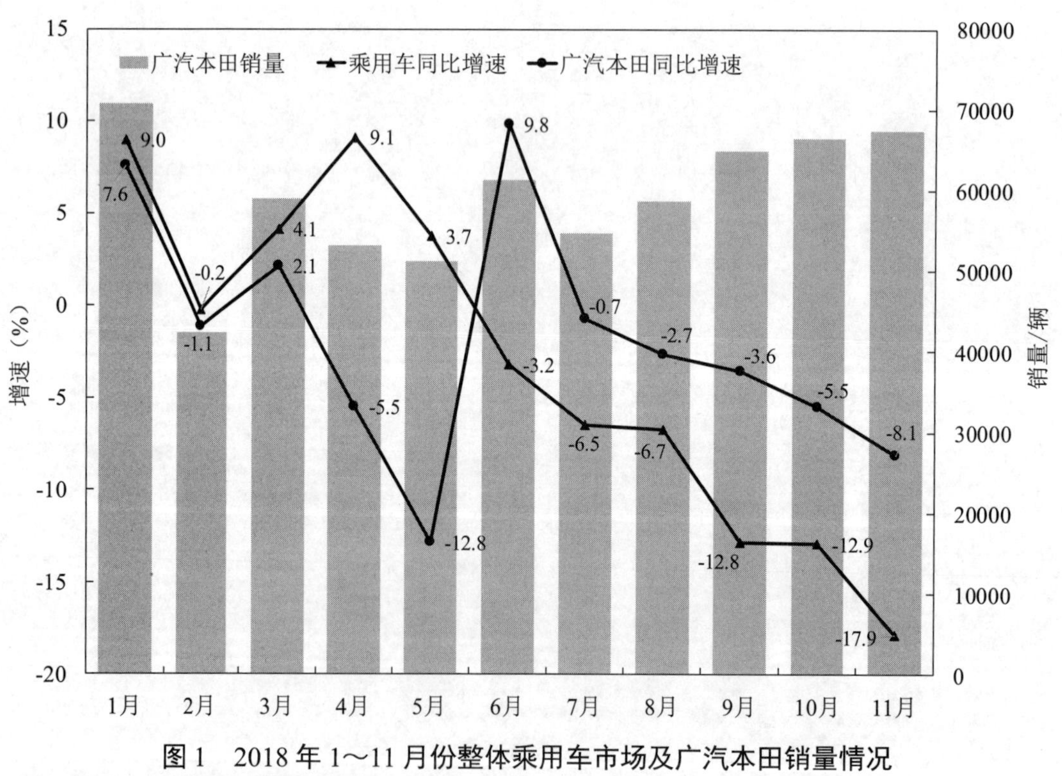

图1　2018年1～11月份整体乘用车市场及广汽本田销量情况

在市场整体负增长的状况下，2018年1～11月份，广汽本田累计销量约为67万辆，相比2017年同期累计增长4.9%（见表1）。其中，雅阁、缤智、飞度车型累计销量均超过10万辆，表现良好。

表1　2018年1～11月份广汽本田分车型销量情况

车型	广汽本田批发销量情况					
	2017年11月销量/辆	2018年11月销量/辆	同比增长率（%）	2017年1～11月累计销量/辆	2018年1～11月累计销量/辆	同比增长率（%）
雅阁	15113	20508	35.7	136482	156705	14.8
奥德赛	3798	3952	4.1	33400	42829	28.2
缤智	12185	12412	1.9	131281	133439	1.6
飞度	10145	12900	27.2	99411	117967	18.7
锋范	5449	1321	−75.8	57811	43089	−25.5
冠道	10007	6604	−34.0	77331	75133	−2.8
凌派	10003	17764	77.6	92229	95942	4.0
讴歌	1562	903	−42.2	12150	6391	−47.4
合计	68262	76364	11.9	640100	671495	4.9

二、2018年广汽本田细分市场产品的表现

1．雅阁的市场表现

中高级轿车细分市场继续回稳反弹，2018年1～11月份累计同比增长17%。作为广汽本田的代表车型，雅阁1～11月份累计销量接近15.7万辆（其中雅阁锐·混动销量1.6万辆），同比逆势增长14.8%；特别是第十代雅阁锐·混动表现异常优异，上市之后一度供不应求，处于一车难求的状态。第十代雅阁锐·混动上市发布会现场见图2。

图2　第十代雅阁锐·混动上市发布会现场

雅阁能逆势增长，主要原因有两点：第一，得益于其产品力和合理的价格体

系。第十代雅阁大改款，产品力全面提升，一方面，第十代雅阁汽油版车型的动力总成全面更新为地球梦科技直喷涡轮增压技术，混动版车型搭载本田独创全球领先的第三代 2.0L i-MMD 双电动机混合动力系统，以及 SBW 电子换档等多项独有技术。另一方面，采用多项吸引年轻用户群体的新颖设计和技术、家族式运动化前脸、轿跑风格溜背造型设计、羽翼式 LED 前照灯、光纤 LED 尾灯、Honda SENSING 安全超感主动安全科技等。第二，采用创新的营销模式，第十代雅阁上市后，广汽本田启动了面向不同用户群体的 3 IP 的代言营销方法，进一步深化了广汽本田的年轻化营销策略。这样的创新性营销措施取得了良好的效果。

2. 冠道的市场表现

2018年下半年，SUV 市场整体出现负增长（见图3），其中，中大型 SUV 细分市场负增长更加严重，增长率下降到－20%以下。在这种市场状况下，冠道销量仍基本保持平稳，2018年1～11月份冠道累计销售超过7.5万辆，同比增长－2.8%，显示了超强的产品竞争力。

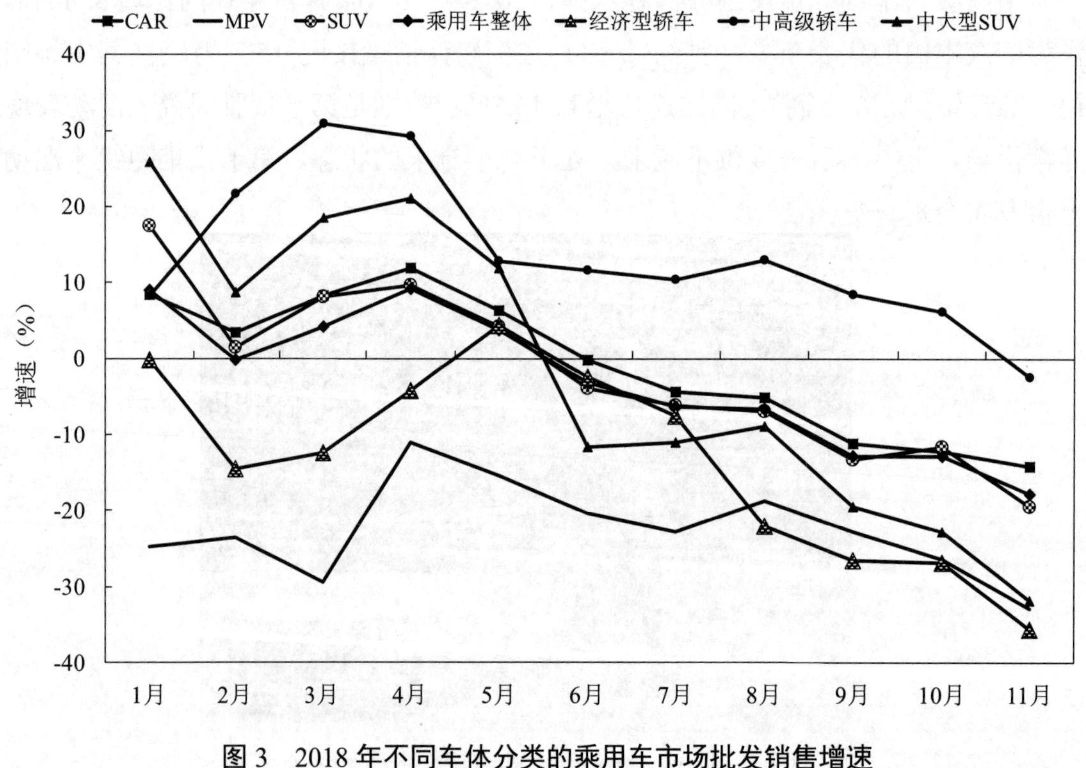

图 3 2018 年不同车体分类的乘用车市场批发销售增速

虽然上市已逾两年，冠道在产品力方面仍具有领先优势。时尚俊朗的外形设计和豪华宽敞的内部空间让人印象深刻：鹰翼式全 LED 前照灯，独特溜背式的后尾部设计。轴距长达 2820mm，宽度达 1942mm，第二排空间优势明显，再加上能够媲美豪华车的内饰，让冠道车内整体感受处于整体领先水平。

3．奥德赛的市场表现

2018 年 6 月，奥德赛迎来了中期改款。本次改款除外观变化外，配置也大幅度升级，但价格维持不变。该产品策略获得了良好效果，换款后销量劲增，月销量超过 5 千辆，2018 年 1～11 月份累计销量达到 4.3 万辆，同比上涨 28.2%。新奥德赛推广宣传平面图见图 4 。

图 4 新奥德赛推广宣传平面图

奥德赛中期改款配置的升级有：追加第二排电动航空座椅、电动双天窗、Honda SENSING 安全超感主动安全科技、Honda CONNECT 智导互联系统，另外，在静音性能上也进行了升级。

4．飞度的市场表现

作为广汽本田的代表车型之一，飞度多年来凭借超低油耗、强劲动力、灵活的大空间和产品可靠性等特点赢得了良好的口碑。在 2018 年 A0 级轿车市场普遍低迷，1～11 月份累计同比增长率为－4%的情况下，飞度保持了 18.7%的累计增长率，销量累计超过 11 万辆。

2018 年，飞度继续主打娱乐营销——“玩·创”体验：在玩乐中创造出新的生活形态和生活体验。集合改装文化、创客达人互动和四大玩创体验馆，为年轻、追求潮流、充满创造力的车主们，打造个性，玩创潮街。在玩创挑战赛和品牌开放日 FIT DAY（见图 5），通过契合目标群体的互动和沟通方式，拉近与年轻人的距离。

图 5 FIT DAY 玩创节

5. 凌派的市场表现

中级轿车细分市场是目前最大的细分市场之一，2018 年 1～11 月份中级轿车累计销量超过 629 万辆，但该细分市场累计销量同比增长率仅为−4%。借助第四季度上市的新一代凌派优异的市场表现，凌派 2018 年 1～11 月份累计销量达 9.6 万辆，同比增长 4.0%，预计全年同比增长率将超过 10%以上。

2018 年 10 月，凌派迎来新一代大改款，产品竞争力显著增强，刚上市就吸引了众多目标消费者，11 月份月销量快速突破 1.7 万辆。在产品方面，新一代凌派车身尺寸大幅增加，车长达到 4756mm，轴距达到同级别顶级水平 2730mm。动力总成更新为本田全新地球梦科技 1.0T 180T 涡轮增压缸内直喷发动机，达到同级别顶级油耗水平 4.9L/100km。全新一代凌派搭载了丰富的配置、全系一键启动、EPB 电子驻车和在中高级车上才搭载的 Honda SENSING 安全超感主动安全科技配置等。

6. 广汽 Acura RDX 的市场表现

2018 年 11 月，广汽 Acura 全新中型豪华 SUV RDX 在云南丽江玉龙雪山景区上市发布。全新 RDX 是广汽 Acura 的第三款国产产品。

全新 RDX 搭载 2.0T 直喷 VTEC 涡轮增压发动机、国内首款 10AT 和 SH-

AWD 超级四轮驱动力自由控制系统，在驾驶操控性能方面表现卓越，获得了媒体的广泛赞誉。

在配置方面，全新 RDX 也领先同侪，搭载众多科技越级配置：智能精准触控系统、HUD 抬头数字显示系统、ELS 录音室监听级 3D 音响系统、超大尺寸全景天窗和前排 16 向电动调节运动座椅等。

三、总结

2018 年，在整体乘用车市场同比下滑的市场背景下，广汽本田通过多款新车型上市驱动，在销量方面取得了较为良好的业绩。其中，第十代雅阁、全新凌派、奥德赛中改款等车型对全年销量目标的达成起到了决定性作用。2018 年是广汽本田新能源车起步之年，首款纯电动 SUV VE-1 和首款插电式混动 SUV 世锐于年底投产，开启了广汽本田新能源车的新篇章。

面向 2019 年，预计整体汽车市场增速将继续下滑，广汽本田也要做好抵御寒冬的准备，除了按计划推出三款新车型之外，还需要做好生产和销售的供需管理，保持稳健的销售节奏，确保整个销售体系的健康和稳定。

（作者：李雄）

2018年东风日产产品市场调研报告

一、2018年我国乘用车市场回顾

2018年乘用车整车市场出现负增长，1～10月份比2017年同期下降0.6%（见图1）。

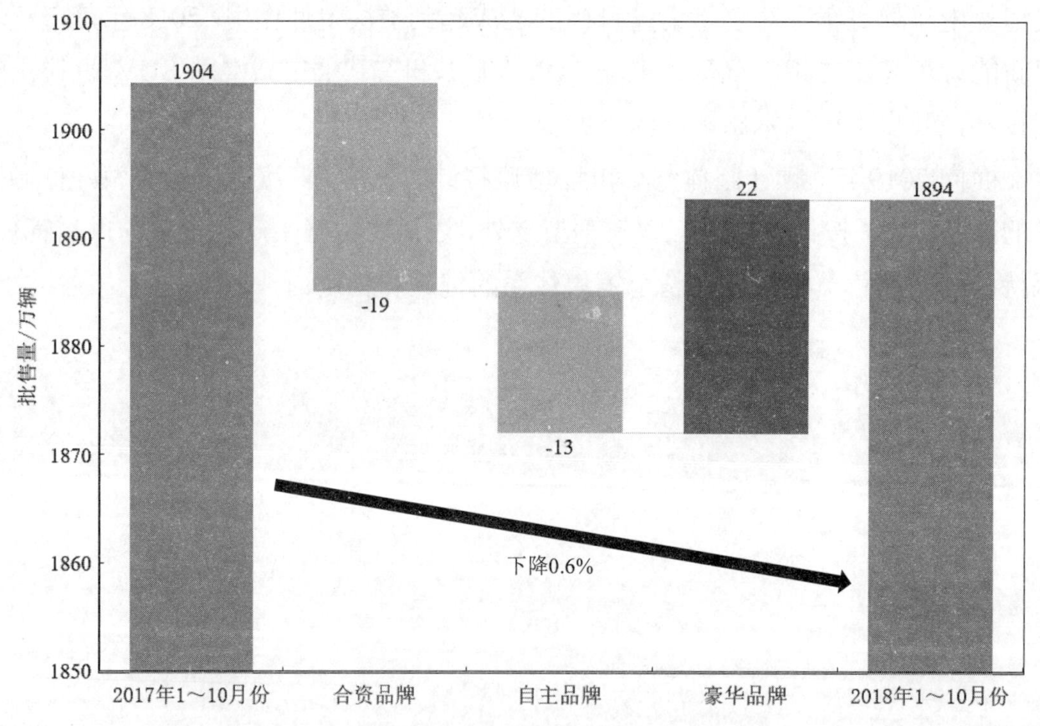

图1　2017～2018年乘用车市场增量分解

（注：资料来源于全国乘用车市场信息联席会）

从图1的增量分解上看，合资品牌和自主品牌分别下降19万辆和13万辆，而豪华品牌增长22万辆。

将年份放到近4年来看，2015～2018年，合资品牌每年（1～10月份）的销量基本持平，自主品牌经过几年的高速增长后进入平缓期，而豪华品牌依然维持以20%上下的速度在快速增长（见图2）。

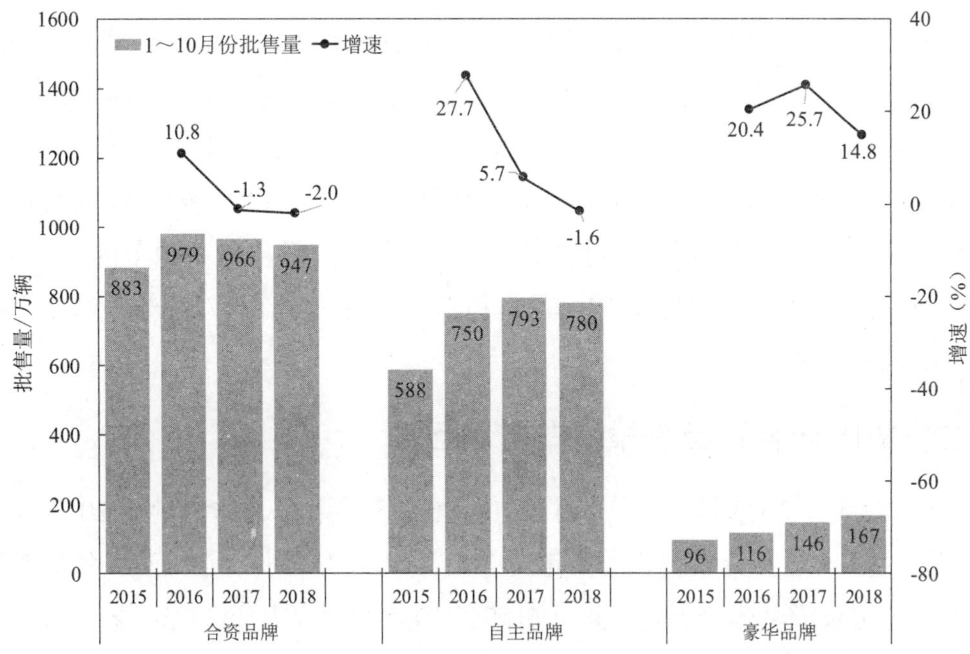

图 2　2015～2018 年（1～10 月份）乘用车批售量及增速

（注：资料来源于全国乘用车市场信息联席会）

对于自主品牌，不得不提的是新能源车领域，2018 年（1～10 月份）自主品牌新能源车销量达到 71 万辆（见图 3），2018 年全年有望达到 90 万辆。

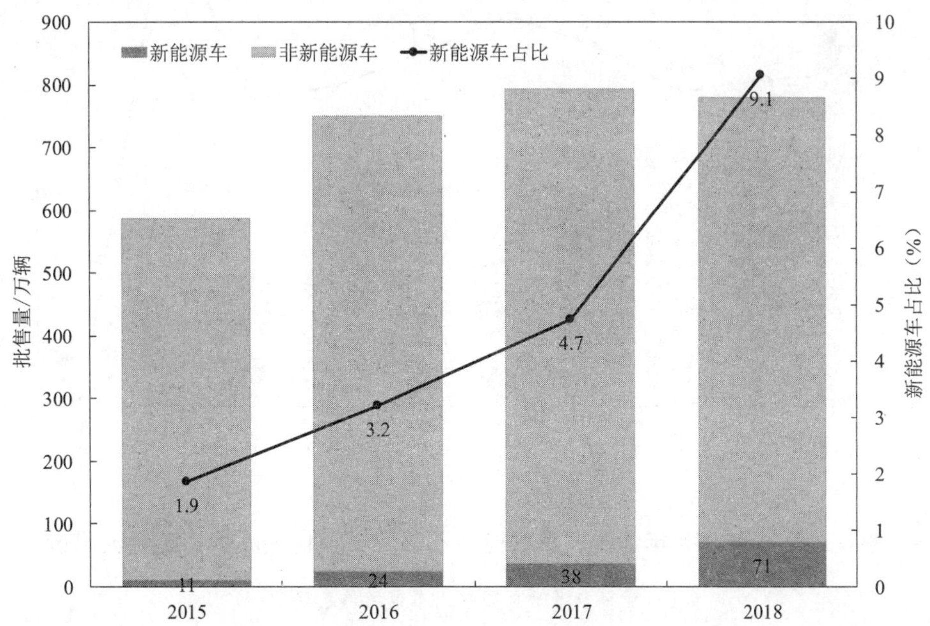

图 3　2015～2018 年自主品牌新能源车占比

（注：资料来源于全国乘用车市场信息联席会）

在《中国制造 2025》中提出，2020 年自主品牌新能源车年销量目标为 100 万辆，2018 年的销量已经接近这一目标。虽然 2018 年新能源车的发展相当大的程度是受到政策和补贴的驱动，但从产业化上看，90 万辆已经颇具规模，若以“先做大再做强”的思路，下一步摆在自主品牌面前的是如何“做强”，如何与将要快速投放新能源车的合资品牌进行抗衡。另一方面，如果从新能源车的占比来看，自主品牌已经达到 9.1%（见图 3），粗略判断，自主品牌在“双积分”达成上将会有大量正积分剩余。

二、2018 年合资品牌乘用车市场回顾

如前文所述，2018 年（1～10 月份）合资品牌乘用车总体销量较 2017 年同期有所下降，图 4 是合资品牌乘用车销量排前 10 名的厂商，其中前 9 名都实现了不同程度的增长或基本维持，由此可知排在 10 名以外的厂商销量不容乐观，合资品牌乘用车市场的马太效应愈加增强。

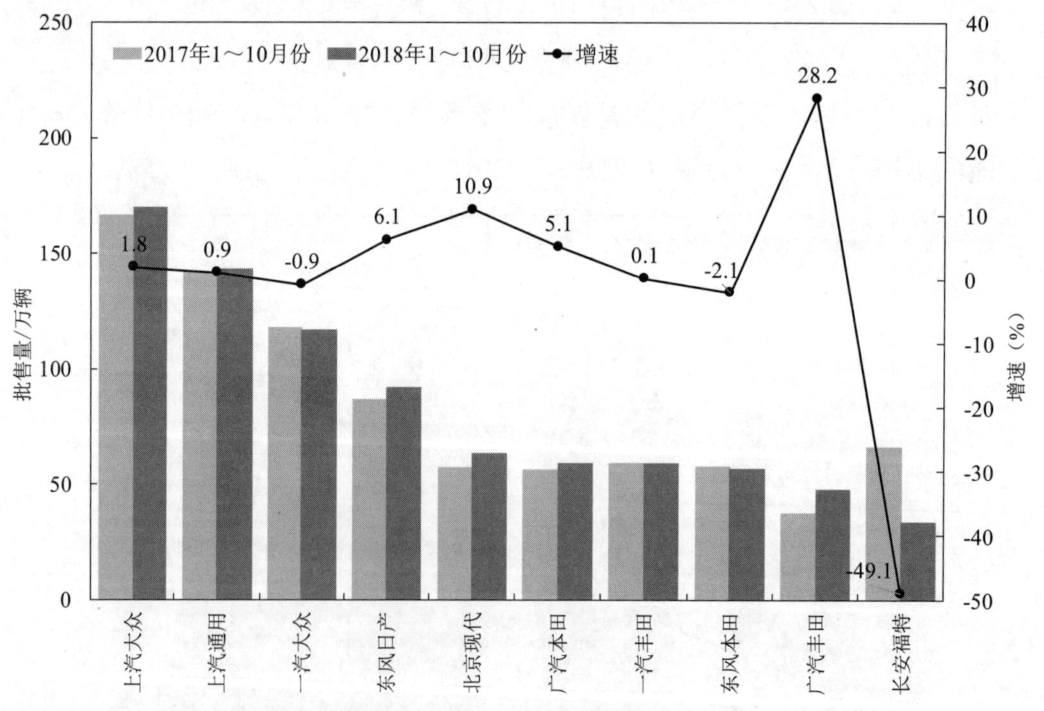

图 4　2017～2018 年合资汽车企业（不含豪华和自主品牌）销量及增速

（注：资料来源于全国乘用车市场信息联席会）

销量前三甲的上汽大众、上汽通用和一汽大众与上年同期基本持平，而第四名东风日产增长 6.1%，进一步缩小了与一汽大众的差距。大众品牌 2017 年的销

量以轿车为主，到 2020 年，大众品牌将会在我国市场快速投放 SUV，新产品的投放将会成为上汽大众和一汽大众的增长点，而产品线相对丰富的上汽通用和东风日产将会通过快速导入新的技术以提升产品竞争力，从而推动销量增长。

北京现代慢慢走出萨德事件的影响，销量也得到恢复，相比 2017 年同期增长 10.9%。紧随其后的是广汽本田、一汽丰田、东风本田和广汽丰田，其中广汽丰田凭借全新换代的凯美瑞和 C-HR 实现销量增长，而本来可以进一步实现销量突破的东风本田却因“机油门”事件而导致销量下跌 2%。排名第十的是长安福特，其销量相比 2017 年同期下跌 49%，下跌的主要原因可能是产品和新技术导入相对保守，而保守的影响除了销量外，还有“双积分”的达成。

从厢型上看（见图 5），三厢轿车依然是合资品牌市场中份额最大的厢型，近几年来销量保持稳定。虽然 SUV 增长速率有所放缓，但随着大众品牌在未来继续投放 SUV 车型，销量有望进一步提升。MPV 的份额最小，但是其增长速度较快，2018 年比 2017 年同期增长 21.4%，可见全面二胎政策对 MPV 的需求起到了促进作用，但是其影响相对温和。未来 MPV 市场是否会出现爆发式增长，还需持续关注。

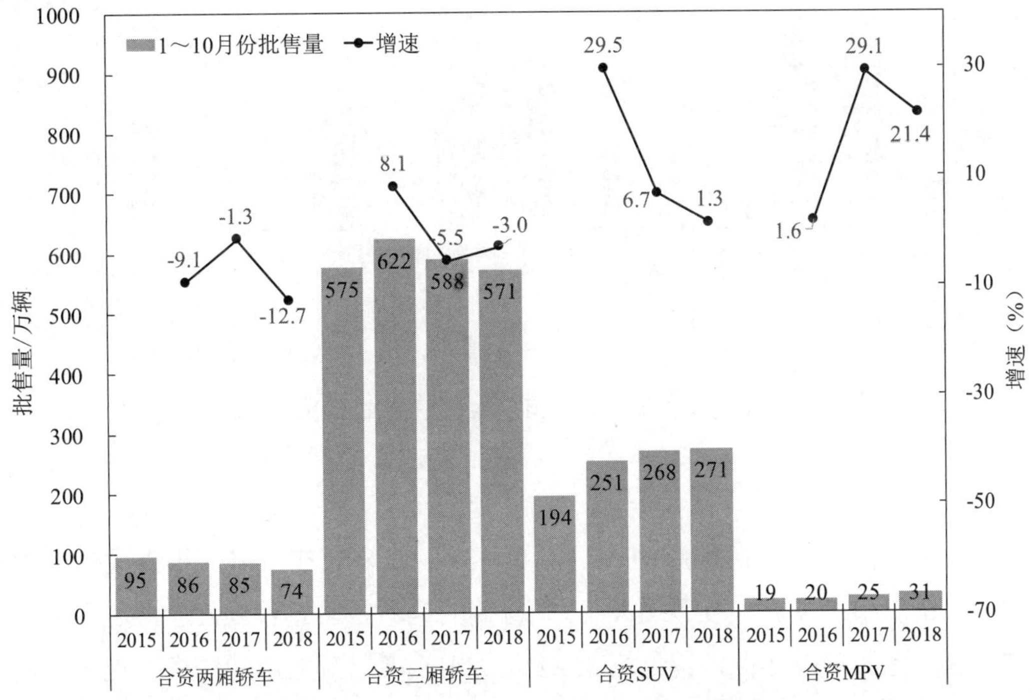

图 5　2015～2018 年（1～11 月份）合资品牌分厢型批售量及增速

（注：资料来源于全国乘用车市场信息联席会）

三、2018年东风日产市场表现及细分市场研究

1. 2018年东风日产整体市场表现

东风日产2018年1～10月份销量为92万辆，较2017年同期增长6%，高于合资品牌增长率－2% （负增长）。

东风日产拥有由楼兰、新奇骏、新逍客和劲客组成的丰富的SUV产品线。楼兰、新奇骏和新逍客实现了将近两位数的增长，在SUV市场增速暂缓且竞争对手（大众途岳、探歌、探岳，丰田奕泽、C-HR）进入的情况下能获得如此成绩，实属不易，这展现出新奇骏和新逍客的竞争力（见图6）。

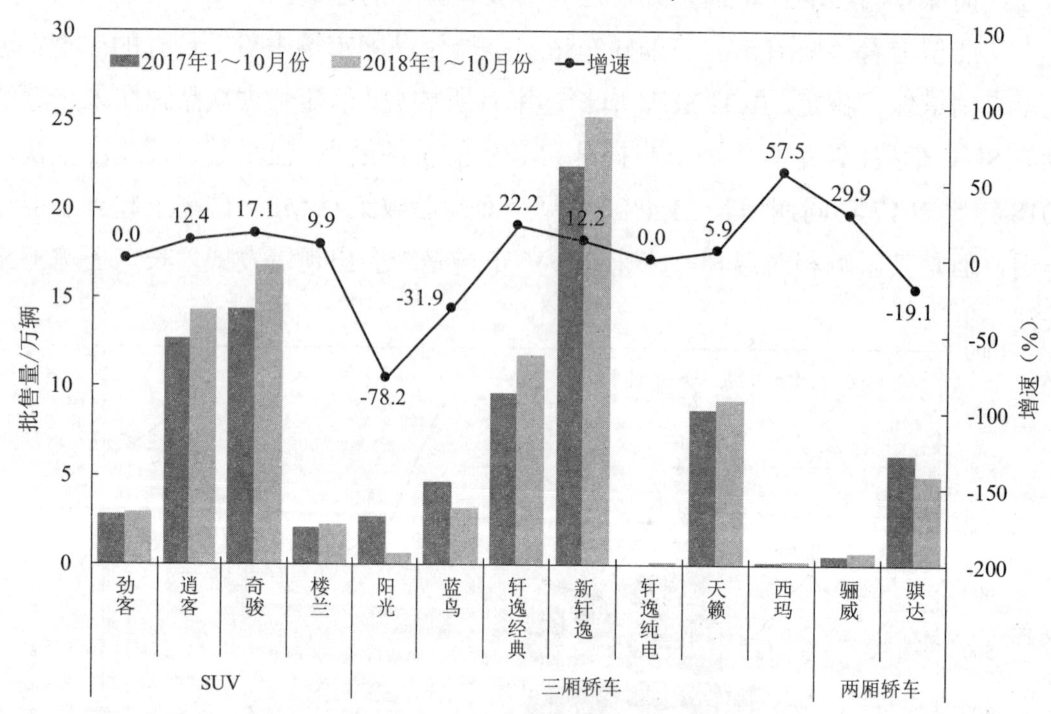

图6 2018年1～10月份东风日产车型批售量

（注：资料来源于全国乘用车市场信息联席会）

三厢轿车阵营中轩逸家族的表现可圈可点，新轩逸在2016年完成生涯中期改款后，销量节节攀升，实现月均2.5万辆的销量，轩逸经典在“换芯”（AT→CVT）后，更加节能环保，销量增长22%。2018年全新上市的轩逸·纯电，进一步提升了“轩逸品牌”的知名度。调研显示轩逸的总体评价超过卡罗拉和朗逸，高居合资紧凑三厢轿车第一名，表现相当抢眼。

从产品线上看，东风日产销量集中在轩逸家族、天籁、奇骏和逍客上，如果要实现销量更上一个台阶的话，那么主要课题是如何进一步优化产品线，如：拓宽价格带覆盖或是人群覆盖等。

2. 2018 年东风日产重点车型表现

（1）轩逸·纯电　如前文所述，合资品牌乘用车将会在新能源车市场大力投入产品，而轩逸·纯电便是先锋。早在 2014 年，东风日产就导入了聆风，以启辰晨风的身份在我国上市，这是东风日产的第一次探索，从销量上看，晨风并未获得成功，总结经验，主要原因是续航里程缺乏竞争力，车价偏高。轩逸·纯电的导入，本质上是日产聆风在我国市场的第二次探索，而这一次进行了适应性开发：一方面，“聆风”不再是两厢车，而是“化身”为轩逸，也就是将聆风的纯电动动力总成搭载在明星车型轩逸上；另一方面，提升续航里程至 338km（NEDC 工况），同时电池能量密度也将随着国家政策的要求逐年提升。

轩逸·纯电的 V-Motion 前脸设计比起燃油版车型更大胆（见图 7），V 字形的蓝色菱形纹理，象征着纯电的身份。其价格在 2018 年补贴后为 15.9 万元起，凭借聆风成熟高品质的电控技术和轩逸的口碑，轩逸·纯电具有很强的竞争力。

图 7　轩逸纯电

（2）新奇骏和新逍客　新奇骏进入 SUV 市场以来，销量一直稳居紧凑 SUV 前列，是东风日产当之无愧的明星车型（见图 8）。新奇骏在 2017 年 4 月中期改款后销量稳步提升，2018 年 1～10 月份销量较同期增长 17%，月均销量达到 1.7 万辆，在合资紧凑 SUV 细分市场中排名第三。同样处于紧凑 SUV 的新逍客销量增长 12%，月均销量达到 1.4 万辆，在合资紧凑 SUV 细分市场中排名第四（见图

9）。2019年，新逍客即将迎来中期改款，改款后的逍客在外观设计方面将会更加时尚动感，更能满足年轻人对SUV的个性潮流化需求，同时会搭载新的装备，销量有望进一步提升。

图8 2018款新奇骏（左）和2018款新逍客（右）

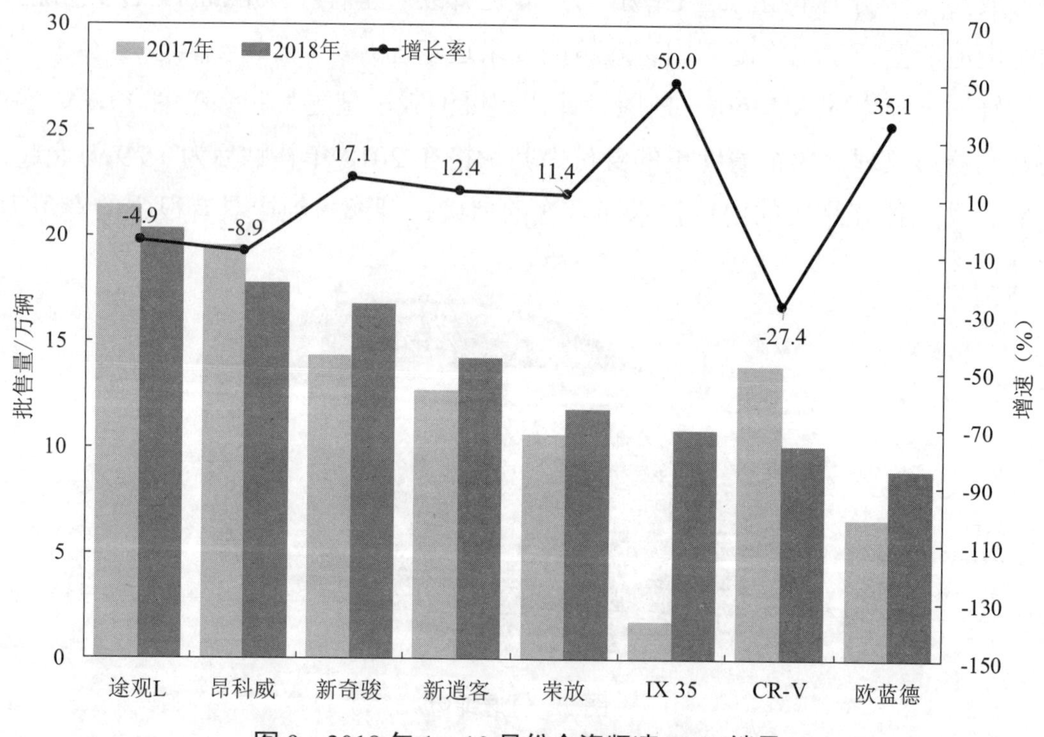

图9 2018年1～10月份合资紧凑SUV销量

（注：资料来源于全国乘用车市场信息联席会）

四、2019年展望

正如开篇所说，2018年1～10月份乘用车市场出现了负增长，预计2018年全年总销量与 2017 年相比将会下跌。虽然短期内乘用车市场会有波动，但是从长期上看，由于我国乘用车的人均保有量与发达国家相比还处于较低水平，且地理区域上发展不均衡，为了满足人民日益增长的出行需求，从长期上看，我国乘用车市场总体需求量将会持续提升。

国家信息中心预测我国乘用车市场总体需求量的峰值为 4200 万辆/年，对应保有量为 6 亿辆，千人保有量约为 400 辆/千人。而 2017 年党的“十九大”提出我国社会将会分两个阶段进行发展，第一阶段为 2020～2035 年，愿景是:“到 2035 年，在全面建成小康社会的基础上，再奋斗十五年，基本实现社会主义现代化。到那时，人民生活更为宽裕，中等收入群体比例明显提高，城乡区域发展差距和居民生活水平差距显著缩小。”根据这一愿景的描述，笔者大胆假设，到 2035 年人民的出行需求得到充分满足，即乘用车市场总体需求达到峰值 4200 万辆/年。以 2017 年 2540 万辆的总销量为起点，每年将会有平均 2.8%的增长率，一直到 2035 年的峰值 4200 万辆/年，届时对应保有量约为 6 亿辆。

另一方面，随着车辆保有量的快速提升，资源和环境都面临着巨大的压力，如何缓解人民日益增长的出行需求与有限资源和环境压力之间的矛盾，将考验着每一个汽车产业参与者的智慧。众所周知的汽车四化“CASE”——Connected 网联化、Autonomous 智能化、Shared＆Services 共享化以及 Electrified 电动化，将是缓解这一矛盾的有效解决方案。这是汽车产业转型升级的大趋势，企业只有紧跟汽车“新四化”的步伐，才能获得我国市场的青睐。

（作者：陈泽茂）

2018 年神龙汽车市场调研报告

2018 年，在宏观经济降速、经济结构分化、消费信心下降、购置税政策透支、中美贸易战冲击等各种政策与市场因素的共同作用下，我国乘用车市场首次出现了年度负增长，超出各方预期。

85 个乘用车主机厂有 41 个出现不同程度的负增长。随着产品供给的快速扩张，竞争强度逐渐加大，SUV 市场红利也正在迅速消退，从前几年的高速增长陡降到与轿车增速基本接近。在行业整体增速放缓，竞争加剧，终端促销不同程度加大及原材料成本上涨的压力下，行业收入与行业利润形势不容乐观。市场亮点主要来自靠政策驱动的新能源车和靠消费升级驱动的豪华品牌。

2018 年对于神龙公司来说也是极其不平凡的一年。在经历了 2013～2015 年的高速增长后，神龙公司仍然处在战略调整期，销量和市场占有率都没有走出谷底，预计公司 2018 年全年累计实现整车开票 26 万辆，市场占有率下降到 2%以下（见图 1）。处在市场跟随地位的神龙汽车表现出对于外部风险更高的敏感性。

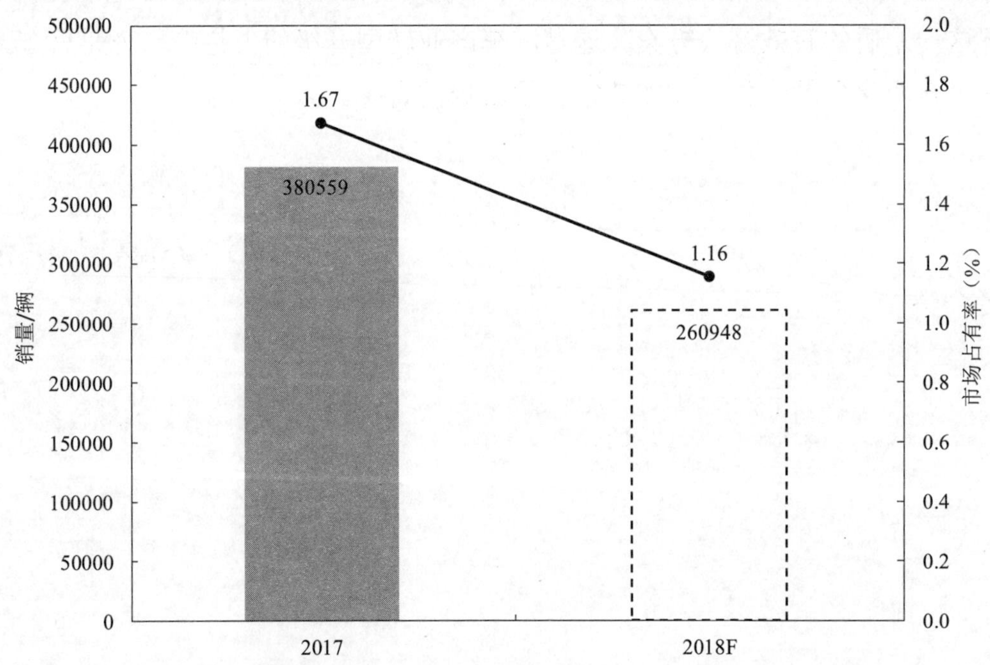

图 1　神龙汽车 2017～2018 年销量及市场占有率对比（F 表示预测值）

面对不利的市场环境，各大主机厂都在不遗余力地寻求应对措施，防范风险。

一是国 VI 标准的产品正在紧锣密鼓地准备着。截至 314 批公告，已有 40 家企业发布不同数量的符合国 VI 标准的乘用车车型。国 VI 车型销量占比达到 80%以上的企业有 18 家，占上公告汽车企业数的 45%。与 312 批公告相比，自主品牌从汽车企业上公告数及完成率方面均有明显提升，从 312 批的 8 家到现在的 17 家，完成率大部分集中在 60%左右。

二是新能源汽车（NEV）生产和推广力度在进一步加强。不管是为应对“双积分”要求，还是从抓住市场亮点角度出发，新能源汽车的生产和推广都迫在眉睫。短期看，无论是合资品牌还是自主品牌，都在插电式混合动力汽车（PHEV）上有较多的投入。2018 年 1～10 月份，插电式混合动力汽车累计销售 18 万辆，同比增加 136%，远高于新能源汽车 94%的总体增幅。

三是 SUV 产品投放在提速。尽管 SUV 市场红利在迅速衰减，但不可否认，SUV 仍然是市场增长的重要支撑，也是再购群体的主要选择。大众、丰田等强势品牌还在进一步丰富其 SUV 产品线。

四是终端优惠呈现减少趋势。从终端优惠来看，2018 年 8 月乘用车整体终端优惠指数为 4.58，除 B 级轿车外其他车系的终端优惠均继续呈现减少趋势[①]。

五是库存控制效果初显。2018 年 6 月份库存达到历史高位，七八月份厂商减产调批发态势明显，9 月份乘用车存销比降到 2.7，库存压力略有缓解。总体市场的上险/开票比也已经从 1～6 月份的 88%上升到 1～10 月份的 91%。

六是抓住换购高峰，以产品升级和品牌升级顺应消费升级。我国的新中产阶级正在崛起，逐渐成为社会的中流砥柱。他们多为 80 后、90 后，接受过高等教育，追求自我提升。新中产阶级消费观的最大特征是理性化倾向明显。相比于价格，他们更在意品质以及相应的性价比，对于高质量的商品和服务，他们愿意为之付出更高的代价。

2019 年前后又会迎来一波换购高峰，C 级轿车及自主品牌的交叉型乘用车将是换购的主流。数据表明，换购主要体现在级别升级、价位升级和品牌升级。为此，无论是自主品牌还是合资品牌都在寻求产品升级和品牌升级，培养客户忠诚度。吉利和长城的品牌升级行动已经得到市场认可，领克 01 与 WEY VV5 的月均

① 数据来源于 Wind。

销量分别达到了 9000 辆和 5000 辆。

和其他企业一样，面对不利的市场形势，神龙公司也在寻求各种办法积极应对，努力将市场环境的负面影响降到最低。

一、全力以赴应对国 VI 标准提前实施。

为响应《打赢蓝天保卫战三年行动计划》，越来越多的地区宣布提前实施国 VI 标准，这些区域的市场需求量合计占全国销量的 70%以上。为此，神龙公司正在举全公司之力积极应对，从产品的准备节奏来看，应该与主流合资厂家处在同一阵营。

二、加强价格与库存管控

库存是万恶之源，混乱的价格则是企业走向衰败的重要推手。面对不利的市场形势，神龙公司格外重视对终端价格和经销商库存的管控工作。东风标致、东风雪铁龙价格走势相对平稳，与对标品牌的价格能力差值超额完成目标，达到了＋2%以上水平（见图 2）。在库存方面，公司自身库存与经销商库存均呈现逐月减少的趋势（见图 3）。2018 年 1～10 月份，公司累计上险/开票比达到 106%，远高于行业 91%的平均水平，实现了高质量的销售。

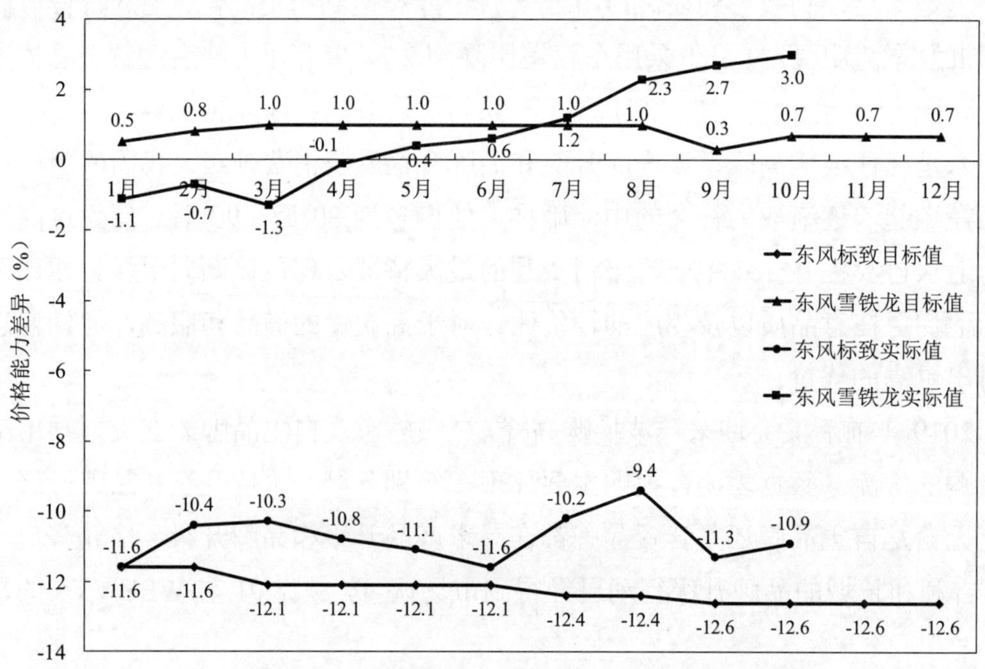

图 2　公司双品牌与对标品牌的价格能力差异分月走势图

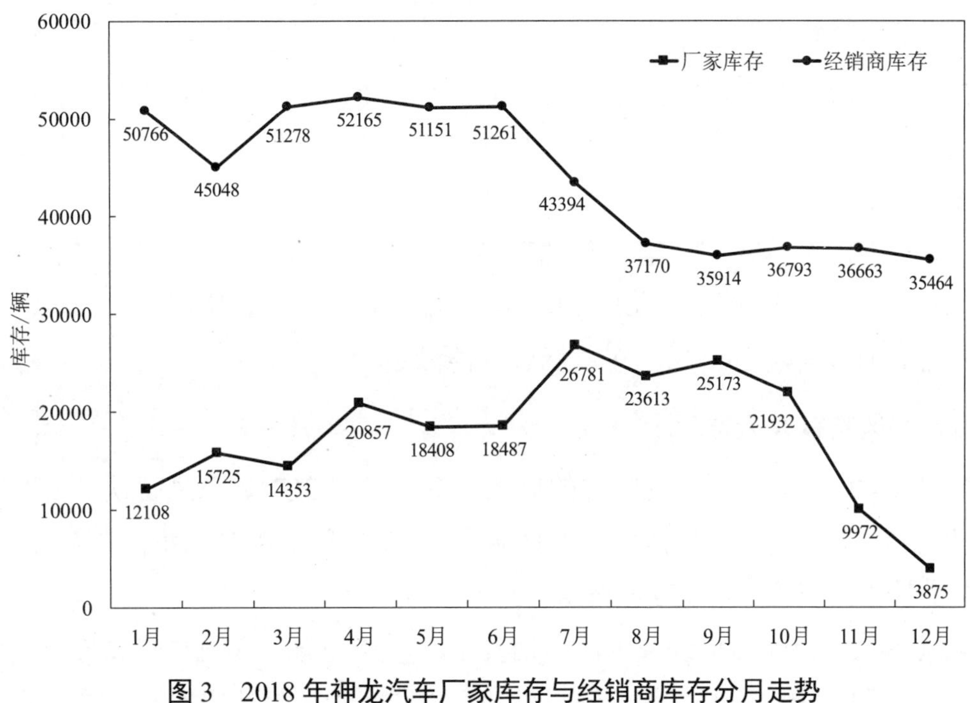

图 3　2018 年神龙汽车厂家库存与经销商库存分月走势

三、顺应时代需求特点的新产品如期而至

尽管面临经营上的诸多困难，但神龙公司没有停止投放新车的步伐。这既是神龙自身发展的需要，也是对偏好神龙产品的广大用户负责的表现。历次的市场调研表明，神龙公司保有用户表现出相比竞品更高的产品喜好满意度。

在新能源和智能网联产品规划上，公司的第一款富康品牌纯电动车以及合资品牌第一款互联网 SUV 云逸都在 2018 年年内上市，填补了神龙公司在这两个领域的空白。

2018 年，神龙公司共投放了 3 款全新产品，分别是东风标致全新 408、东风雪铁龙云逸、东风富康 ES500（见图 4）。

东风标致全新 408

东风雪铁龙云逸

东风富康 ES500

图 4　神龙汽车 2018 年投放的新车型

1．东风标致全新 408

2018 年 8 月 29 日，“创 • 新生活家轿”——全新东风标致 408 在成都隆重上市。全新东风标致 408 搭载 230THP 与 350THP 两款涡轮增压直喷发动机，共推出 6 款车型，价格区间为 11.97 万～16.97 万元。

全新东风标致 408 以“慧 • 科技”“畅 • 空间”“劲 • 动力”三大产品硬实力革新以往消费者对家用轿车的理解和认知。配置再高一点，空间再大一点，动力再强一点，你所需要的一切，东风标致都能满足。

2．东风雪铁龙云逸

2018 年 9 月 20 日，备受瞩目的首款合资互联网 SUV，东风雪铁龙云逸在杭州正式上市。新车提供互联版和非互联版、350THP 和 230THP 两个排量，四种颜色、7 个款型，售价 10.98 万～15.98 万元。

当前 85 后、90 后已经成为汽车消费主力。作为与互联网共同成长的一代，对互联有特别需求的同时，他们追求潮流，讲求个性，拒绝平庸，注重品质。而东风雪铁龙云逸作为一款专属于年轻人的互联网 SUV，以其超高智能、超高颜值、专属定制、专属舒适的特点，全方位对接“互联网原生代”的多元化、个性化、品质化、智能化的需求。可以说，东风雪铁龙云逸是一款真正为年轻而生，为潮流而来的互联网 SUV。

东风雪铁龙云逸是合资品牌中第一个搭载与阿里巴巴战略合作的 AliOS 斑马智行系统的车型。AliOS 斑马智行系统是当前最先进的车机系统。通过与东风雪铁龙的深度定制，云逸的 AliOS 斑马智行系统拥有远程车辆控制、智能语音控制、阿里服务生态以及外部智能设备接口四大功能模块。

3．东风富康 ES500

新时代，新富康。2018 年 11 月 9 日，纯电动轿车东风富康 ES500，作为东风富康品牌首款车型，在江城武汉发布上市。此次上市的东风富康 ES500，包括睿享版和睿尊版两款车型，补贴后（以武汉地区为例），售价分别为 13.86 万元和 14.86 万元；质保承诺，三电 8 年或 15 万 km；电芯 8 年或 50 万 km，标志着神龙公司继东风标致、东风雪铁龙之后，第三个以清洁能源为核心动力的东风富康品牌首款产品正式上市，接受客户与市场检验。

富康，是神龙公司 1992 年引入国内的合资车型，被广大消费者称为家轿“老三样”之一，凭借其优良的操控性、燃油经济性以及特有的底盘技术，尤其是20世纪90年代的“一撞、一漂、一贴”等经典实例，赢得了广大客户的赞誉，获得了累计超过50万客户的信任和支持，被誉为“家轿第一品牌”，成就了我国第一代消费者的拥车梦想。如今，富康破茧重生，汇聚了股东双方的优势资源，再度扬帆起航，扮演神龙公司新能源汽车的“开拓者”，将传承老富康品牌安全可靠、经济实用的特点，并结合当前消费者个性化的出行需求，为用户提供高效、数字化和无缝连接的出行方式，实现从“买车、拥车”到“共享、用车”的转型。作为神龙公司首款纯电动轿车产品，ES500拥有比同级别产品更宽大的空间、更高的品质、更优秀的续航里程，为用户提供更优质的服务和全新的用车体验。

四、借消费升级促产品升级

努力提升高价位、高附加值产品的销量占比不仅是利润的需要，更是能力的体现。神龙公司致力于优化产品销售结构，提升高端车型的销售占比。粗略估算，2018年1～10月份，公司15万元以上的产品销量占比达到了33%，同比上升了5个百分点，很好地顺应了消费升级的时代发展趋势。

公司的购车人群正在从价格追求型向价值追求型转变。价格追求型人群与价值追求型人群的最大区别在于，前者可能会为1000元的促销诱惑而改变选择；后者则不会，他们很自信，有自己独特的价值取向和消费偏好，他们不喜欢人云亦云，愿意为高质量的商品和服务付出更高的代价。这个价值追求型群体具有较强的社会影响力，代表了我国未来发展方向。我们欣喜地看到，公司15万元以上乃至20万元以上产品的销售数量在提升。20万元有很多品牌和产品可供选择，用户为什么选择了神龙？神龙公司的产品有什么样的情感和功能需求打动了他们？神龙的营销团队正通过刷新品牌形象，提升沟通能力，更好地将公司双品牌产品与价值追求群体的需求相契合，做到产品精准定位，给他们一个购买标致雪铁龙而不是其他竞争品牌的理由，最大限度地扩大用户基盘。这个转变的过程是需要付出代价的，必然会带来损失销量的短期阵痛。我们需要为此做好准备。

总之，当前乘用车市场形势极其严峻、复杂，有些内生因素还可能持续久远。在这种形势下，没有任何一家企业可以独善其身，也没有一家企业能够轻松应对，此时需要企业咬紧牙关，保持定力，稳扎稳打，逆流而上。

（作者：李锦泉）

2018年北京现代产品市场调研报告

一、北京现代2018年总体市场表现

2018年我国乘用车市场是变化巨大的一年，受经济结构分化、中美贸易战、购置税政策透支等众多因素的影响，2018年三季度乘用车市场结束了连续11个季度的正增长，首次出现了大幅下跌。截至2018年11月，乘用车市场批发累计销量2108万辆，同比增长−2.5%，全年销量负增长已成定局。

经历了“萨德”事件的冲击，随着2017年下半年销量止跌反弹，北京现代步入了2018年，北京现代新十五年的开局之年，也是北京现代推进“质现代·智未来”全新品牌战略的关键一年。秉持“以客户为中心”的理念，北京现代将继续加速本土化2.0战略的实施，不断强化智能产品、智能科技和智享服务三大维度的创新升级，为消费者打造超越期待的全新智慧出行生态圈。

产品布局方面，北京现代提出了“三纵三横”矩阵式产品布局思路。纵向，聚焦“基础车系、性能车系、新能源车系”，打造三元产品梯队，丰富产品阵容；横向，以“电动技术、智能技术、网联技术”为主导，铸造技术内核，强化产品硬实力，围绕“三纵三横”产品布局思路，北京现代重塑产品结构，全面布局未来智慧出行。目前，北京现代已形成由新一代ix35领衔的基础车系，菲斯塔、昂希诺组成的性能车系，以及全新索纳塔插电混动、新伊兰特纯电动车组成的新能源车系，且多款新车搭载领先的智能网联系统，产品组合更丰富，市场竞争力更强。

截止到2018年11月，北京现代产销70.2万辆，同比增长5.7%（见图1），“D+S（中高端车型）”份额占比50.5%，北京现代在汽车市场负增长的大环境下实现了销量正增长的成绩。

2018年J.D.Power咨询公司发布的中国汽车销售满意度（SSI）和中国售后服务满意度（CSI）调研报告结果显示，北京现代SSI排名第二位，CSI排名第三位，这也说明北京现代在销售满意度和客户满意度方面达到了行业先进水平。

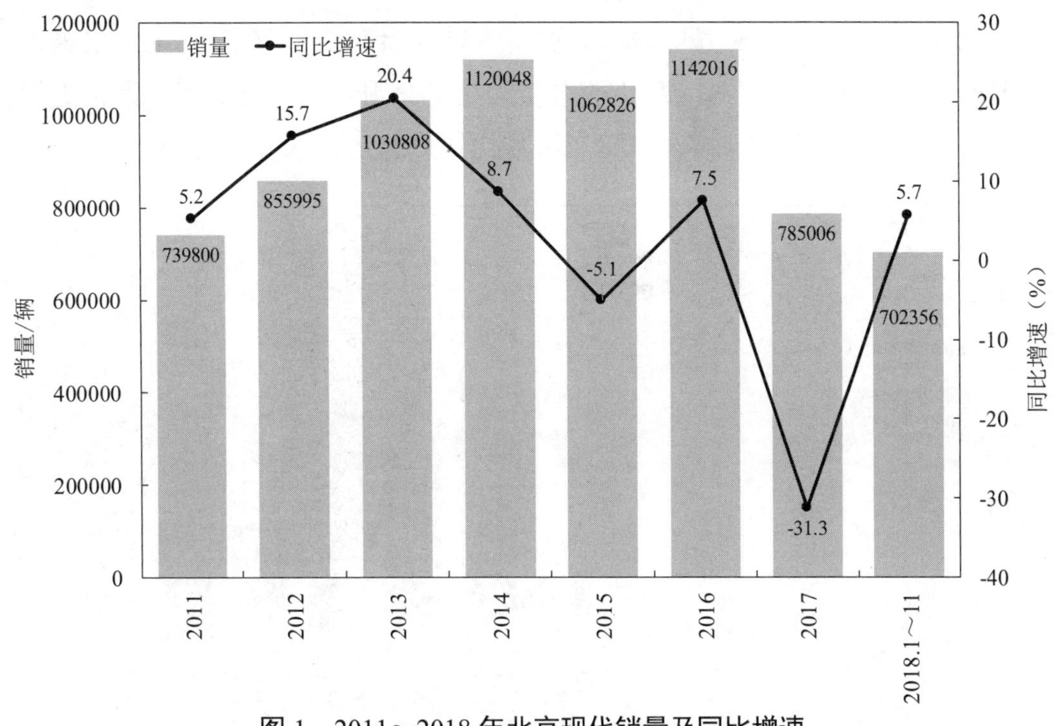

图 1 2011～2018 年北京现代销量及同比增速

二、北京现代 2018 年各车型市场表现

1. 全新瑞纳

全新瑞纳 2017 年 9 月上市，该新车采用了现代家族最新流体雕塑 2.0 设计语言，搭载 1.4L 自然吸气发动机，并根据配置的差异化共计推出 7 款细分车型，作为一款小型车，定位低于现款悦纳，全新瑞纳在北京现代重庆工厂生产，2018 年 1～11 月份全新瑞纳分月销量见图 2。

全新瑞纳在上市后销量稳定，2018 年 1～11 月份累计销量 3.5 万辆，月均销量稳定在 3000 辆以上。

2. 悦纳

2018 年 1～11 月份悦纳累计销量 3 万辆，月均销量 2700 辆左右，从 4 月份起销量逐步回升，11 月份销量为 4042 辆，相比 2017 年出现了大幅下滑（见图 3）。

3. 全新悦动

全新悦动于 2017 年 3 月正式上市，新车根据配置不同分为 5 款车型，售价区间为 7.99 万～11.59 万元。该车定位为紧凑型轿车，搭载一台 1.6L 自然吸气发动机，目标客户为二、三、四线城市的 30～35 岁年轻人。2017 年上市以来销量并未达到预期，2018 年通过定位调整与竞争力的提升，从 4 月份起产品销量得以恢复，在 6 月份销量突破万辆大关，之后月均销量稳定在 5500 辆左右（见图 4）。

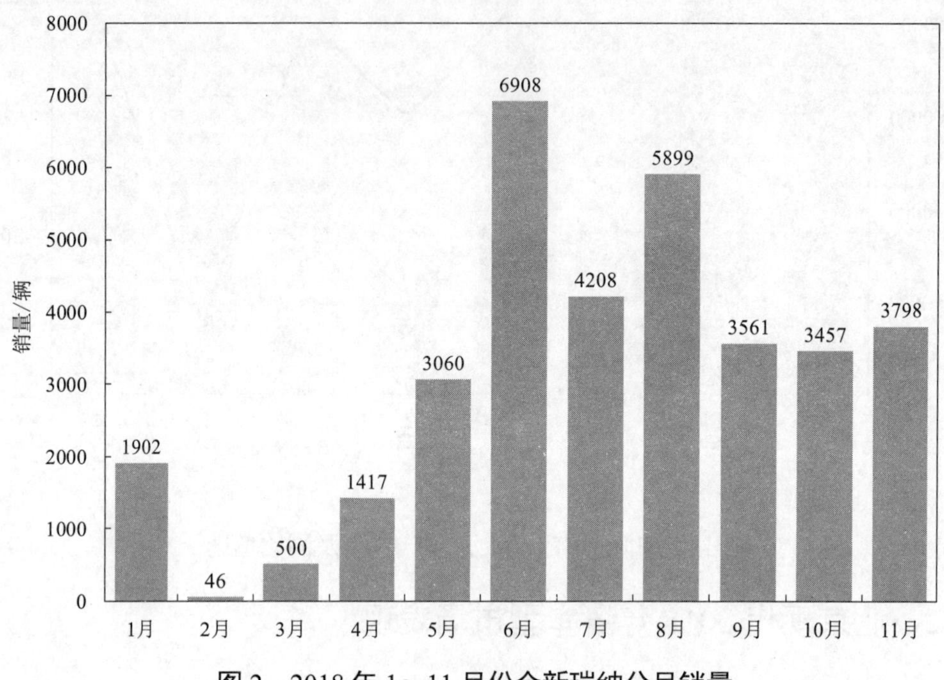

图 2　2018 年 1～11 月份全新瑞纳分月销量

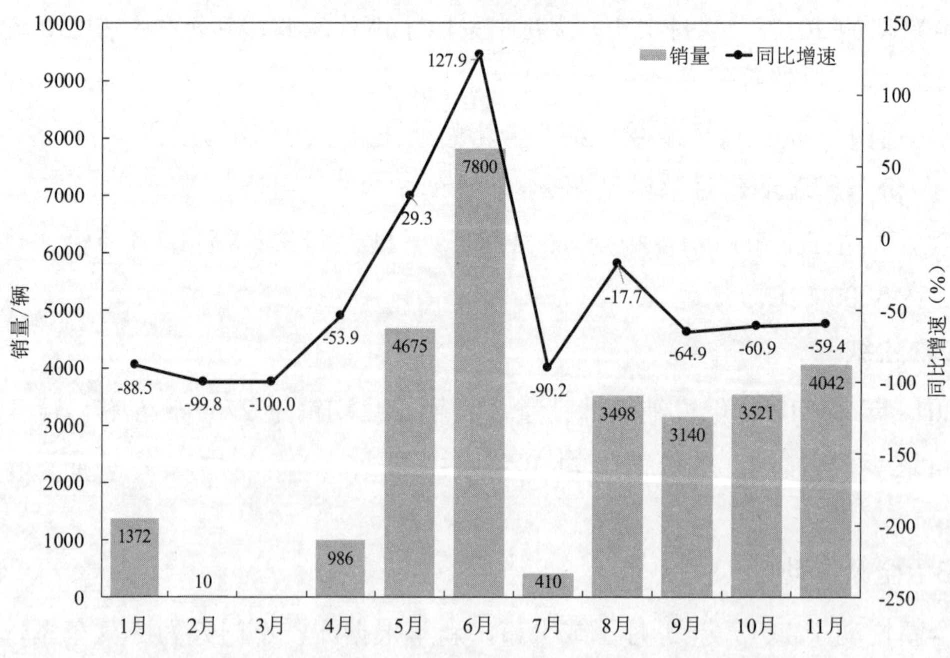

图 3　2018 年 1～11 月份悦纳分月销量及同比增速

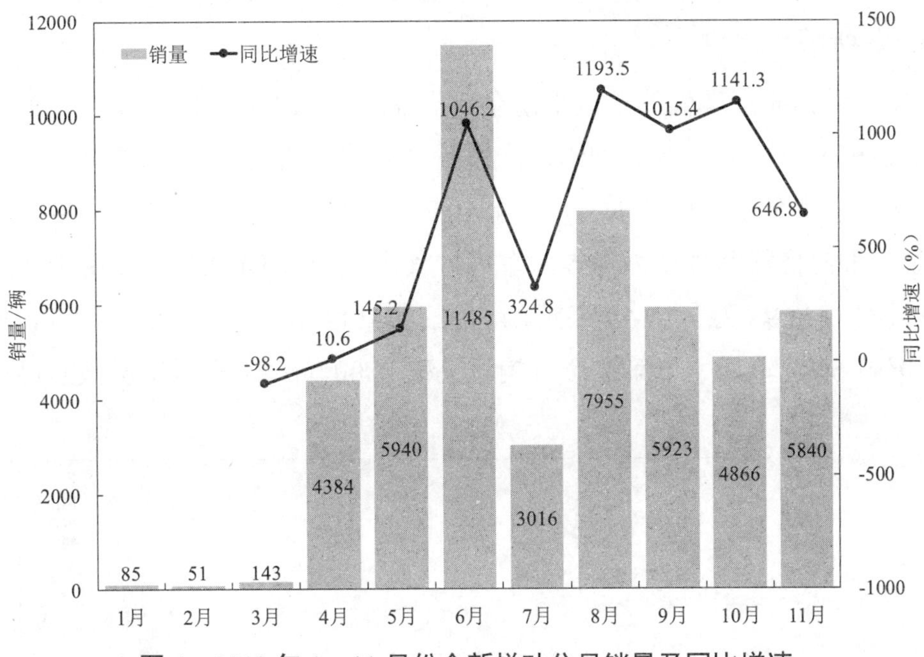

图 4　2018 年 1～11 月份全新悦动分月销量及同比增速

4．领动

Elantra 自 2004 年在我国上市以来，经过三次升级换代。领动作为 Elantra 的第六代产品，于 2016 年 3 月上市。随着产品在市场上的深入，在朗动停产后，领动已经填补了朗动的空缺，目前已成为北京现代销售比例最大的车型。2018 年以来，领动销量稳步提升（见图 5），为北京现代的复苏奠定了基础。

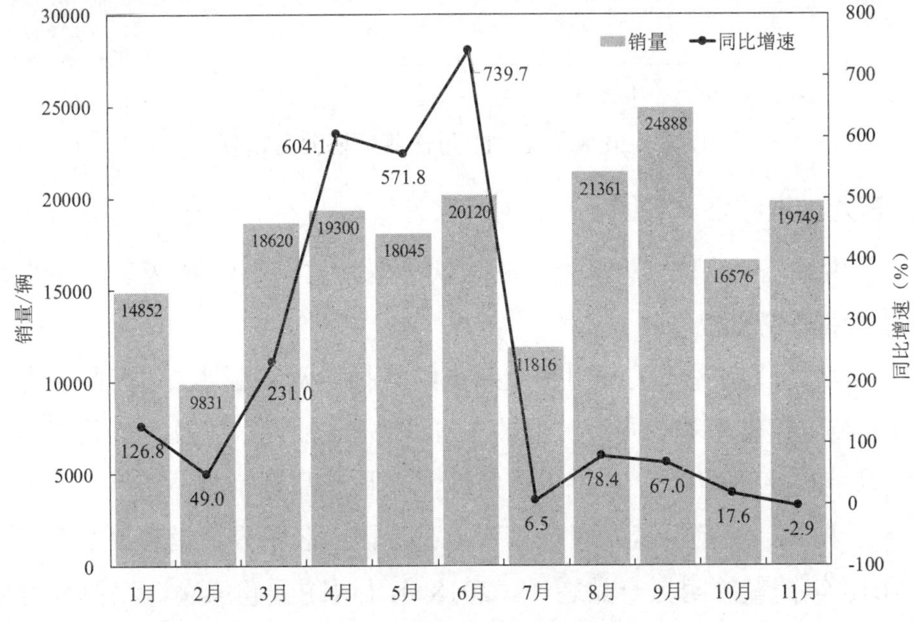

图 5　2018 年 1～11 月份领动分月销量及同比增速

5．菲斯塔

菲斯塔作为北京现代的一款重磅全新产品，于 2018 年 10 月上市。菲斯塔英文名为 LAFESTA，源自意大利语，意思是“流动的盛宴”。全新高性能轿车菲斯塔采用现代家族全新的设计语言，标配 10.25in（260.35mm）大屏，百度智能网联 2.0 系统，推出搭载两种动力的 5 款车型，其中 1.6T GDi 版加速 7.6s/100km，产品售价区间为 11.98 万～15.48 万元。产品的实力也在上市后得到了印证，上市首月销量突破 6000 辆，上市第二个月销量突破 8000 辆，未来月销量破万可期（见图 6）。

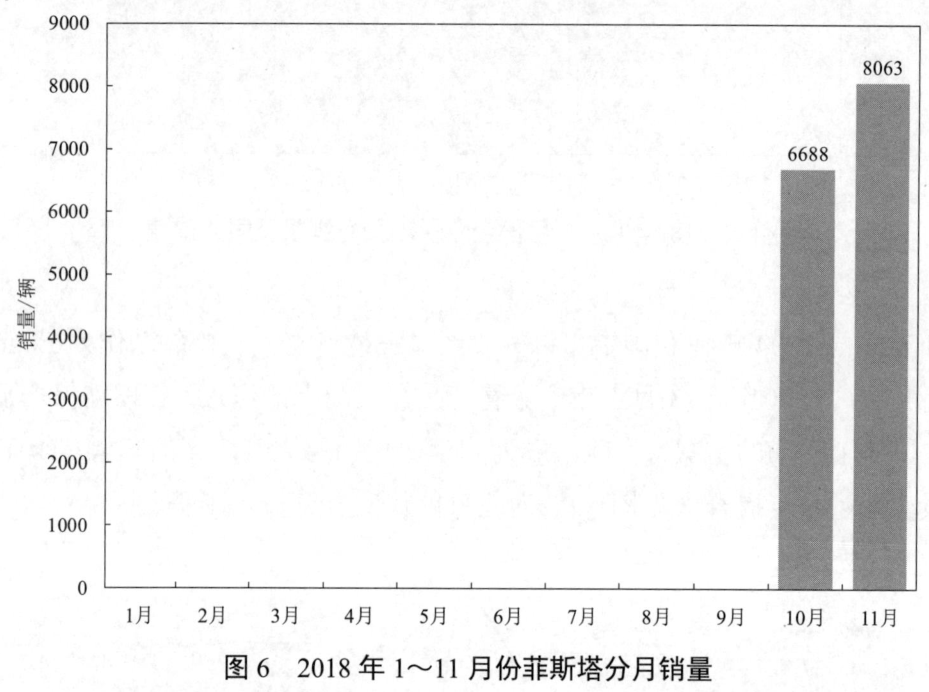

图 6　2018 年 1～11 月份菲斯塔分月销量

6．第九代索纳塔＋名图

第九代索纳塔（简称索九）和名图两款车型为北京现代 D 级车，即“D＋S”战略中的“中高端车型”。

2018 年 8 月北京现代又推出了全新索纳塔插电混动版本，该产品拥有同级最长的 75km 纯电续航里程、同级最低的 1.3L/100km 油耗，以及合资同级中独有的预约充电功能等诸多同级最强 PHEV 优势，极具产品竞争力。

截至 2018 年 11 月份索九累计销售 0.6 万辆；名图累计销售 9.4 万辆，是北京现代 2018 年销量的明星产品之一。2018 年 1～11 月份索九、名图分月销量见图 7。

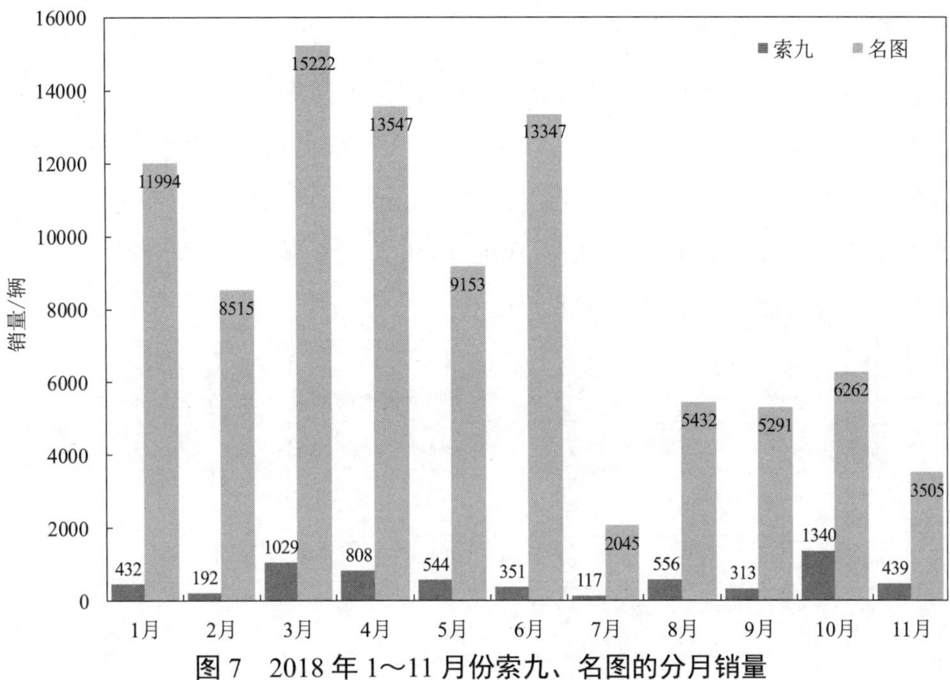

图 7　2018 年 1～11 月份索九、名图的分月销量

7．ix25

北京现代 ix25 定位于小型 SUV，于 2014 年 10 月上市。2018 年 ix25 销量较 2017 年大幅提升，累计销售 6.7 万辆。2018 年 1～11 月份 ix25 分月销量及同比增速见图 8。

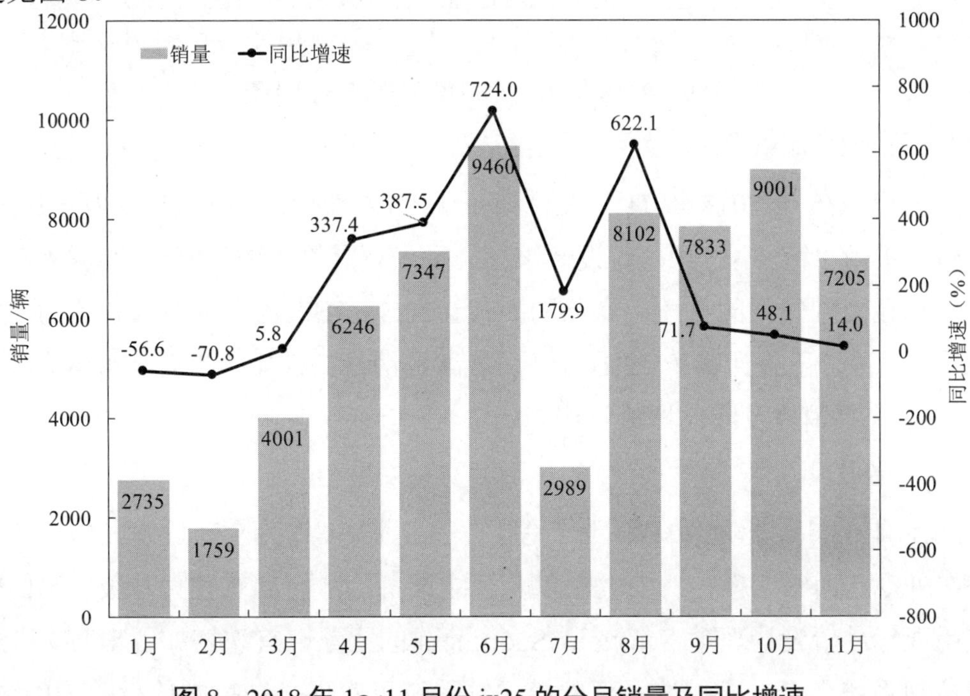

图 8　2018 年 1～11 月份 ix25 的分月销量及同比增速

8．昂希诺（ENCINO）

北京现代旗下的全新车型昂希诺于 2018 年 4 月在上海上市，新车共推出了四款车型，售价区间为 12.99 万～15.59 万元，昂希诺定位为紧凑型 SUV，全系搭载 1.6T-GDI 发动机，内饰方面 9.6in（243.84mm）悬浮式中控屏搭载苹果 CarPlay 与百度 CarLife 系统，同时也集成了 Blue Link 功能。截至 11 月份累计销量 6475 辆，销量并未达到预期水平，2018 年 1～11 月份昂希诺分月销量见图 9。

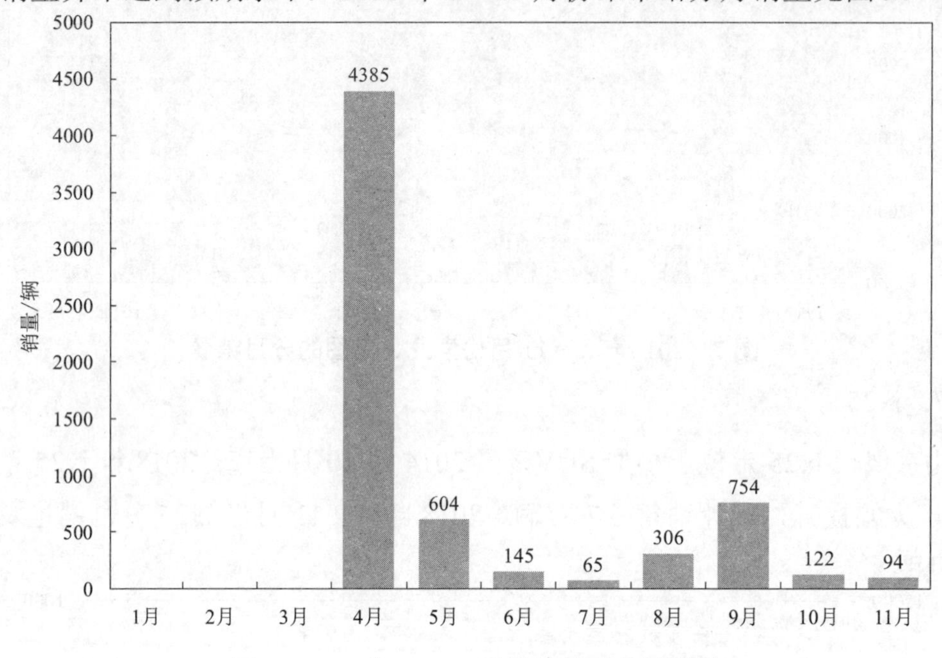

图 9　2018 年 1～11 月份昂希诺分月销量

9．新一代 ix35

新一代 ix35 于 2017 年 11 月在广州正式上市，售价区间为 11.99 万～16.19 万元。新车采用“流体雕塑”2.0 设计语言，融入更具锋芒的 Cliff 式硬派外观设计风格，尽显阳刚硬朗的气质。产品的换代让 ix35 在市场上重新焕发活力，截至 2018 年 11 月份已累计销量 12.1 万辆，最高月销量突破 1.6 万辆，2018 年 1～11 月份 ix35 分月销量及同比增速见图 10。

10．途胜

2018 年 11 月，北京现代第四代途胜在三亚上市，作为全新途胜的中期改款，新车在外观、内饰、操控、安全性以及智能设备等方面都有较大升级。第四代途胜采用现代最新设计理念 Sensuous Sportiness 的元素，首次增加了 HTRAC 智能四驱控制系统，用户通过选择驾驶模式，系统可实现自动控制前后动力的分配，车辆通过性能得到比较大的提升。截至 2018 年 11 月份途胜累计销售 5.5 万辆，单月最高销售 13242 辆（见图 11），第四代途胜上市后，也将助推途胜销量提升。

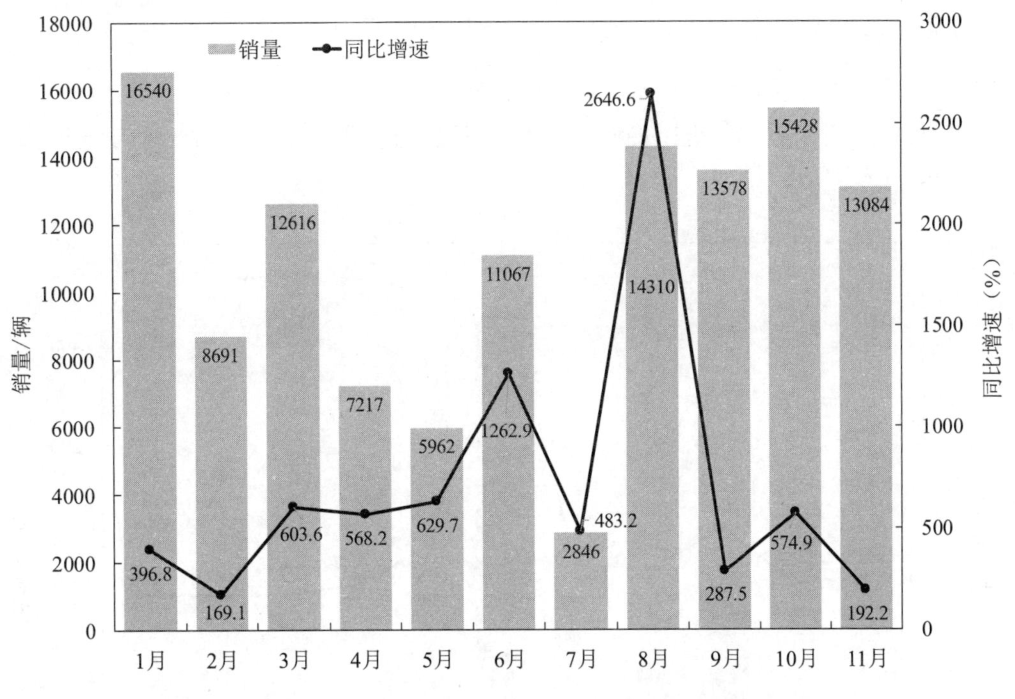

图 10　2018 年 1～11 月份新一代 ix35 分月销量及同比增速

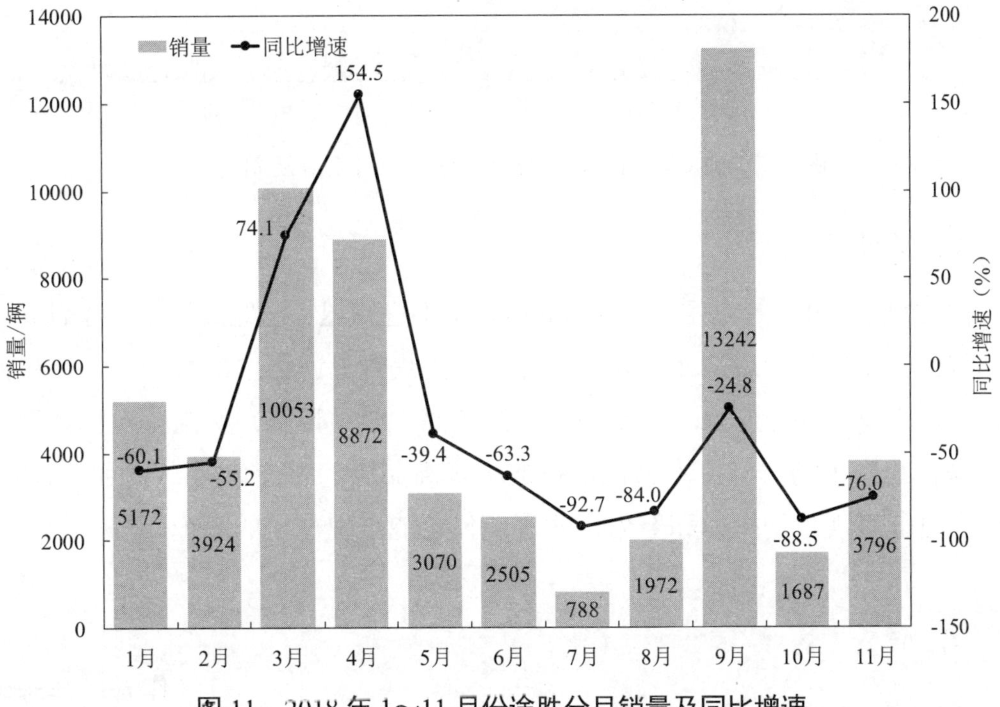

图 11　2018 年 1～11 月份途胜分月销量及同比增速

11. 全新胜达

全新胜达是北京现代旗下的高端中型豪华 SUV，于 2012 年 12 月上市，随着时间的推移，产品竞争力不断减弱，市场销量也表现不振，截至 2018 年 11 月份累计销量 4891 辆，2018 年 1～11 月份全新胜达品牌分月销量及同比增速见图 12。2019 年胜达将迎来换代，届时新产品的入市必将提升胜达的品牌力与竞争力，促使其销量回暖。

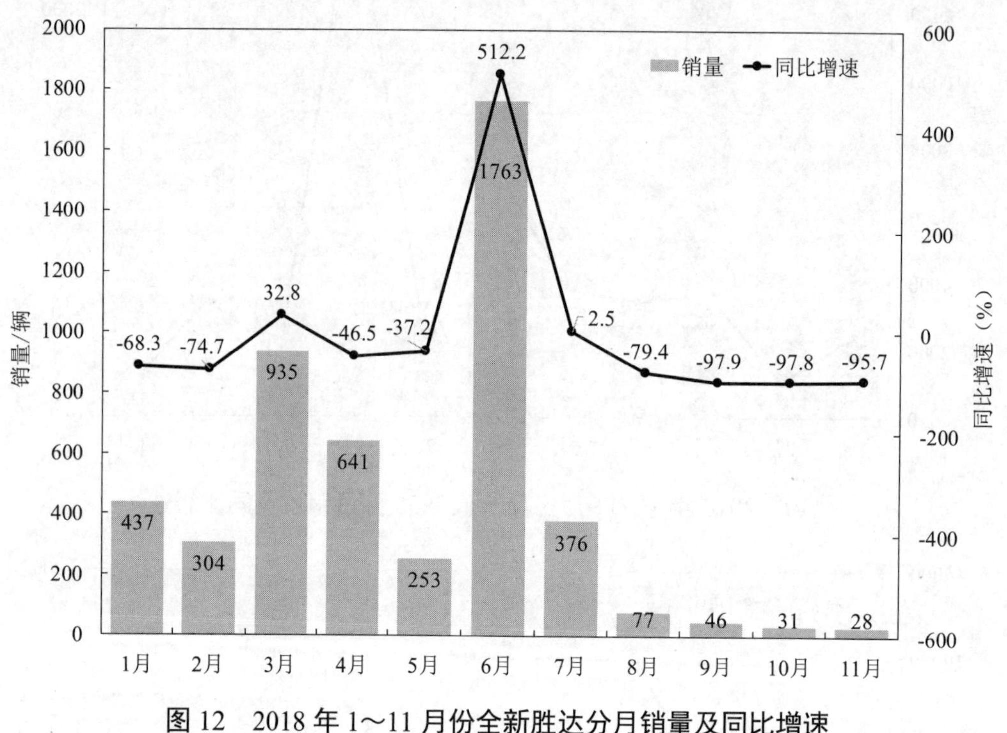

图 12 2018 年 1～11 月份全新胜达分月销量及同比增速

三、结束语

面对风云变幻，错综复杂的市场环境，“不进则退”已经成为了一条铁律。在遭遇 2017 年的挫折后，北京现代已开始着力提升品牌力，改善产品，逐步撕掉“性价比”的标签。未来北京现代将会继续高举“质现代，智未来”标语砥砺前行，深耕我国市场，坚持本土化，投放更多高品质、智能化的产品回馈消费者，相信通过北京现代的拼搏和努力，北京现代定能重现往日的辉煌。

（作者：郑海远）

2018 年奇瑞主销产品市场调研报告

一、奇瑞汽车整体表现

在 2018 年整体乘用车市场表现低迷的背景下，奇瑞汽车逆势上扬，2018 年 1～11 月份共销售 28.9 万辆新车，同比增长 7.6%（见图 1）。奇瑞汽车一方面对老产品进行优化调整，增强竞争力；另一方面积极寻找市场机会，投放艾瑞泽 GX、瑞虎 8、全新艾瑞泽 5 三款新品。在新老产品的共同作用下，奇瑞汽车实现了 1～11 月份销售同比增长。

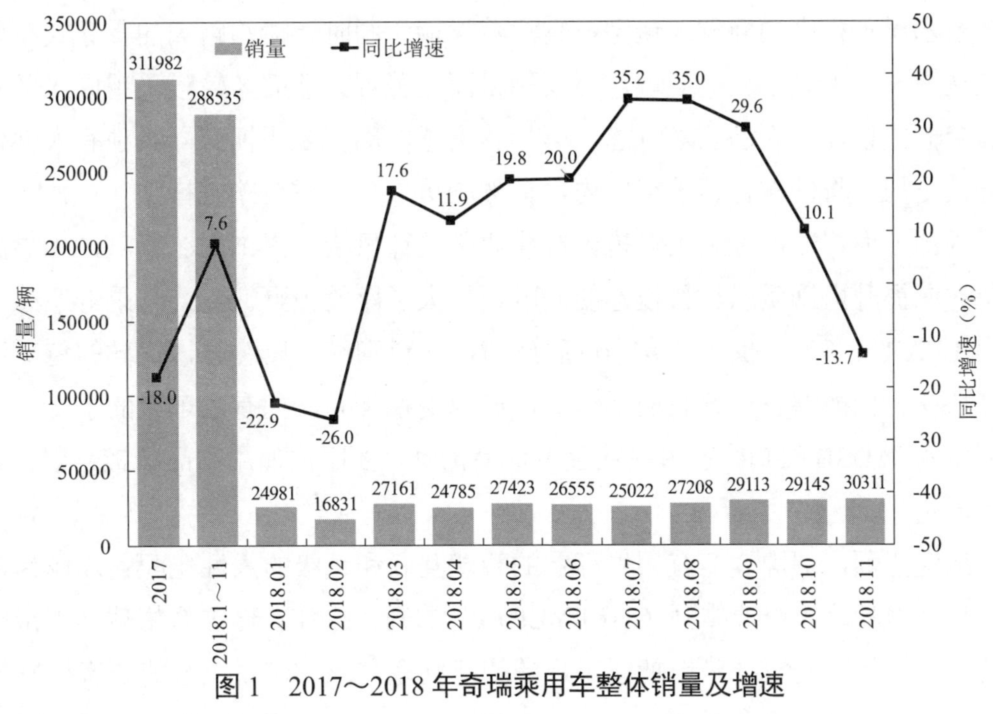

图 1　2017～2018 年奇瑞乘用车整体销量及增速

（注：资料来源于全国乘用车市场信息联席会批发数）

二、重点产品分析

1. 瑞虎 8

瑞虎 8 于 2018 年 4 月 25 日上市，主打 10 万～15 万元紧凑型 SUV 市场，是奇瑞面向紧凑型 SUV 市场主流消费者推出的全新产品。瑞虎 8 通过产品的差异化进行越级竞争，符合客户群体的需求，深受消费者喜爱，9.88 万～14.28 万元的售价性价比优势明显。作为瑞虎家族的新一代旗舰车型，基于捷豹路虎技术的奇瑞 T1X 专属平台而来的瑞虎 8 在车身尺寸上有着越级表现，其长、宽、高分别为 4700mm×1860mm×1746mm，轴距达到 2710mm, 采用同级独有的“5+2”座椅布局，以及第二排座椅 260mm 超长行程前后自由滑动，更是提供了多达 12 种的灵活可变组合空间和 44 处人性化储物空间。

外观方面，瑞虎 8 造型动感时尚。“虎跃”式前脸造型识别度高，高低两条具有层次感的横贯线勾勒出了前脸的立体感。点状矩阵式前格栅，横贯车头的镀铬饰条将格栅、灯组完美串联，增加了前脸部分的立体感，也提升了整车的视觉稳定性。车身腰线由三条主线勾勒而成，营造出十足的力量感和大气稳重的视觉效果，尾灯采用回纹式 LED 贯穿设计，灵感来源于东方文化的精髓之一——中国古代建筑木质窗格中的回纹式造型，寓意着祥瑞。同时让捷豹路虎的贯穿式车尾设计在瑞虎 8 上得到了完美展现，不仅醒目而且美观。瑞虎 8 轮毂采用同级独有的钻石镶嵌式设计，充满艺术气息，彰显尊贵感。瑞虎 8 还拥有同级独有人性化的延伸式车门，将门槛包裹于车门内，让驾驶员下车时不会蹭脏裤腿。

内饰方面，瑞虎 8 采用环抱内饰模块化设计风格，内饰工艺精湛，彰显高雅品位，在提升内饰质感与科技感的同时还扩大了座舱视野，提升驾乘舒适感。座椅由 LEAR（李尔）供应，豪华皮质座椅，面料细腻，质感强，优异的包覆性和支撑性使人们能够长途驾驶而不疲劳，肩部支撑优异，拥有豪车级的享受。前后排配备 4 个 USB 接口，且中央扶手可前后滑动，多区位使用高品味镀铬装饰，提升品质感。

配置方面，瑞虎 8 拥有领先行业的智能互联和越级的人性化配置。作为奇瑞智能化发展战略“奇瑞雄狮 CHERYLION”的开山之作，瑞虎 8 搭载的“奇瑞雄狮智云”系统，能更准确地把握用户的智能互联需求，该系统智能语音控制等多种功能，是目前行业领先水平的车载智能系统之一，它将智云互联、车机互联、手机 APP 三者进行了融合，全时智能语音人机交互系统，可实现语音控制开启后备箱尾门、开启天窗、智能语音导航、一键救援、网络支付、保养提醒等多种功能。支持自定义语音唤醒及指令，自然语音识别率接近 100%，还可识别 32 种方言，与此同时，用户还可远程手机控制，实现远程车辆启动、控制、矩阵式电子围栏、定位、诊断、授权等强大功能。瑞虎 8 提供了诸多越级丰富的人性化科技配置，包括超大智能防夹全景天窗、7×9 双屏互联、双区自动空调、第二和第三排独立空调出风口、RICSCS 远程主动式座舱自洁系统、PM2.5＋AQS 车内空气质量控制系统等。诸多前沿科技配置的应用契合了时下消费升级需求。

空间方面，瑞虎 8 拥有标准 5＋2 座 SUV 的越级空间，第二排座椅前后自由滑动，布局更加灵活，全车座椅靠背角度可调，乘坐更加舒适，空间更加灵活，在第二、第三排座椅放倒的情况下，后备箱容积可达 1930L，并拥有 44 处人性化储物空间。

动力方面，瑞虎 8 配备 1.5T 动力，加速为 11.1s/100km，发动机热效率可达 37.1%，6DCT 最佳传动效率可达 98%。

作为奇瑞汽车的旗舰 SUV 车型，瑞虎 8 首秀国家工业中心奇瑞汽车授牌仪式，以“life in motion”的全新设计语言引发行业关注，以“大有智慧”的产品印象博得众多行业媒体及用户的点赞！以“大空间”“智能化”“舒适性”等核心产品 USP 树立了细分市场的产品标杆，并在各项媒体年度车评选中屡斩桂冠。

2．艾瑞泽 GX

艾瑞泽 GX 于 2018 年 10 月 10 日上市，主打 8 万～10 万元轿车市场，是继艾瑞泽 5 之后 M1X 平台打造的第二款全新紧凑型轿车，售价为 7.49 万～11.39 万元，搭载 1.5T 动力，匹配 5MT 和 9CVT 变速器，整车长宽高分别为 4710mm×1825mm×1490mm，轴距为 2670mm。

外观方面，艾瑞泽 GX 采用了全新的家族化设计语言。极速凌动的车身线条贯穿至尾部，彰显运动美感，凌厉宽体“X”家族前脸，识别度高，基于空气动力学打造的曲面流体轿跑式尾部，呈现出蓄势待发的冲击力。同时，17in（431.8mm）钻石切割镜面刀锋轮毂等极具设计感的元素更加彰显了整体的运动感。

内饰方面，艾瑞泽 GX 采用三屏环绕的创造性设计，由 7in（177.8mm）智联多功能液晶仪表、8in（203.2mm）智享空调液晶触控屏及 9in（228.6mm）视网膜级高清触控电容中控屏构成三屏互联视界，操作便利，又充满科技感，兼具设计感及实用性的极光之弦贯穿空调出风口，能更高效地混流自然空气，带动更多空气流量，实现环境温度与出风口温度平衡，提高汽车空调的使用舒适度。并且大量采用高级皮质包裹，在保证内饰极佳触感的同时，又提升了整体的品质感。

动力方面，全系标配的1.5T涡轮增压引擎采用领先集成技术，相比传统非集成技术1.5T发动机，加速响应提升35%，加速只需9s/100km，动力响应及换档快速、灵敏。

底盘方面，艾瑞泽GX经由赛道级专业运动化精准底盘调校，整体的操控感，尤其在移线稳定性、直线操控、弯道操控方面表现突出。同时，艾瑞泽GX全面提升了车辆的侧倾控制，在高速过弯时能有效抗倾斜。

配置方面，艾瑞泽GX的智能化配置领先行业，除配备雄狮智云系统外，还有多项行业领先的智能化配置，例如包含疲劳驾驶提醒、360度鸟瞰式全景高清倒车影像、车道偏离预警等功能的智能驾驶辅助系统，使驾乘体验更为安全和舒适。

作为奇瑞艾瑞泽系列面向更高端市场打造的旗舰车型，艾瑞泽GX代表着全新艾瑞泽的形象。为出色而生，艾瑞泽GX无论是造型设计、科技配置还是行驶表现方面，都拥有着超乎预期的出色表现。实力铸锋芒，艾瑞泽GX自上市以来一直保持着超高的人气，并且接连斩获多项权威大奖，获得专业媒体与消费者的一致认可。

3．全新艾瑞泽5

全新艾瑞泽5于2018年10月10日上市，新车搭载1.5L自然吸气发动机，匹配5MT和CVT变速器，售价区间为5.99万～8.29万元，整车长、宽、高分别为4572mm×1825mm×1482mm，轴距为2670mm，较艾瑞泽5无变化，产品定位为“全新一代艾瑞泽5”，布局6万～8万元轿车市场，在艾瑞泽5的基础上传承与创新。

外观方面，全新艾瑞泽5前脸针对中网及保险杠进行升级，形成点阵式钻石星辰前格栅，凸显品质感。前包围采用“环抱式宽体X”前脸，使车辆前脸更具有张力。溜背式造型和贯穿式双腰线提升整车动感元素，更显年轻。尾部采用质感更好的双边共两处排气装饰，配备17in（431.8mm）超大暴雪亮面轮毂，更加符合消费者对颜值的追求。

内饰方面，全新艾瑞泽5拥有非对称式的“机翼”式悬浮仪表台设计。车辆中控大屏向驾驶员5.8度倾斜，增加整车的运动感、时尚感和操作舒适性。一体贯穿式空调出风口，简约、流畅并增加整体内饰的横向空间拉伸感。“悬浮式”整体副仪表台搭配触控空调按键，凸显整车的科技感。仪表台、门板多处水转印高级装饰饰板烘托出内饰时尚、高级的格调。

配置方面，全新艾瑞泽 5 针对配置进行了 7 项升级：中配版本车型新增电动天窗，性价比更高；增加滑动式中央扶手，更加舒适；档把进行全新设计，手感更好；配备 8in（203.2mm）智享空调液晶触控屏，更加豪华、实用；配备人体工程学座椅，久坐不累；后排新增空调出风口和三头枕，增加了后排的舒适感；智能化配置方面，配备雄狮智云系统，语音交互功能全面升级，能够支持更多功能。

作为一代经典“国民神车”艾瑞泽 5 的升级款车型，全新艾瑞泽 5 不仅拥有超 35 万用户良好口碑的背书，还保持了艾瑞泽 5 在空间、操控、品质等方面的优异表现。在继承上一代车型优势的同时，又以消费者需求为中心，对全新艾瑞泽 5 全面升级，整体更运动、更智能、更年轻。焕然一新的形象以及扎实的产品力，使全新艾瑞泽 5 获得众多行业媒体及消费者的青睐。

三、结语

2018 年是经济和汽车产业政策双干扰的一年，汽车市场需求表现低迷，自主品牌面临较大压力，奇瑞不惧外部严峻环境，稳扎稳打，坚持“轿车＋SUV”的精品布局策略，轿车市场推出艾瑞泽 GX/全新艾瑞泽 5，布局 5 万～10 万元轿车市场；SUV 市场推出瑞虎 8，向上布局 10 万～15 万元 SUV 市场，老产品坚持从消费者角度出发，倾听客户意见与建议，不断进行改进，从而取得了不错的销量表现。2019 年经济将持续下行，消费信心继续走弱，汽车市场环境将更为恶劣，奇瑞汽车将继续坚持以“技术奇瑞”为背书，坚持“轿车＋SUV”双布局，从市场出发，结合客户需求，进行产品资源整合，精简版型，聚焦核心产品。

（作者：洪佳伟）

2018年广汽传祺产品市场调研报告

一、2018年整体市场表现

2018年前三季度GDP同比增长6.7%，保持整体平稳、稳中趋缓的局面。宏观经济面临多方面风险，包括中美贸易摩擦风险和人民币汇率下跌、内需不足、实际消费和投资增速持续下滑等。乘用车市场方面，受2017年购置税优惠透支、经济下行抑制、市场饱和刚需减弱、大众商品消费分流等多重因素的共同影响，2018年1～11月份乘用车销量为2103万辆，累计同比增速为－2.6%，2018年1～11月份整体乘用车市场及广汽传祺销售情况见图1，整体趋势放缓。

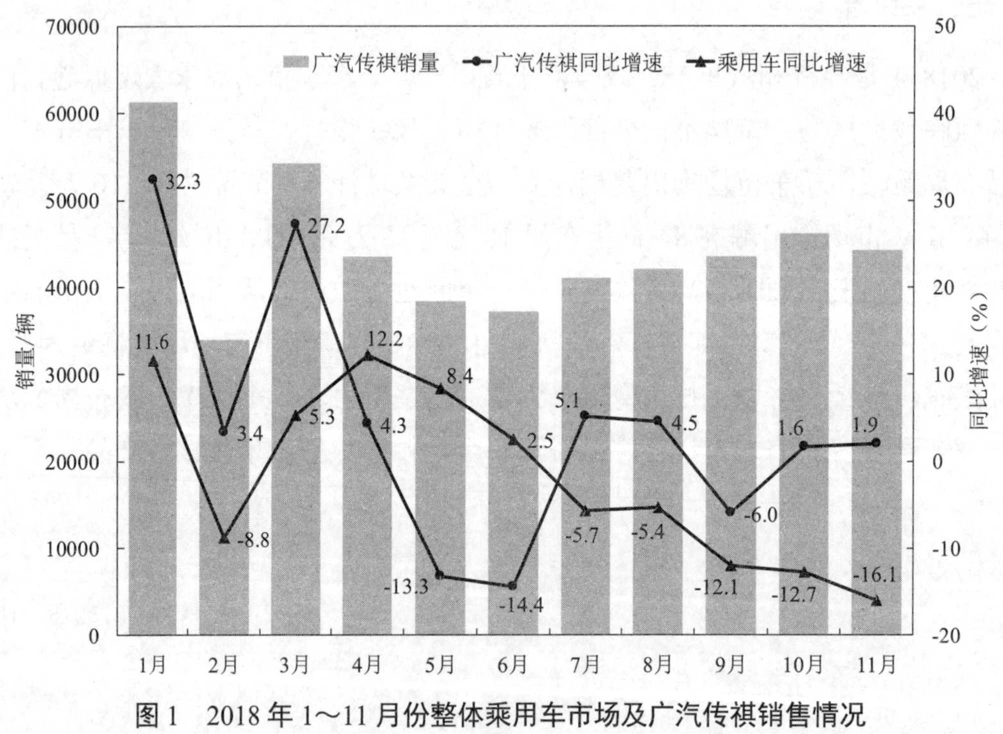

图1　2018年1～11月份整体乘用车市场及广汽传祺销售情况

（注：资料来源于全国乘用车市场信息联席会）

在严峻的外部环境下，2018年1～11月份，广汽传祺累计销量约为48.5万辆，相比2017年同期累计增长4.28%，取得了逆势增长的良好表现（见表1）。

表1　2017年1～11月份广汽传祺分车型销量情况

车型	广汽传祺销量情况			
	2018年11月份销量/辆	同比增长率（%）	2018年1～11月份累计销量/辆	同比增长率（%）
GS4	17059	−26.57	218541	−30.23
GS3	7709	50.04	81177	474.46
GS8	3827	−62.04	57307	−37.52
GS7	1221	−39.76	24066	255.53
GM8	1883	—	27694	—
GA4	3539	—	33798	—
GA6	125	−92.03	12814	−42.73
GE3	1749	713.49	7561	469.78
GS4 PHEV	1214	189.74	9143	527.95
其他	5840	808.24	12812	−8.33
合计	44166	1.94	484913	4.28

二、2018年广汽传祺细分市场产品的表现

1．GS4市场表现

2018年，受消费升级和车型需求多元化的影响，GS4所在的紧凑级SUV细分市场在经历多年快速增长后，销量首现下滑，同比增长−3.8%（1～11月份累计）。其中，自主品牌承压更大，销量同比增长−5.0%（1～11月份累计）。面对激烈的市场竞争，自主品牌紧凑级SUV在价格方面不再坚守10万～15万元区间，或通过产品价格下探至7万～10万元，或通过打造高端品牌使价格向上突破至15万～20万元区间，打造同样车格不同价格的产品瓜分市场。

作为广汽传祺的代表车型GS4，主销价格始终能够维持在10万～15万元的区间，2018年1～11月份累计销售超过21万辆（不含PHEV车型），在整个紧凑级SUV自主品牌中保持前三的位置，这个成绩的取得与过硬的产品竞争力密切相关。

2018年6月16日全新祺云概念智慧SUV——全新GS4正式上市。该车对整体外观和配置进行了升级。外观方面的升级包括，全LED前照灯组采用三颗远近光LED灯泡，全新的前保险杠融入L型日间行车和雾灯组，车身采用了双色设计，尾灯组同样采用LED光源，同时后雾灯也更改为L型，从而与前日间行车灯呼应，整体看起来更具新鲜感和科技感（见图2）。

配置方面的升级包括，配备了全新的三辐式方向盘以及电子驻车制动，增加全新的大尺寸屏幕，内嵌了科大讯飞、高德地图、腾讯车联网、传祺 T-BOX 智能远程助手等互联系统，帮助新车在这一轮竞争中取得更加领先的位置。

图 2　2018 年款 GS4 外观、内饰

2．GS3 市场表现

与紧凑级 SUV 市场情况相似，小型 SUV 在 2018 年销量也经历了下滑，2018 年 1～11 月份累计同比增长－2.1%，其中自主品牌累计同比增长－4.6%。但在市场下滑的大环境下，传祺 GS3 市场表现极佳，2018 年 1～11 月份 GS3 销量突破 8 万辆，月均同比增长 70%，排名市场第六。

其增长原因为较好的产品力。外观方面，GS3 采用了广汽传祺家族式设计风格，前进气格栅采用“凌云翼”设计，细长的前照灯与镀铬装饰条相结合，看起来时尚、动感。三角形尾灯点亮后类似于“∞”无穷大的符号，个性十足（见图 3）。

内饰方面，整个中控台采用更多圆角设计，让内饰看起来更有亲和力。移动互联是吸引年轻消费者的另一个亮点，GS3 也有自己的想法，在中控台上方有一块独立液晶屏，引入一个虚拟的人工智能角色——广小祺，一款人性化的智能车伴侣，她语音温柔，服务贴心，拥有拟人化的情景提示和问候功能，充分满足年轻消费者对智能互动体验的追求。

动力方面，GS3 搭载 1.3T 涡轮增压和 1.5L 自然吸气发动机，匹配 5 速手动变速器和 6 速手自一体变速器，匹配成熟度非常高的爱信 6AT 自动变速器，让

GS3 动力系统在同级别车型里有着较强的竞争优势。

图 3 GS4 外观、内饰

3．GS8 市场表现

在消费结构升级的带动下，消费者对空间和操控性有了更多的追求，同时由于各厂商不断推广，中大型 SUV 的价格不断下探，中大型 SUV 自 2016 年以来迎来了黄金发展阶段，销量份额不断增长，成为引领整体市场增长的细分市场。在 2018 年 SUV 市场仅微增长的前提下，中大型 SUV 市场 1～11 月份仍有 6.2% 的增长。

GS8 作为传祺 SUV 的旗舰车型，成功地引领自主品牌向上突破 20 万元价格天花板。自上市以来，长期占据自主品牌 B 级 SUV 销量 No.1。2018 年 1～11 月份，GS8 累计销量 5.7 万辆，稳居自主品牌榜首。

GS8 长期叫好又叫座，与其过硬的产品力密不可分。在外观上，极致刚毅的美学设计，全系标配的 LED 前照灯和隧道时光式尾灯，与前脸霸气硬朗的设计浑然一体，形成霸气内生的力量，也是新时代昂扬精神的体现。空间上，宽敞三排大七座多模式的布局，最大程度地满足了家庭出行（见图 4）；同时匹配第二代传祺高性能 2.0T 发动机、智能四驱系统，让出行的一切险阻均可被征服。在配置上，搭载了 10 向电动调节智能主驾、全车一键升降、智慧传祺车联网系统、哈曼品牌音响、360 度全景泊车影像、车道偏离系统等超越同级别的智能科技配置。2019 年，GS8 将迎来中改款，相信能够在车辆颜值、空间舒适、科技豪华上再次塑造自主品牌 SUV 新标杆。

图 4 GS8 外观、内饰

4. GS5 市场表现

GS5 是传祺品牌的首款 SUV，该车曾帮助传祺品牌实现了在 SUV 领域的从无到有，而其后传祺 GS4、GS8 等优秀车型的研发积累以及出色的市场表现为 GS5 的换代打下了坚实基础。2018 年 10 月 31 日，全新一代 GS5 正式上市，新一代 GS5 拥有了更加俊朗时尚的造型、更有档次的内饰，以及更加智能科技的配置，其产品力与初代车型已经不可同日而语。上市仅一个月的销量就达到了 4947 辆，与魏 VV5、领克 01 成为自主品牌大 5 座中高端车型的中流砥柱。

新一代 GS5 极具创新力和产品竞争力（见图 5）：外观方面，采用了一套全新的设计风格，柳叶形前照灯组内部融入了三颗 LED 光源，配以镀铬装饰，前格栅则延续了传祺的凌云翼式家族设计，内部辅以横向镀铬饰条进行搭配，营造了大气的风格。车尾部分，采用了贯穿式 LED 尾灯组设计，上方搭配以镀铬饰条进行勾勒，圆润宽厚的尾部看起来非常敦实。

内饰部分，采用全新的中控台设计，车门内饰板和仪表台缝线带来不错的质感，大尺寸悬浮式中控屏位于中央空调出风口下方。此外，新车还将配备三辐式多功能方向盘、一键启动、电子驻车制动、全液晶仪表盘、LED 雾灯、全景天窗、自动启停、坡道辅助、驻车雷达、后排空调出风口等。

动力方面，搭载两款 1.5T 直列四缸发动机，其中低功率的 235T 车型搭载 4A15M1 发动机，匹配 6 速手动或 6 速手自一体变速器；高功率的 270T 车型搭载 4A15J1 型 1.5T 发动机，匹配 6 速手自一体变速器。

图 5 全新一代 GS5 外观、内饰

5. GM8 市场表现

2018 年 MPV 整体市场 1～11 月份销量 154.4 万辆，同比增长－17%，而 GM8 所处的大型 MPV 市场却呈现小幅增长， 1～11 月份大型 MPV 销量 26.3 万辆，同比增长 1.8%。GM8 在 2018 年 1～11 月份累计销量 2.77 万辆，月均销量超过 2500 辆，保持在大型 MPV 前三位。GM8 主销版本为尊贵版，市场指导价 21.68 万元，已冲破 20 万元的天花板，是传祺品牌价格上探的成功车型。

GM8 作为自主品牌，取得了可以和合资品牌抗衡的产品竞争力。在造型设计上，采用“凌云翼”家族设计语言，通过设计体现了比同级车型更修长和敞亮的空间感；采用同级少有的“双电动侧滑门＋电动尾门组合”，彰显了高级感（见图 6）。

另外，搭载了“In-Joy 三屏智联＋双 10.1in（256.54mm）后排娱乐屏” 轻松实现中控大屏与智能手机连接，优异的 NVH 表现、第二排头等舱座椅、森林氧吧系统等体现舒适性和体现豪华型的配置，使得 GM8 在同级自主品牌车中无竞争对手，并以高品质和高性价比的优势，打破了大型 MPV 市场合资车型主导的竞争格局。

图 6 GM8 外观、内饰

6. GE3 市场表现

受新能源补贴政策带动和市场接受度提升的影响，2018 年，新能源车市场继续保持较高增长，1～11 月份纯电动车型累计销量 61.7 万辆，同比增长 79%; GE3 所处的纯电动小型车市场，主要被自主品牌占据，各家厂商在 2018 年也推出了多款车型，1～11 月份纯电动小型车销量 12.1 万辆，同比增长 259%。

GE3 是传祺首款纯电动车型，2018 年 1～11 月份累计销量 7561 辆，GE3 530 于 2018 年 8 月 27 日上市后，每月销量超过 1000 辆，10 月份和 11 月份销量超过 1500 辆，进入了新一轮销量攀升。

销量的提升与产品竞争力的提升有很大关系，GE3 530 版本在维持原价格的基础上比老款在续航上有了大幅提升，NEDC 综合工况从老款的 310km 提升至 410km，60km/h 等速续航可达 530km，处于同级车型领先水平。

此外，GE3 530 搭载与腾讯合作的车联 AI 系统，具备实时导航、一键找桩、AI 语音、QQ 音乐与微信社交、支付等功能。三电技术提升、主被动安全配置使得整车安全性有了很大提升。GE3 产品竞争力的全面提升，赢得了消费者的认可（见图 7）。

图 7　GE3 530 外观、内饰

7. GS4 PHEV 市场表现

新能源车市场在政策驱动的影响下，2018 年仍然维持了高速增长，其中 PHEV 1～11 月份销量 22.3 万辆，累计同比增长 150.1%。月度销量逐渐攀升，目前已经超过 2.5 万辆/月，整体形势大好（见图 8）。

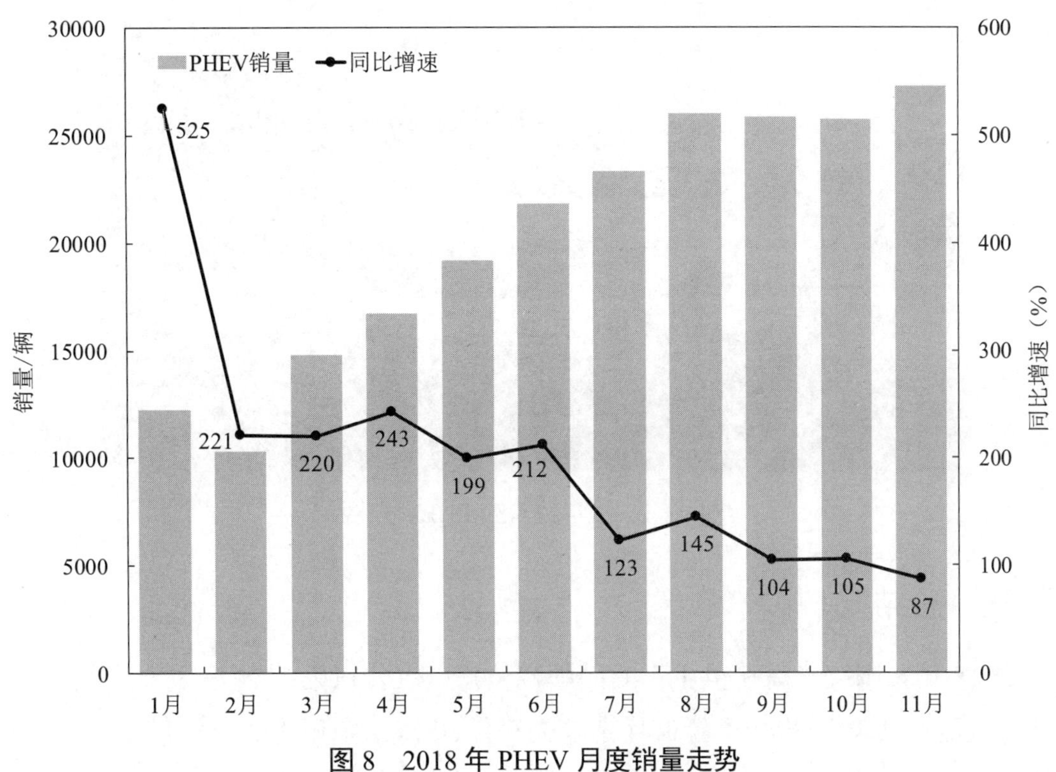

图 8　2018 年 PHEV 月度销量走势

在新能源大环境的利好因素下，传祺 GS4 PHEV 凭借着超高的性价和性质比，在国内插电式混合动力紧凑型 SUV 市场与宋 DM、荣威 ERX5 形成新三强，而在广州地区长期稳居该细分市场销量榜 No.1 的位置。

作为传祺新能源车双枪之一的车型，GS4 PHEV2018 年 1～11 月份累计销量 9143 辆，累计同比大涨 528.0%，稳定在该细分市场前三，表现优异。

为保持产品竞争力，2018 年 9 月 20 日 2019 款 GS4 PHEV 以充满创意的线上发布会形式宣告上市。2019 款 GS4 PHEV 在继承现款车型高颜值、大空间、低油耗、高品质等实力基因的基础上，全面焕新而来。

2019 款 GS4 PHEV 的变化主要集中在外观方面，新车在现款车型“高颜值”的基础上进行了多达 11 项外观升级。其中，在前脸造型部分，新车采用了矩阵式全 LED 前照灯、新式前格栅、新家族式前保险杠、新式“L”型日间行车灯、新式六边形下进气格栅以及新蓝色主车标；而在尾部造型上，新车采用了新式 LED 组合尾灯、新式一体式后保险杠、新式“L”型后雾灯；另外，新车还采用了新式带转向灯外后视镜。通过外观的全面焕然一新，2019 款 GS4 PHEV 不仅颜值更高，运动时尚感也进一步凸显（见图 9）。

图 9　2019 年款 GS4 PHEV 外观

三、总结

2018 年，围绕“高端自主”的品牌定位，广汽传祺为消费者带来了“全新祺云概念智慧 SUV”GS4、“新世代驾享先锋”GS5、“全球首款长续航 AI 纯电动 SUV”GE3 530 等细分市场的重量级车型，对现有产品线进行了补充和升级。

2019 年，整体汽车市场增速或将进一步放缓，而新品投放将更为密集，竞争将更加激烈。2019 年，广汽传祺将会携更好新车型，站在新起点，迎接新挑战，追寻伟大。

（作者：张正阳）

2018 年吉利汽车产品调研报告

2017 年 12 月 31 日，随着车辆购置税减半政策的退出，我国乘用车市场一场轰轰烈烈的高速增长开始落下帷幕。2018 年 1～2 月份，乘用车市场依然迎来了开门红，销量同比大幅度增长。当大家还沉浸在乘用车高速增长的喜悦中，纷纷预测 2018 年又将是美好的一年时，一场寒冬却已悄然而至，在未来的一年里各乘用车企业还将持续且深刻地感受它的凛冽和刺骨。

虽然 2018 年市场环境错综复杂，但乘用车企业中仍有些品牌的表现值得称赞。比如：奔驰、宝马、沃尔沃等豪华品牌在 2018 年表现非常抢眼，广汽丰田、东风日产等日系合资品牌也有不错的表现，代表自主企业的吉利、上汽乘用车以及比亚迪在 2018 年的表现同样可圈可点。

一、2018 年吉利汽车各产品的市场表现

1．2018 年吉利汽车的整体表现

吉利 3.0 产品依靠着强大的产品力和广大消费者认可的性价比，一经上市便获得巨大的成功，也让吉利在 2017 年扛起自主的旗帜，向更高的目标迈进。

2018 年 1～10 月份，吉利汽车整体累计销量约 109.4 万辆，同比增长 27.3%（见图 1），远高于乘用车市场的整体水平。

2018 年吉利汽车分月增速呈现高开低走的态势（见图 2）。2 月份吉利汽车销量 10.8 万辆，增速为 106.9%，增速达到全年的最高点，而后，增速逐月降低。10 月份，吉利汽车增速由正转负，仅为－5.8%，触达全年的低点。这让所有吉利人感受到市场的变化无常和残酷现实，但是也激发了所有吉利人的斗志和决心。未来吉利会把更多的激情和信心投入到产品，投入到市场，投入到消费者中，相信吉利将会收获更为长久的稳步增长。

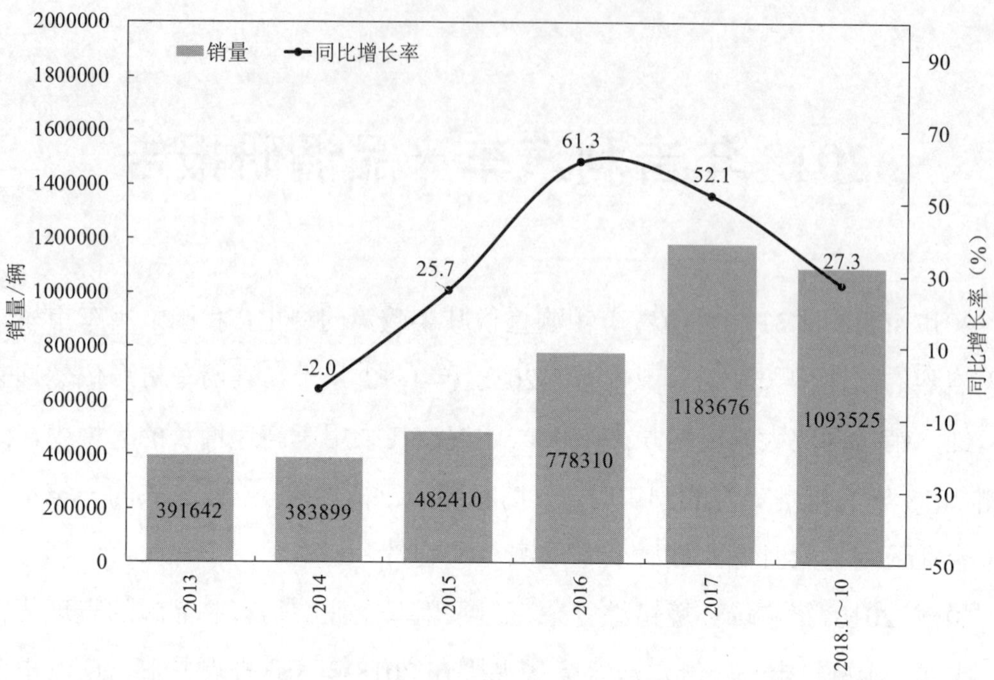

图 1　2013～2018 年吉利汽车的销量

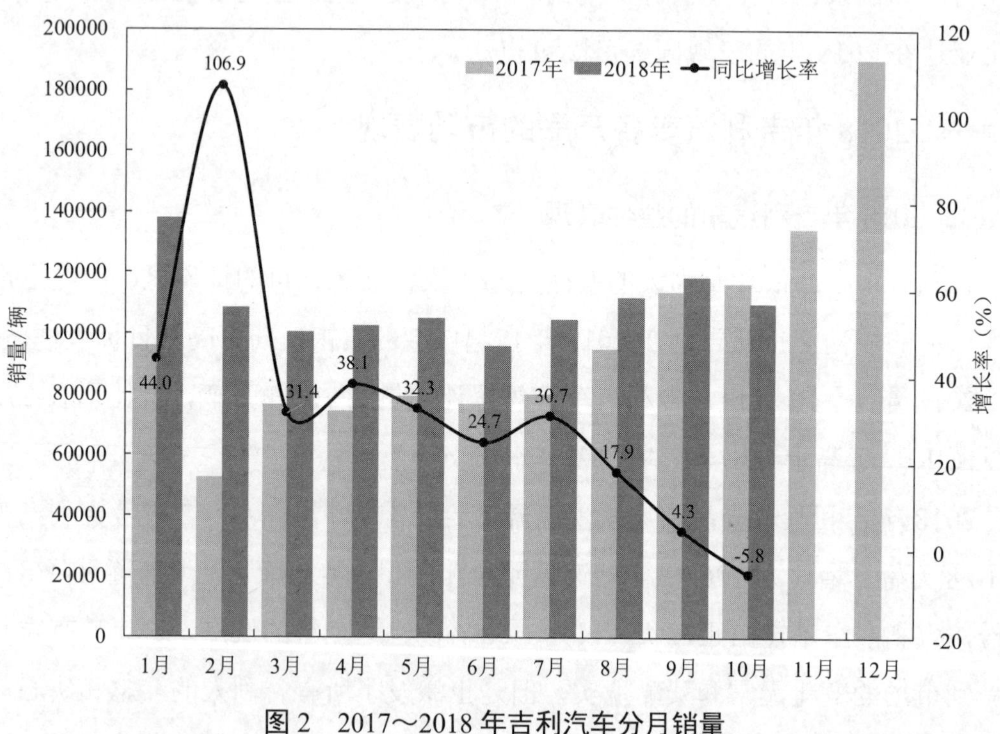

图 2　2017～2018 年吉利汽车分月销量

2．2018 年吉利汽车各主销车型的表现

2018 年是吉利的产品大年，共有 7 款全新车型上市（含领克 01 PHEV），主

要涵盖了 A 级轿车、B 级轿车、A0 级 SUV 和 A 级 SUV 四个细分市场，在各个细分市场中吉利各车型的表现不尽相同，但几乎所有车型的表现都要好于大盘整体（见表 1）。

表 1 2017～2018 年 1～10 月份吉利各车型的销量

品牌及车型	2017 年 1～10 月份销量/辆	2018 年 1～10 月份销量/辆	同比增长率（%）	备注
吉利	859185	1017210	18.4	—
博越	182913	180926	−1.1	—
帝豪	173745	166415	−4.2	—
远景	118695	120997	1.9	—
帝豪 GS	113424	113662	0.2	—
帝豪 GL	79780	113551	42.3	—
远景 SUV	93481	90044	−3.7	—
远景 X3	13951	96142	589.1	—
金刚	42009	18264	−56.5	—
远景 S1	0	53321	—	2017 年 11 月上市
博瑞	27698	21282	−23.2	—
远景 X1	10838	13157	21.4	—
博瑞 GE	0	12329	—	2018 年 5 月上市
缤瑞	0	12268	—	2018 年 7 月上市
帝豪 GSe	0	4650	—	2018 年 6 月上市
缤越	0	22	—	2018 年 10 月上市
其他（停产）	2651	180	−93.2	—
领克	1	76315	—	—
领克 01	1	61389	—	2017 年 11 月上市
领克 02	0	14753	—	2018 年 7 月上市
领克 03	0	173	—	2018 年 10 月上市
总计	859186	1093525	27.3	—

（1）博越的市场表现　博越作为吉利汽车的明星车型，2018 年 1～10 月份销量为 18.1 万辆，同比增长−1.1%，分月销量出现逐月下滑的态势（见图 3），对于吉利的增速来说，这样的表现并不尽如人意。除了博越自身的因素外（上市近三年，处于产品生命周期的中后阶段），外部因素的影响也不能忽视。首先，2018 年 SUV 整体市场表现较差，1～10 月份的销量为 493.1 万台，同比增长−2.2%，

这与前几年的大幅增长形成了鲜明的反差；其次，博越的主要竞品为了维稳销量，促销手段层出不穷，价格战持续升级，降价幅度达到 20%，甚至更多。综合各种因素分析，博越 2018 年的表现符合市场规律，相信随着 2019 年自身产品力的提升和整体市场的回暖，博越应该有更加令人期待的表现。

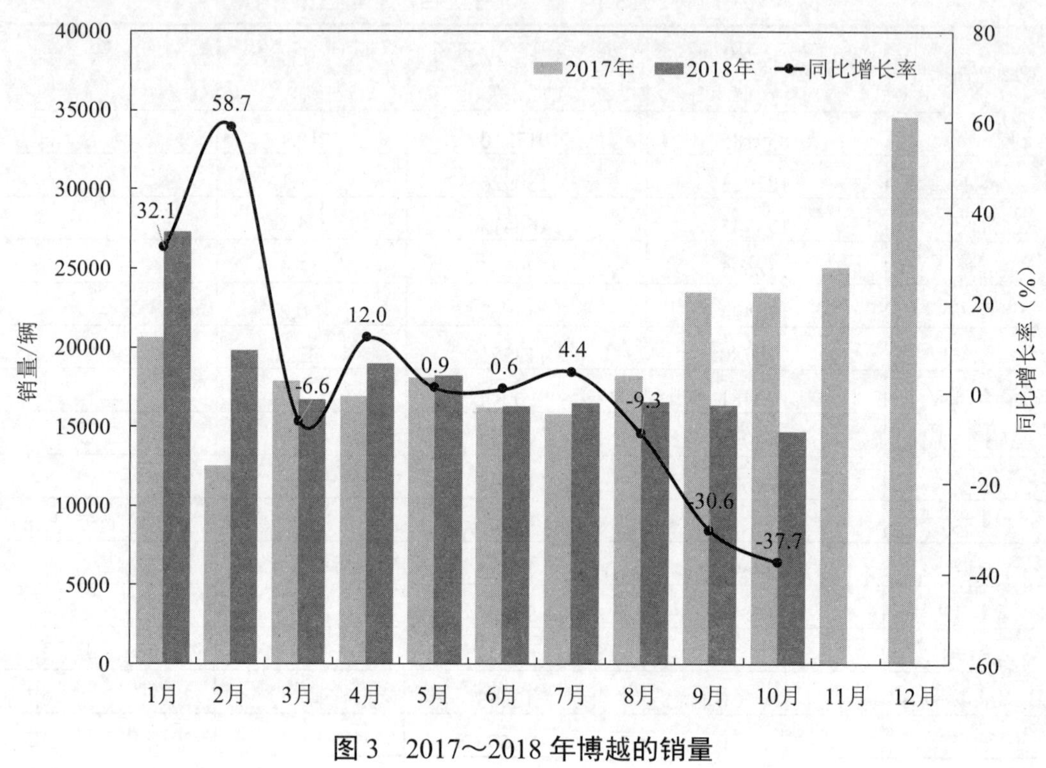

图 3 2017～2018 年博越的销量

（2）帝豪的市场表现 帝豪是吉利成功的代表车型，对吉利的成长有着至关重要的作用，也是自主轿车的一面旗帜（见图 4）。

帝豪诞生至今已经为吉利贡献了超过 150 万辆的销量，作为一款上市已经 8 年之久的轿车，其必然会在吉利汽车发展史，甚至是我国汽车史上留下浓墨重彩的一笔。2018 年 1～10 月份帝豪销量 16.6 万辆，同比增长－4.2%。帝豪目前在合资入门级轿车价格的疯狂下压下顽强地生存着，而且月均销量在 1.5 万辆以上，仍然是轿车市场中最炙手可热的车型之一，也是自主品牌轿车的销量 No.1。未来，帝豪仍将发挥自己的光和热，为吉利和自主品牌做出贡献。

（3）远景的市场表现 远景作为吉利汽车经典的元老车型之一，为吉利的销量增长做出了巨大贡献，2018 年也有着超越同级的表现。1～10 月份，远景销量 12.1 万辆，同比增长 1.9%。在新车辈出的今天，远景的销量表现依然非常稳定，月销量维持在 1 万辆以上（见图 5）。这对一款自主品牌轿车的老车型而言，非常耀眼而又弥足珍贵。

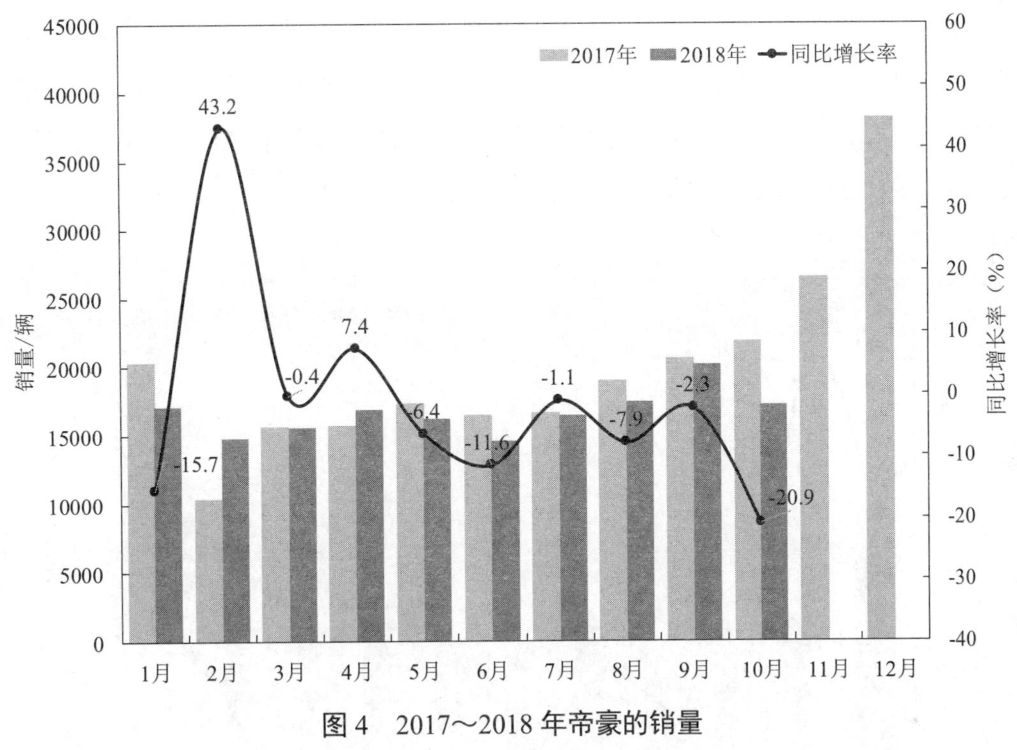

图 4　2017～2018 年帝豪的销量

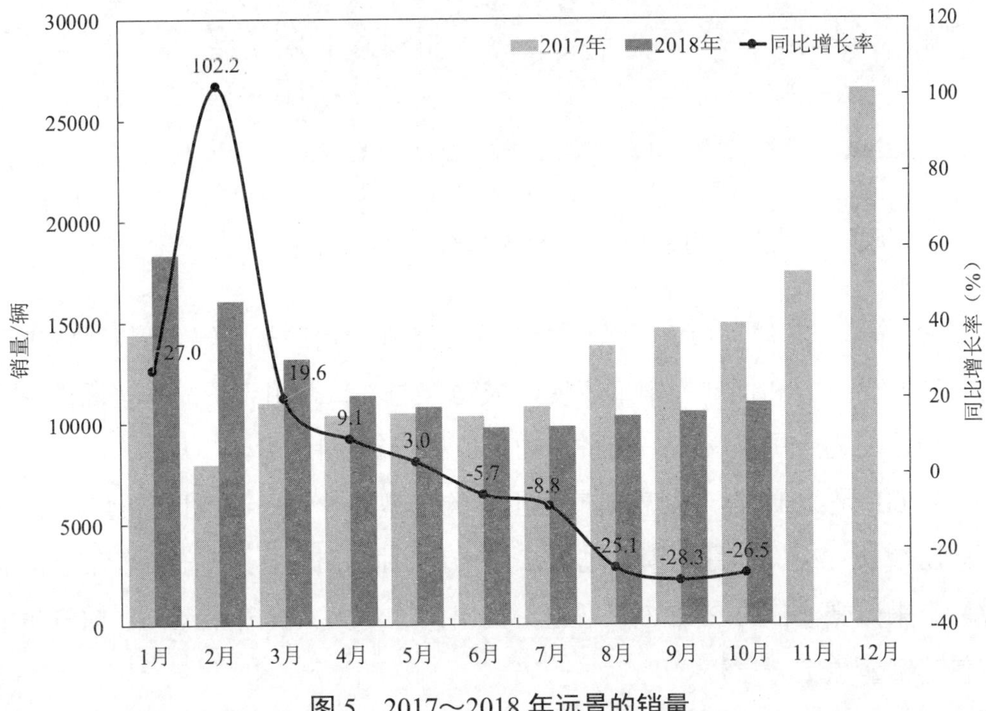

图 5　2017～2018 年远景的销量

（4）帝豪GS的市场表现　帝豪GS作为吉利3.0产品的代表车型，开创了我国汽车品牌跨界SUV的先河。帝豪GS以出众的品质树立了行业标杆，受到众多年轻车主的喜爱和关注。2018年1～10月份帝豪GS销量为11.4万辆，同比增长0.2%（见图6），月均销量超过1.1万辆。帝豪GS取得高销量的背后是其优秀的产品力，尤其是在这个“品质为王”的时代，越来越理性的消费者更关注车型的综合实力，这也显得帝豪GS的销量含金量十足。

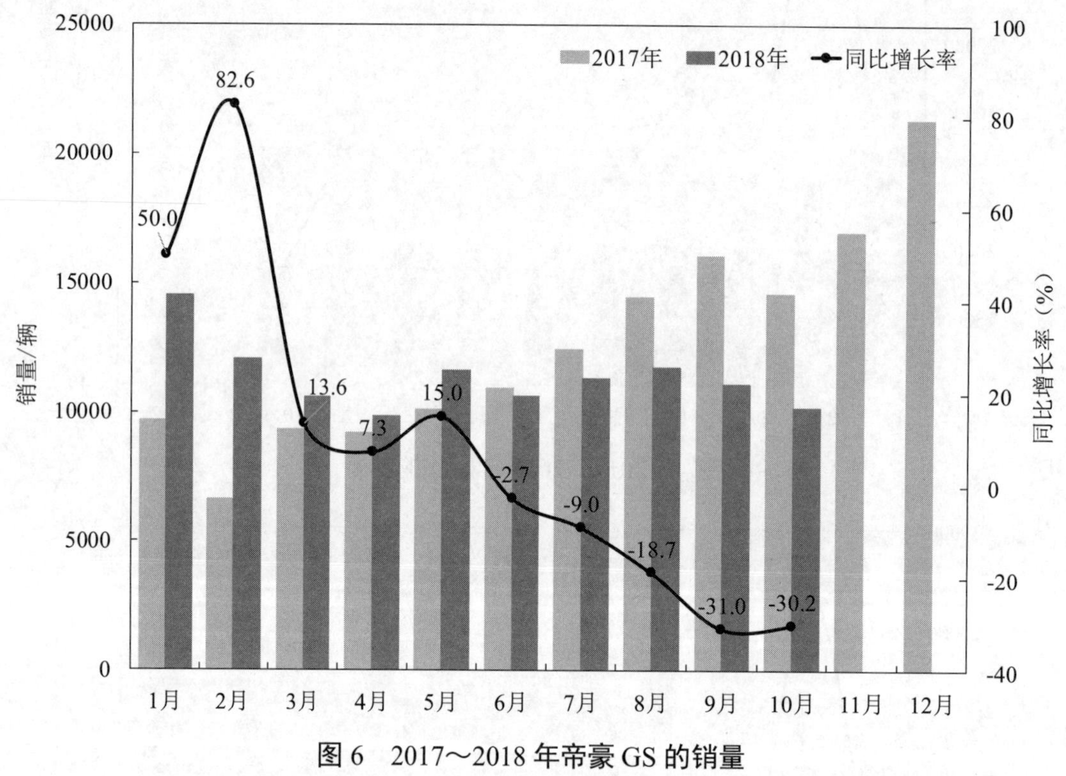

图6　2017～2018年帝豪GS的销量

（5）帝豪GL的市场表现　帝豪GL是吉利3.0代精品车，它以越级的产品实力、高质感形象和优异的销量表现，成功破局了长期由合资品牌垄断的A＋级细分市场，成为中国品牌A＋级轿车的价值标杆（见图7）。

帝豪GL是2018年吉利表现最为出彩的车型之一，1～10月份销量达11.4万辆，同比增长42.3%，月均销量过万，进一步巩固和提升了其在轿车市场的领先地位。未来帝豪GL的PHEV车型也将推出，这将大大提升帝豪GL的竞争力，也将使其销量更上一层楼。

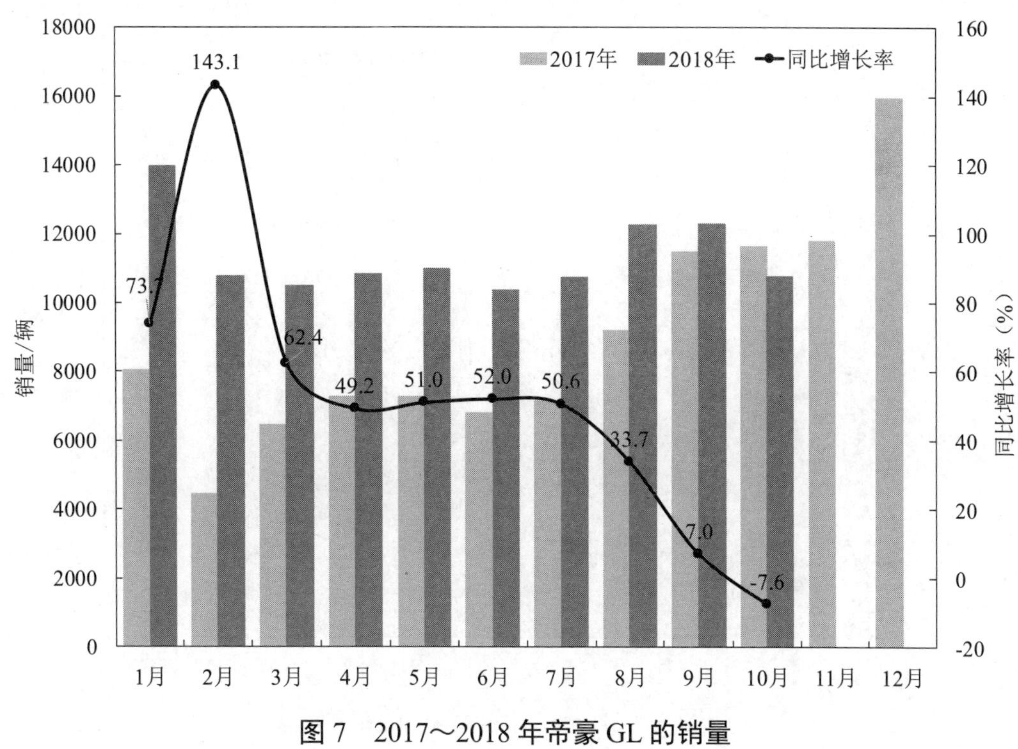

图 7　2017～2018 年帝豪 GL 的销量

（6）博瑞（含博瑞 GE）的市场表现　博瑞是吉利旗下首款引入沃尔沃安全技术理念的车型，是吉利 3.0 产品时代的开山之作，同时也是吉利重回自主品牌前列的扛鼎之作。上市以来，吉利博瑞致力于打造“中国品牌具有驾驶质感的中高级轿车”的新标杆。B 级车一直是合资车的天下，虽然不断有自主品牌发布 B 级车型，但是能在 B 级车中站稳脚跟，并且有不错销量的自主品牌车型可谓是凤毛麟角，但是随着“大美中国车”——博瑞的横空出世，突破了这座自主品牌长期难以逾越的大山。博瑞上市 3 年多，销量突破 14 万辆，一举成为最畅销的中国品牌 B 级车型，无愧于其“大美中国车”的称号。2018 年随着博瑞 GE 的推出，PHEV 车型供不应求，1～10 月份，博瑞销量 3.4 万辆，同比增长 21.3%（见图 8），月均销量近 3500 辆，成为我国 B 级车市场上一道独特亮丽的风景线。

（7）领克 01 的市场表现　领克是吉利推出的欧洲技术、欧洲设计、全球制造、全球销售的新时代高端品牌。领克 01 是领克推出的第一款车型，凝聚着吉利不断创新和突破的追求与投入。作为吉利和沃尔沃合作的结晶，领克 01 以全球化的视角，打造新潮、年轻、共享、互联、智能的独特调性，一上市便供不应求，成为我国高端品牌中闪耀的明星。2018 年 1～10 月份，领克 01 销量 6.1 万辆（见图 9），成为推升吉利品牌向上的主要动力。

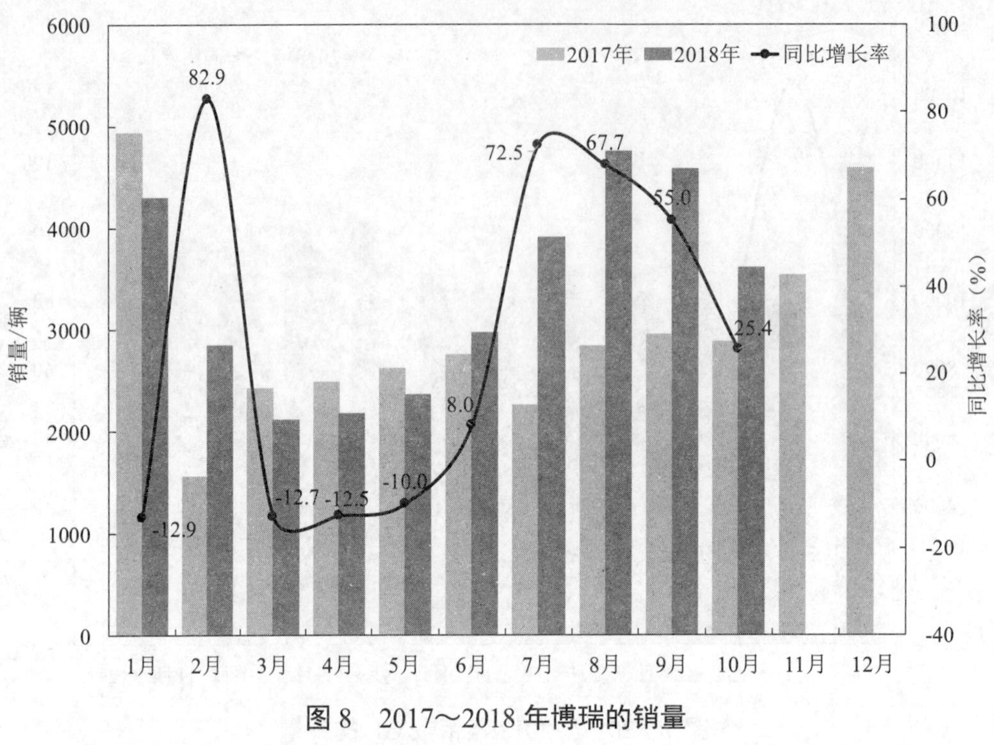

图8　2017～2018年博瑞的销量

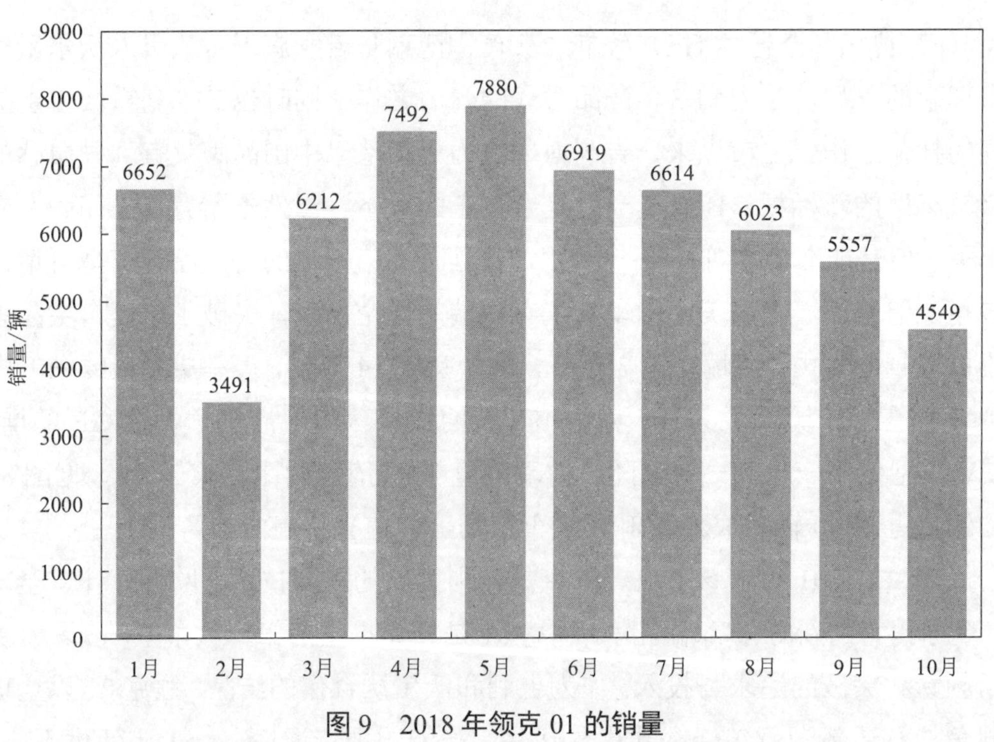

图9　2018年领克01的销量

（8）吉利新产品/新能源车的市场表现　2018年吉利推出了缤瑞、缤越、领克02、领克03等车型，新车型目前都还处于爬坡阶段，相信2019年才是它们一展身手的舞台。

缤越是吉利旗下首款在自主研发平台 BMA 打造的全新年轻化 SUV，同时也是吉利 3.0 代的重要产品。缤越是吉利基于高品质、高标准、高效率打造的又一标杆产品。在性能方面拥有四大核心技术：低惯量涡轮增压，20MPa 高压中置直喷系统，高效燃烧室和 DWT 中控组合式凸轮轴。整车加速仅 7.9s/100km，油耗仅 6.1L/100km，行驶更平顺，静音效果更好。2018 年 10 月份上市以来，当月订单即破两万辆。相信缤越未来的市场表现还会持续上升，将成为吉利旗下又一个爆款车型。

吉利立志成为我国新能源节能技术的引领者，让豪华车上匹配的技术在吉利汽车上触手可及。2018 年 5 月 28 日，博瑞 GE 正式上市，吉利向这一目标又跨进了一大步，同时兑现了“让消费者实现用购买传统汽车的成本拥有混动汽车”的承诺。其后，帝豪 GSe 紧跟上市，联合帝豪 EV、博瑞 GE，实现 A 级轿车、B 级轿车、A 级 SUV 三大细分市场新能源布局。2018 年 1～10 月份，吉利新能源车销量为 3.6 万辆，同比增长 193.6%（见图 10），印证了吉利对于新能源汽车市场的发展决心。

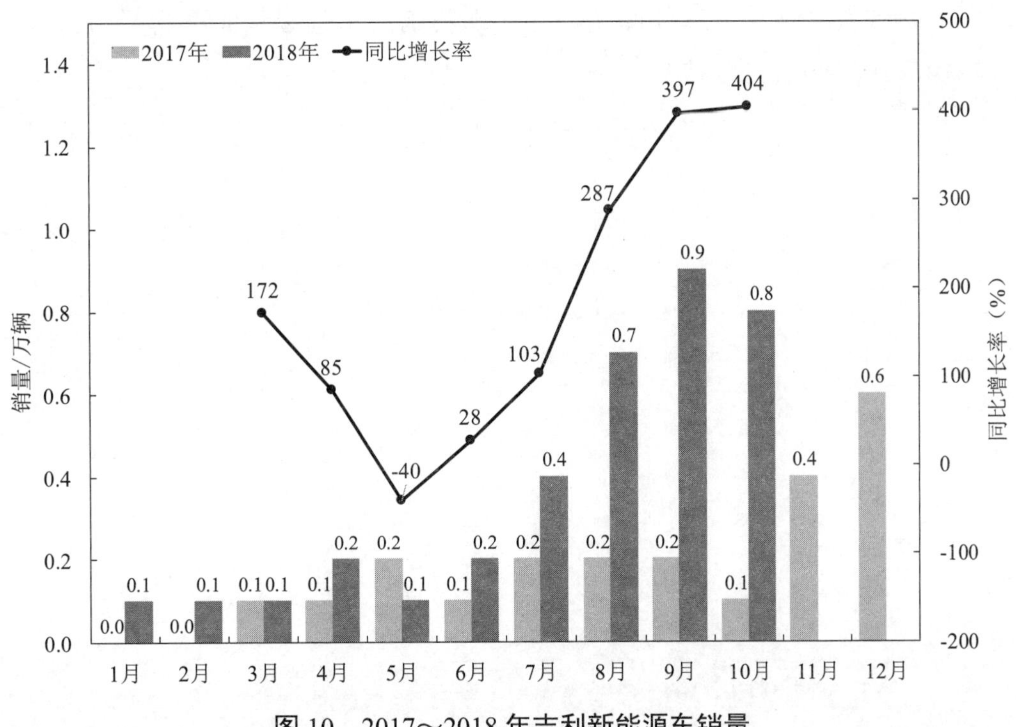

图 10　2017～2018 年吉利新能源车销量

二、2019 年吉利汽车市场展望

2019 年吉利也将推出多款全新的产品。

比如万众瞩目的吉利首款 MPV——嘉际。嘉际采用吉利最新家族设计理念，将提供 2+2+2、2+2+3、2+3+2 三种座椅布局，搭载 1.5T+48V 轻混、1.5TD 插电式混合动力以及 1.8TD 发动机多种动力总成。目前，中高级 MPV 市场增长非常迅速，吉利 MPV 的推出，正是看中该市场的潜力，丰富吉利的产品线，为吉利的 2020 战略目标的达成贡献力量。

与此同时，吉利在新能源汽车模块也有自己的规划。在过去 4 年时间里，吉利对新能源汽车（含商用车）的投资接近 1000 亿元，铺垫产能超过 100 万辆。2020 年，吉利新能源汽车销量将占吉利总销量的 90%以上。吉利未来将会陆续推出多款有市场竞争力的新能源车型。并且吉利的新能源业务不仅局限于对汽车的电动化推进，还涉及其他能源领域，如布局甲醇汽车等新能源动力驱动车型。吉利汽车专注于现在，也放眼于未来。

2019 年，吉利预计会有四五款全新车型推出，涵盖轿车、SUV、MPV 市场，销量也必将继续向上突破。吉利将继续秉承“造每个人的精品车”的核心价值理念，力求做到款款精品，款款爆品，为实现我国汽车强国梦而不懈努力。

2019，让我们拭目以待！

（作者：李瑞林）

2018年荣威及MG产品市场调研报告

2018年我国宏观经济整体运行艰难，“消费”“投资”和“出口”三驾马车表现分化，外热内冷。内部市场需求不振，实物消费增速进一步下降，基建投资增速一路下滑，呈现出居民不消费，企业、政府不投资的现状；但在中美贸易摩擦导致“抢出口”的影响下，对外出口表现尚可。综合来看，整体经济增长换档降速，GDP增速离开过去维持了近3年的6.8%左右的平台期，预计GDP增速将放缓至6.5%。我们判断2018年宏观经济运行困难是乘用车市场表现较差的主因。细查影响因素，我们判断主要影响来自三个方面：第一，从流动性来看“钱不好借”，金融改革的推进使得影子银行被严控，表外业务收缩，市场流动资金不足，M2增速持续走低，影响了乘用车市场增长；第二，从企业端来看，“生意不好做”，强力去产能导致上下游价格出现倒挂，中下游产业利润被上游挤占，经营越发艰难，属于下游产业的汽车制造产业链受到的影响较大；第三，从消费端来看，“消费欲望淡”，自2017年起房贷高涨，且2018年低线市场房地产市场复苏，消费者杠杆快速提升，还贷压力逐渐挤占消费支出；另外中美贸易摩擦等因素也在一定程度上影响了消费信心，在房贷压力增加和消费信心不足的情况下，消费者持币待购，市场观望情绪重，不利于汽车消费的增长。

在宏观市场对汽车消费支撑力不足的大背景下，汽车市场受到购置税透支及2017年高基数等因素带来的压力，2018年前10个月乘用车市场累计批发内需为1930.2万辆，同比下滑1.6%，5年以来总体增速首次进入负区间。预计全年批发内需在2388万辆左右，同比下降4%左右，增速延续2017年的下滑态势，较往年明显放缓（见图1）。

从自主品牌市场表现来看，2018年前10个月受到宏观经济环境影响较大，在2017年高基数的压力下增速明显放缓，累计国内批售为724.6万辆，同比下滑2.6%，增速低于整体市场增速。同时市场份额也小幅下滑，2018年1～10月份累计自主品牌的市场份额为37.5%，较2017年同期下降0.4个百分点，2018年内部分化明显，前部企业继续向上，后部企业则大幅下跌。而2019年自主品牌面临的压力仍未减弱。首先，2019 年经济环境难有明显的好转，对低线城市影响更大，由于民营企业员工和低收入人群对自主品牌更偏好，因此仍对自主品牌不利；其次，自主品牌中 SUV 仍占主体，但是 SUV 对自主品牌的销量贡献度在下降，2018 年四季度和 2019 年合资 SUV 累计有近 40 款新车型上市，向自主品牌持续施压；第三，新能源车市场中自主品牌份额仍占主体，但合资品牌已开始发力，2018 年四季度和 2019 年预计将在新能源车市场投放近 30 款新产品，这将对自主品牌的统治力产生威胁。因此，2019 年自主品牌面临的压力不可忽视。

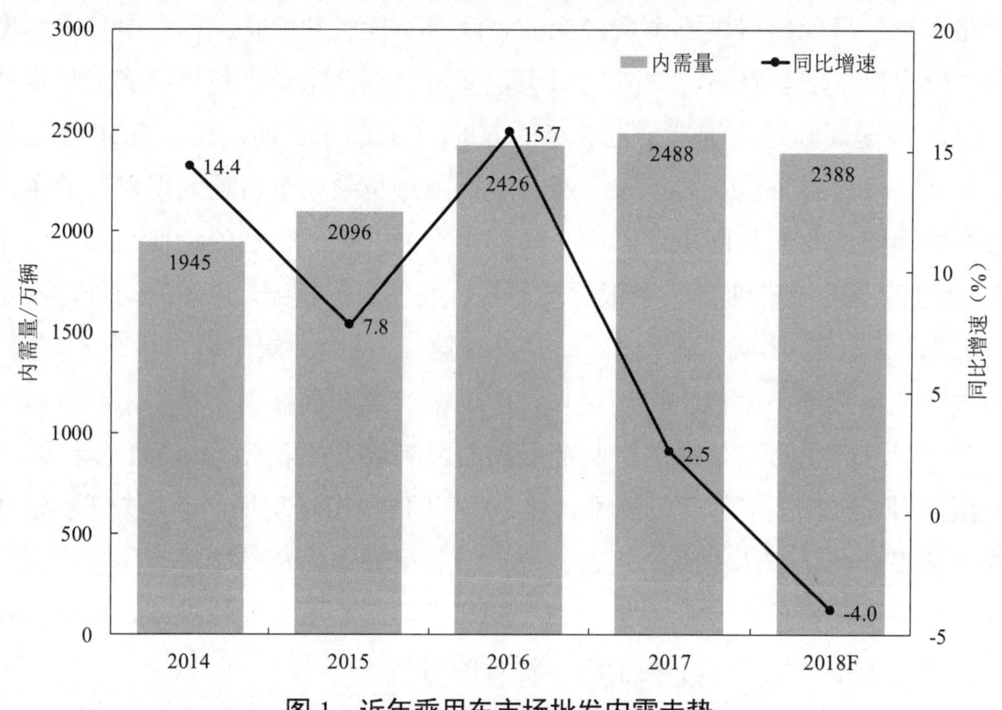

图 1 近年乘用车市场批发内需走势

（注：数据来源于全国乘用车市场信息联席会批售数）

一、2018 年上汽乘用车市场表现

2018 年在整体乘用车市场增速较往年大幅下滑的情况下，上汽乘用车 1～10 月份累计批发 578329 辆，同比大幅增长 40.0%。预计全年销量将达 71 万辆，同比增长 36.0%。2018 年上汽集团乘用车销量见图 2。

分品牌来看，双品牌销量表现均同比大幅提升。荣威品牌受到荣威 RX5、RX3、i6 及新能源车 ei6、Ei5、eRX5 拉动，2018 年 1～10 月份累计完成销量达 380259 辆，同比增长 23.7%，与 2017 年相比有所放缓；名爵品牌得益于名爵 ZS、全新名爵 6 及名爵 HS 的促进，累计完成销量达 198070 辆，同比大幅增长 87.8%。综合来看，2018 年荣威品牌虽仍然占据销量主体，但名爵品牌随着全新名爵 6、名爵 ZS 销量持续爬坡及 9 月 16 日名爵 HS 上市，市场表现亮眼（见图 3）。

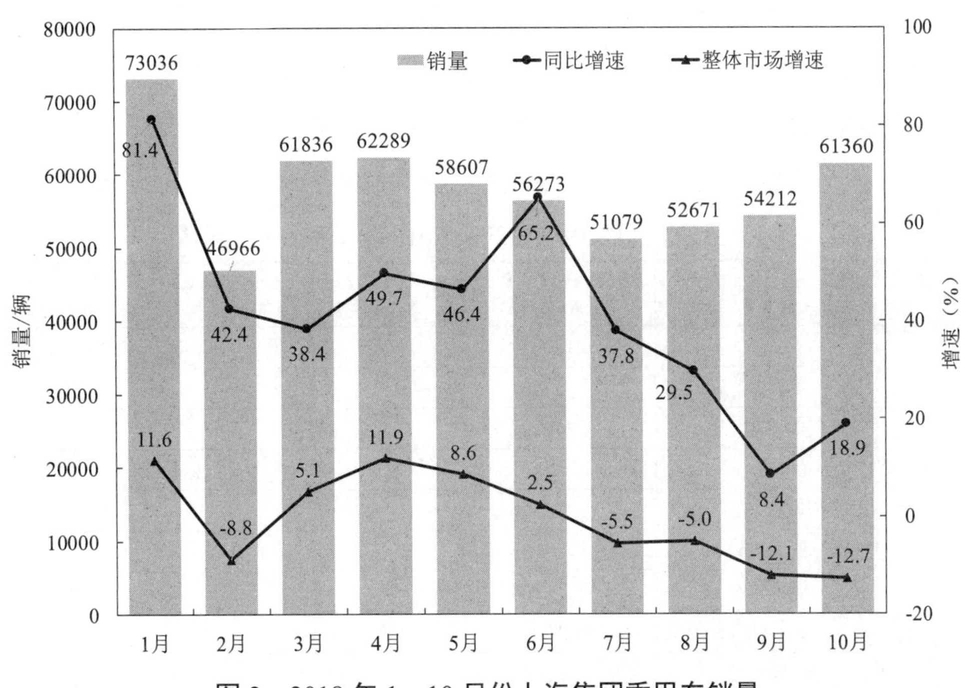

图 2 2018 年 1～10 月份上汽集团乘用车销量

（注：数据来源于全国乘用车市场信息联席会批售数）

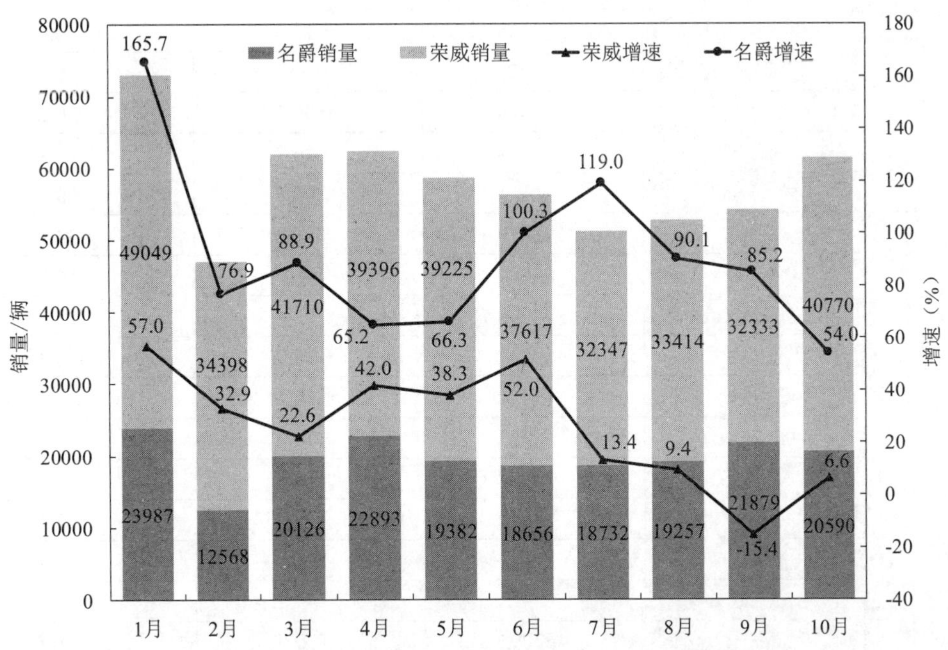

图 3 2018 年 1～10 月份上汽集团乘用车分品牌月度销量走势

（注：数据来源于全国乘用车市场信息联席会批售数）

分车型看，2018 年 1～10 月份，荣威 RX5 是销量贡献最大的车型，销量占比达 29.0%（见表 1）；名爵 ZS 销量继续提升，截至 10 月份销量达 82690 辆，同比增长 46.9%；新能源车方面，1～10 月份新能源车型累计销量已达 83373 辆，主销车型为插电式混动车型荣威 ei6、荣威 eRX5 和纯电动车型荣威 Ei5；另外，9 月上市的名爵 HS 和 10 月末上市的荣威 i5 双双都有较好的市场反响，随着销量爬坡，这两款全新车型将助力上汽乘用车全年销量进一步走高（见表 1）。

表 1　上汽集团乘用车各产品 2018 年 1～10 月份销量

母品牌	产品品牌	2018 年 1～10 月份销量/辆	2018 年 1～10 月份增速（%）	2018 年 1～10 月份销量占比（%）
荣威		380259	23.7	65.8
	荣威 RX5	167531	−1.2	29.0
	荣威 RX3	47026	2941.8	8.1
	荣威 i6	35667	−21.9	6.2
	荣威 360	34366	−23.3	5.9
	荣威 ei6	29185	449.4	5.0
	荣威 Ei5	21564	—	3.7
	荣威 eRX5	21115	40.4	3.7
	荣威 RX8	11642	—	2.0
	荣威 ERX5	4071	−46.7	0.7
	荣威 i5	3205	—	0.6
	荣威 e950	2158	−12.0	0.4
	荣威 MARVEL X	1229	—	0.2
	荣威 350	1144	−90.7	0.2
	荣威 950	355	−46.7	0.1
	荣威 E50	1	−200.0	0.0
MG		198070	87.8	34.2
	MG ZS	82690	46.9	14.3
	全新 MG6	74698	—	12.9
	MG3	12531	35.9	2.2
	GS 锐腾	11411	−58.4	2.0
	GT 锐行	6757	−40.9	1.2
	MG HS	5789	—	1.0
	eMG6	4050	—	0.7
	MG5	141	—	0.0
	MG6	3	−99.7	0.0
总计		467092	70.0	100

注：数据来源于全国乘用车市场信息联席会批售数。

二、重点车型情况

1. 重点车型销量表现

荣威品牌方面，荣威 RX5 依旧表现突出，为荣威品牌销量最大的车型。2018 年 1～10 月份累计销量 167531 辆，贡献了 29.0%的销量份额。

名爵品牌方面，名爵 ZS 以高颜值高性能主打年轻群体，获得了良好的市场反响，2018 年 1～10 月份销量达 82690 辆，贡献了 14.3%的销量份额。全新名爵 6 的表现也十分亮眼，1～10 月份累计销量达 74698 辆，贡献了 12.9%的销量份额。

新能源车型方面，强劲的产品力叠加政策红利，2018 年新能源产品销量持续攀升。插电式混动车型荣威 ei6 取得了良好的市场表现，销量达到 29185 辆，荣威 eRX5 销量也持续上涨，截至 2018 年 10 月份销量达 21115 辆，同比增长 40.4%；2018 年 3 月上市的纯电动新能源车荣威 Ei5 反响较好，销量达到 21564 辆；“智能新物种”荣威 Marvel X 2018 年 8 月 30 日一上市即受到了消费者的广泛关注，对荣威品牌的定位有了极大的提升，截至 2018 年 10 月份累计销量 1229 辆。

（1）荣威 RX5　从销量排名来看，荣威 RX5 在竞争异常激烈的紧凑型 SUV 市场牢牢守住了前五的位置，并且稳中有升，从 2017 年排名第 5 位到 2018 年前 10 个月排名第 4 位（见图 4 和图 5）。

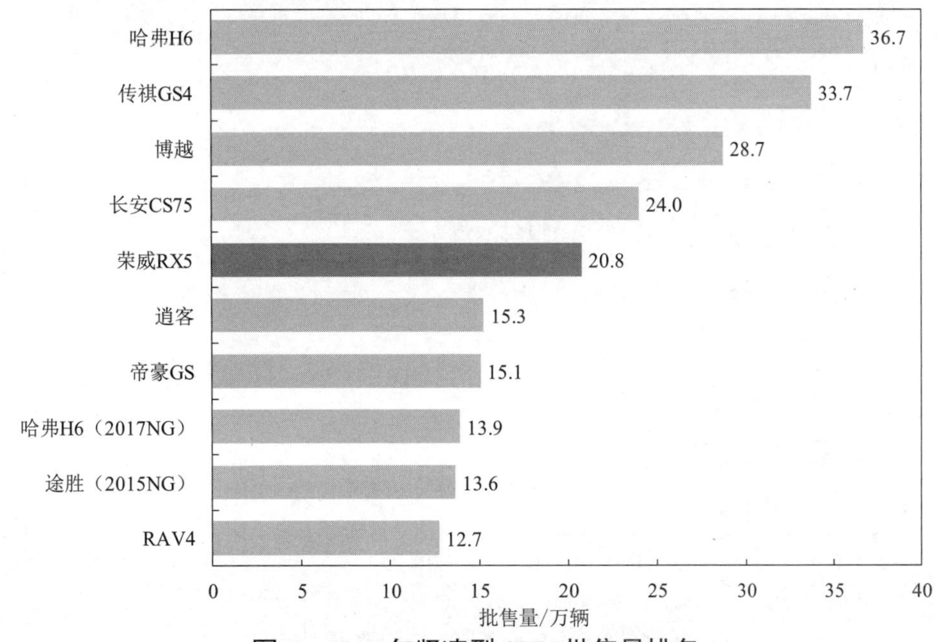

图 4　2017 年紧凑型 SUV 批售量排名

（注：数据来源于全国乘用车市场信息联席会批售数）

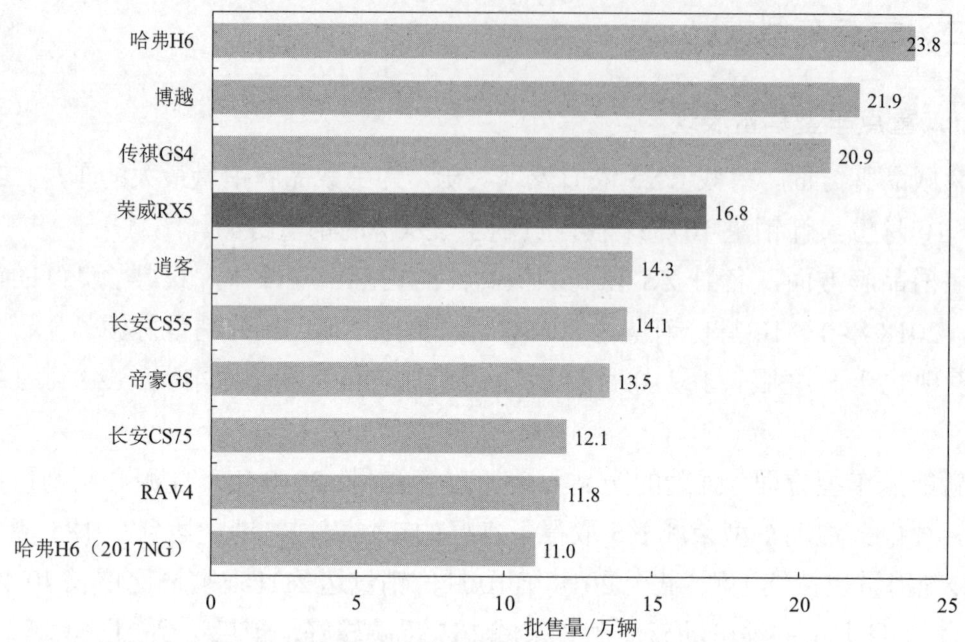

图5 2018年1～10月份紧凑型SUV批售量排名

（注：数据来源于全国乘用车市场信息联席会批售数）

（2）*名爵 ZS* 小型SUV市场方面，名爵ZS延续了去年的亮眼表现，从2017年的第9名上升到2018年前10个月的第6名（见图6和图7）。

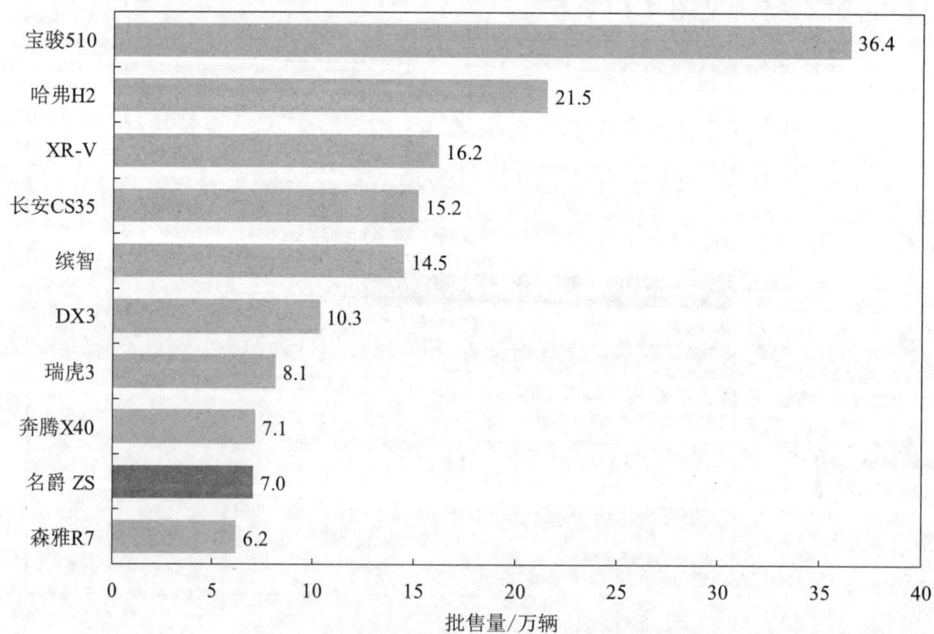

图6 2017年小型SUV批售量排名

（注：数据来源于全国乘用车市场信息联席会批售数）

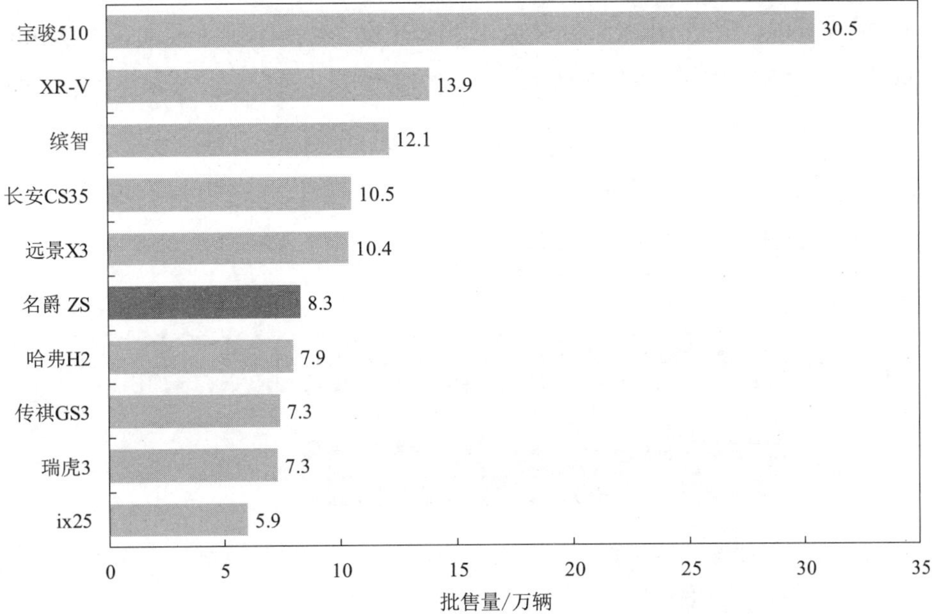

图 7 2018 年 1～10 月份小型 SUV 批售量排名

（注：数据来源于全国乘用车市场信息联席会批售数）

（3）全新名爵 6　在 A＋级轿车市场方面，合资品牌多年占据该细分市场的主力位置。全新名爵 6 在 2018 年 1～10 月份批售量完成 7.5 万辆，排名第 15 位，在该细分市场争得了一席之地（见图 8）。

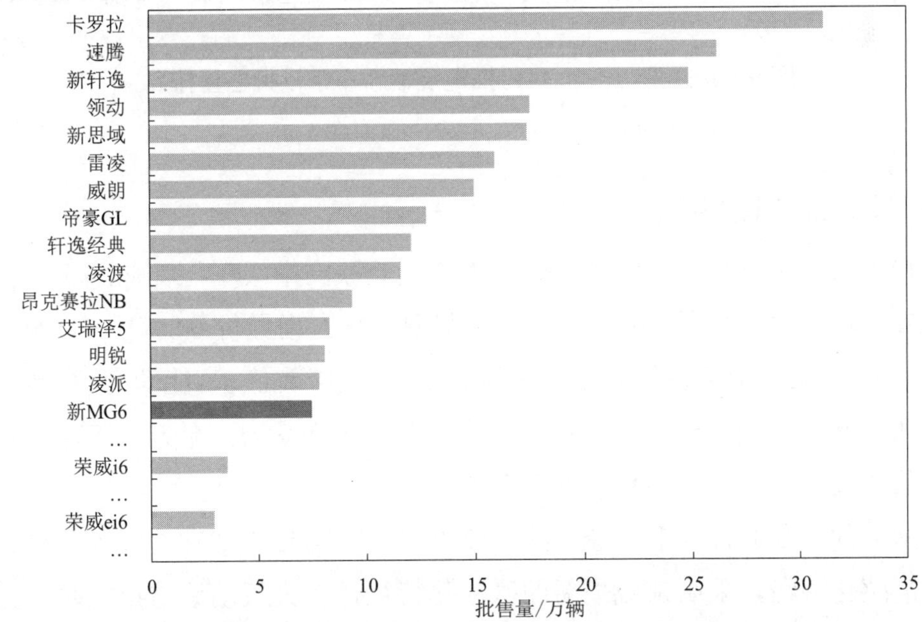

图 8 2018 年 1～10 月份 A＋级轿车批售量排名

（注：数据来源于全国乘用车市场信息联席会批售数）

（4）荣威 ei6、荣威 eRX5 和荣威 Ei5　在新能源车市场方面，荣威 ei6 前 10 个月在插电混动轿车市场中表现强势，排名第二（见图 9）；荣威 eRX5 守住了前五的位置，在插电混动 SUV 市场排名第三（见图 10）；2018 年 3 月上市的荣威 Ei5 的销量也持续增长，在以 MINI 为主的纯电动轿车市场中占据第八的位置（见图 11），在同级别纯电动轿车中排名第二。

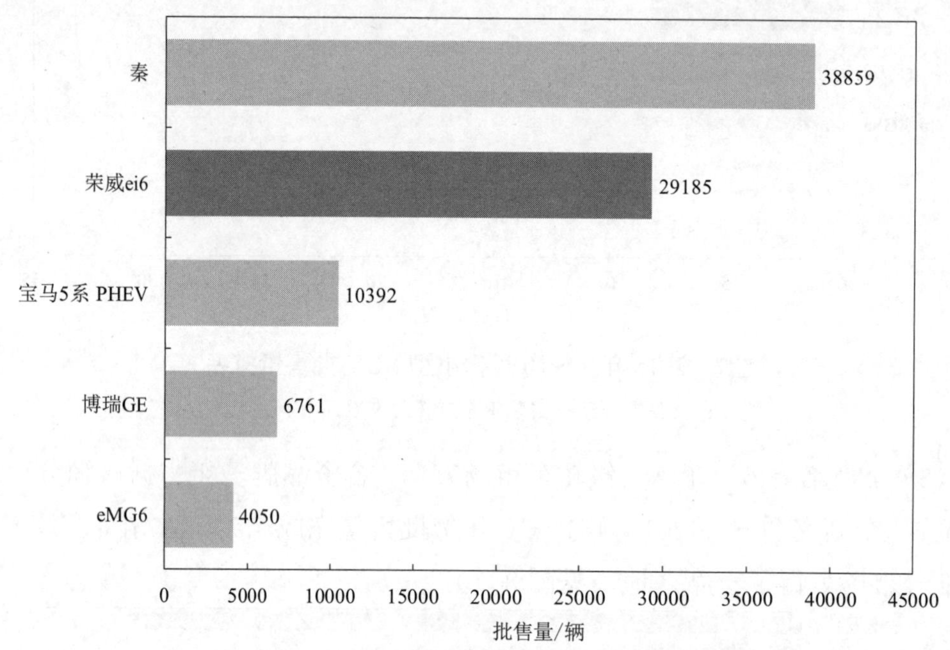

图 9　2018 年 1～10 月份插电混动轿车市场批售量排名

（注：数据来源于全国乘用车市场信息联席会批售数）

2．重点新车型介绍

（1）荣威 i5　2018 年 10 月 26 日，“高能互联网中级车”荣威 i5 正式上市，提供 1.5L 和 1.5T 两种动力选择，共 9 款车型，官方指导价 6.89 万～11.59 万元。

荣威 i5 顺应消费年轻化的时代趋势而来，集高能颜值、高能动力、高能互联、高能空间、高能安全于一身，成就一步到位的越级产品力，全方位满足年轻人的全新高品质需求，带来一步到位的购车选择。

造型方面，为迎合当下年轻人的主流审美，荣威 i5 对“律动设计”进行了年轻化、情感化演绎，采用荣威最新的家族化特征，将大气动感与年轻时尚完美融合，贯穿式时尚车尾，双曲能量腰线，宽体展翼式前脸，展现驾驶者积极向上的姿态（见图 12）；内饰方面则是采用 360 度皮质环绕内饰、零重力豪华美臀座椅等人性化设计，以及同级别领先的超大空间，为年轻用户带来宽敞舒适的乘坐环境（见图 13）。

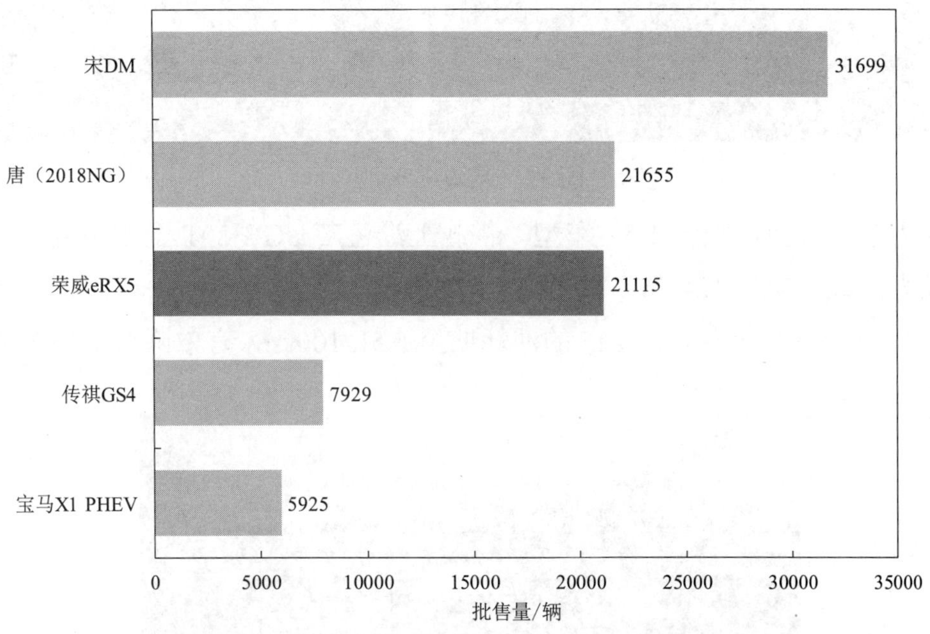

图 10　2018 年 1～10 月份插电混动 SUV 市场批售量排名

（注：数据来源于全国乘用车市场信息联席会批售数）

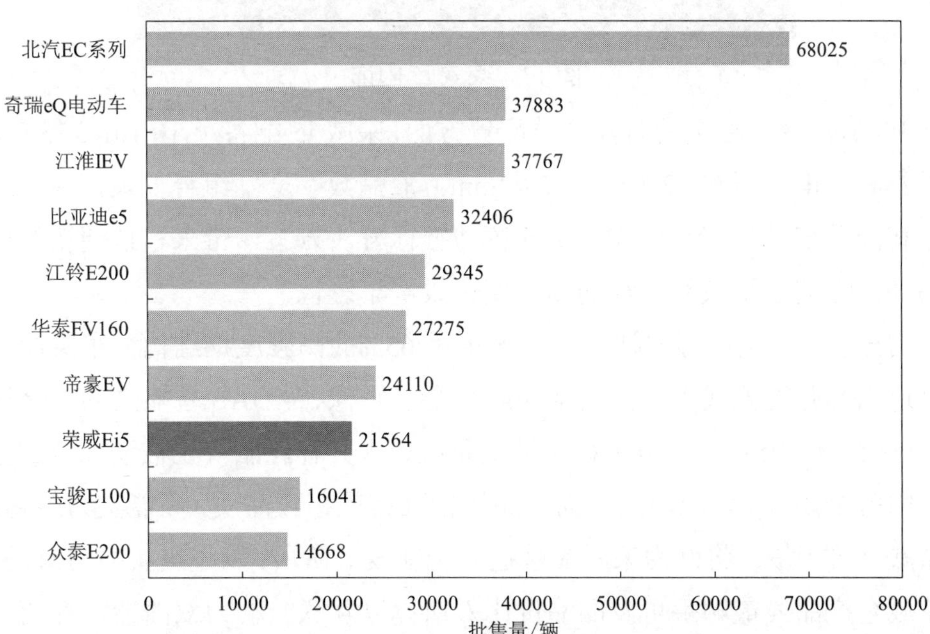

图 11　2018 年 1～10 月份纯电动轿车市场批售量排名

（注：数据来源于全国乘用车市场信息联席会批售数）

图 12　荣威 i5 外观

动力总成方面，配备 1.5T 车型，搭载上汽蓝芯 SGE 20T 全铝中置缸内直喷高效动力，最大功率 124kW，峰值转矩 250 N・m，媒体实测 7.8s 破百、35m 刹停，尽显卓越性能。另外，荣威 i5 的油耗低至 5.5L/100km，有效降低了用车成本，让消费者无惧油价上涨。

图 13　荣威 i5 内饰

在 90 后消费者注重的智能科技配置方面，荣威 i5 配备了 10.1in（256.54mm）高清魅彩触控电容屏与 12.3in（312.42mm）液晶数字交互组合仪表，并搭载互联网汽车智能系统 2.0一基于 AliOS 的斑马智行解决方案，带来科技便捷的出行体验。另外，还装备了傲领同级的 360 度全景倒车影像。

日常出行，安全不可忽视。荣威 i5 采用 65%的高强度钢结构和车身激光焊接工艺打造出高强度笼式车身，搭配 360 度全景影像、ADAS 智能主动安全辅助系统、十三位一体 ESP 车身电子稳定控制系统、米其林轮胎等主被动安全配置，安全防护固若金汤。并以豪车级零面差品控标准铸就极致品质，高能实力远超同级。

荣威 i5 的到来，将助力荣威品牌进入全新发展阶段：以越级实力与亲民价格，打开荣威全产品线最触手可及的品价比入口；以互联、动力双高能，打造“智能＋性能”的荣威品牌形象新起点；以年轻律动高能设计，开启与年轻用户握手的新触点。未来，荣威 i5 必将在被合资车型垄断的中级车市场打开全新的局面。

（2）荣威 RX8　2016 年 4 月，全领域大 7 座智联网豪华 SUV 荣威 RX8 正式上市，共推出 8 款车型，全系 2.0T 动力总成，售价区间为 16.88 万～25.18 万元。

外观方面，新车采用了荣威品牌的律动设计理念打造。从设计来看，悬浮环抱式格栅完整霸气，立体双壑式引擎盖彰显力量之美，高亮银前唇护甲豪华立现。车灯方面，腾云式全 LED 前照灯、猎户座星云全 LED 雾灯、定音锤全 LED 尾灯，展露科技豪华美感。车侧方面，双峰腰线配合黄金分割比例尽显旗舰豪华，X 形尾部扎实稳健体现强者旗舰姿态（见图 14）。

图 14　荣威 RX8 外观

RX8 的内饰有着同级最大软包面积，柔光电镀配 INS 木纹、直瀑式宽体中控，对开式中央扶手打造旗舰豪华。同时 RX8 还有着 10.1in（256.54mm）的 1280P IPS 魅彩大屏，7in（177.8mm）虚拟仪表的科技配置（见图 15）。

图 15　荣威 RX8 内饰

亮点是基于 Ali OS 的斑马系统，其集成了远程车辆控制、智慧个性导航、精微语音交互、双盲定位、双屏互动显示等多种强大的功能。在进行车主身份认证之后与手机端的“斑马智行”APP 相连接，包括远程解锁、车辆保养提醒等一系列功能都可以在手机端查看操作。同时 7in（177.8mm）半虚拟仪表很好地配合了中控大屏，将导航等重要信息投射在仪表盘上（见图 16）。

图 16 荣威 RX8 中控屏幕

空间方面，RX8 有着同级最大轴距 2850mm，同级最大车身尺寸 4923mm。这样的车身尺寸，带来了同级最大第三排空间，最大第三排车窗，最大第二排可调行程，最大第三排入口空间。后备箱容积大，RX8 行李箱最大装载 2178L，五座状态可容纳 9 个行李箱

舒适性配置方面，前排电动座椅通风、记忆、加热功能齐全，同级罕有第二排座椅加热。此外 RX8 还有智能独立式空气净化器、智能手机无线充电、后排智能独立空调等，让你的出行更加健康、智能、舒适。

动力系统方面，RX8 搭载了 30T S 级豪华纵置蓝芯高效发动机，采用航空级全铝缸体，运用了缸内中置直喷＋高效涡轮增压技术。这款 2.0T 发动机最大功率为 224 马力（1 马力=735.499W），峰值转矩为 360N · m，与之匹配的是爱信 6AT 豪华纵置变速器，注重平顺性和燃油经济性。加速为 9.1s/100km，综合油耗低于 10 L/100km。2.0T 车型则有后驱和全时四驱两种驱动形式，为有需求的消费者提供了宽泛的选择。

RX8 配备了同级别实力最强的 ALL-Drive 智能全领域驾驶系统，拥有全地形驾驶模式和同级别独有后桥智能全自动机械差速锁。在安全驾驶方面，RX8 有着国际领先的 Super Pilot 智能主动驾驶辅助系统、DAR 双重防翻滚系统（见图 17）。

图 17 荣威 RX8 ALL-Drive 智能全领域驾驶系统

另外，EBD电子制动力分配系统，ABS制动防抱死系统，TPMS胎压监测系统，SCS车辆稳定性控制系统，TCS牵引力控制系统，CBC转向制动控制系统，BAS制动力辅助系统，使乘用者在上坡、高速、市郊、城市、雨雪等全路况都得到安全守护；全车的6个安全气囊，为行车安全保驾护航。

（3）荣威RX5　2016年7月6日，全球第一款互联网SUV荣威RX5正式上市，2018年10月新款荣威RX5亮相，对原有部分车型进行了更新和配置升级，共推出12款车型，有1.5T和2.0T两种动力可选，售价区间为9.98万～18.68万元。

外观方面，新车采用了荣威品牌最新的律动设计理念打造，强调理性与感性的结合。从设计来看，前脸“展翼格栅”将两侧前照灯融贯一体，彰显大气。车灯方面，前照灯为矩阵式LED大灯，灯组内部还集成了“如意形”LED日间行车灯，寓意吉祥的同时又兼具了科技感。车侧方面，荣威RX5的侧腰线设计饱满且富有力量感，而其中“显峰腰线”则是荣威律动设计语言的第二大要素。同时车身线条通过大量黄金比例来提升车身的视觉效果。车尾方面是整车的一个亮点，尾部采用“内切燕尾”式造型设计，整体给人一种硬朗的即视感。尾灯造型则源于小提琴，而从车尾延伸至灯内的镀铬条也进一步提升了档次感。虽然线条多但并不乱，很好地营造出饱满的感觉（见图18）。

图18　荣威RX5外观

RX5的内饰整体设计是以10.4in（264.16mm）大屏为视觉核心并向两边横向舒展，由于大屏幕的使用，大多数传统按键被取消，整体设计简洁时尚。同时RX5在内饰用料上也多处使用了软质皮革包裹，同样内饰的线条也采用了大量的黄金比例（见图19）。

图 19　荣威 RX5 内饰

最大的亮点就是全球首发 YUNOS 阿里互联系统，其集成了远程车辆控制、智慧个性导航、精微语音交互、双盲定位、多屏互动等多种强大的功能。在进行车主身份认证之后与手机端的“斑马智行”APP 相连接，包括远程解锁、车辆保养提醒等一系列功能都可以在手机端查看操作（见图 20）。同时 7in 半虚拟仪表能很好地配合中控大屏，将导航等重要信息投射在仪表盘上。

图 20　YUNOS 阿里互联系统

动力系统方面，RX5 将搭载上汽蓝芯高效动力 1.5T 和 2.0T 两款涡轮增压发动机，其中 1.5T 发动机最大功率为 169 马力，峰值转矩为 250N·m，与之匹配的是手动或者 TST 7 速双离合变速器，油耗仅 6.1 L/100km。而 2.0T 发动机的最大功率为 220 马力，峰值转矩为 350N·m，与之匹配的是 TST 6 速湿式双离合变速器，但是相比之前做了很多优化，更加注重平顺性和燃油经济性。同时 2.0T 车型则有前驱和适时四驱两种驱动形式，为有需求的消费者提供了多种选择。

安全方面，RX5 配备了 LDW 车道偏离预警，FCW 前方碰撞预警， MSR 发动机阻力矩控制系统，360 度全景影像，前后倒车雷达，HDC 陡坡缓降系统，EBD 电子制动力分配系统 ，ABS 制动防抱死系统 ，TPMS 胎压监测系统 ，FSF 高钢度一体轻量化车身结构，SCS 车辆稳定性控制系统 ，TCS 牵引力控制系统 ，CBC 转向制动控制系统 ，BAS 制动力辅助系统，使乘用者在上坡、高速、市郊、城市、雨雪等全路况都能得到安全守护；全车配备了 6 个安全气囊、防潜滑高强骨架座椅、转向管柱膝部保护、碰撞自动解锁切断燃油等被动安全技术，为行车安全保驾护航。

2018 年，荣威品牌新增荣威 RX5 铂金系列，共推出 6 款车型，搭载上汽蓝芯 1.5T（20T）发动机，全系标配互联系统，并在外观和配置上进行了升级，配备全新律动设计展翼格栅、矩阵式全 LED 大灯、18in（460.8mm）精车双色铝合金轮毂、10.4in（264.16mm）高清触控电容屏在内的 4 大高感知配置，多种车型的选择完美地满足了消费者对高品质 SUV 的多样化需求。

（4）*名爵 HS*　2018 年 9 月 16 日，名爵 HS 正式上市，搭载 1.5T（20T）和 2.0T（30T）两款发动机，总计推出 9 款车型，售价区间为 11.98 万～18.98 万元。

外观方面，名爵 HS 的细节处处体现出爆棚的“荷尔蒙”。全车采用豪华 SUV 惯用的纯形面设计手法，360 度感性曲面浑然天成，光影肩线，以体塑形，呈现出百万级豪华光影效果。辅以丰满健硕的前后轮眉，呈现出整车饱满的肌肉感。修长的引擎盖、2720mm 的超长轴距、更低更靠后的坐姿以及短前后悬处理让视觉中心后移，彰显豪华运动 SUV 与生俱来的跑车感。车头的家族式星耀力场进气格栅张力十足，猎眼气场全 LED 大灯，采用双色 LED 技术，提供流体向和动态迎宾效果；车尾曲线圆润饱满，配合空间光场全 LED 尾灯，采用超长流水转向等，以超红光技术呈现多层次立体发光效果，宛如划过夜空的流星，璀璨夺目（见图 21）。

图 21 名爵 HS 外观

内饰方面，名爵 HS 采用 360 度全皮质环绕内饰，提供多维度豪华触感，与偏向驾驶员的中控区相得益彰，营造出人车一体的高级沉浸式座舱体验。一体式豪华运动真皮座椅以顶级豪华跑车首选的 Alcantara 材质包覆，椅面采用德国 Bader 真皮，支撑力、包裹性、舒适感极佳，配合同级别最佳水平的标杆级 NVH 静音水准、Dream Air 座舱空气管理系统和荷尔蒙香氛系统，提供高品质的驾乘体验（见图 22）。

图 22 名爵 HS 内饰

配置方面，名爵 HS 双屏联动的 10.1in 的 1280P IPS 魅彩大屏和 12.3in 虚拟仪表，配合全新互联网生态系统，人工智能语音、大数据导航、IoT 手机车控系统、云娱乐陪伴系统、智能支付等功能实用、智能、便捷，OTA 远程升级具备无限进化和自动迭代的能力，带来无与伦比的高科技使用体验。8 个扬声器加 1 个 Richbass 低音炮的 BOSE 音箱和无极变色炫彩交互式氛围灯打造移动私人音乐厅，配有同级别罕有的超大尺寸全景天窗，动感大气（见图 23）。

动力方面，名爵 HS 搭载 1.5T（20T）和 2.0T（30T）两款发动机，最大功率分别为 169 马力和 231 马力，全新调教的 30T 高功率版动力总成，能够实现 7.5s/100km 加速，36m 级刹车距离。与两款发动机匹配的分别为 7 速双离合和 6

速双离合变速器，全新调教的 TST6 速湿式双离合变速器达到标杆级平顺性水准，名爵 HS 还配备 SuperSport 方向盘专属按键，一键激发战斗模式，声光电驾 4D 效果瞬时启动，配合 AWD 智能四驱系统和 XDS 弯道动态控制系统，打造极致驾控体验。

图 23　名爵 HS 配置

名爵 HS 的上市，意味着名爵全新一代车系家族的产品线进一步扩张。更完善的产品线可以带来更强的竞争力，面对激烈的市场竞争，拥有豪华荷尔蒙造型、高品质内饰和丰富配置的名爵 HS 的到来也使名爵更有底气。

（5）荣威 Ei5　荣威 Ei5 是上汽第一款完全基于新能源纯电动架构开发的休旅车型，高度融合了电动化、智能网联化、共享化与国际化的新四化理念，是上汽荣威新能源新时代背景下的重要车型。

外观方面，荣威 Ei5 采用全球首个纯电动休旅车专属架构，解决了三厢车改造休旅车造型比例不协调等问题，整体造型设计动感优雅。同时，荣威 Ei5 也是荣威“律动设计”语言纯电动时代的首次量产演绎，更富意境的洗炼，更富情感的精妙，更加东方的韵律，更加灵动的舒展，加上纯电动休旅车专属架构带来的优雅比例，最终打造出了最美的纯电动休旅车全新造型（见图 24）。

图 24　荣威 Ei5 外观

内饰设计以环绕式座舱为主题，致力营造灵动豪华、舒展大气的人性空间；游艇式环绕布局形面层次丰富，整个内饰的体量饱满亲和、立体现代，大气舒展的设计主题，与外饰设计相呼应。环绕式 IP 台设计追求洗练的特征，形面层次丰富。空间上荣威 Ei5 解决了传统“油改电”车型侵蚀乘客空间的问题，高效集成的电动车布置形式，拥有同级无敌的乘坐空间和超大后备箱空间。宽适体量，轻盈身姿，高品空间，让大气优雅与舒适实用兼容并存。此外，荣威 Ei5 的内饰与配置延续了上汽荣威一贯豪华、高品质的调性，带来了全新舒适的空间体验（见图 25）。

图 25 荣威 Ei5 内饰

荣威 Ei5 搭载了荣威最新一代互联网汽车智能系统 2.0，拥有 AI 人工智能语音、大数据主动导航系统、出行云娱乐系统、手机远程车控系统、智能养车服务、智能硬件接入 6 大功能。不断地去了解和感知用户，并通过云端进行大数据智能分析，为用户提供或接入更精准更到位的功能或服务，为用户打造更贴心的用车和出行体验，实现互联网到智联网的转变和升级，为消费者带来新互联的休旅生活，让生活更简单，让旅行更惬意（见图 26）。

图 26 荣威 Ei5 配置

荣威 Ei5 秉承了上汽新能源一贯的高标准和高品质，从安全、便捷等维度解决用户纯电时代的出行痛点。综合工况下续航长达 420km，最大续航达 570km，电池快充 40min 就可以充满 80%，同时拥有 13.2 kW • h /100km 的超低电耗，解决了现有电动车的使用痛点。动力电池严格按照 UL-2580 安全标准进行设计和验证，拥有 360 度全方位防护设计，同时向用户承诺电池系统在 8 年 20 万 km 内衰减少于 30%。绿芯新能源科技搭配 iBooster 智能电控制动系统、热泵空调等高效新技术，实现零油耗零排放，不对自然带来任何负担，让驾驭更轻巧纯粹，为消费者带来了电动时代的全新出行体验（见图 27）。

图 27 荣威 Ei5 动力

（6）荣威 Marvel X 电动智能超跑 SUV 荣威 Marvel X 是一款带来新颖造型、极致性能、全新体验的旗舰车型，代表着荣威品牌最新的研发成果，是“智能网联化”“电动化”的集中体现。有双电机后驱版和三电机四驱版两个动力可选。

外观方面，新车还原了光之翼概念车中 90%的设计元素，包括克莱因蓝的车身颜色，流光展翼的贯穿式 LED 灯组，后驱比例的轿跑身姿，0.29Cd 的超低风阻和隐藏式的门把手等。荣威 Marvel X 具备 2800mm 的轴距和 1919mm 的宽体车身，豪华后驱比例姿态配以曲率引擎腰线，呈现出一种蓄势待发的运动感。作为一辆电动车，主动进气前格栅，隐藏式门把手，超跑前风道与曲率引擎的设计带来了 0.29Cd 堪比轿车的优异风阻系数（见图 28）。

图 28 荣威 Marvel X 外观

Marvel X 拥有全手工打造的奢华皮质座舱，包括皮质包覆门板，皮质包覆中控台以及意大利进口 Alcantara 面料一体式运动座椅（见图 29）。

图 29 荣威 Marvel X 内饰

Marvel X 上搭载了互联网超级交互系统，包括了互联网汽车智能系统 3.0 Marvel 专属版，基于 AliOS 斑马智行的解决方案，配合仪表盘、空调、氛围灯等前沿装备，打造极具未来感的超级交互系统。系统包括了 12.3in 的虚拟仪表，搭载了全球首发的 AR-Driving 车道级导航，配合 AR 增强的安全辅助提示，可在仪表和中控大屏中切换显示。Marvel 专属的斑马 3.0 系统同时带来了专属的互联网超级账号，沉浸式人工语音控制、大数据导航、远程车控等功能与扩容的互联网生态伙伴（见图 30）。

同时 Marvel X 上还搭载了 900mm 超长风口的 Slim Air 隐藏式智能扫风空调，配合冬天更省电的高效热泵空调技术。64 色智能全彩的韵律氛围灯以及 MWE 智能迎宾交互系统，为 Marvel X 更添一份智能体验。

动力系统方面，Marvel X 全驱版通过三个电动机的驱动实现了 4.8s/100km 的优异加速成绩，同级领先的性能堪比百万级跑车。Marvel X 也实现了 14.2 kW·h/100km 的超低能耗，轻量化车身、低风阻设计、领先的电控技术，以及 iBooster 电控制动系统和能量回收系统的加成使得 Marvel X 达到了最大 500km，综合工况下 403km 的超长续航。40min 快充即可完成 80%的电量补充。同时配合与德国顶级豪华品牌联合开发的底盘调教与铝合金梯形连杆后悬挂，实现了效率和能耗的平衡、操控与舒适的平衡。

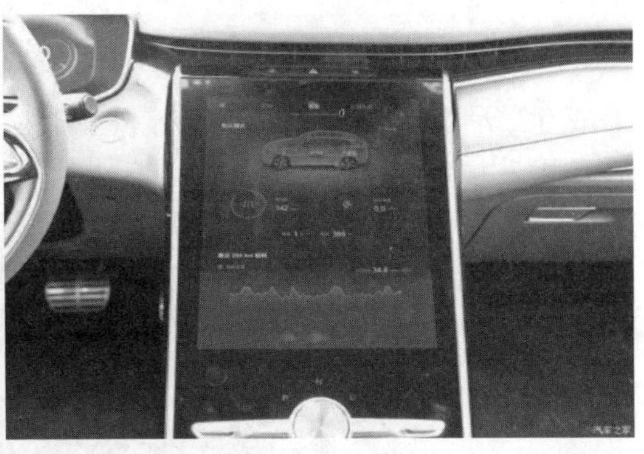

图 30　互联网超级交互系统

此外，Marvel X 配备了 AI Pilot 智能驾驶系统，涵盖 AI Parking 全功能智能泊车辅助， AI Cruise 全速段自主巡航与 All time safety 全时主动安全辅助系统，提供全方位的主动安全保护。作为一辆电动车，电池能够达到 IP67 防水防尘等级，具备六大电池管理策略，其 360 度的电池碰撞防护也满足了 E-NCAP 最严苛的斜柱碰撞标准，用超五星的安全标准为 Marvel X 定义。

（7）名爵 6 插电混动版（eMG6）　2018 年 4 月 17 日，名爵 6 插电混动版正式上市，新车共推出 45T 智驱混动尊享互联网版、45T 智驱混动 PILOT 尊享互联网版、45T 智驱混动 PILOT 超级互联网版 3 款车型，官方指导价为 20.28 万～21.98 万元，扣除补贴后售价为 16.98 万～18.68 万元。全新 eMG6 传承欧洲经典运动轿跑造型，以 MG 品牌“感性力”设计，融合最尖端互联网科技，搭载最先进主动的安全功能，通过国际领先的插电强混技术，开启了 MG 品牌新能源战略的全新格局。

全新 eMG6 以豪华形面与光影质感呈现，动静皆是惊艳。欧式动感轿跑比例，家族式星辉骑盾格栅、豹跃肩线、掀背的组合，车身下压蓄势，造就了全新 eMG6 蓄势待发的运动感（见图 31）。拥有超长轴距 2715mm，同级最宽奢车身 1848mm，以及同级罕有的全 LED 大灯和渐进式转向灯等，带来日夜璀璨。

全新 eMG6 搭载上汽全新战略动力总成“蓝芯”＋“绿芯”动力，采用国际领先的 1.0T 缸内中置直喷增压发动机及三核全时全混技术，以超低油耗实现轿跑超强动力。NETGREEN 智混系统依托全球领先的三电系统，根据不同路况提供八种混动控制策略，兼顾动力与油耗，实现永不断电的智混系统。三元锂离子动力电池组采用世界领先的电芯制造工艺，并通过防尘防水民用最高级的 IP67 认证。同时采用碰撞自动断电系统，当发生碰撞后，接受到安全气囊信号将自动切断高压电池包的高压电输出，确保电池在极端工况下安全可靠。此外三电系统还享受 8 年或 12 万 km 的超长质保期，同时上汽承诺 8 年或 12 万 km 电池衰减不超过 30%。

图 31 全新名爵 6 插电混动版外观

全新 eMG6 作为名爵品牌首款插电式混合动力轿车，搭载的国际领先 ADAS 主动安全系统，为年轻消费者对轿跑的需求更增添了全方位的安全性，实现了真正的“Safety Fast”。MG PILOT 智能主动驾驶系统包含：ACC 自适应巡航、AEB 自动紧急刹车、FCW 前向碰撞报警、LDW 车道偏离报警、SAS 车速辅助系统、IHC 远近光自动切换、APA 全自动泊车系统、RCS 遥控驾驶系统、360 度全景影像系统。自动泊车及遥控驾驶也为日常使用各个场景提供了无限可能。给行车生活带来了无尽便利，也用科技为生活增添了无尽的精彩。

由上汽联手互联网巨头阿里巴巴共同打造的互联网系统，基于阿里巴巴庞大的互联网内容、服务和生态圈，为消费者提供高效、便捷的互联网汽车智慧出行服务。超大 10.1in 娱乐屏，12.3in 虚拟仪表及手机之间的互通互联等功能实现了“人－车－世界”的精彩联动，精微语音控制、智能柔性导航、智能支付等功能则通过酷炫体验为年轻消费者带来非凡的使用便利性（见图 32）。为拥有积极生活态度、畅享互联网智慧的年轻一代，带来前所未有的车辆使用体验。

图 32

三、荣威品牌和名爵品牌产品区域流向情况

2018 年受国内宏观经济、环保治理等因素影响，我国乘用车市场区域表现分化明显。一是抗风险能力较弱的低线城市受经济冲击影响大，乘用车市场越下移越受影响，低线市场下滑尤其明显。二是因为经济增长与汽车市场需求增速正向关系明显，2018 年经济增长呈现南强北弱的态势，受此影响，乘用车市场区域表现也呈现南强北弱的格局，在经济增速较快的南部省份汽车市场需求也更旺盛，反之，增速较慢的北部省份汽车市场较为低迷。

上汽乘用车的主销区域集中在江浙沪一带并积极开展渠道下探，逐步向中西部三、四线市场扩大版图。同时受新能源车的销量带动，上汽乘用车在限牌限行城市的表现也有所提升，目前看在广东、福建、北京、天津、重庆等省市取得了一定增量（见表 2）。

表 2　上汽乘用车 2015～2018 年 1～10 月份区域流向

（单位：%）

省、自治区、直辖市	2015 年	2016 年	2017 年	2018 年	份额增量
广东省	4.3	5.2	6.7	9.9	3.2
福建省	0.8	0.9	1.3	1.7	0.4
北京市	1.6	1.9	1.3	1.6	0.4
天津市	0.4	0.4	0.5	0.9	0.3
重庆市	1.5	2.1	2.1	2.4	0.3
贵州省	1.5	2.0	2.6	2.8	0.2
河南省	6.8	7.2	8.1	8.4	0.2
陕西省	2.0	1.8	1.4	1.6	0.1
西藏自治区	0.1	0.0	0.0	0.0	0.0
云南省	1.4	2.1	2.3	2.3	0.0
广西壮族自治区	0.9	1.1	1.4	1.4	0.0
浙江省	9.8	9.3	9.0	9.0	0.0
吉林省	0.2	0.2	0.3	0.3	−0.1
山西省	0.9	1.0	1.4	1.3	−0.1
海南省	0.3	0.2	0.4	0.4	−0.1
黑龙江省	0.4	0.4	0.4	0.3	−0.1
新疆维吾尔自治区	0.8	0.7	0.6	0.5	−0.1
辽宁省	0.8	0.9	1.0	0.9	−0.1
江西省	1.7	2.3	2.2	2.1	−0.1
青海省	0.7	0.6	0.4	0.3	−0.1

（续）

省、自治区、直辖市	2015年	2016年	2017年	2018年	份额增量
宁夏回族自治区	0.8	0.7	0.5	0.3	−0.2
甘肃省	0.9	1.2	1.1	0.9	−0.2
内蒙古自治区	0.9	0.9	0.9	0.7	−0.2
安徽省	3.2	3.8	5.0	4.8	−0.2
四川省	8.6	8.1	6.9	6.7	−0.2
湖北省	4.3	4.0	3.7	3.3	−0.4
上海市	15.6	12.5	11.8	11.4	−0.4
湖南省	2.6	3.1	3.2	2.7	−0.5
江苏省	13.3	12.2	11.2	10.6	−0.6
河北省	4.7	5.7	6.0	5.3	−0.6
山东省	8.1	7.1	6.0	5.4	−0.7

注：数据来源于机动车交通事故责任强制保险。

荣威品牌销量占比较大的省份主要集中在经济较为发达的长三角地区（上海市、江苏省、浙江省）及珠三角地区（广东省），其中上海市、江苏省的份额明显领先其他省份；而在海南省、吉林省、宁夏回族自治区、青海省和西藏自治区等地区的销量占比偏弱（见图33）。

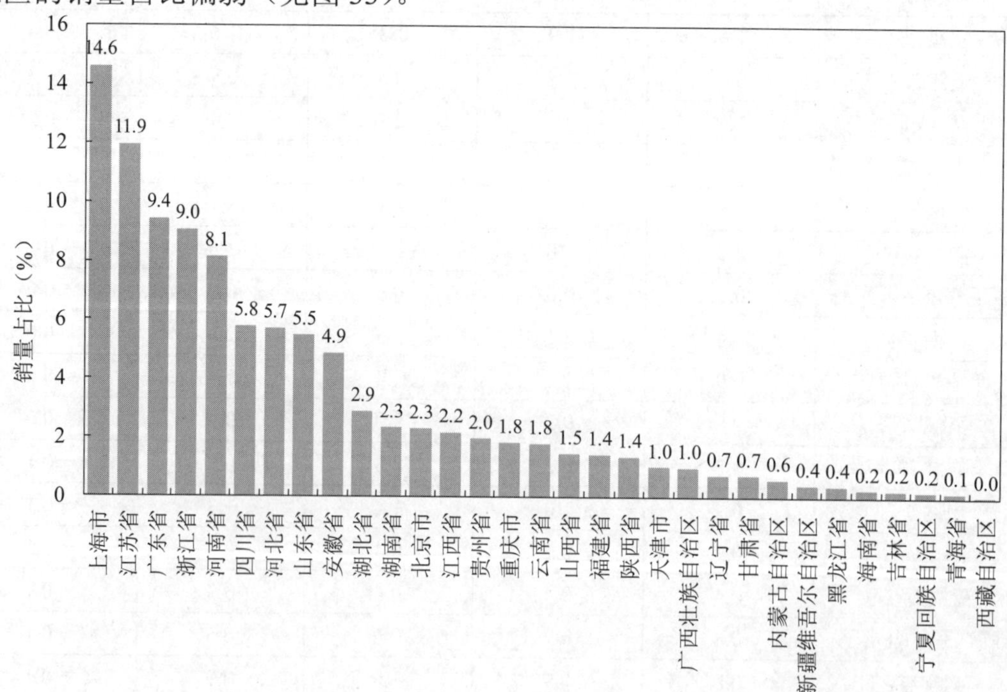

图33　2018年1～10月份荣威品牌各省份销量占比情况

（注：数据来源于机动车交通事故责任强制保险）

名爵品牌销量占比较大的省份2018年开始由中西部向东南移动，广东省、浙江省超越河南省、四川省成为份额最大的省份，在西藏自治区、黑龙江省、吉林省等经济发展较弱的地区以及北京市、天津市等限购区域销量占比偏低（见图34）。

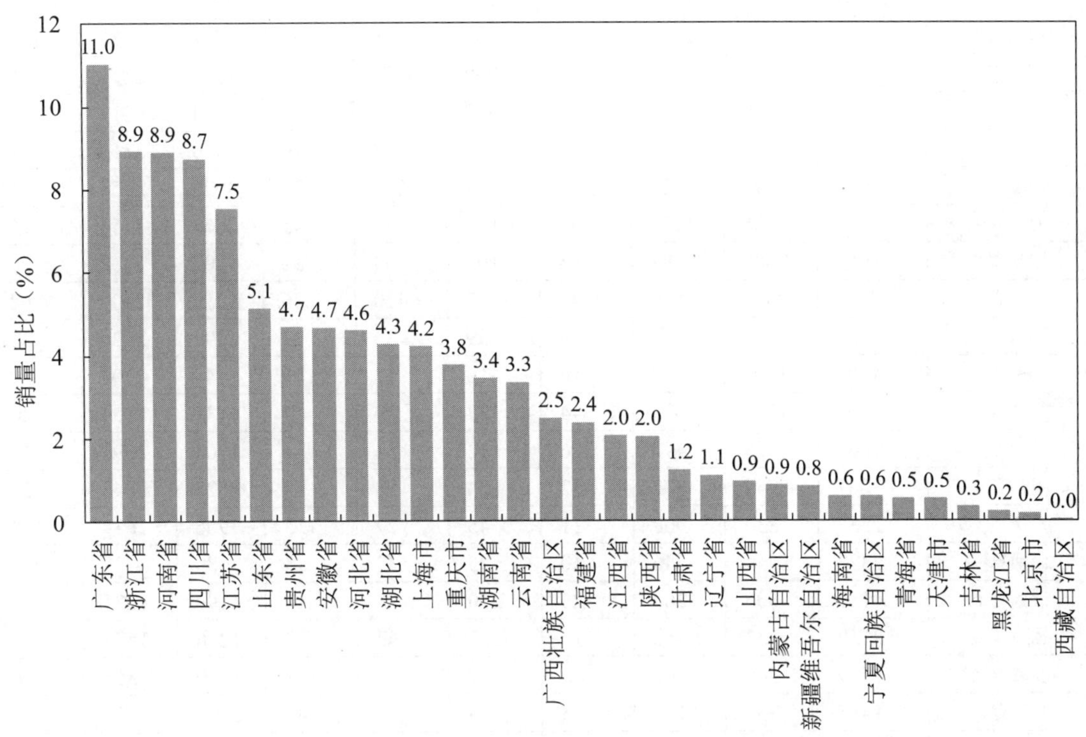

图34 2018年1～10月份名爵品牌各省份销量占比情况

（注：数据来源于机动车交通事故责任强制保险）

从重点车型来看， RX5、RX3、i6与荣威的整体表现基本一致，主要集中在长三角一带，并逐渐向中西部辐射；名爵ZS和全新名爵6则集中在河南省、四川省、广东省、浙江省等地，在西藏自治区、黑龙江省、北京市的销售占比较小；新上市的名爵HS主销地区则为浙江省和江苏省。新能源车型荣威ei6、荣威Ei5、荣威eRX5、荣威ERX5受政策导向，主要集中在上海市、北京市、广州市、浙江省、天津市此类限牌限行城市销售。其中荣威Ei5和荣威ERX5两款纯电动车型在北京销量最高，截至2018年10月份累计销量在同级别新能源车型中分列第一和第二位，受到当地消费者的青睐；荣威ei6和荣威eRX5在比亚迪的大本营深圳也取得了不错的销量，在同级别车型中销量排名占据前五位（见表3）。

表 3　上汽乘用车 2018 年 1～10 月份重点车型区域流向

（单位：辆）

省　份	荣威 RX5	荣威 RX3	荣威 i6	荣威 ei6	荣威 Ei5	荣威 eRX5	荣威 ERX5	名爵 ZS	全新名爵 6	名爵 HS
江苏省	14501	4203	11977	105	760	85	36	3070	5721	165
河南省	13359	4702	2586	222	406	128	76	5082	5285	100
上海市	13028	2371	1460	10986	2050	9579	923	1778	2057	78
浙江省	12652	3310	2870	4474	337	708	73	3774	6311	123
安徽省	9047	2514	1470	80	12	43	10	2340	3110	49
山东省	9042	3094	1127	181	134	160	122	3096	2954	75
河北省	8897	3966	1109	295	122	149	45	2867	2454	75
四川省	8660	2686	2097	65	102	93	331	4707	5105	78
广东省	7785	2623	1846	6841	1203	6420	286	4519	7800	68
湖北省	5507	1531	605	9	39	33	73	2394	2426	32
湖南省	4007	1139	732	10	16	17	171	1745	2204	50
江西省	3708	1238	693	44	32	29	3	1131	1254	20
云南省	3469	768	490	26	12	53	4	1704	2093	42
贵州省	3267	748	872	52	24	38	4	2527	2843	29
重庆市	2537	834	908	11	45	27	115	966	1634	19
山西省	2322	944	246	10	95	33	13	680	423	8
陕西省	2189	605	260	23	270	78	40	1199	1221	21
福建省	2120	733	456	114	192	42	29	1266	1575	25
广西壮族自治区	1779	540	307	5	27	23	11	1110	1856	26
甘肃省	1475	355	111	5	5	6	41	997	253	17
北京市	1150	171	171	1	2806	7	1909	48	157	13
天津市	901	346	64	899	277	340	44	187	261	7
内蒙古自治区	852	322	137	32	20	26	3	591	304	11
辽宁省	823	238	324	330	44	28	16	738	506	9
新疆维吾尔自治区	665	194	53	2	6	7	7	547	357	17
黑龙江省	613	143	65	47	3	21	1	128	109	7
海南省	369	171	70	5	12	29	19	360	342	7
吉林省	312	82	58	47	9	12	2	211	152	10
宁夏回族自治区	301	117	25	6	5	10	0	452	162	6
青海省	273	61	23	0	0	1	0	418	155	12
西藏自治区	43	7	4	0	0	0	0	20	9	2
总计	135653	40756	33216	24927	9065	18225	4407	50652	61093	1201

注：数据来源于机动车交通事故责任强制保险。

四、2019 年乘用车市场展望

从近期的宏观经济走势及汽车市场表现来看，2018 年国内乘用车市场环境利好与利空因素并存，预计 2019 年乘用车市场增速的下滑趋势将在 2018 年的低基数下有所缓和，乐观情况下预计市场总量可能与 2018 年基本持平。

2019 年汽车市场利好的因素主要有：第一，宏观层面，货币流动性将有所改善，虽然金融防风险背景下资金面总体偏紧张，但是央行去杠杆节奏和力度有所放缓，转向稳杠杆阶段，2019 年整体市场流动性将有所放松，或在一定程度上利于汽车消费；第二，政策层面，在双积分政策的刺激下新能源产品增多，叠加新能源补贴政策逐年退坡机制，同时配合传统车限行限购、新能源车使用环节优惠等政策，将共同推动新能源车市场增长；第三，产品供给层面，预测 2018 年下半年及 2019 年全年上市的全新/换代车型共 161 款，其中新能源车型数量达 79 款，占比近半数，达 49.1%，预计新车将对 2019 年的汽车市场有一定的拉动作用；第四，消费环境层面，2019 年减税政策逐步落地，社保政策或将调整，减税降费政策将利于企业、居民税后收入增加，有利于消费者富裕资金的释放，将利好汽车市场。

利空因素主要有：第一，2019 年我国宏观经济在内外交困的情形下仍将运行艰难，GDP 增速或将继续放缓至 6.3%，将在一定程度上拖累汽车市场；第二，环保治理预计 2019 年不会松懈，房地产调控政策未松动，叠加股市振荡，企业经营困难等因素影响，2019 年消费信心难以好转，消费者观望情绪仍较严重，将对汽车市场产生消极影响；第三，SUV 车型将进一步受到底线市场拖累，再叠加油价上涨因素，2019 年汽车市场表现仍不乐观；第四，政府针对汽车出台强刺激政策（如购置税减半政策）的意愿不强。

另外，2019 年部分地区国 VI 标准提前实施将为乘用车市场的走势增加不确定性。一方面，国 VI 标准的提前实施将带动国 V 产品降价清库，给 2018 年年底和 2019 年上半年市场带来一定的销量增长；另一方面，国 VI 产品供给不足可能引致部分消费观望，不利于汽车市场的增长。

综合以上判断，2019 年宏观经济增长依旧动力不足，对乘用车市场支撑较弱；政策方面，利好与利空因素并存，预计对汽车市场销量增长影响的利空因素可能占主导。因此，我们对 2019 年乘用车市场持谨慎态度，乐观预计全年乘用车市场销量在 2018 年低基数的基础上持平，全年批发内需总量约 2388 万辆；若经济环境恶化，且无强有力的消费刺激政策出台，全年批发内需总量约 2340 万辆，同比增长约－2%。

（作者：覃熊妃　蔡晴　郭骏毅　胡昌彦）

2018年长安马自达产品市场调研报告

2018年我国经济增速明显放缓，固定资产投资增速回落，居民消费下降趋势显现，中美贸易摩擦等多种不确定因素凸显。全年GDP预计增长6.5%，国内经济发展态势向高质量发展模式转变。

与此同时，随着1.6L及以下车辆购置税减免2.5%的优惠政策的取消以及新能源补贴回落等因素影响，2018年，狭义乘用车市场累计实现新车销售2262万辆，同比下降3.1%，2018年乘用车市场月度销量走势见图1，其中四季度各月乘用车市场受制于2017年同期高基数影响，增速放缓。

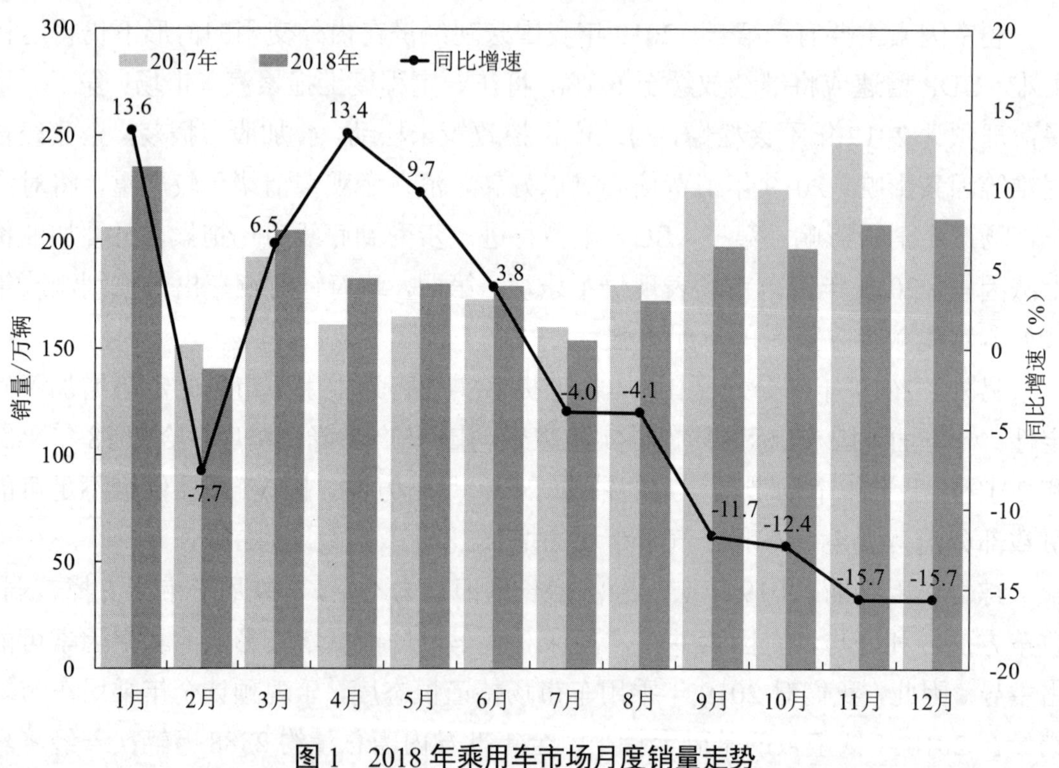

图1　2018年乘用车市场月度销量走势

2018年是我国乘用车市场的转折年，十年来的高速增长期宣告结束，汽车市场进入存量博弈阶段。在这种形势下，汽车企业的产品功底和营销功力都备受考验，如何做好产品价值差异化、品牌营销差异化，是摆在每家汽车企业面前的课题。作为一家年轻的合资汽车企业，长安马自达以“特色精品战略”指导自身发展，旗下产品 Mazda CX-8、第二代 Mazda CX-5、新 Mazda3 Axela 昂克赛拉在各自的细分市场均是极具驾驭乐趣与设计特色的产品。

面临市场的不确定性，长安马自达与经销商一起主动出击，抢抓市场机遇，抢占市场节奏，在营销领域全面开花。

第一，创新粉丝营销。在售后服务领域，长安马自达优化完善会员粉丝入会流程，提升效率。2018 年 3 月份，长安马自达在长沙盛大开启第二届粉丝盛典，开展粉丝活动 230 场次，全国超过 8000 位粉丝参与其中。在活动过程中，主持人是长安马自达的粉丝，演讲嘉宾是长安马自达的粉丝，极大地增强了全国粉丝的参与感，开启了粉丝营销的 2.0 版。

第二，首创情感营销。长安马自达通过星座这一粉丝关注的话题，开启星•生活之旅。全年行程上万公里，开启 180 站。拉近了与用户粉丝的情感距离，建立起了与用户沟通的情感纽带。

第三，做实价值营销。依托过硬的产品力，长安马自达深入传递“魂动”“创驰蓝天”“人马一体”的愉悦驾乘等产品价值，在终端开展“人马一体”试驾。贯彻“全生命周期客户关怀理念”，产品价值得到了市场和用户的极大认可，品牌价值逐步凸显，“理工男”的品牌形象进一步深入人心。

通过这些营销活动的开展，长安马自达 2018 年整体的市场表现可圈可点，取得了领先于行业的市场业绩。

一、2018 年长安马自达的市场总体表现

2018 年，我国汽车市场在低速中前行。消费升级、技术革新、商业模式变革带来了巨大的市场机遇，也伴随着前所未有的挑战。在长安马自达看来，消费升级带来的购车需求将导致汽车行业由产品驱动变为品牌驱动的竞争格局。新的年轻消费族群正在形成，他们更加关注个性化和社交分享。新的用车需求和日新月异的社交媒介变化带来了新的汽车销售模式，传统的汽车销售模式受到前所未有的挑战，汽车行业的商业生态和思维方式需要重新审视。更重要的是，随着国家对新能源汽车产业的重视与扶持，双积分政策的出台，传统汽车企业需要加快脚步，跟上电动化大潮。

面对市场变化，长安马自达与经销商伙伴一道，凝心聚力，创新营销思路与手段，深化品牌推广、加速渠道下沉，深耕“用户＋”思维，淡季追赶，旺季超越，为我国汽车市场呈现了一份精彩的答卷：实现建成 4S 店 260 家，2S 店 95 家，经销商盈利率接近 70%，累计用户数量跨越百万大关，超额完成既定目标。与此同时，长安马自达以年轻、激情的品牌形象，在营销领域多面开花，体验营销、娱乐营销、网络营销动作频仍，品牌知名度、美誉度进一步提升。长安马自达用实际行动生动诠释了只有逆势而上，方能奋发有为。

二、Mazda CX-8 的产品特征

2018 年 12 月 7 日，长安马自达旗下的首款中大型 7 座旗舰 SUV——Mazda CX-8（以下称 CX-8）于成都正式上市。随着市场变化、消费升级，消费者对中大型 SUV 已经从原来单纯的追求功能诉求转变为追求情感诉求。在这一背景下，长安马自达为满足国内市场需求，向消费者投放了这款深刻诠释“新驾享主义”的战略级 7 座大 SUV。

CX-8 全系包括两款两驱车型、两款四驱车型，并提供六种外观颜色、两种内饰颜色。CX-8 以“魂动”美学，带来优雅观享；以匠心工艺，成就豪华奢享；以“创驰蓝天”科技，打造“人马一体”驾享；以前瞻安全呵护，营造五星安享。作为长安马自达首款 7 座旗舰 SUV，CX-8 响应追求卓越、与众不同的年轻中产家庭拥车呼声，以惊艳绝伦的感官享受和独一无二的驾乘愉悦，宣告着国内 7 座 SUV 市场 2.0 时代的到来。

CX-8 的目标客户群体是受过高等教育、有一定的社会地位的卓越中产，他们是自信从容、积极进取、乐于尝新且与众不同的卓越中产。生活中，他们追求品位、勇于挑战自我、懂得享受又富有家庭责任感。

造车如艺，是马自达汽车设计、制造美学的终极追求。在设计师眼中，CX-8 不仅是作为汽车的存在，更是一件洋溢着生命力的艺术作品。通过深化以日本传统美学为底色的“魂动”设计哲学，CX-8 被赋予了独具格调的雅致风范与动感身形（见图 2）。

作为一款旗舰级大 7 座 SUV 车型，CX-8 车身舒展，长达 4955mm，车顶和侧面的流畅曲线对光影的控制出神入化，为稳健刚劲的整体造型更添丰盈灵动之美，犹如一匹精悍敏捷的猎豹，即使正凝神静立，也难掩跃动如生的神韵，时刻

准备着向未知的征程发起挑战。犀利的前照灯组，配合强调水平延伸的银色饰条格栅，恢弘气魄呼之欲出；侧车窗边缘饰以镀铬，与金属切削般简洁的车顶行李架相得益彰，优雅刻画惊艳线条；尾部造型精致紧凑，贯联尾灯的水平金属饰条与前脸遥相呼应，凛然威风，引人注目，令人一顾倾心、再顾难忘，其美感在时光的流转中历久弥新。

图2 CX-8 外观

CX-8 的内饰设计堪称“低调的奢华”，每一处细节均蕴含匠心考量（见图 3）。CX-8 的轴距长达 2930mm，傲视同级，为考究的内部空间安排提供了扎实的基础。深色的整体内饰天然自带典雅而温馨的感官效果，宽敞的车舱搭载了完美符合人体工学原理的座椅，即使是坐在第三排的乘员，也能时刻保持放松的坐姿；座椅选择专属 Nappa 真皮材质，触之所及均是柔滑质感，让就座堪比落入怀抱般舒适；采用非洲白木打造而成的装饰面板，以华丽无瑕的漆面工艺，令人赏心悦目；打开“MZD CONNECT 马自达悦联系统”，播放最爱的随行歌单，经过专属调校的 Bose®音响系统确保第一排到第三排的乘员均可享有清澈通透的悦耳乐音；车身内外针对 NVH 性能做出了最佳优化，使整车静谧性进一步升级。

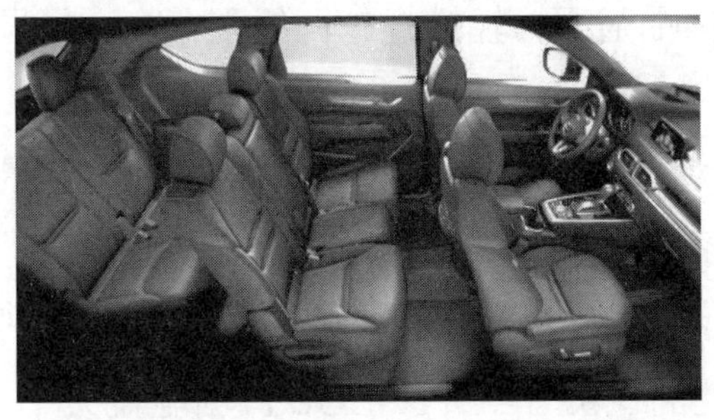

图3 CX-8 内饰

此外，CX-8 还拥有灵活的储物空间。只需放倒第三排和第二排座椅，宿营、观星、浮潜等户外运动所需的大件装备就能轻松容身，帮助用户实现多姿多彩的拥车场景。

凭着新一代“SKYACTIV-VEHICLE DYNAMICS 创驰蓝天车辆动态控制技术”（见图 4），CX-8 将马自达对驾驭本质的核心追求——“人马一体”发挥到极致，带来非凡的愉悦驾享，当之无愧地成为伴随每一位追求卓越的“挑战者”开辟人生胜境的理想座驾。

CX-8 搭载创驰蓝天 2.5L 发动机和 6AT 变速器，最终传动比经过优化仅为 4.957，在确保轻快加速性能的同时提升了燃油经济性；i-ACTIV AWD 马自达智能四驱系统能够精准检测时刻变化的路况，感知驾驶员意图，实现心随意动的自如操控；“GVC 加速度矢量控制系统”则通过驾驶者的方向盘操作调整发动机的驱动转矩（见图 5），综合控制车辆横方向和前后方向的加速度，并在高性能、轻量化的创驰蓝天车辆底盘的配合下，达到高超的行驶稳定性和优异的驾乘舒适性。

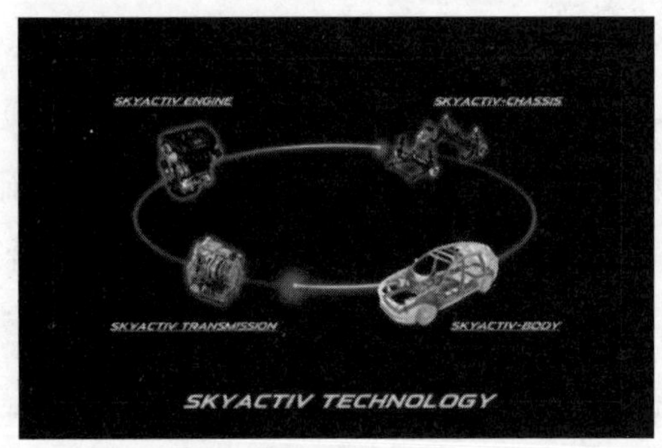

图 4　创驰蓝天技术

图 5　GVC 加速度矢量控制系统

CX-8 的前瞻安全性能时时刻刻为车主提供忠实的守护，为车主的安享体验赋予了五星级水准。在 2017 年度日本 JNCAP 汽车安全评估和预防安全性能评估中，CX-8 的主、被动安全测试成绩双双问鼎冠军，轻松超越同级别车型，尽显可靠实力。

CX-8 搭载“i-ACTIVSENSE 马自达智能安全辅助系统”，囊括 360 度全景摄像头、盲点监测、车道偏离警示、行人探测功能等一系列先进主动安全技术，帮助驾驶者准确识别危险、避免碰撞与减轻损失，在确保出行安全的同时，让驾驭更加轻松。兼具轻量化、高强度与安全性的“SKYACTIV-BODY 创驰蓝天车身”则是 CX-8 在被动安全方面的实力屏障，可以有效吸收与分散来自前方、侧方与后方的碰撞能量，抑制车舱变形，降低碰撞对乘员造成的伤害。

三、新 Mazda3 Axela 昂克赛拉的产品特征

新昂克赛拉全系共 12 款车型，其中三厢车型 7 款，两厢车型 5 款。售价区间为 11.29 万～16.29 万元。新车拥有 1.5L、2.0L 两套“创驰蓝天”高压缩比发动机动力组合，同时提供 6 种外观颜色、2 种内饰颜色供消费者选择。

Mazda3 的设计从推出第一代车型起就以大胆前卫、精细而充满跃动感的造型美赢得全球市场的高度评价（见图 6）。在“打破常规”创新精神引领下，新昂克赛拉依靠不断进化的“魂动”设计美学，创造出造型艺术与功能性的完美统一。

图 6 新昂克赛拉侧面及尾部

为满足更多时尚精英的挑剔口味，新昂克赛拉新增流星灰、炫影银两种高质感车漆颜色，配合新款 18in（457.2mm）深色亚光黑大尺寸轮毂，同级别绝无仅有；新昂克赛拉还将配备 LED 前照灯与 LED 前雾灯，无论是晴天还是雾霾天，都会发出耀目光芒，让你成为车流焦点；在尾部造型上，新昂克赛拉采用了全新设计造型的保险杠，后尾灯采用 LED 灯带组合，线条层次更加丰富，立体感更强。更加动感的外观设计将让追逐时尚的你时刻保持“摩登范儿”!

从外观到内饰，新昂克赛拉在宏观的视觉观感上都着力营造动感兼具日式简约的风尚韵味，设计师通过多种高质感材质的搭配营造精致的视觉层次与豪华触感。进入新昂克赛拉车内，在感官本能与科技创想的奇妙碰撞中，一股全新的设计气息扑面而来：中控台线条犀利流畅，7in（177.8cm）中置彩色大屏信息帷幄，座舱宽敞明亮，储物空间便捷多元，堪称舒适性与科技感完美结合的典范之作（见图 7）。

在新昂克赛拉身上，EPB 电子驻车系统、ADD 彩色平视显示系统、中央控制人机交互系统、MZD CONNECT 马自达悦联系统等众多领先科技的运用，将为驾乘者带来前所未有的驾驭激情与科技操控体验。新昂克赛拉采用了 NVH 极致静

音技术，在老款车型基础上，针对隔音降噪进行了多达 18 项的专项提升，为车内人员营造出行政级的静谧空间。无论你是穿梭于 CBD 的商务白领，还是流连于购物中心的时尚族，新昂克赛拉都与你天生绝配！

秉承马自达品牌“兼顾环保与驾乘乐趣”的研发理念，新昂克赛拉将继续搭载采用“创驰蓝天”技术的 1.5L、2.0L 两套动力总成，其中，8 款搭载 1.5L“创驰蓝天”发动机和“创驰蓝天”6MT 手动 / 6AT 手自一体变速器，四款搭载 2.0L“创驰蓝天”发动机和“创驰蓝天”6AT 手自一体变速器，为消费者提供丰富的动力组合。其中，2.0L 发动机齿比经过优化调整，中低速域加速感更快、更直接。

众所周知，“创驰蓝天”发动机拥有无可比拟的同级最高 13:1 压缩比，全新 4-2-1 排气系统；1.5L、2.0L 发动机拥有“燃料精细混合多点式 6 孔高压缸内直喷技术（二级喷射）”，燃烧状态发动机由电脑实时控制，最大功率 / 转矩达到 116kW / 202 N・m。其中，搭载 i-Eloop 制动能量回收系统的 1.5L 排量车型综合工况油耗仅为 6.0L/100km，堪称同级翘楚。

新昂克赛拉搭载了马自达全球首创的“GVC 加速度矢量控制系统”（以下称 GVC 系统）（见图 8），全面创新的 GVC 系统以马自达“人本理念”的研发哲学为出发点，力求达到真正适合人体工学的车辆形态，进而为更多用户提供“顺滑流畅的 G（加速度）衔接”的畅快驾驶体验和更舒适的乘坐感受。

图 7 新昂克赛拉内饰

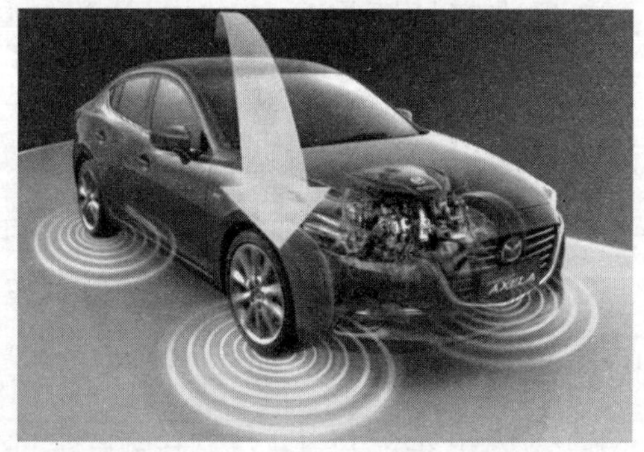

图 8 GVC 加速度矢量控制系统

GVC 系统有效提高了车辆的操控性和稳定性，即使在雨雪天气、恶劣道路状况下也能发挥效果，同时在紧急避让时也可以保证车辆稳定性。在所有驾驶场景下都能提供轮胎和路面紧密接触的“抓地感”，从而大大提高驾乘者的安心感。

在主动安全科技配置上，新昂克赛拉搭载了马自达 i-ACTIVSENSE 智能安全辅助系统（见图 9），这一先进的安全系统包括：BSM 盲点监测系统、RCTA 倒车预警系统、SCBS 低速刹车辅助系统、SBS 中高速刹车辅助系统、FOW 前方碰撞预警系统、MRCC 自适应巡航系统，配合 EBD 电子制动分配系统、EBA 电子紧急制动辅助系统、BOS 刹车优先系统，无论是在拥堵的城市道路还是在高速公路，均能给驾驶者提供全方位的安全预警与驾驶帮助。

图 9　马自达 i-ACTIVSENSE 智能安全辅助系统

此外，新昂克赛拉全系标配了 DSC 车身稳定控制系统、TCS 牵引力控制系统、HLA 坡道起步辅助系统、4 探头高灵敏度后驻车雷达、前排双安全气囊 / 侧安全气囊，深刻践行"马自达前瞻性安全"（MAZDA PROACTIVE SAFETY）理念，致力于通过预防危险，最大限度地确保行车安全，从而将引发事故的风险控制在最低限度。

被动安全方面，凭借轻量化高刚性安全的"创驰蓝天"车身，新昂克赛拉实现了全球顶尖水平的安全性能。"创驰蓝天"独创的"十字截面"溃缩吸能车身结构以及冲击力传导系统，能够有效吸收来自各个方向的碰撞能量，最大限度地防止车厢变形，实现高度可靠的被动安全性。

在智能科技配置上，新昂克赛拉配备了 7in（177.8mm）中央信息显示屏，搭载支持马自达 MZD CONNECT 悦联系统（见图 10）。该系统拥有中央控制人机交互系统，驾驶者可通过中控台旋钮便捷操作系统。APP 热门应用软件、蓝牙音乐流媒体、语音控制系统、ECO 节能减排环保贡献统计信息、车辆功能设定、定期保养提醒、GPS 卫星导航＋TMC 实时路况信息，均可通过系统操作，在显示屏中一目了然。

图 10　MZD CONNECT 悦联系统

新昂克赛拉搭载了马自达“中央控制人机交互系统”。这一创新性的中控处理系统无需目视确认，仅凭手部操作，即可将中央显示屏上的信息集中在一处进行调配，通过“盲控”方式，规避不稳定操作和视觉分散。“中央控制人机交互系统”的按键位于中央扶手箱的前方，驾驶者的右手松开方向盘后，即可在自然下垂的位置上触摸到按键，这一精心的布局意味着驾驶者无需通过转移视线确认按键位置，即可准确地开始操作。

四、第二代 Mazda CX-5 产品特征

第二代 CX-5 全系共 8 款车型，拥有 2.0L、2.5L 两套“创驰蓝天”高压缩比发动机动力组合，同时提供 6 种外观颜色供消费者选择，售价区间为 16.98 万～24.58 万元。第二代 Mazda CX-5 是马自达的最新设计理念、最新汽车技术的集大成者，也是长安马自达征战国内紧凑型 SUV 市场的战略级车型。秉承“以人为本”的开发理念，第二代 CX-5 持续深化“驾乘愉悦”的造车理念，通过摄人心魄的“观感”、匠心非凡的“触感”、人马一体的“驾感”、驾乘无忧的“安心感”，将带给每一位用户前所未有的感官觉醒体验。

第二代 CX-5 的目标客户以 25～35 岁的已婚男性为主，大专/本科学历，多为企、事业中层管理者，家庭税前月收入 20000 元左右。他们心怀理想，努力奋斗，在事业上小有成就，期待能继续上升以便能给自己和家人带来更有品质的生活。日常里，他们追求时尚、有“腔调”的生活，相信自己的品位，不随波逐流，热衷于新技术、新产品，喜欢户外活动、健身、旅行。

第二代 CX-5 的核心语言设定为“Refined toughness——精致完美的强悍感”，

力求专注于精悍且大气的外观姿态。从车身侧面看，一条贯穿头尾方向的犀利线条充分表现出车辆轻快加速前行的速度感。强烈的前行感和伫立姿态的车身，通过精雕细琢的深邃线条，在光影变幻中呈现出富有光泽且精悍的外观（见图 11）。

图 11 第二代 CX-5 外观

为达到更加鲜艳光泽的感官视觉效果，继“魂动红”后，第二代 CX-5 再度创新性地推出了“水晶魂动红-Soul Red Crystal”色。新颜色通过车身线条抑扬的表现，使映射到车身的光线发生变化，给人视觉上以高雅的艳丽感。与“魂动红”相比，新颜色的饱和度增加 20%，浓度增加 50%。除此之外，第二代 CX-5 还将提供另一爆款新色——铂钢灰，表现精巧的机械特有的金属美感。

在内饰设计方面，第二代 CX-5 回归到马自达“以人为本”的设计布局，创造出让所有乘坐者都能感受到舒适与安全感的内部空间以及 SUV 特有的刚性感与精致剪裁所带来的匠心非凡的高质感（见图 12）。

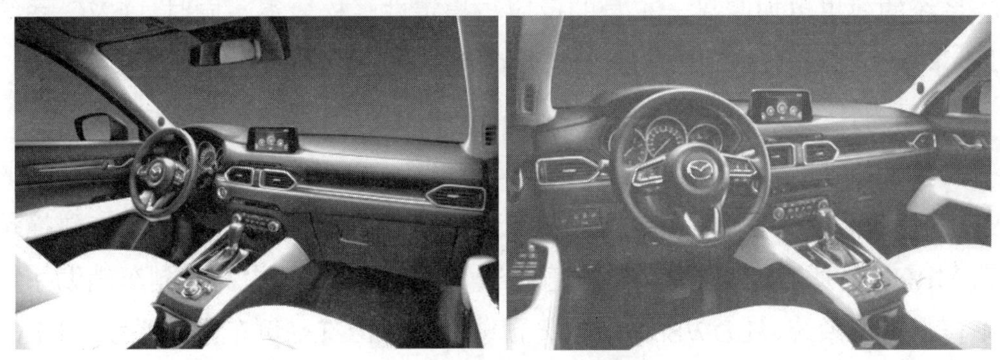

图 12 第二代 CX-5 内饰

以驾驶者为中心是马自达驾驶舱设计的独特传统。在第二代 CX-5 这里，驾驶舱布局依旧专注于驾驶者：以驾驶者为中心，方向盘和仪表的布置左右对称，旨在提高车辆与驾驶者的一体感。在苹果手机的设计理念中，充电口、耳机插口、声音出口的中心点均处于同一水平线，这种饱含和谐美学的设计在第二代 CX-5 的内饰设计中也得到了体现：方向盘、仪表板装饰、左右出风口、门板装饰的中心点处于同一高度。如此布局，可以使驾驶者的精神高度集中，感受到恰到好处的“紧张感”。第二代 CX-5 的中控台造型比上一代车型的位置更高更宽，和左右方的扶手一起支撑乘坐人员的臀部和腿部。当驾驶员就位时，会感到浑厚坚实的“包裹性”，增加其对驾驶的信心和安心感。

在人机交互领域，第二代 CX-5 将继续搭载马自达研发的“HMI 人机交互系统”，包括一块 7in（177.8mm）中央高精度液晶显示屏。这是马自达首次搭载液晶和触屏面板相结合的光电学玻璃显示屏，能有效地抑制光线反射，呈现出清晰的画面。车载互联系统采用“MZD CONNECT 悦联系统”，能够轻松连接互联网与社交网络交流功能。驾驶者可通过中控台旋钮便捷操作“MZD CONNECT 悦联系统”。APP 热门应用软件、蓝牙音乐流媒体、语音控制系统、ECO 节能减排环保贡献统计信息、车辆功能设定、定期保养提醒、GPS 卫星导航＋TMC 实时路况信息，均可通过系统操作在显示屏中一目了然。

马自达全球首创的“GVC 加速度矢量控制系统”（以下简称 GVC 系统）全面搭载第二代 CX-5 的全系车型。GVC 系统根据驾驶者的方向盘操作智能调节发动机转矩输出，优化调整四轮压地力。通过车轮负荷的调整，使车辆随着驾驶者的意图变化而高效平稳地变化，增加驾驶时的接地感与安心感。在 SUV 车型身上，GVC 系统的效果更加明显，车身的反应与稳定性轻松兼得，同时，GVC 系统有效减少了乘坐人员身体横向摇晃，实现了优秀的乘坐舒适性。

基于马自达的安全理念“Mazda Proactive Safety”（马自达主动安全），第二代 CX-5 搭载了加强版“i-ACTIVSENSE”安全系统，采用最新科技实现认知辅助和驾驶辅助，帮助驾驶者识别风险，减少伤害。这一系统包括：FOW 前方碰撞预警系统、MRCC 自适应巡航、SCBS 低速刹车辅助系统、SBS 中高速刹车辅助系统、BSM 盲点监测系统、LDWS 车道偏离预警系统、RCTA 倒车预警系统、HBC 自动远光控制系统等，最大限度地保障了行车安全。

被动安全领域，第二代 CX-5 采用了“创驰蓝天高强度车身”，创新性的多路径撞击分散构造与高强度钢材的使用，能够有效吸收碰撞冲击力，抑制车身变形。其中，A 柱使用了 1180MPa 级的高强度钢，B 柱和门槛部位采用了更轻、刚性更佳的 980MPa 级高强度钢。

五、2019 年展望

2019 年，在公司打造“中国一流的特色精品车企”的愿景下，长安马自达将持续推动品牌力向上发展，全方位塑造轻奢、优雅、独特的品牌形象，提升品牌溢价能力，打造让所有用户、粉丝“引以为豪、被憧憬”的一流品牌。在此目标下，长安马自达将继续导入最新技术和设计理念的马自达第七世代产品，包括万众期待的 Skyactiv-X 发动机黑科技，推动品牌向高端化转变，市场布局更全面，基盘人群更高端。

基于“特色精品战略”愿景，2019～2021 年，长安马自达将以“提升经营质量、适度规模增长”作为两大发展方向。公司的发展模式将会从量的提升到质的飞跃。在营销方面，长安马自达在品牌力提升、强化销售管理、强化网络管理、强化客户关怀和经销商培训体系优化等五大体系指引下，不断完善营销体系，打造匠人精神，提升客户忠诚度与满意度。

经历高速发展期之后的我国汽车市场，市场格局即将面临重塑。“互联网＋”、新能源、无人驾驶的迅速发展，汽车消费人群的年轻化，为广大汽车品牌带来了诸多机遇与挑战。有理由相信，在“特色精品战略”的指引下，长安马自达能够应时而动，顺势而为，不断创新粉丝营销、做实价值营销，为公司新一轮的发展注入强劲的驱动力。

（作者：王超）

专题篇

新零售浪潮下汽车企业应对策略研究

零售，关乎你我的吃、喝、穿、玩、乐、享，是最简单最朴素的生活元素之一；零售，关系国计民生，是推动消费转型升级的核心、吸纳就业的重要容器、拉动经济增长的主因子，是国民经济发展中重要的“稳定器”和“压舱石”，是最重要、最关键的元素之一。

我国拥有 13 亿的消费人口，零售业的规模巨大，随着消费升级及信息技术的快速发展和应用，零售业态也在不断创新，新零售的概念也就应时而生。

一、新零售的本质

自阿里巴巴的马云在 2016 年 11 月提出新零售以后，腾讯、苏宁、京东就开始推出智慧零售、无界零售等各种概念，那么新零售到底是什么？本质又是什么？这就需要看看零售业的发展历史。从第一次到第三次零售革命的发展是零售企业经营范围不断从综合化向专业化再向综合化方向循环发展的过程。每一次循环不是过去的重复，而是赋予其新的内涵，从而出现了不同的零售业态。比如从百货到超市，是从综合化转向了专业化，之后又向更加综合化的购物中心发展，但其间百货并没有消失，而是说在这个时期，购物中心这种新的业态引领了零售业的发展。

前三次的零售革命总体上都是技术引领生产变革，生产变革引领消费方式变革，比如因为有了条形码、电子收银等技术，从而才会产生超市 POS 的结算，才会有超市这种业态的产生，新零售是消费方式逆向牵引生产方式的变革，而人工智能、物联网、大数据等技术的发展又让这种变革成为可能，从而真正达到了以消费者为核心，具体来看就是以消费者体验为核心、以人为核心的本质。可以说，新零售是零售业的第四次革命。

但是，无论是传统零售还是新零售，本质未变，要素未变，都是通过“人、货、场”三要素实现商品向最终消费者卖出的活动，只是传统零售是以货为中心，一切管理和营销都是围绕货展开，以货物的种类、数量，供应链管理等为中心。

大部分精力放在了后端，具体的模式是“货－场－人”。商家先有了商品，但商家还不知道需要这些商品的用户在哪里，不知道这些商品是否是用户真正需要的，因此后期广泛通过广告来宣传商品或品牌。而新零售不同，新零售虽然还是这三个要素“人、货、场”，但是却从“货－场－人”变为了“人－场－货”（见图 1），商家在了解用户之后，给用户提供他所需要的商品与服务。新零售背后有更多对信息、对顾客消费需求的研究。这就决定了，新零售的整个技术系统的架构要建立在以消费为中心，即“以人为本”的基础上。而此时的“人－货－场”三要素，也被赋予了新的内涵：人：从众人到每个人；货：从长尾到头部；场：从卖场展示到全渠道、全内容、全业态的体验场。

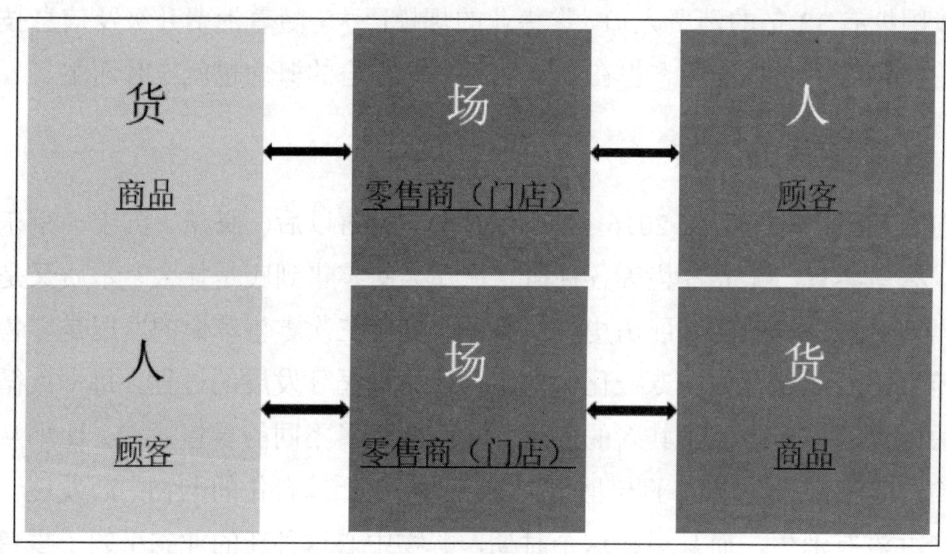

图 1　新零售与传统零售的区别

而新零售以人为中心的关键和基础就是数字化，数字化带来了效率的提升和成本的降低（见表 1），带来了线上线下的深度融合。举例来说，过去购物必须到实体商店去，有可能商店缺货，需要等待或者品质不达要求；之后电商产生，随时随地可以买到自己想要的商品，但要买到心仪的质量好的商品，需要花费大量的浏览搜索时间；而在新零售模式下，数字经济赋能新零售，用户数据积累为沟通预先准备，人工智能客服减轻人工客服压力，沟通方式多样，品质升级让客户无需费心挑选。可以说，新零售让沟通效率越来越高、物流效率越来越高、选择效率越来越高。总之，零售业的发展，就是效率不断提升、体验不断优化的过程。

表 1　数字经济与规模经济的比较

线下（规模经济）	线上（数字经济）
固定成本低＋可变成本高	固定建设成本高＋可变成本低 一定规模后，固定成本的边际增长趋向于零
业务增长 10 倍、成本增长 8～9 倍	业务增长 10 倍、成本增长 4～5 倍
数据资产可用性低	数据资产可用于广告、金融等业务

二、新零售对汽车产业的启发

新零售目前在全社会还是探索期，还没有一种模式可以说是新零售的成功模式，目前在生鲜、快消品等行业的发展较为迅速。对于汽车这样传统的产业，虽然和生鲜、快消品等行业有诸多不同，存在自己的行业特殊性，但是汽车最终还是要销售出去，终端还是面对广大的消费者，而且汽车行业目前也存在很多可以被改进的可能性，消费者目前对行业有很多诟病和痛点。而我们知道如果行业很完美，几乎看不出这个行业还有什么问题，那么这个行业对于资本来说就没有追逐的机会，但如果一个行业存在很多问题，消费者有很多痛点需要改进，那么这个行业就存在巨大的机会，如果商业模式能够解决这些问题，就一定能获得成功，可以说，消费者的痛点蕴藏着创新和成功的机遇。

消费者从看车、选车、试车、购车、售后到二手车，用车全生命周期都存在很多痛点。以售后举例，整个汽车行业车型多达 2000 余种，技术资料不公开；服务品质严重依赖从业人员的个体能力，缺乏统一行业标准及规范，对服务本身无明确定义；从业人员待遇及素质偏低，流动性大；房租、人工等运营成本攀升，大部分从事售后的企业不堪重负、难以盈利；总之，供给和需求双方都存在痛点，都存在被改进的可能性，新零售就有机会发挥作用。而各大资本对汽车行业虎视眈眈，跃跃欲试，希望应用大数据、云计算、物联网等技术，降低行业的信息成本、物流成本，提高行业整体效率，解决消费者的痛点。比如阿里巴巴，通过大搜车积极布局汽车金融、试驾、销售等环节，而且阿里巴巴对所投公司的控制力非常强，要求联合孵化，公司的运营管理要积极参与和布局。同时，腾讯也在积极布局汽车市场，但大部分都是通过股权投资相关公司，对所投公司的控制力较弱。

扫描全行业，目前在用车全生命周期的各环节都有一些新的销售及售后模式开始出现，打破了原有的 4S 店一统天下的局面。但还没有哪种模式是全新的汽车新零售模式，都只是在摸索。可见，虽然各资本都在对汽车行业积极尝试和探索，但必须要对汽车行业有深刻的理解、对消费端和生产端有准确的把握、对投入和产出有清晰的认识，才能成功。

那么，作为整个汽车价值链的中坚力量的各大汽车厂家，面对全社会新零售的蓬勃发展，各资本，尤其是互联网资本的积极涌入，应该如何看待和应对新零售呢？

首先，汽车企业要积极拥抱新零售。

按照 SCP 模型［SCP：市场结构（Structure）－市场行为（Conduct）－市场绩效（Performance）是一个既能深入具体环节，又有系统逻辑体系的产业分析框架，基本涵义是市场结构决定企业在市场中的行为，而企业行为又决定企业的经营绩效］新零售对企业来说既是机遇也是挑战，要紧紧抓住升级的机会，以开放的理念拥抱新零售的冲击。①市场结构：2015 年起，汽车行业由卖方市场变为买方市场。一方面，消费者需求发生变化，个性化、多元化、定制化成为趋势；另一方面，大数据、云计算、物联网以及汽车新四化已成为行业发展方向。②企业行为：面对外部的冲击和行业的变化，汽车企业要以开放的理念，积极拥抱新零售，有节奏地实践汽车新零售。③经营绩效：汽车新零售将促进汽车的效率，提高整体行业的效率，降低运营成本，提高利润。

其次，以客户为中心的数字化变革是基础。

以客户为中心的数字化变革是拥抱新零售的第一步，也是基础。目前，厂家和消费者、厂家和各类销售主体之间的“新关系”正在成型。消费者不仅拥有了更多主动权，要求产品及服务能满足其“追求品质、个性”的期望，而且消费者购买汽车及服务的渠道、购买的习惯也在发生变化。更重要的是，消费者将在自己的数字化生活中不断以新的方式接触和使用汽车。我们知道，在新零售时代下，任何事物都会被数字化，消费者的每一次购物行为、购车前的选择行为、购车决策过程、每一次维修、每一次驾驶……这些海量数据的产生、获取、挖掘及整合，将展现出巨大的商业价值。汽车企业要紧紧抓住时代的脉搏和机会，“以用户为中心”，为消费者创造更有用的价值和体验，通过数字和技术，为消费者打造及时、满足的感官体验和便利的用车全生命周期体验，从而构建起自己独特的品牌“护城河”。总之，“以用户为中心”是关键，甚至是一种长久而绝对的生存之道。

最后，以新零售为契机积极推动企业数字化建设。

数字技术正在重塑商业运营、商业模式和市场结构，数字化转型正成为社会经济生活中十分重要的实践与趋势。作为一种“颠覆性”创新，数字化转型正发生在各个行业的各种组织之中，数字化层次图见图 2。广大汽车企业要以新零售为契机积极推动企业整体的数字化建设。更多地利用电子商务、云计算、大数据、数字跟踪和数字平台等数字技术，打破人、物、组织之间联结与沟通的障碍，进而创造新的产品与服务，并找到更有效率的经营方式。

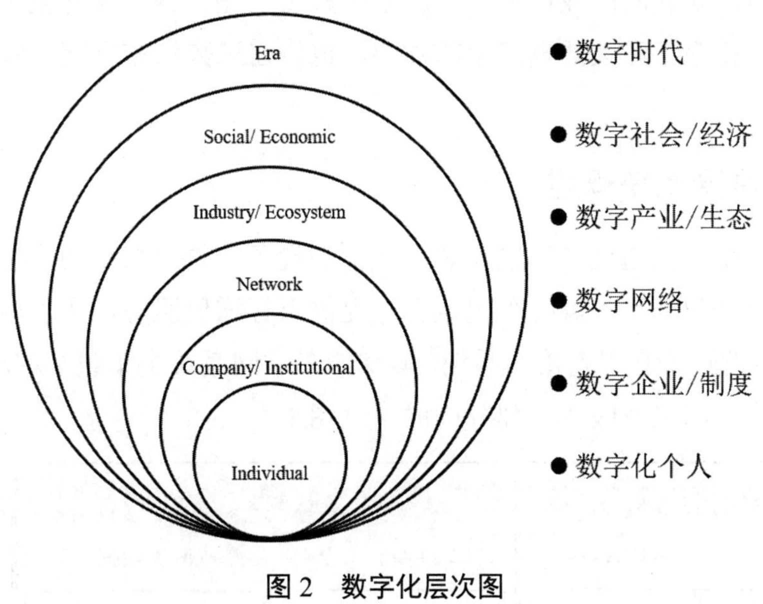

图 2 数字化层次图

而数字经济是基于数据资源的经济，数据资源是推动行业数字化转型的根本动力。因此汽车企业在前期一定要做好数据资源的积累和应用，同时和社会上数据资源丰富的龙头企业开展合作初探，积累经验。而与汽车企业最紧密的广大 4S 店也要积极求变，做好数字化的储备和升级，在售前、售中、售后中更多地应用数字技术，提高运营效率，降低成本，解决消费者的痛点，做好消费者的体验诉求。

总之，痛则变，变则生。数字化已成为各行业未来成功转型和创新的突破口，汽车企业更要抓住当前的发展大趋势，成为“数字化产业”的最佳实践者。

（作者：李敏）

车联网产业链模式发展现状及趋势

车联网系统引入我国已有近十年时间，但前期发展不温不火。近年来随着移动互联网的兴起和互联网企业的介入，车联网又焕发新生，发展迅速，成为诸多车型的新卖点。车联网产业链模式也产生了较大变化，各个参与主体在不断博弈融合。移动出行服务和大数据应用的发展，也将在未来给车联网产业链带来新的变化。

一、车联网系统概述

车联网系统是指通过在车辆安装车载终端设备，收集汽车动静态信息，并通过云计算平台处理信息，进行车况监管和提供出行增值服务，实现车与车、车与人、车与交通设施等互相连接的系统。典型的车联网系统由车载及移动端软硬件、车联网云平台、第三方服务三部分构成（见图 1）。

图 1 车联网系统典型架构

其中车联网云平台是车联网系统中最重要的部分，云平台集成了云存储、大数据运营、呼叫中心、网关、OTA 等模块，是车联网系统的关键枢纽：通过云平台大数据分析，可不断改进车联网系统功能，改善用户体验；云平台的架构保证第三方服务内容可更替优化，提升服务质量；数据网关、支付网关等可拦截有害信息，保证数据安全；云平台统一的数据输出，可有效保证第三方服务 HMI 界面、使用体验的一致性；通过云端 ID 账号体系，可实现“一云多屏”，使用户在车载端和移动端都能获得完整的服务体系。

车载及移动端软硬件是用户与车联网服务的直接接触点，决定了用户体验的好坏。车载硬件也是实现车辆远程控制、远程通信的基础。车载软件的 HMI 设计则是体现车辆品牌特征的重要途径。第三方服务多为地图、天气、停车、加油、社交等出行服务。

也有一些车联网系统无云平台架构，第三方服务直接输入车载系统，在车内呈现出“平板电脑”化的车机模式，常见于硬件设备商开发的后装模式。这种模式弊端较为明显：数据在第三方服务和用户间直接传输，车联网系统无介入，大数据分析缺失，难以有效应对消费者需求变化，用户体验难以持续优化；第三方服务无集中管理，HMI 界面不统一；无用户统一账号体系，面临服务体验碎片化的问题。

二、车联网产业链模式现状分析

正如前文所述，车联网系统架构复杂，涉及诸多软件、硬件及平台架构。车联网的产业链经过多年的发展，也形成了整车企业、TSP 供应商、软硬件供应商、网络运营商、内容/服务供应商等众多的参与方，多方的参与催生了多种产业链模式。

1．传统的车联网产业链模式是以整车企业为主导

整车企业最初完全主导车联网系统的开发，车联网系统的云平台架构搭建，软硬件开发、内容服务定制、平台搭建等均由整车企业绝对掌控。这种模式的优势显而易见，车联网服务为整车企业战略服务，有利于维持品牌的一致性。但劣势也很明显：车联网系统复杂，整车企业需投入大量资金和人力；对整车企业管理和运营水平要求高；对事先选择的供应商要求很高，供应商的更换成本也很高；受整车企业研发周期规划的影响，车联网更新迭代速度慢。

现在多数的整车企业选择开放车联网系统，积极联合互联网，和网络通信商

共同开发。这种模式为整车企业节约资金人力的投入，更新迭代速度相对较快，同时可以优势互补，是一种较有前景的开发模式。

也有一些整车企业选择将车联网系统开发外包给供应商，外包模式可缩短整车企业的车联网研发周期，迅速投入市场，打造卖点吸引消费者，且成本较低。但后续与供应商数据业务的合作以及相关开发可能处于被动地位，若所有车型全部外包给一家供应商，则容易受制于人，若不同车型选择不同供应商，又难以保证品牌服务体验的一致性，对品牌形象不利。

2．互联网企业近年来发力车联网系统

互联网势力布局车联网的主要目的是为了掌握汽车这一重要的流量终端，吸引车主通过平台消费，扩大自己平台的影响力，扩展商业版图和完善数据链条。最大的优势是庞大的用户群和最佳的用户服务体验开发能力，在车联网产业链中是最懂消费者的一环。由互联网企业整合车联网系统开发，往往对消费者吸引力最强。但互联网企业也缺乏对汽车核心技术的理解和认知，在相关硬件开发方面不擅长。

国内一些互联网企业近年来逐渐主导车联网产业链开发，一般以车联网云平台系统的建设及软件应用层面的开发为主。在云平台建设中，发挥自身在大数据分析、数据安全、账号体系等方面的优势，提高了数据利用价值，促进了车联网系统的升级迭代。在软件应用层面，借鉴自身平台的成熟经验，大大缩短了车联网系统的开发周期。

但互联网企业主导开发，仍然面临着诸多问题：是否将第三方服务局限于自身平台？大数据所有权及相关开发如何与整车企业合作？系统开发的主导权如何与整车企业分配？这些问题的解决仍将是一个长期的博弈过程。

近年来，也有互联网企业轻度介入车联网产业链，只负责提供出色的内容/服务，不与车联网产业链其他参与者抢夺市场，也不失是一种明智的做法。

3．网络运营商也希望主导车联网系统发展

网络运营商是车联网产业链的重要一环，其初期业务主要是为整车企业车联网系统提供 SIM 卡及通信网络，但作为车联网网络通道的把持者，又拥有庞大的用户资源，网络运营商也在尝试主导车联网系统的开发。但网络运营商在上游缺乏对汽车核心技术的理解和认知，难以针对整车企业开发针对性的产品解决方案，

网络运营商在下游的消费者产品体验方面经验不足，不能吸引足够的流量去变现，所以网络运营商主导的模式发展一直困难重重。

4. 硬件设备商主导车联网后装市场

当前一些硬件设备商主攻车联网后装系统，主要基于汽车 OBD 诊断接口，提供通信模块、蓝牙模块、WIFI 热点等，具有成本低、安装简单、实现途径依赖手机、符合用户习惯、可迅速提供车联网服务的优势。但如前文所述，后装模式技术先天不足，受制于人；可替代性强，技术门槛低，同质化严重，竞争激烈；无云平台体系的弊端明显，是一种比较短视的开发模式。

三、车联网产业链模式发展趋势及策略建议

1. 融合发展是车联网产业链模式的必然趋势

从车联网产业链模式的现状可以看出，硬件设备商主导的后装市场弊端较多，开发短视，难以适应市场需求，预计未来将日渐式微。网络运营商虽然主导网络通道，但在车联网产业链上下游都没有太多积累，在如今竞争激烈的市场环境中较难立足。

整车企业、车联网供应商和互联网企业优劣势明显，整车企业在车辆的核心领域优势明显；车联网供应商熟悉车联网系统开发流程和上下游开发衔接；互联网企业在软件开发和用户体验方面积累较多。整车企业和供应商是相互依赖、互相成长的关系，而互联网企业庞大的线下用户群、优秀的软件开发能力和大数据分析开发能力则是未来车联网系统发展不可或缺的基础要素。

基于以上分析，可判断未来国内车联网产业链中，以整车企业为核心，互联网企业、车联网供应商融合发展的模式将是车联网开发的必然趋势。

2. 各大车联网主体适应产业链趋势的策略建议

随着数字服务、移动出行服务的发展和大数据应用的全面落地，未来车联网系统的竞争将不仅仅是产品功能的竞争，更多的是运营和服务的竞争，这就要求各个参与方能与时俱进，不断适应新环境的要求。

整车企业应具备足够的前瞻性和创新思路，抓住主流趋势，积极转型，拥抱互联网，筛选优良的合作伙伴，提供适应时代发展的车联网功能服务体系，为消费者提供更好的车联网服务体验。而车辆远程控制、远程通信等功能与整车电气

系统高度匹配的功能，也仍需整车企业纳入整车开发过程，并积极面对电动化带来的整车电气化架构的改变，不断提升拓展功能边界，能体现品牌调性的方面如 HMI 界面设计也应由整车企业严格把关。

车联网供应商在云平台架构整合方面是最专业的，但在当前各方势力混战的市场环境下，整车企业将难以提供明确的需求清单，供应商更需要具备洞察市场、创新发展的能力，帮助整车企业明确需求，然后才能更有效的整合资源，提供适应时代发展的车联网解决方案。

互联网企业最能深刻理解互联网思维，但更要尊重 “汽车思维”。一方面，与整车企业在用户大数据利用等方面的合作共享考验着双方的智慧。另一方面，移动出行服务的开发流程应融合车规级标准，尽一切可能保证驾驶安全：一要做到系统稳定，版本迭代要经过严格测试，减少漏洞和缺陷；二要做到驾驶场景的安全，各项出行服务的提供不能干扰到用户的驾驶，并尽量能辅助提高驾驶安全性。

通信网络技术的迅速提升，互联网服务的高度成熟，用户对汽车智能网联化的期待，为车联网的发展提供了更广阔的空间，车联网产业迎来了最好的时代。在新的时代背景下，若能抓住机遇，合作共赢，实现优势互补，相信车联网各个参与方都能迎来良好的发展。

（作者：罗炜宁）

我国 MPV 市场发展历程和未来发展趋势

我国 MPV 市场从 2000 年第一辆国产车型别克 GL8 上市算起，发展至今已经走过了 19 个年头，19 年来实现了从无到有、由小到大的转变，至 2017 年已成长为一个年销量 214 万辆的大型市场，成为我国汽车市场中一个不可忽视的重要组成部分，期间的发展历程和未来的发展趋势值得研究，笔者在本文中将回顾过去 MPV 发展的过程，试图总结其中的规律，并预测未来的发展趋势。

一、我国 MPV 市场发展历程

回顾过去 19 年来我国 MPV 的发展历程，从市场规模、增长速度、发展特征的角度，可以将 MPV 市场的发展分成三个阶段（见图 1）。

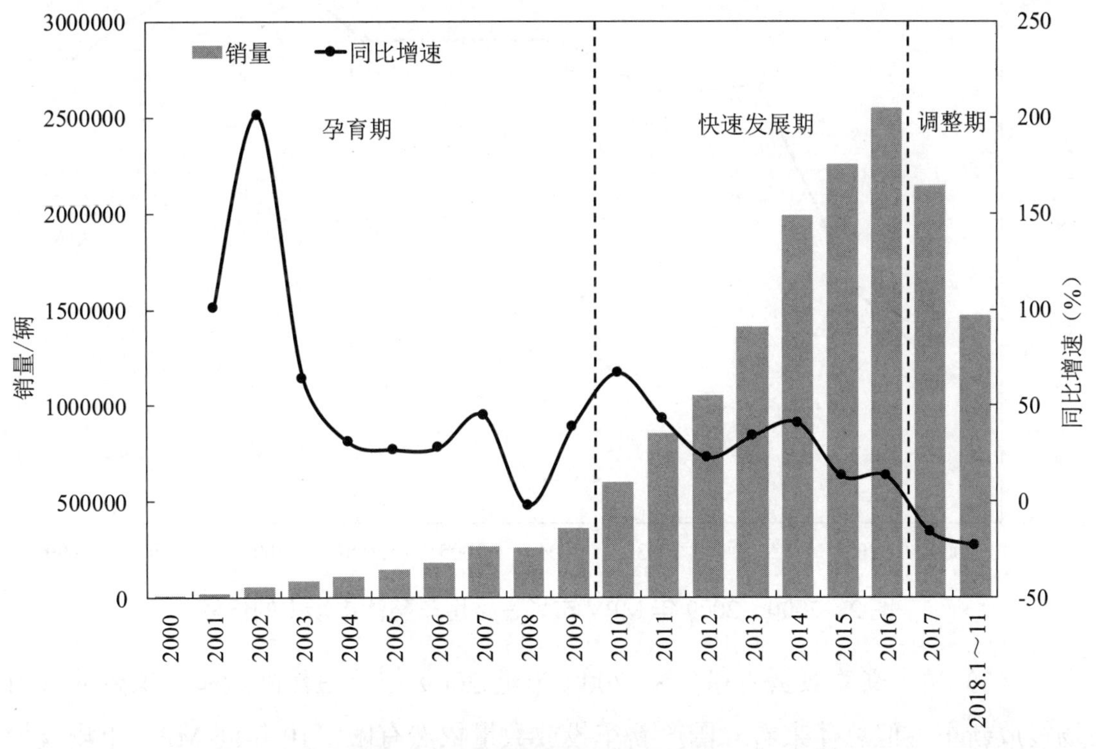

图 1　我国 MPV 市场年度销量及同比增速（内需口径）

1．孕育期（2000～2009年）

从2000年第一辆国产MPV车型别克GL8上市，MPV市场开始启动，到2009年，是我国MPV市场发展的孕育期，这一阶段的市场特征如下：

（1）市场规模小　从2000年市场启动时的0.8万辆，至2009年的35.8万辆，虽然MPV市场保持了年平均两位数的增长，但市场规模一直很小，月均销量不到3万辆，尚不及轿车市场一个主销车型1个月的量。

（2）家用化进程没有大突破　我国MPV发展始于别克GL8，别克GL8过于商务化的形象对消费者造成了先入为主的观念影响，使得消费者一提到MPV就感觉是商用的，不适合家用，开MPV的人像是一个司机，商务化的形象制约了MPV车型走向家庭，在整个乘用车中的份额虽然从2000年的1.3%提升到2009年的4.2%（见图2），但始终没有突破6%。

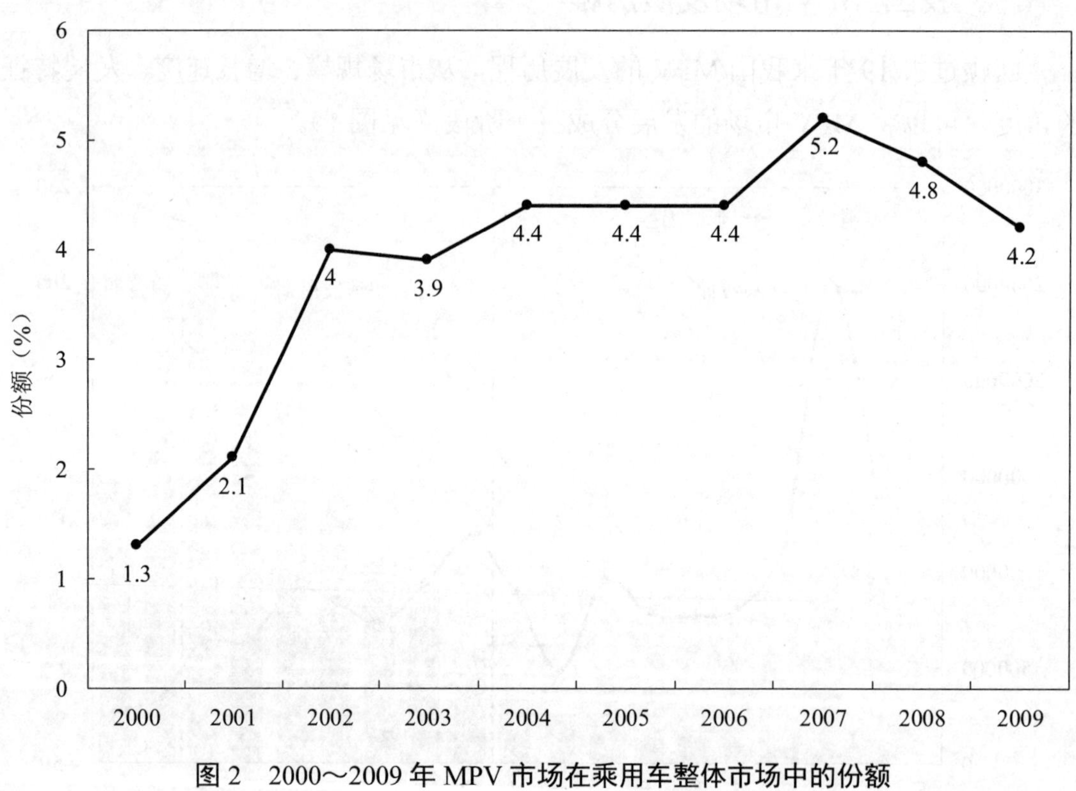

图2　2000～2009年MPV市场在乘用车整体市场中的份额

（3）国产新车投放有限　从2000年至2009年，虽然陆续有厂家进入该市场投放新车，但总体来看，国产新车投放数量依然有限，10年间MPV市场仅投放了31款国产车型（见表1），年均3款，有限的新车供给也限制了消费者的选择。

表 1 2000～2009 年国产 MPV 新车投放产品及数量

时间	2000	2001	2002	2003	2004	2005	2006	2007	2008	2009
新投放产品	别克 GL8	瑞风	阁瑞斯	—	嘉华	开迪	骏逸	骊威	骊威劲锐	景逸
	—	毕加索	宝龙	—	菱绅	—	威麟 V5	S-Max	长城 V80	帅客
	—	风行	奥德赛	—	途安	—	陆风风尚	开瑞	君阁	大捷龙
	—	优尼柯	—	—	—	—	—	蒙派克	—	自由风
	—	普力马	—	—	—	—	—	森雅 M80	—	凯领
	—	—	—	—	—	—	—	御轩	—	—
	—	—	—	—	—	—	—	杰勋	—	—
数量	1	5	3	0	3	1	3	7	3	5

（4）价位、级别从上往下发展 MPV 市场启动时是以 30 万元以上的 C 级高端商务市场作为开端的，随着产品的丰富，市场逐渐下探，到 2009 年随着中端家用车型的增多，5～10 万元、10～15 万元的 A 级、A0 级中低端家用车市场也开始发展起来（见图 3 和图 4）。

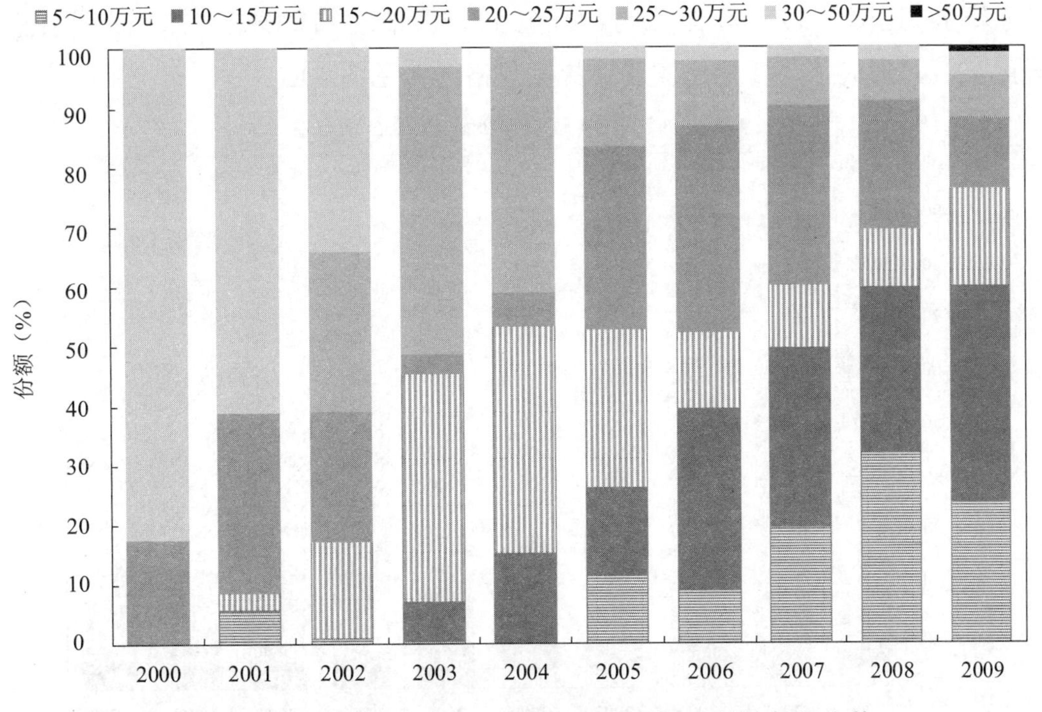

图 3 2000～2009 年 MPV 市场按指导价格分价位份额走势

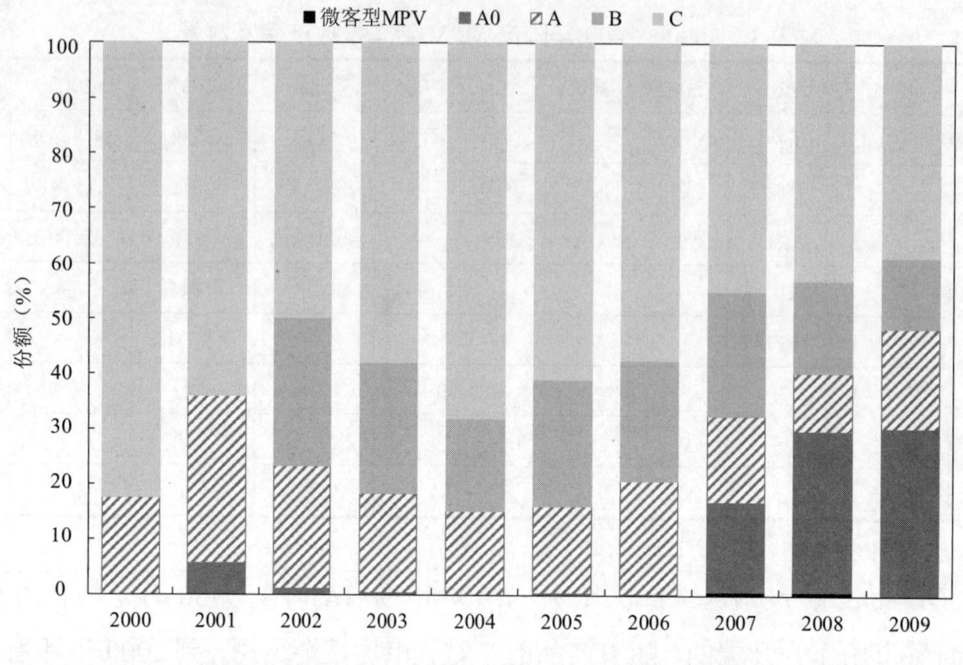

图 4　2000～2009 年 MPV 市场分级别份额走势

（5）竞争格局从“一家独大”到“群雄割据”　MPV 市场竞争格局从开始的美系一家独大，份额占到 82.3%，到日系、自主、德系“多元化发展”，至 2009 年美系份额已降至 12.6%，日系份额升至 39.9%，自主份额升至 37.0%，德系份额升至 7.2%，形成了“多元化发展”的竞争格局（见图 5）。

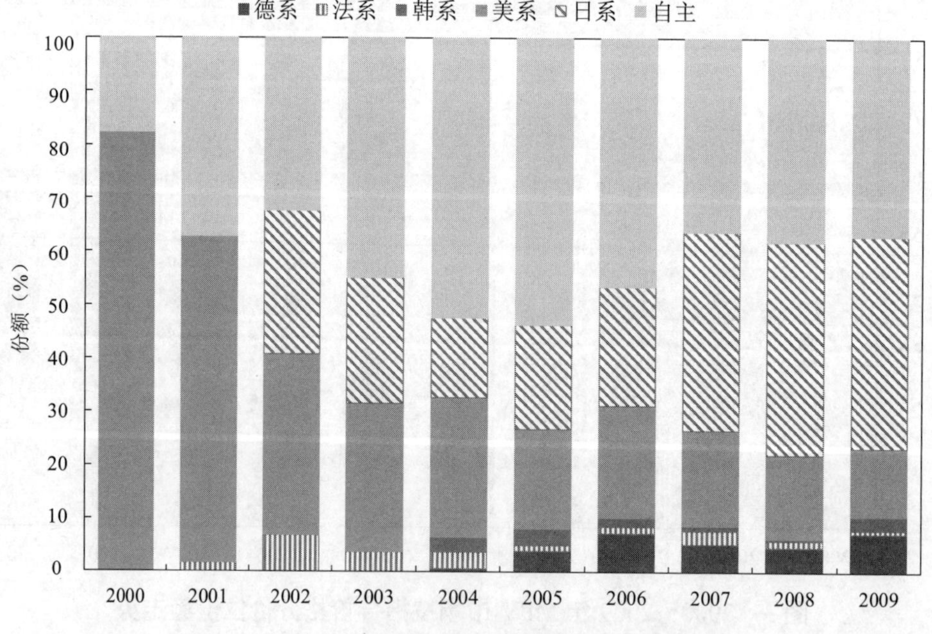

图 5　2000～2009 年 MPV 市场分车系份额走势

（6）车型从高端商用车型为主，转向中端家用、中低端商用车型并举状态 MPV 市场从最初的以 GL8、奥德赛为代表的高端商用车型为主，逐步发展，至 2009 年以骊威为代表的中端家用车型、以瑞风为代表的中低端商用车型也开始兴起，车型逐渐多样化（见表 2）。

表 2 国产 MPV 年度销量 TOP10 车型及销量

（单位：辆）

2000 年		2003 年		2005 年		2009 年	
车型	销量	车型	销量	车型	销量	车型	销量
别克 GL8	7055	别克 GL8	23518	瑞风	31494	骊威	53571
—	—	奥德赛	20117	奥德赛	27545	瑞风	46102
—	—	瑞风	14263	别克 GL8	26258	骊威 劲锐	45164
—	—	普力马	12019	风行	18800	别克 GL8	40029
—	—	风行	10081	普力马	14997	奥德赛	28395
—	—	毕加索	3222	阁瑞斯	5053	风行	21840
—	—	宝龙	1330	菱绅	5046	途安	20087
—	—	优尼柯	370	嘉华	4390	阁瑞斯	14514
—	—	阁瑞斯	120	途安	4243	蒙派克	12603
—	—	—	—	毕加索	1623	森雅 M80	8870

2. **快速发展期**（2010～2016 年）

从 2010 年起，MPV 市场开始进入快速发展时期，发展进入快车道，期间市场规模迅速扩大，一直持续到 2016 年，这一时期的市场特征如下：

（1）市场规模迅速扩大 2009 年 MPV 市场年销量仅为 35.8 万辆，2010 年开始一跃到 59.9 万辆，此后每年都保持两位数的增长速度，每年新增销量超过 20 万辆。2015～2016 年市场增速有所下滑，但在购置税政策的刺激下，市场依然保持了快速增长，至 2016 年年销量已达 254.9 万辆，月均销量突破 20 万辆，成为乘用车市场中一个重要的细分市场。

（2）市场接受度提高 随着 MPV 市场的发展，消费者对 MPV 车型的了解加深，对 MPV 进入家庭的接受度逐渐提高，尤其是以五菱宏光为代表的微客型 MPV 车型的出现，契合了微客升级用户对低价位、宜家宜商车型的需求，推动了消费者对 MPV 的接受度，MPV 在整个乘用车中的份额从 2009 年的 4.2%快速提

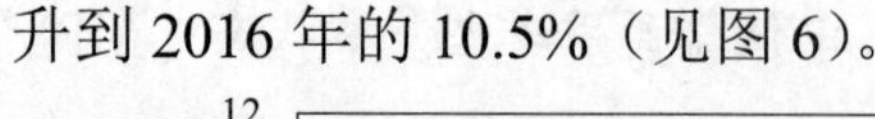
升到 2016 年的 10.5%（见图 6）。

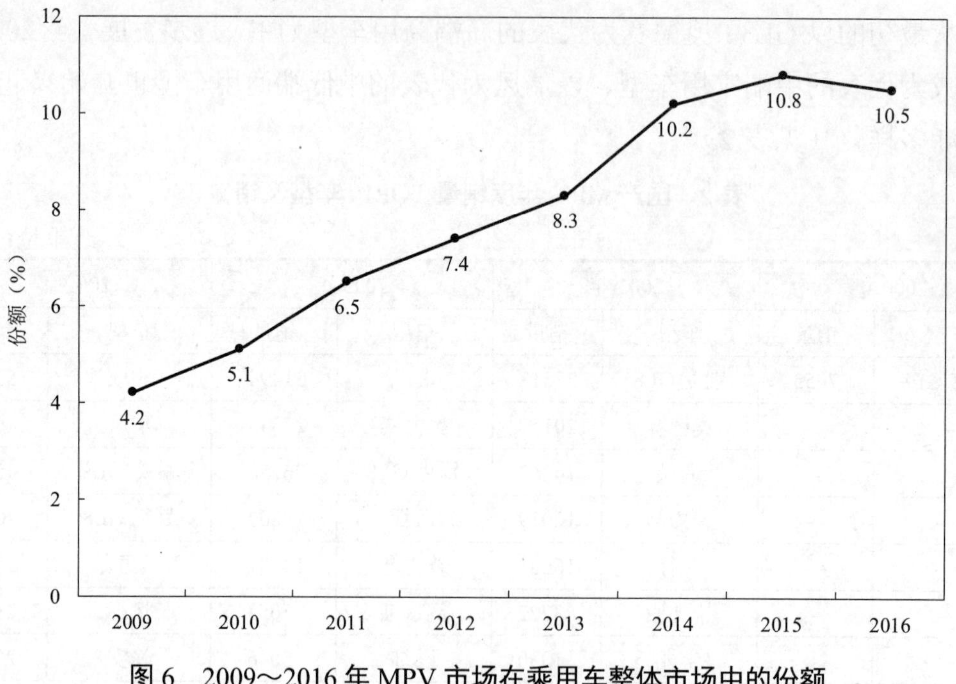

图 6　2009～2016 年 MPV 市场在乘用车整体市场中的份额

（3）*国产新车大量投放*　从 2010 年至 2016 年，进入 MPV 市场的厂家大幅增加，尤其是五菱宏光开拓的微客型 MPV 市场让许多原微客生产厂家看到了进入乘用车市场的机遇，大量跟随投放微客型 MPV 产品，7 年间 MPV 市场投放了 57 款国产车型（见表 3），年均 8 款，大量的新车供给丰富了消费者的车型选择范围，也极大地推动了 MPV 市场的发展。

表 3　2010～2016 年国产 MPV 新车投放产品及数量

时间	2010 年	2011 年	2012 年	2013 年	2014 年	2015 年	2016 年
新投放产品	瑞风 M2	逸致	欧诺	五菱宏光 S	宝骏 730	宏光 S1	瑞风 M3
	NV200	马自达 8	艾力绅	菱智 V3	风光 360	开瑞 K50	威旺 M50F
	迷迪	—	—	菱智 M5	大通 G10	福瑞达 M50	海马 V70
	唯雅诺	—	—	新劲锐	—	威旺 M30	奔驰 V 级
	五菱宏光	—	—	新骊威	—	金杯 750	伽途 ix7
	朗悦	—	—	风光	—	风光 370	英致 727
	M6	—	—	菱智 M3	—	幻速 H2	瑞风 M5
	博朗	—	—	杰德	—	幻速 H3	比速 M3
	威霆	—	—	欧力威	—	英致 737	启腾 EX80
	E6	—	—	威旺 M20	—	乐途	伽途 ix5
	—	—	—	星朗	—	风行 S500	—

（续）

时间	2010年	2011年	2012年	2013年	2014年	2015年	2016年
新投放产品	—	—	—	大7MPV	—	华颂7	—
	—	—	—	Master CEO	—	艾瑞泽M7	—
	—	—	—	—	—	幻速H2E	—
	—	—	—	—	—	欧尚	—
	—	—	—	—	—	比亚迪T3	—
	—	—	—	—	—	全新途安	—
数量	10	2	2	13	3	17	10

（4）10万元以下市场引爆　2009年MPV市场依然以10万～15万元市场为主（见图7），份额占比达36.2%；10万元以下市场占比第二，份额23.6%。从2010年开始，10万元以下市场受购置税优惠政策及新产品大量上市刺激，开始引爆，份额猛增至38.4%。2011年以五菱宏光为代表的微客型MPV市场开始爆发（见图8），当年5万元以下份额增长至15.9%，拉动10万元以下整体份额升至53.3%。10万元以下市场成为拉动MPV市场增长的主要力量，在此后几年一直高速增长，份额也不断攀升，至2016年份额已升至84.4%。这其中，2015年是一个转折点，2015年以前，5万元以下市场快速发展，份额从2010年的0.7%提升至2014年的26.4%，2015年以后，随着消费升级的影响，需求从5万元以下向5万元以上升级，份额逐渐萎缩，而以宝骏730为代表的5万～10万元市场承接了微客型MPV升级的需求，保持快速增长，份额一路增长。

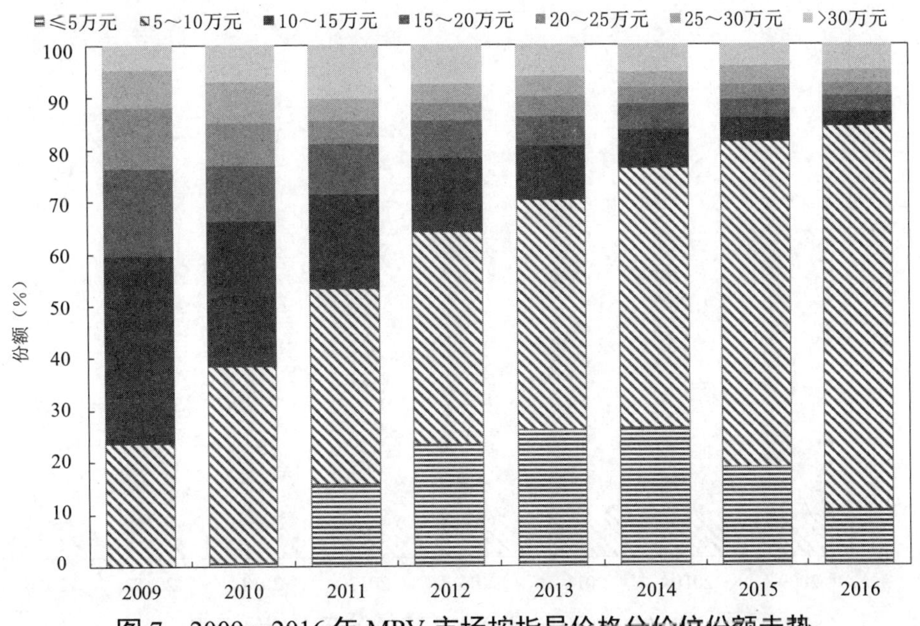

图7　2009～2016年MPV市场按指导价格分价位份额走势

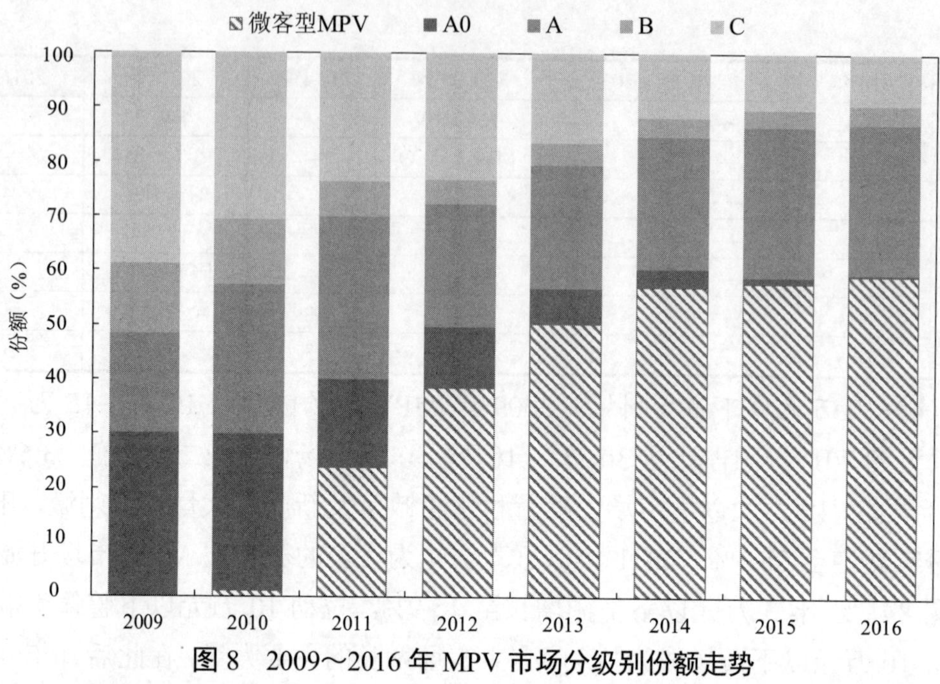

图 8 2009～2016 年 MPV 市场分级别份额走势

（5）竞争格局从“群雄割据”重回“一家独大” MPV 市场竞争格局从 2009 的日系、自主、美系、德系“群雄割据”局面，又回到了“一家独大”的状态，只不过这一次自主成为了 MPV 市场的主角，自主份额从 2009 年的 37%上涨到 2016 年的 87.2%（见图 9）。

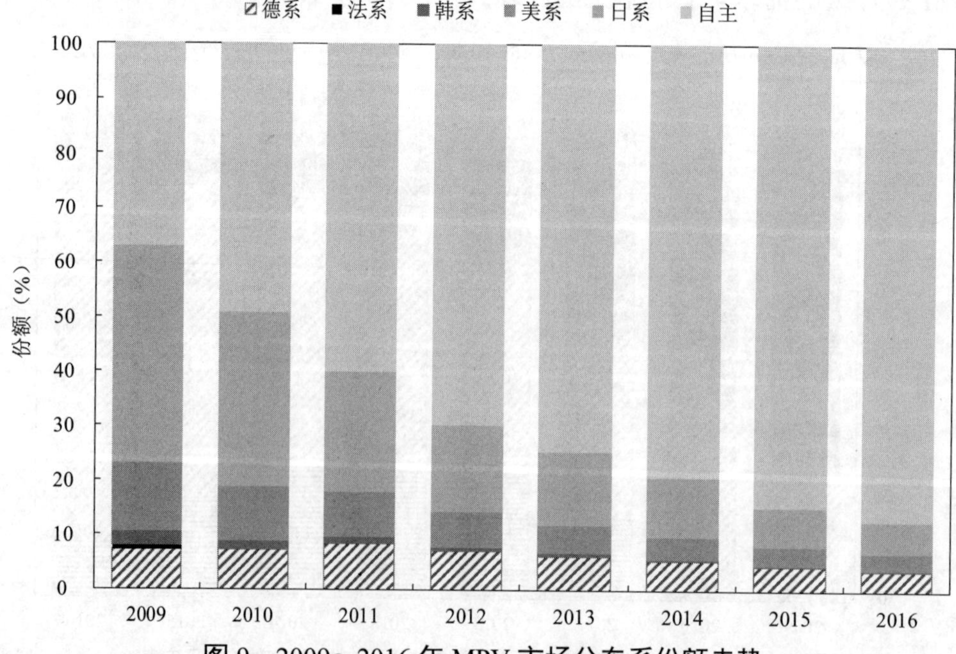

图 9 2009～2016 年 MPV 市场分车系份额走势

自主的快速发展依靠的是这几年高速增长的微客型 MPV 市场以及以宝骏 730 为代表的 5 万～10 万元家用 MPV 市场，依靠新产品的大量投放，自主实现了 MPV 市场的逆袭。

（6）低端家商兼用车型成为主流 MPV 市场 2010 年车型依然呈现多样化：以瑞风为代表的中低端商用车型、以骊威为代表的中端家用车型、以 GL8 为代表的高端商用车型销量均名列前茅（见表 4），此后以五菱宏光为代表的低端家商兼用车型逐渐成为主流，销量不断提升，至 2016 年销量排名前 10 的车型除别克 GL8 外全都是低端家商兼用车型了。

表 4 国产 MPV 年度销量 TOP10 车型及销量

（单位：辆）

2010 年		2012 年		2014 年		2016 年	
车型	销量	车型	销量	车型	销量	车型	销量
瑞风	64671	五菱宏光	316237	五菱宏光	470083	五菱宏光 S	455654
骊威	57168	欧诺	88757	五菱宏光 S	279936	宝骏 730	370169
骊威劲锐	53701	风行	72746	欧诺	137961	五菱宏光 S1	194364
别克 GL8	52127	别克 GL8	64001	宝骏 730	120089	欧诺	152212
森雅 M80	48499	景逸	63892	风光	81066	威旺 M30	120865
奥德赛	45816	瑞风	51729	别克 GL8	80476	欧尚	118185
景逸	30887	骊威	46368	威旺 M20	77497	幻速 H3	106634
普力马	28112	骊威 劲锐	41356	杰德	63212	风光	98039
风行	24508	途安	36044	瑞风	56382	别克 GL8	79600
途安	22380	瑞风 M2	32148	景逸	49559	风光 370	70634

3．**调整期**（2017 年～至今）

从 2017 年起至今 MPV 市场进入快速发展过后的调整期，这一时期 MPV 市场有如下特征：

（1）市场规模开始大幅萎缩 2017 年 MPV 市场销量为 214.0 万辆，同比增长－16.0%，2018 年 1～11 月份销量为 146.7 万辆，累计同比增长－23.0%，2017 年和 2018 年增速均远低于整体市场的 2.6%、－3.1%。

（2）市场接受度下滑 MPV 在整个乘用车中的份额从 2016 年的 10.5%降至 2017 年的 8.6%，2018 年 1～11 月份进一步降至 6.8%。

（3）国产 MPV 新车投放不减　2017～2018 年，国产 MPV 新车投放力度不减，共计投放新车 18 款（见表 5），年均 9 款。

表 5　2000～2009 年国产 MPV 新车投放产品及数量

2017 年（15 款）			2018 年（3 款）
欧尚 A800	昌河 M70	伽途 im8	宝骏 360
宋 MAX	启辰 M50V	幻速 H5	开瑞 K50 EV
凌轩	金杯 F50	伽途 im6	菱智 M5 EV
轩朗	欧力威 EV	斯派卡	—
别克 GL6	风行 CM7	传祺 GM8	—

（4）微客型 MPV 大幅萎缩　2017 年起微客型 MPV 开始大幅萎缩，在整个 MPV 市场中的份额大幅下滑，2017 年份额降至 50.1%，2018 年 1～11 月份进一步降至 33.9%（见图 10），成为拖累 MPV 市场的主要原因。

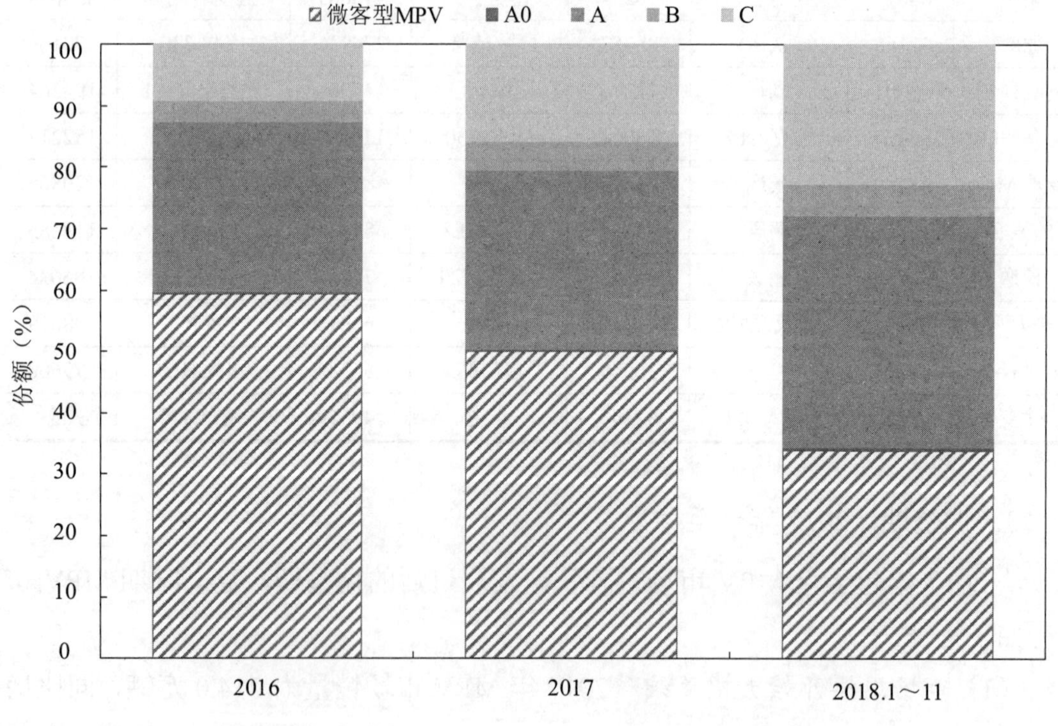

图 10　2016～2018 年 MPV 市场分级别份额走势

（5）自主份额优势不断削弱　自主份额优势被不断削弱，份额从 2016 年的 87.2%，下降至 2018 年的 70.7%（见图 11）。

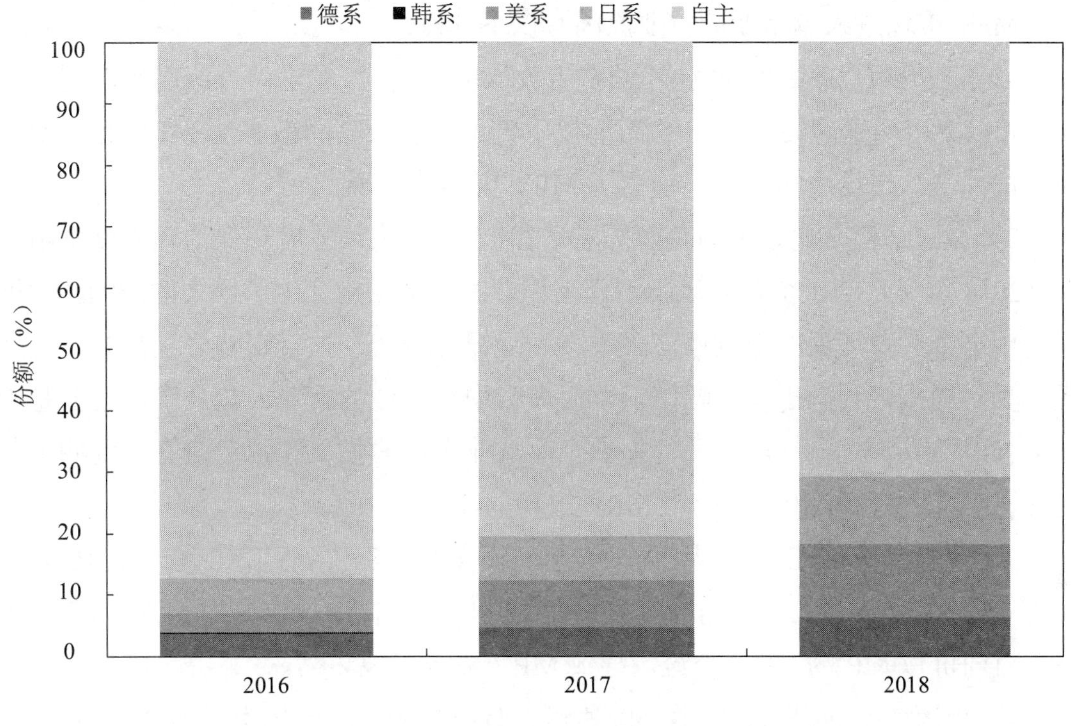

图 11 2016～2018 年 MPV 市场分车系份额走势

（6）中端家用车型兴起 五菱宏光 S 等低端家商兼用车型销量大幅萎缩，但以宋 MAX 为代表的中端家用车型需求兴起（见表 6）。

表 6 国产 MPV 年度销量 TOP10 车型及销量

（单位：辆）

2016 年		2017 年		2018 年 1～11 月份	
车型	销量	车型	销量	车型	销量
五菱宏光 S	455654	五菱宏光 S	314271	五菱宏光 S	102239
宝骏 730	370169	宝骏 730	270797	宋 MAX	68912
五菱宏光 S1	194364	五菱宏光 S1	219679	别克 GL8	64133
欧诺	152212	别克 GL8	145129	宝骏 730	60050
威旺 M30	120865	欧诺	85799	五菱宏光 S1	49191
欧尚	118185	风光	77022	瑞风 M3	24190
幻速 H3	106634	幻速 H3	72637	艾力绅	21437
风光	98039	欧尚	66548	菱智 M5	19493
别克 GL8	79600	瑞风 M3	43000	奥德赛	18360
风光 370	70634	杰德	42385	杰德	18100

MPV 市场进入调整期的主要原因有以下几点：

1）消费升级。随着经济发展，消费者收入的提高，汽车消费升级越来越明显，5 万元以下市场迅速萎缩，在 5 万元以下价位占比较高的微客型 MPV 也受到了巨大的冲击，市场大幅萎缩，拖累了 MPV 市场的表现。

2）经济结构变化带来的负面影响。2017 年以来，政府环保治理力度不断加大，2018 年又启动了金融防风险治理工作，对经济结构产生了巨大的影响，大批民营中小企业受环保的影响停产、限产，受银行惜贷、抽贷影响资金紧张，生产经营受到冲击，利润出现大幅下滑，而民营中小企业的就业人数众多，且多是中低端 MPV 的潜在消费群体，民营中小企业从业人员的收入和消费信心受到冲击，直接影响了中低端 MPV 和商用 MPV 市场的需求。

3）7 座 SUV 的分流。从 2016 年起，长安 CX70、风行 SX6 等一批 10 万元以下 7 座 SUV 陆续上市。同样宜家宜商的功能，同样的价位叠加 SUV 的车型优势，对同价位 MPV 产生了分流，导致 MPV 需求出现萎缩。

4）货运效率的提高。随着 58 速运、货拉拉等互联网城市货运公司的兴起，城市货运效率大幅提高，原本依赖家商兼用 MPV 完成的货运需求转向更专业的城市货运公司，对家商兼用 MPV 的需求也大幅减少。

二、我国 MPV 市场未来发展趋势

从长期来看，消费者对 MPV 家用车型的接受度还有提升空间，且全面二胎政策刺激下大家庭用户增多，将推动家用 MPV 市场的发展，拉动 MPV 份额回升，但短期内 MPV 市场还要面对家商兼用需求继续萎缩和 SUV 竞争的压力，未来将呈现先萎缩再小幅上涨的走势。

1. 消费者对 MPV 家用车型的接受度还有提升潜力

随着经济的发展，消费水平的继续提高，汽车消费中增换购的比例将逐渐增多，而增换购用户因用车经验丰富，购车更加成熟、理性，对 MPV 这种功能型车型的接受度会上升，家用的接受度也会更高，从而提升消费者整体对 MPV 的接受度，利好 MPV 的发展。

2. 全面二孩政策利好家用 MPV

2015 年开始实施的全面二孩政策，使二孩家庭数量明显增多。2017 年二孩出生人数比 2016 年增加 162 万人，达 883 万人，占全部出生人口比例超过一半。二

孩家庭的明显增多，将带来大家庭出行需求的明显增长，利好 MPV 车型。

3．短期内 MPV 市场仍将承压萎缩

一方面，家商兼用 MPV 需求还将继续萎缩，拖累 MPV 的表现。未来消费升级趋势将延续，低价位市场还将继续萎缩，对低端家商兼用 MPV 的不利影响还将持续；同时经济结构转型升级还将继续，叠加中美贸易摩擦带来的负面影响，民营中小企业面临的困难短期内难以扭转，低端 MPV、商用 MPV 也将继续承压。

另一方面，7 座 SUV 逐渐成为各厂家产品投放的热点市场，新产品还将继续增多，而我国消费者对 SUV 车型有较强的偏好，MPV 在竞争中处于不利位置，预计 SUV 对 MPV 的分流也将持续。

（作者：阮祥双）

2018 年进口汽车关税下调对我国乘用车市场的影响研究

一、关税下调的背景

我国进口汽车关税税率共经历过三轮下调，分别是 1994～2001 年、2001～2006 年以及 2018 年（见图 1）。

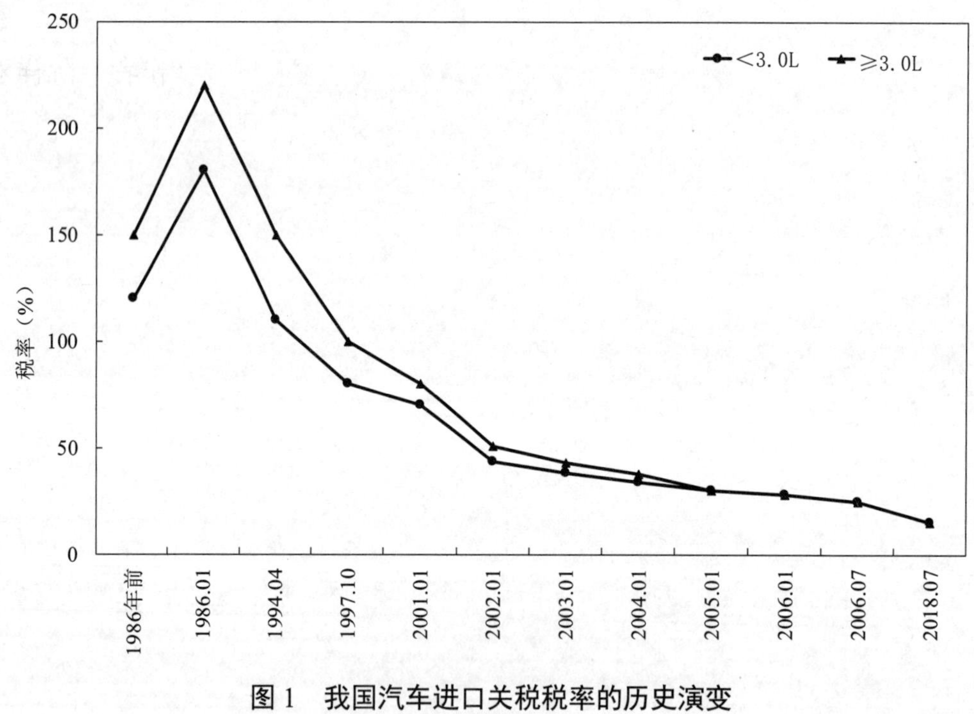

图 1　我国汽车进口关税税率的历史演变

1994 年，为了服务于国内经济发展，汽车关税大幅下调，但绝对水平仍然较高，通过关税保护国内汽车工业的意味明显。

2001 年，为了履行加入 WTO 的承诺，连续 5 年下调汽车关税，并于 2006 年最终锁定在 25%。这轮“循序渐进”的关税调节，对于我国汽车产业的初期发育起到了扶持效果。但保护性政策也造成了市场竞争缺乏、生产效率低下等弊病。

2018 年，时隔 12 年之后，为进一步扩大改革开放，我国再度主动下调了 10%

的汽车进口关税，调至 15%。主要目的是通过降低关税，加大市场竞争力度，倒逼产业结构优化升级，淘汰落后产能的同时促进一批优质资源发展壮大。

二、关税下调 10%可带来进口车售价约 6%的降幅空间

进口车型官方建议零售指导价（以下简称 MSRP）的主要构成包括①：到岸价（成本价）、关税、消费税（与排量挂钩）、增值税、其他费用（运输费等）、厂家利润与经销商利润。关税税率下调，不仅会降低进口车的关税金额，消费税以及增值税的金额也会随之调整。因此，关税下调给进口车型带来了价格进一步下调的空间。

根据测算（详细计算过程见表 1），若维持当前厂家与经销商利润的绝对金额不变，那么关税税率由 25%下降到 15%，对于各排量的进口车型，都可以在原 MSRP 基础上，获得约 6.2%的可降空间②。

表 1　关税下调 10%进口车型 MSRP 的降幅空间

到岸价（成本价）	排量	关税率=25%				
		综合税率（%）	完税价	厂家利润	经销商利润	原 MSRP
假设到岸价为 1	≤1.0L	46.46	1.4646	0.2817	0.1314	1.8777
	（1.0L，1.5L]	49.48	1.4948	0.2875	0.1341	1.9164
	（1.5L，2.0L]	52.63	1.5263	0.2935	0.1370	1.9568
	（2.0L，2.5L]	59.34	1.5934	0.3064	0.1430	2.0428
	（2.5L，3.0L]	64.77	1.6477	0.3169	0.1479	2.1124
	（3.0L，4.0L]	93.33	1.9333	0.3718	0.1735	2.4786
	＞4.0L	141.67	2.4167	0.4648	0.2169	3.0983
到岸价（成本价）	排量	关税率=15%				变化
		综合税率（%）	完税价	厂家利润和经销商利润	新 MSRP	MSRP 降幅（%）
假设到岸价为 1	≤1.0L	34.74	1.3474	与关税=25%的厂家利润和经销商利润相同	1.7605	−6.2
	（1.0L，1.5L]	37.52	1.3752		1.7968	−6.2
	（1.5L，2.0L]	40.42	1.4042		1.8347	−6.2
	（2.0L，2.5L]	46.59	1.4659		1.9153	−6.2
	（2.5L，3.0L]	51.59	1.5159		1.9806	−6.2
	（3.0L，4.0L]	77.86	1.7786		2.3239	−6.2
	＞4.0L	122.33	2.2233		2.9049	−6.2

① 购置税、豪车税都是在零售环节征收的关税，所以不是 MSRP 的构成部分。

② 按照增值税税率为 16%计算综合税率；将厂家和经销商的利润额合理估计为原指导价 MSRP 的 15%和 7%。

三、关税下调引发价格博弈战

但是，这 6%左右的可降空间，要如何在厂家、经销商、消费者之间分配呢？是被厂家留下？经销商蚕食？还是消费者享受？从本质上看，这取决于在关税下调后，市场中厂家、经销商、消费者三方的价格博弈结局，而这又集中体现在两个价格的变化上，即厂家卖车给经销商的批发价与经销商卖给消费者的终端成交价。

下面就让我们重新演绎一下，关税下调后，市场价格博弈战的背后逻辑。

1．厂家层面：火速积极响应，形成进口车官方降价潮

2018 年 5 月 22 日，政府正式宣布了“7 月 1 日起，汽车整车进口关税从 25%下调至 15%”。三小时后，特斯拉就率先宣布调整在售车型的 MSRP。随后一周，几乎全部主流进口车厂家都开启了官降模式（见表 2），且均为即日生效。

表 2　进口汽车企业宣布官降的时间表

MSRP 下调时间	汽车企业
5 月 22 日	特斯拉
5 月 23 日	Jeep
5 月 24 日	宝马（MINI）、奔驰（Smart）、福特、林肯、沃尔沃
5 月 25 日	奥迪、雷克萨斯、日产
5 月 26 日	阿尔法罗密欧、捷豹路虎、英菲尼迪
5 月 29 日	丰田、大众
5 月 31 日	玛莎拉蒂
6 月 6 日	保时捷

从各厂家 MSRP 的降幅来看，基本都在 6%左右（见图 2）。由于厂家卖车给经销商的批发价，一般是官方指导价 MSRP 的一个固定比例。MSRP 下调 6%，意味着批发价也同比例下调。因此，可以推断出，厂家官降后，基本让出了此次关税下调带来的全部额外利润。

那么，厂家为何选择自觉地吐出此次政策红利带来的额外利润呢？

这与 2018 年购买力和消费信心下行的大环境密切相关。这种大环境导致汽车市场出现了一种不平衡现象：销量对价格上调的弹性非常大，但对价格下调的弹性很小。即涨价会导致销量大幅下滑，而降价对销量的刺激作用不大，价格的降幅远大于销量的增幅。

在这种情况下，某典型进口汽车企业将面临如表 3 所示的博弈过程，并依此做出指导价是否下调的决策。

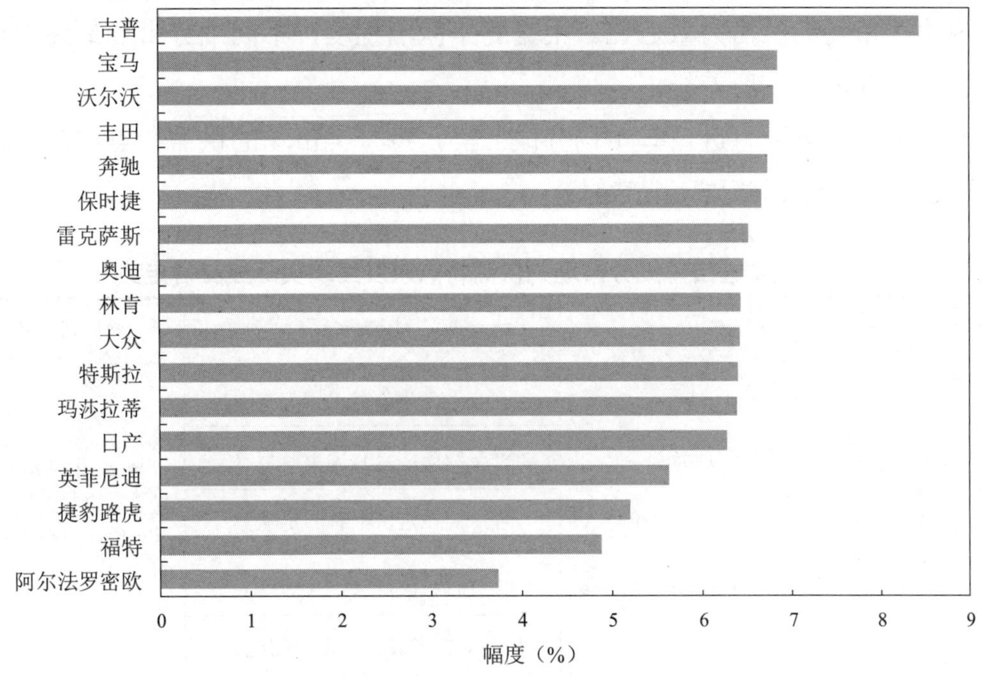

图 2　进口汽车企业官方指导价下降幅度

表 3　某典型进口汽车企业的博弈矩阵

其他同类汽车企业行为 / 某典型汽车企业行为	其他同类汽车企业不降价	其他同类汽车企业降价
某典型汽车企业不降价	该典型汽车企业的份额不变，总利润增加	该典型汽车企业的份额骤降，总利润骤降
某典型汽车企业降价	该典型汽车企业的份额增加，总利润增加	该典型汽车企业的份额不变，总利润下降

假设该典型汽车企业想把额外利润留下，选择不降价。此时，如果其他同类汽车企业也都不降价，维持一个较为稳定的市场格局，该汽车企业份额保持不变，那么的确可以留下利润。但是，如果其他汽车企业降价了，那么该汽车企业将面临市场份额与总利润骤降的巨大风险。

因此，为了规避这个风险，市场所有进口汽车企业的价格决策结果自然是都采取降价措施，从而达到新的平衡局面。这也可以理解为车企愿意为了保住市场份额，压缩利润。

2．经销商层面：市场供需力量决定市场实际成交价变动

由于 MSRP 并非最终成交价，厂家一次性官降之后，市场实际成交价如何变动还取决于市场的供需力量对比。根据竞争激烈程度，不同细分市场最终的价格调整幅度和速度会有所差异。

具体来看，可以将进口车市场分成三类，每一类市场的供需特点以及终端实际成交价走势都不尽相同（见表 4）。

表 4　三类进口车细分市场的供需特点以及终端实际成交价走势

类型	产品特征	市场特征	实际成交价
高端进口车市场	● MSRP 大于 70 万元 ● 无国产竞品 ● 包括：D 级车、部分高价位 C 级车 ● 占总体进口车市场份额约 30%	寡头垄断市场 壁垒较高，只有少量参与者 各厂商在定价上有一定默契 消费者对价格不敏感 厂商对市场具备一定控制能力	消费者对价格不敏感，相互之间有默契，预计终端实际降价小
主流中端进口车市场	● MSRP 小于 70 万元 ● 与国产合资车竞争比较充分 ● 包括：普通两厢车、A 级车、B 级车、部分中低价位 C 级车 ● 占总体进口车市场份额约 60%	垄断竞争市场 参与者较多，且国产和进口同台竞争，彼此间很难形成约定 产品虽有一定差异化，但价格竞争是最主要竞争方式 消费者对价格敏感度较高	消费者对价格比较敏感，市场竞争激烈，预计终端实际降价幅度较大，价格稳定所需要的时间也长
个性化进口车市场	● 几乎无国产竞品 ● 包括：跑车、个性两厢车	寡头垄断市场 产品个性化特征强，只有少量参与者 厂商对市场具备一定的控制能力 消费者对价格不敏感	消费者对价格不敏感，产品差异化较大，预计终端实际降价也小

对于经销商而言，不同于厂家，维持市场份额意义不大，利润水平才是核心指标。既然进货价同比下调了约 6%，如果终端实际成交价降幅小于 6%，那么就可以截取关税下调后的部分利润空间。

因此，在高端与个性化进口车细分市场，消费者对价格相对不敏感、可选择替代品较少，终端成交价下降的更缓慢，因此，经销商可以留下部分利润；而在竞争充分的主流中端进口车市场中，消费者从进口关税下调中得到的实惠则会更多。

四、关税下调对我国乘用车市场的短期影响

1. 关税下调导致进口车市场年内月度销量增速的剧烈波动

由于关税下调的政策信号提前释放，并提前 1 个半月正式公布，消费者形成了强烈的降价预期，持币待购情绪明显（见表 5），进而导致了进口车市场月度销量增速剧烈波动（见图 3）。

表 5 关税相关政策信号对消费者持币待购情绪的影响

时间	对汽车市场影响	人物	内容
2017 年 11 月份	降价预期开始形成	中美元首会晤	中方按照自己扩大开放的时间表，逐步适当降低汽车关税
2018 年 1 月份	降价预期有所加强	达沃斯论坛	未来将有序地降低汽车进口关税
2018 年 4 月份	持币待购情绪出现	博鳌论坛	2018 年，我们将相当幅度地降低汽车进口关税，将尽快使之落地，宜早不宜迟，宜快不宜慢
2018 年 5 月 22 日	持币待购情绪强烈	财政部	财政部宣布将汽车整车进口关税从 25%下调至 15%，从 7 月 1 日起开始执行
2018 年 7 月 1 日	持币待购情绪减弱	海关	进口汽车关税正式由 25%下调至 15%

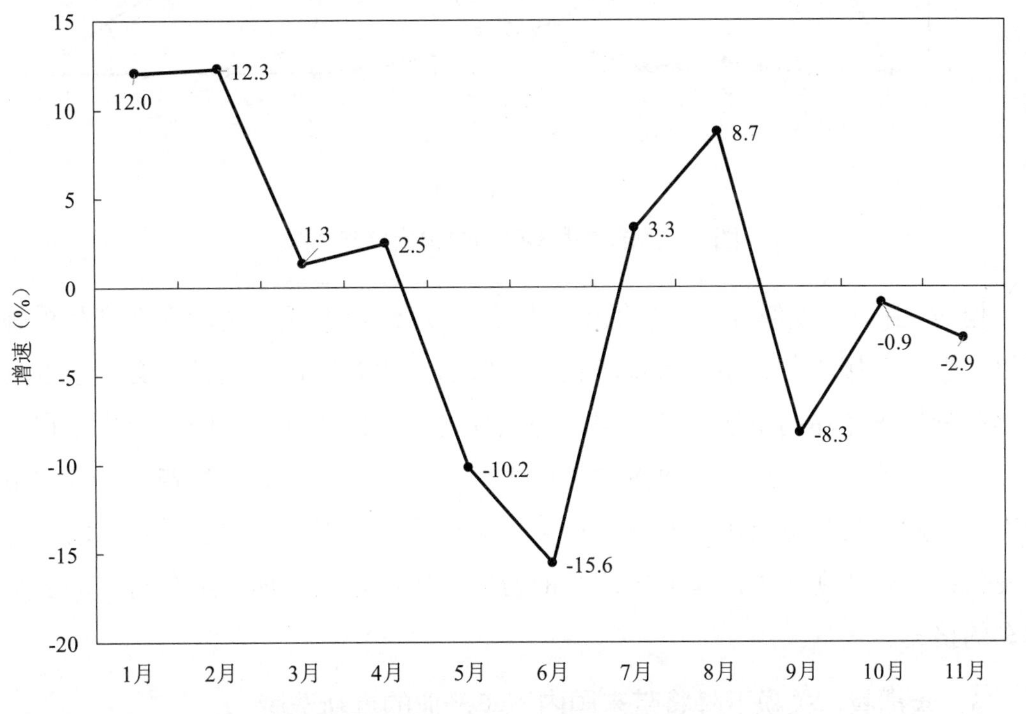

图 3 2018 年进口车销量分月度同比增速（保险数）

2．短期内，关税下调几乎不会影响乘用车市场（PV）总销量

当前进口车的主销价位主要在 30 万元以上（见图 4），而国产普通乘用车的主销价格段仅为 5 万～20 万元，即进口车属于较高端的需求，与国产普通乘用车有明显价差，二者基本无竞争关系。所以关税下调在短期内并不能影响到最入门级国产乘用车的车价，即消费者的购车收入门槛值并不会降低。因此，根据国家信息中心（SIC）的 PV 中长期预测模型，乘用车总需求量不会受到影响。

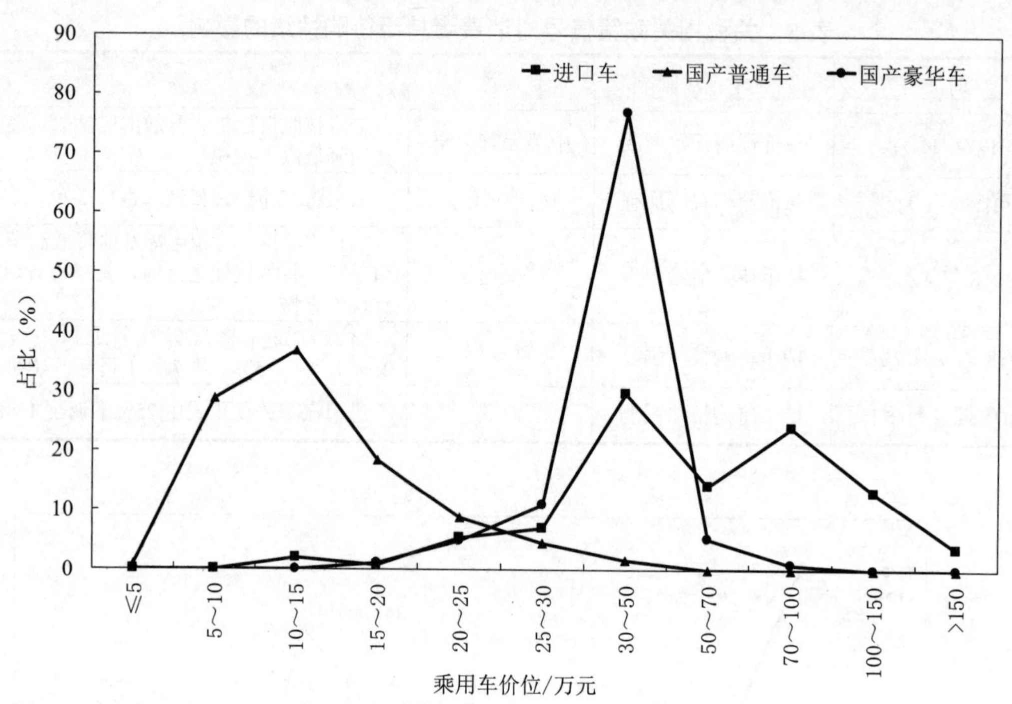

图 4　我国乘用车市场的销量分布曲线

但是，由于进口车与国产豪华车品牌在 30 万～50 万元价位段存在产品重叠，所以二者有直接竞争关系。进口车集体官降后，相对性价比提升，必然会蚕食部分国产豪华车竞品的市场份额。但这种状况也不会持续过久，国产豪华车也会跟进，适当下调价格，进一步再蚕食诸如大众、丰田、别克等强势普通品牌的市场份额。因此，关税下调虽然对 PV 市场总需求量没有影响，但会导致市场内部结构变化：主要体现在进口车对国产车的份额挤压，以及整体豪华车对中端合资品牌车的挤压。

3．长期看，关税下降将带来国内汽车产业的重新洗牌

1）从更长远的角度看，进口关税的降低将如同一张多米诺骨牌，通过传导效应，对整个汽车市场的车价以及汽车企业的超额利润形成挤压。形成“进口车→国产豪华车→强势普通国产车→普通国产车→自主车”的传导路径，最终引发总体车价下滑，消费者购车收入门槛下降，乘用车总需求量增加。

2）进口关税下调，加之合资股比放开，未来我国汽车市场的竞争强度将大幅增加。通过行业优胜劣汰和整合，倒逼国内汽车工业提高效率，最终汽车行业将如同当前我国的家电、通信、互联网等行业，涌现出几家具备国际竞争力的品牌，并淘汰出局一大批生产效率低下的汽车企业。

国际经验也验证了关税税率与一国的汽车工业竞争力成反比的结论。比较各国关税税率（见图 5），汽车工业强国日本、欧洲、美国、韩国的进口关税税率都不超过 10%。反而汽车工业较为落后的巴西、印度关税税率仍在极高水平。①

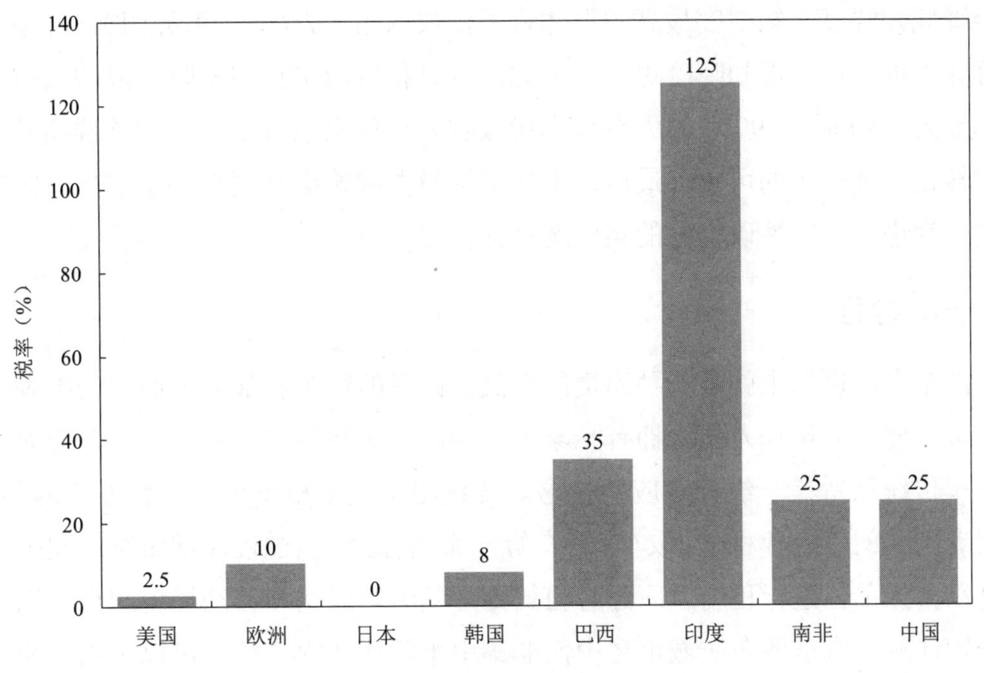

图 5　各国乘用车进口关税比较

（作者：王波阳子）

① 本文参考文献：《深评：关税下调如何从售价影响到产业链》，胡玉峰；《汽车降关税：压缩超额利润，督促从大到强》，中金公司研究部。

你了解分时租赁吗？基于定序回归模型的人群实证研究

本文利用国家信息中心大课题 2017 年调查数据，采用定序因变量模型分析了分时租赁知晓度的影响因素。结果发现，在限行或限购的城市，80 后和 90 后的知晓度更高，但在非受限城市则未体现出区别。教育水平对知晓度的提升是有条件的，仅在大专群体和 90 后的本科及以上群体中提升更加明显。家庭年收入提高会降低知晓度，知晓度最高的群体是最低收入组（7 万～9 万元组），外地户口人群较本地户口人群知晓度更高。因此，分时租赁应重点向在限行限购城市中的非本地人、80 后、 90 后的大专与本科低收入群体重点宣传，因为该群体具有更高的转化为使用者的可能。最后，本文依据模型筛选出不同知晓度水平下的典型案例，为进一步定性研究中的案例选择提供参考。

一、导言

汽车自问世以来就是一种昂贵的产品。昂贵的汽车和部分大城市的限牌及限行政策，使很多年轻人无法拥有私家车，因此汽车租赁应运而生。汽车分时租赁与汽车传统租赁是一组相对应的概念。传统租赁是由租车公司经营专门的门店，消费者到其门店进行租车、取车、还车等一系列行为。该过程通常租车时间较长，租客以天为单位进行租用。而分时租赁则是基于互联网和移动设备应用，以小时或分钟计算，汽车散布在城市之中而非集中于门店之内，租客可以采用随租、随用、随还的自助式出行汽车租赁服务，便利性促使分时租赁快速在世界范围内发展。

事实上，汽车分时租赁不是一个新概念。若将 Zipcar 的成立算作起始，汽车分时租赁已在美国和欧洲经历了十六七年的发展。目前，全球最负盛名的分时租赁公司 Car2go 是戴姆勒的子公司，于 2008 年诞生于欧洲。根据戴姆勒 2016 年季报显示，Car2go 目前有 14500 辆 Smart，在全球 9 个国家和 31 个城市运营，全球使用过 Car2go 服务的用户超过 120 万人。法国的 Autolib 在全球有近 4000 辆

Bluecars 投入运营，并有超过 126000 个注册用户。

分时租赁在国内近年来也快速发展，总体而言我国分时租赁用户总数大约在 800 万左右。快速发展的原因，一是政策补贴下新能源汽车产量大增。2014 年，我国新能源车产量仅为 7.8 万辆，到 2018 年产量已达 87.9 万辆。而消费者对电动车的接受度增长却低于产量的增速，因此转卖为租是电动车的新出口。二是车、证人数的不平衡。根据公安部交管局的数据，我国有 3.5 亿人持有驾照，私家车保有量为 1.4 亿辆，有证无车人群超过 2 亿人。三是运力供给增速低于人口增速，在一线城市尤为明显，2005～2015 年十年间，北京市人口由 1538 万人增长至 2170.5 万人，而出租车供给量仅从 6.6 万辆增长至 6.8 万辆。 但是道路资源却已接近饱和，不能单纯通过增加供给来满足出行需求，急需寻找新的出行方式。

分时租赁的出现，正在逐步改变消费者的汽车观。汽车标志个人经济实力与审美品位的属性正在逐渐褪去，取而代之的是其交通工具的本质属性，且不断提升。本文利用国家信息中心大课题 2017 年的调查数据，采用定序因变量模型更深入地研究了分时租赁知晓度的影响因素、人群特征，以期为分时租赁公司在未来更有针对性地做推广宣传和营销策划提供科学的决策参考依据。

二、问题的提出

本文主要研究不同社会人群对分时租赁的知晓度有何差异。表 1 列出了不同的世代、教育水平、收入水平、工作单位性质以及户口性质的个体对分时租赁的知晓度。从表 1 可以大致看出如下分布特点：

（1）*从世代分布看*　80 后知晓度水平最高，90 后知晓度最低。

（2）*从教育水平看*　初中及以下知晓度最低，随着教育水平的上升，知晓度上升，但本科与大专并无显著差别。

（3）*从收入水平看*　知晓度分布呈“两边高，中间低”的特点，低收入和高收入知晓度高于中等收入群体。

（4）*从工作单位性质看*　单位性质市场化程度越高的个体，知晓度越高。

（5）*从户口性质看*　外地户口群体知晓度更高。

然而，描述性统计呈现的结果并不能回答如下问题：当控制其他变量后，上述规律是否仍然成立？不同人群在知晓度方面的差异有多大？差异的变化趋势如何？这些差异会不会在限购限行地区与非限购限行地区存在显著差别？因此，下文将对描述性统计所发现的规律进行更为严格的实证检验，以确定上述规律是否存在，并进一步估计出不同人群知晓度差异的大小及差异的变化规律。

表 1 不同群体分时租赁知晓度

	样本量	没听说过	听过但没用过	听过且用过	加总
总体	990	46.9%	46.1%	7.0%	100%
世代					
60 后	55	50.9%	43.6%	5.5%	100%
70 后	309	47.9%	45.6%	6.5%	100%
80 后	459	41.8%	50.3%	7.8%	100%
90 后	167	58.1%	35.9%	6.0%	100%
教育水平					
初中及以下	37	64.9%	32.4%	2.7%	100%
高中/技校	186	45.7%	49.0%	5.4%	100%
大专	379	45.9%	46.7%	7.4%	100%
大学本科	377	46.7%	45.9%	7.4%	100%
硕士及以上	11	54.6%	27.3%	18.2%	100%
收入水平					
7～9 万	56	37.5%	57.1%	5.4%	100%
9～11 万	112	41.1%	48.2%	10.7%	100%
11～15 万	212	52.8%	40.6%	6.6%	100%
15～19 万	162	59.3%	34.6%	6.2%	100%
19～25 万	198	42.9%	51.0%	6.1%	100%
25～50 万	209	42.6%	49.8%	7.7%	100%
50 万及以上	41	39.0%	56.1%	4.9%	100%
工作单位性质					
党政机关部队	59	57.6%	37.3%	5.1%	100%
国有/集体企业	135	54.8%	39.3%	5.9%	100%
外资/合资企业	85	38.8%	47.1%	14.1%	100%
私营/民营企业	382	42.4%	52.6%	5.0%	100%
个体工商户	247	47.0%	47.0%	6.1%	100%
自由职业者	82	56.1%	29.3%	14.6%	100%
户口性质					
本地户口	957	47.8%	45.3%	7.0%	100%
外地户口	33	24.2%	69.7%	6.1%	100%

三、假设的提出

基于描述性统计发现的人群知晓度的初步特点，在后续的实证检验中，主要检验如下假设是否成立：

（1）年龄世代　70 后、80 后是支出负担最重的群体，因此倾向于省钱而选择租车。

H1：70 后、80 后较其他年龄段群体分时租赁知晓度更高。

（2）收入水平　收入越高越倾向于购买汽车而非租车。

H2: 家庭收入水平提高对分时租赁的知晓度有抑制作用。

（3）教育水平　教育水平越高，个体理解接受新事物的能力越强，更可能接受分时租赁。

H3：教育水平对分时租赁的知晓度有促进作用。

（4）工作单位性质　工作单位作为环境因素影响个体的创新意识、接纳新事物的能力。

H4：工作单位市场化性质越强促使个体对分时租赁的知晓度越高。

（5）户口性质　由于户籍政策造成的福利待遇差别，外地居民较本地居民在同等收入条件下，更倾向于节省开销。

H5：外地户籍个体较本地户籍个体更加关注分时租赁。

四、假设检验[①]

1．变量统计性质与模型整体评估

由于本文因变量分时租赁知晓度为一个三水平的离散变量："没听说过""听过但没用过""听过且用过"[②]。因此，适合选用定序 logit 模型进行分析[③]。表 2 为因变量及各自变量的描述性统计量。实际纳入模型中进行分析的样本数为 955 个。如表 2 所示，纳入模型的各个解释变量性质良好，无过度离散的特征。性别、世代、家庭收入、教育水平等个体和家庭社会经济特征均大体符合人群总体的分布情况，因此判断样本具有较强的代表性。模型整体显著性较强，wald-chi2 检验在

---

① 为节省空间，表中仅仅列出在 5%显著性水平以上显著的变量。

② 原数据中因变量为四个水平，即"听说且使用过"包含了"听说且偶尔使用"和"听说且经常使用"，因原数据中经常使用的人数过少（仅 5 个样本），因此合并为一个水平。

③ 考虑到同在一个城市的个体间可能存在共同特征进而导致更大的参数估计的标准误，故以城市为聚类单元进行聚类稳健估计。

0.00 水平上统计显著，Pseudo-R^2 为 0.21，模型整体通过 Link-test 模型设定检验，提示未发现重要遗漏变量存在的证据。

表 2 变量描述性统计量

变量名称	样本量	取值标签	最小值	最大值
知晓度	955	没听说过、听过但没用过、听过且用过	1	3
家庭收入	955	7 万～50 万元以上，2 万元一个分段	1	7
教育水平	955	高中及以下、大专、本科及以上	1	3
工作单位性质	955	政府部门、事业单位、国有企业、民营企业等六类	1	6
户口性质	955	本地、外地户口	1	2
性别	955	男、女	1	2
世代	955	50 后、60 后，70 后、80 后、90 后	1	4
省份	955	11 个省份	1	11

2．实证检验结果与解释

首先，将样本中的城市分为限购或限行城市（简称“受限城市”）。结果显示，相比于非受限城市，受限城市个体对分时租赁的知晓度显著高出约 2.93 倍。这说明分时租赁更加受当地交通工具可得性和使用方便程度影响。

其次，对于关注的核心解释变量及相应假说的检验结果如下：

1）对于世代变量而言，相比于 50 后、60 后，在未考虑受限与非受限城市样本异质性的前提下，其他世代组别均未显示出显著的知晓度差别。然而当考虑城市是否限行或限购的因素后，结果显示，受限城市的 80 后和 90 后更加关注分时租赁，分别是受限城市 50 后、60 后的 1.25 和 1.19 倍。因此，假设 1 仅仅在受限城市被支持。

2）相比于最低收入群体，即年收入在 7 万～9 万元的家庭，更高收入的家庭呈现出随收入上升而知晓度降低的规律。例如年收入在 11 万～15 万元和 15 万～19 万元的家庭，其知晓度仅为 7 万～9 万元家庭的 41%和 44%。因此，假设 2 得到经验支持。

3）在未考虑不同世代人群在教育方面的异质性前提下，总体上相比于学历在高中及以下的群体，大专群体并不太关注分时租赁，但本科及以上群体则更加关注。然而，在考虑不同世代教育水平的异质性后，相比于 50 后、60 后高中及以下教育水平群体，90 后大专生和本科生知晓度分别提高了 17.08 倍和 2.28 倍。这背后的原因可能是 90 后接受的教育较其他世代具有异质性，或由其他未知的原因造成，因此假设 3 仅在某些条件下得到支持。

4）从单位性质看，若以政府部门和事业单位群体作为比较基准，知晓度随着单位性质的市场化程度提高而提高，例如外资和民营企业在知晓度上分别是基准组的 1.70 倍和 1.17 倍。但差异在统计学意义上并不显著。因此假设 4 未得到有力的经验支持。

5）户口性质显著影响知晓度，外地户口群体是本地户口群体知晓度的 7.9 倍。假设 5 得到支持。

实证回归结果见表 3。

表 3 实证回归结果

因变量：知晓度	几率比	标准误	Z值	P值
受限城市①	2.93	1.33	2.37	0.02
世代				
70后	0.69	0.18	−1.43	0.15
80后	1.20	0.47	0.49	0.63
90后	0.34	0.24	−1.54	0.12
受限城市＊世代				
受限城市＊70后	0.56	0.24	−1.37	0.17
受限城市＊80后	1.25	0.13	2.59	0.01
受限城市＊90后	1.19	0.15	2.15	0.03
家庭年收入/万元				
[9,11)	0.72	0.22	−1.04	0.30
[11,15)	0.41	0.12	−3.00	0.00
[15,19)	0.44	0.20	−1.76	0.08
[19,25)	0.48	0.22	−1.60	0.11
25以上	0.52	0.21	−1.65	0.10
教育水平				
大专	0.24	0.17	−2.01	0.05
本科及以上	1.97	0.74	1.83	0.07
教育水平＊世代				
大专＊70后	3.97	2.52	2.18	0.03
大专＊80后	6.46	4.58	2.64	0.01

（续）

因变量：知晓度	几率比	标准误	Z值	P值
大专＊90后	18.08	11.20	4.68	0.00
本科及以上＊70后	0.94	0.34	−0.17	0.86
本科及以上＊80后	0.73	0.26	−0.88	0.38
本科及以上＊90后	3.28	1.71	2.28	0.02
单位性质				
国有/集体企业	1.02	0.28	0.09	0.93
外资/合资企业	1.70	0.86	1.06	0.29
私营/民营企业	1.17	0.44	0.40	0.69
个体工商户	1.42	0.48	1.02	0.31
其他	2.10	2.01	0.78	0.44
户口性质				
外地户口	7.90	2.30	5.45	0.00
外地户口＊受限城市	0.13	0.05	−5.33	0.00
省份				
四川	2.64	0.44	5.83	0.00
安徽	0.01	0.01	−10.22	0.00
山东	0.08	0.02	−9.37	0.00
江西	0.04	0.01	−12.24	0.00
河北	0.50	0.11	−3.20	0.00
河南	0.65	0.11	−2.45	0.01
辽宁	0.35	0.07	−5.04	0.00
陕西	0.48	0.14	−2.47	0.01
Pseudo r-squared	0.21		Bayesian crit. (BIC)	1429.47
Prob＞chi2	0.00		Akaike crit. (AIC)	1375.99
样本量	955			

① 北京、石家庄、成都、南昌为限行或限购城市，简称“受限城市”。

3．模型预测

我们可以利用模型估计出不同个体“理论上”具备的知晓度水平的概率。（例如，综合“张三”的世代、学历、工作单位、收入水平因素后，我们推断出张三最有可能具备的知晓度水平在“听过但没用过”的水平）。预测有两种用途，首先，预测可以进一步筛选出典型案例做进一步的定性访谈，以了解该用户群体更多的心理、行为特征。其次，预测可以有助于将样本进行进一步的划分，以进一步发现不同人群的特征差异。

表 4 列举了不同知晓度水平下，具有最高落入概率的两个样本。因此，可以选择具有类似样本特征的个体作为典型案例进行进一步的定性考察以挖掘更多的识别变量。由表 4 可以看出，对于实际上回答“没听说过”的两个样本，模型计算出其理论上落入该水平的概率达到 99.22%，高度吻合。对于实际上回答“听过没用过”的两个个体，模型预测其落入该水平的概率达到 68.9%，也体现出较好的预测精度。由于“听过且用过”的用户总体上较少，仅占全部样本的 7%，因此预测准确度不够理想，均未超过 50%。事实上，该模型仍具有较大的改进空间，例如，可以通过纳入更多的解释变量以及尝试更复杂的非线性模型等提高预测精度。

表 4 不同知晓度水平下的典型用户

知晓度水平	概率	城市	性别	世代	学历	家庭收入/万元	工作单位
没听说过	99.2%	蚌埠	男	90 后	高中及以下	11～15	私营/民营
没听说过	99.2%	蚌埠	男	90 后	高中及以下	15～19	私营/民营
听过没用过	69.0%	成都	男	90 后	本科及以上	25～50	政府事业单位
听过没用过	69.0%	渭南	女	90 后	本科及以上	9～11	政府事业单位
听过且用过	46.6%	渭南	男	90 后	大专	7～9	个体户
听过且用过	40.8%	北京	男	60 后	本科及以上	25～50	自由职业

五、结论与建议

本文基于国家信息中心大课题新购车用户调查数据，系统检验了具有不同经济社会背景的用户对分时租赁的知晓度水平。研究发现，限购限行城市的 80 后和 90 后知晓度更高，家庭收入水平越低知晓度越高，外地户口的高知群体知晓度更高。因此，建议分时租赁公司未来在广告宣传投放和制订销售政策上向以上群体倾斜。最后，根据模型预测结果，筛选出不同知晓度水平下的典型案例，为未来深入的定性分析提供案例选择参考。

（作者：牛碧珵　洪开）

三缸机应用现状及未来前景探讨

三缸发动机（以下简称三缸机），正处于舆论的风口浪尖（见图 1）。实际上，三缸机并不是一个新鲜事物，很多年前就有所应用，只不过那时候只在奥拓、夏利、奇瑞 QQ 等小型车应用，并给人留下了负面印象。2013 年福特翼博和 2014 年嘉年华上的应用开启了三缸机大规模应用的浪潮，尤其是 2017 年各汽车企业普遍搭载三缸机，2018 年三缸机装备率已经超过 7%，增长速度非常之快。

图 1　三缸机

一、各大汽车企业为什么要集体推三缸机？

三缸机的崛起主要是来自于政策的压力。欧盟、美国、日本均提出了严苛的节能减排目标，我国也不例外，计划 2020 年油耗达到 5L/100km，2025 年达到 4L/100km。同时我国还提出了非常严格的排放标准，将在 2020 年全面进入国VI时代，2014～2018 年不同排量车型份额变化见图 2。尤其是 2023 年国VIb 全面推行后，各种污染物排放标准将加严 30%～50%，各企业节能减排的压力进一步增大。除此之外，《企业平均燃料消耗量与新能源汽车积分并行管理办法》于 2018 年 4 月 1 日正式实施，除了要求一定比例的新能源车外，对燃油车的燃油消耗也提出了更高的要求。如果 CAFC 积分或者 NEV 积分不达标，将面临暂停未达标新产品公告申报或者是暂停部分传统能源乘用车车型的生产或者进口的惩罚。

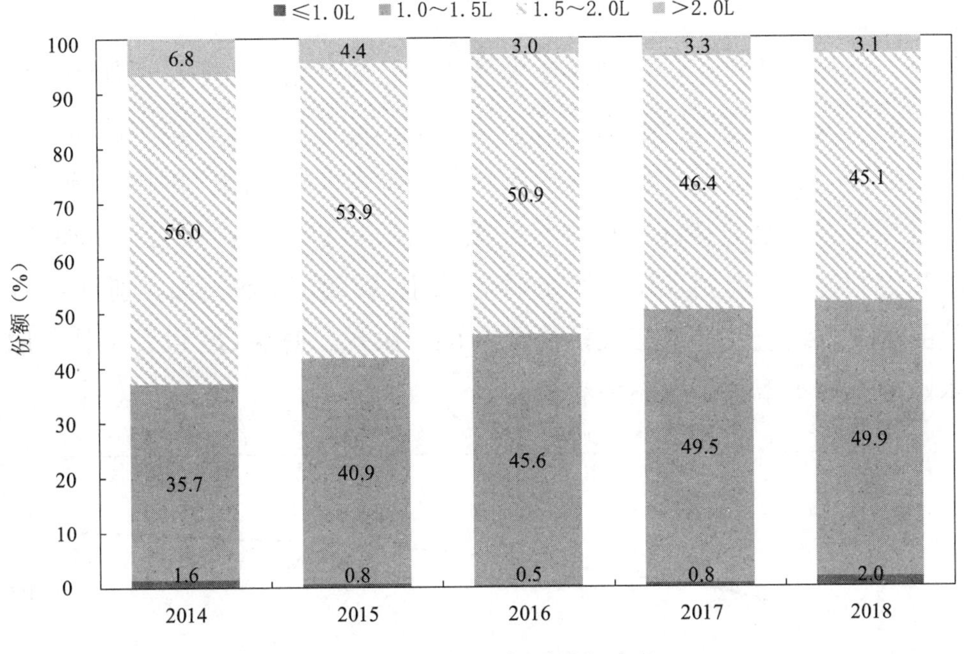

图 2 不同排量车型份额变化

在这样严峻的政策形势下，单一技术是无法满足如此严苛的法规的，只能通过分层燃烧、涡轮增压、48V 混动以及插电、纯电多项技术的加持。其中小排量增压节油率约 15%，成为企业达成严苛法规的必选技术路线之一，装车率也呈现逐年增长的趋势。

而小排量增压与三缸技术融合是解决方案。这是由于单缸最优原理，即单缸排量低于 0.33L 时发动机热效率就会很低，因而 0.33～0.5L 是理论上最佳的单缸排量，同时由于气缸少、摩擦小，热效率也更高，单缸排量在相同工况下的热效率对比见图 3。

减少了一缸，也有利于整车减重。单缸容积大，气体混合更好，低转速转矩更大。因此对于 1.0～1.5L 发动机三缸是最合适的。

二、三缸机供给端迎来了快速发展的浪潮

在如此压力下，企业供给迅速增加，A 级及以下车型集中应用。截至 2018 年 9 月份，三缸机在 1L 及以下排量的汽车上装备率达到了 92%，在 1.0～1.5L 排量的汽车上装备率达到了 12%，呈大幅增长的趋势。在品牌上，自主、合资、豪华均有应用。自主品牌吉利、领克、名爵、荣威的应用更为超前，合资品牌里别克、雪佛兰、福特、丰田、本田、标致、雪铁龙都有应用，豪华品牌主要是宝马有所

应用。

大众、现代、沃尔沃等在国内还未搭载，但均有相关规划。比如国际发动机获奖的 1.0T 三缸未来将引入，应用于高尔夫、POLO 等车型；沃尔沃将在国产的 XC40 上搭载 1.5T 三缸发动机；现代三缸发动机也准备应用于国内市场。

同时相当多的企业孤注一掷，只提供一种三缸机动力，表明了发展的决心。以通用和吉利为首，别克多款车型如别克英朗、阅朗、凯越三厢、别克 GL6 以及雪佛兰的沃兰多均全系搭载三缸机。领克 03、缤越、博瑞 GE 以及福特三厢福克斯和本田凌派等车型也是全系搭载。

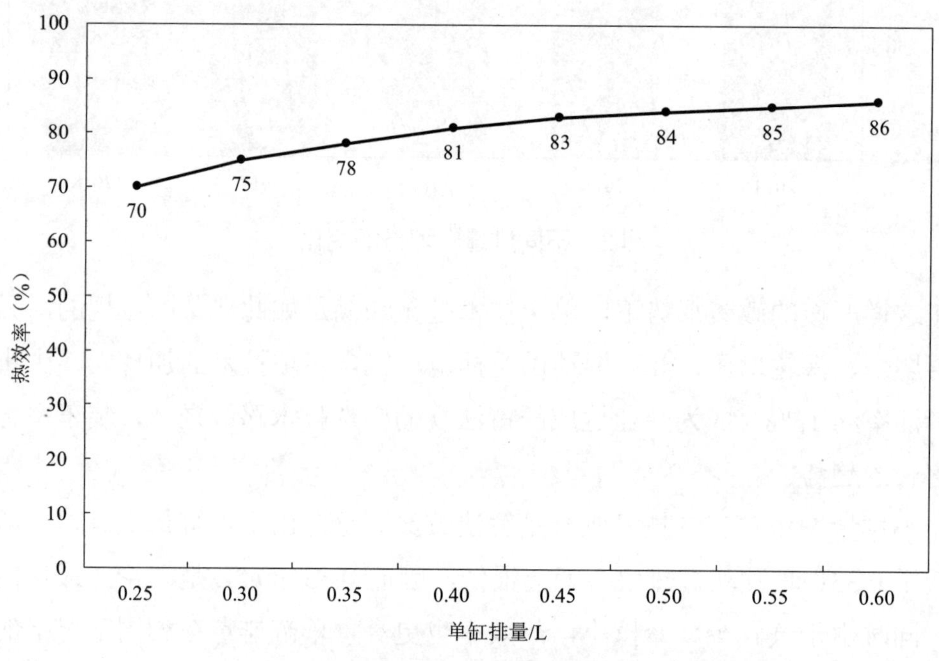

图 3 单缸排量在相同工况下的热效率对比

三、消费者能否接受三缸机？

供给端应用如此之快，甚至不给消费者其他选择，用户的态度如何呢？

历史上，三缸机的接受度确实很低。三缸夏利、三缸 QQ 体验并不好，抖动和噪声大。以至于福特、通用等先行者开始搭载三缸机时，用户存在很多顾虑，大家对三缸机的印象还停留在夏利时代，认为三缸机技术不先进，或者说“减配”。用户普遍担心三缸机排量小、动力不足，以及技术不成熟、存在振动、噪声等问题，还有很多用户担心维修难、费用高。

另外一方面，由于三缸机前期研发成本以及一系列发动机先进技术的加持使得三缸机成本要高于四缸机，这也在一定程度上导致消费者需求偏低。

从终端来看，1.0T 及 1.3T 三缸机动力起初确实影响到了产品销售，全系改成小排量增压后，一部分用户由于对三缸机的排斥会选择其他产品。比如 2017 年 10 月份英朗全系换成三缸机后，销量有了较大的下滑（见图 4）。

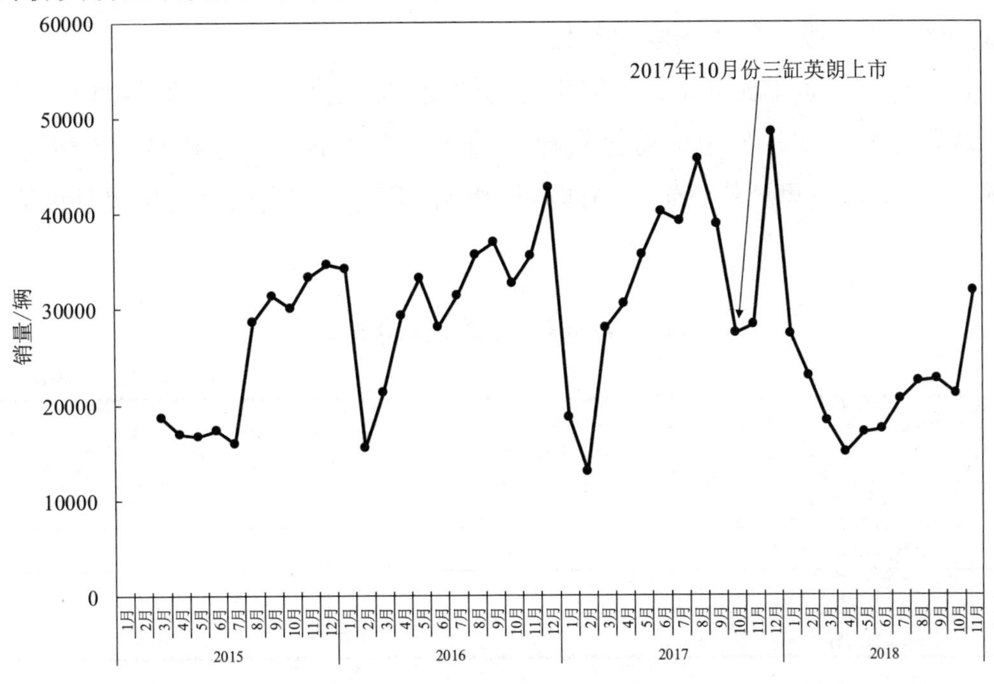

图 4　2015～2018 年英朗销量表现

但在政策的驱动下，随着各企业不断进行技术改进，消费者普遍抱怨的抖动、噪声大以及动力相对弱的两大问题已经逐渐化解。

首先是抖动和噪声的问题，各企业均有相应的解决方案。通用 1.0T/1.3T 三缸发动机采用了钟摆式双质量飞轮，用以吸收发动机的扭转振动；同时，还采用了双层式油底壳，上部采用铝质结构以增强刚度，下部采用冲压钢板结构以降低噪声辐射；其次，静音链条、平衡轴、橡胶减振轮的应用，均改善了三缸机在舒适性方面的先天不足。福特 1.0T 三缸发动机采用双质量飞轮来抑制更大的点火间隙（120°）所引发的振动问题，也就是增大物理惯性来提升平顺性；而根据三缸发动机前后力矩不平衡的特性，采用了具备偏心配重块的曲柄进行抑制；最后，加入铸钢的平衡轴进一步抵消发动机所产生的振动。宝马 1.5T 三缸发动机对振动的抑制手段不多，只用一块配重的平衡轴就承担了所有抑制振动的工作。更多放在了减噪上，多个位置使用了缓冲橡胶，把产生的大部分振动都留在了机舱内，采用更多更厚的发动机隔音盖板来消除三缸发动机先天的噪声缺憾。吉利则采用了超静音带、非正圆的 VVT、四钟摆式双质量飞轮、减振平衡轴、静音减振曲轴带轮、静音高压油泵、自减振喷压等一系列措施，以保证安静的车内空间。这一系列措施，确实起到了作用。根据用户体验，三缸机的抖动基本感受不到，噪声也可以接受。新老款英朗车内噪声对比见表 1。

其次动力方面三缸机相比四缸机动力性能反而更加领先。从新英朗 1.3T 的三缸机与老英朗 1.4T 四缸机的对比来看，三缸机无论是最大功率还是最大转矩都全面领先。缤瑞以及思域的三缸机与四缸机相比，升功率和升转矩同样更具优势（见表 2）。

表 1 新老款英朗车内噪声对比

（单位：dB/r • min^{-1}）

车型 / 车速	新款英朗	老款英朗
怠速	40.3	38.1
60km/h	62.0	62.8
80km/h	64.7	63.6
120km/h	70.7	70.6

表 2 三缸机与四缸机的动力对比

车型 / 参数	新英朗	老英朗	缤瑞		思域	
气缸数	3	4	3	4	3	4
排量	1.3T	1.4T	1.0T	1.4T	1.0T	1.5T
最大功率/kW	120	106	100	98	92	130
最大转矩/N·m	230	200	205	215	173	226
升功率/（kW/L）	92	76	100	70	92	87
升转矩/（N·m /L）	177	143	205	154	173	151

2018 年国际发动机大奖评选（International engine of the year）中多款三缸机再次获国际发动机大奖。第 5、第 6、第 8 名分别是大众 1.0T 三缸、宝马 1.5T 三缸混动发动机、PSA1.2T 三缸，而且它们也是各自排量所在领域的第一名。这也

反映了三缸机在技术上的进步和实力。

从消费者评价来看，用户对三缸机的满意度确实在迅速提高，达到了与四缸机非常接近的水平，加速满意度更是超过了四缸机（见图5）。

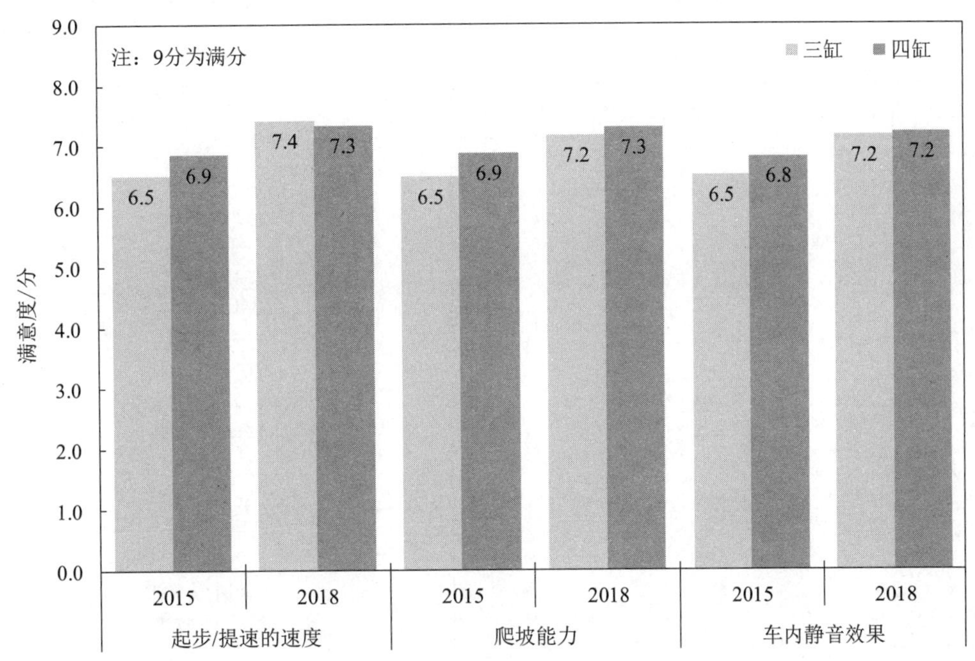

图5 2015年与2018年消费者对三缸机满意度平均值对比

正是由于这种技术的提升，消费者态度正在发生转变。企业也不遗余力地宣传，网上有很多三缸机正面宣传材料，一定程度上改善了用户感知。同时通用、领克、本田等先行企业多采取现场测试、强化试乘试驾的宣传方式，进一步改善了进店消费者的认知，多数用户会在体验后打消疑虑。

在这种情况下，三缸机已经不再是排除项，如果全系搭载三缸机没有选择余地，三缸机也能被用户接受。领克03、博瑞GE、缤越、凌派等车型全系搭载三缸机，仍然取得了不错的销量表现，英朗的销量也在回升，这就很好地反映了三缸机的接受度正在较快提高。

那么如果同时有三缸和四缸版型，价格和配置则成为影响消费者选择的主要因素，用户会在对比后选择性价比更高的版型。举例来看，思域的6个版本里有两款是三缸机（见表3），其中三缸版型作为入门车型定位，实际销量占比仅为10%左右，这是由于1.5T四缸版型与1.0T三缸版型相比虽然贵1.2万元，但增加了倒车雷达/影像、中控大屏、自动空调、侧气帘、无钥匙进入/启动等多个实用配置，整体性价比更高，因而用户更倾向于四缸版型。

表 3　思域三缸版型与四缸版型配置对比

参数 \ 车型	2016 款 180TURBO CVT 舒适版	2016 款 220TURBO CVT 豪华版
指导价	12.79 万元	13.99 万元
动力	1.0T 三缸	1.5T 四缸
配置差异	单色行车电脑 2 喇叭	前排侧气囊 前后排头部气囊 后驻车雷达 倒车影像 无钥匙启动 无钥匙进入 远程启动 彩色行车电脑 座椅比例放倒 后中央扶手 后排杯架 7in 触控屏 手机映射 6 喇叭 防紫外线玻璃 后视镜加热 自动空调 温度分区控制

宝马 1 系则相反，5 个版型有 3 款三缸机，三缸版型销量占比达到了 90%以上。具体来看，2.0T 的四缸版型比 1.5T 的三缸版型贵了 3 万元，只增加了 8AT、方向盘换档和内后视镜自动防眩目（见表 4），显然三缸版型更占优势，用户就更多地选择三缸版型。所以说，三缸机的定位以及性价比非常关键。

表 4　宝马 1 系三缸版型与四缸版型配置对比

参数 \ 车型	2018 款 118i 设计套装型	2018 款 120i 设计套装型
指导价	25.78 万元	28.78 万元
动力	1.5T 三缸	2.0T 四缸
配置差异	6AT	8AT 方向盘换档 内后视镜自动防眩目

四、未来与其他技术融合前景更好

三缸机的一个弱点是动力，那么与涡轮增压结合来提升动力就显得很有必要了。自然吸气的三缸机的升功率和升转矩要略弱于四缸机（见图 6），而涡轮增压的三缸机就可以远超四缸机（见图 7）。从供给来看，三缸机中涡轮增压的比例也是逐年增长，达到 90%以上（见图 8）。

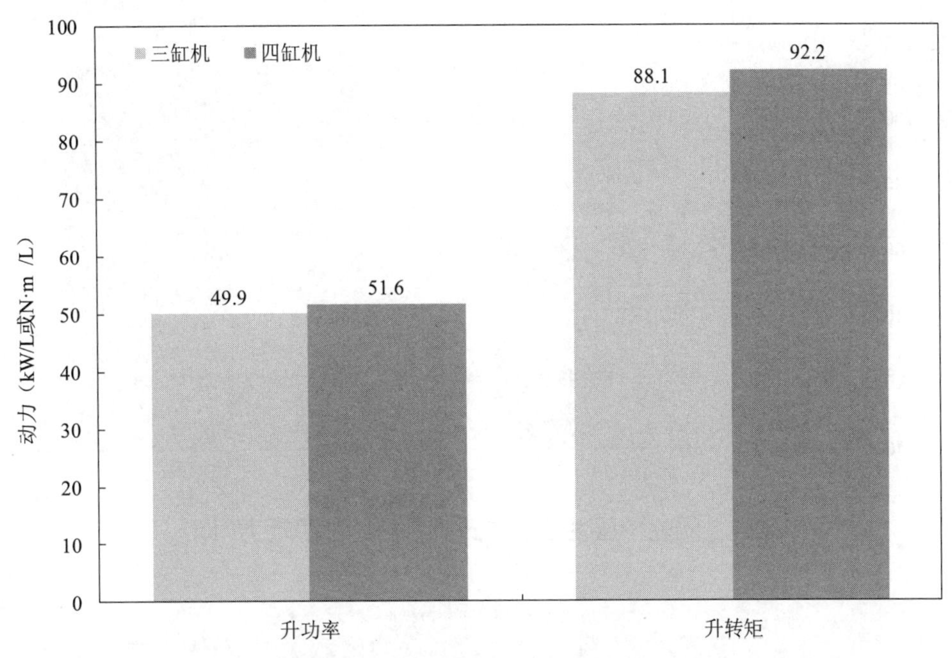

图 6 自然吸气发动机的三缸机与四缸机动力对比

另外，三缸发动机和 48V 弱混系统的搭配能够发挥出更大的节能减排优势，帮助企业油耗、排放达标，逐步成为汽车制造商的最优选择。48V 近年来得到快速发展，三缸机更利于配合 48V 系统。这是因为三缸机在起步和低速时抖动的缺点可以通过 48V 系统中起步助力的介入而得到有效抑制，提升低速时整车的平顺性。另外 48V 支持电子涡轮所需的电力需求，可以使三缸机拥有电子涡轮，能够使动力输出更加平顺。

目前吉利弱混车型博瑞 GE 就采用了“三缸机＋48V”的搭配；除此之外领克也将推出搭载“三缸机＋48V”的车型领克 02 混动版，未来通用也将全面推行“三缸机＋48V”动力组合。

综上所述，三缸机趋势显现，经过市场启动期，正向高速发展期迈进（见图 9）。以后越来越多的 A 级及以下车型将只提供三缸机，消费者将别无选择。在越来越多的应用和体验后，三缸机的接受度会越来越高。尤其是与小排量增压、48V融合，优势明显，未来三缸机将迎来快速增长。

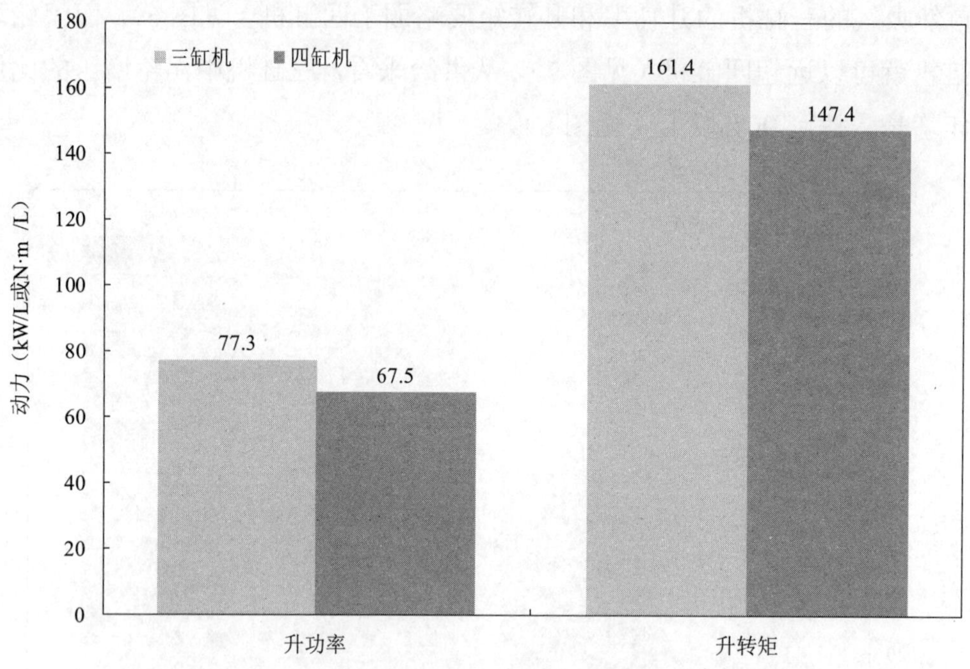

图 7 涡轮增压发动机的三缸机与四缸机动力对比

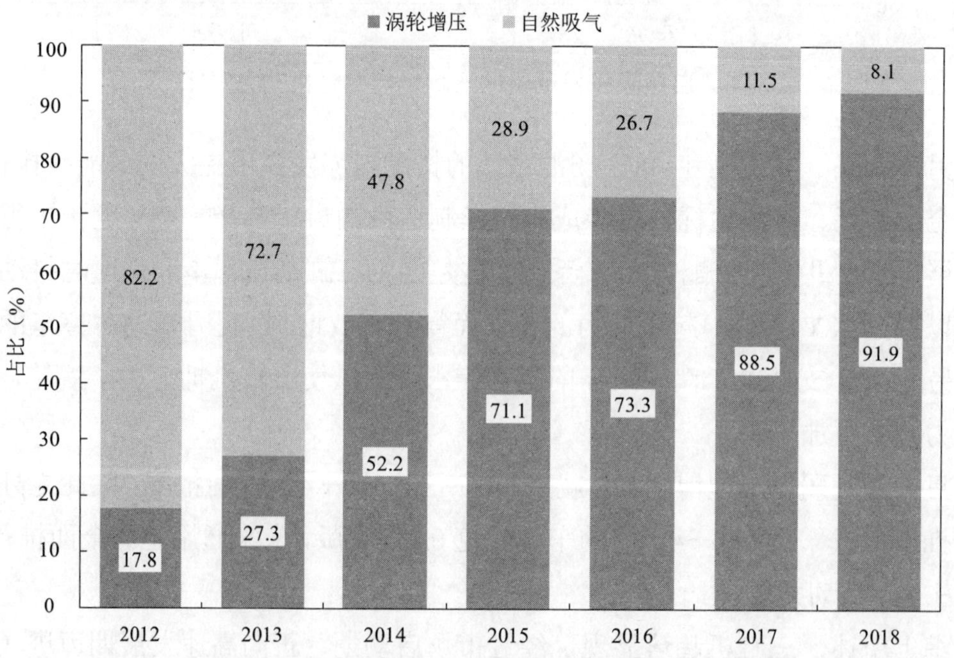

图 8 2012～2018 年三缸机中自然吸气与涡轮增压占比的变化

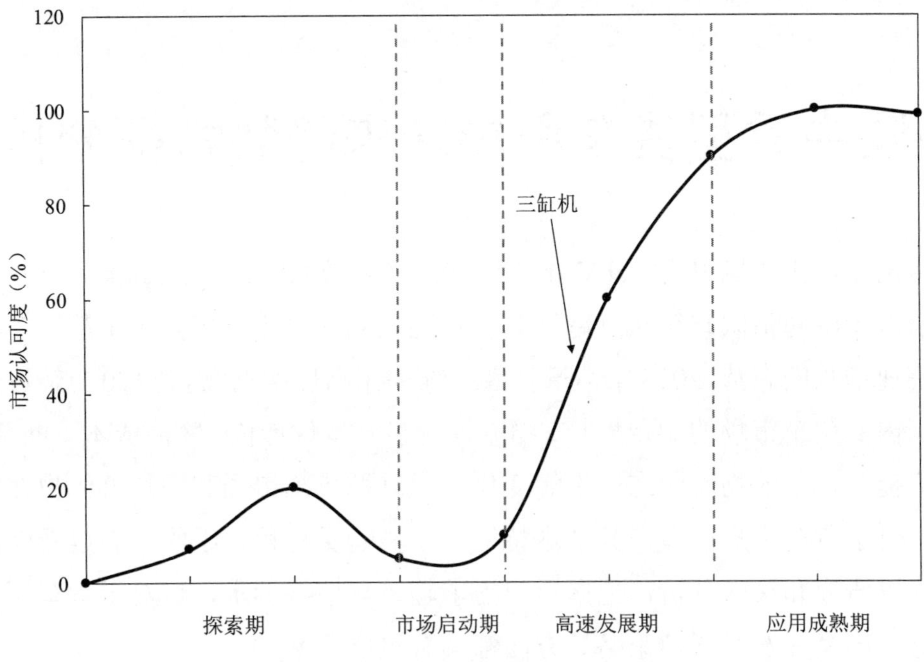

图 9　新行业/技术发展规律曲线

（作者：张晓聪）

我国中重型货车用户未来趋势特征分析

最近两年，由于国Ⅳ到国Ⅴ排放标准升级以及GB 1589新标准修订执行，加上政府对于治超治限政策执行趋严等多种因素刺激之下，国内中重型货车市场呈现了高速增长的态势，2018年销量将继续维持在高位状态，达到120万辆以上。伴随着国内商用车市场的稳定增长、物流行业整合步伐加快、物流成本不断降低、运输效率提升、新的物流业态产生等变化，中重型货车市场和用户群体也在发生着变化，对于货车用户群体在其基本特征、车辆购买过程、组织形态以及使用等方面要加以研究和深入分析，把握用户需求趋势与核心诉求，这对于货车厂家在商品规划、产品开发和营销策略等方面都具有重要意义。

一、未来中重型货车个人/个体用户趋势特征

从中重型货车用户大类来看，主要分个人/个体用户和公司（集团）用户。通过对中重型货车市场及用户的持续跟踪调查和分析，我们判断未来中重型货车个人/个体用户将呈现以下几方面趋势：

1）首先在用户的比例结构上，未来公司用户将继续呈现着不断增长的态势，成为市场主体用户，运输组织化趋势更加明显（见图1和图2）。

而相对地，纯个人/个体用户比例将呈现下降趋势，但仍将会保持一定比例，成为公司用户的有效补充。但同时，个人/个体用户在车辆选择方面将会受到其挂靠物流公司更大的影响，从管理的角度，个人/个体用户与公司用户在车辆所有权方面将呈现更为复杂的产权关系（除了简单挂靠，会出现融资租赁等其他方式）。

2）新时代货车用户快速成长，成为未来货车市场的生力军。最近几年，货车市场用户呈现年轻化趋势，尤其是85后迅速进入。年轻用户在购买选择信息渠道、车辆关注因素等方面都会有新的变化。他们通过互联网上的BBS论坛、QQ群、微信群等接触车辆信息、货源信息和后市场服务频次会更多，对车辆偏好会更加注重在舒适性、个性化、互联互通、多媒体、新配置功能性等方面的体验，车辆已不仅仅只是简单纯粹的运输工具。同时，对于市场出现的“夫妻车”“父子车”现象比例的提升，也要进行持续跟踪和专门研究，以便开展针对性市场营销。

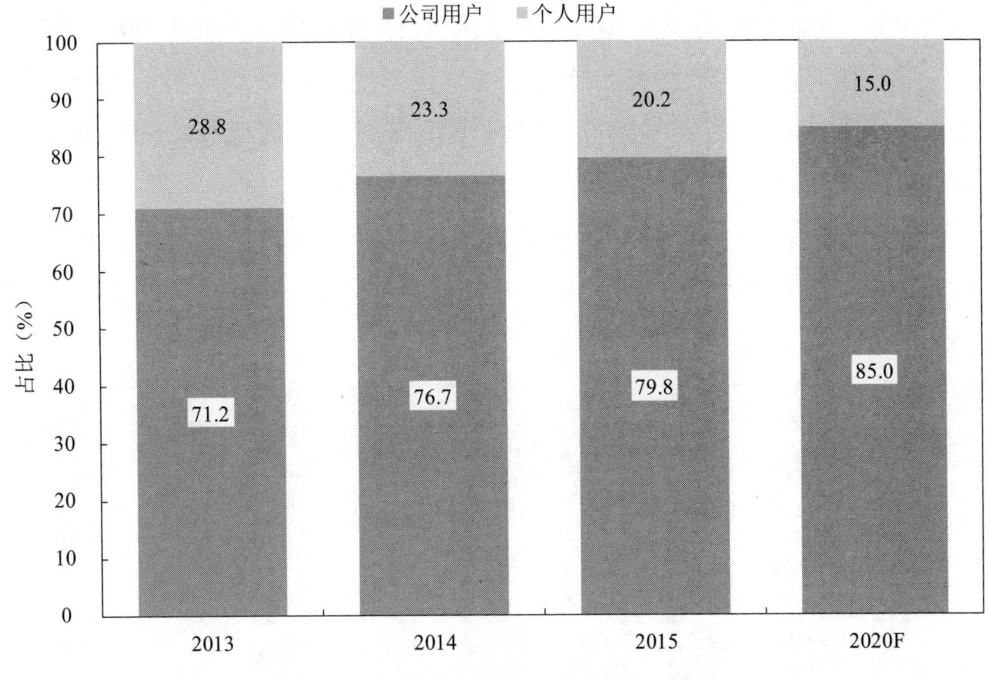

图 1 用户购车结构（中长途运输）

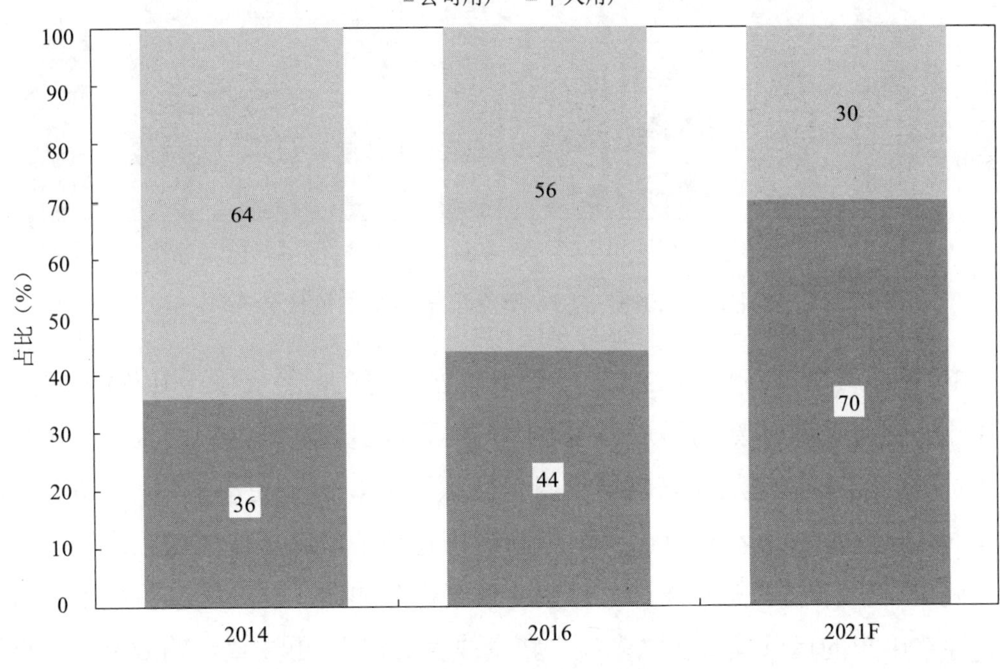

图 2 用户购车结构（中短途配送）

目前货车车主群体还主要是以农村户口、低学历（初中为主），年龄主要集中在 25～45 岁的男性为主（见图 3）。由于 2009 年公安部颁布《机动车驾驶证申领和使用规定》，规定中对各车型申领驾照的年龄作出了限定，加上 90 后进入运输行业的意愿不强，进程比较缓慢，导致中重型货车用户的平均年龄有上升的趋势，尤其是在牵引车市场，将会导致部分细分市场出现司机荒现象。同时我们判断，伴随着物流效率提升，未来个人用户中会有相当一部分比例转向更加职业的货车司机。职业司机的出现，将会对货车的需求产生较大影响，值得引起重点关注。未来的货车不仅仅只是一个生产资料和单纯运输工具，而是一个“移动的家”。

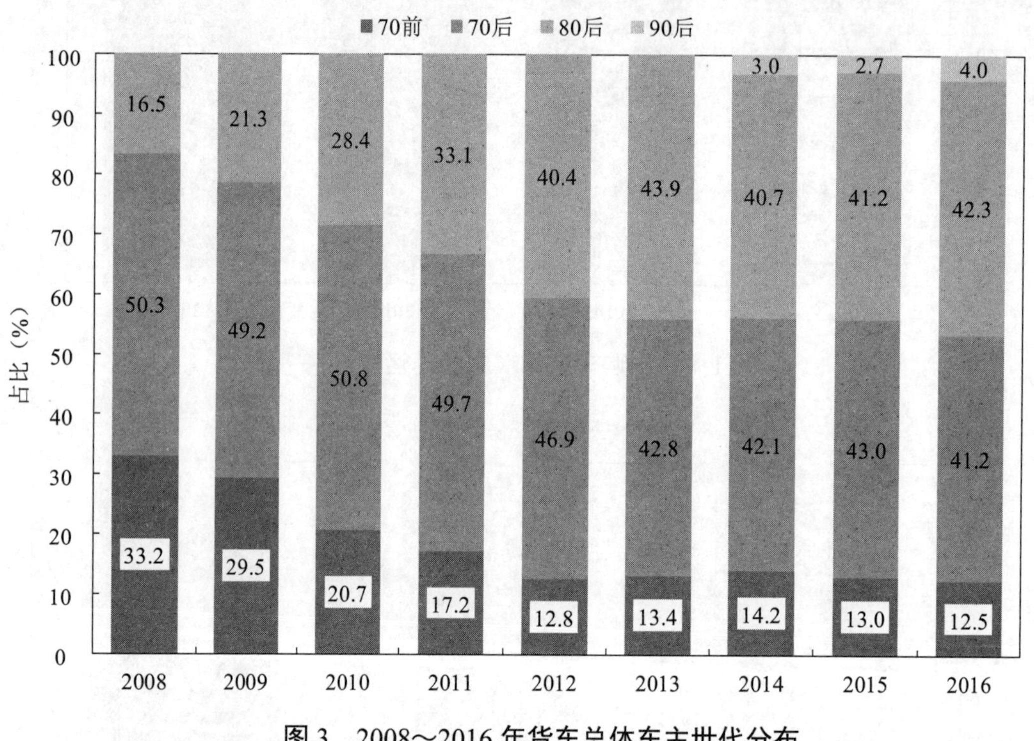

图 3　2008～2016 年货车总体车主世代分布

3）中重型货车行业从 2003 年开始发展到现在，经历了十几年的快速发展，货车用户已经从最初新购用户为主逐步转换到以更新、增购用户为主，用户更加趋于成熟，更多的是从原来的司机身份转换而来，具备更多的用车体验。因此，购车时，同行朋友推荐和自己用车经验往往起到了非常重要的决策影响。

随着车辆行驶里程上升，司机劳动强度相对加大，加上国家治超治限日趋严格，导致用户的运营模式由“多拉”转变成“快跑”，更注重运输效率、可靠性和售后保障方面。因此，用户对于车辆需求的诉求，除了质量是最看重的因素之外，也越来越看重车辆的舒适性、动力性、油耗等。与此同时，非产品因素中的品牌和价格也是用户持续比较关注的因素（见图 4）。

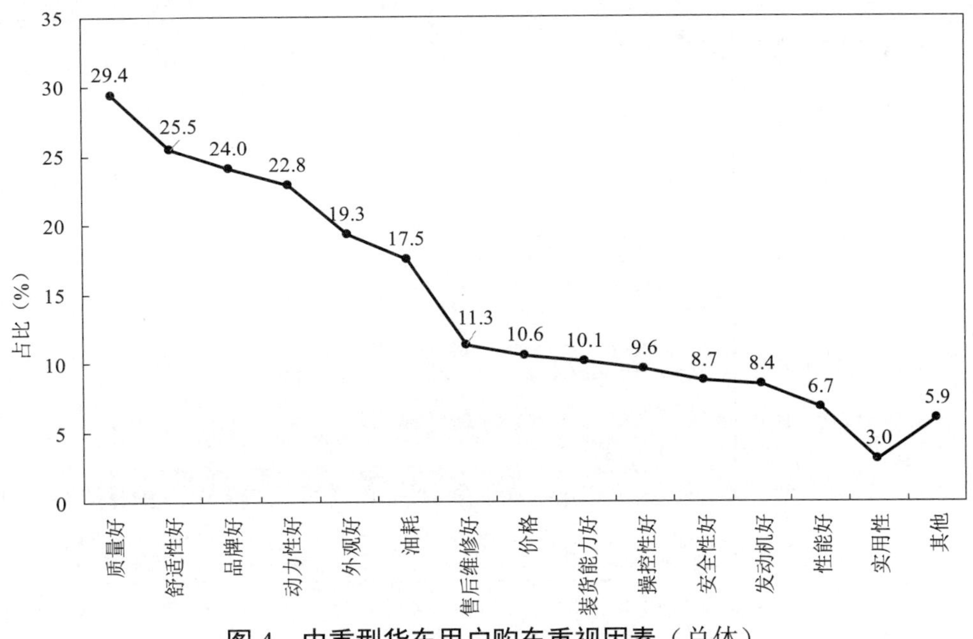

图 4 中重型货车用户购车重视因素（总体）

4）由于互联网技术，尤其是移动互联快速发展和广泛应用，使得中重型货车用户的媒体接触习惯也在发生着变化（见图 5）。越来越多的用户会通过智能手机进行线路导航、查找货源、服务站定位、配件购买、信息交流、休闲娱乐等活动（见图 6）。因此，厂家应该重视车辆互联互通的开发应用、专业手机 APP 开发、提升在主流媒体和网站的影响，以及在网络上进行新产品的推广宣传和营销，通过大数据采集和分析，对用户画像进行描述，达到高精准性的商品开发和营销。

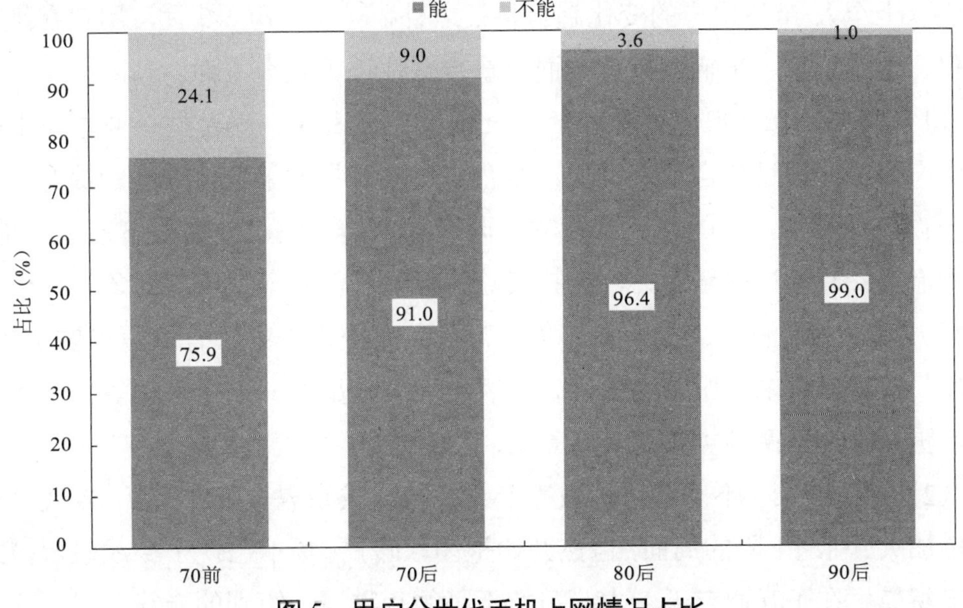

图 5 用户分世代手机上网情况占比

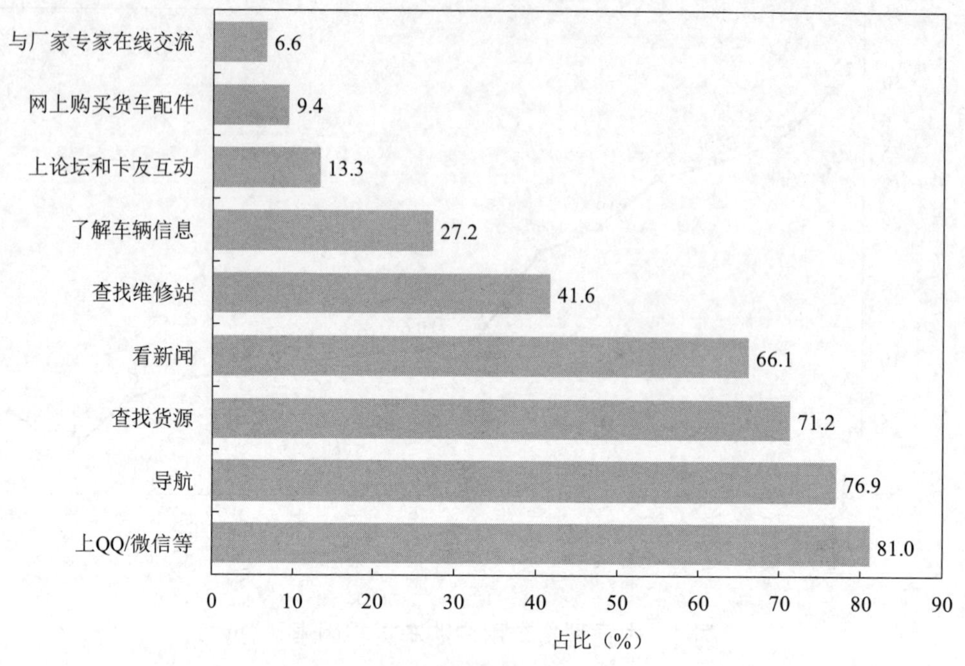

图6 上网的主要功能

伴随着互联网技术的快速发展和应用，物流、电商的迅猛增长，以及车联网技术的普及应用，公司用户中的物流企业出现了新的、更高级的组织模式，专业、高效的大型物流公司未来将会成为主流。

二、未来中重型货车公司（集团）用户趋势特征

除以上个人/个体用户的变化趋势特征之外，对于公司（集团）用户在组织模式变化、购车特征、车辆使用等方面要重点关注以下几个方面。

（1）物流＋互联网＋轻资产的物流平台大量出现　平台型企业本质上是一种轻资产模式，通过整合现有资源，结合先进信息技术来取得效率的提升。主要的平台物流类型中，有的以整合货物、园区为主，代表企业如天下通、天地汇、传化物流等；有的以整合运力，包括线路、运力资源和落地配为对象，代表企业如卡行天下、壹米滴答、运满满、货车帮、人人快递等；还有的是以融资租赁、后市场、数据等金融、服务为内容，代表企业有物配网、中交兴路等。作为货车厂家，重点关注前两种类别更具有意义。

（2）专线联盟　不同线路的数家专线公司结成联盟，互通货源，专线公司面临竞争加大、利润下降的局面，自然开始抱团取暖，市场上出现了专线联盟模式，这种组织模式在于互通有无，本公司拉不了的货物提供给别的专线公司，这样形

成的联盟，可以满足客户的需求，同时加大了自身货运量。

（3）无车承运人+大车队的模式　“无车承运人”指的是不拥有车辆而从事货物运输的个人或单位。“无车承运人”具有双重身份，对于真正的托运人来说，其是承运人；但是对于实际承运人而言，其又是托运人。“无车承运人”一般不从事具体的运输业务，只从事运输组织、货物分拨、运输方式和运输线路的选择等工作，其收入来源主要是规模化的“批发”运输而产生的运费差价。与此同时，带来大量的标准化、规模化的车辆运输需求，为大车队的出现提供可能。大车队特征就是无仓、无货，只保有车辆、提供运力的模式。

（4）网络运营型模式　大型物流公司在全国设立网点，自有车队、自有线路，形成网络化运营的规模优势，部分大型零担、快递、快运和大型整车企业一般采取这种物流模式。相对于专线模式的中小企业，网络运营模式具有规模优势，而相比于合同物流，网络运营模式使用自有车、自有网络，又具备效率优势。

组织用户在购车过程中，由于物流效率的持续提升，尤其在快递快运市场，干线运输月行驶里程都达到了2万～3万km以上，累计行驶里程在30万km以上，对速度也有较高的要求（90km/h）。因此，对运输环节车辆特性诉求表现在更高可靠性、更大马力、动力性强、更低油耗等。在采购车辆过程中，需对不同的物流企业运输组织方式的不同采用针对性的定制化服务。同时，高效的运输需要及时、专业的售后维修保修服务的跟进。

以上是对中重型货车用户特征趋势的分析，把握其变化规律，对于车辆在商品企划与开发、市场营销战略方面都具有重要的指导意义。针对个人用户要注重品牌、口碑宣传，采用车展的方式开展新产品推广；关注新时代用户，尤其是85后，他们在车辆特性诉求、媒体接触习惯、使用方面都具有新的特点。同时，对于公司用户，要高度重视大客户营销和定制化设计理念，以及销售、服务一体化，减少公司客户沟通成本。高度重视售后服务，采用服务包模式、驻厂维修保养方式为客户提供后顾无忧和低成本服务的全方位保障体系。

（作者：王占兵）

附录

附录 A　与汽车行业相关的统计数据

表 A-1　主要宏观经济指标（绝对额）

指　　标	2010 年	2011 年	2012 年	2013 年	2014年	2015年	2016年	2017 年
国内生产总值（GDP）/亿元	401513.0	472881.6	518942.1	588018.8	636138.7	685505.8	743585.5	827121.7
全社会固定资产投资/亿元	278121.9	311485.1	374694.7	446294.1	512020.7	561999.8	606465.7	641238
社会消费品零售总额/亿元	156998.4	183918.6	210307.0	242842.8	271896.1	300931	332316.3	366261.6
出口总额/亿美元	15777.5	18983.8	20487.1	22090.0	23422.9	22734.7	20974.3	22633.7
进口总额/亿美元	13962.4	17434.8	18184.1	19499.9	19592.3	16795.6	15879.3	18437.9
财政收入/亿元	83101.5	103874.4	117253.5	129209.6	140370.0	152269.2	159605.0	172593
财政支出/亿元	89874.2	109247.8	125953.0	140212.1	151785.6	175877.8	187755.2	203085
城镇家庭人均可支配收入/元	19109.4	21809.8	24565.0	26955.1	29381.0	31790.3	33616.0	36396
农村家庭人均年纯收入/元	5919.0	6977.3	7917.0	8895.9	9892.0	10772.0	12363.0	13432
全国零售物价总指数（上年＝100）	103.1	104.9	102.0	101.4	101.0	100.1	100.7	101.1
居民消费价格指数（上年＝100）	103.3	105.4	102.6	102.6	102.0	101.4	102.0	101.6

表 A-2　主要宏观经济指标（增长率）

指　　标	2010 年	2011 年	2012 年	2013 年	2014 年	2015 年	2016 年	2017 年
国内生产总值（GDP）增长率（%）	10.4	17.9	9.7	13.3	8.2	7.8	8.5	11.2
全社会固定资产投资增长率（%）	23.8	12.0	20.3	19.1	14.7	9.8	7.9	5.7
社会消费品零售总额增长率（%）	18.3	17.1	14.3	15.5	12.0	10.7	10.4	10.2
出口总额增长率（%）	31.3	20.3	7.9	7.8	6.0	−2.9	−7.7	7.9
进口总额增长率（%）	38.8	24.9	4.3	7.2	0.5	−14.3	−5.5	16.1
财政收入增长率（%）	21.3	25.0	12.9	10.2	8.6	8.5	4.8	8.1
财政支出增长率（%）	17.8	21.6	15.3	11.3	8.3	15.9	6.8	8.2
城镇家庭人均可支配收入（现价）增长率（%）	11.3	14.1	12.6	9.7	9.0	8.2	5.7	8.3
农村家庭人均年纯收入（现价）增长率（%）	14.9	17.9	13.5	12.4	11.2	8.9	14.8	8.6
全国零售物价总指数（上年＝100）增长率（%）	4.4	1.7	−2.8	−0.6	−0.4	−0.9	0.6	0.4
居民消费价格指数（上年＝100）增长率（%）	4.0	2.0	−2.7	0.0	−0.6	−0.5	0.6	−0.4

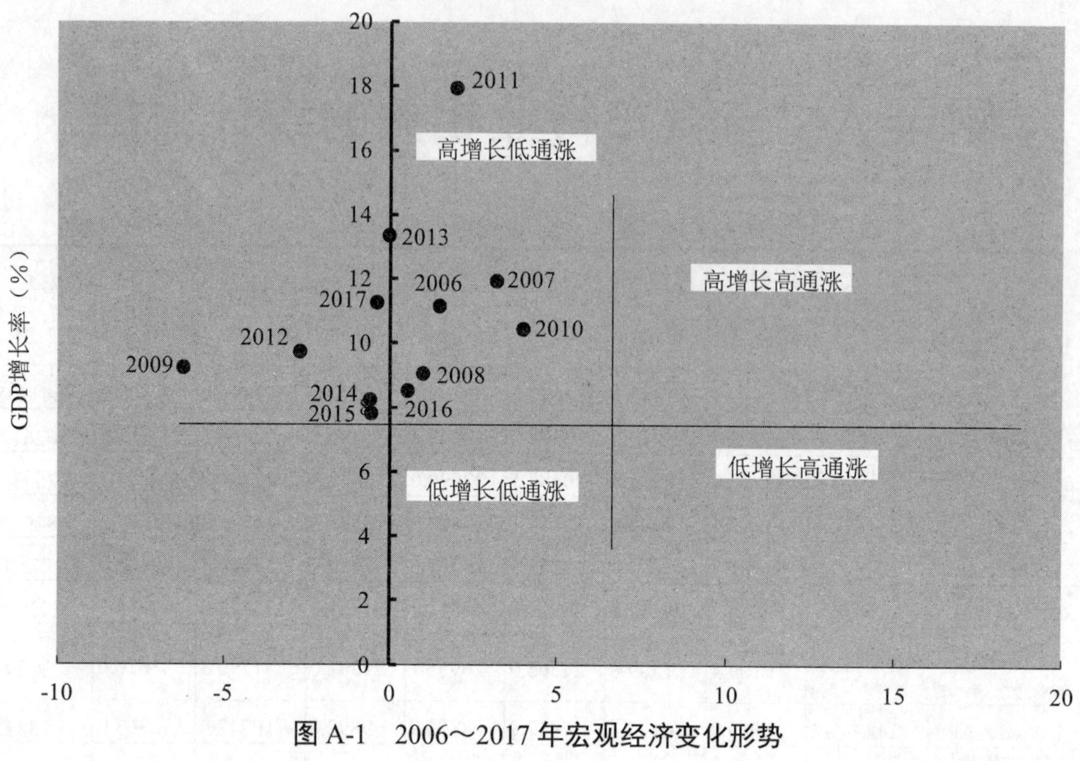

图 A-1 2006～2017 年宏观经济变化形势

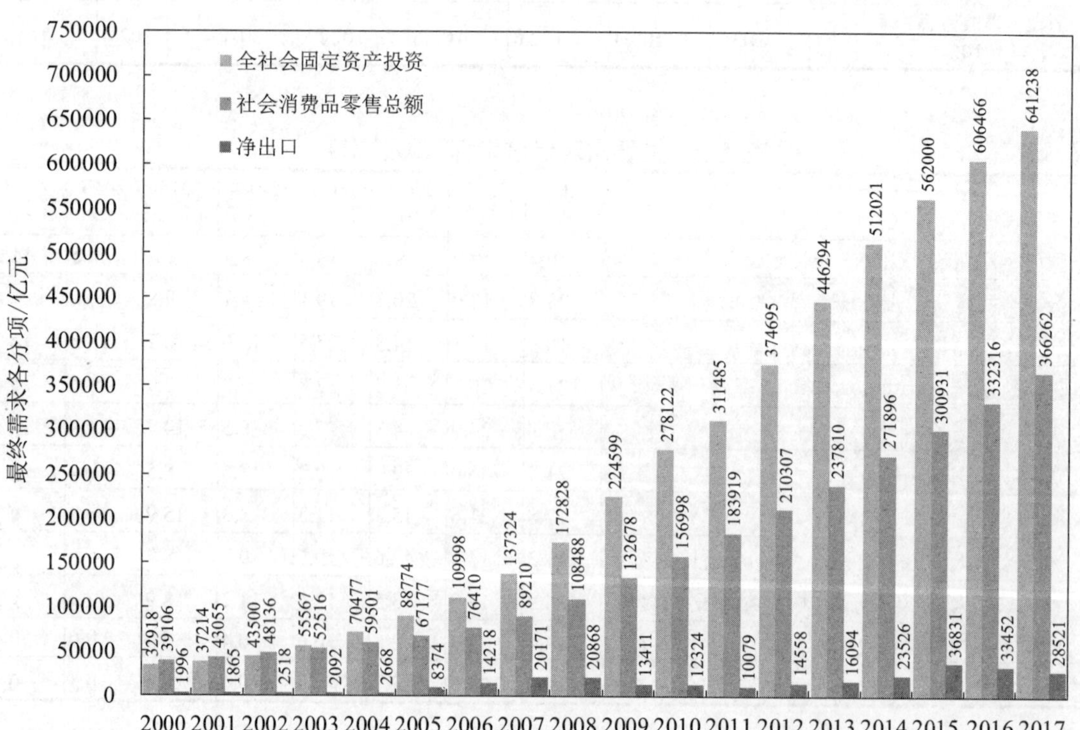

图 A-2 2000～2017 年社会消费品最终需求变动情况

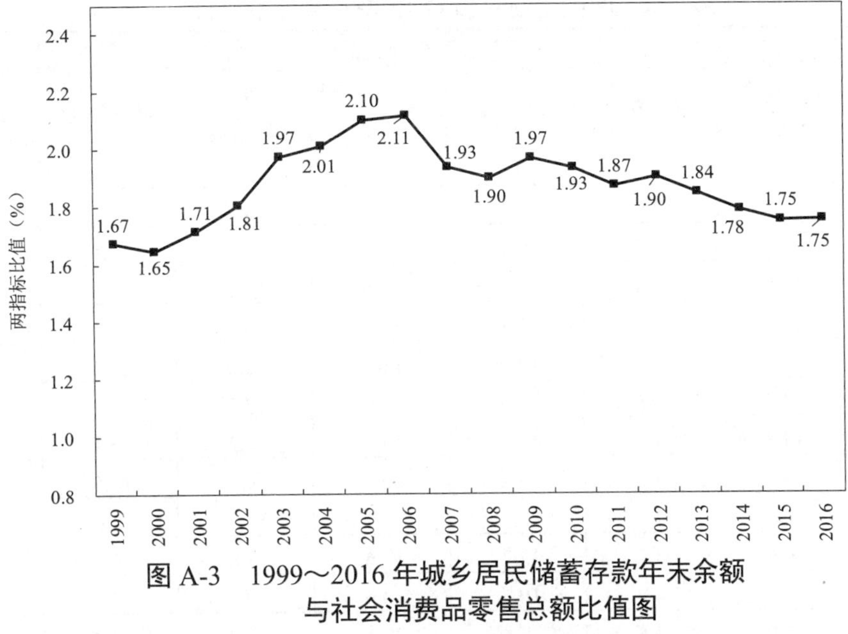

图 A-3　1999～2016 年城乡居民储蓄存款年末余额与社会消费品零售总额比值图

表 A-3　现价国内生产总值

年份	国民生产总值/亿元	国内生产总值/亿元	各产业国内生产总值/亿元					人均国内生产总值/元
			第一产业	第二产业	第二产业细分		第三产业	
					工业	建筑业		
2000	99066.1	99215	14716	45556	40034	5522	38942	7858
2001	109276.2	109655	15516	49512	43581	5932	44627	8622
2002	120480.4	120333	16239	53897	47431	6465	50197	9398
2003	136576.3	135823	17068	62436	54946	7491	56318	10542
2004	161415.4	159878	21413	73904	65210	8694	64561	12336
2005	185998.9	184937	23070	87365	77231	10134	73433	14185
2006	219028.5	216314	24737	103162	91311	11851	82972	16500
2007	270844.0	265810	28095	121381	107367	14014	100054	20169
2008	321500.5	314045	33702	149003	130260	18743	131340	23708
2009	348498.5	340903	35226	157639	135240	22399	148038	25608
2010	411265.2	401513	40534	187581	160867	26714	173087	29992
2011	484753.2	472882	47486	220413	188470	31943	204983	35181
2012	539116.5	518942	52373	235162	199670	35491	231406	38420
2013	590422.4	588019	55322	256810	217264	40807	275887	43320
2014	644791.1	636139	58336	271764	228123	44790	306038	46629
2015	682635.1	685506	60871	280560	235184	46547	344075	49992
2016	740598.7	743585.5	63672.8	296547.7	247877.7	49702.9	383365	53935
2017	824828.4	827121.7	65467.6	334622.6	279996.9	55689	427031.5	59660

表 A-4 国内生产总值 GDP 增长率（不变价）

年份	国内生产总值增长率（%）	各产业国内生产总值增长率（%）					人均 GDP 增长率（%）
		第一产业	第二产业	第二产业细分		第三产业	
				工业	建筑业		
2000	8.5	2.3	9.5	9.9	5.7	9.8	7.6
2001	8.3	2.6	8.5	8.7	6.8	10.3	7.6
2002	9.1	2.7	9.9	10.0	8.8	10.5	8.4
2003	10.0	2.4	12.7	12.8	12.1	9.5	9.4
2004	10.1	6.1	11.1	11.6	8.2	10.1	9.5
2005	11.4	5.1	12.1	11.6	16.0	12.4	10.7
2006	12.7	4.8	13.5	12.9	17.2	14.1	12.1
2007	14.2	3.5	15.1	14.9	16.2	16.1	13.6
2008	9.7	5.2	9.8	10.0	9.5	10.5	9.1
2009	9.4	4.0	10.3	9.1	18.9	9.6	8.9
2010	10.6	4.3	12.7	12.6	13.8	9.7	10.1
2011	9.5	4.2	10.7	10.9	9.7	9.5	9.0
2012	7.9	4.5	8.4	8.1	9.8	8.0	7.3
2013	7.8	3.8	8.0	7.7	9.7	8.3	7.2
2014	7.3	4.1	7.4	7.0	9.1	7.8	6.8
2015	6.9	3.9	6.2	6.0	6.8	8.2	6.4
2016	6.7	3.3	6.3	6.0	7.2	7.7	6.1
2017	6.9	3.9	6.1	6.4	4.3	8.0	6.3

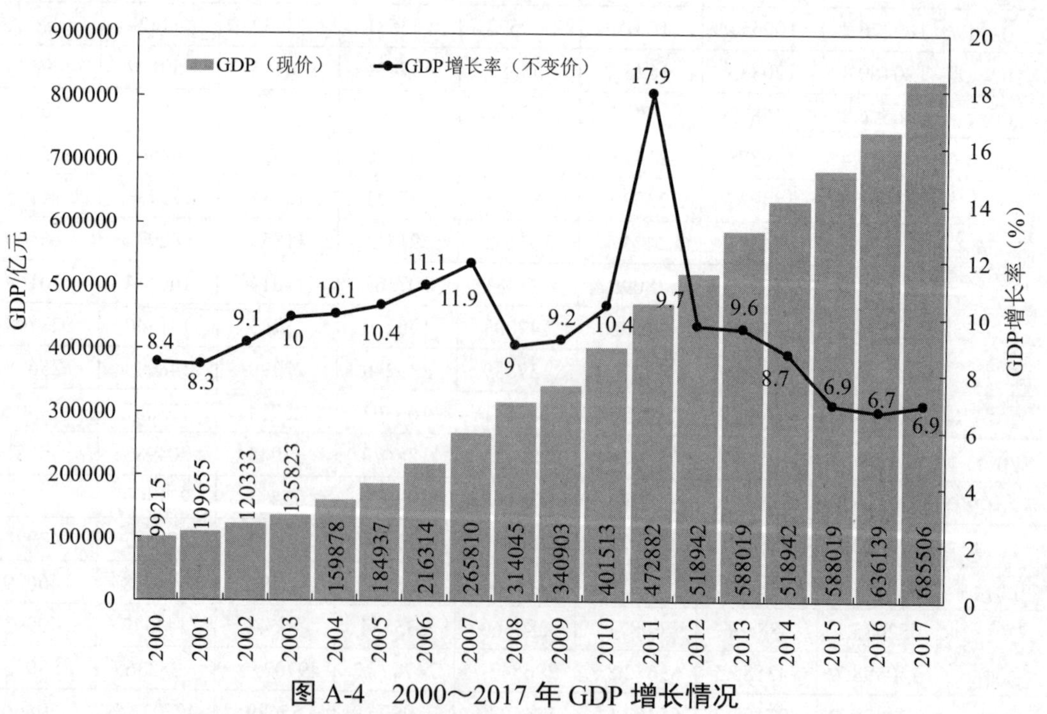

图 A-4 2000～2017 年 GDP 增长情况

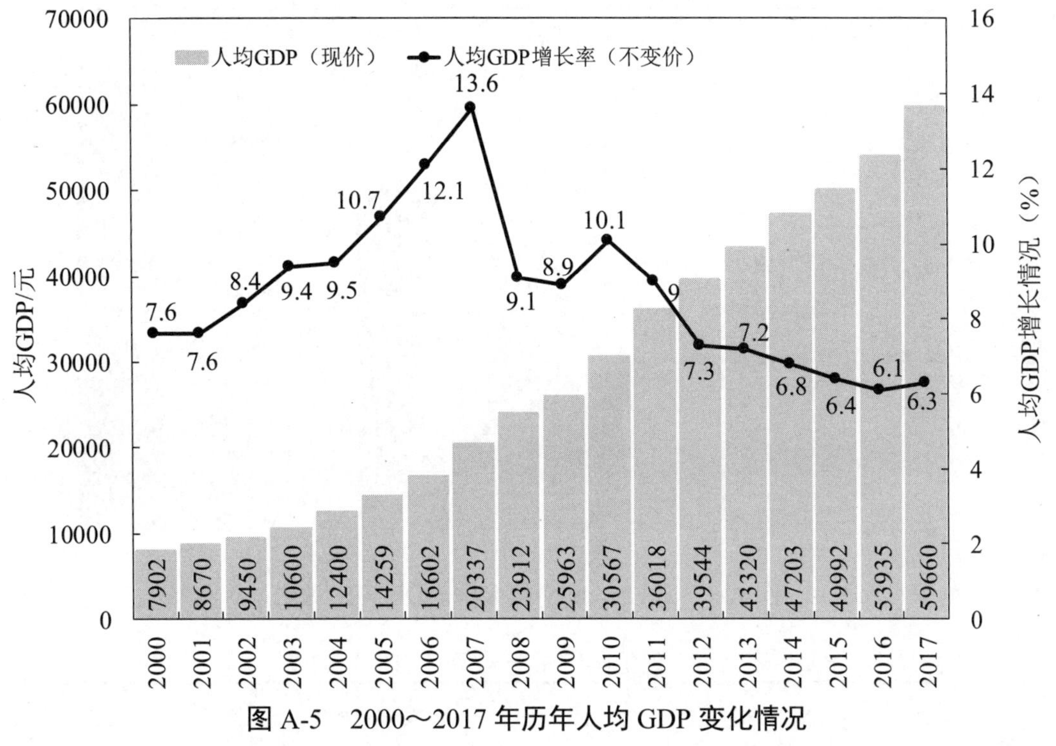

图 A-5　2000～2017 年历年人均 GDP 变化情况

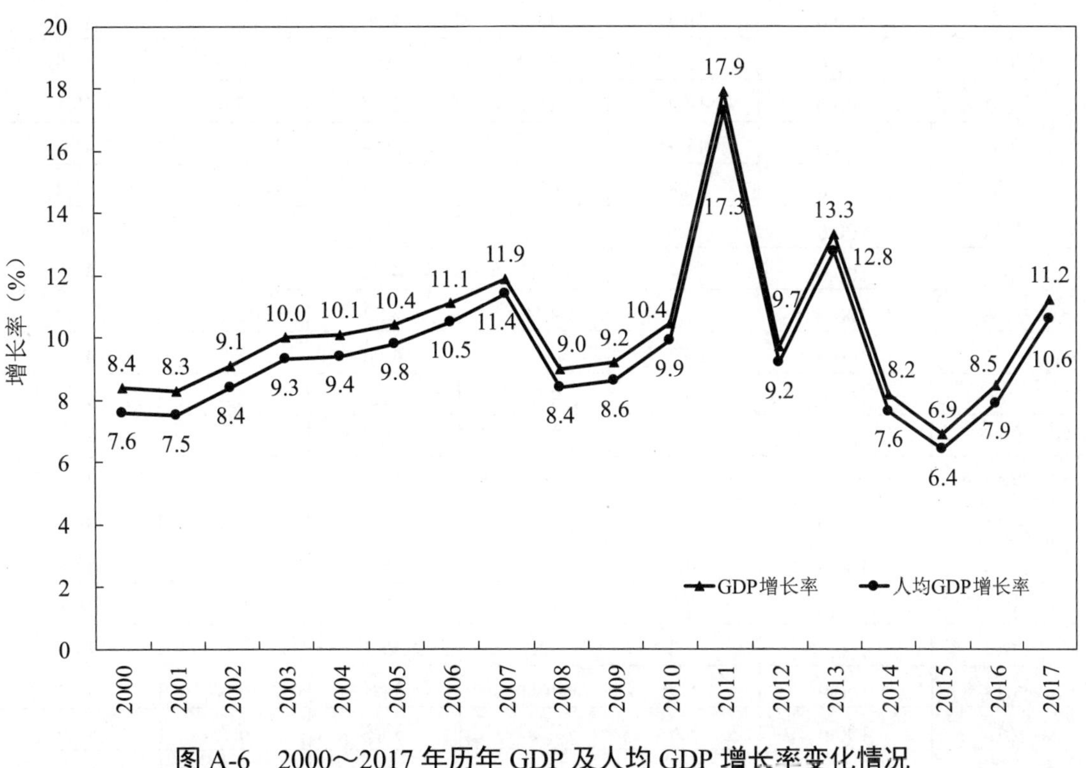

图 A-6　2000～2017 年历年 GDP 及人均 GDP 增长率变化情况

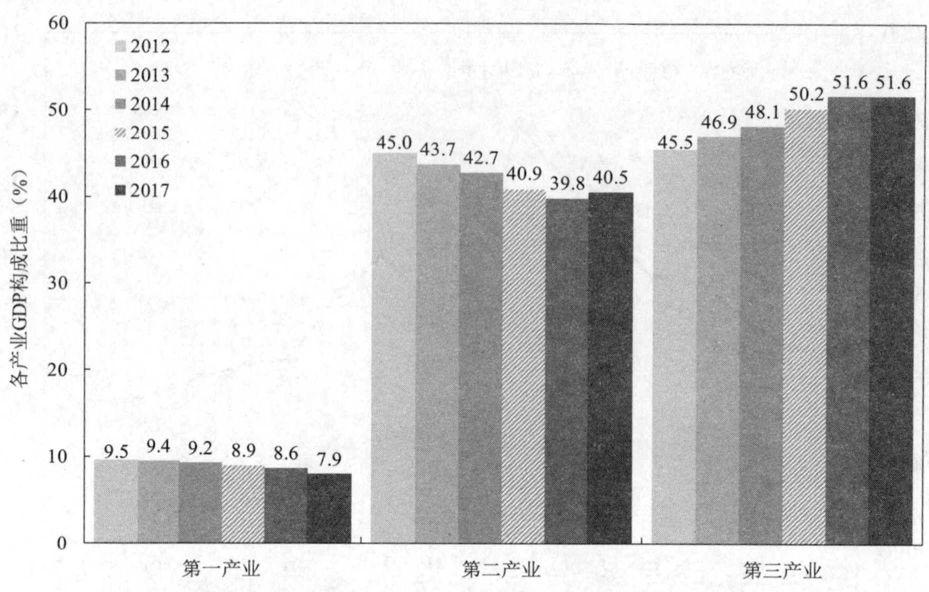

图 A-7　2012～2017 年全国 GDP 构成对比

表 A-5　现价国内生产总值（GDP）构成

年份	国内生产总值占比（%）	各产业国内生产总值占比（%）				
		第一产业	第二产业	第二产业细分		第三产业
				工业	建筑业	
1999	100.0	16.5	45.8	40.0	5.8	37.7
2000	100.0	15.1	45.9	40.4	5.6	39.0
2001	100.0	14.4	45.1	39.7	5.4	40.5
2002	100.0	13.7	44.8	39.4	5.4	41.5
2003	100.0	12.8	46.0	40.5	5.5	41.2
2004	100.0	13.4	46.2	40.8	5.4	40.4
2005	100.0	12.1	47.4	41.8	5.6	40.5
2006	100.0	11.1	47.9	42.2	5.7	40.9
2007	100.0	10.8	47.3	41.6	5.8	41.9
2008	100.0	10.7	47.4	41.5	6.0	41.8
2009	100.0	10.3	46.3	39.7	6.6	43.4
2010	100.0	10.1	46.8	40.1	6.7	43.1
2011	100.0	10.0	46.6	39.9	6.8	43.4
2012	100.0	10.1	45.3	38.5	6.8	44.6
2013	100.0	10.0	43.9	37.0	6.9	46.1
2014	100.0	9.2	42.7	35.9	7.0	48.1
2015	100.0	8.9	40.9	34.3	6.8	50.2
2016	100.0	8.6	39.8	33.3	6.7	51.6
2017	100.0	7.9	40.5	33.9	6.7	51.6

表 A-6　各地区国内生产总值（现价）

（单位：亿元）

地区	2008 年	2009 年	2010 年	2011 年	2012 年	2013 年	2014 年	2015 年	2016 年	2017 年
北　京	10488.0	12153.03	14113.6	16251.93	17879.40	19500.56	21330.83	23014.59	25669.13	28014.94
天　津	6354.4	7521.85	9224.5	11307.28	12893.88	14370.16	15726.93	16538.19	17885.39	18549.19
河　北	16188.6	17235.48	20394.3	24515.76	26575.01	28301.41	29421.15	29806.11	32070.45	34016.32
山　西	6938.7	7358.31	9200.9	11237.55	12112.83	12602.24	12761.49	12766.49	13050.41	15528.42
内蒙古	7761.8	9740.25	11672.0	14359.88	15880.58	16832.38	17770.19	17831.51	18128.10	16096.21
辽　宁	13461.6	15212.49	18457.3	22226.70	24846.43	27077.65	28626.58	28669.02	22246.90	23409.24
吉　林	6424.1	7278.75	8667.6	10568.83	11939.24	12981.46	13803.14	14063.13	14776.80	14944.53
黑龙江	8310.0	8587.00	10368.6	12582.00	13691.58	14382.93	15039.38	15083.67	15386.09	15902.68
上　海	13698.2	15046.45	17166.0	19195.69	20181.72	21602.12	23567.70	25123.45	28178.65	30632.99
江　苏	30312.6	34457.3	41425.5	49110.27	54058.22	59161.75	65088.32	70116.38	77388.28	85869.76
浙　江	21486.9	22990.35	27722.3	32318.85	34665.33	37568.49	40173.03	42886.49	47251.36	51768.26
安　徽	8874.2	10062.82	12359.3	15300.65	17212.05	19038.87	20848.75	22005.63	24407.62	27018.00
福　建	10823.1	12236.53	14737.1	17560.18	19701.78	21759.64	24055.76	25979.82	28810.58	32182.09
江　西	6480.3	7955.18	9451.3	11702.82	12948.88	14338.50	15714.63	16723.78	18499.00	20006.31
山　东	31072.1	33896.65	39169.9	45361.85	50013.24	54684.33	59426.59	63002.33	68024.49	72634.15
河　南	18407.8	19480.46	23092.4	26931.03	29599.31	32155.86	34938.24	37002.16	40471.79	44552.83
湖　北	11330.4	12961.1	15967.6	19632.26	22250.45	24668.49	27379.22	29550.19	32665.38	35478.09
湖　南	11156.6	13059.69	16038.0	19669.56	22154.23	24501.67	27037.32	28902.21	31551.37	33902.96
广　东	35696.5	39482.56	46013.1	53210.28	57067.92	62163.97	67809.85	72812.55	80854.91	89705.23
广　西	7171.6	7759.16	9569.9	11720.87	13035.10	14378.00	15672.89	16803.12	18317.64	18523.26
海　南	1459.2	1654.21	2064.5	2522.66	2855.54	3146.46	3500.72	3702.76	4053.20	4462.54
重　庆	5096.7	6530.01	7925.6	10011.37	11409.60	12656.69	14262.60	15717.27	17740.59	19424.73
四　川	12506.3	14151.28	17185.5	21026.68	23872.80	26260.77	28536.66	30053.10	32934.54	36980.22
贵　州	3333.4	3912.68	4602.2	5701.84	6852.20	8006.79	9266.39	10502.56	11776.73	13540.83
云　南	5700.1	6169.75	7224.2	8893.12	10309.47	11720.91	12814.59	13619.17	14788.42	16376.34
西　藏	395.9	441.36	507.5	605.83	701.03	807.67	920.83	1026.39	1151.41	1310.92
陕　西	6851.3	8169.8	10123.5	12512.30	14453.68	16045.21	17689.94	18021.86	19399.59	21898.81
甘　肃	3176.1	3387.56	4120.8	5020.37	5650.20	6268.01	6836.82	6790.32	7200.37	7459.90
青　海	961.5	1081.27	1350.4	1670.44	1893.54	2101.05	2303.32	2417.05	2572.49	2624.83
宁　夏	1098.5	1353.31	1689.7	2102.21	2341.29	2565.06	2752.10	2911.77	3168.59	3443.56
新　疆	4203.4	4277.05	5437.5	6610.05	7505.31	8360.24	9273.46	9324.80	9649.70	10881.96

表 A-7 各地区国内生产总值占全国比例

地 区	2008 年	2009 年	2010 年	2011 年	2012 年	2013 年	2014 年	2015 年	2016 年	2017 年
北 京（%）	3.21	3.32	3.23	3.12	3.10	3.10	3.12	3.36	3.29	3.31
天 津（%）	1.94	2.06	2.11	2.17	2.24	2.28	2.30	2.41	2.29	2.19
河 北（%）	4.95	4.71	4.67	4.70	4.61	4.49	4.30	4.35	4.11	4.02
山 西（%）	2.12	2.01	2.11	2.16	2.10	2.00	1.86	1.86	1.67	1.83
内蒙古（%）	2.37	2.66	2.67	2.75	2.75	2.67	2.60	2.60	2.32	1.90
辽 宁（%）	4.11	4.16	4.22	4.26	4.31	4.30	4.18	4.18	2.85	2.76
吉 林（%）	1.96	1.99	1.98	2.03	2.07	2.06	2.02	2.05	1.89	1.76
黑龙江（%）	2.54	2.35	2.37	2.41	2.37	2.28	2.20	2.20	1.97	1.88
上 海（%）	4.19	4.12	3.93	3.68	3.50	3.43	3.44	3.66	3.61	3.62
江 苏（%）	9.26	9.42	9.48	9.42	9.38	9.39	9.51	10.23	9.92	10.14
浙 江（%）	6.57	6.29	6.34	6.20	6.01	5.96	5.87	6.26	6.06	6.11
安 徽（%）	2.71	2.75	2.83	2.93	2.99	3.02	3.05	3.21	3.13	3.19
福 建（%）	3.31	3.35	3.37	3.37	3.42	3.45	3.52	3.79	3.69	3.80
江 西（%）	1.98	2.18	2.16	2.24	2.25	2.28	2.30	2.44	2.37	2.36
山 东（%）	9.50	9.27	8.96	8.70	8.67	8.68	8.68	9.19	8.72	8.57
河 南（%）	5.63	5.33	5.28	5.16	5.13	5.10	5.11	5.40	5.19	5.26
湖 北（%）	3.46	3.55	3.65	3.77	3.86	3.92	4.00	4.31	4.19	4.19
湖 南（%）	3.41	3.57	3.67	3.77	3.84	3.89	3.95	4.22	4.04	4.00
广 东（%）	10.91	10.80	10.53	10.20	9.90	9.87	9.91	10.62	10.37	10.59
广 西（%）	2.19	2.12	2.19	2.25	2.26	2.28	2.29	2.45	2.35	2.19
海 南（%）	0.45	0.45	0.47	0.48	0.50	0.50	0.51	0.54	0.52	0.53
重 庆（%）	1.56	1.79	1.81	1.92	1.98	2.01	2.08	2.29	2.27	2.29
四 川（%）	3.82	3.87	3.93	4.03	4.14	4.17	4.17	4.38	4.22	4.37
贵 州（%）	1.02	1.07	1.05	1.09	1.19	1.27	1.35	1.53	1.51	1.60
云 南（%）	1.74	1.69	1.65	1.71	1.79	1.86	1.87	1.99	1.90	1.93
西 藏（%）	0.12	0.12	0.12	0.12	0.12	0.13	0.13	0.15	0.15	0.15
陕 西（%）	2.09	2.23	2.32	2.40	2.51	2.55	2.58	2.63	2.49	2.59
甘 肃（%）	0.97	0.93	0.94	0.96	0.98	0.99	1.00	0.99	0.92	0.88
青 海（%）	0.29	0.30	0.31	0.32	0.33	0.33	0.34	0.35	0.33	0.31
宁 夏（%）	0.34	0.37	0.39	0.40	0.41	0.41	0.40	0.42	0.41	0.41
新 疆（%）	1.28	1.17	1.24	1.27	1.30	1.33	1.36	1.36	1.24	1.28
合 计（%）	100	100	100	100	100	100	100	100	100	100

表 A-8 各地区国内生产总值增长率

地 区	2009 年	2010 年	2011 年	2012 年	2013 年	2014 年	2015 年	2016 年	2017 年
北 京（%）	10.2	10.3	8.1	7.7	7.7	12.6	7.9	11.5	9.1
天 津（%）	16.5	17.4	16.4	13.8	12.5	16.4	5.2	8.1	3.7
河 北（%）	10.0	12.2	11.3	9.6	8.2	10.6	1.3	7.6	6.1
山 西（%）	5.4	13.9	13.0	10.1	8.9	11.1	0.0	2.2	19.0
内蒙古（%）	16.9	15.0	14.3	11.5	9.0	15.1	0.3	1.7	−11.2
辽 宁（%）	13.1	14.2	12.2	9.5	8.7	13.5	0.1	−22.4	5.2
吉 林（%）	13.6	13.8	13.8	12.0	8.3	13.7	1.9	5.1	1.1
黑龙江（%）	11.4	12.7	12.3	10.0	8.0	10.6	0.3	2.0	3.4
上 海（%）	8.2	10.3	8.2	7.5	7.7	9.5	6.6	12.2	8.7
江 苏（%）	12.4	12.7	11.0	10.1	9.6	13.7	7.7	10.4	11.0
浙 江（%）	8.9	11.9	9.0	8.0	8.2	11.1	6.8	10.2	9.6
安 徽（%）	12.9	14.6	13.5	12.1	10.4	15.4	5.5	10.9	10.7
福 建（%）	12.3	13.9	12.3	11.4	11.0	14.3	8.0	10.9	11.7
江 西（%）	13.1	14.0	12.5	11.0	10.1	16.1	6.4	10.6	8.1
山 东（%）	12.2	12.3	10.9	9.8	9.6	11.5	6.0	8.0	6.8
河 南（%）	10.9	12.5	11.9	10.1	9.0	11.4	5.9	9.4	10.1
湖 北（%）	13.5	14.8	13.8	11.3	10.1	16.0	7.9	10.5	8.6
湖 南（%）	13.7	14.6	12.8	11.3	10.1	16.0	6.9	9.2	7.5
广 东（%）	9.7	12.4	10.0	8.2	8.5	11.3	7.4	11.0	10.9
广 西（%）	13.9	14.2	12.3	11.3	10.2	14.1	7.2	9.0	1.1
海 南（%）	11.7	16.0	12.0	9.1	9.9	15.8	5.8	9.5	10.1
重 庆（%）	14.9	17.1	16.4	13.6	12.3	18.9	10.2	12.9	9.5
四 川（%）	14.5	15.1	15.0	12.6	10.0	14.9	5.3	9.6	12.3
贵 州（%）	11.4	12.8	15.0	13.6	12.5	18.6	13.3	12.1	15.0
云 南（%）	12.1	12.3	13.7	13.0	12.1	14.6	6.3	8.6	10.7
西 藏（%）	12.4	12.3	12.7	11.8	12.1	15.1	11.5	12.2	13.9
陕 西（%）	13.6	14.6	13.9	12.9	11.0	17.3	1.9	7.6	12.9
甘 肃（%）	10.3	11.8	12.5	12.6	10.8	13.8	−0.7	6.0	3.6
青 海（%）	10.1	15.3	13.5	12.3	10.8	15.8	4.9	6.4	2.0
宁 夏（%）	11.9	13.5	12.1	11.5	9.8	16.8	5.8	8.8	8.7
新 疆（%）	8.1	10.6	12.0	12.0	11.0	14.4	0.6	3.5	12.8

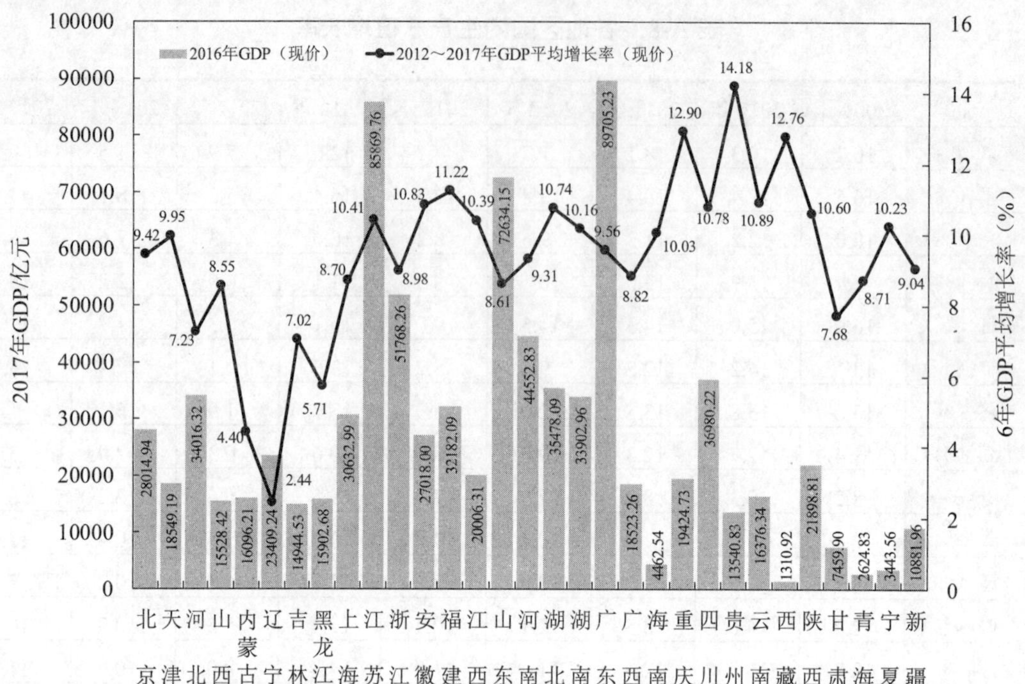

图 A-8 2017 年分地区 GDP 总值及 2012～2017 年 GDP 平均增长率

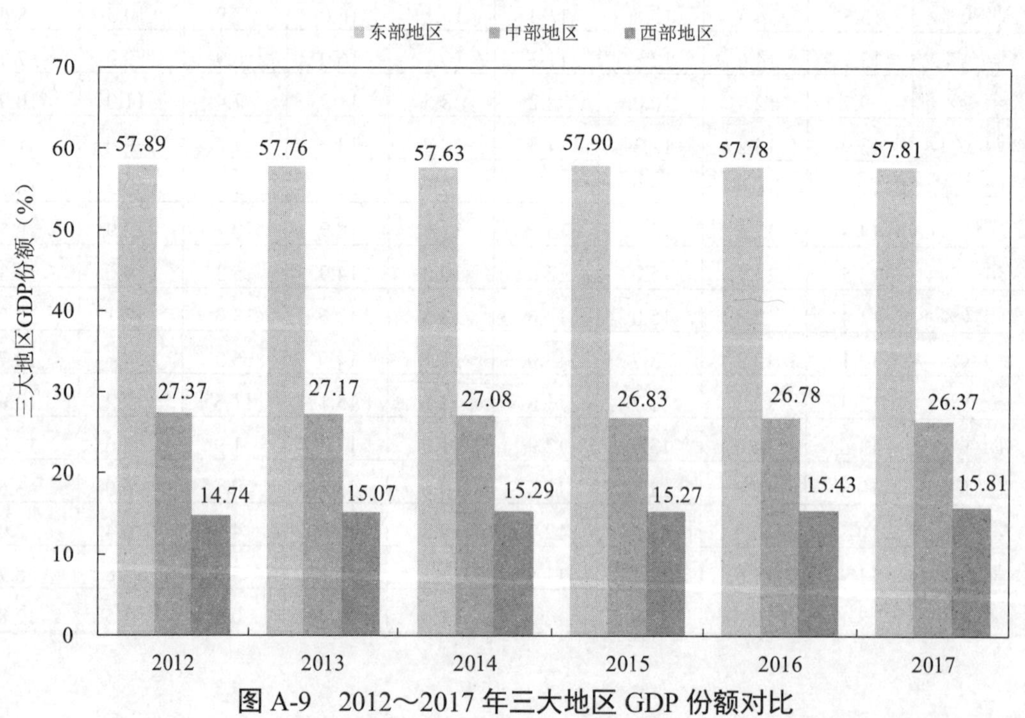

图 A-9 2012～2017 年三大地区 GDP 份额对比

表 A-9　全部国有及规模以上非国有工业企业总产值（当年价）

企业分类	项　目	2012 年	2013 年	2014 年	2015 年	2016 年	2017 年
国有及国有控股工业企业	企业单位数/个	17851	18197	18449	—	19022	19022
	工业总产值/亿元	—	—	—	—	—	—
	工业增加值/亿元	—	—	—	—	—	—
私营工业企业	企业单位数/个	189289	194945	215303	216506	214309	215138
	工业总产值/亿元	—	—	—	—	—	—
	工业增加值/亿元	—	—	—	—	—	—
“三资”工业企业	企业单位数/个	56908	57402	55172	52758	49554	47458
	工业总产值/亿元	—	—	—	—	—	—
	工业增加值/亿元	—	—	—	—	—	—

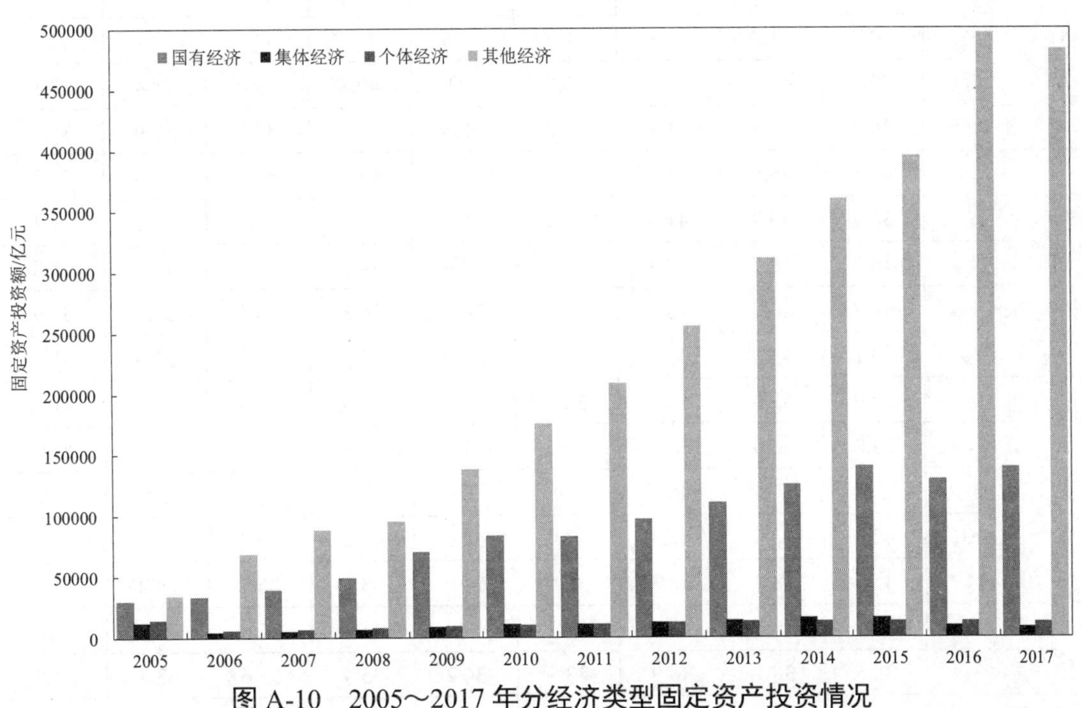

图 A-10　2005～2017 年分经济类型固定资产投资情况

表A-10 2009～2017年各地区工业产值占地区国内生产总值的比例

地　区	2009年	2010年	2011年	2012年	2013年	2014年	2015年	2016年	2017年
全　国（%）	39.6	40.0	39.9	38.7	37.4	36.3	34.3	33.3	33.9
北　京（%）	19.0	19.6	18.8	18.4	18.0	17.6	16.1	15.7	15.3
天　津（%）	48.2	47.8	48.0	47.5	46.3	45.0	42.2	38.0	37.0
河　北（%）	46.3	46.8	48.0	47.1	46.4	45.3	42.4	41.7	40.4
山　西（%）	47.8	50.6	53.0	49.7	46.1	42.9	34.1	31.8	37.2
内蒙古（%）	46.2	48.1	49.5	48.7	47.0	44.5	43.4	39.9	31.7
辽　宁（%）	45.5	47.6	48.1	46.7	45.2	44.2	39.3	30.6	31.2
吉　林（%）	42.0	45.3	46.5	46.8	46.4	46.5	43.5	41.1	40.5
黑龙江（%）	41.3	42.7	41.6	38.3	35.2	31.8	26.9	23.7	21.0
上　海（%）	35.9	38.1	37.6	35.2	32.7	31.2	28.5	26.8	27.4
江　苏（%）	47.8	46.5	45.4	44.2	42.7	41.4	39.9	39.4	39.6
浙　江（%）	45.8	45.7	45.4	44.2	41.9	41.7	40.1	39.5	37.6
安　徽（%）	40.4	43.8	46.2	46.6	46.2	45.4	42.1	41.3	40.4
福　建（%）	41.7	43.4	43.7	43.4	43.2	43.3	41.6	40.6	39.4
江　西（%）	41.8	45.4	46.2	45.0	44.8	43.6	41.4	39.0	38.9
山　东（%）	49.8	48.2	46.9	45.6	43.9	42.6	41.1	40.6	39.5
河　南（%）	50.8	51.8	51.8	50.7	46.4	45.2	42.8	42.1	41.4
湖　北（%）	40.0	42.1	43.5	43.8	40.9	40.2	39.0	38.4	36.8
湖　南（%）	36.9	39.3	41.3	41.2	40.6	39.8	37.9	35.9	35.0
广　东（%）	45.8	46.6	46.3	45.2	43.0	43.0	41.6	40.4	39.3
广　西（%）	36.9	40.3	41.4	40.5	38.8	38.7	37.8	37.2	31.4
海　南（%）	18.2	18.7	18.8	18.3	14.9	14.7	13.1	11.9	11.8
重　庆（%）	44.7	46.7	46.9	43.7	36.2	36.3	35.4	34.9	33.9
四　川（%）	40.1	43.2	45.1	44.2	43.7	41.5	36.7	33.6	31.3
贵　州（%）	32.0	33.0	32.1	32.4	33.2	33.9	31.6	31.6	31.5
云　南（%）	33.8	36.0	33.7	33.5	31.8	30.4	28.3	26.3	25.0
西　藏（%）	7.5	7.8	8.0	7.9	7.5	7.2	6.8	7.5	7.8
陕　西（%）	42.9	45.0	46.8	47.4	46.3	45.2	40.8	39.2	39.7
甘　肃（%）	35.5	38.9	38.3	36.6	34.0	33.1	26.2	24.4	23.6
青　海（%）	43.5	45.4	48.6	47.3	43.0	41.4	37.0	35.1	29.6
宁　夏（%）	38.5	38.1	38.9	37.5	36.2	35.4	33.6	33.3	31.8
新　疆（%）	36.4	39.7	40.8	38.0	34.6	34.3	29.4	27.7	29.9

表 A-11　历年各种经济类型固定资产投资

（单位：亿元）

年　份	合计	国有经济	集体经济	个体经济	其他经济
2006	109998.2	32963.4	3604.1	5163.9	68266.8
2007	137323.9	38706.3	4637.4	6058.7	87921.5
2008	157421.4	48704.9	6297.3	7190.8	95228.4
2009	224598.8	69692.5	8483.0	8891.7	137531.6
2010	278121.9	83316.5	10041.9	9506.7	175256.8
2011	311485.1	82494.8	10245.1	10483.2	208262.0
2012	374694.7	96220.2	11973.7	11588.7	254912.1
2013	446294.1	109849.9	13312.4	12420.1	310711.7
2014	512020.7	125005.2	15188.9	12602.5	359224.1
2015	561999.9	139711.3	15447.8	12439.3	394401.5
2016	606465.7	129038.5	8928.5	12110.5	495988.2
2017	641238.40	139073.3	7678.5	11804	482682.6

注：根据 1994 年房地产快速调查结果，对 1990 年以来的全社会固定资产投资数据进行了调整。

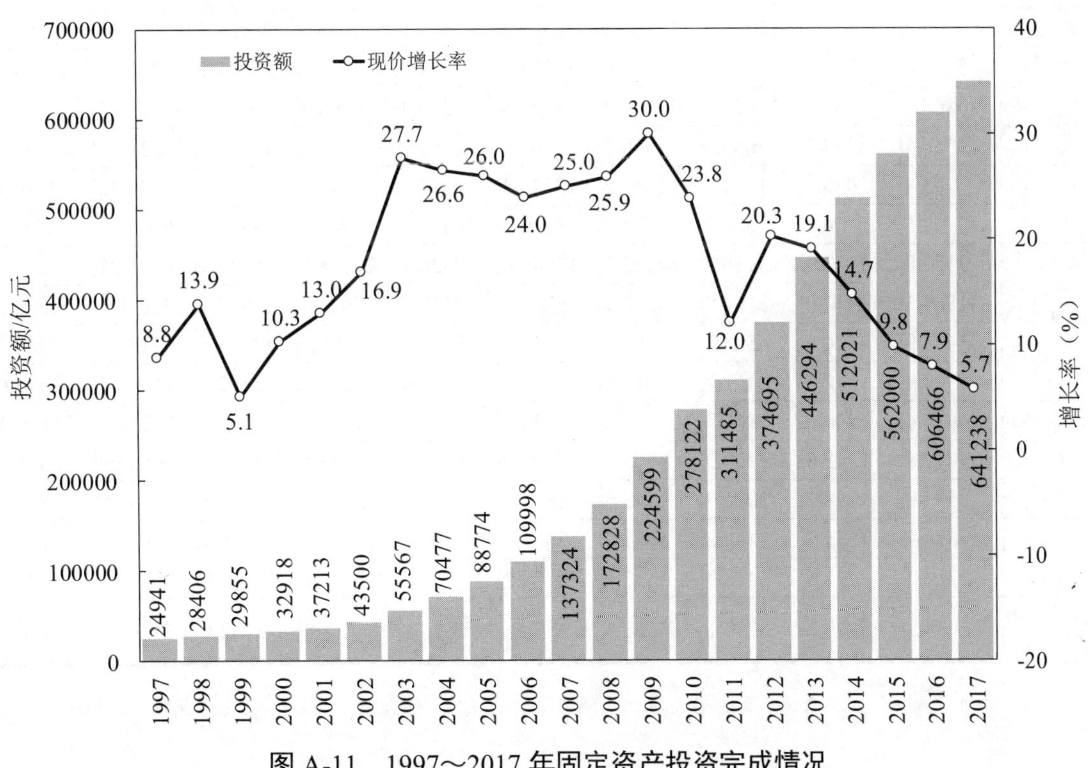

图 A-11　1997～2017 年固定资产投资完成情况

表 A-12　各地区全社会固定资产投资（现价）

（单位：亿元）

地　区	2008年	2009年	2010年	2011年	2012年	2013年	2014年	2015年	2016年	2017年
全国合计	172828.4	224598.8	278121.9	311485.1	374694.7	446294.1	512020.7	561999.8	606465.7	641238.4
北　京	3814.7	4616.9	5403.0	5578.9	6112.4	6847.1	6924.2	7496.0	7943.89	8370.4
天　津	3389.8	4738.2	6278.1	7067.7	7934.8	9130.2	10518.2	11832.0	12779.39	11288.9
河　北	8866.6	12269.8	15083.4	16389.3	19661.3	23194.2	26671.9	29448.3	31750.02	33406.8
山　西	3531.2	4943.2	6063.2	7073.1	8863.3	11031.9	12354.5	14074.2	14197.98	6040.5
内蒙古	5475.4	7336.8	8926.5	10365.2	11875.7	14217.4	17591.8	13702.2	15080.01	14013.2
辽　宁	10019.1	12292.5	16043.0	17726.3	21836.3	25107.7	24730.8	17917.9	6692.25	6676.7
吉　林	5038.9	6411.6	7870.4	7441.7	9511.5	9979.3	11339.6	12705.3	13923.20	13283.9
黑龙江	3656.0	5028.8	6812.6	7475.4	9694.7	11453.1	9829.0	10182.9	10648.35	11292
上　海	4823.1	5043.8	5108.9	4962.1	5117.6	5647.8	6016.4	6352.7	6755.88	7246.6
江　苏	15300.6	18949.9	23184.3	26692.6	30854.2	36373.3	41938.6	46246.9	49663.21	53277
浙　江	9323.0	10742.3	12376.0	14185.3	17649.4	20782.1	24262.8	27323.3	30276.07	31696
安　徽	6747.0	8990.7	11542.9	12455.7	15425.8	18621.9	21875.6	24386.0	27033.38	29275.1
福　建	5207.7	6231.2	8199.1	9910.9	12439.9	15327.4	18177.9	21301.4	23237.35	26416.3
江　西	4745.4	6643.1	8772.3	9087.6	10774.2	12850.3	15079.3	17388.1	19694.21	22085.3
山　东	15435.9	19034.5	23280.5	26749.7	31256.0	36789.1	42495.5	48312.4	53322.94	55202.7
河　南	10490.6	13704.5	16585.9	17769.0	21450.0	26087.5	30782.2	35660.3	40415.09	44496.9
湖　北	5647.0	7866.9	10262.7	12557.3	15578.3	19307.3	22915.3	26563.9	30011.65	32282.4
湖　南	5534.0	7703.4	9663.6	11880.9	14523.2	17841.4	21242.9	25045.1	28353.33	31959.2
广　东	10868.7	12933.1	15623.7	17069.2	18751.5	22308.4	26293.9	30343.0	33303.64	37761.7
广　西	3756.4	5237.2	7057.6	7990.7	9808.6	11907.7	13843.2	16227.8	18236.78	20499.1
海　南	705.4	988.3	1317.0	1657.2	2145.4	2697.9	3112.2	3451.2	3890.45	4244.4
重　庆	3979.6	5214.3	6688.9	7473.4	8736.2	10435.2	12285.4	14353.2	16048.10	17537
四　川	7127.8	11371.9	13116.7	14222.2	17040.0	20326.1	23318.6	25525.9	28811.95	31902.1
贵　州	1864.5	2412.0	3104.9	4235.9	5717.8	7373.6	9025.8	10945.5	13204.00	15503.9
云　南	3435.9	4526.4	5528.7	6191.0	7831.1	9968.3	11498.5	13500.6	16119.40	18936
西　藏	309.9	378.3	462.7	516.3	670.5	876.0	1069.2	1295.7	1596.05	1975.6
陕　西	4614.4	6246.9	7963.7	9431.1	12044.5	14884.1	17191.9	18582.2	20825.25	23819.4
甘　肃	1712.8	2363.0	3158.3	3965.8	5145.0	6527.9	7884.1	8754.2	9663.99	5827.8
青　海	583.2	798.2	1016.9	1435.6	1883.4	2361.1	2861.2	3210.6	3528.05	3883.6
宁　夏	828.9	1075.9	1444.2	1644.7	2096.9	2651.1	3173.8	3505.4	3794.25	3728.4
新　疆	2260.0	2725.5	3423.2	4632.1	6158.8	7732.3	9447.7	10813.0	10287.53	12089.1
不分地区	3734.9	5779.7	6759.1	5651.3	6106.4	5655.4	6268.4	5552.4	5378.02	5220.3

注：本表“全国”指不含港、澳、台地区的大陆各省、直辖市、自治区。以下各表的“全国”同此注。

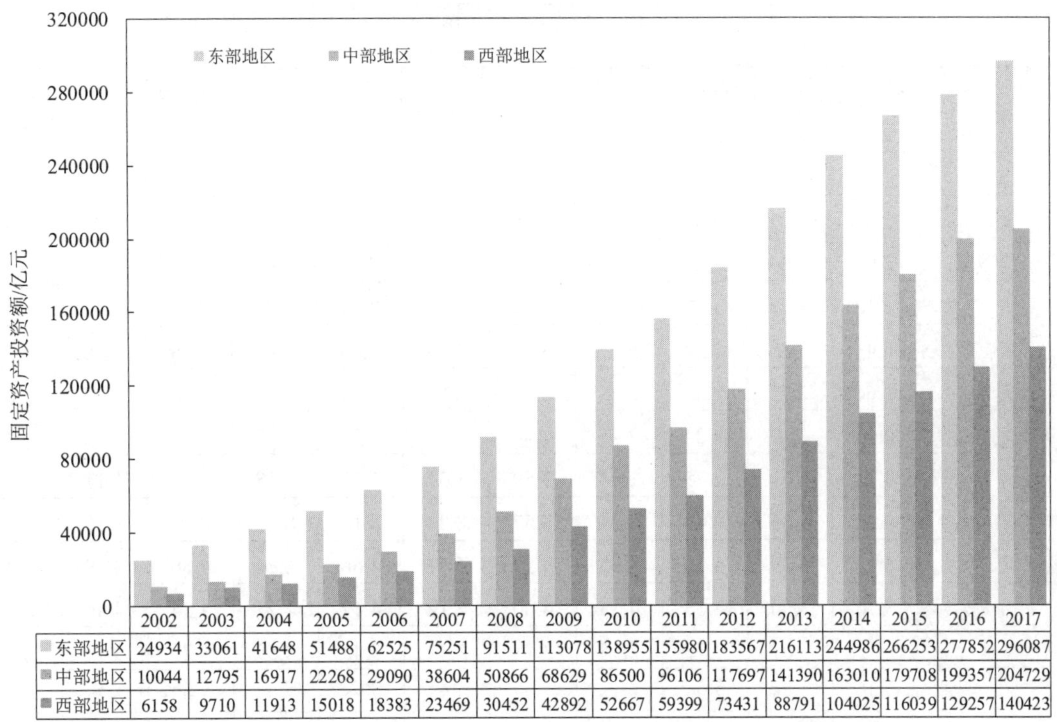

	2002	2003	2004	2005	2006	2007	2008	2009	2010	2011	2012	2013	2014	2015	2016	2017
东部地区	24934	33061	41648	51488	62525	75251	91511	113078	138955	155980	183567	216113	244986	266253	277852	296087
中部地区	10044	12795	16917	22268	29090	38604	50866	68629	86500	96106	117697	141390	163010	179708	199357	204729
西部地区	6158	9710	11913	15018	18383	23469	30452	42892	52667	59399	73431	88791	104025	116039	129257	140423

图 A-12　2002～2017 年三大地区固定资产投资变化图

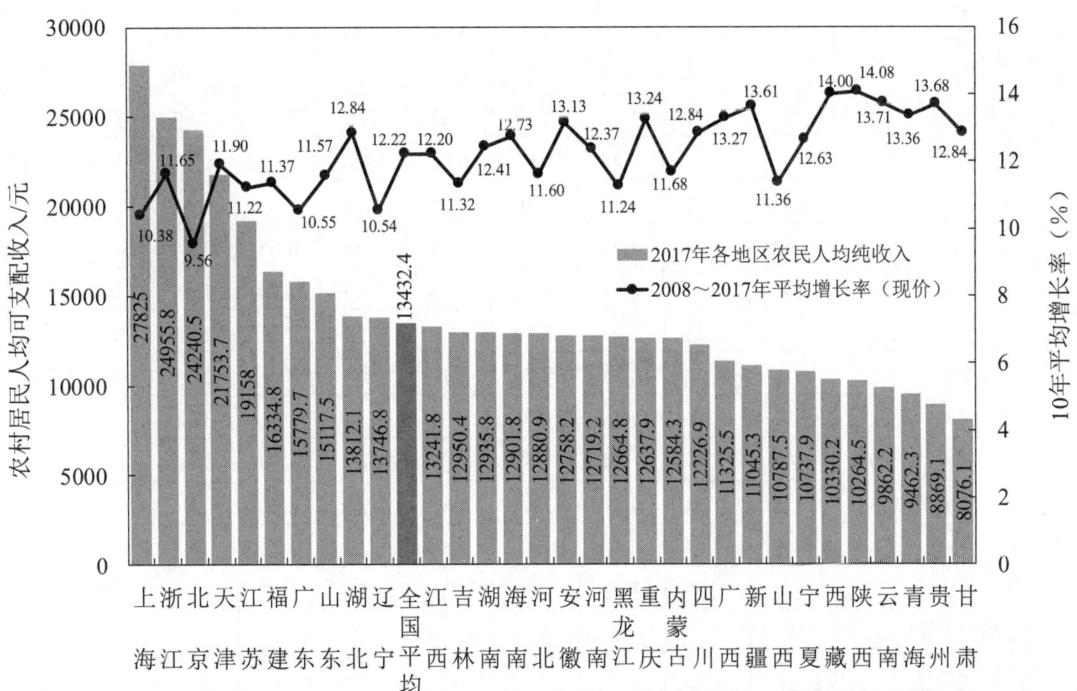

图 A-13　2017 年各地区农村居民人均可支配收入

表 A-13 各地区固定资产投资占全国的比例（全国=100%）

地 区	2007 年	2008 年	2009 年	2010 年	2011 年	2012 年	2013 年	2014 年	2015 年	2016 年	2017 年
北 京（%）	2.85	2.21	2.06	1.94	1.79	1.63	1.53	1.35	1.33	1.31	1.31
天 津（%）	1.71	1.96	2.11	2.26	2.27	2.12	2.05	2.05	2.11	2.11	1.76
河 北（%）	5.01	5.13	5.46	5.42	5.26	5.25	5.20	5.21	5.24	5.24	5.21
山 西（%）	2.08	2.04	2.20	2.18	2.27	2.37	2.47	2.41	2.50	2.34	0.94
内蒙古（%）	3.18	3.17	3.27	3.21	3.33	3.17	3.19	3.44	2.44	2.49	2.19
辽 宁（%）	5.41	5.80	5.47	5.77	5.69	5.83	5.63	4.83	3.19	1.10	1.04
吉 林（%）	2.66	2.92	2.85	2.83	2.39	2.54	2.24	2.21	2.26	2.30	2.07
黑龙江（%）	2.06	2.12	2.24	2.45	2.40	2.59	2.57	1.92	1.81	1.76	1.76
上 海（%）	3.22	2.79	2.25	1.84	1.59	1.37	1.27	1.18	1.13	1.11	1.13
江 苏（%）	8.93	8.85	8.44	8.34	8.57	8.23	8.15	8.19	8.23	8.19	8.31
浙 江（%）	6.13	5.39	4.78	4.45	4.55	4.71	4.66	4.74	4.86	4.99	4.94
安 徽（%）	3.70	3.90	4.00	4.15	4.00	4.12	4.17	4.27	4.34	4.46	4.57
福 建（%）	3.12	3.01	2.77	2.95	3.18	3.32	3.43	3.55	3.79	3.83	4.12
江 西（%）	2.40	2.75	2.96	3.15	2.92	2.88	2.88	2.95	3.09	3.25	3.44
山 东（%）	9.13	8.93	8.47	8.37	8.59	8.34	8.24	8.30	8.60	8.79	8.61
河 南（%）	5.83	6.07	6.10	5.96	5.70	5.72	5.85	6.01	6.35	6.66	6.94
湖 北（%）	3.15	3.27	3.50	3.69	4.03	4.16	4.33	4.48	4.73	4.95	5.03
湖 南（%）	3.03	3.20	3.43	3.47	3.81	3.88	4.00	4.15	4.46	4.68	4.98
广 东（%）	6.77	6.29	5.76	5.62	5.48	5.00	5.00	5.14	5.40	5.49	5.89
广 西（%）	2.14	2.17	2.33	2.54	2.57	2.62	2.67	2.70	2.89	3.01	3.20
海 南（%）	0.37	0.41	0.44	0.47	0.53	0.57	0.60	0.61	0.61	0.64	0.66
重 庆（%）	2.28	2.30	2.32	2.41	2.40	2.33	2.34	2.40	2.55	2.65	2.73
四 川（%）	4.11	4.12	5.06	4.72	4.57	4.55	4.55	4.55	4.54	4.75	4.98
贵 州（%）	1.08	1.08	1.07	1.12	1.36	1.53	1.65	1.76	1.95	2.18	2.42
云 南（%）	2.01	1.99	2.02	1.99	1.99	2.09	2.23	2.25	2.40	2.66	2.95
西 藏（%）	0.20	0.18	0.17	0.17	0.17	0.18	0.20	0.21	0.23	0.26	0.31
陕 西（%）	2.49	2.67	2.78	2.86	3.03	3.21	3.34	3.36	3.31	3.43	3.71
甘 肃（%）	0.95	0.99	1.05	1.14	1.27	1.37	1.46	1.54	1.56	1.59	0.91
青 海（%）	0.35	0.34	0.36	0.37	0.46	0.50	0.53	0.56	0.57	0.58	0.61
宁 夏（%）	0.44	0.48	0.48	0.52	0.53	0.56	0.59	0.62	0.62	0.63	0.58
新 疆（%）	1.35	1.31	1.21	1.23	1.49	1.64	1.73	1.85	1.92	1.70	1.89
不分地区（%）	1.84	2.16	2.57	2.43	1.81	1.63	1.27	1.22	0.99	0.89	0.81

表 A-14　2017 年分地区货物进出口总额（按收发货人所在地分）

（单位：亿美元）

地　区	进出口	出口	进口
全　国 合　计	41071.6	22633.7	18437.9
北　京	3240.2	585.7	2654.5
天　津	1129.2	435.6	693.6
河　北	498.6	313.6	185.0
山　西	171.9	102.0	69.9
内蒙古	138.7	48.8	90.0
辽　宁	996.0	448.7	547.3
吉　林	185.4	44.2	141.2
黑龙江	189.5	52.1	137.4
上　海	4762.0	1936.4	2825.5
江　苏	5907.8	3630.3	2277.5
浙　江	3779.1	2867.9	911.1
安　徽	540.2	306.0	234.3
福　建	1710.2	1049.2	661.0
江　西	443.4	324.9	118.5
山　东	2645.5	1470.4	1175.1
河　南	776.3	470.3	306.0
湖　北	463.4	304.9	158.5
湖　南	360.3	231.7	128.6
广　东	10066.8	6228.7	3838.1
广　西	578.8	280.9	297.9
海　南	103.7	43.7	60.1
重　庆	666.0	426.0	240.1
四　川	681.1	375.5	305.5
贵　州	81.6	57.9	23.7
云　南	234.5	114.7	119.8
西　藏	8.6	4.3	4.3
陕　西	402.0	245.4	156.6
甘　肃	48.3	17.1	31.2
青　海	6.6	4.2	2.3
宁　夏	50.4	36.5	13.9
新　疆	205.7	176.3	29.4

表 A-15 各季度各层次货币供应量

年份	季 度	广义货币供应量 M2		狭义货币供应量 M1		流通中的现金 M0	
		季末余额/亿元	同比增长率（%）	季末余额/亿元	同比增长率（%）	季末余额/亿元	同比增长率（%）
2010	第 1 季度	649947.46	22.49	229397.93	29.94	39080.58	15.81
	第 2 季度	673921.72	18.46	240580.00	24.56	38904.85	15.65
	第 3 季度	696471.50	18.97	243821.90	20.88	41854.41	13.77
	第 4 季度	725851.79	18.95	266621.54	20.40	44628.17	16.68
2011	第 1 季度	758130.88	16.64	266255.48	16.07	44845.22	14.75
	第 2 季度	780820.85	15.86	274662.57	14.17	44477.80	14.32
	第 3 季度	787406.20	13.06	267193.16	9.59	47145.29	12.64
	第 4 季度	851590.90	17.32	289847.70	8.71	50748.46	13.71
2012	第 1 季度	895565.50	18.13	277998.11	4.41	49595.74	10.59
	第 2 季度	924991.20	18.46	287526.17	4.68	49284.64	10.81
	第 3 季度	943688.75	19.85	286788.21	7.33	53433.49	13.34
	第 4 季度	974148.80	14.39	308664.23	6.49	54659.77	7.71
2013	第 1 季度	1035858.37	15.67	310898.29	11.83	55460.52	11.83
	第 2 季度	1054403.69	13.99	313499.82	9.03	54063.91	9.70
	第 3 季度	1077379.16	14.17	312330.34	8.91	56492.53	5.72
	第 4 季度	1106509.15	13.59	337260.63	9.26	58558.31	7.13
2014	第 1 季度	1275332.78	23.12	337210.52	8.46	61949.81	11.70
	第 2 季度	1333375.36	26.46	356082.86	13.58	58604.26	8.40
	第 3 季度	1359824.06	26.22	364416.90	16.68	61022.97	8.02
	第 4 季度	1392278.11	25.83	400953.44	18.89	63216.58	7.95
2015	第 1 季度	1275332.78	9.88	337210.52	2.91	61949.81	6.21
	第 2 季度	1333375.36	10.23	356082.86	4.27	58604.26	2.90
	第 3 季度	1359824.06	13.13	364416.9	11.37	61022.97	3.70
	第 4 季度	1392278.11	13.34	400953.44	15.20	63216.58	4.91
2016	第 1 季度	1275332.78	0.00	411581.31	22.05	64651.21	4.36
	第 2 季度	1490491.83	11.78	443634.70	24.59	62818.89	7.19
	第 3 季度	1516360.50	11.51	454340.25	24.68	65068.62	6.63
	第 4 季度	1550066.67	11.33	486557.24	21.35	68303.87	8.05
2017	第 1 季度	1599609.57	25.43	488770.09	18.75	68605.05	6.12
	第 2 季度	1631282.53	9.45	510228.17	15.01	66977.68	6.62
	第 3 季度	1655662.07	9.19	517863.04	13.98	69748.54	7.19
	第 4 季度	1676768.54	8.17	543790.15	11.76	70645.60	3.43

注：1. 自 2011 年 10 月起，货币供应量包括住房公积金中心存款和非存款类金融机构在存款类金融机构的存款。

2. 2014 年、2015 年、2016 年、2017 年数据来源于中国人民银行调查统计司网站。

表 A-16　各地区农村居民家庭年人均可支配收入

（单位：元）

地区	2008 年	2009 年	2010 年	2011 年	2012 年	2013 年	2014 年	2015 年	2016 年	2017 年
全国平均	4760.62	5153.17	5919.01	6977.29	7916.58	9429.59	10488.88	11421.70	12363.4	13432.4
北　京	10661.9	11668.6	13262.3	14735.68	16475.74	17101.18	18867.30	20568.70	22309.5	24240.5
天　津	7910.78	8687.56	10074.9	12321.22	14025.54	15352.60	17014.18	18481.60	20075.6	21753.7
河　北	4795.46	5149.67	5957.98	7119.69	8081.39	9187.71	10186.14	11050.50	11919.4	12880.9
山　西	4097.24	4244.10	4736.25	5601.4	6356.63	7949.47	8809.44	9453.90	10082.5	10787.5
内蒙古	4656.18	4937.80	5529.59	6641.56	7611.31	8984.92	9976.30	10775.90	11609.0	12584.3
辽　宁	5576.48	5958.00	6907.93	8296.54	9383.72	10161.21	11191.49	12056.90	12880.7	13746.8
吉　林	4932.74	5265.91	6237.44	7509.95	8598.17	9780.68	10780.12	11326.20	12122.9	12950.4
黑龙江	4855.59	5206.76	6210.72	7590.68	8603.85	9369.01	10453.20	11095.20	11831.9	12664.8
上　海	11440.3	12483.0	13978.0	16053.79	17803.68	19208.31	21191.64	23205.20	25520.4	27825.0
江　苏	7356.47	8003.54	9118.24	10804.95	12201.95	13521.29	14958.44	16256.70	17605.6	19158.0
浙　江	9257.93	10007.3	11302.6	13070.69	14551.92	17493.92	19373.28	21125.00	22866.1	24955.8
安　徽	4202.49	4504.32	5285.17	6232.21	7160.46	8850.00	9916.42	10820.70	11720.5	12758.2
福　建	6196.07	6680.18	7426.86	8778.55	9967.17	11404.85	12650.19	13792.70	14999.2	16334.8
江　西	4697.19	5075.01	5788.56	6891.63	7829.43	9088.78	10116.58	11139.10	12137.7	13241.8
山　东	5641.43	6118.77	6990.28	8342.13	9446.54	10686.86	11882.26	12930.40	13954.1	15117.5
河　南	4454.24	4806.95	5523.73	6604.03	7524.94	8969.11	9966.07	10852.90	11696.7	12719.2
湖　北	4656.38	5035.26	5832.27	6897.92	7851.71	9691.80	10849.06	11843.90	12725.0	13812.1
湖　南	4512.46	4909.04	5621.96	6567.06	7440.17	9028.55	10060.17	10992.50	11930.4	12935.8
广　东	6399.79	6906.93	7890.25	9371.73	10542.84	11067.79	12245.56	13360.40	14512.2	15779.7
广　西	3690.34	3980.44	4543.41	5231.33	6007.55	7793.08	8683.18	9466.60	10359.5	11325.5
海　南	4389.97	4744.36	5275.37	6446.01	7408.00	8801.73	9912.57	10857.60	11842.9	12901.8
重　庆	4126.21	4478.35	5276.66	6480.41	7383.27	8492.55	9489.82	10504.70	11548.8	12637.9
四　川	4121.21	4462.05	5086.89	6128.55	7001.43	8380.69	9347.74	10247.40	11203.1	12226.9
贵　州	2796.93	3005.41	3471.93	4145.35	4753.00	5897.77	6671.22	7386.90	8090.3	8869.1
云　南	3102.60	3369.34	3952.03	4721.99	5416.54	6723.64	7456.13	8242.10	9019.8	9862.2
西　藏	3175.82	3531.72	4138.71	4904.28	5719.38	6553.38	7359.20	8243.70	9093.8	10330.2
陕　西	3136.46	3437.55	4104.98	5027.87	5762.52	7092.20	7932.21	8688.90	9396.4	10264.5
甘　肃	2723.79	2908.10	3424.65	3909.37	4506.66	5588.78	6276.59	6936.20	7456.9	8076.1
青　海	3061.24	3346.15	3862.68	4608.46	5364.38	6461.59	7282.73	7933.40	8664.4	9462.3
宁　夏	3681.42	4048.33	4674.89	5409.95	6180.32	7598.67	8410.02	9118.70	9851.6	10737.9
新　疆	3502.90	3883.10	4642.67	5442.15	6393.68	7846.59	8723.83	9425.10	10183.2	11045.3

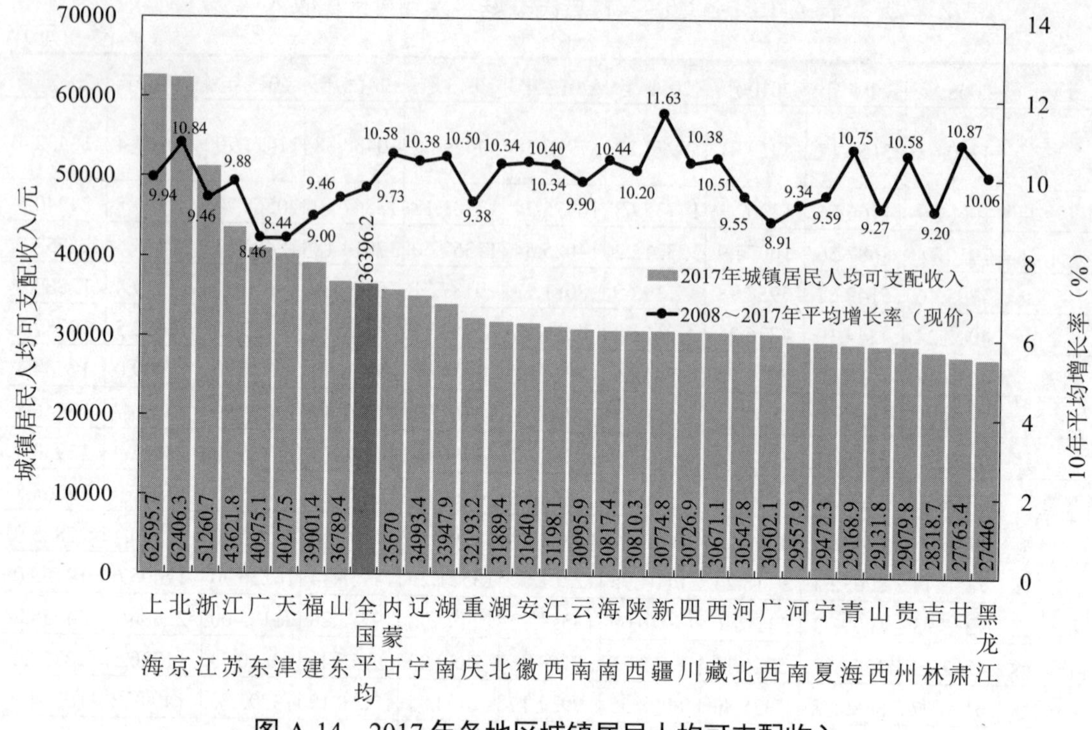

图 A-14 2017 年各地区城镇居民人均可支配收入

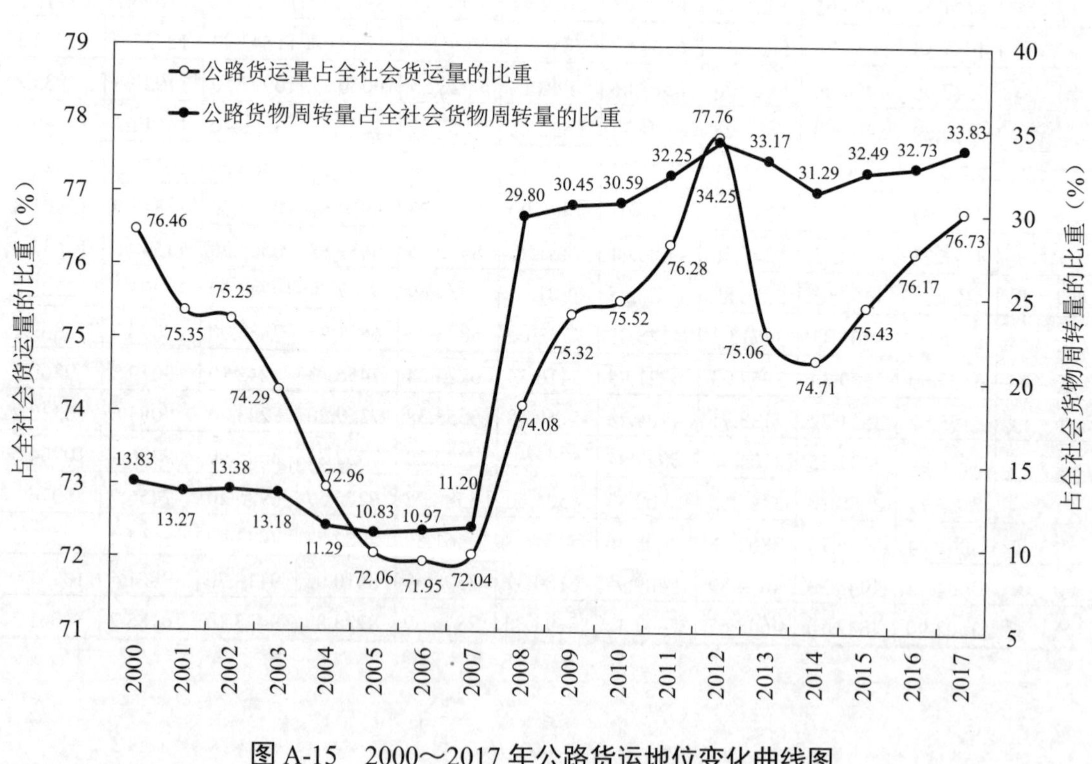

图 A-15 2000～2017 年公路货运地位变化曲线图

表 A-17 各地区城镇居民家庭年人均可支配收入

（单位：元）

地区	2008 年	2009 年	2010 年	2011 年	2012 年	2013 年	2014 年	2015 年	2016 年	2017 年
全国平均	15780.76	17174.65	19109.44	21809.78	24564.72	26955.10	28843.85	31194.8	33616.2	36396.2
北 京	24724.89	26738.48	29072.93	32903.03	36468.75	40321.00	48531.85	52859.2	57275.3	62406.3
天 津	19422.53	21402.01	24292.60	26920.86	29626.41	32293.57	31506.03	34101.3	37109.6	40277.5
河 北	13441.09	14718.25	16263.43	18292.23	20543.44	22580.35	24141.34	26152.2	28249.4	30547.8
山 西	13119.05	13996.55	15647.66	18123.87	20411.71	22455.63	24069.43	25827.7	27352.3	29131.8
内蒙古	14432.55	15849.19	17698.15	20407.57	23150.26	25496.67	28349.64	30594.1	32974.9	35670.0
辽 宁	14392.69	15761.38	17712.58	20466.84	23222.67	25578.17	29081.75	31125.7	32876.1	34993.4
吉 林	12829.45	14006.27	15411.47	17796.57	20208.04	22274.60	23217.82	24900.9	26530.4	28318.7
黑龙江	11581.28	12565.98	13856.51	15696.18	17759.75	19596.96	22609.03	24202.6	25736.4	27446.0
上 海	26674.9	28837.78	31838.08	36230.48	40188.34	43851.36	48841.40	52961.9	57691.7	62595.7
江 苏	18679.52	20551.72	22944.26	26340.73	29676.97	32537.53	34346.26	37173.5	40151.6	43621.8
浙 江	22726.66	24610.81	27359.02	30970.68	34550.30	37850.84	40392.72	43714.5	47237.2	51260.7
安 徽	12990.35	14085.74	15788.17	18606.13	21024.21	23114.22	24838.52	26935.8	29156.0	31640.3
福 建	17961.45	19576.83	21781.31	24907.4	28055.24	30816.37	30722.39	33275.3	36014.3	39001.4
江 西	12866.44	14021.54	15481.12	17494.87	19860.36	21872.68	24309.19	26500.1	28673.3	31198.1
山 东	16305.41	17811.04	19945.83	22791.84	25755.19	28264.10	29221.94	31545.3	34012.1	36789.4
河 南	13231.11	14371.56	15930.26	18194.80	20442.62	22398.03	23672.06	25575.6	27232.9	29557.9
湖 北	13152.86	14367.48	16058.37	18373.87	20839.59	22906.42	24852.28	27051.5	29385.8	31889.4
湖 南	13821.16	15048.31	16565.70	18844.05	21318.76	23413.99	26570.16	28838.1	31283.9	33947.9
广 东	19732.86	21547.72	23897.80	26897.48	30226.71	33090.05	32148.11	34757.2	37684.3	40975.1
广 西	14146.04	15451.48	17063.89	18854.06	21242.80	23305.38	24669.00	26415.9	28324.4	30502.1
海 南	12607.84	13750.85	15581.05	18368.95	20917.71	22928.90	24486.53	26356.4	28453.5	30817.4
重 庆	14367.55	15748.67	17532.43	20249.7	22968.14	25216.13	25147.23	27238.8	29610.0	32193.2
四 川	12633.38	13839.40	15461.16	17899.12	20306.99	22367.63	24234.41	26205.3	28335.3	30726.9
贵 州	11758.76	12862.53	14142.74	16495.01	18700.51	20667.07	22548.21	24579.6	26742.6	29079.8
云 南	13250.22	14423.93	16064.54	18575.62	21074.50	23235.53	24299.01	26373.2	28610.6	30995.9
西 藏	12481.51	13544.41	14980.47	16195.56	18028.32	20023.35	22015.81	25456.6	27802.4	30671.1
陕 西	12857.89	14128.76	15695.21	18245.23	20733.88	22858.37	24365.76	26420.2	28440.1	30810.3
甘 肃	10969.41	11929.78	13188.55	14988.68	17156.89	18964.78	21803.86	23767.1	25693.5	27763.4
青 海	11640.43	12691.85	13854.99	15603.31	17566.28	19498.54	22306.57	24542.3	26757.4	29168.9
宁 夏	12931.53	14024.70	15344.49	17578.92	19831.41	21833.33	23284.56	25186.0	27153.0	29472.3
新 疆	11432.10	12257.52	13643.77	15513.62	17920.68	19873.77	23214.03	26274.7	28463.4	30774.8

表 A-18 2017 年年底各地区分等级公路里程

（单位：km）

地 区	公路里程	等级公路	其中			等外公路
			高速	一级	二级	
全国总计	4773469	4338560	136449	105224	380481	434909
北 京	22226	22226	1013	1450	3985	—
天 津	16532	16532	1248	1204	3133	—
河 北	191693	186266	6531	5983	20419	5427
山 西	142855	140201	5335	2638	15691	2654
内蒙古	199423	192222	6320	7056	17235	7201
辽 宁	122705	111358	4212	4094	18212	11347
吉 林	103896	98908	3119	2154	9498	4988
黑龙江	165989	140698	4512	2657	11797	25291
上 海	13322	13322	829	502	3607	—
江 苏	158475	155803	4688	14234	23084	2672
浙 江	120101	118848	4154	6765	10263	1253
安 徽	203285	201081	4673	4151	10879	2204
福 建	108012	91297	5039	1161	10669	16715
江 西	162285	134863	5916	2917	10837	27422
山 东	270590	269698	5821	10312	24854	892
河 南	267805	232813	6523	3350	26360	34992
湖 北	269484	259591	6252	5874	22712	9893
湖 南	239724	217251	6419	1669	13865	22473
广 东	219580	206461	8347	11628	19210	13119
广 西	123259	112619	5259	1443	12714	10640
海 南	30684	30232	795	374	1781	452
重 庆	147881	120915	3023	773	7963	26966
四 川	329950	294809	6821	3669	14912	35142
贵 州	194379	148839	5835	1313	7468	45540
云 南	242546	208526	5022	1354	11941	34021
西 藏	89343	77911	38	578	1038	11432
陕 西	174395	159026	5279	1575	9393	15369
甘 肃	142252	124788	4016	429	8894	17465
青 海	80895	68470	3223	680	7522	12425
宁 夏	34561	34432	1609	1845	3820	129
新 疆	185338	148554	4578	1392	16725	36783

表 A-19　历年货运量及货物周转量

年　份	货运量/万 t		公路比例（%）	货物周转量/亿 t·km		公路比例（%）
	全社会	公路		全社会	公路	
2000	1358682	1038813	76.46	44321	6129.4	13.83
2001	1401786	1056312	75.35	47710	6330.4	13.27
2002	1483446	1116324	75.25	50686	6782.5	13.38
2003	1561422	1159957	74.29	53859	7099.5	13.18
2004	1706412	1244990	72.96	69445	7840.9	11.29
2005	1862066	1341778	72.06	80258	8693.2	10.83
2006	2037892	1466347	71.95	88952	9754.2	10.97
2007	2275822	1639432	72.04	101419	11354.7	11.20
2008	2587413	1916759	74.08	110301	32868.2	29.80
2009	2825222	2127834	75.32	122133	37189.0	30.45
2010	3241807	2448052	75.52	141837	43389.7	30.59
2011	3696961	2820100	76.28	159324	51374.7	32.25
2012	4100436	3188475	77.78	173804	59535.0	34.26
2013	4098900	3076648	75.06	168014	55738.1	33.17
2014	4167296	3113334	74.71	181668	56846.9	31.29
2015	4175886	3150019	75.43	178356	57955.7	32.49
2016	4386763	3341259	76.17	186629	61080.1	32.73
2017	4804850	3686858	76.73	197373.00	66771.5	33.83

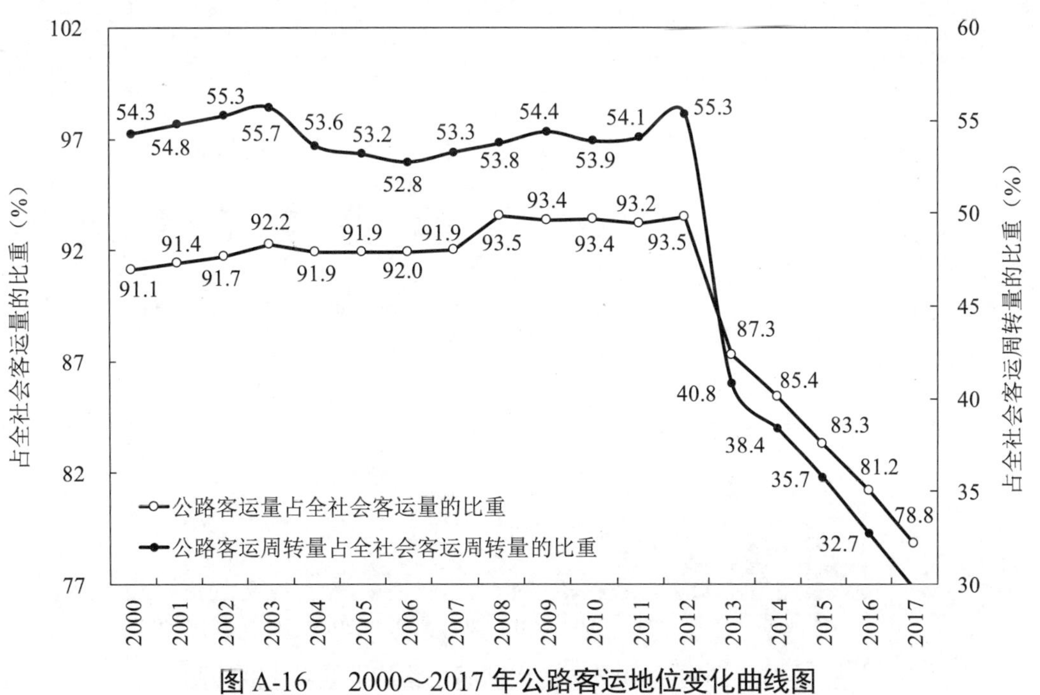

图 A-16　2000～2017 年公路客运地位变化曲线图

表 A-20 历年客运量及客运周转量

年份	客运量/万人		公路比例	客运周转量/亿人·km		公路比例
	全社会	公路	(%)	全社会	公路	(%)
2000	1478573	1347392	91.13	12261	6657	54.30
2001	1534122	1402798	91.44	13155	7207	54.79
2002	1608150	1475257	91.74	14126	7806	55.26
2003	1587497	1464335	92.24	13811	7696	55.72
2004	1767453	1624526	91.91	16309	8748	53.64
2005	1847018	1697381	91.90	17467	9292	53.20
2006	2024158	1860487	91.91	19197	10131	52.77
2007	2227761	2050680	92.05	21593	11507	53.29
2008	2867892	2682114	93.52	23197	12476	53.78
2009	2976898	2779081	93.35	24835	13511	54.40
2010	3269508	3052738	93.37	27894	15021	53.85
2011	3526319	3286220	93.19	30984	16760.2	54.09
2012	3804035	3557010	93.51	33383	18468	55.32
2013	2122992	1853463	87.30	27572	11251	40.81
2014	2032218	1736270	85.44	28647	10997	38.39
2015	1943271	1619097	83.32	30059	10743	35.74
2016	1900194	1542759	81.19	31259	10229	32.72
2017	1848620	1456784	78.80	32812.8	9765.2	29.76

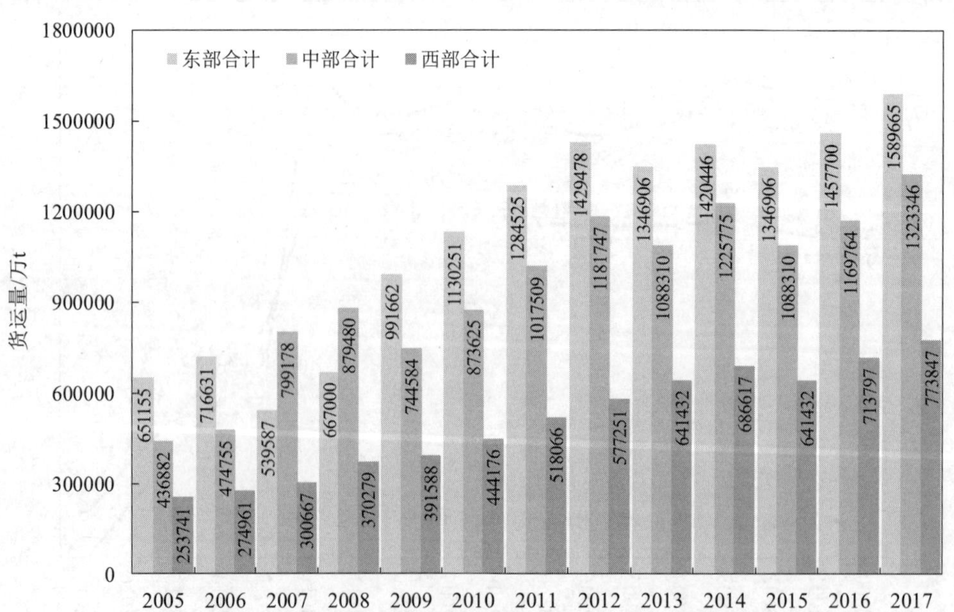

图 A-17 2005～2017 年三大地区公路货运量变化曲线图

表 A-21　各地区公路货运量

（单位：万 t）

地　区	2008 年	2009 年	2010 年	2011 年	2012 年	2013 年	2014 年	2015 年	2016 年	2017 年
全国合计	1916759	2127834	2448052	2820100	3188475	3076648	3332838	3150019	3341259	3686858
北　京	18689	18753	20184	23276	24925	24651	25416	19044	19972	19374
天　津	18160	19800	20855	23505	27735	28206	31130	30551	32841	34720
河　北	91342	106530	135938	166680	195530	172492	185286	175637	189822	207340
山　西	66710	54786	60819	65201	73150	82834	88491	91240	102200	114880
内蒙古	60941	70832	85162	103651	125260	97058	126704	119500	130613	147483
辽　宁	92938	105088	127361	151773	174355	172923	189174	172140	177371	184273
吉　林	23558	27032	33013	39308	47130	38063	41830	38708	40777	44728
黑龙江	35424	36486	40582	44420	47465	45288	47173	44200	42897	44127
上　海	40328	37745	40890	42685	42911	43877	42848	40627	39055	39743
江　苏	95625	104002	123500	140803	153698	103709	114449	113351	117166	128915
浙　江	91625	95802	103394	108654	113393	107186	117070	122547	133999	151920
安　徽	140381	157991	183658	219467	259461	284534	315223	230649	244526	280471
福　建	38367	40317	45575	52558	59431	69876	82573	79802	85770	95599
江　西	70270	75200	88445	98358	113703	121279	137782	115436	122872	138074
山　东	216604	251587	264366	279380	296754	227746	230018	227934	249752	288052
河　南	118198	151343	183291	220122	251772	162040	179680	172431	184255	207066
湖　北	52759	59563	71020	82741	97136	100945	116279	115801	122656	147711
湖　南	98759	111351	127635	144241	166670	156269	172613	172248	178968	198806
广　东	101429	125433	140689	166567	189034	261273	257136	255995	272826	288904
广　西	64884	75766	93552	113549	135112	124677	134330	119194	128247	139602
海　南	9489	10839	13947	15095	16600	10290	11015	11279	10879	11223
重　庆	54589	58532	69438	82818	71272	71842	81206	86931	89390	95019
四　川	103068	106472	121017	139771	158396	151689	142132	138622	146046	158190
贵　州	25272	27031	30834	36684	44892	65100	78017	77341	82237	89298
云　南	39119	40765	45665	54186	63239	98675	103161	101993	109487	124064
西　藏	711	920	952	979	1042	1778	1871	2077	1906	2148
陕　西	60713	67963	77123	90419	104593	105566	119343	107731	113363	123721
甘　肃	18201	20812	24050	28790	39517	45072	50781	52281	54761	60117
青　海	6805	7173	7962	8952	9700	9588	11030	13233	14047	14871
宁　夏	21762	23263	25453	29016	32646	32502	34318	36995	37421	31659
新　疆	40039	38657	41682	46451	51954	59620	64758	64505	65139	74760

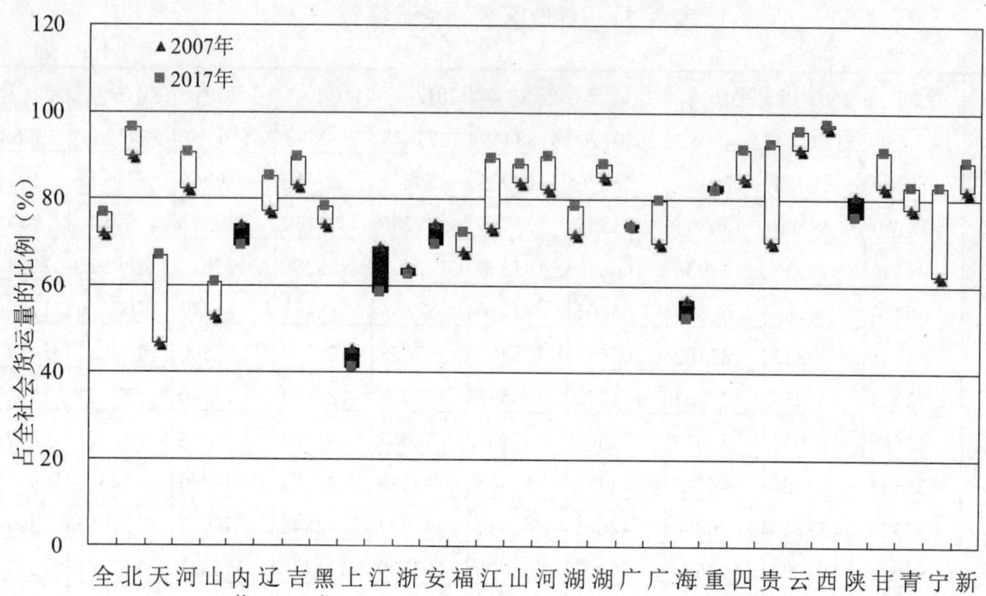

图 A-18 2007 年和 2017 年公路货运量占本地区全社会货运量的比例变化情况

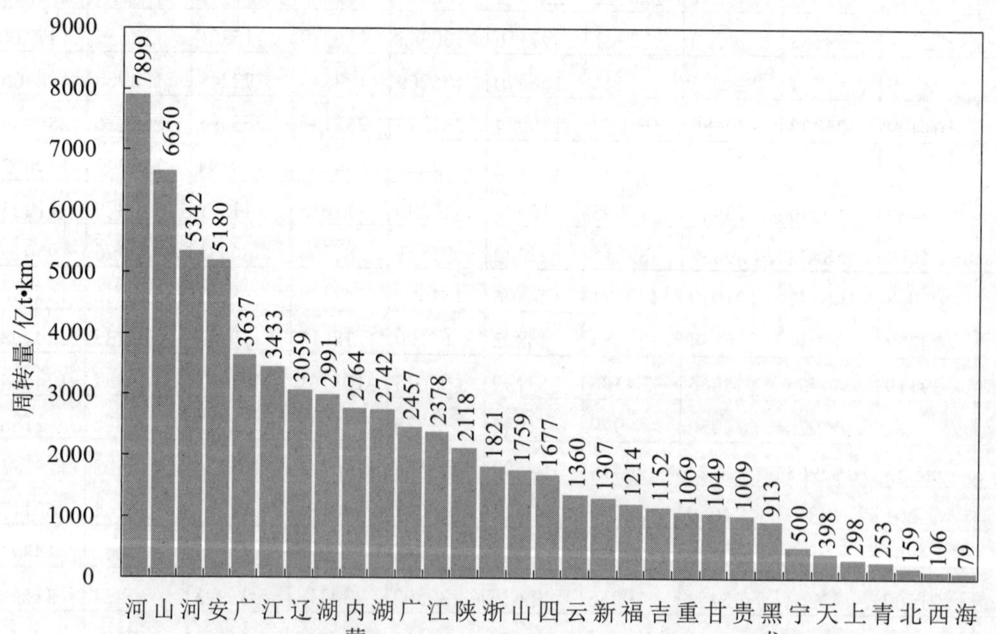

图 A-19 2017 年各地区公路货物周转量

表 A-22　各地区公路货运量占本地区全社会货运量的比例

地　区	2008 年	2009 年	2010 年	2011 年	2012 年	2013 年	2014 年	2015 年	2016 年	2017 年
全国平均（%）	74.08	75.32	75.52	76.28	77.78	75.06	75.97	75.43	76.17	76.73
北　京（%）	91.05	91.61	92.75	94.37	95.27	95.74	95.73	94.85	96.32	96.34
天　津（%）	53.23	46.78	52.12	53.91	60.27	62.36	62.57	62.63	65.02	67.03
河　北（%）	85.43	86.56	86.81	87.82	89.23	87.11	88.25	88.69	90.14	90.60
山　西（%）	52.58	50.02	48.90	48.50	50.59	53.08	53.66	56.40	61.17	60.62
内蒙古（%）	61.37	62.18	62.06	61.58	65.95	59.06	66.04	68.24	69.95	69.14
辽　宁（%）	76.59	77.81	80.36	82.05	84.32	83.59	85.16	85.21	85.66	85.26
吉　林（%）	75.74	77.74	81.06	82.84	85.99	84.94	86.58	89.33	90.50	89.63
黑龙江（%）	65.63	67.31	68.42	70.27	72.76	74.13	78.34	81.13	80.08	78.24
上　海（%）	47.78	49.23	46.86	45.92	45.63	52.05	47.62	44.70	44.22	41.04
江　苏（%）	68.44	68.16	68.99	69.52	69.86	57.05	58.35	56.96	57.98	58.46
浙　江（%）	65.86	63.21	60.45	58.30	59.12	56.81	60.27	60.90	62.16	62.65
安　徽（%）	77.92	80.34	80.52	81.76	83.04	71.78	72.58	66.71	67.07	69.52
福　建（%）	67.07	69.32	68.97	69.90	70.46	72.28	73.89	71.87	71.27	72.30
江　西（%）	86.83	87.38	87.89	87.94	89.39	89.72	90.72	88.56	88.96	89.40
山　东（%）	88.56	88.56	87.74	87.74	88.95	86.23	86.98	87.05	87.51	88.09
河　南（%）	85.38	89.06	90.31	91.33	92.52	87.67	89.48	89.41	89.41	89.98
湖　北（%）	73.38	75.41	76.02	77.39	79.01	77.06	77.13	75.24	75.50	78.52
湖　南（%）	85.03	86.37	85.35	85.59	87.24	84.68	85.01	86.25	86.66	88.14
广　东（%）	71.19	73.94	73.14	74.23	73.82	74.86	74.86	75.46	74.37	73.63
广　西（%）	78.06	80.20	81.01	83.41	83.74	82.49	82.40	79.61	79.78	79.94
海　南（%）	62.00	58.93	62.11	60.10	61.76	59.39	46.61	50.61	49.94	52.56
重　庆（%）	85.61	85.37	85.33	85.58	82.42	82.35	83.39	83.72	82.79	82.24
四　川（%）	89.84	90.04	90.11	89.99	90.85	90.42	89.37	89.67	90.73	91.48
贵　州（%）	77.30	77.67	77.60	81.72	85.26	89.54	91.06	91.48	91.86	92.78
云　南（%）	87.55	88.54	88.56	90.06	92.00	94.58	95.04	94.78	94.79	95.95
西　藏（%）	96.53	97.56	96.95	95.27	92.49	96.10	97.74	97.74	96.71	97.50
陕　西（%）	72.72	73.43	73.86	74.78	76.50	74.56	76.01	76.46	76.06	75.87
甘　肃（%）	76.67	78.23	79.45	81.63	86.22	87.58	88.72	89.75	90.27	90.81
青　海（%）	74.66	72.65	72.01	71.13	71.94	71.70	75.35	82.90	83.21	82.97
宁　夏（%）	83.18	79.55	78.74	78.71	79.40	79.44	83.08	86.79	86.50	82.91
新　疆（%）	86.88	85.82	86.01	87.23	88.37	89.11	89.73	91.27	90.52	88.58

表 A-23 各地区公路货物周转量

（单位：亿 t·km）

地 区	2009 年	2010 年	2011 年	2012 年	2013 年	2014 年	2015 年	2016 年	2017 年
全国合计	37188.8	43389.7	51374.7	59534.9	55738.08	61016.6	57955.7	61080.1	66771.52
北 京	87.9	101.6	132.3	139.8	156.19	165.2	156.4	161.3	159.24
天 津	205.9	231.2	266.7	318.2	313.70	349.0	345.2	372.5	398.02
河 北	2998.5	4011.2	5219.3	6133.5	6577.89	7019.6	6821.5	7294.6	7899.32
山 西	906.4	969.9	1047.1	1202.2	1278.57	1363.2	1374.8	1452.1	1758.66
内蒙古	1885.3	2261.1	2737.6	3299.8	1872.71	2103.5	2240.0	2423.6	2764.47
辽 宁	1550.5	1930.3	2328.5	2675.4	2792.02	3074.9	2850.7	2936.8	3058.58
吉 林	596.2	683.1	816.0	974.1	1100.00	1190.8	1051.2	1084.8	1151.59
黑龙江	657.1	762.4	843.5	929.0	972.92	1008.5	929.3	904.8	913.48
上 海	229.6	265.9	283.8	288.2	352.42	300.8	289.6	282.0	297.91
江 苏	971.1	1149.1	1315.3	1452.4	1790.40	1978.5	2073.0	2140.3	2377.90
浙 江	1188.7	1298.7	1434.8	1525.6	1322.13	1419.4	1513.9	1626.8	1821.22
安 徽	4237.2	5004.9	6123.2	7266.8	6544.02	7392.4	4721.9	4915.7	5179.68
福 建	507.2	578.3	659.5	771.1	821.44	974.8	1020.3	1094.7	1214.05
江 西	1536.5	1850.2	2066.8	2559.8	2829.02	3073.3	3022.7	3147.5	3432.95
山 东	6045.0	6216.8	6624.4	7059.2	5494.78	5711.4	5877.0	6071.4	6650.22
河 南	3927.1	4860.6	5949.0	6863.0	4488.01	4822.4	4542.7	4838.5	5341.67
湖 北	930.1	1079.1	1277.7	1565.4	2046.28	2340.6	2380.6	2506.9	2741.91
湖 南	1259.7	1539.4	1878.6	2392.5	2329.54	2578.9	2553.5	2686.6	2990.55
广 东	1518.4	1735.4	2150.0	2434.9	3003.36	3113.8	3108.8	3381.9	3636.89
广 西	934.7	1173.4	1494.0	1878.3	1857.18	2068.5	2122.6	2248.5	2456.69
海 南	79.4	90.8	97.1	109.4	75.42	81.5	78.7	76.1	78.61
重 庆	503.3	610.3	779.8	731.9	695.89	797.8	851.2	935.4	1068.96
四 川	851.3	985.1	1139.1	1325.2	1273.13	1510.5	1480.6	1565.3	1676.81
贵 州	241.6	286.7	350.1	464.6	610.64	776.9	782.5	873.2	1008.58
云 南	496.1	548.5	617.3	702.5	921.98	1002.3	1077.9	1173.1	1360.37
西 藏	25.4	26.6	27.1	27.9	81.46	86.0	96.1	94.5	105.82
陕 西	1032.4	1195.9	1469.7	1744.6	1685.02	1917.5	1826.8	1925.8	2118.21
甘 肃	489.7	524.1	647.4	894.6	811.21	992.6	912.1	949.6	1048.88
青 海	198.7	227.5	258.0	281.0	202.76	234.4	222.1	236.0	253.43
宁 夏	497.0	538.3	608.1	700.1	509.43	530.5	571.8	577.6	500.18
新 疆	600.9	653.0	732.9	823.8	928.54	1037.3	1060.5	1102.2	1306.66

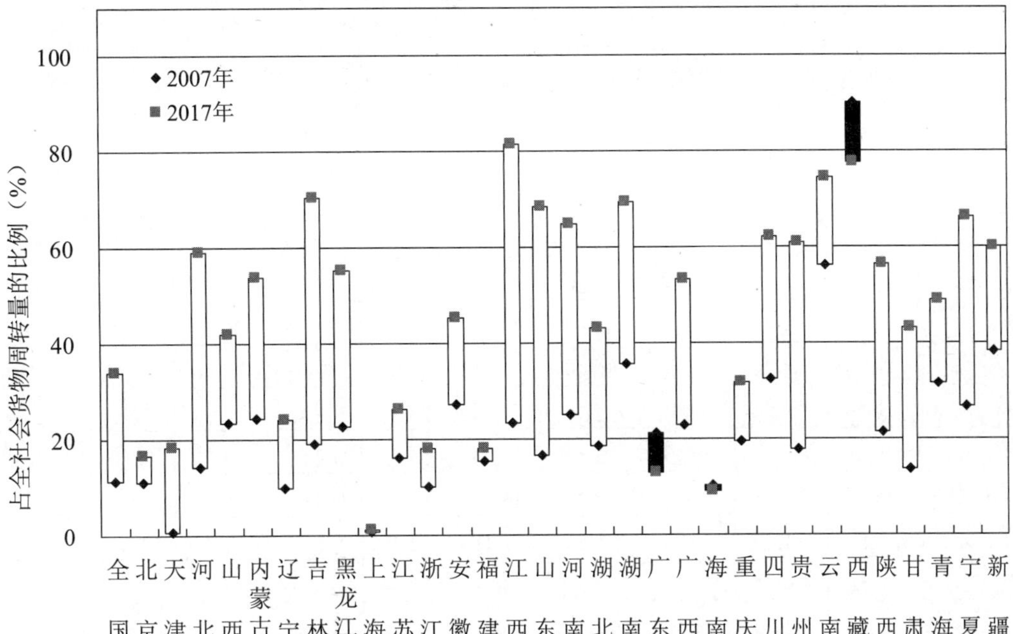

图 A-20 2007 年和 2017 年公路货物周转量占全社会货物周转量的比例变化情况

图 A-21 2000～2017 年全社会民用汽车保有量增长情况

表 A-24 公路货物周转量占全社会货物周转量的比例（分地区）

地区	2008年	2009年	2010年	2011年	2012年	2013年	2014年	2015年	2016年	2017年
全国平均（%）	29.80	30.45	30.59	32.25	34.26	33.17	32.83	32.49	32.73	33.8
北京（%）	11.08	12.01	11.59	13.24	13.96	14.86	15.93	17.35	19.54	16.6
天津（%）	6.59	2.14	2.30	2.58	4.06	10.13	9.69	13.70	16.18	18.3
河北（%）	43.00	46.81	49.70	54.20	57.84	56.35	55.34	56.81	59.15	59.0
山西（%）	43.02	37.92	34.15	34.19	35.98	35.59	36.74	39.98	40.73	42.0
内蒙古（%）	44.75	45.79	47.98	50.49	56.21	41.97	47.05	53.46	55.82	53.7
辽宁（%）	19.25	20.00	21.38	22.38	23.14	23.32	25.13	24.34	24.24	24.0
吉林（%）	48.68	51.08	53.28	56.18	61.03	65.42	69.89	73.75	73.37	70.4
黑龙江（%）	38.63	39.95	41.75	42.85	46.40	50.41	55.68	60.13	59.04	55.1
上海（%）	1.58	1.60	1.41	1.40	1.41	2.46	1.61	1.49	1.46	1.2
江苏（%）	20.58	20.77	20.56	18.90	18.38	18.04	18.99	25.07	27.96	26.3
浙江（%）	22.40	21.00	18.25	16.62	16.61	14.77	14.88	15.34	16.62	18.0
安徽（%）	64.58	67.03	69.97	72.50	74.02	53.05	54.76	45.39	45.11	45.3
福建（%）	20.18	20.52	19.43	19.42	19.92	20.85	20.39	18.73	18.03	17.9
江西（%）	65.38	65.83	68.04	69.24	74.55	77.72	80.29	80.53	80.75	81.4
山东（%）	50.63	54.84	52.54	52.22	63.72	67.06	69.20	69.81	68.34	68.4
河南（%）	57.99	63.81	67.49	69.74	72.32	61.82	65.16	65.38	65.53	64.9
湖北（%）	31.24	36.24	34.84	33.63	35.26	43.06	42.53	41.96	42.33	43.2
湖南（%）	46.18	50.12	52.60	55.74	60.16	60.79	62.32	65.55	66.22	69.5
广东（%）	27.67	31.83	30.38	31.14	25.45	32.54	21.04	20.89	15.51	13.0
广西（%）	38.48	39.99	40.09	42.95	45.69	48.16	50.58	52.26	52.78	53.3
海南（%）	11.11	10.02	9.13	7.10	7.06	12.14	5.48	6.66	7.18	9.1
重庆（%）	30.41	30.49	30.28	30.84	27.58	30.27	30.74	31.42	31.51	31.7
四川（%）	52.44	53.52	54.49	56.50	59.21	56.62	61.28	62.02	62.51	62.2
贵州（%）	28.60	26.09	28.50	33.01	39.55	47.17	53.89	56.74	58.91	60.9
云南（%）	57.06	57.18	57.90	60.26	62.54	67.70	69.34	71.85	73.31	74.5
西藏（%）	81.13	71.95	68.93	67.72	60.37	78.77	77.88	80.32	75.82	77.6
陕西（%）	44.62	46.53	48.52	52.03	54.65	52.65	54.45	55.98	55.90	56.3
甘肃（%）	29.77	30.24	29.71	31.78	38.04	34.34	39.46	40.98	43.76	43.0
青海（%）	55.59	54.56	54.20	53.05	53.26	44.86	46.23	49.85	49.61	48.8
宁夏（%）	67.92	66.23	65.75	65.18	65.69	58.35	63.39	70.00	70.44	66.4
新疆（%）	48.07	47.85	48.06	49.68	51.03	51.68	55.15	59.81	61.10	60.0

表 A-25　2006～2017 年年末全国民用汽车保有量

（单位：万辆）

年份	全社会民用汽车保有量①			营运汽车保有量②			私人汽车保有量		
	合计	载客汽车③	载货汽车	合计	载客汽车	载货汽车	合计	载客汽车	普通载货汽车
2006	3697.35	2619.57	986.30	802.58	161.92	640.66	2333.32	1823.57	494.91
2007	4358.36	3195.99	1054.06	849.22	164.73	684.49	2876.22	2316.91	539.45
2008	5099.61	3838.92	1126.07	930.61	169.64	760.97	3501.39	2880.50	596.39
2009	6280.61	4845.09	1368.60	1087.35	180.79	906.56	4574.91	3808.33	753.40
2010	7801.83	6124.30	1597.55	1132.32	83.13	1050.19	5938.71	4989.50	931.52
2011	9356.32	7478.37	1787.99	1263.75	84.34	1179.41	7326.79	6237.46	1067.43
2012	10933.09	8943.01	1894.75	1339.89	86.71	1253.19	8838.60	7637.87	1175.63
2013	12670.14	10561.78	2010.62	1504.73	85.26	1419.48	10501.68	9198.23	1275.49
2014	14598.11	12326.70	2125.46	1537.93	84.58	1453.36	12339.36	10945.39	1352.78
2015	16284.45	14095.88	2065.62	1473.12	83.93	1389.19	14099.10	12737.23	1330.65
2016	18574.54	16278.24	2171.89	1435.77	84.00	1351.77	16330.22	14896.27	1401.16
2017	20906.67	18469.54	2338.85	1450.22	81.61	1368.62	18515.11	17001.51	1478.4

① 汽车保有量分为载客汽车、载货汽车及其他汽车，此表中其他汽车省略。

② 营运汽车保有量 1999 年以前仅为公路部门营运汽车保有量，1999 年为全国营运汽车保有量。公路部门营运汽车总计中含公路部门直属企业营运汽车。

③ 小轿车包括在载客汽车中。

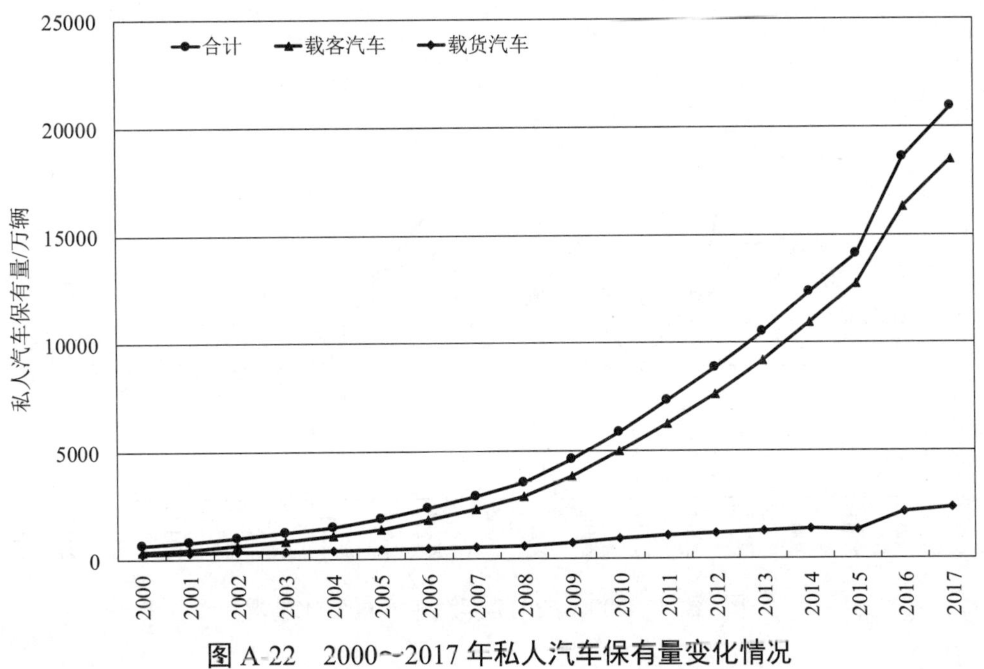

图 A-22　2000～2017 年私人汽车保有量变化情况

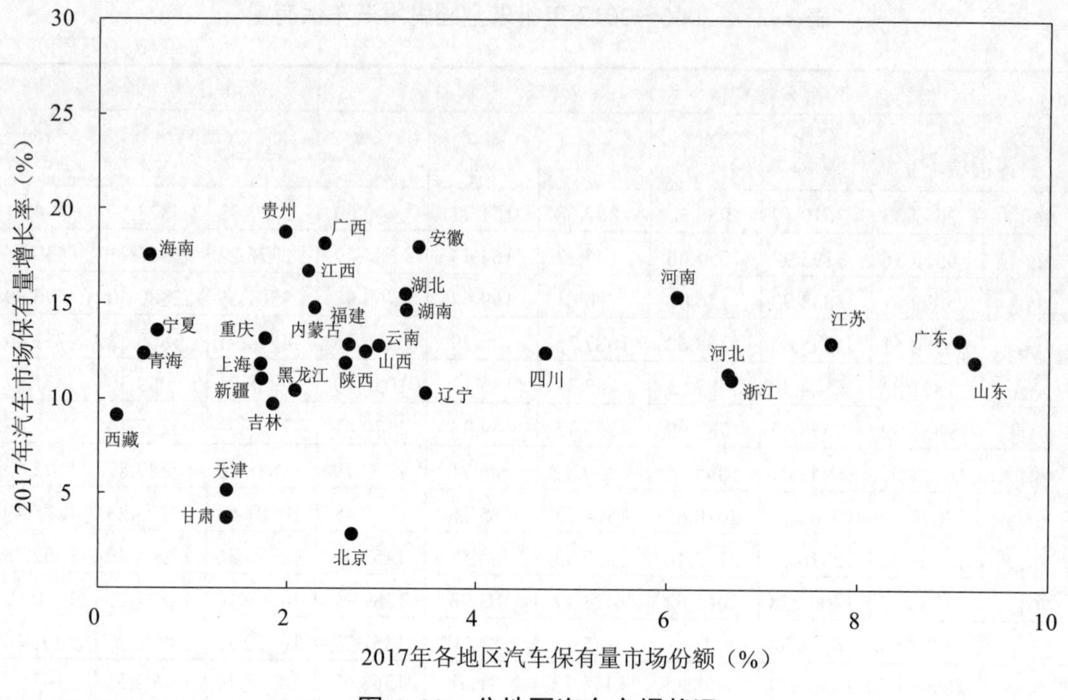

图 A-23　分地区汽车市场状况

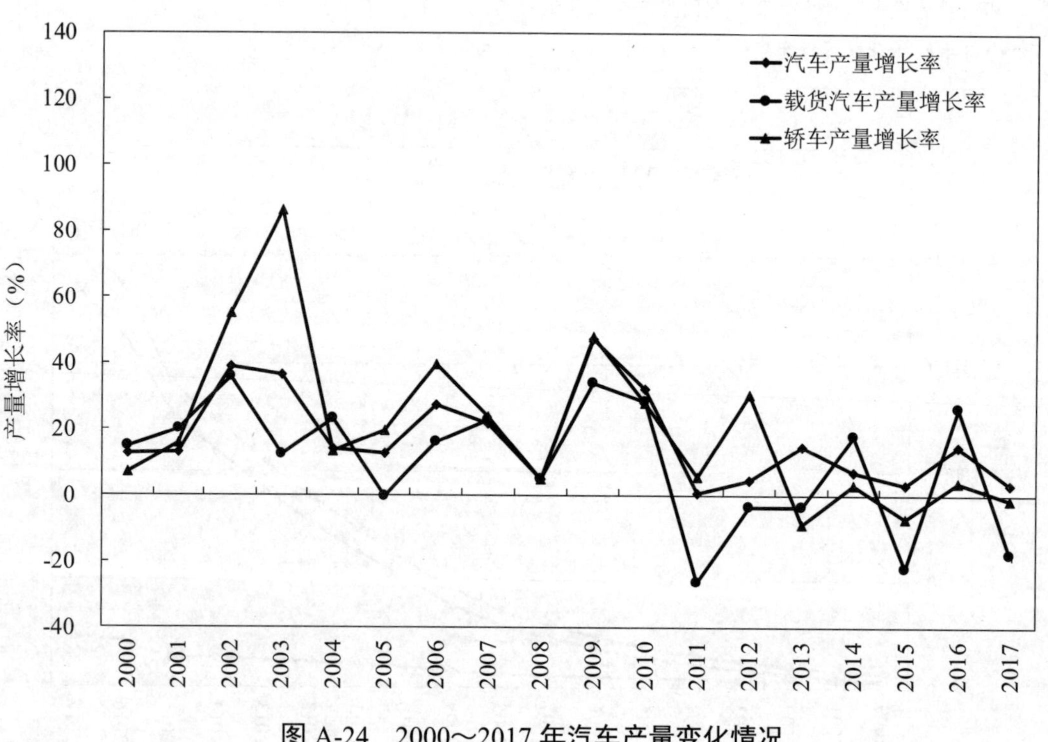

图 A-24　2000～2017 年汽车产量变化情况

表 A-26　各地区历年民用汽车保有量

（单位：万辆）

地 区	2008 年	2009 年	2010 年	2011 年	2012 年	2013 年	2014 年	2015 年	2016 年	2017 年
北 京	313.68	368.11	449.72	470.53	493.56	517.11	530.83	533.81	547.44	563.10
天 津	108.47	130.00	158.24	190.78	221.12	261.58	274.14	273.62	273.69	287.69
河 北	316.77	395.80	492.88	607.19	728.51	816.29	930.08	1075.03	1245.89	1387.21
山 西	174.22	205.95	247.89	295.33	329.95	378.27	424.36	468.97	526.39	591.98
内蒙古	121.07	150.06	187.80	233.15	266.08	306.87	342.14	373.61	418.53	480.22
辽 宁	194.98	242.07	296.32	356.75	414.88	457.05	520.04	582.50	659.41	727.08
吉 林	98.98	123.74	152.89	183.00	209.49	248.35	284.57	313.74	352.93	387.15
黑龙江	126.21	160.17	194.79	231.10	259.87	289.81	322.78	351.75	394.19	435.32
上 海	132.12	147.11	175.51	194.75	212.66	234.91	255.03	282.23	322.87	360.96
江 苏	349.51	436.81	550.80	675.18	802.20	944.35	1095.45	1240.91	1427.91	1612.82
浙 江	352.84	431.73	542.05	656.80	773.56	901.99	1012.05	1120.58	1257.35	1395.8
安 徽	134.89	167.36	209.81	258.62	303.13	358.74	422.46	498.70	600.81	708.93
福 建	130.76	159.34	197.08	239.93	283.92	332.97	386.60	435.37	493.64	557.01
江 西	82.97	107.08	137.43	171.55	201.64	246.84	287.68	338.94	399.29	465.9
山 东	426.31	553.51	705.89	851.12	1027.16	1199.71	1350.25	1510.81	1723.34	1929.55
河 南	249.04	316.07	399.73	501.28	581.95	700.69	969.28	952.01	1104.47	1274.45
湖 北	136.86	168.32	207.49	249.49	293.64	354.40	422.23	498.63	588.69	679.81
湖 南	134.04	167.59	211.06	258.22	308.14	366.74	434.48	507.88	595.80	683.19
广 东	573.46	658.90	782.26	910.93	1037.42	1177.37	1331.84	1471.40	1674.64	1894.22
广 西	94.89	119.85	152.06	187.75	227.44	276.29	316.53	363.82	424.90	502.13
海 南	25.81	30.64	39.24	47.81	55.46	64.80	75.11	83.29	96.32	113.21
重 庆	73.64	90.89	114.30	129.68	159.36	192.77	237.04	278.61	327.47	370.47
四 川	219.05	284.69	354.97	422.17	493.22	573.03	666.92	767.13	880.80	990.3
贵 州	71.92	91.43	115.76	136.37	164.36	201.00	244.72	292.61	348.70	414.01
云 南	153.57	189.10	233.91	280.04	328.53	374.01	429.74	484.23	552.05	622.66
西 藏	12.86	14.85	16.62	19.92	22.77	26.72	29.47	33.18	37.48	40.88
陕 西	111.66	146.27	190.64	236.43	284.64	336.08	384.88	438.12	491.23	549.51
甘 肃	50.57	65.75	85.04	105.59	129.14	156.38	185.31	239.36	277.25	287.45
青 海	20.25	24.35	30.99	39.85	49.13	58.84	68.84	78.18	88.65	99.57
宁 夏	24.35	31.54	41.52	53.35	66.35	79.23	91.05	100.94	115.34	130.94
新 疆	83.86	101.53	127.14	161.66	203.82	236.96	272.21	294.47	327.06	363.15
全国合计	5099.61	6280.61	7801.83	9356.32	10933.09	12670.14	14598.11	16284.45	18574.54	20906.67

表 A-27 各地区民用货车保有量

（单位：万辆）

地　区	2008 年	2009 年	2010 年	2011 年	2012 年	2013 年	2014 年	2015 年	2016 年	2017 年
北　京	18.13	18.30	19.39	21.49	23.70	25.71	28.91	30.59	33.01	36.67
天　津	14.68	16.62	19.15	21.34	22.19	24.34	27.09	27.63	29.47	31.94
河　北	79.92	104.36	121.50	137.15	153.42	150.01	143.54	146.64	163.32	174.34
山　西	42.65	48.54	55.82	61.27	56.78	58.29	59.11	57.18	59.51	63.94
内蒙古	33.80	42.20	48.51	54.52	47.72	49.96	51.17	49.23	51.42	55.97
辽　宁	44.00	56.79	67.42	76.85	82.22	73.51	80.04	82.66	87.12	90.19
吉　林	22.29	27.73	32.85	36.98	36.99	40.23	42.22	41.00	41.91	41.29
黑龙江	30.77	41.27	48.98	55.27	55.86	58.14	61.77	60.31	61.37	61.07
上　海	21.39	22.19	23.81	24.83	20.73	20.14	19.56	19.49	21.86	30.81
江　苏	49.82	61.23	72.50	82.39	89.29	96.79	97.17	90.39	94.17	105.65
浙　江	66.90	76.65	87.29	97.00	105.02	112.36	111.56	104.00	112.87	124.53
安　徽	44.37	56.60	66.34	74.51	74.23	79.94	86.15	87.56	91.86	99.79
福　建	32.85	38.46	45.11	51.77	57.49	62.36	66.48	65.50	64.43	68.35
江　西	27.23	33.42	40.17	46.76	47.01	54.56	58.40	59.96	60.33	65.13
山　东	83.03	112.87	134.45	149.06	159.88	176.22	175.39	165.06	186.74	210.72
河　南	59.25	76.35	90.75	106.35	109.61	120.78	165.63	129.72	132.91	144.63
湖　北	38.54	46.07	53.29	59.72	62.69	68.62	72.73	70.16	69.71	74.32
湖　南	35.35	41.07	48.22	54.92	58.17	61.17	66.40	67.40	68.37	66.92
广　东	122.97	133.24	147.53	159.92	169.86	178.89	181.81	174.90	183.02	196.00
广　西	24.48	30.10	36.82	42.90	49.20	55.74	57.22	58.71	62.12	68.45
海　南	6.32	7.00	8.58	10.17	11.12	12.14	13.02	12.66	13.35	14.32
重　庆	25.47	29.30	34.03	28.34	31.56	34.44	36.94	37.42	38.86	40.26
四　川	49.78	61.24	70.45	77.49	83.77	87.99	91.02	89.57	91.86	95.97
贵　州	22.26	27.29	32.73	34.23	36.72	41.50	47.77	50.33	52.40	56.49
云　南	47.16	54.55	63.39	71.66	77.88	78.46	80.94	81.72	86.63	94.43
西　藏	4.62	5.74	6.32	7.42	8.33	9.80	10.96	12.05	13.18	13.98
陕　西	22.08	28.97	36.32	41.74	45.54	47.88	49.86	51.42	51.87	56.04
甘　肃	16.36	20.91	26.37	31.00	35.42	39.89	43.79	45.39	48.65	51.86
青　海	6.15	7.42	8.99	10.62	11.77	12.79	13.82	14.24	14.94	16.17
宁　夏	8.11	10.75	13.52	16.51	19.41	22.35	24.45	24.11	26.09	28.39
新　疆	25.35	31.38	36.96	43.79	51.18	55.61	60.55	58.64	58.55	60.24
全国合计	1126.07	1368.60	1597.55	1787.99	1894.75	2010.62	2125.46	2065.62	2171.89	2338.85

表 A-28　各地区民用客车保有量

（单位：万辆）

地区	2008 年	2009 年	2010 年	2011 年	2012 年	2013 年	2014 年	2015 年	2016 年	2017 年
北　京	291.02	345.44	425.74	444.16	464.86	486.14	496.92	498.13	509.39	520.83
天　津	91.71	112.04	137.64	167.85	197.30	235.56	245.40	244.22	242.50	253.99
河　北	219.99	286.07	365.36	463.41	568.13	660.24	780.56	923.33	1077.06	1207.34
山　西	127.23	155.53	189.93	231.62	270.80	317.56	362.84	409.41	464.57	525.67
内蒙古	81.19	106.15	137.19	176.10	215.94	254.46	288.62	322.04	364.68	421.72
辽　宁	144.88	182.41	225.67	276.16	328.63	379.92	436.52	496.09	568.46	633.15
吉　林	74.47	94.92	118.78	144.54	170.94	206.55	240.74	271.03	309.27	344.06
黑龙江	91.09	117.00	143.66	173.37	201.42	228.94	258.34	288.69	330.13	371.57
上　海	110.73	124.91	146.24	163.91	185.71	207.99	228.58	256.26	293.85	328.17
江　苏	291.75	370.58	472.78	586.59	706.27	840.53	991.13	1143.57	1326.73	1499.72
浙　江	280.41	351.47	450.83	555.58	664.08	785.00	895.99	1012.46	1140.31	1266.84
安　徽	83.27	108.38	140.99	181.33	225.98	275.84	333.37	408.16	505.88	605.79
福　建	94.73	119.25	150.30	186.30	224.45	268.59	318.06	367.79	427.11	486.46
江　西	53.18	72.24	95.65	122.93	152.73	190.11	227.02	276.48	336.39	398.10
山　东	329.04	435.84	566.09	696.07	860.89	1016.85	1168.25	1339.12	1529.79	1711.66
河　南	180.31	236.67	304.90	390.20	467.49	574.84	750.08	817.06	966.58	1124.70
湖　北	94.41	119.81	151.52	186.72	227.76	282.29	345.84	424.70	515.17	601.48
湖　南	94.87	125.11	161.23	201.44	247.99	303.54	365.66	437.81	524.72	613.37
广　东	440.60	520.38	629.30	745.35	861.60	992.39	1144.18	1290.57	1485.65	1691.96
广　西	67.71	87.77	113.13	142.58	175.77	217.94	256.99	302.56	360.24	431.16
海　南	19.07	23.27	30.23	37.11	43.75	52.10	61.52	70.07	82.34	98.22
重　庆	46.66	60.04	78.54	99.31	125.42	156.54	198.38	239.43	286.85	328.42
四　川	166.61	220.84	281.60	341.48	406.08	481.50	572.33	673.91	785.30	890.61
贵　州	48.95	63.4	82.19	101.14	126.47	158.03	195.17	240.35	294.26	355.32
云　南	105.17	133.38	169.08	206.70	248.76	293.55	346.66	400.17	462.96	525.58
西　藏	8.18	8.92	10.15	12.26	14.16	16.75	18.30	20.88	24.03	26.60
陕　西	85.84	115.01	151.64	191.55	235.61	284.52	331.64	383.03	435.70	489.63
甘　肃	32.89	43.86	57.52	73.30	92.32	114.92	139.91	167.55	202.09	233.73
青　海	13.54	16.49	21.45	28.60	36.65	45.28	54.26	63.16	72.90	82.56
宁　夏	14.81	20.11	27.23	35.93	45.94	55.78	65.55	75.77	88.21	101.50
新　疆	54.59	67.79	87.56	114.79	149.08	177.52	207.89	232.10	265.10	299.62
全国合计	3838.92	4845.09	6124.13	7478.37	8943.01	10561.78	12326.70	14095.88	16278.24	18469.54

表 A-29 2017 年各地区私人汽车保有量

（单位：万辆）

地 区	汽车总计	载客汽车	载货汽车	其他汽车
全 国	18515.11	17001.51	1478.40	35.19
北 京	466.61	453.68	11.82	1.11
天 津	242.51	224.23	17.74	0.54
河 北	1279.38	1155.24	121.82	2.32
山 西	533.70	491.39	41.37	0.95
内蒙古	439.36	398.06	40.26	1.04
辽 宁	620.99	575.49	44.46	1.05
吉 林	349.80	318.85	30.30	0.65
黑龙江	385.96	341.54	43.69	0.73
上 海	274.38	273.63	0.53	0.22
江 苏	1401.92	1349.10	50.21	2.61
浙 江	1227.09	1149.89	76.19	1.01
安 徽	612.37	561.52	49.54	1.31
福 建	491.72	443.85	47.14	0.73
江 西	412.75	374.27	37.79	0.69
山 东	1736.35	1603.02	130.12	3.21
河 南	1155.83	1061.25	92.21	2.37
湖 北	605.67	554.35	49.82	1.50
湖 南	630.42	572.94	55.90	1.58
广 东	1678.99	1560.65	116.10	2.25
广 西	450.61	402.74	46.83	1.03
海 南	97.94	86.29	11.41	0.23
重 庆	320.14	298.98	20.67	0.49
四 川	884.86	821.27	62.08	1.51
贵 州	374.34	328.80	44.62	0.92
云 南	568.11	486.85	80.08	1.18
西 藏	35.94	23.75	12.08	0.12
陕 西	495.03	452.73	40.94	1.35
甘 肃	240.86	204.02	36.12	0.71
青 海	82.38	70.68	11.39	0.31
宁 夏	118.77	94.52	23.75	0.50
新 疆	300.32	267.95	31.41	0.96

表 A-30　历年汽车产量

（单位：辆）

年份	汽车产量合计	其中					
		载货汽车	越野汽车	其中：轻型越野汽车	客　车	轿　车	汽车底盘
1984	316367	179846	21588	16553	6990	6010	85348
1985	443377	236934	25173	20747	11897	5207	114069
1986	372753	218863	23739	21891	9189	12297	81262
1987	472538	299356	27781	27351	20461	20865	92260
1988	646951	364000	36384	35978	50922	36798	136234
1989	586935	342835	48934	48291	47639	28820	103896
1990	509242	269098	44719	44348	23148	42409	90574
1991	708820	361310	54018	53371	42756	81055	122873
1992	1061721	460274	63373	61747	84551	162725	199162
1993	1296778	623184	59257	57057	142774	229697	171769
1994	1353368	613152	72111	70317	193006	250333	169106
1995	1452697	571751	91766	89765	247430	325461	162713
1996	1474905	537673	77587	73233	267236	391099	167651
1997	1582628	465098	59328	56547	317948	487695	178644
1998	1629182	573766	43608	38423	431947	507861	206325
1999	1831596	581990	36944	33602	418272	566105	229113
2000	2068186	668831	41624	35508	671831	607455	252063
2001	2341528	803076	41260	33247	834927	703525	317946
2002	3253655	1092546	43543	34232	1068347	1092762	425601
2003	4443522	1228181	86089	78622	1177476	2037865	381116
2004	5070452	1514869	79600	72245	1243022	2312561	398351
2005	5707688	1509893	—	—	1430073	2767722	381183
2006	7279726	1752973	—	—	1657259	3869494	442201
2007	8883122	2157335	—	—	1927433	4797688	558673
2008	9345101	2270207	—	—	2037540	5037334	530271
2009	13790994	3049170	—	—	3270630	7471194	596657
2010	18264667	3920363	—	—	4768414	9575890	791635
2011	18418876	2898046	—	—	4746156	10137517	637157
2012	19271808	2802110	—	—	2691613	13257833	520252
2013	22116825	3468501	—	—	6547552	12100772	581944
2014	23722890	3195901	—	—	8045937	12481052	553563
2015	24503326	2491337	—	—	9968838	11630895	412256
2016	28118800	2405300	—	—	491700	12111300	—
2017	29015434	2587700	—	—	479700	11937800	—

注：本表不含改装车产量；轿车产量已包含切诺基 BJ2021。

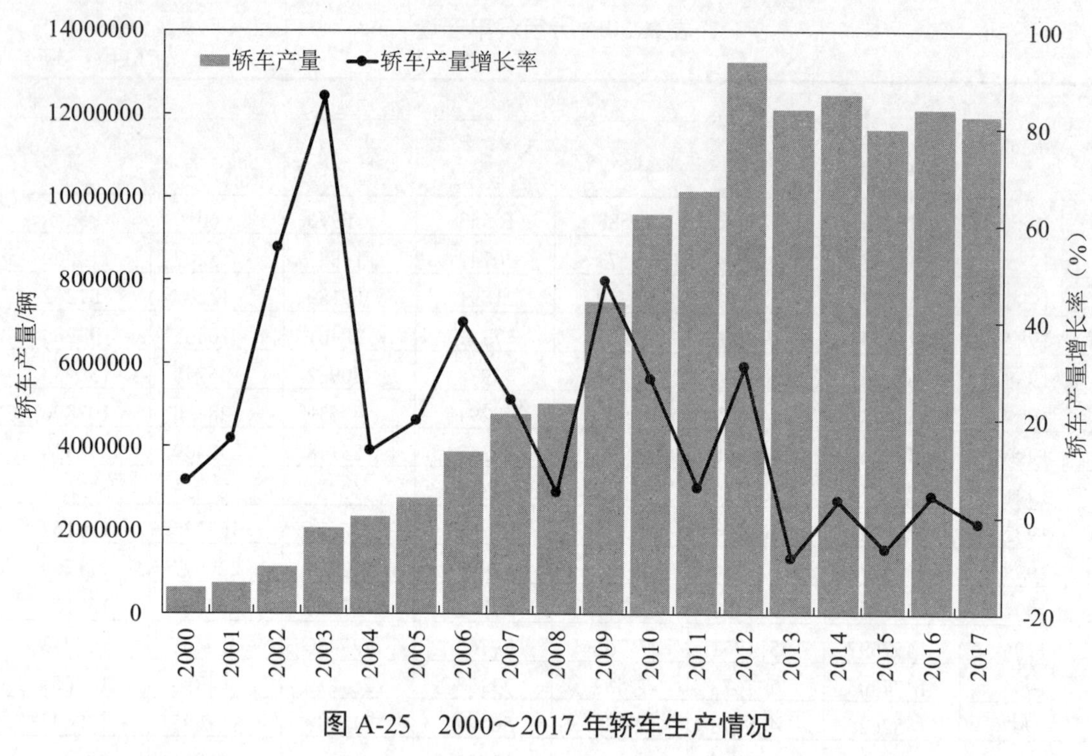

图 A-25 2000～2017 年轿车生产情况

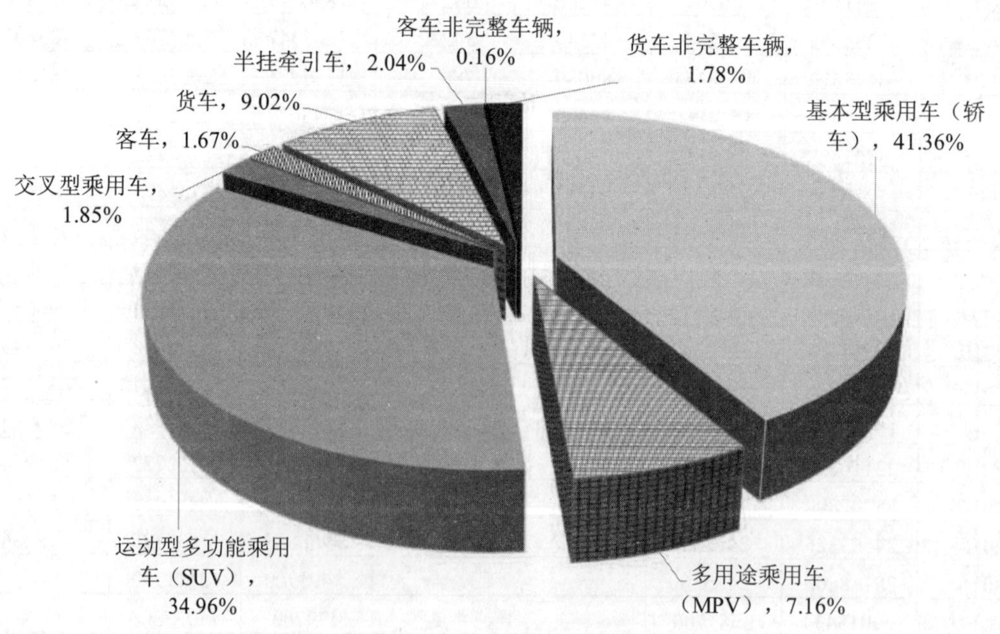

图 A-26 2017 年分车型产量构成情况

表 A-31　2017 年汽车分车型产销量

车型		产量/辆			销量/辆		
		总计	国内制造	CKD	总计	国内制造	CKD
汽车总计		29015434	—	—	28878904	—	—
乘用车合计		24806687	24466322	340365	24718321	24378099	340222
其中1	基本型乘用车（轿车）	11937820	11860154	77666	11848001	11770002	77999
	多用途乘用车（MPV）	2051752	2051752	0	2070655	2070654	1
	运动型多功能乘用车（SUV）	10286982	10024283	262699	10252673	9990451	262222
	交叉型乘用车	530133	530133	0	546992	546992	0
其中2	排量≤1.0L	210534	210534	0	134800	134800	0
	1.0L<排量≤1.6L	17040130	17040130	0	17058020	17058020	0
	1.6L<排量≤2.0L	6208935	5983125	225810	6179149	5954301	224848
	2.0L<排量≤2.5L	730637	670857	59780	741613	681658	59955
	2.5L<排量≤3.0L	113220	76044	37176	114528	76826	37702
	3.0L<排量≤4.0L	18682	1083	17599	19430	1820	17610
	排量>4.0L	1	1	0	208	101	107
其中3	手动档	10325193	10324394	799	10381677	10380845	832
	自动档	12864463	12622021	242442	12719915	12477107	242808
	其他档	1617031	1519907	97124	1616729	1520147	96582
其中4	柴油汽车	89824	89824	0	91660	91660	0
	汽油汽车	23982572	23642207	340365	23904074	23563852	340222
	其他燃料汽车	734291	734291	0	722587	722587	0
商用车合计		4208747	—	—	4160583	—	—
其中1	柴油汽车	3086961	—	—	3046288	—	—
	汽油汽车	870378	—	—	866679	—	—
	其他燃料汽车	251408	—	—	247616	—	—
其中2	客车	479664	—	—	480750	—	—
	货车	2587741	—	—	2592185	—	—
	半挂牵引车	585193	—	—	583304	—	—
	客车非完整车辆	46385	—	—	46482	—	—
	货车非完整车辆	509764	—	—	457862	—	—

表 A-32　历年低速货车产销情况

（单位：辆）

年份	产销量	低速货车合计	低速货车	三轮汽车
2011	产量	2537119	453139	2083980
	销量	2532326	446946	2085380
2012	产量	2794784	430266	2364518
	销量	2785527	426587	2358670
2013	产量	2904377	405145	2499232
	销量	2897926	402564	2495362
2014	产量	2926147	423729	2502418
	销量	2923534	422645	2500889
2015	产量	3023503	432381	2591122
	销量	3010985	428088	2582897
2016	产量	2991734	373202	2618532
	销量	2990730	373587	2617143
2017	产量	—	—	2383588
	销量	—	—	2383697

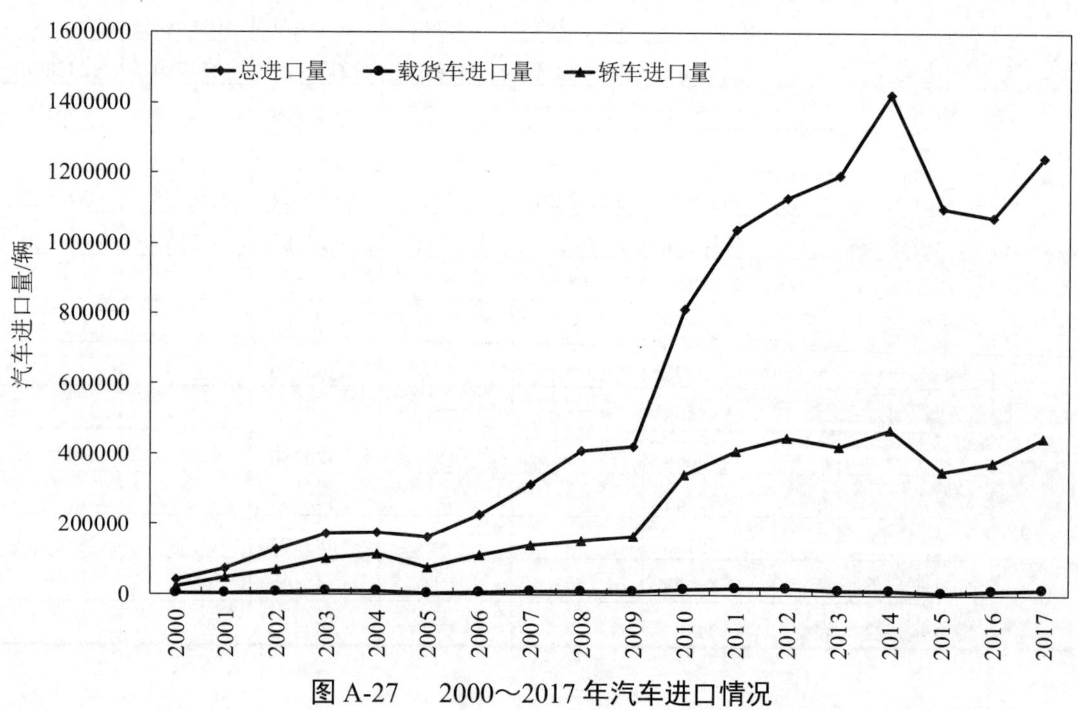

图 A-27　2000～2017 年汽车进口情况

表 A-33 能源生产总量及其构成

能源构成		2011 年	2012 年	2013 年	2014 年	2015 年	2016 年	2017 年
能源生产总量/万 t		340178	351041	358784	361866	362000	346000	359000
原油/万 t	进口	25378	27103	28174	30837	33549	38101	41957
	出口	252	243	162	60	286	294	486
成品油/万 t	进口	4060	3982	3959	3000	2990	2784	2964
	出口	2570	2429	2851	2967	3615	4831	5216
原油产量/万 t		28936.82	29534.47	30260	30240	30770	28372	27284

表 A-34 2011～2017 年分车型汽车进口数量

（单位：辆）

品 种	2011 年	2012 年	2013 年	2014 年	2015 年	2016 年	2017 年
总计（含底盘品种）	1038622	1132031	1195040	1425846	1100867	1076904	1246515
一、乘用车	1011871	1108730	1179979	1411561	1091386	1062509	1228346
1．大客车（30 座以上）	—	2526	2386	1031	899	737	1073
2．中型客车（10～30 座）	5196	5196					
3．旅行车（9 座以下）	162911	179508	230915	344179	264340	206190	224796
4．其他机动小客车	—	25868	20282	8822	—	—	—
5．越野车	430886	456362	505343	588921	471750	465739	528361
6．轿车	410270	446992	423439	469639	352460	377373	447740
7．机坪客车	—	—	—	66	—	—	—
二、载货汽车	19453	19452	11197	11501	7062	11549	15459
柴油：总重＜5 t	—	—	—	83	104	—	—
5 t≤总重＜14 t	—	—	—	102	108	—	—
14 t≤总重＜20 t	—	—	—	146	135	—	—
总重≥20 t	—	—	—	1812	1138	—	—
汽油：总重＜5 t	—	—	—	7374	3295	—	—
总重≥5 t	—	—	—	40	96	—	—
未列名货车	—	—	—	1944	2186	—	—
三、专用车	—	235	224	298	211	179	170
四、底盘	1888	1088	1254	1455	2208	1937	1467

表 A-35 历年汽车进口数量及金额

年份	汽车进口数量/辆			进口金额合计/万美元	汽车配件金额/万美元
	总量	其中			
		载货汽车	轿车		
1988	99233	14201	57433	161240	33913
1989	85554	12587	45000	132732	34750
1990	65430	18395	34063	120293.3	43740
1991	98454	18578	54009	165992.3	58263
1992	210087	42005	115641	353523.5	87071.6
1993	310099	72935	180717	535143	97065.7
1994	283060	68269	169995	471482.6	68794.4
1995	158115	12037	129176	257549.8	85469
1996	75863	6256	57942	250018.5	107757
1997	49039	7077	32019	207821	92800
1998	40216	4373	18016	205789	80492
1999	35192	2685	19953	258018	100425
2000	42703	3085	21620	404750	211281
2001	71398	3138	46632	470326	261767
2002	127513	6692	70329	659985	231236
2003	171710	9862	103017	1483964	738430
2004	175480	8078	116085	1686001	867960
2005	161324	3032	76542	1543392	768494
2006	227773	5582	111777	2127410	1052519
2007	314130	7980	139867	2676775	1421523.8
2008	409769	10171	154521	3222993	1268125
2009	420696	8201	164837	3419834	1457311
2010	813345	14977	343653	5818595	2116655
2011	1038622	19453	410270	6527468	2218233.4
2012	1132031	19452	446992	7992432	2572334
2013	1195040	11197	423439	8422289	2836174
2014	1425846	11501	469639	10040689	3213662
2015	1100867	7062	352460	7884149	2740113
2016	1076904	11542	377373	8130206.4	3635713.2
2017	1246515	15459	447740	8983901.7	3882149.0

注：1. 1988～1999 年数据来源于海关总署《统计报表》，1999 年以后数据来源于《汽车工业年鉴》。

2.本表将进口汽车散件归入进口整车中、车身归入零部件中。

3.1992～1994 年进口金额合计中含发动机、摩托车、挂车进口额，发动机中含部分非汽车、摩托车用发动机。

表 A-36　主要国家历年汽车产量及品种构成

国别	年份	总产量/万辆	乘用车		商用车	
			产量/万辆	占总产量（%）	产量/万辆	占总产量（%）
美国	2017	1119.0	303.3	27.1	787.6	70.4
	2016	1219.8	393.4	32.3	799.6	65.6
	2015	1207.5	416.3	34.5	791.2	65.5
	2014	1166.0	429.5	36.8	736.5	63.2
	2013	1108.0	437.3	39.5	670.7	60.5
	2012	1033.0	624.5	39.5	408.5	60.5
	2011	862.9	296.8	34.4	566.1	65.6
日本	2017	969.4	834.8	86.1	81.8	8.4
	2016	920.5	787.4	85.5	81.3	8.8
	2015	927.7	783.0	84.4	144.7	15.6
	2014	900.8	762.8	84.7	138.0	15.3
	2013	963.0	818.9	85.0	144.1	15.0
	2012	996.5	855.4	85.8	141.1	14.2
	2011	839.9	715.9	85.2	124	14.8
德国	2017	564.6	564.6	100	—	—
	2016	606.3	574.7	94.7	31.6	5.4
	2015	603.3	573.9	95.1	32.5	5.4
	2014	592.9	562.4	94.8	30.5	5.2
	2013	572.7	544.9	95.1	27.8	4.9
	2012	564.3	538.2	95.4	26.1	4.6
	2011	631.1	587.2	93.0	43.9	7.0
英国	2017	174.9	167.1	95.5	—	—
	2016	181.7	172.3	94.8	—	—
	2015	168.4	158.3	94.0	10.1	6.0
	2014	160.7	153.5	95.5	7.2	4.5
	2013	159.6	150.9	94.5	8.7	5.5
	2012	157.6	146.4	92.9	11.2	7.1
	2011	145.8	134.4	92.2	11.4	7.8
法国	2017	222.7	174.8	78.5	47.9	21.5
	2016	208.2	162.6	78.1	45.6	21.9
	2015	197.2	155.5	78.9	41.7	21.1
	2014	—	—	—	—	—
	2013	174.0	146.0	83.9	28.0	16.1
	2012	192.2	168.3	87.6	23.9	12.4
	2011	200.8	167.8	83.6	33	16.4

（续）

国别	年份	总产量/万辆	乘用车		商用车	
			产量/万辆	占总产量（%）	产量/万辆	占总产量（%）
意大利	2017	114.2	74.3	65.1	33.2	29.1
	2016	101.4	71.3	70.3	34.4	33.0
	2015	101.4	66.3	65.4	35.1	34.6
	2014	54.5	32.5	59.7	22.0	40.3
	2013	65.9	38.9	59.0	27.0	41.0
	2012	67.2	39.7	59.1	27.5	40.9
	2011	79.03	48.56	61.4	30.47	38.6
加拿大	2017	220.0	74.9	34.0	143.0	65.0
	2016	237.0	80.2	33.8	155.6	65.7
	2015	224.6	87.6	39.0	137.0	61.0
	2014	231.2	87.6	37.9	143.6	62.1
	2013	237.9	96.7	40.6	141.2	59.4
	2012	245.7	103.7	42.2	142	57.8
	2011	213.2	98.8	46.3	114.4	53.7

注：资料来源于《FOURIN世界汽车调查月报》，与OICA相关统计数据有所不同，仅供参考。

表A-37 2013～2017年世界主要国家乘用车生产量排序

（单位：万辆）

排序	2017年		2016年		2015年		2014年		2013年	
	国别	产量	国别	产量	国别	产量	国别	产量	国别	产量
1	中国	2480.7	中国	2442.1	中国	2107.9	中国	2372.3	中国	1808.5
2	日本	834.8	日本	787.4	日本	783.1	美国	1166.1	日本	818.9
3	德国	564.6	德国	570.8	德国	570.8	日本	977.5	德国	544.0
4	印度	395.3	美国	416.3	美国	416.4	德国	590.8	韩国	434.7
5	韩国	373.5	韩国	413.5	韩国	413.5	韩国	452.5	美国	412.3
6	美国	303.3	印度	340.9	印度	337.8	印度	384	印度	313.9
7	西班牙	229.1	西班牙	221.9	西班牙	221.9	墨西哥	336.5	巴西	274.2
8	巴西	226.9	巴西	201.8	巴西	201.9	巴西	314.6	俄罗斯	192.0
9	墨西哥	190.0	墨西哥	196.8	墨西哥	196.8	西班牙	240.3	墨西哥	177.2
10	法国	174.8	英国	158.8	英国	158.8	加拿大	239.4	英国	172.0

注：数据来源于世界汽车组织（OICA），2014年数据与2013年相比，存在部分更新。

表 A-38　1986～2017 年主要国家商用车产量

（单位：千辆）

年份	美国	日本	法国	西班牙	巴西	德国	意大利	英国	俄罗斯	瑞典
1986	3501	4450	422	251	241	286	159	229	900	66
1987	3805	4358	411	302	237	260	199	247	870	70
1988	4097	4501	474	368	286	279	227	317	885	76.5
1989	4025	3973	511	407	282	288	249	327	844	81.7
1990	3703	3539	474	320	251	292	231	257	929	60.6
1991	3444	3484	423	305	255	356	245	217	807	75.3
1992	4119	3069	438	331	276	330	209	248	518	63.1
1993	4917	2734	319	262	291	237	150	193	650	58
1994	5649	2753	383	321	334	262	194	228	254	82
1995	5635	2585	424	375	333	307	245	233	192	102
1996	5749	2482	443	471	346	303	227	238	179	96
1997	6196	2484	479	552	392	345	254	238	—	115
1998	6452	1994	351	609	329	379	290	227	188	133
1999	5648	2585	424	375	333	307	245	233	192	—
2000	7235	1781	418	667	322	395	316	185	—	—
2001	6293	1053	395	614	215	248	265	181	170	113
2002	7227	948	367	585	194	346	303	191	—	35
2003	7535	1747	365	166	275	361	292	189	—	117
2004	7759	1792	439	609	454	378	309	209	275	140
2005	7606	1783	401	654	506	407	313	206	286	145
2006	6843	1728	446	699	519	421	319	206	325	134
2007	6857	1651	465	694	548	504	373	215	376	162
2008	4929	1648	423	599	659	514	315	203	321	—
2009	3495	1072	239	358	584	245	182	91	125	87
2010	4985	1319	272	474	792	355	262	123	196	147
2011	5661	1240	330	533	868	439	305	115	251	154
2012	6245	1411	239	454	719	261	275	112	263	—
2013	6707	1440	280	443.6	908.1	278.4	269.8	87.2	256.1	—
2014	7365	1380	—	500	823	305	220	72	174	—
2015	7912	1447	417	530	410	315	351	101	161	—
2016	7996	812	456	505	299	325	344	—	117	—
2017	7876	818	479	529	326	—	332	—	123	—

注：资料来源于《FOURIN 世界汽车调查月报》，与 OICA 相关统计数据有所不同，仅供参考。

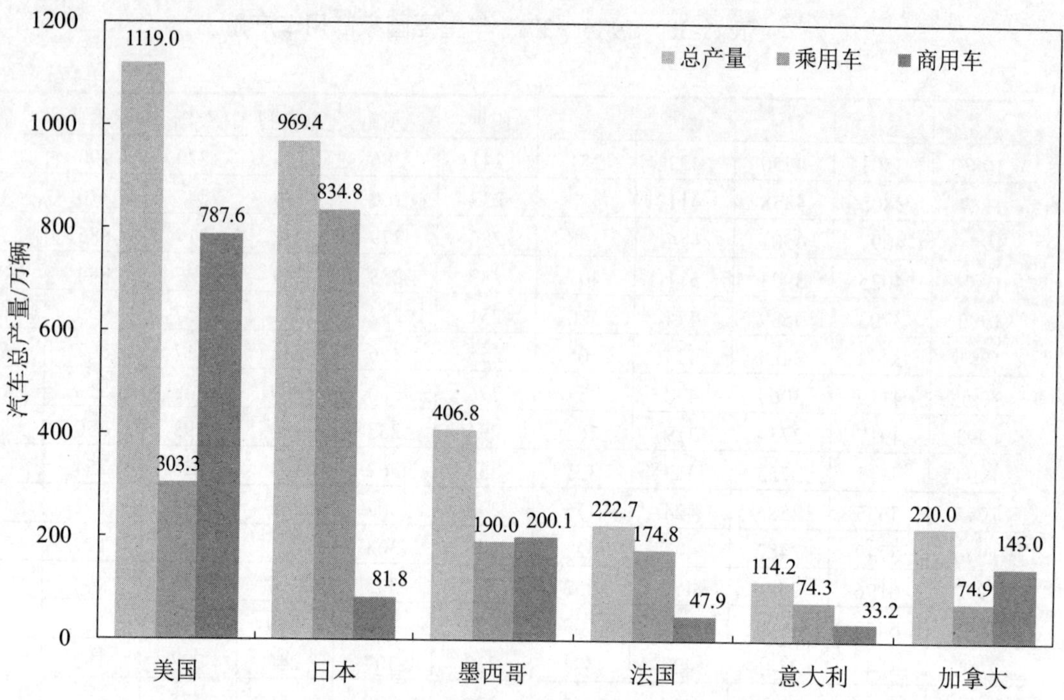

图 A-28 2017年主要国家汽车产量及品种构成情况

附录B　国家信息中心汽车研究与咨询业务简介

国家信息中心（简称SIC）于1986年开始进行汽车市场预测分析及调查研究工作，至今已有31年的历史，汽车研究与咨询业务不断扩大，目前这项工作由国家信息中心下属的信息化和产业发展部负责。

一、主体业务

国家信息中心汽车研究与咨询业务主要分为三大板块。

1．产业研究板块

（1）*汽车产业、汽车新四化、新零售*　重点方向和领域：汽车产业发展趋势与产业布局研究、新能源汽车、智能网联汽车及其重点零部件产业。

自2013年起SIC全面系统地开展了对新能源汽车的研究，包括BEV、PHEV、FCEV，对新能源汽车的产业发展状况，企业、产品与技术，政策环境、充电设施、零部件产业发展等方面的月度跟踪与分析，对新能源汽车消费者的需求调研，以及对未来5～10年的市场需求的预测。通过此项研究，不断积累新知识，提升新认知，并逐渐建立了新能源汽车用户分类模型和市场需求预测模型。2018年面对新能源汽车补贴政策即将退坡，面对各企业对新能源汽车的正向研发需求以及大量新势力企业的进入等诸多新形势，SIC也开展了大量的定制化研究，包括新能源消费者需求洞察、新能源车产品定位研究、新能源车企的战略规划、造车新势力的评估、后补贴时代的产品趋势与策略研究、充换电模式研究等。

自2016年开始开展智能网联汽车研究，对智能网联汽车相关技术、成本走势、应用场景、消费者接受度等进行持续跟踪研究，对智能网联汽车的应用前景进行预测。同时开展共享出行和新零售研究，对各种商业模式的现状、优劣势及发展前景进行研究与预判。

（2）*经济与政策研究*　每月跟踪宏观经济及相关政策的变化，包括各种宏观经济指标、宏观经济政策、汽车重大相关政策及社会重大事件等，研究经济变化或重大事件对汽车市场的影响，研究各种政策出台的背景、目的、作用对象，并对政策效果进行评价。

（3）*汽车产品与技术研究* 及时跟踪了解全球市场最新产品与技术的发展动态，把握汽车产品与技术的发展趋势。分析研究国内市场产品的表现，以及新产品、新技术在国内市场的前景。

此外，产业研究板块还就汽车产业发展中的问题进行了相关的研究，包括汽车产业兼并重组研究、合资企业可持续发展研究、汽车社会研究等，同时还拓展了地方汽车产业规划方面的研究，如玉溪新能源汽车规划、成都汽车产业规划等。

2．市场预测研究板块

市场预测研究主要包含五大业务模块。

（1）*乘用车中长期市场研究* 这是 SIC 历史最久的业务。从 1999 年开始，SIC 每年都要根据宏观经济、人口家庭与社会、城市化、汽车产品供给与价格、能源供给与价格、汽车消费环境、汽车相关政策等变化趋势，在全国消费者需求动向大样本调查对消费者需求洞察的基础上，对乘用车市场进行 10 年滚动预测，并承接来自客户的有关总体市场及细分市场的中长期预测研究课题。主要研究未来 3～5 年或 5～10 年，甚至未来 20 年的乘用车市场发展趋势。包括对总量市场，乘用车分车型、分级别、分价位市场的全方位预测，也可以根据客户的要求做到分用户或目标市场的预测。近年来，强化了汽车新四化（电动化、智能化、网联化、共享化）对汽车需求影响的研究。

（2）*乘用车短期市场研究* SIC 自 2003 年开始组织专门的研究小组对乘用车市场进行短期预测。该小组目前为多家用户提供服务，通过持续跟踪产品与市场动态，以及每月持续对 700 多家经销商的调查，了解当期市场的发展变化情况，发现乘用车市场运行的新特点和新变化，探求导致市场变化的原因，评价各企业、各车型在市场中的表现，并对未来各月的市场走势做出预测。

（3）*商用车市场研究* 主要研究商用车整体市场、分车型市场（客车、货车、皮卡）、细分市场（重、中、轻、微型货车和大、中、轻、微型客车 8 大车型）和专用车市场，分析跟踪影响这些市场发展的关键因素，研究这些因素对商用车市场的传导机制和规律，并对未来一年内各月各季、一年、三年、五年，甚至十年的商用车市场走势进行预测。

（4）豪华车与进口车市场研究　对超豪华车、豪华车和进口车的整体市场进行月度跟踪分析与中长期预测分析，并对这些车分级别、分车型、分豪华程度、分产地等细分市场进行分析和预测。近年来强化了高收入人群、汽车新四化对豪华车市场影响的研究，以及品牌建设对车辆销量和溢价的影响研究。

（5）区域市场研究　区域市场包括分大区、分省、分地级市多个层次。该项研究主要帮助企业解决三方面问题：第一，制订销售网络发展规划；第二，年度销售任务分配；第三，制定区域营销策略。目前区域市场研究的车型范围包括乘用车和商用车，研究的内容包括地区市场分级、地区市场特征研究、地区市场预测、地区市场营销方式研究、地区市场专题研究等。在时间维度上可以做到分月、分季度、分年度、中长期预测。

3．市场调查研究板块

市场调查研究板块重点聚焦在消费者、汽车和品牌三个方面，即研究消费者的特征、消费者分类及未来的变化趋势，消费的特征与趋势，消费者对产品的认知与需求，消费者对品牌的认知与评价等。

针对这三方面研究内容，SIC 通过两种模式服务客户。一种是基础类调研，它通过多用户联合的方式，持续进行大样本、广覆盖、全面性的消费者调研，积累基础数据，为企业的战略规划、前瞻设计服务。另一种是对应企业产品开发的全流程“概念设计、产品开发、生产上市准备、上市前验证、上市后验证”，为企业产品设计提供定制化服务。

（1）消费者研究　聚焦在汽车消费者，即包括机构消费者，如网约车公司、企业、出租车与租赁车公司等，也包括家庭、个人消费者。通过一年一度的 NCBS 调查和需求动向调查了解各类消费者汽车保有和购买情况、购买和使用行为、消费者需求偏好、用户人群特征等，以持续积累消费者动态信息，为企业了解消费者本身构成的变化及其需求偏好变化服务。为更好地服务于企业产品开发的需要，SIC 于 2013 年完成了乘用车用户的人群分类研究、商用车人群分类研究，开发了识别用户类别的人群细分工具，该成果被一些企业广泛应用在车型开发、用户定位上。此外，还针对有代表性的区域用户、世代用户进行了特定的研究，完成了三线市场消费者、县域市场和农村市场消费者研究，也针对“年轻一代”展开持续的研究。近两年还针对中国未来的消费趋势和消费者的生活方式展开了一些研究，对深入洞察消费者需求提供了一个新视角。

（2）产品研究　SIC 开发了一整套服务于企业产品规划与研发的基础性产品类调研体系，包括产品意识研究、产品偏好研究、产品配置需求研究和产品满意度研究，通过该体系能比较完整地提供产品企划阶段关于产品信息的基本输入，以及售后阶段关于产品评价的基本输入。SIC 通过联合研究的方式持续开展产品意识、产品偏好、产品配置需求调研，逐年积累了大量的消费者数据，以了解消费者对产品认知的变化、对需求偏好及配置需求的变化，为企业新产品开发设计提供输入；针对企业个案需求的产品上市后满意度调查，为企业改进产品提供输入。

（3）品牌研究　从消费者的角度出发，构建消费者的品牌意识体系，研究品牌对消费者产品购买决策的影响程度及影响机制，并通过调查消费者的品牌认知度、喜爱度、购买意向等，客观中立地衡量各品牌的品牌绩效、形象健康度指标和品牌溢价，最终为企业理解消费者的品牌意识形成，找出品牌建设中存在的差距和问题提供帮助，为企业提升品牌价值提供支持。

SIC 每年执行 60000 多个定量样本，包括各类消费者调查、机构用户调查等。定量调查的执行是与 SIC 在全国的 130 多个城市的调查代理共同完成的。这些代理与 SIC 有多年的合作关系，并积累了丰富的汽车市场调查经验。

除了大量的定量研究外，SIC 每年还执行非常广泛的定性调查，每年接触 1500 多个汽车定性样本。所有探访调查的执行者都是 SIC 的研究员，这种深入一线的面对面的调研，对我们理解用户、理解市场、深度分析具有极大的帮助。

二、汽车市场研究的支撑体系

1．模型方法

国家信息中心自从开展汽车研究和咨询业务以来，非常重视研究手段的建设，曾通过与国际知名汽车厂商合作、自主研发等多种方式研发了一批汽车市场研究与预测模型。SIC 的主要模型工具如下。

1987 年开发的“中国汽车市场预测模型”，此模型为计量经济模型，并在 1990 年和 1994 年进行了两次改版。

1999 年与美国通用公司合作研制了“中国汽车工业发展模型”。此模型参考了美国、巴西、波兰等国家的汽车预测模型，并根据中国的实际情况进行改造。

模型运行 10 余年来，每年 SIC 研究人员均要会同美国的模型专家对模型进行持续改进调整，使该模型成为国内乃至国际上高水平的产业模型。为了给该模型提供大量的输入变量，SIC 每年都会展开一次大规模的消费者调查，2011 年更是在十多年调查数据的基础上进行了大量的实证研究，将模型中的细分市场预测部分进一步完善。

2002 年开发了“中国大中型客车市场预测模型”“中重型货车预测模型”和“地区市场预测模型”，并在以后的几年内连续改进；2003 年引进并开发了“出租车市场预测模型”和“公务车需求预测模型”；2005 年开发了“乘用车短期预测模型”，并在近年的实际应用中持续改进，特别是 2009 年形成了 TSCI 的评估预测框架体系，并开发了乘用车市场景气监测指标体系，配合短期预测的展开。

2012 年，开发了“乘用车、中重型货车、轻型车及微型车的 N+3 模型”“商用车的分地区预测模型”等；基于 TSCI 的模型思想，通过大量的实证研究，完善了“重型货车月度和年度预测模型”。

2013 年，开发了“豪华车、超豪华车和进口车预测模型”，还研究开发了“进口车总量及细分市场的分省、分城市预测模型”“二手车跨区流动情况下的汽车需求量和保有量估计模型”“汽车限购的交通和环保压力评估指标体系”等，使 SIC 的预测模型体系更加体系化、细分化、实用化。

2014 年通过国际比较研究，拓展了豪华车、SUV、MPV 预测研究的思路，开发了“公务车及机构用车的推算模型”，修改完善了“微型汽车和轻型货车市场预测模型”，开发了“二手车对新车影响的定量分析模型”等。

2016 年开始研制新能源汽车的预测模型，近年持续改进。2018 年完善了“二手车预测模型”，在完整考虑新车销售、汽车保有、二手车流通、汽车报废等汽车全生命周期循环的基础上，开发了新车报废率、二手车保值率、二手车周转率等预测模型，预测出各年二手车需求总量和细分市场需求量，为研究二手车对新车市场的影响研究奠定了基础。

同时，在市场研究方面也积累和开发了大量的研究模型，包括人群细分模型、产品意识研究体系、产品偏好研究体系、产品满意度模型、配置与客户价值分析模型、企业产品表现评估模型、品牌健康度模型、产品特征分析模型等。

SIC 一直积极鼓励员工创新，从 2011 年开始每年举办一次创新大赛，每年征集到各个研究领域的新方法、分析框架和模型等 20 余项。这些方法大都和日常业务、项目研究紧密联系，部分方法在国内相关领域都处于领先水平。这些方法不仅提升了已有项目的研究水平，同时为拓展汽车行业研究新业务、不断满足客户新需求提供了可靠的保障。

2．数据库系统

为了支撑 SIC 汽车市场研究的需要，迎合部分汽车厂商的数据需求，SIC 的汽车行业相关数据库的建设也逐步形成了规模，并成为 SIC 和汽车厂商所依赖的重要资源之一。目前 SIC 已经形成了宏观经济数据库、乘用车产销数据库、车险数据库、商用车产销数据库、汽车保有量数据库、地区市场数据库、地区经济数据库、厂商与产品数据库、价格跟踪数据库、产品配置数据库、汽车进出口数据库、国际乘用车市场数据库、汽车行业相关政策数据库、汽车零部件企业数据库、经销商数据库、消费者调查信息数据库等。SIC 的各相关业务模块组持续更新、维护各种数据库，并拆分出多种分类变量，便于各种维度的分析。

3．资源系统

SIC 建立了 12 大资源系统，分别是政府关系系统、专家关系系统、经销商关系系统、跨国公司关系系统、横向关系系统、国内厂商关系网络、大用户系统、零部件厂商关系系统、汽车金融系统、媒体关系系统、新业态关系系统以及后产业链关系系统，这些系统能随时帮助我们获取第一手信息，让我们及时了解市场的活情况，帮助我们深入挖掘事件背后的原因。SIC 针对各资源系统定期组织了如下活动。

（1）*每月定期做经销商调查* 针对乘用车和商用车的经销商做调查，了解当月的市场情况及变化原因，为 SIC 的月度市场评估分析与预测服务。

（2）*定期召集汽车市场研讨会* 从 1992 年起，国家信息中心每年在年中和年底召集两次国内汽车厂家及行业市场分析专家参加的“宏观经济与汽车市场形势”高级研讨会，目前这个会议已经成为汽车界了解汽车市场发展趋势，切磋对市场的看法，进行各种信息交流的平台。

（3）*定期组织跨国公司交流平台的活动* 国家信息中心从 2006 年起开始搭建乘用车跨国公司交流平台，2008 年的第四季度又成立了商用车跨国公司交流平台。全球主要的汽车跨国公司均加入了交流平台。两个平台每个季度分别开展一次活动，研讨当前的宏观经济形势和汽车市场形势。

（4）*每月邀请专家讲座* 通过请进来和走出去的方式每月与多名专家进行交流，借助外脑及时跟踪了解经济、政策、市场动态及专家对形势的判断。

（5）*参加政府组织的各种会议* 参加国家发展和改革委员会、工业和信息化部、商务部等汽车主管部门组织的有关规范和促进中国汽车市场发展的研讨会、政策分析会、五年规划会等，为政府制定政策出谋划策。

三、汽车市场研究团队

SIC 拥有上百人的汽车市场研究团队，团队带头人是国家信息中心徐长明副主任，他自 1986 年开始从事汽车市场研究，见证了中国汽车行业的整个发展过程，对中国汽车市场有深刻的认识和理解，是目前国内知名的汽车市场研究专家之一。

SIC 汽车市场研究团队是一支高素质的团队，97%的员工拥有硕士以上学历，且 80%以上毕业于国内外知名大学，如清华大学、北京大学、中国人民大学、南开大学、北京师范大学、英国帝国理工大学、美国哥伦比亚大学、伦敦政治经济学院、英国林肯大学、香港大学、日本东北大学、德国明斯特大学等。他们不仅具有经济、计量经济、管理、数学、心理学、统计学、社会学、汽车、法律等专业知识，其中 57%的人更具备五年以上的汽车市场研究经验。正是这支“专业与经验”相结合的团队才使我们能够持续保持较强的研究能力、学习能力和创新能力。

四、国家信息中心近两年来承接的部分专项咨询项目（见表 B-1～表 B-2）

表 B-1 国家信息中心 2017 年承接的部分专项咨询项目

市场预测板块—2017 年		
1	全国乘用车用户需求动向调查与十年滚动预测（联合课题）	该项目是由国家信息中心组织发起，由国内十余家主要乘用车企业参加的大型联合研究项目；该项目从 1999 年开始执行第一期，每年进行一次，本期是第 18 期；该项目每年在全国 80 多个城市执行 7000 左右样本的调查，调查对象囊括私人用户、单位用户、出租租赁公司用户，调查内容包括用户特征、车辆特征、车辆购买、使用、替换、未来消费环境、用户偏好等；在调查的基础上，形成丰富的调查报告，并结合最新的宏观经济、人口、社会、政策、用车方式变化，预测次年及未来 10 年乘用车总量及细分市场的需求

（续）

市场预测板块—2017 年		
2	车身形式趋势研究（联合课题）	该研究通过先导国家车身形式的发展规律分析和中国车身形式演变历程研究，解码各类车身形式发展的影响机制和关键影响因素，进而通过影响因素和人群构成的变化趋势，预测未来十年车身形式的发展趋势
3	细分市场结构趋势研究	该研究将影响各细分市场份额的因素分为人群需求、新产品供给和相关政策三个方面。通过对历史销量数据、每年购车人群分布、用户调查数据、新产品追踪数据进行建模分析，预测未来 5~10 年乘用车市场的车型级别结构
4	MPV 产品定位研究	该研究对某价位段 MPV 现实和潜在用户进行调研，了解其用户特征、购车动机、车辆使用特点、价格敏感度等，深入研究该价位段家用 MPV 的市场机会，为某企业 MPV 产品精准定位、实现销量最大化提供咨询服务
5	2050 年中国宏观环境研究	该研究主要对影响中国长期（即 2050 年）发展的宏观因素变化趋势做出判断，涉及环保、能源、城市、人工智能等领域，累计约请各行业专家 16 名，洞察未来影响乘用车市场长期发展的外部环境
6	中国 2030 年典型城市交通社会的变化与规划	通过对典型城市的城市规划案头研究、专家走访和实地调查，了解中国 2030 年乃至 2050 年的汽车消费环境，特别是对新能源车、智能网联车等新领域的基础设施情况，为企业战略决策提供支持
7	县域市场研究	对县级市、县以及旗、盟等县域单元的全景式研究。在将县域市场进行分层的基础上，通过定量调查、实地探访、模型研究等多种方式，对县域市场的发展潜力、用户特征与需求偏好特征、营销特征与偏好进行了总结与预测，并对企业拓展县域市场提供了建议
8	城市分级研究	对地级市与县级市进行城市分级，并提供每个城市的“城市档案”，以便快速查询
9	乘用车市场月度评估和预测	通过持续跟踪经济、政策环境以及产品与市场动态，定量和定性调查，了解当期市场的发展变化情况，发现乘用车市场运行的新特点和新变化，探求导致市场变化的原因，并对未来各月的市场走势做出预测，为多家企业提供个案化服务
10	乘用车月度市场表现分析和季度策略研究	每月对乘用车市场的月度走势进行分析与评价，发现乘用车市场运行的新特点和新变化，对当期的市场热点问题进行深入分析，对未来各月的市场走势做出判断。此外，综合内外部竞争环境，评价企业、主销车型在市场中的表现，并揭示其面临的机遇与调整，提供短期应对策略
11	乘用车市场终端监测及景气分析	每月在全国范围内，对经销商的销售及运营状况进行监测调研，并构建终端运营综合评价指标体系，以了解市场真实销售情况以及终端运营压力和存在的问题。为多家企业提供个案化服务
12	乘用车细分市场季度分析	通过对细分市场的季度表现进行定量化分解测算，揭示当前细分市场变化的主要原因，进而判断该变化是否具有可持续性，还是短期突发因素所致，进而有助于为企业制定产品策略提供帮助
13	某企业乘用车市场竞争研究	监测各企业新产品上市规划、追踪分析乘用车新技术、新装备发展动向，并洞察趋势
14	某企业分车系、分品牌市场前景研究	通过分析各品牌内在能力（产品力、销售结构）和外部环境（经济、政策、人群、技术、区域发展）变化的匹配度，预判各品牌、各车系未来市场表现

（续）

市场预测板块—2017年		
15	某企业各产品月度市场走势研究	接受多家用户委托，从月度角度跟踪核心竞争对手的4P动作，结合经销商调研判断竞争的策略变化、影响力度和持续时间，预判未来潜在竞争对手及竞争影响，帮助企业洞察各产品竞争环境变化，提示风险和机会
16	某企业与产品市场走势预测与研究	全面、量化解析企业关心的重点新产品，预测其市场表现、销售节奏及对企业本品的影响，辅助企业制定应对策略
17	车机、仪表、T-box市场现状及未来需求预测	通过政策、技术、需求研究，结合乘用车市场未来10年的总量和细分预测，对车机、仪表、T-box发展趋势及装车率变化做出预测，指导XX企业产品和技术规划
18	新技术及新装备发展趋势（联合课题）	通过政策、技术、需求研究和深度，结合专家调研和用户定性分析手段，对节能环保、自动驾驶、人机交互领域10项影响未来产品竞争力的重点新技术进行趋势判断，给出未来5～10年的量化预测结果，指导企业制定规划、装备策略
19	某企业市场和产品分析	分析和预测总量、细分市场以及竞争格局的变化；分析和预判重点细分市场、产品、技术的发展趋势；分析和预判重点新产品的市场表现；解决市场热点问题。为企业制定产品规划策略提供辅助
20	某企业经销商终端市场月度滚动监测及分析	通过监测全国各品牌经销商总体和重点产品的运营指标、漏斗指标，呈现并解读市场、品牌、产品的终端真实情况，为企业提供一手大样本运营和漏斗数据的同时，帮企业理解市场变化、制定策略
21	某企业产品量价关系分析和预测	通过建立从总量到细分再到竞争格局的量化分析和预测模型，结合产品生命周期，测算产品月度销售实力值，再结合企业出库计划、产品价格弹性对该产品N+12市场价格波动进行预测。该研究在预测模型的基础上，将月度价格、营销、产品以及库存、商务等“市场活情况”纳入分析体系中，同时通过SIC终端经销商监测体系对相关分析进行定性印证和辅助判断，将竞争信息透明化，从量化角度切实指导企业短期排产计划和营促销策略
22	小型豪华车（A级及以下）市场发展前景研究（联合课题）	通过调研小型豪华车的市场环境、用户特征与偏好等，预测判断小型豪华车未来市场潜力、需求偏好（包括级别、车身形式、外形风格、品牌类型、能源形式、配置水平、新技术应用等）发展趋势、对中大型豪华车和普通品牌车市场竞争的影响，为相关企业经营决策提供支持
23	某企业两款MPV产品量价关系预测模型研究	通过研究产品竞争关系、细分市场影响因素和变化规律、产品竞争力影响因素和变化规律，特别是重点研究了价格与市场销量的定量关系，来预测该企业两款MPV产品的市场需求，为中长期规划提供参考
24	某产品终端市场销售的改装产品研究	通过调查重点经销商对该产品的改装比例、改装程度、改装后产品属性（产品价格、式样、定制化灵活度）、改装产品的技术支持来源、改装产品销售方式、改装产品的用户特征和需求偏好等，为企业下一步产品改进和4S店改装服务的改进提供信息支持
25	豪华车市场（含豪华新能源车）跟踪研究	为多家企业提供个案化服务。通过不断跟踪豪华车市场及宏观经济、政策、消费环境、供给价格等市场环境因素变化趋势，判断豪华车市场的变化规律，预测豪华车市场月度、年度、中长期总量及细分市场需求走势，豪华新能源车总量和细分市场的变化趋势

（续）

市场预测板块—2017 年		
26	进口车和豪华车跟踪研究及研讨	通过不断分析进口车和豪华车市场及行业变化动态和宏观经济政策变化动态，预测未来 12~N 月进口车和豪华车市场趋势；分析乘用车市场的热点问题，包括汽车共享、新能源汽车市场、主要企业竞争关系变化趋势等
27	豪华车市场中长期预测	在连续多年对豪华车用户的调研和分析判断豪华车市场环境（包括宏观经济与收入分配、汽车共享、二手车发展等）的基础上，预测未来 10 年中国豪华车市场总量及细分市场、准豪华车市场总量、豪华新能源车市场总量和细分市场，以及豪华高性能车市场需求发展趋势
28	商用车市场月度/季度分析预测	为多家企业提供个案化服务，监控国内商用车市场、细分市场及区域市场变化，分析与商用车关联的宏观经济、行业政策、突发事件等，及时捕捉市场及环境变化，运用短期分析模型，判断未来走势变化
29	商用车市场年度需求预测	为多家企业提供个案化服务，建立商用车各细分市场与宏观经济、政策的关联关系，通过预测下一年宏观经济走势及政策变化，进而预测商用车各细分市场的未来趋势及需求变化
30	未来 3～5 年商用车市场预测	为多家企业提供个案化服务，对中重型货车、大中型客车、轻型汽车、微型汽车等商用车进行分析，研究影响各车型的主要因素，分析未来 3～5 年环境变化导致关键因素的变化方向以及对各类车型的影响，最终给出未来 3～5 年的预测结果
31	未来 10 年商用车市场预测	为多家企业提供个案化服务，对商用车的 8 大车型进行分析，研究影响各车型的主要因素，分析未来 10 年环境变化导致关键因素的变化方向以及对各类车型的影响，最终给出未来 10 年商用车的预测结果
32	某企业关于轻型商用车用户的未来趋势研究	服务于某企业轻型商用车未来 5～8 年产品开发的先导性研究，主要研究轻型商用车用户的需求变化趋势，为产品开发提供输入。从对物流行业变化趋势的研究出发，进而分析了轻型商用车用户需求的变化趋势，最后分析了轻型商用车的未来发展趋势
33	某企业宽体轻型客车市场趋势及机会研究	研究宽体轻型客车总体及不同品类细分市场的发展现状及未来发展趋势，分析不同品类细分市场需求与供给特征，为某企业宽体轻型客车产品的市场机会研究及策略建议提供信息支持
34	某企业关于轻型专用车市场及企业战略定位研究	研究我国轻型专用车市场行业现状、企业竞争格局等及行业发展趋势；分析轻型专用车不同细分市场的价值链以及产品生命周期，寻找和发现企业的利基市场；为企业的业务总体战略和业务策略提供决策依据
35	某集团关于重型货车/轻型货车的专项研究	研究我国重型货车/轻型货车的历史走势、发展规律、企业格局、产品趋势等，判断未来 10～20 年重型货车/轻型货车的市场规模，为企业发展策略提供信息支持
36	新能源商用车月度跟踪研究	跟踪国内新能源商用车市场动态、产品动态、企业动态以及技术发展，跟踪新能源汽车推广示范进展，解读新能源汽车发展政策等
37	重型货车市场外围数据库研究	每月提供与重型货车市场相关的各类宏观经济指标、主要资源产品的产销及价格信息等，为重型货车市场分析提供基础

（续）

市场预测板块—2017 年		
38	宏观经济跟踪评估及预测	接受多用户委托。主要通过定期跟踪宏观经济关键指标（包括经济增长、经济结构、货币金融、物价、收入、就业等）趋势和宏观政策动向，预测其未来趋势，为判断未来汽车行业及市场变化趋势提供依据
39	汽车行业相关政策跟踪评估	接受多用户委托。主要通过不定期跟踪汽车行业政策（如投资准入、生产制造、销售购买、使用置换、报废等）、汽车相关行业（如能源、交通等）以及重大事件的变化趋势，评估其对汽车产业、市场、厂商的影响
消费者研究板块—2017 年		
1	某企业进口车对标项目	某企业计划上市一款能和进口车对抗的重型货车，在上市前需要解决以下几个问题：一是进口车市场的竞争态势，二是进口车产品的特征和场景适应性，三是自身产品如何能做到与进口车对抗。该项目主要回答这几个问题
2	物流行业平台公司研究	研究目前“互联网+物流”发展趋势下出现的物流行业平台，分析其对商用车市场的影响，重点研究对产品的需求变化、营销模式的转变，最后给出销量细分预测
3	某企业某车型上市前调研项目	某企业某新车上市前实车测评，根据消费者对车辆外观、内饰、动态等方面的反馈，有针对性地对车辆进行调整，并为接下来的营销宣传活动提供素材的输入
4	年轻消费者及其汽车需求研究（联合课题）	以 18～25 岁的年轻调研对象为主，去研究并探索他们的群体特征、消费行为，去了解他们的汽车故事、用车场景和用车习惯；发现年轻人的汽车时代特征及汽车需求，还原年轻人的汽车社会，带领大家进入一个年轻群体的全新的汽车世界
5	某企业品牌监测项目	综合利用大数据和调查研究方法，针对某企业旗下的两个品牌进行品牌现状研究、竞争品牌、品牌触点梳理和品牌改善方向分析，为品牌策略提供参考建议
6	汽车共享的前景及对乘用车需求的影响	以分时租赁、专车、快车、顺风车、P2P 租车等汽车共享出行模式为研究对象，分析国内汽车共享的现状和未来发展前景，并预测其车辆发展规模，同时量化计算了未来汽车共享的发展对我国乘用车需求的影响，提出整车企业应该采取怎样的应对策略
7	农村市场发展潜力及需求偏好研究——农村市场百村千户调查	通过政策、经济等案头资料的分析和定性定量调查，对农村市场进行全面的扫描及乘用车前景判断。本次研究共抽取 16 个县的典型农村，1568 个农村家庭、96 个村干部进行调查，并走访了专家、经销商、县政府等相关部门，较为全面地对农村乘用车的保有特点、需求特点、决策特点、汽车社会特点等进行了分析，并给出了产品、渠道、营销等相关定义
8	消费者配置需求及搭载策略研究（联合课题）	通过定量和定性调查，获得消费者对汽车配置的认知/使用、需求和 PVA 数据；结合供给、需求、政策判断配置未来变化趋势，并提出配置搭载策略建议；从配置具备度、配价比、配置与产品定位的匹配性、配置对目标人群的满足度等方面评价产品的配置竞争力
9	某企业大数据人群分类报告	基于 SIC 人群细分模型，通过线上数据搜集的方式，获得该品牌本品用户在不同城市级别，不同销售大区的人群分布，为该企业了解本品用户特征以及应对不同区域营销策略提供依据

（续）

消费者研究板块—2017年		
10	某企业中重型货车需求动向与市场竞争	某企业每隔两年，会对重型货车行业进行全景式的竞争力扫描调查，并且对每个货运产业链未来的发展提出需求动向。本次研究一共29个货运产业链，包括快递、快运、散杂货、冷链、危化品等，共调查4500个普通客户定量样本，160家龙头法人客户定性样本。包括德邦、顺丰、中通、天地华宇等大型物流公司
11	某企业某车型项目商品定义调研项目	为某企业紧凑级SUV项目开发服务，在结合创新产品概念和用户感知评价的基础上，制定具有前瞻性、可行性的商品定义，包括商品性目标设定、实车测定商品定义指标现有产品表现，基于定量和定性分析的产品目标标准确定，目标概念卖点的落地实现
12	某企业品牌诊断	某企业持续开展的品牌监测项目，为准确掌握某企业品牌的市场表现，诊断其品牌健康度现状，明确与竞争品牌的差异和差距，进一步明确与修正未来企业品牌的发展方向和目标
13	市场新机会研究项目	研究全市场在未来5年内的变化趋势，明确可能涌现出的新细分市场（以细分人群的需求去体现），对各细分市场的潜力全方位评价，完成潜力机会市场的筛选，并选择最具潜力的3个细分市场进行人群和乘用车需求深度洞察，为企业建议可能的产品机会
14	某车型竞品车型用户及潜客的大数据研究	使用广告监测数据和移动应用SDK数据，对某车型及其竞品进行用户画像和人群细分，结合人群细分结果、调研样本和LBS信息，对销量表现、用户区域分布、用户版本选择和用户线上线下寻购路径进行分析，为某车型提供竞争性营销策略
15	某企业县级及以下市场用户研究	针对某企业的县级及以下客户进行研究，了解主要客户群体特征、产品需求、品牌行为和营销偏好等，为某企业市场推广策略和品牌传播策略的制定提供参考和依据；通过农村市场的研究，了解农村市场的现状和发展潜力，评估某企业在农村市场的机会，提出农村市场的拓展策略和产品开发策略
16	东风康明斯大车队调研	研究不控制货源，通过线路招标为快递快运提供高效运力的大车队物流公司，以志鸿、狮桥、传化、众卡运力、锦鑫五家大车队公司为调研对象，深入研究大车队模式产生的原因、发展现状、盈利模式、未来发展趋势，揭示对未来商用车市场的影响
17	感官品质体系建设及建议	从消费者角度对汽车的感官品质进行系统地梳理，并对市场上的代表车型进行测评，给厂家未来产品设计和汽车感官品质控制方面提供建议
18	NCBS新车购买者调查（联合课题）	通过年度滚动追踪新车购买用户的用户特征、购买决策特征、需求偏好特征等及其变化，为企业的产品规划、开发以及市场营销提供翔实可靠的参考依据
19	NCBS某企业专项-区域消费及需求研究	通过研究自主及合资不同的销售优势区域的用户特征、消费特征及市场环境因素等，发现影响自主及合资不同市场表现的内在驱动原因，为企业如何争取用户提供应对建议
20	基于社会分层分析的某品牌战略研究	基于不同阶层用户的品牌意识、品牌偏好和汽车品牌选择模式，为未来某企业品牌战略的大方向提供数据和决策支持，并给出品牌建设的启示和建议
21	某企业目标消费者趋势研究	以“85后”和“90后”用户界定为本次研究的研究对象，对未来乘用车市场用户特征及趋势变化进行研究，分析目标客户行为和需求偏好，为企业更好地锁定目标群体，从产品、广告宣传营销和渠道等方面提供策略建议

（续）

消费者研究板块—2017年		
22	乘用车再购用户调查	深入研究现阶段的再购群体（换购/增购），以及他们在这一过程中呈现出的升级和多样化需求特征，为汽车企业的产品规划和营销服务。研究内容包括：了解再购用户群体的特征，分析再购用户的再购行为特征及转换过程，了解再购用户的需求偏好特征，针对再购用户的需求，为企业提供产品、营销等方面的策略建议
23	某企业某车型改款车上市前产品定义研究	某企业计划在2018年上市一款A级SUV车型，以实车测试为主要手段，检验该A-SUV产品的市场接受度，测试最优定价、产品核心卖点、确定核心竞品、锁定核心目标人群，根据核心目标人群的购车偏好、价值观、媒体习惯等，制定有针对性的产品卖点、行销规划和广告宣传投放策略
24	全国乘用车用户需求动向调查与十年滚动预测-调查部分（联合课题）	SIC持续性的年度项目，重点解决保有用户在保有、使用和再购方面的数据积累和趋势判断；并且为预测报告提供数据支持
25	某企业竞品用户调查	某企业委托的快速调查项目，快速了解市场对该企业产品以及其竞品表现等方面的信息，为企业的市场快速反应提供支撑
26	某企业县域/农村市场研究	通过县域/农村市场调查，为某自主品牌中长期产品规划、产品进入农村市场提供参考依据。本项目共抽取5个典型市场的10个县的抽样点进行调研，共完成302个定量样本，70个定性样本；对某品牌的4款产品进行了实车测试，1款产品进行了图片测试，4个产品概念进行了核心卖点测试。除了对某品牌的典型市场进行研究，还结合SIC农村研究的积累对整体市场进行了叙述
产业研究板块—2017年		
1	新能源汽车发展与用户需求研究	跟踪国内外新能源汽车市场动态、产品动态、企业动态以及技术发展，跟踪新能源汽车推广示范进展，解读新能源汽车发展政策；对购买新能源汽车的用户进行定性访谈和定量调查，了解购买动机、用户特征、使用状况以及对新能源汽车的需求偏好等；判断我国新能源乘用车的发展前景，对市场需求进行预测
2	中国商用车及产业链研究	研究商用车未来10年市场、技术的发展变化，分析研究商用车材料发展趋势
3	汽车产业上下游产业链业务研究	全面分析研究供应链金融、二手车、配件、汽车金融、车联网等汽车上下游的业务发展态势，分析相关业务对整车企业的影响和对策建议
4	智能网联汽车发展趋势研究	跟踪国内外智能网联汽车的发展态势，分析影响智能网联汽车的政策、环境和技术发展趋势，研发智能网联汽车不同阶段的发展前景
5	互联网造车发展趋势及影响研究	分析研究互联网造车的未来发展前景；分析互联网造车在研发、生产、销售等环节的差异，研判互联网造车对产业生态带来的变革或影响
6	汽车产业竞争力提升路径研究	分析主要汽车企业成功的关键因素，重点研究标杆产品的成功关键和路径，判断未来产品竞争力的要素组合和实施路径
7	豪华新能源汽车发展趋势研究	调查分析豪华车用户对新能源汽车的看法，研究豪华新能源车用户的使用特征和对产品的满意度，分析判断未来豪华新能源汽车市场的发展前景

表 B-2 国家信息中心 2018 年承接的部分专项咨询项目

市场预测板块—2018 年		
1	全国乘用车用户需求动向调查与十年滚动预测（联合课题）	该项目是由国家信息中心组织发起，由国内十余家主要乘用车企业参加的大型联合研究项目；该项目从 1999 年开始执行第一期，每年进行一次，本期是第 19 期；该项目每年在全国 80 多个城市执行 7000 左右样本的调查，调查对象囊括私人用户、单位用户、出租租赁公司用户，调查内容包括用户特征、车辆特征、车辆购买、使用、替换、未来消费环境、用户偏好等；在调查的基础上形成丰富的调查报告，并结合最新的宏观经济、人口、社会、政策、用车方式变化，预测次年及未来 10 年乘用车总量及细分市场的需求
2	市场规模达到 4000 万辆的中国汽车产业市场环境研究	该项目是研究中国汽车需求达到 4000 万辆规模时，汽车市场本身、内部产业结构，以及外部环境的基本特点
3	二手车市场的新阶段、新趋势、新对策	中国二手车市场进入了新的发展阶段，该项目对新阶段下二手车市场进行了梳理，并对未来二手车市场发展趋势给予了预测
4	出租车市场研究	对中国省会城市的出租车需求规模与需求结构进行调查和预测
5	N+5 汽车市场需求预测	包含未来 5 年，中国汽车市场总需求、需求结构与分城市级别的需求结构预测
6	分省收入分布预测	提供各个省的居民收入分布及其未来 5 年预测
7	分省豪华车市场 N+1 预测	提供未来 1 年豪华车市场的分省销量预测，服务于豪华品牌企业的年度销量规划
8	乘用车市场月度评估和预测	通过持续跟踪经济、政策环境以及产品与市场动态，定量和定性调查，了解当期市场的发展变化情况，发现乘用车市场运行的新特点和新变化，探求导致市场变化的原因，并对未来各月的市场走势做出预测，为多家企业提供个案化服务
9	乘用车月度市场表现分析和季度策略研究	每月对乘用车市场的月度走势进行分析与评价，发现乘用车市场运行的新特点和新变化，对当期的市场热点问题进行深入分析，对未来各月的市场走势做出判断。此外，综合内外部竞争环境，评价企业、主销车型在市场中的表现，并揭示其面临的机遇与调整，提供短期应对策略
10	乘用车市场终端监测及景气分析	每月在全国范围内对经销商的销售及运营状况进行监测调研，并构建终端运营综合评价指标体系，以了解市场真实销售情况以及终端运营压力和存在的问题。为多家企业提供个案化服务
11	乘用车细分市场季度分析	通过对细分市场的季度表现进行定量化分解测算，揭示当前细分市场变化的主要原因，进而判断该变化是否具有可持续性，还是短期突发因素所致，进而有助于为企业制定产品策略提供帮助
12	乘用车企业销售表现月度跟踪分析	通过对企业的销售表现进行持续跟踪，并通过品牌力、产品力、制造力、研发力、营销力、资源力、决策力、执行力、经营力的 9 力模型，揭示企业销售表现背后的原因，有针对性地提出策略建议

（续）

市场预测板块—2018年		
13	某企业中长期产品战略规划	通过对历史和未来5～10年外部环境的分析、解读和预判，帮助企业解决以什么方式、什么样的产品、什么样的技术路线进入什么市场的问题。主要涉及总体市场和细分市场预测、机会市场分析（格局、路径、规律、用户需求、技术方向……）、未来政策和重大技术发展趋势及影响等
14	某企业产品概念规划	针对企业全新、衍生、换代车型，完成市场、竞争、用户分析和预判，进而辅助规划部门完成产品概念
15	某企业月度竞争及新产品分析	分析和预判短期竞争格局的变化；分析和预判重点新产品市场表现；解决市场热点问题，为企业制定产品规划和营销策略提供辅助
16	某企业细分市场产品生命周期规律研究	分析指定细分市场核心竞品改款背景、目的、内容、效果及影响，洞察各细分市场核心竞品改款规律（频率、方式、内容、效果等），进而帮助企业梳理不同产品线的生命周期管理策略
17	乘用车关键技术扩展与动态研究（联合课题）	通过政策、供给、需求三方面的深入研究，判断三电技术及智能座舱等核心关键技术的发展趋势，指导企业制定规划、装备策略
18	某企业车联网发展现状及趋势研究	建立车联网评价体系，通过经销商和用户深访对现有主流品牌车联网功能现状进行全面评估，并在此基础上通过专家深访了解产业价值链及商业模式，预判未来技术、功能及商业模式的走向，为企业构建车联网系统提供决策支持
19	乘用车与豪华车市场中长期预测	分析影响乘用车与豪华车市场中长期发展的因素，预测中长期市场趋势，预测豪华车细分市场趋势，研究豪华车消费者的特征与偏好变化；预测豪华新能源车市场发展前景；预测共享出行不同模式的规模，以及共享出行对乘用车、豪华车市场的影响
20	豪华车市场中长期预测	分析影响乘用车与豪华车市场中长期发展的因素，预测中长期市场趋势，预测豪华车细分市场趋势
21	2018年某企业产品企划案	该项目主要研究某企业拟以进口方式导入中国的四款产品，以及现有进口产品在中国市场的需求前景，并在此基础上给出具体的导入时间、定价、营销方案等建议
22	中国宏观经济和汽车市场分析	该项目主要解决中美贸易战和国内去杠杆背景下，未来3年乘用车及豪华车市场的走势分析，为某企业制定销售策略提供依据
23	2018年豪华车市场发展趋势预测	研究豪华车市场中长期表现，中长期区域预测，以及月度经济政策分析
24	商用车市场月度/季度分析预测	为多家企业提供个案化服务，监控国内商用车市场、细分市场及区域市场变化，分析与商用车关联的宏观经济、行业政策、突发事件等，及时捕捉市场及环境变化，运用短期分析模型，判断未来走势变化
25	商用车市场年度需求预测	为多家企业提供个案化服务，建立商用车各细分市场与宏观经济、政策的关联关系，通过预测下一年宏观经济走势及政策变化，进而预测商用车各细分市场的未来趋势及需求变化

（续）

市场预测板块—2018 年		
26	未来 3～5 年商用车市场预测	为多家企业提供个案化服务，对中重型货车、大中型客车、轻型汽车、微型汽车等商用车进行分析，研究影响各车型的主要因素，分析未来 3～5 年环境变化导致关键因素的变化方向以及对各类车型的影响，最终给出未来 3～5 年的预测结果
27	未来 10 年商用车市场预测	为多家企业提供个案化服务，对商用车的 8 大车型进行分析，研究影响各车型的主要因素，分析未来 10 年环境变化导致关键因素的变化方向以及对各类车型的影响，最终给出未来 10 年商用车的预测结果
28	商用车热点专题研究	全面梳理轻型客车市场需求动向、竞争格局以及新能源化趋势，并聚焦到某品牌轻型客车的用户特征、区域特征、市场特征和优劣势分析，从而给该品牌的业务决策提供支持依据
29	新能源商用车数据分析及月度跟踪研究	跟踪国内新能源商用车销量、竞争格局、市场动态、产品动态、企业动态以及技术发展，跟踪新能源汽车推广示范进展，解读新能源汽车发展政策等
30	某企业商用车景气研究	依据宏观经济指标构建商用车中重型货车、轻型货车、轻型客车景气评价模型，固化常规性影响因素，发现突变性影响因素；并通过月度定性调研对模型进行验证、补充，以实现提升预测精准度的目的
31	某企业重型货车市场终端监测及景气分析	每月在全国范围内，对各品牌重型货车经销商的销售及运营状况进行监测调研，并构建终端运营综合评价指标体系，以了解市场真实销售情况以及终端运营压力和存在的问题，指导企业的业务决策
32	某企业轻型货车趋势研究	首先对国内轻型货车市场进行多角度、全方位分析预测，并对轻型货车出口市场进行深入探讨，其次对轻型货车技术与产品的发展趋势进行分析，并梳理了国内轻型货车标杆企业的业务框架、发展理念、战略动向。从而为企业的市场定位、产品规划、市场营销、产品出口提供策略建议
33	某企业重型货车市场趋势研究	分析重型货车各细分市场规模、发展趋势、竞争状况、影响因素等，在全面梳理重型货车市场的基础上为企业提供进入细分市场建议，以及进入电动化、混合动力、燃料电池市场的进入可行性分析
34	某企业新能源补贴退出后的用户需求调研及产品策略研究	利用消费者调研、专家调研和案头研究等方式，对无补贴时代新能源乘用车的市场发展趋势、产品发展趋势和消费者需求偏好变化趋势进行预测和解析，为企业提供无补贴时代产品规划和市场营销方面的策略建议
35	宏观经济跟踪评估及预测	接受多用户委托。主要通过定期跟踪宏观经济关键指标（包括经济增长、经济结构、货币金融、物价、收入、就业等）趋势和宏观政策动向，预测其未来趋势，为判断未来汽车行业及市场变化趋势提供依据
36	汽车行业相关政策跟踪评估	接受多用户委托。主要通过不定期跟踪汽车行业政策（如投资准入、生产制造、销售购买、使用置换、报废等）、汽车相关行业（如能源、交通等）以及重大事件的变化趋势，评估其对汽车产业、市场、厂商的影响
37	中美贸易冲突影响及预判	接受多用户委托。受中美贸易冲突影响，中国内外部环境均发生剧烈调整，本项目通过对贸易背景的梳理，对贸易冲突的分析以及专家的意见建议，得出大概率演变路径

（续）

消费者研究板块—2018年		
1	某商用车企业重型平台改善项目	通过对行业TOP10的快递和快运行业用户深访，对某企业中高端牵引车换代商品企划提供用户需求、产品评价等输入
2	某企业某产品的改款预研	企业为提升产品表现明确改款方向所开展的专项研究。分析和预判产品所在细分市场及用户的演变趋势，对用户群体细分，找到产品改款的目标人群，深入洞察群体特征和汽车需求，为企业产品改款提供产品定位和产品概念建议
3	某企业某产品的上市前实车诊断	某企业某新车上市前实车测评，根据消费者对车辆外观、内饰、动态等方面的反馈，有针对性地对车辆进行调整并为接下来的营销宣传活动提供素材的输入
4	某商用车企业的产品感知价值研究	通过实车测试，对零担快运行业的大型公司、大车队、司机等用户进行调研，对某企业十年换代高端牵引车上市前的定价和配置搭载策略进行研究
5	“新中产”的崛起及其汽车消费（联合课题）	随着中产阶级的扩大和分化，“新中产”群体崛起，本项目重点去研究他们的群体特征、消费行为，预判其群体规模，并着重探索这个群体的成长会对乘用车市场带来哪些冲击？汽车企业又该如何应对？
6	扩展的三线市场研究（联合课题）	随着三线市场用户主体的不断下探，本项目采取三线城区、县、村一体化的抽样方案，同时研究三线城区、县域和农村这一扩展的三线市场。从用户特点、产品需求、渠道及营销方式、市场变化及未来潜力等全方位去深度剖析这一市场
7	NCBS新车购买者调查（联合课题）	通过年度滚动追踪新车购买用户的用户特征、购买决策特征、需求偏好特征等及其变化，为企业的产品规划、开发以及市场营销提供翔实可靠的参考依据
8	电动车配置需求研究（联合课题）	鉴于电动车和传统车配置需求的差异，本项目构建电动车配置测试和分析体系，通过定量和定性调查，获得消费者对汽车配置的认知和使用、需求和PVA数据，分析用户对电动车配置的满意度；结合供给、需求、政策判断配置未来的变化趋势，并提出配置搭载策略建议
9	未来典型人群消费趋势研究	综合中国社会、经济等方面的发展，判断未来将会凸显的潜力增长型消费群体。然后站在乘用车需求的角度来看，从需求规模、成长性、影响力等方面进行评估，以从中选取值得汽车厂家关注的重点典型群体，然后对其群体特征、消费行为及其汽车需求偏好等进行深度分析
10	SIC人群分类模型的数字化服务系统	SIC人群分类模型应用的云服务系统，可在线提供定量调研样本的人群分类计算、人群结构统计分析和可视化交互图表展示，同时支持企业通过直接应用或集成到自有调研平台扩大SIC人群分类模型应用范围
11	某企业的人群分类研究	基于SIC人群分类模型的应用，了解企业各个产品及竞品用户的人群及需求特征，并进一步挖掘用户偏好与产品需求之间的对应关系，从而帮助企业更深入地了解不同级别细分市场用户，界定竞争对手，指导产品策划、产品研发和营销服务等相关工作
12	未来年轻群体细分洞察	研究聚焦在泛90后，以90s为主，兼顾15岁以上的00后。研究90s的群体特征和汽车需求，以及相较80s和70s的主要差异点。针对90s分化的特点，重点对其进行亚群细分研究，并判断各亚群未来的发展趋势，进而找到待重点关注的趋势亚群，针对这些亚群进行深度洞察，研究其典型特征、汽车需求及出行价值偏好等

（续）

消费者研究板块—2018年		
13	特定细分市场用户及其需求研究	基于SIC的市场及用户研究积累，迅速完成了企业产品规划前期阶段所需的某特定市场及用户的基础信息需求，包括市场现状及未来规模预测、用户特征及汽车需求偏好等
14	品牌绩效体系测量及应用研究（联合课题）	依托SIC品牌意识体系研究成果构建品牌绩效测评体系，采用联合的方式为企业提供全面、公正、客观的品牌绩效评估、品牌形象特征评估以及原因的挖掘，进而针对性地给出品牌策略建议
15	某企业某产品的商品性指标设定调研	研究的核心目标是建立一套有效的商品指标评价体系，基于调研测试结果，为产品研发提供开发目标及USP卖点建议。具体的调研测试阶段，结合购买和使用的场景研究以及动静态实车测试来完成
16	新四化下商用车机会研究	通过多年的商用车行业研究经验和商用车电动化、智能化的生产企业和使用企业调研，为某企业寻找电动化和智能化的市场机会
17	某企业某产品的首批用户调研	综合利用大数据和定性、定量调查研究方法，针对某企业旗下的两款新产品进行客群竞争力分析、产品竞争力分析和营销竞争力分析，进而对企业的产品改进和营销改进提出建议
18	某企业某产品的上市后验证	综合利用大数据和定性、定量调查研究方法，对新产品上市后的表现进行市场定位验证、产品力验证和营销品质验证，发现其购买吸引力及障碍点，进而提出产品改进及营销策略建议
19	消费者产品偏好及趋势研究（联合课题）	两年一次持续跟踪消费者的产品偏好，对汽车产品偏好体系进行不断的优化和补充。包括基础体系产品偏好、智能网联体系产品偏好、重点偏好的购买实现，最终以发现需重视的产品偏好趋势，并针对不同细分市场给出产品差异化建议
20	某企业新能源产品战略规划项目	通过BEV市场机遇和竞争态势的分析、BEV潜在客户及产品需求的洞察，给出新能源汽车业务未来的产品布局和产品定位策略
21	某新能源企业的用户需求痛点及解决方案研究	基于已积累的用户体验场景及痛点定量研究成果，采用专家深访和厂家内部工作坊等定性研究方式，在新能源车智能网联相关及整车层面剖析用户需求，提出解决方案，提炼产品概念，并最终输出产品的创新解决方案
22	某企业县域农村市场研究	通过县域农村市场调查研究，了解县域农村的经济、社会、汽车市场发展情况以及相关认知和环境等，研究县域农村用户特征及乘用车需求偏好，进而为某企业的产品如何进入农村市场、如何布网以及采取什么样的营销策略提供参考依据
23	全国乘用车用户需求动向调查与十年滚动预测-调查部分（联合课题）	SIC持续性的年度项目，重点解决保有用户在保有、使用和再购的数据积累和趋势判断；并且为预测报告提供数据支持
产业研究板块—2018年		
1	新能源汽车发展与用户需求研究	跟踪国内外新能源汽车市场动态、产品动态、企业动态以及技术发展，跟踪新能源汽车推广示范进展，解读新能源汽车发展政策；对购买新能源汽车的用户进行定性访谈和定量调查，了解购买动机、用户特征、使用状况以及对新能源汽车的需求偏好等；判断我国新能源乘用车的发展前景，对市场需求进行预测

（续）

产业研究板块—2018 年		
2	智能网联汽车深化研究与动态追踪	智能网联汽车整体产业发展趋势预判、相关企业进展动态以及消费者对智能网联汽车的需求偏好洞察
3	新零售对汽车产业的影响及对策研究	研究分析新零售的发展前期、新零售对汽车产业的影响及应用；同时对汽车销售及售后出现的最新模式进行深入剖析，给出整车厂在当前新零售和各类新模式的冲击下应对的策略
4	车载信息娱乐系统服务生态及技术应用趋势研究	综合运用案头研究、专家访谈、消费者 FGD 深访与 Workshop 等多种方法，探究未来车联网的服务生态与技术应用的发展趋势，为企业的产品投放与生态建设提出建议
5	共享出行发展与传统汽车企业应对策略	深入探究影响国际先导国家共享出行发展的关键性推动因素和阻碍因素，跟踪国内汽车共享相关政策、市场主体以及应用场景等方面出现的变化，判断汽车共享市场未来的发展趋势，研究国内外传统汽车企业的转型案例，对其发展战略、实施进展和商业模式进行系统分析，对传统汽车企业战略转型提供建议，包括共享汽车产品布局、出行服务模式选择以及运营过程中应注意的问题等
6	氢能与燃料电池汽车专题研究	通过国际国内两个视角，利用专家访谈、企业调研等方式归纳研究国际以及我国车用氢能源的发展现状与趋势，同时了解我国氢能基础设施发展现状与趋势；了解国际国内主流整车企业氢燃料电池汽车的发展现状与趋势；研究氢燃料电池汽车关键零部件技术以及上下游产业链，同时给出氢燃料电池系统成本结构与趋势分析
7	新能源乘用车造车新势力竞争力分析	调查造车新势力企业的发展现状，并对其战略、研发、制造等多方面的情况进行综合评价，评价其在新能源汽车市场的竞争力

国家信息中心通信地址和联系电话

地址：北京市西城区三里河路 58 号国家信息中心大楼 A 座 704 房间

邮编：100045　　传真：010-68557465

电话：010-68558704　010-68558531　E-mail：panzhu@cei.gov.cn